Lernstörungen verstehen

Bernice Y. L. Wong (Hrsg.)

Lernstörungen verstehen

Ein Praxishandbuch für Psychologen und Pädagogen

3. Auflage

Aus dem Englischen übersetzt von Cathrine Hornung

Spektrum AKADEMISCHER VERLAG

Die deutschsprachige Ausgabe ist eine Lizenzausgabe des Titels *Learning About Learning Disabilities*, Third Edition, von Bernice Y. L. Wong mit Genehmigung der Elsevier INC of 200 Wheeler Road, 6th Floor, Burlington, MA 01803, USA
Die englische Originalausgabe ist erschienen bei Elsevier Academic Press (ISBN 0-12-762533-X)
Copyright © 2004, Elsevier, Inc.

Wichtiger Hinweis für den Benutzer
Der Verlag und die Autoren haben alle Sorgfalt walten lassen, um vollständige und akkurate Informationen in diesem Buch zu publizieren. Der Verlag übernimmt weder Garantie noch die juristische Verantwortung oder irgendeine Haftung für die Nutzung dieser Informationen, für deren Wirtschaftlichkeit oder fehlerfreie Funktion für einen bestimmten Zweck. Ferner kann der Verlag für Schäden, die auf eine Fehlfunktion von Programmen oder ähnliches zurückzuführen sind, nicht haftbar gemacht werden. Auch nicht für die Verletzung von Patent- und anderen Rechten Dritter, die daraus resultieren. Eine telefonische oder schriftliche Beratung durch den Verlag über den Einsatz der Programme ist nicht möglich. Der Verlag übernimmt keine Gewähr dafür, dass die beschriebenen Verfahren, Programme usw. frei von Schutzrechten Dritter sind. Die Wiedergabe von Gebrauchsnamen, Handelsnamen, Warenbezeichnungen usw. in diesem Buch berechtigt auch ohne besondere Kennzeichnung nicht zu der Annahme, dass solche Namen im Sinne der Warenzeichen- und Markenschutz-Gesetzgebung als frei zu betrachten wären und daher von jedermann benutzt werden dürften. Der Verlag hat sich bemüht, sämtliche Rechteinhaber von Abbildungen zu ermitteln. Sollte dem Verlag gegenüber dennoch der Nachweis der Rechtsinhaberschaft geführt werden, wird das branchenübliche Honorar gezahlt.

Bibliografische Information der Deutschen Nationalbibliothek
Die Deutsche Nationalbibliothek verzeichnet diese Publikation in der Deutschen Nationalbibliografie; detaillierte bibliografische Daten sind im Internet über http://dnb.d-nb.de abrufbar.

Springer ist ein Unternehmen von Springer Science+Business Media
springer.de

3. Auflage 2008
© Springer-Verlag Berlin Heidelberg 2008
Spektrum Akademischer Verlag ist ein Imprint von Springer

08   09   10   11   12   5   4   3   2   1

Planung und Lektorat: Katharina Neuser-von Oettingen, Anja Groth
Herstellung: Detlef Mädje
Umschlaggestaltung: SpieszDesign, Neu-Ulm
Titelfotografie: © Creatas Images/Jupiterimages
Layout/Gestaltung: TypoStudio Tobias Schaedla, Heidelberg
Satz: Mitterweger & Partner, Plankstadt
Druck und Bindung: Krips b.v., Meppel

Printed in The Netherlands

ISBN 978-3-8274-1817-3

*Dieses Buch ist meinem Mann Rod und
meiner Tochter Kristi sowie Nancy Hutchinson, Lorraine Graham,
Deb Butler und John McNamara gewidmet*

Inhalt

Mitwirkende Autoren

Anne Bellert (245)
School of Educational Studies
University of New England Armidale,
New South Wales
2351 Australia

Derek H. Berg (405)
Faculty of Education
Queen's University
Kingston, Ontario
Canada K7L 3N6

Virginia W. Berninger (185)
Department of Educational Psychology
University of Washington
Seattle, Washington 98195

John B. Cooney (39)
Department of Educational Psychology
University of Northern Colorado
Greeley, Colorado 80639

Tracy Davidson (309)
Graduate School of Education
George Mason University
Fairfax, Virginia 22030

Donald D. Deshler (439)
Center for Research on Learning
University of Kansas
Lawrence, Kansas 66045

Mavis L. Donahue (127)
School of Education
University of Illinois at Chicago
Chicago, Illinois 60607

Edwin S. Ellis (365)
Department of Special Education
University of Alabama
Tuscaloosa, Alabama 35487

John G. Freeman (405)
Faculty of Education
Queen's University
Kingston, Ontario
Canada K7L 3N6

Lorraine Graham (245)
School of Educational Studies
University of New England
Armidale, New South Wales
2351 Australia

Steve Graham (157, 275)
Department of Special Education
University of Maryland
College Park, MD 20740

Karen R. Harris (157, 275)
Department of Special Education
University of Maryland
College Park, MD 20740

Maureen Hoskyn (91)
Faculty of Education
Simon Eraser University
Burnaby, British Columbia
Canada V5A 1S6

Nancy L. Hutchinson (405)
Faculty of Education
Queen's University
Kingston, Ontario
Canada K7L 3N6

Ae-Hwa Kim (333)
Department of Special Education
Dankook University
Seoul, Korea 140-714

Martha J. Larkin (365)
Department of Special Education &
Speech Language
Pathology State University of
West Georgia
Carrollton, Georgia 30118

Keith Lenz (439)
Center for Research on Learning
University of Kansas
Lawrence, Kansas 66045

Charles MacArthur (275)
School of Education
University of Delaware
Newark, Delaware 19716

Margo A. Mastropieri (309)
Graduate School of Education
George Mason University
Fairfax, Virginia 22030

John K. McNamara (39)
College of Education
University of Saskatchewan
Saskatoon, Saskatchewan
Canada 37N 0X1

Ruth Pearl (127)
School of Education
University of Illinois at Chicago
Chicago, Illinois 60607

Ritu K. Rana (309)
Graduate School of Education
George Mason University
Fairfax, Virginia 22030

Robert R. Reid (157)
Department of Special Education
University of Nebraska-Lincoln
Lincoln, Nebraska 68583

Thomas E. Scruggs (309)
Graduate School of Education
George Mason University
Fairfax, Virginia 22030

Jane Sinagub (333)
School of Education
University of Miami
Coral Gables, Florida 33146

H. Lee Swanson (39)
School of Education
University of California
Riverside, California 92521

Joseph K. Torgesen (3)
Department of Psychology
Florida State University
Tallahassee, Florida 32306

Sharon Vaughn (333)
Department of Special Education
University of Texas at Austin
Austin, Texas 78712

Vorwort

Als ich 1991 zum ersten Mal einen Text über Lernstörungen für Studierende im Grund- und Hauptstudium verfasste, hatte ich dabei zwei Ziele. Das erste war, die Studierenden mit einer grundsoliden, unanfechtbaren Wissensbasis auszustatten. Sie sollten die aktuellsten Informationen aus dem Bereich der Lernstörungen erhalten. Um dieses Ziel zu erreichen, habe ich mich an meine geschätzten Freunde und Kollegen gewandt. Und sie haben mich *nie* enttäuscht.

Mein zweites Ziel war es, die Studierenden dazu zu bringen, sich intensiv mit den Themen und Implikationen auseinander zu setzen, die sich aus den dargebotenen Informationen ergaben. Die meisten unserer fortgeschrittenen Studierenden und Prüfungskandidaten kommen aus dem Lehramtsbereich. Themen wie Unterrichts- und Lehrplangestaltung oder Verhaltensmanagement sorgen dafür, dass Lehramtsstudenten eher auf konkrete Denkweisen ausgerichtet werden. Diese Ausrichtung kann die Auseinandersetzung mit konzeptuellen Fragen und Forschungsimplikationen jedoch erschweren. Hier sind die Professoren gefragt, die durch Anstöße und gezielte Fragen zu wichtigen Themen jenes Umdenken herbeiführen können, das für ein erfolgreiches Lernen und die spätere berufliche Leistung erforderlich ist. Individuelle Fragen und Aufgaben, die in den ersten Semestern in kollaborativer Gruppenarbeit diskutiert und gelöst werden, sorgen normalerweise für eine reibungslose kognitive Weichenstellung hin zu offenen Denkweisen, die für lebendige und fruchtbare Seminare so wichtig sind. Wurden die Studierenden erst einmal aus einer trägen Automatik heraus in eine dynamische Bahn geleitet, werden sie vertiefende Fragen zu den Beiträgen in diesem Buch stellen!

Bei der mehrfachen Überarbeitung meines Textes habe ich stets an diesen beiden Zielsetzungen festgehalten. Wie das Inhaltsverzeichnis zeigt, wurde eine ausgewogene Themenauswahl getroffen. Die Kapitel in Teil 1 befassen sich mit konzeptuellen Fragen und verschiedenen Forschungsbereichen; darunter finden sich auch neue Beiträge zu Sprachverarbeitung, Selbstregulation und Gehirnstrukturen. Das Kapitel zum Thema Selbstregulation habe ich deshalb ergänzt, weil ich glaube, dass es sich hierbei um einen vielversprechenden Forschungsbereich handelt. In der Pädagogischen Psychologie stellen Forschungen zum selbstregulierten Lernen seit einigen Jahren eine treibende Kraft dar, und das Interesse daran wird auch auf den Bereich der Lernstörungen übergreifen, da sich das Konzept vom selbstregulierten Lernenden mit den konzeptuellen und praktischen Bedürfnissen von Schülern mit Lernstörungen deckt.

Der zweite Teil steht ganz im Zeichen der Interventionsforschung, und die Beiträge bringen Informationen aus den wichtigsten Bereichen auf den neuesten Stand. Ein ursprünglich geplantes Kapitel über frühen Leseunterricht erscheint hier leider nicht, da Dale Willows krank war und den Beitrag bedauerlicherweise nicht fertig stellen konnte. Enttäuschte Leser können sich damit trösten, dass derzeit zahlreiche Forschungen zur frühen Intervention in verschiedenen Forschungszentren der USA durchgeführt werden. Wir sollten daher die Daten und die Zusammenfassung der Ergebnisse abwarten, um mehr über effektive Möglichkeiten zu erfahren, wie man allen Kindern das Lesen beibringen kann. Die Beiträge von Lorraine Graham und Anne Bellert über das Leseverständnis kompensieren das fehlende Kapitel über frühe Interventionsmöglichkeiten außerdem vollauf. Angesichts der Tatsache, dass sich der Interventionsfokus stetig in Richtung Mittelstufe verschiebt, kamen ihre Beiträge genau zum richtigen Zeitpunkt. Neu in diesem zweiten Teil ist Annemarie Palincsars und Shirley Magnussens Kapitel über die Praxisgemeinschaft. Ich habe sie ausdrücklich um einen Beitrag zu diesem Thema gebeten, da ihr konzeptueller Rahmen einen vielversprechenden Ansatz für Forschungen zur effektiven Integration darstellt.

Bernice Wong

Danksagungen

Ich möchte allen, die zur Erstellung dieser dritten Auflage von *Lernstörungen verstehen* beigetragen haben, von tiefstem Herzen danken! Es ist ein Segen, Freunde zu haben, die so viel Zeit und kognitive Energie investiert haben, um diese fundierten, informativen und anregenden Beiträge zu schreiben. Ich kann mich wirklich glücklich schätzen!

Der Verlegerin Nikki Levy danke ich für ihre Aufgeschlossenheit gegenüber einer weiteren überarbeiteten Ausgabe dieses Buches. Ebenfalls ganz herzlich danken möchte ich Barbara Makinster für ihre engagierte Koordination der einzelnen Verlagsbereiche, die zum erfolgreichen Abschluss dieses Projekts geführt hat. Schließlich möchte ich dem Lektorat und dem gesamten Verlagsteam für die Unterstützung bei der Realisation dieses Buches danken.

In Dankbarkeit,
Bernice Wong

An die Studierenden

Vorbemerkung zur dritten Auflage

Eine meiner Studentinnen hat mich ganz offen gefragt, warum ich meinen Text eigentlich überarbeiten wolle. Die Antwort ist: ich habe diesen Text zum dritten Mal überarbeitet, weil Lernstörungen ein dynamischer Forschungsbereich sind, in dem laufend neue Erkenntnisse zutage treten; dabei handelt es sich um ganz neue Forschungsresultate, aber auch um ältere Erkenntnisse, die angesichts neuer Forschungsergebnisse und im Kontext neuer Forschungsbereiche aufpoliert wurden. Diese Informationen müssen weitergegeben und ihre Implikationen sorgfältig erörtert werden. Die folgenden Kapitel bieten eine spannende Lektüre, die Euch zum Nachdenken anregen und prüfende Fragen für Eure Seminare und Recherchen aufwerfen wird. Schon jetzt, da dieser Text in den Druck geht, werden wieder neue Themen diskutiert, die den Bereich der Lernstörungen nachhaltig beeinflussen werden, etwa die Unterrichtsverweigerung als Identifikationsmöglichkeit von Schülern mit Lernstörungen, um nur ein Beispiel zu nennen. Ihr seht, wie dynamisch dieser Bereich ist; er sprudelt vor konzeptuellen Aspekten und empirischen Anweisungen nur so über, die diskutiert und sortiert gehören. Daher muss das, was wir über Lernstörungen wissen und denken, stets neu überarbeitet werden!

Viel Spaß dabei!
Bernice Wong

Vorwort zur deutschen Ausgabe

Lernstörungen oder Lernschwierigkeiten sind zu einem wichtigen Thema für Fachwissenschaftler, professionelle Pädagogen und Eltern geworden. Nach verschiedenen Schätzungen sind etwa 4–7 % der Schulkinder von einer persistierenden Lernstörung betroffen. Nach den Internationalen Klassifikationssystemen DSM-IV TR und ICD-10 liegt eine solche Lernstörung dann vor, wenn bei durchschnittlicher oder überdurchschnittlicher Intelligenz trotz angemessener unterstützender Lernangebote schulische Leistungsergebnisse dauerhaft im weit unterdurchschnittlichen Bereich angesiedelt sind. Durch das Kriterium einer mindestens durchschnittlichen Intelligenz (IQ größer 85) werden Lernstörungen von der ebenfalls persistierenden Lernbehinderung abgegrenzt. Zu den wichtigsten Lernstörungen zählen Lese-Rechtschreib-Schwäche (Legasthenie) und Rechenschwäche (Dyskalkulie). Sie stehen im Mittelpunkt der vorliegenden Edition, der die dritte und aktuell überarbeitete Auflage des von Bernice Y. L. Wong herausgegebenen Werkes *Learning about Learning Disabilities* zugrunde liegt. Das Herausgeberwerk von Wong, das 1991 erstmals erschienen ist, zählt zu den Klassikern unter den Büchern über Lernstörungen. International führende Experten auf ihrem Gebiet stellen den neuesten Stand der Forschung zu kognitiven, motivationalen, sozialen und Interventionsaspekten von Lernstörungen dar. Mit der vorliegenden Übersetzung wird dieser Klassiker zum ersten Mal der breiteren deutschen Leserschaft zugänglich gemacht.

Spektrum Akademischer Verlag und der Herausgeber der deutschen Übersetzung haben sich (in Absprache mit B. Y. L. Wong) dafür entschieden, nicht alle 18 Kapitel der amerikanischen Originalausgabe in die deutsche Ausgabe aufzunehmen. Einige Originalkapitel zu schulorganisatorischen Fördermaßnahmen für Kinder und Jugendliche mit Lernstörungen waren so sehr auf die Bedingungen des amerikanischen Bildungssystems zugeschnitten, dass sie für deutsche Leserinnen und Leser nur mit wenig Gewinn zu lesen gewesen wären. Sie sind in der Übersetzungsausgabe nicht enthalten. Der Fokus der deutschen Ausgabe sollte darüber hinaus darauf ausgerichtet sein, Lernstörungen im *Kindes- und Jugendalter* aus unterschiedlicher Perspektive zu beleuchten. Ein Originalkapitel zu Lernstörungen im Erwachsenenalter, das dieser Konzeption nicht entsprach, wurde ebenfalls nicht mit in die deutsche Ausgabe aufgenommen. Es verblieben insgesamt 13 Kapitel zu grundlagenorientierten Aspekten von Lernstörungen (*Teil 1*: Geschichte und konzeptuelle Probleme, Informationsverarbeitung und Gedächtnis, Sprache, Peerbeziehungen, Selbstregulation, neurowissenschaftliche Grundlagen) und zu anwendungsorientierten Aspekten (*Teil 2*: Instruktionen zur Förderung von Kompetenzen im Lesen, im Schreiben und in der Mathematik, Interventionen zur Förderung sozialer Kompetenz, Interventionen bei Jugendlichen mit Lernstörungen). Der Text dieser 13 Kapitel entspricht mit wenigen Ausnahmen der Originalvorlage. Veränderungen wurden bei einigen Passagen vorgenommen, die sich auf amerikanische Gesetzesinitiativen seit 1975 bezogen, die zum Ziel hatten, die Ausbildungssituation von Kindern und Jugendlichen mit Lernstörungen so zu gestalten, dass ihnen möglichst wenige Nachteile aus ihren Schwierigkeiten erwachsen. Diese Passagen mit engen Bezügen zum amerikanischen Bildungssystem wären im Detail für die deutsche Leserschaft von geringerem Interesse gewesen und wurden aus diesem Grund gekürzt oder gestrichen.

Erhalten blieben in der deutschen Übersetzung Erläuterungen zu amerikanischen Vereinigungen und Verbänden, deren Ziel es ist, die Bedürfnisse von Personen mit Lernstörungen offensiv zu vertreten, Einfluss auf die politische Meinungsbildung zu nehmen, Forschungen zu Lernstörungen zu initiieren und mithilfe wissenschaftlicher Zeitschriften einschlägige Forschungsergebnisse zu verbreiten. In der amerikanischen Öffentlichkeit sind Interessensvertretungen, die sich Personen mit Lernstörungen verpflichtet fühlen, stärker präsent, und sie nehmen auf wissenschaftliche Forschung und Theoriebildung (z. B. auf die Auffassung darüber, welche Kinder und Jugendlichen als lerngestört angesehen werden) größeren Einfluss als in Deutschland. Die Kenntnis solcher Zusammenhänge kann als Hintergrundinformation dazu beitragen, die Einordnung und das Verständnis vorhandener Konzepte zur Diagnose und zur Intervention bei Lernstörungen zu erleichtern.

Lernstörungen werden im deutschsprachigen Raum von Medizinern, Psychologen und Pädagogen diagnostiziert und behandelt. Es gibt zahlreiche private Lerninstitute, die Hilfen bei Lernstörungen anbieten. Die Qualität dieser Hilfen ist nicht immer gewährleistet. Eine erste Anlaufstelle, die weiterführende Informationen geben kann, ist der Bundesverband Legasthenie und Dyskalkulie e. V. Er ist folgendermaßen erreichbar:

Bundesverband Legasthenie und Dyskalkulie e.V.

Postfach 11 07
30011 Hannover
Internet: www.bvl-legasthenie.de

Geschäftsstelle:
Tel.: 0700 / 285 285 285
E-Mail: info@bvl-legasthenie.de

Beratung:
Tel.: 0700 / 318 738 11
E-Mail: beratung@bvl-legasthenie.de

Wertvolle Materialien zu Legasthenie und Dyskalkulie einschließlich weiterführender Hinweise und Links sind im Internet auf dem Deutschen Bildungsserver zu finden:

Deutscher Bildungsserver

www.bildungsserver.de

Im deutschsprachigen Raum gibt es kein periodisch erscheinendes wissenschaftliches Publikationsorgan, das sich ausschließlich mit Lernstörungen befasst. Empirische Studien sind verstreut über Zeitschriften unterschiedlicher wissenschaftlicher Disziplinen zu finden. Die wichtigsten einschlägigen deutschsprachigen Zeitschriften sind:

Zeitschriften mit psychologischer Orientierung:

Kindheit und Entwicklung
Psychologie in Erziehung und Unterricht
Zeitschrift für Entwicklungspsychologie und Pädagogische Psychologie
Zeitschrift für Pädagogische Psychologie

Zeitschriften mit pädagogischer Orientierung:

Heilpädagogische Forschung
Zeitschrift für Heilpädagogik

Zeitschrift mit medizinischer Orientierung:

Zeitschrift für Kinder- und Jugendpsychiatrie und Psychotherapie

Der vorliegende Herausgeberband richtet sich gleichermaßen an Studierende und an Berufstätige. Zielgruppe bei den Studierenden sind in erster Linie fortgeschrittene Bachelor- und Masterstudierende der Psychologie, der Erziehungswissenschaft und des Lehramts (in der modularisierten Lehramtsausbildung Studierende im Hauptstudium) sowie fortgeschrittene Studierende der Medizin (Kinder- und Jugendpsychiatrie). Bei den Berufstätigen sind Adressaten u. a. Angehörige von Beratungsstellen, Schulpsychologen, Beratungslehrer und Personen in schulischen Leitungsfunktionen. Die Tatsache, dass die amerikanische Originalausgabe bereits in dritter (überarbeiteter) Auflage erschienen ist, zeigt, dass die anspruchsvolle Konzeption des Buches von den Adressaten angenommen worden ist. Es ist zu hoffen, dass die deutsche Ausgabe in ähnlichem Ausmaß Zustimmung findet.

Frankfurt am Main, im Juli 2007
Gerhard Büttner

Teil 1
Lernstörungen: Konzeption, Geschichte und Forschung

1 Ein historischer und konzeptueller Überblick

Joseph K. Torgesen
Florida State University

1.1 Der aktuelle Status des Bereichs Lernstörungen

Die Bedeutung von Lernstörungen als ein Feld beruflicher Praxis und wissenschaftlicher Forschung lässt sich ermessen, wenn vier Bereiche näher betrachtet werden. Neben der rechtlichen Verankerung von Lernstörungen in Gesetzen und Verordnungen (auf die in diesem Kapitel nicht näher eingegangen wird), den zahlreich vorhandenen einschlägigen Organisationen und Berufsverbänden und der regen Forschungsaktivität geben epidemiologische Daten einen wichtigen Anhaltspunkt: In keinem anderen sonderpädagogischen Bereich werden gegenwärtig so viele Kinder gefördert wie in den Förderprogrammen für Lernstörungen. Laut aktueller Daten des Büros für sonderpädagogische Programme (Office of Special Education Programs, OSEP) des US-Kultusministeriums werden 50,5 % aller Kinder, die derzeit in Schulen Fördermaßnahmen in Anspruch nehmen, als Kinder mit Lernstörungen eingestuft. Im Schuljahr 1999/2000 wurden in den Vereinigten Staaten ca. 2,9 Millionen Schüler mit Lernstörungen identifiziert.

Lernstörungen bilden derzeit den größten sonderpädagogischen Bereich, der zusätzlich in raschem Wachstum begriffen ist. Obgleich die Zahl der Betroffenen im Vergleich zu früher weniger schnell steigt, stellen Lernstörungen unter allen Störungen mit hoher Inzidenz nach wie vor die Kategorie mit der größten Zuwachsrate dar. Am stärksten stieg die Zahl der betroffenen Schüler in den ersten sechs Jahren nach Verabschiedung des Gesetzes, wonach alle Schulen Förderprogramme für Schüler mit Lernstörungen anbieten müssen. Zwischen 1976 und 1982 nahm die Zahl der Schüler, die aufgrund von Lernstörungen Fördermaßnahmen erhielten, um 130 % zu! Das entspricht einer jährlichen Wachstumsrate von fast 20 %. Zwischen 1983 und 1988 verringerte sich der Zuwachs, und die jährliche Wachstumsrate sank auf knapp 2 %. Die neuesten Zahlen für die Jahre 1990/91 und 1999/2000 deuten auf ein jährliches Wachstum von 3,4 % hin, während die Schülerzahl insgesamt um etwa 1,4 % pro Jahr zunahm. Unklar ist, warum die Wachstumsrate von US-amerikanischen Schülern, die als lernbeeinträchtigt identifiziert wurden, während der letzten zehn Jahre leicht angestiegen ist. Dieser Anstieg spiegelt möglicherweise eine Reihe unterschiedlicher Einflussfaktoren wider, darunter eine zunehmende Heterogenität der Schülerpopulation und ein steigender Druck auf Schulen, angesichts neuer Verantwortlichkeitsreglements das Leistungsniveau anzuheben.

Insgesamt nehmen in den USA etwa 5,7 % aller Schüler in öffentlichen Schulen Förderprogramme für Lernstörungen in Anspruch. Allerdings ist die Rate neu auftretender Fälle (Inzidenzrate) von Bundesstaat zu Bundesstaat sehr verschieden: Sie reicht von 3 % in Kentucky und Georgia bis annähernd 9 % in Massachusetts und 9,6 % in Rhode Island. Ein großes Problem stellen die unterschiedlichen Kriterien dar, die in den einzelnen Bundesstaaten verwendet werden. Für die betroffenen Kinder und ihre Familien können daraus im Falle eines Umzugs in einen anderen Bundesstaat große Schwierigkeiten entstehen. Die Zahlen für den US-amerikanischen Raum machen deutlich, welchen Stellenwert Lernstörungen im Bereich der Sonderpädagogik einnehmen. Ähnlich wie in Amerika werden formale Förderprogramme für Kinder mit Lernstörungen in großem Umfang auch in Kanada sowie in den meisten westeuropäischen Ländern angeboten.

1.1.1 Berufsverbände und Interessenvertretungen

Ein wichtiger Indikator für den gegenwärtigen Status, den das Gebiet der Lernstörungen innehat, ist die Zahl der berufsständischen Verbände und Organisationen, die für Kinder mit Lernstörungen eintreten, die berufliche Entwicklung von Fachkräften fördern und ein Forum für Forschungsdiskussionen bieten. Derzeit gibt es sieben große Verbände, die ausschließlich die Interessen von Kindern mit Lernstörungen und von Fachkräften in diesem Bereich vertreten. Die größte dieser Organisationen ist die Amerikanische Gesellschaft für Lernstörungen (Learning Disabilities Association of America, LDA), früher als Gesellschaft für Kinder und Erwachsene mit Lernstörungen (Association for Children and Adults with Learning Disabilities) bekannt. Im Jahre 1964 ins Leben gerufen, zählt diese Organisation heute mehr als 40 000 Mitglieder mit etwa 300 lokalen Einrichtungen in 50 US-Bundesstaaten, Washington, D. C. und Puerto Rico. Neben dem Engagement für Kinder mit Lernstörungen auf einzelstaatlicher Ebene und auf Bundesebene stehen die Unterstützung der Eltern und die Weitergabe von Informationen über Förderprogramme und -methoden im Mittelpunkt der Organisationstätigkeit. Die Kanadische Gesellschaft für Lernstörungen wurde 1971 eingegliedert; sie zählt weitere 10 000 Mitglieder und verfolgt ganz ähnliche Ziele wie die Schwesterorganisation in den USA.

Die Abteilung für Lernstörungen (Division for Learning Disabilities, DLD) ist die größte Abteilung des Rates für außergewöhnliche Kinder (Council for Exceptional Children). Mit ihren etwa 10 000 Mitgliedern beschäftigt sie sich in erster Linie mit der beruflichen Praxis im Bereich der Lernstörungen. Der Rat für Lernstörungen (Council for Learning Disabilities, CLD) ist eine unabhängige Organisation mit 5000 Mitgliedern und ähnlichen Zielsetzungen wie die DLD. Der älteste Berufsverband im Bereich der Lernstörungen ist die Orton Gesellschaft für Dyslexie (Orton Dyslexia Society), die sich 1998 in Internationale Gesellschaft für Dyslexie (International Dyslexia Association, IDA) umbenannte. Die Gesellschaft wurde 1949 ins Leben gerufen und zählt derzeit etwa 13 000 Mitglieder. Die IDA kümmert sich vor allem um die berufliche Entwicklung und die Verbreitung von Forschungsergebnissen zu Kindern mit spezifischen *Lese*störungen.

Daneben gibt es zwei kleinere Organisationen, deren Hauptanliegen die Diskussion von Themen und die Verbreitung von Informationen über Lernstörungen ist. Das Nationale gemeinsame Komitee für Lernstörungen (National Joint Committee on Learning Disabilities, NJCLD) ist ein kleiner Verband von ernannten Vertretern der wichtigsten Organisationen und Interessengruppen im Bereich der Lernstörungen. Aufgabe des NJCLD ist es, für ein Kommunikationsforum zwischen den einzelnen Organisationen und für interdisziplinären Austausch zu sorgen. Das Komitee veröffentlicht regelmäßig Standpunkte zu wichtigen Themen im Bereich der Lernstörungen. Das NJCLD ist sehr einflussreich, da seine Mitglieder einen großen Teil der gesamten Öffentlichkeit, die sich mit Lernstörungen befasst, repräsentieren. Eine weitere verhältnismäßig kleine Organisation, deren Auftrag in der Verbreitung von Informationen über Lernstörungen besteht, ist das Nationale Zentrum für Lernstörungen (National Center for Learning Disabilities, NCLD).

Die einzige Organisation, die ausschließlich die Förderung und Verbreitung einschlägiger *Forschung* zum Ziel hat, ist die Internationale Akademie für Forschung zu Lernstörungen (International Academy for Research in Learning Disabilities, kurz IARLD). Die Mitgliedschaft in dieser Akademie erfolgt nur auf Einladung, und ihre Mitglieder sind fast ausschließlich aktiv Forschende. Ihre Aufgabe besteht darin, den internationalen Austausch über Forschung zu Lernstörungen zu fördern.

Diese Organisationen sind deshalb so wichtig, weil sie zur Weiterentwicklung des Bereichs beitragen und dafür sorgen, dass Lernstörungen im Blickpunkt der Öffentlichkeit bleiben. Die meisten dieser Verbände halten mindestens jährliche Treffen auf nationaler Ebene ab; einige von ihnen geben monatliche oder vierteljährliche Fachzeitschriften heraus. Die steigende Zahl ihrer Mitglieder – Eltern, Pädagogen, Wissenschaftler – macht deutlich, wie groß das Interesse an Kindern mit Lernstörungen ist.

1.1.2 Lernstörungen als aktiver Forschungsbereich

Ein weiterer Indikator für den aktuellen Status des Bereichs Lernstörungen ist das rege Interesse an diesem Gebiet bei Wissenschaftlern; in der Tat handelt es sich um ein überaus aktives Forschungsgebiet. Ein entscheidender Impuls für die Forschung zu Lernstörungen ging in den USA von der Verabschiedung des Gesetzes zur Erweiterung der Gesundheitsforschung im Jahre 1985 aus, das zur Bildung eines behördenübergreifenden Komitees für Lernstörungen (Interagency Committee on Learning Disablilities) führte. Dieses Komitee wurde damit beauftragt, den aktuellen Wissensstand im Bereich der Lernstörungen zu untersuchen und dem Kongress einen Bericht mit Empfehlungen zu Forschungsinitiativen vorzulegen. Der Bericht wurde 1987 eingereicht, und eine Synthese seines Inhalts wurde ein Jahr später unter dem Titel *Proceedings of the National Conference on Learning Disabilities* (Kavanagh & Truss, 1988) veröffentlicht. Der Bericht empfahl, dass das Nationale Institut für die Gesundheit des Kindes und menschliche Entwicklung (National Institute of Child Health and Human Development, NICHD), eine Unterabteilung der Nationalen Gesundheitsinstitute (National Institutes of Health), die Führung übernehmen und ein umfassendes, multidisziplinäres Forschungsprogramm zu Lernstörungen initiieren solle. Laut dem Bericht „sollte das Hauptziel dieser Forschung darin bestehen, ein Klassifikationssystem zu entwickeln, das eindeutigere Definitionen und Diagnosen von Lernstörungen, Verhaltensstörungen und Aufmerksamkeitsdefizitstörungen sowie ihrer wechselseitigen Beziehung gestattet. Diese Informationen sind Voraussetzung für die Beschreibung von homogenen Subgruppen und die Identifikation präziserer und verlässlicherer Strategien zur Behandlung, Förderung und Prävention, welche die Wirksamkeit von Forschung und Therapie erhöhen" (Interagency Committee on Learning Disabilities, 1987, S. 224).

Auf der Grundlage dieser Empfehlungen startete das NICHD eine sehr aktive und programmatische Serie von Studien, die sich vor allem auf Kinder mit Lesestörungen konzentrierte. Diese Forschungen waren äußerst ertragreich; eine indirekte Folge war die größte nationale Initiative zur Prävention von Lesestörungen, die je in den USA durchgeführt worden war. Diese Initiative, die „Zuerst das Lesen" („Reading First") genannt wurde, war Teil eines größeren Gesetzesentwurfs zur Förderung von Kindern, dem „No Child Left Behind Act", der im Januar 2002 von Präsident George W. Bush unterzeichnet und rechtskräftig wurde. Die Initiative wurde durch die Ergebnisse von Forschungen zum Lesen, zur Leseentwicklung und zu Lesestörungen angeregt und gelenkt, die in den vergangenen 15 Jahren vom NICHD und vom US-Kultusministerium unterstützt wurden. Die verstärkte Förderung der Forschung zu Lernstörungen führte außerdem dazu, dass sich auch Fachleute aus Bereichen, die traditionell nicht mit Lernstörungen (d. h. der Sonderpädagogik) in Verbindung gebracht werden, diesem Forschungsbereich zuwandten. Kompetente Wissenschaftler insbesondere aus den Bereichen der Psychologie, der Medizin und der Linguistik leisten vielversprechende neue Beiträge zum Wissen über Lernstörungen.

Die Kommunikation über Forschungsergebnisse und Themenstellungen im Bereich der Lernstörungen wird durch die Herausgabe verschiedener Fachzeitschriften gefördert, die sich ausschließlich diesem Thema widmen. Die Zeitschrift mit der größten Auflage ist das *Journal of Learning Disabilities* (herausgegeben von PRO-ED, Inc.). Weitere wichtige Zeitschriften sind *Learning Disabilities Quarterly* (herausgegeben von CLD), *Learning Disabilities Research and Practice* (herausgegeben von DLD), *Learning Disabilities: A Multidisciplinary Journal* (herausgegeben von LDA) sowie *Annals of Dyslexia* (herausgegeben von der Internationalen Gesellschaft für Dyslexie). Die IARLD veröffentlicht jedes Jahr zwei oder drei Monografien zu Themen, die im Zusammenhang mit Lernstörungen stehen, sowie ein Periodikum mit dem Titel *Thalamus*. Neben diesen Publikationen, die sich exklusiv mit Lernstörungen befassen, gibt es noch eine ganze Reihe von Fachzeitschriften, in denen Artikel über Lernstörungen erscheinen, darunter das *Journal of Educational Psychology*, *Reading Research Quarterly*, *Journal of Experimental Child Psychology*, *Brain and Behavior*, *Developmental Medicine and Child Neurology*, *Scientific Studies of Reading* und *Journal of Applied Behavior Analysis*.

1.2 Lernstörungen aus historischer Sicht

1

Wenn man die Geschichte des Gebietes der Lernstörungen betrachtet, ist es sinnvoll, von Anfang an zu unterscheiden zwischen (1) Lernstörungen als *angewandtem* Bereich der Sonderpädagogik und (2) Lernstörungen als *Forschungs*bereich, der sich mit individuellen Unterschieden beim Lernen und bei der Schulleistung befasst. Als angewandter Bereich der Sonderpädagogik überschneidet sich das Gebiet der Lernstörungen mit anderen politisch-sozialen Bewegungen, während der Forschungsbereich einen losen Zusammenhang interdisziplinärer wissenschaftlicher Aktivitäten darstellt. Ein zentrales Anliegen dieses Kapitels ist es, auf die häufige Verwechslung und den gelegentlichen Konflikt dieser beiden Teilgebiete hinzuweisen, durch die im Laufe der Geschichte viele Probleme entstanden sind und die bis heute eine Herausforderung für das Gebiet der Lernstörungen bedeuten. Obgleich die beiden Teilgebiete durchaus eine gemeinsame Geschichte haben, ist der historische Rahmen der Lernstörungen als politisch-soziale Bewegung sehr viel enger, als das für das Gebiet insgesamt zutrifft. Der folgende Abschnitt skizziert verschiedene Auffassungen, die über Individuen mit Lernschwierigkeiten im Laufe der Geschichte entwickelt wurden, und er zeigt die historischen Vorläufer der Lernstörungsbewegung auf. Da an dieser Stelle nur eine kurze Diskussion der historischen Gesichtspunkte möglich ist, sei auf weitere Quellen verwiesen, die ausführliche Informationen zu diesem Thema enthalten (Coles, 1987; Doris, 1986; Hallahan & Cruickshank, 1973; Hallahan et al., 1985; Hallahan & Mercer, 2002; Kavale & Forness, 1985; Myers & Hammill, 1990; Wiederholt, 1974).

1.2.1 Frühe Entwicklungen

Das Interesse an möglichen Ursachen und Folgen von individuellen Unterschieden beim geistigen Funktionsvermögen reicht mindestens bis in die frühe griechische Kultur zurück (Mann, 1979). Den Anfang der wissenschaftlichen Arbeiten, die für das Gebiet der Lernstörungen von unmittelbarer Bedeutung sind, markieren aber vermutlich die Untersuchungen von Franz Joseph Gall zu Beginn des 19. Jahrhunderts (Wiederholt, 1974). Gall beschrieb verschiedene Fälle erwachsener Patienten, bei denen infolge einer Hirnschädigung der Verlust einer spezifischen mentalen Funktion auftrat. Die Beschreibung eines seiner Patienten ist besonders interessant, weil Gall bemüht war, zu zeigen, dass der Funktionsverlust des Patienten auf eine einzelne Fähigkeit beschränkt war:

> *Ein Soldat war infolge eines Schlaganfalls nicht in der Lage, seinen Gedanken und Gefühlen in gesprochener Sprache Ausdruck zu verleihen. Sein Gesicht zeigte keinerlei Anzeichen dafür, dass sein Intellekt gestört war. Sein Geist (esprit) fand die Antwort auf Fragen, die man ihm stellte, und er führte sämtliche Handlungen aus, zu denen man ihn aufforderte. Man zeigte ihm einen Lehnstuhl, und auf die Frage, ob er wisse, was das sei, setzte er sich einfach darauf. Sprach man ihm ein Wort vor und bat ihn, dieses Wort zu wiederholen, so konnte er es nicht sofort nachsprechen; etwas später rutschte ihm das*

1

Wort dann heraus, und es war, als ob dies unwillkürlich geschehe. (...) Seine Zunge war nicht beeinträchtigt, denn er bewegte sie gewandt hin und her, und er konnte eine große Anzahl einzelner Worte aussprechen. Sein Gedächtnis funktionierte ebenfalls, denn er verlieh seinem Ärger darüber Ausdruck, dass er sich nicht richtig mitteilen konnte. Allein das Sprachvermögen war abhanden gekommen (Head, 1926, S. 11).

Im nachfolgenden zwanzigsten Jahrhundert wurden zahlreiche klinische Studien zu Sprach- und Sprechstörungen durchgeführt. Zu den bekanntesten zählen die von Bouillaud, Broca, Jackson, Wernicke und Head (Wiederholt, 1974). Die Hauptzielsetzung dieser Arbeiten bestand darin, den spezifischen Verlust verschiedener Sprach- und Sprechfunktionen bei Erwachsenen, die diese Fähigkeiten zuvor besessen hatten, zu dokumentieren und herauszufinden, welche Art von Hirnschädigung den verschiedenen funktionellen Störungen zugrunde lag. Diese Arbeiten waren für die nachfolgenden Untersuchungen zu Lernstörungen wichtig, weil sie dokumentierten, dass durch die Schädigung einzelner Gehirnregionen sehr spezifische mentale Beeinträchtigungen auftreten können.

Die ersten systematischen klinischen Studien zu spezifischen Lesestörungen wurden 1917 von James Hinshelwood, einem schottischen Augenheilkundler (Ophthalmologen), durchgeführt. Hinshelwood untersuchte mehrere Fälle, in denen Erwachsene plötzlich die Lesefähigkeit verloren hatten, während andere mentale Funktionen intakt geblieben waren. Ebenso wie in Fällen eines plötzlichen Verlusts der mündlichen Sprachfähigkeit wurde der Verlust der Lesefähigkeit einer Schädigung spezifischer Gehirnregionen zugeschrieben. Hinshelwood versuchte, seine These anhand von Hinweisen aus der Krankengeschichte der Patienten oder durch Autopsien zu untermauern.

Neben seinen Arbeiten über den Funktionsverlust bei Erwachsenen befasste sich Hinshelwood auch mit Kindern, die beim Erwerb von Lesefähigkeiten extreme Schwierigkeiten zeigten. In seinen Fallbeschreibungen dokumentierte Hinshelwood sorgfältig, dass die Leseschwierigkeiten dieser Kinder in Verbindung mit ganz normal ausgeprägten geistigen Fähigkeiten in anderen Bereichen auftraten. So beschreibt er einen zehnjährigen Jungen mit schwerer Lesestörung folgendermaßen:

Der Junge geht seit drei Jahren zur Schule und macht in allen Fächern gute Fortschritte, außer im Lesen. Er ist ganz offensichtlich ein aufgeweckter und in jeder Hinsicht intelligenter Junge. Seit einem Jahr nimmt er am Musikunterricht teil und macht darin gute Fortschritte. (...) In allen Schulfächern, in denen der Unterricht in mündlicher Form stattfindet, erbringt er gute Leistungen, was zeigt, dass sein auditives Gedächtnis nicht beeinträchtigt ist. (...) Er kann einfache Rechenaufgaben korrekt lösen, und seine Fortschritte im Rechnen sind recht zufriedenstellend. Er hat keine Schwierigkeiten mit dem Schreiben. Sein Sehvermögen ist gut (S. 46–47).

Hinshelwood schrieb die Probleme des Jungen einer Beeinträchtigung zu, die als „kongenitale Wortblindheit" bezeichnet und auf die Schädigung einer spezifischen Gehirnregion zurückgeführt wurde, in der visuelle Erinnerungen an Wörter und

Buchstaben gespeichert sind. Angesichts der ähnlichen Symptome, die Hinshelwood sowohl bei entwicklungsbedingten Lesestörungen als auch bei Lesestörungen im Erwachsenenalter beobachtet hatte, und aufgrund seiner medizinischen Ausrichtung kann man leicht nachvollziehen, wie er zu seiner Erklärung für spezifische Lesestörungen bei Kindern gelangte. Aktuelle Analysen einiger seiner Fälle deuten jedoch darauf hin, dass Hinshelwood möglicherweise verschiedene Umwelteinflüsse übersehen hat, die ebenfalls geeignet gewesen wären, einen Beitrag zur Erklärung der Leseprobleme zu leisten (Coles, 1987). Welche Ursachen auch immer den von Hinshelwood untersuchten Lesestörungen zugrunde lagen, zeigten seine Studien doch deutlich, dass Lesestörungen bei Kindern auftreten können, die in anderen Bereichen durchschnittliche oder überdurchschnittliche geistige Fähigkeiten besitzen. Hinshelwood ging außerdem davon aus, dass Fälle echter „Wortblindheit" mit einer Inzidenz von weniger als 1:1000 äußerst selten seien.

Ein weiterer bedeutender Wissenschaftler, der im Anschluss an Hinshelwood klinische Studien zu Kindern mit Lesestörungen durchführte, war der amerikanische Kinderneurologe Samuel Orton. Auf der Grundlage klinischer Untersuchungen über einen Zeitraum von zehn Jahren hinweg entwickelte Orton allerdings einen ganz anderen Erklärungsansatz für Lesestörungen. Hinshelwood war davon ausgegangen, dass bei Kindern mit spezifischer Lesestörung eine Schädigung bestimmter Gehirnareale vorlag. Orton (1937) vertrat demgegenüber die Ansicht, die Störung sei dadurch verursacht, dass sich die Fähigkeit zum Aufbau einer Sprachdominanz in der linken Gehirnhemisphäre nur verzögert oder gar nicht entwickele. Er verwendete den Begriff der „Strephosymbolie", der das Vertauschen von Symbolen bezeichnet. Orton bezog sich dabei auf eigene Beobachtungen, aus denen hervorging, dass Kinder mit Lesestörungen oft besonders große Schwierigkeiten beim korrekten Lesen von Spiegelwörtern (nie-ein, eis-sie) oder -buchstaben (b-d, p-q) hatten. Ortons Theorie erklärte die Verdrehungen dadurch, dass die visuellen Bilder der Reize auf die beiden Gehirnhemisphären projiziert und dort durcheinander gebracht werden. Da die Projektionen laut Theorie Spiegelbilder voneinander sind und keines der hemisphärischen Bilder beständig dominant ist, sollte das Kind den Reiz einmal als „b" und ein anderes Mal als „d" sehen.

Weder Ortons neurologische Theorien zur Dyslexie (Lesestörung) noch die Annahme, dass Strephosymbolie für diese Störung besonders symptomatisch sei, konnten durch nachfolgende Forschungen bestätigt werden (Liberman et al., 1971). Allerdings stimmt seine Annahme, die spezifische Entwicklungsdyslexie beruhe auf einer Dysfunktion der Sprachregionen des Gehirns, mit wichtigen aktuellen Theorien zu diesem Phänomen überein (Shankweiler & Liberman, 1989; Torgesen, 1999).

Im Vergleich zu Hinshelwoods Arbeiten waren Ortons Studien im zeitgenössischen Kontext bedeutsamer, weil sie weitere Forschungen anregten und die Gründung spezieller Schulen und Kliniken für Kinder mit Lesestörungen zur Folge hatten. Orton entwickelte außerdem eine Reihe sehr einflussreicher pädagogischer Interventionen für Kinder mit Lesestörungen, und im Jahre 1949 wurde in Anerkennung seiner wissenschaftlichen Beiträge die Orton Gesellschaft für Dyslexie gegründet. Interessanterweise waren die von Orton und Hinshelwood entwickelten pädagogischen Programme recht ähnlich: Beide empfahlen einen systematischen und klaren Unterricht in Verbindung mit intensivem Üben von Buchstabe-Laut-Beziehungen, um die

Fähigkeit der Worterkennung zu verbessern. In ihrer nachdrücklichen Betonung von direkter Instruktion und dem Üben von leserelevanten Fertigkeiten unterschieden sich diese Programme deutlich von den prozessorientierten Trainingsansätzen, die 30 Jahre später von vielen Pädagogen befürwortet wurden, als der Bereich der Lernstörungen offiziell etabliert worden war.

Obgleich Ortons Arbeiten in einzelnen speziellen Schulen und Kliniken bei der Behandlung von Lesestörungen durchaus zum Tragen kamen, wurden seine Theorien in breiteren wissenschaftlichen und erzieherischen Kreisen ebenso wenig als Erklärungsmodell für individuelle Unterschiede bei der Lesefähigkeit übernommen wie Hinshelwoods Theorien zur neurologischen Basis von Leseschwierigkeiten (Doris, 1986). Pädagogen und Psychologen, die in öffentlichen Schulen am häufigsten mit Fällen von Lesestörungen zu tun hatten, schrieben die Ursachen einer Reihe von Umwelt-, Einstellungs- und Unterrichtsproblemen zu. Publikationen zum Thema Diagnose und Behandlung von Lesestörungen in den 1940er- (Durrell, 1940) und 1950er-Jahren (Vernon, 1957) stellten die älteren Theorien generell infrage und vertraten stattdessen die Auffassung, dass eine inhärente Dysfunktion des Gehirns bestenfalls für einen sehr geringen Prozentsatz der Lesestörungen verantwortlich sei.

1.2.2 Unmittelbare Vorläufer des Bereichs der Lernstörungen

Die bislang beschriebenen Arbeiten sind Teil einer allgemeinen Ideengeschichte zu spezifischen Lernstörungen bei Kindern. Die Etablierung eines formal organisierten pädagogischen Bereiches wurde allerdings in erster Linie durch Forschungen und klinische Untersuchungen vorangetrieben, die von Heinz Werner und Alfred Strauss an der Wayne County Training School in Northville (Michigan) durchgeführt wurden, einer Institution, die in den frühen 1920er-Jahren für mental retardierte Kinder gegründet worden war. Aus historischer Sicht haben die Arbeiten von Hinshelwood und Orton kaum dazu beigetragen, dass sich in der Sonderpädagogik ein eigener Bereich Lernstörungen entwickelt hat. Rückblickend scheint es sogar, dass ihre Arbeiten erst dann eine größere historische Bedeutung erlangt haben, als sich abzuzeichnen begann, dass bei den meisten Kindern mit Lernstörungen Schwierigkeiten beim Lesen das größte schulische Problem darstellten (Lyon, 1985) und als das wissenschaftliche Interesse an spezifischen Lesestörungen während der letzten 15 bis 20 Jahre zunahm (Raynor et al., 2001).

Der Ansatz von Werner und Strauss war ein ganz anderer als der von Hinshelwood und Orton. Es ging ihnen in erster Linie darum, gestörte allgemeine Lernprozesse zu beschreiben anstatt Erklärungen dafür zu finden, warum manche Kinder nicht in der Lage waren, einer spezifischen schulischen Anforderung gerecht zu werden. Sie gingen erstmals von einer Subgruppe von Kindern aus, die – vermutlich aufgrund einer leichten Hirnschädigung – spezifische Beeinträchtigungen bei der Verarbeitung bestimmter Arten von Informationen aufwies. Die Arbeiten von Werner und Strauss legten sehr viel mehr Gewicht auf die gestörten Lernprozesse selbst einschließlich ihrer Auswirkungen auf unterschiedliche Lernsituationen als auf die spezifischen schulischen Aufgabenbereiche, die von der Beeinträchtigung betroffen waren.

Worum handelte es sich bei diesen gestörten Lernprozessen? Heute würde man zur Beschreibung dieses Phänomens Begriffe wie Ablenkbarkeit, Hyperaktivität, visuell-perzeptive und perzeptiv-motorische Probleme verwenden. Werner und Strauss waren sehr stark von den Arbeiten Kurt Goldsteins beeinflusst, der während des Ersten Weltkrieges das Verhalten von Soldaten mit Kopfverletzungen untersucht hatte. Goldstein beobachtete bei vielen seiner Patienten eine Reihe von gemeinsamen Verhaltensmerkmalen: die Unfähigkeit zur Unterdrückung einer Reaktion auf bestimmte externe Reize, Schwierigkeiten bei der Figur-Grund-Differenzierung, Hyperaktivität, penible Verhaltensweisen sowie extreme emotionale Labilität.

Werner und Strauss wollten aufzeigen, dass eine Subgruppe von Kindern an ihrer Schule ähnliche Verhaltensauffälligkeiten und kognitive Schwierigkeiten hatten. Aufgrund ihrer Krankengeschichte und bestimmter Verhaltensmerkmale wurde davon ausgegangen, dass diese Kinder eine Hirnschädigung hatten. Werner und Strauss verglichen das Verhalten der „hirngeschädigten" Kinder mit dem anderer mental retardierter Kinder, von denen angenommen werden konnte, dass sie keine Hirnschädigung hatten. Ihre allgemeine Schlussfolgerung war, dass die hirngeschädigten Kinder spezifische Aufmerksamkeitsprobleme (Ablenkbarkeit) und Wahrnehmungsschwierigkeiten zeigten. Diese Befunde wurden mit anderen Beobachtungen (Kephart & Strauss, 1940) verknüpft, wonach die hirngeschädigte Subgruppe im Vergleich zu anderen Kindern vom schulischen Lehrplan an der Wayne County School in geringerem Ausmaß profitierte. Während der IQ der nicht hirngeschädigten Kinder im Laufe mehrerer Schuljahre anstieg, nahm der IQ der hirngeschädigten Kinder ab.

Aus diesen Beobachtungen folgerten Werner und Strauss, dass die hirngeschädigten Kinder spezielle schulische Interventionen brauchten, um die Schwächen zu überwinden, die sie in ihren Forschungen identifiziert hatten (Strauss, 1943). „Die anormalen Verhaltensweisen hirngeschädigter Kinder im Zusammenhang mit perzeptiven Aufgaben lassen sich durch Störungen der Figur-Grund-Differenzierung erklären und sollten daher durch eine gezielte Förderung der Figur-Grund-Wahrnehmung behandelt werden" (Strauss & Lehtinen, 1947, S. 50). Strauss' pädagogischer Ansatz konzentrierte sich auf Interventionen, die entweder auf die Behandlung der gestörten (in erster Linie perzeptiven) Lernprozesse ausgerichtet waren oder pädagogische Anpassungen zum Ziel hatten (z. B. die Ausschaltung ablenkender Reize im Unterricht), um die Auswirkungen der gestörten Prozesse in Grenzen zu halten. In den klassischen Werken *Psychopathology and Education of the Brain-Injured Child* (Strauss & Lehtinen, 1947) und *Psychopathology and Education of the Brain-Injured Child: Progress in Theory and Clinic* (Bd. 2) (Strauss & Kephart, 1955) erarbeiteten Strauss und seine Kollegen eine umfassende Sammlung von pädagogischen Empfehlungen, die großen Einfluss auf die Förderung von mental retardierten und hirngeschädigten Kindern haben sollte.

Wie Hallahan und Cruickshank (1973) gezeigt haben, beeinflussten die Arbeiten von Werner und Strauss den späteren Bereich der Lernstörungen nachhaltig. Sie entwickelten nicht nur spezifische pädagogische Empfehlungen, die sich auf umschriebene Störungen der Lernfähigkeit bezogen, sondern boten auch eine allgemeine Orientierung für die Förderung von Kindern mit besonderem Förderbedarf, die sich als äußerst einflussreich erweisen sollte. Diese allgemeine Orientierung war

1

durch folgende Aspekte gekennzeichnet: (1) Individuelle Unterschiede beim Lernen sollten nachvollzogen werden, indem die verschiedenen Wege untersucht werden sollten, wie das Kind Lernaufgaben angeht (die Prozesse, die das Lernen fördern oder beeinträchtigen); (2) Fördermaßnahmen sollten so ausgerichtet sein, dass sie den individuellen Stärken und Schwächen des Kindes gerecht werden, und (3) Kindern mit gestörten Lernprozessen könne geholfen werden, auf normale Weise zu lernen, indem diese Prozesse gestärkt oder indem Lehrmethoden entwickelt würden, die nicht die Schwachstellen des Kindes, sondern seine Stärken betonen. Als die Bewegung der Lernstörungen nach ihren Anfängen im Jahre 1963 immer stärker wurde, wurden diese drei Konzepte wiederholt als Begründung für die Entwicklung eines eigenständigen pädagogischen Bereichs verwendet. Sie bildeten den Kern dessen, was an den Fördermaßnahmen für Kinder mit Lernstörungen so besonders war.

Rückblickend ist es interessant, festzustellen, dass die Ideen von Werner und Strauss zu den besonderen Verarbeitungsschwierigkeiten hirngeschädigter Kinder nur wenig wissenschaftlichen Beifall fanden. Bereits 1949 kritisierte Sarason die Art und Weise, wie die Gruppen gebildet worden waren. Manche Kinder wurden allein aufgrund ihrer Verhaltensweisen der Gruppe der hirngeschädigten Kinder zugeordnet, obwohl weder entsprechende Hinweise aus neurologischen Tests noch aus der Krankengeschichte vorlagen. Unglücklicherweise ähnelten einige der Verhaltensweisen, aufgrund derer die Kinder der hirngeschädigten Gruppe zugeteilt wurden, genau jenen Merkmalen, die in den Studien experimentell untersucht wurden. Der Zirkelschluss in der Interpretation, experimentelle Unterschiede zwischen den Gruppen auf Unterschiede in der Hirnschädigung zurückzuführen, ist offensichtlich.

Abgesehen von den Interpretationsproblemen, die sich aus den Schwächen des experimentellen Designs ergaben, stellte sich heraus, dass zwischen den Gruppen keine großen Unterschiede bestanden, was die Ablenkbarkeit und die perzeptiv-motorischen Probleme betraf. Z. B. berichteten Kavale und Forness (1985) über eine Metaanalyse zu 26 Studien, die von Werner, Strauss und Kollegen mit hirngeschädigten und nicht hirngeschädigten Kindern durchgeführt worden waren. Unter Berücksichtigung sämtlicher Messergebnisse betrug der allgemeine Unterschied zwischen den Gruppen 0,104 Standardabweichungen! Die Analyse der Ergebnisse bei einzelnen abhängigen Variablen (Wahrnehmung/Motorik, Kognition, Sprache, Verhalten und Intelligenz) ergab, dass keine der geschätzten Effektstärken statistisch signifikant war. Kavale und Forness kamen zu dem Schluss, dass „die Metaanalyse kaum empirische Hinweise auf die angeblichen Verhaltensunterschiede zwischen Kindern mit exogen bedingter (Hirnschädigung) und endogen bedingter mentaler Retardierung (ohne Hirnschädigung) ergaben" (S. 57).

Obgleich die wissenschaftlichen Arbeiten von Werner und Strauss zu Lernstörungen, die durch Hirnschädigung bedingt sind, einer genaueren Analyse kaum standhalten, beeinflussten ihre Vorstellungen eine Reihe ihrer Kollegen dazu, ihr Werk fortzuführen. So zeigte beispielsweise William Cruickshank, dass normal intelligente Kinder mit Zerebralparalyse einige der mentalen Merkmale aufwiesen, wie die „hirngeschädigten", mental retardierten Kinder in früheren Studien (Cruickshank et al., 1957). Cruickshank übertrug außerdem die von Werner und Strauss empfohlenen Lehrmethoden auf Kinder mit normaler Intelligenz. Eine ausführliche Evaluation dieser Methoden findet sich in *A Teaching Method for Brain Injured and Hyperactive Children* (Cruickshank et al., 1961).

Etwa zur selben Zeit verfasste ein anderes ehemaliges Teammitglied der Wayne County Training School, Newell Kephart, ein Buch mit dem Titel *Slow Learner in the Classroom* (1960). In dieser Arbeit führte Kephart eine Theorie von Werner und Strauss weiter, wonach die perzeptiv-motorische Entwicklung die Grundlage für die gesamte höhere geistige Entwicklung, z. B. das konzeptuelle Lernen, bildet. Kephart leitete aus dieser Theorie die Annahme ab, dass die Förderung perzeptiv-motorischer Fähigkeiten für viele Kinder mit schulischen Lernschwierigkeiten hilfreich sei. In diesem Buch, das sich als sehr nützlich erweisen sollte, weil es „einzigartige" pädagogische Verfahrensweisen für den Unterricht mit lerngestörten Kindern enthielt, beschreibt Kephart ausführlich eine Reihe von Maßnahmen, die Lehrer zur Förderung der perzeptiv-motorischen Entwicklung ihrer Schüler verwenden können.

Ich möchte an dieser Stelle betonen, dass es in den 1940er- und 1950er-Jahren bis in die frühen 1960er-Jahre hinein keinen eigenständigen Bereich der Lernstörungen gab. Vielmehr beobachteten Forschende und Kliniker bei Kindern mit normaler Intelligenz verschiedene Probleme, die offensichtlich das Lernen beeinträchtigten. Kinder, die diese Schwierigkeiten aufwiesen, wurden mit einer ganzen Reihe von Etiketten versehen, darunter „minimal hirngeschädigt", „perzeptiv beeinträchtigt", „aphasisch" oder „neurologisch beeinträchtigt". Neben den perzeptiv-motorischen Verarbeitungsproblemen wurden verschiedene Störungen im Zusammenhang mit auditiven und sprachlichen Prozessen untersucht. Helmer Mykelbust, der weitreichende Erfahrungen in der Arbeit mit Gehörlosen gesammelt hatte, richtete sein Interesse in den 1960er-Jahren verstärkt auf Kinder mit eher unterschwelligen Problemen bei der Verarbeitung auditiver und sprachlicher Informationen. Er ging davon aus, dass

Kinder, die infolge einer Dysfunktion des zentralen Nervensystems Störungen des verbal-akustischen Verständnisses aufweisen, zwar hören, aber nicht verstehen, was gesagt wird. (...) Sprachstörungen dieser Art wurden sowohl bei Kindern als auch bei Erwachsenen beschrieben und als rezeptive Aphasie, sensorische Aphasie, verbal-akustische Agnosie oder Worttaubheit bezeichnet. (...) Diese Störungen sollten von Sprachstörungen unterschieden werden, die auf Gehörlosigkeit oder mentale Retardierung zurückgehen. Eine solche Unterscheidung erweist sich insbesondere bei schweren Beeinträchtigungen oft als schwierig; für die Planung eines angemessenen Förderprogramms ist sie jedoch entscheidend (Johnson & Mykelbust, 1967, S. 74).

Sprachstörungen standen auch im Mittelpunkt der Arbeiten von Samuel Kirk, der für kurze Zeit im Team von Werner und Strauss an der Wayne County School gearbeitet hatte. 1961 publizierte er die experimentelle Version des *Illinois Test of Psycho-Linguistic Abilities* (McCarthy & Kirk), dessen deutsche Fassung als Psycholinguistischer Entwicklungstest (PET) bezeichnet wird. Das Instrument sollte dazu beitragen, spezifische Stärken und Schwächen von Kindern im Bereich der Sprachverarbeitung zu ermitteln. Es stimulierte die Entwicklung einer Reihe von Trainingsprogrammen, die spezifische Interventionen für Kinder mit unterschiedlichen Mustern von Lernschwierigkeiten enthielten (Bush & Giles, 1969; Kirk & Kirk, 1971). Das Verfahren wurde also im

Sinne der ursprünglichen pädagogischen Ideen von Werner und Strauss verwendet. Obgleich sich viele andere bedeutende zeitgenössische Wissenschaftler und Lehrer mit spezifischen Lernstörungen befassten, werden die Hauptthemen jener Zeit im Wesentlichen durch die bisher beschriebenen Arbeiten repräsentiert. Im Mittelpunkt standen Kinder, die in vielen Bereichen normale intellektuelle Fähigkeiten zeigten, gleichzeitig jedoch eine Reihe von kognitiven Beeinträchtigungen aufwiesen, die ihre Lernfähigkeit im normalen schulischen Kontext offenbar einschränkten. Mit diesen Kindern befassten sich nicht nur Fachleute aus dem pädagogisch-schulischen und psychiatrischen Bereich; auch die Interessen von Elterngruppen wurden zunehmend konkretisiert und mobilisiert.

1.2.3 Formale Anfänge der Lernstörungsbewegung

Im Jahre 1963, auf der Konferenz zur Erforschung von Problemen des wahrnehmungsgestörten Kindes, die vom Fonds für Kinder mit Wahrnehmungsstörungen finanziell unterstützt wurde, schlug Samuel Kirk erstmals den deskriptiven Begriff der „Lernstörungen" vor, um die Probleme der Kinder zu benennen, die im Mittelpunkt der Konferenz standen. In seinen Worten:

> *Ich verwende den Begriff „Lernstörungen" zur Beschreibung einer Gruppe von Kindern, die Störungen bei der Entwicklung von Sprache, Sprechen, Lesen und den damit zusammenhängenden Kommunikationsfähigkeiten aufweisen, welche zur sozialen Interaktion erforderlich sind. In dieser Gruppe nicht eingeschlossen sind Kinder mit sensorischen Behinderungen wie Blindheit oder Gehörlosigkeit, da uns spezielle Behandlungs- und Trainingsmethoden für diese Kinder zur Verfügung stehen. Kinder mit generalisierter mentaler Retardierung fallen ebenfalls nicht in diese Gruppe (Kirk, 1963, S. 2–3).*

Dieser Vortrag brachte die Vorstellungen und Anliegen vieler Anwesenden auf den Punkt, und noch am selben Abend wurde die Gründung der Gesellschaft für Kinder mit Lernstörungen (Association for Children with Learning Disabilities, ACLD) beschlossen. Die Gründung der ACLD markiert den formalen Beginn einer sozialen/ politischen/erzieherischen Bewegung im Bereich der Lernstörungen. In erster Linie war es eine Organisation für Eltern. Im professionellem Beraterausschuss der ACLD waren die führenden Fachleute jener Zeit vertreten (d. h. Kirk, Cruickshank, Kephart, Frostig, Lehtinen, Mykelbust), der Vorstand setzte sich jedoch aus Eltern und führenden Persönlichkeiten aus anderen Gesellschaftsteilen zusammen. Als Anführer einer Bewegung zielte die ACLD darauf ab, soziale und politische Unterstützung für die Belange von Kindern mit Lernstörungen zu mobilisieren und Fördermaßnahmen im öffentlichen Sektor zu schaffen. Die zu Beginn dieses Kapitels präsentierten Fakten zeugen von dem enormen Einfluss, den die ACLD und assoziierte Organisationen in den letzten 40 Jahren im pädagogischen Sektor ausübten.

Zum Zeitpunkt ihrer Gründung stand die Bewegung vor drei wichtigen Herausforderungen. Erstens musste sie eine eigene Identität finden und sich klar von anderen bereits vorhandenen Bereichen der Heil- und Sonderpädagogik abgrenzen.

Zweitens musste sie eine breite Basis zur Unterstützung von öffentlich finanzierten Förderprogrammen für Kinder mit Lernstörungen entwickeln. Drittens musste sie die Ausbildungsmöglichkeiten verbessern, um eine große Gruppe von Fachkräften auf die Tätigkeit in diesem Bereich vorzubereiten.

Als Erstes nahm die Lernstörungsbewegung das Abgrenzungsproblem in Angriff, indem sie Vorstellungen und Konzepte sammelte und propagierte, die den Unterschied zwischen Kindern mit Lernstörungen und Kindern mit anderen Schulproblemen hervorhoben. Die Unterscheidung zwischen Kindern mit und ohne Lernstörungen basierte in erster Linie auf der Annahme, dass Lernstörungen das Ergebnis inhärenter und spezifischer Schwierigkeiten bei der Ausführung psychologischer Prozesse bzw. mentaler Operationen seien, die zum Lernen erforderlich sind. Diese Vorstellung war von großer Bedeutung, weil sie nahelegte, dass die betroffenen Kinder eine wirkliche Beeinträchtigung hatten, für die weder die Kinder selbst noch ihre Eltern noch die Lehrer verantwortlich waren. Die Konzeption von Lernstörungen war auch deswegen sehr willkommen, weil sie optimistisch war; sie legte nahe, dass die spezifischen Beeinträchtigungen mithilfe der richtigen Fördermaßnahmen überwunden und die Schulleistungen auf ein Niveau gebracht werden konnten, das der allgemeinen Begabung der Kinder entsprach.

Die Forschungen und Theorien von Werner und Strauss waren hilfreich, weil sie diese fundamentalen Annahmen zu Lernstörungen stützten. Der Focus des neuen Bereiches, der auf die Behandlung von Störungen basaler Lernprozesse gerichtet war, ermöglichte eine Abgrenzung gegenüber den Bereichen der mehr spezifischen Lese- und Rechenförderung, indem einerseits ein breiterer Ansatz verfolgt wurde und indem andererseits erfolgreich propagiert wurde, dass die schulischen Probleme in einer grundlegenderen und wirkungsvolleren Weise angegangen wurden (Hartman & Hartman, 1973). Professionelle Gebiete zeichnen sich durch ihr „spezielles" Wissen und ihre Expertise aus. Der Anspruch auf Fachwissen über Diagnose und Behandlung spezifischer Störungen der Verarbeitungsfähigkeit trug entscheidend dazu bei, der Lernstörungsbewegung eine eigene Identität zu verleihen.

Der neue Bereich musste auch kenntlich machen, dass seine Zielgruppe und die zugeordneten Fördermaßnahmen nicht identisch waren mit den bereits existierenden Bereichen der mentalen Retardierung und der Affekt-/Verhaltensstörungen. Bei der Differenzierung gegenüber der mentalen Retardierung erwies sich der Verweis auf das „normale" geistige Potenzial von Kindern mit Lernstörungen und auf die spezifischen und wahrscheinlich nur kurzzeitig erforderlichen Interventionen als hilfreich. Bei der Abgrenzung von Lernstörungen gegenüber Verhaltensstörungen war die Annahme entscheidend, dass die Lernprobleme der betroffenen Kinder nicht durch Umwelteinflüsse verursacht wurden, sondern inhärent waren (d. h. durch eine Dysfunktion des Gehirns verursacht wurden).

Einige der Annahmen, die zur Etablierung des neuen Gebiets der Lernstörungen beigetragen hatten, wurden schon bald von Fachleuten hinterfragt, die in dem Gebiet selbst tätig waren (Hammill, 1972; Mann & Phillips, 1967). Darüber hinaus wurden viele grundlegende Vorstellungen zu Lernstörungen, die anfangs noch so entschieden verfochten worden waren, durch spätere Forschungen – die in einem anderen Teil dieses Kapitels diskutiert werden – ernsthaft infrage gestellt (Coles, 1987; Fletcher et al., 1994; Francis et al., 1996; Siegel, 1989; Stanovich, 1993; Tor-

1

gesen, 1979). Ursprünglich stützten sich die Annahmen zu Lernstörungen in erster Linie auf klinische Erfahrungen der Bereichsgründer mit Kindern unterschiedlicher Beeinträchtigung. Diese unter klinischen Gesichtspunkten auffälligen Kinder bildeten somit die Basis einer äußerst breiten sozialen Bewegung. Die Stärke dieser Bewegung resultierte wenigstens teilweise aus der Zielgerichtetheit, mit der die Annahmen zu Lernstörungen auf relativ große Gruppen von Kindern in öffentlichen Schulen generalisiert wurden. Wie Gerald Senf (1986) zu Recht bemerkte, hatte der neue Bereich allen Grund, so viele Kinder wie möglich unter das Etikett der Lernstörungen zu fassen.

Obgleich den Initiatoren der ursprünglichen Bewegung sicherlich nicht die Schuld dafür gegeben werden kann (schließlich waren sie um öffentliche Unterstützung für ihre Klienten und deren Kinder bemüht), war es eben jene erfolgreiche Propagierung ihrer Konzeption von Lernstörungen, die der wissenschaftlichen Bearbeitung dieses Gebietes später so viele Probleme bereiten sollte. Studien, die versuchten, grundlegende Annahmen über Lernstörungen mithilfe von Kindern zu verifizieren, die an staatlichen Schulen wegen Lernstörungen Fördermaßnahmen erhielten, erzielten nur allzu oft negative Ergebnisse (Ysseldyke, 1983). Wie allerdings Stanovich (1990) in seinem Modell zu Lesestörungen gezeigt hat, gehen diese negativen Ergebnisse mit großer Wahrscheinlichkeit auf die Übergeneralisierung des Etiketts der Lernstörungen in der gegenwärtigen Praxis zurück. Das bedeutet, dass der politische Erfolg der Lernstörungsbewegung bei der Gewinnung von Geldern zur Unterstützung einer großen Zahl von Kindern zwangsläufig zu Unklarheiten geführt hat, was das Konzept der Lernstörungen betrifft. Diese Unklarheiten lassen sich nur durch einen sorgfältigeren Umgang mit dem Etikett „Lernstörung" in Forschung und Praxis vermeiden.

Die historische Entwicklung von öffentlichen Förderprogrammen für Kinder mit Lernstörungen ist eng mit der Geschichte der Ausbildung von Fachkräften in diesem Bereich verbunden. In den Jahren zwischen 1966 und 1969 beteiligte sich die US-Regierung erstmals an Aktivitäten, die zur Entwicklung im Bereich der Lernstörungen beitrugen. Sie gab eine Reihe von Expertenberichten in Auftrag, die sich mit Themen wie den Merkmalen von Kindern mit Lernstörungen, dem aktuellen Angebot an Förderprogrammen, Behandlungsmethoden und Einschätzung der Prävalenz befassten. Der Bericht der Arbeitsgruppe III (Chalfant & Sheffelin, 1969) legte dar, wie wenig letztlich über Diagnostik und Behandlung von psychologischen Verarbeitungsstörungen bekannt war.

Der erste große legislative Erfolg war die Verabschiedung des Gesetzes für Kinder mit Lernstörungen im Jahre 1969, das die US-Kultusbehörde zum Aufbau von Förderprogrammen für Schüler mit Lernstörungen ermächtigte. Die Regierung unterstützte außerdem finanziell ein Institut, das sich mit der Ausbildung von Fachkräften im Bereich der Lernstörungen befasste (Kass, 1970). 1971 startete das Bureau of Education of the Handicapped ein Finanzierungsprogramm für Pilotprojekte, die in mehreren Staaten durchgeführt werden sollten. Diese Projekte waren auf die gezielte Förderung von Kindern mit Lernstörungen und auf die Entwicklung professioneller Expertise in diesem Bereich ausgerichtet. Die professionelle Entwicklung wurde außerdem durch das Institut für die Ausbildung von Fach- und Führungskräften im Bereich der Lernstörungen an der Universität von Arizona unterstützt, das von 1971 an für zwei

Jahre finanziell gefördert wurde. Im Jahre 1975 erhielt der Bereich der Lernstörungen mit der Verabschiedung des Gesetzes zur Ausbildung behinderter Menschen (Education of the Handicapped Act) eine solide gesetzliche Grundlage. Das Gesetz sah vor, dass alle US-Bundesstaaten eine angemessene öffentliche Förderung für Kinder mit Lernstörungen zur Verfügung stellten. Dieses Gesetz markiert den Beginn eines enormen Wachstums, den das Gebiet der Lernstörungen seit Mitte der 1970er-Jahre zu verzeichnen hat.

1.2.4 Psychologische Prozesse und Lernstörungen

Wie bereits erwähnt, stützte der Bereich der Lernstörungen seinen Anspruch auf eine eigene Identität zumindest teilweise darauf, dass er die Identifikation und die Behandlung der spezifischen psychologischen Verarbeitungsprobleme von Kindern mit Lernstörungen in den Mittelpunkt stellte. Um die spezifischen Verarbeitungsprobleme zu identifizieren, wurden verschiedene Tests entwickelt, darunter Frostigs Entwicklungstest der visuellen Wahrnehmung (FEW) (Developmental Test of Visual Perception; Frostig et al., 1964) und der Psycholinguistische Entwicklungstest (PET) (Illinois Test of Psycho-Linguistic Abilities; McCarthy & Kirk, 1961). Darüber hinaus wurden zahlreiche Programme zur Behandlung spezifischer Störungen dieser Prozesse veröffentlicht. Populäre Aktivitäten in vielen Förderklassen der 1960er- und 1970er-Jahre waren u. a. verschiedene visuell-motorische und visuell-perzeptive Übungen, auditive Sequenzierung oder Training der sensorischen Integration. Diese Übungen basierten auf der Überzeugung, dass Verbesserungen in gestörten basalen Lernprozessen den betroffenen Kindern die Möglichkeit geben würden, beim Erlernen schulischer Fertigkeiten wie Lesen und Rechnen ihr volles Leistungspotenzial zu entwickeln. Da viele führende Fachleute damals visuell-perzeptive und visuell-motorische Verarbeitungsprobleme als grundlegende Ursache von Lernstörungen besonders betonten, konzentrierten sich auch die Trainingsaktivitäten vor allem auf visuell-perzeptive Prozesse (Hallahan & Cruickshank, 1973).

Der Erste, der die theoretischen und philosophischen Grundlagen dieses Förderansatzes für Kinder mit Lernschwierigkeiten offen kritisierte, war Lester Mann (Mann, 1971; Mann & Phillips, 1967). Wenig später erschien eine Reihe von empirischen Untersuchungen zur Wirksamkeit des visuell-motorischen Prozesstrainings, von denen viele von Donald Hammill und Kollegen zusammengefasst und kommentiert wurden (Hammill, 1972; Hammill et al., 1974; Wiederholt & Hammill, 1971). Die Kritik am Prozesstraining wurde bald auch auf psycholinguistische Prozesse ausgedehnt (Hammill & Larsen, 1974; Newcomer & Hammill, 1975). Die Forschungsüberblicke demonstrierten allgemein, dass das Prozesstraining nicht zu einer Verbesserung der schulischen Lernfähigkeit führte.

Diese ersten Forschungsüberblicke entfachten innerhalb der Lernstörungsbewegung eine heftige Kontroverse, die fast zehn Jahre lang andauern sollte. Die wissenschaftlichen Fragen, um die es eigentlich ging, wurden politisiert und polarisiert, und die Auseinandersetzung fand bisweilen eher in Form von scharfen persönlichen Angriffen anstelle von rationalen Diskussionen statt (Hammill, 1990). Die Heftigkeit dieser Kontroverse war nicht allzu verwunderlich, weil sich die Kritik aus den eigenen

1

Reihen gegen einen der Grundpfeiler der Lernstörungsbewegung richtete. Angesichts ihrer politisch-sozialen Zielsetzungen war es klar, dass die Bewegung allen Angriffen trotzte, die ihre Existenzberechtigung schwächen konnten. Als immer mehr Forschungsbelege vorgebracht wurden, die gegen die Wirksamkeit des Prozesstrainings als Behandlungsmethode bei Lernstörungen sprachen (Arter & Jenkins, 1979; Vellutino et al., 1977; Ysseldyke, 1973), ging der Bereich zur direkten Instruktion in schulischen Fertigkeiten über, die zur dominanten Interventionsform wurde. In Hammills (1990) Worten: „Der Bereich der Lernstörungen benötigte einen Ansatz, der seine Existenz mittels einer überzeugenderen Datenbasis rechtfertigen konnte. Die Prinzipien der direkten Instruktion erfüllten damals diesen Zweck" (S. 11).

Um 1977 hatte sich die Unzufriedenheit über die prozessorientierte Ausrichtung von Diagnose und Therapie von Lernstörungen weitverbreitet. Die bundesstaatlichen Reglements zur Implementierung des schulischen Ausbildungsgesetzes für behinderte Menschen (PL 94–142) sahen sogar vor, bei der Identifizierung von förderungsberechtigten Kindern mit Lernstörungen auf eine Beurteilung psychologischer Prozesse zu verzichten. Obgleich die Grundlage von Lernstörungen weiterhin in einer Beeinträchtigung basaler, zum Lernen erforderlicher psychologischer Prozesse gesehen wurde, erfolgte die Diagnose von Lernstörungen in erster Linie aufgrund einer Diskrepanz zwischen allgemeiner Intelligenz und den Leistungen in einem spezifischen Lernbereich.

Sowohl der Mangel an positiven Kriterien für die Diagnose von Lernstörungen (sie wurden als Leistungsschwäche definiert, die nicht auf physische, kulturelle oder umweltbedingte Beeinträchtigung zurückgeführt werden kann) als auch die Wahl der direkten Instruktion als bevorzugte Interventionsform unterminieren die logische Grundlage für die Etablierung des Bereichs der Lernstörungen als eigenständiges Feld innerhalb der Heil- und Sonderpädagogik. Obwohl die direkte Instruktion schulischer Fertigkeiten bei Kindern mit Lernstörungen durchaus effektiv sein kann, bietet sie keine Grundlage, auf der sich der Bereich der Lernstörungen als eigenständiges Feld mit professioneller pädagogischer Expertise profilieren könnte. Wie Hallahan et al. (1985) zu Recht bemerken, wird vielmehr durch die auffallenden Ähnlichkeiten der pädagogischen Verfahren quer durch die verschiedensten heil- und sonderpädagogischen Programme der Zuweisung von Kindern mit Lernstörungen in Förderprogramme, die sich von Fördermaßnahmen für andere Kinder mit Schulleistungsproblemen unterscheiden, die Grundlage entzogen.

Es gibt mindestens zwei mögliche Erklärungen dafür, warum es der Lernstörungsbewegung nicht gelungen ist, den Nutzen prozessorientierter Ansätze zur Identifikation und Behandlung von Kindern mit Lernstörungen deutlich zu machen. Die erste ist, einzugestehen, dass die grundlegenden Annahmen schlichtweg falsch sind. So hebt z. B. Coles (1987) hervor, dass es nicht genügend Forschungsbelege gibt, die zeigen, dass Kinder mit Lernstörungen tatsächlich eine inhärente Beeinträchtigung spezifischer informationsverarbeitender Fähigkeiten haben. Andere (Hammill, 1990; Mann, 1979) vertreten die Ansicht, dass es keine Evidenz dafür gibt, dass das Training „hypothetischer Prozesse" bei Kindern mit Lernstörungen eine effektivere Intervention sei als die direkte Instruktion schulischer Fertigkeiten.

Im Gegensatz dazu hat Torgesen (1979, 1989, 1993, 2002) die Auffassung vertreten, dass der Bereich der Lernstörungen deswegen Probleme mit psychologischen

Prozessen hatte, weil die Ideen ihrer Zeit voraus waren. Ansätze zur Identifikation und Behandlung von gestörten Prozessen bei Kindern mit Lernstörungen wurden zu einem Zeitpunkt in Fördermaßnahmen transformiert, als sich unser Verständnis mentaler Verarbeitungsoperationen und deren Beziehung zum Lernen und zur Bewältigung schulischer Anforderungen noch in einem recht rudimentären Entwicklungsstadium befand. Seit den 1960er- und 1970er-Jahren haben wir enorm viel darüber gelernt, wie mentale Verarbeitungsoperationen gemessen werden können, und viele grundlegenden Vorstellungen zu diesen Operationen wurden revidiert (Brown & Campione, 1986; Butterfield & Ferretti, 1987; Lyon, 1994; Siegler, 1998). So wissen wir heute z. B., dass Verarbeitungsoperationen sehr viel kontextabhängiger sind als ursprünglich angenommen, was impliziert, dass das Problem der Generalisierung von Training von großer Bedeutung ist. Außerdem wissen wir heute sehr viel besser darüber Bescheid, welchen Einfluss Unterschiede im bereichsspezifischen Wissen auf die Ausführung von Aufgaben nehmen können, die angeblich zur Messung von Unterschieden in der Informationsverarbeitung dienen (Ceci & Baker, 1990). Schließlich ist uns bewusst geworden, welch enormen Einfluss unterschiedliche kognitive Strategien auf die Ausführung verschiedener Aufgaben haben können (Meltzer, 1993). Angesichts all dieser neuen Erkenntnisse ist es nur allzu wahrscheinlich, dass zukünftige Entwicklungen kognitiv orientierten Trainings psychologischer Prozesse als Mittel zur schulischen Leistungsverbesserung ganz anders beschaffen sein werden als frühere Methoden. Tatsächlich spricht vieles dafür, dass kognitiv orientierte Trainingsprogramme zur Vermittlung von Strategien des Leseverständnisses (Mastropieri & Scruggs, 1997; Palincsar et al., 1993), des Schreibens (Harris & Graham, 1996), der phonologischen Bewusstheit (Ehri et al., 2001) und des allgemeinen Lernens (Ellis et al., 1987) recht wirksam zur Anhebung des schulischen Leistungsniveaus beitragen können. Ob allerdings eine dieser Interventionen tatsächlich ausschließlich für Kinder mit Lernstörungen und nicht auch für andere schwache Lerner geeignet ist, bleibt weiterhin zu überprüfen.

Obwohl die im vorigen Abschnitt genannten Strategietrainings und das Training der phonologischen Bewusstheit einige oberflächliche Ähnlichkeiten mit dem Prozesstraining aufweisen, das früher vom Bereich der Lernstörungen verfochten worden war, gibt es zwei grundlegende Unterschiede. Zum einen sind die neueren Trainingsansätze an spezifischen schulischen Ergebnissen orientiert. Wenn Lehrer phonemische Bewusstheit oder Schreibstrategien trainieren, erwarten sie nicht, damit die allgemeinen „Lernfähigkeiten" der Kinder zu verbessern. Stattdessen soll das Training Wissen und Fertigkeiten zur Ausführung von Prozessen vermitteln, die erforderlich sind, um spezifische schulische Aufgaben erfolgreich zu bewältigen. Zum anderen sind aktuelle Trainingsansätze in diesen Bereichen nicht als Behandlung einer „basalen Verarbeitungsstörung", die unmittelbar aus einer Dysfunktion des Gehirns resultiert, konzeptualisiert. Stattdessen wird davon ausgegangen, dass Schwächen in der phonemischen Bewusstheit entweder auf einen Mangel an Lerngelegenheiten oder auf Beeinträchtigungen in einigen grundlegenderen Verarbeitungsfähigkeiten zurückgehen (Torgesen, 2002). Die phonemische Bewusstheit von Kindern lässt sich durch sorgfältige und systematische Unterweisung verbessern, selbst wenn die Fähigkeit, phonologische Merkmale von Sprache zu verarbeiten, durch eine grundlegendere und bislang noch nicht identifizierte Verarbeitungsschwäche beeinträchtigt ist. Unzulänglichkeiten in der Anwendung strategischen Verhaltens bei schulischen Aufgaben können ebenso entweder durch einen Mangel an Gelegenheiten, diese Strategien zu lernen, oder durch eine grundlegendere, nicht näher spezifizierte Lernschwäche verursacht sein (Siegler, 1998).

Es gibt allerdings einen aktuellen Forschungsansatz, der den Anspruch erhebt, eine basale und allgemeine Verarbeitungsstörung, welche die Entwicklung sowohl des Sprachverständnisses als auch der Lesefähigkeiten beeinträchtigt, behandeln zu können. Paula Tallal und Kollegen (Tallal, 1980; Tallal et al., 1996) haben eine Theorie zur Erklärung von Sprachstörungen entwickelt, wonach manche Kinder insbesondere bei der Verarbeitung rasch wechselnder oder rasch aufeinanderfolgender auditiver Reize Schwierigkeiten haben. Diese Probleme, so Tallal, treten deswegen auf, weil das Gehirn dieser Kinder akustische Signale nicht rasch genug verarbeiten kann, um kurzzeitige Veränderungen erkennen zu können. Das bedeutet, dass die Kinder bestimmte Sprachkontraste oder auch andere kurzzeitige Ereignisse nicht korrekt wahrnehmen. Beim Zuhören bringen sie oft einzelne Worte oder Wortteile des Gesagten durcheinander, weil sie die sehr raschen Veränderungen des akustischen Sprachmusters, die das Vorhandensein unterschiedlicher Phoneme (Laute) in einem Wort signalisieren, nicht bemerken. Daher verwechseln sie leicht Worte wie „backen" und „packen", weil der Unterschied zwischen den Phonemen am Beginn der beiden Wörter nur durch eine äußerst kurze zeitliche Differenz in dem Zeitintervall signalisiert wird, das zwischen dem Plosivlaut am Wortanfang und dem Einsetzen der Schwingung der Stimmbänder liegt (*voice onset time*).

Tallal und Kollegen haben die Fähigkeit von Kindern, rasch wechselnde oder rasch aufeinanderfolgende Merkmale auditiver Signale zu verarbeiten, gezielt trainiert und Erfolge berichtet (Merzenich et al., 1996). Tatsächlich erheben sie den Anspruch, über eine Technik (eine Reihe von Computerprogrammen mit dem Titel Fast ForWord Language) zu verfügen, die geeignet ist, die Art und Weise, wie das Gehirn akustische Reize verarbeitet, zu verändern, so dass sich Sprach-/Sprechwahrnehmung und Sprach-/Sprechverständnis verbessern. Effekte wurden vor allem beim Sprachverständnis von Kindern mit schweren Sprachstörungen berichtet, es wurden aber auch Fälle berichtet, in denen die Methode direkt zur Verbesserung der phonemischen Bewusstheit geführt hat (Habib et al., 1999). In einer hochaktuellen Studie (Temple et al., 2003) wurden außerdem bei einer Stichprobe von 10-jährigen Kindern mit Lesestörungen, die ein achtwöchiges Intensivprogramm mit Fast ForWord absolvierten, substanzielle Verbesserungen im Wortniveau und im Leseverständnis berichtet.

Die zuletzt berichteten Befunde sind konsistent zu der Auffassung, dass die Methode nützlich sein kann bei der Behandlung basaler Defizite in der Informationsverarbeitung von Kindern mit spezifischen Lesestörungen, die durch Schwierigkeiten bei der Verarbeitung gesprochener phonologischer Informationen hervorgerufen werden. Da zu der Methode und der dazu gehörigen Theorie aber auch negative Ergebnisse berichtet werden (vgl. Hook et al., 2001; McAnally et al., 1997; Mody et al., 1997; Nittrouer, 1999), ist unklar, ob das skizzierte Vorgehen als allgemeine Interventionstechnik für Kinder mit Lesestörungen geeignet ist. Obgleich der Bereich der Lernstörungen zu Recht vorsichtig gegenüber Instruktionsmethoden ist, die von sich behaupten, dass sie grundlegende Verarbeitungsfähigkeiten beeinflussen und somit schulische Lernergebnisse verbessern können (Hallahan & Cruickshank, 1973;

Hammill & Larson, 1974; Torgesen, 1979), müssen wir dennoch für seriöse wissenschaftliche Errungenschaften offen bleiben, die vielen Kindern von großem Nutzen sein könnten.

1.3 Aktuelle und zukünftige Themen

Dieser Abschnitt beinhaltet eine kurze Diskussion mehrerer Themen, die im Bereich der Lernstörungen gegenwärtig von Bedeutung sind. Einige dieser Themen, z. B. das Problem der Definition, haben das Potenzial, die Identität des Feldes drastisch zu verändern. Andere haben dagegen mehr mit praktischen Fragen wie der Identifikation von Lernstörungen oder der Durchführung von Fördermaßnahmen zu tun. Da alle hier angesprochenen Themen sehr komplex sind, kann ich sie an dieser Stelle unmöglich in vollem Umfang darstellen. Stattdessen möchte ich die wesentlichen Fragen eines jeden Themenbereiches aufgreifen, kurz erläutern, warum sie in diesem Zusammenhang wichtig sind, und einen kurzen Überblick über den aktuellen Stand auf diesem Gebiet zur Verfügung stellen.

1.3.1 Das Problem der Definition

Definitionen wie z. B. die von Lernstörungen dienen dazu, eine bestimmte Art von Beeinträchtigungen bzw. von Individuen genauer zu spezifizieren. Sie sind gültig, solange sie auf mindestens ein Individuum zutreffen. Definitionen von Lernstörungen werden häufig kritisiert, da sie fast alle von einer neurologischen Störung als Ursache des Problems ausgehen. Aber selbst die schärfsten Kritiker des Konzepts der Lernstörungen (vgl. Coles, 1987) stimmen darin überein, dass zumindest einige Kinder eine spezifische neurologische Störung haben könnten, die ihr schulisches Lernen behindert. Die entscheidende Frage für diese Kritiker ist, auf wie viele der ca. 5 % Schulkinder, die derzeit als Kinder mit Lernstörungen identifiziert werden, die aktuellen Definitionen tatsächlich zutreffen. Die Antwort auf diese Frage hat möglicherweise Auswirkungen auf die Anzahl der Kinder, die laut aktueller Gesetzgebung zu Recht Förderung in Anspruch nehmen – sie stellt aber keine Bedrohung für die Gültigkeit des Konzepts dar.

Die Definition von Lernstörungen, die bei zuständigen Fachleuten mehrheitlich auf Zustimmung trifft, hat sich auf subtile Weise verändert, seitdem sie 1967 erstmals vom Nationalen beratenden Komitee für behinderte Kinder (National Advisory Committee on Handicapped Children) formuliert und 1975 in das schulische Ausbildungsgesetzes für behinderte Menschen integriert wurde. Die meisten Änderungen der Definition spiegeln neue Erkenntnisse aus Forschung und Praxis wider, die unser Wissen über Lernstörungen erweitert haben. Die erste formale Definition von Lernstörungen lautete folgendermaßen:

Bei einer spezifischen Lernstörung handelt es sich um eine Störung in einem oder in mehreren grundlegenden psychologischen Prozessen, die am Sprachverständnis bzw. am mündlichen oder schriftlichen Sprachgebrauch beteiligt sind, und die sich darin äußern kann, dass die Fähigkeit des Zuhörens, Denkens,

1

Sprechens, Lesens, Schreibens, Buchstabierens oder Rechnens beeinträchtigt ist. Der Begriff Lernstörung schließt Störungen der Wahrnehmungsverarbeitung, Gehirnverletzungen, leichte Dysfunktionen des Gehirns, Dyslexie und Entwicklungsaphasie ein. Der Begriff trifft nicht auf Kinder zu, deren Lernprobleme primär durch Seh-, Hör- oder motorische Behinderungen, mentale Retardierung, emotionale Störungen oder durch umweltbedingte, kulturelle oder ökonomische Nachteile verursacht werden.

Der behördenübergreifende Bericht an den US-Kongress (1987) identifizierte mindestens vier problematische Aspekte dieser Definition: (1) Sie weist nicht deutlich genug darauf hin, dass es sich bei Lernstörungen um eine heterogene Gruppe von Störungen handelt; (2) sie vernachlässigt die Tatsache, dass Lernstörungen nicht nur Kinder betreffen, sondern häufig auch bei Erwachsenen auftreten bzw. im Erwachsenenalter fortbestehen; (3) sie legt nicht deutlich dar, dass alle Lernstörungen – ungeachtet ihrer Ursache – letztlich eine Gemeinsamkeit haben, nämlich die Veränderung der Art und Weise, wie Informationen verarbeitet werden; und (4) sie macht nicht deutlich, dass Personen mit anderen Behinderungen oder mit umweltbedingten Benachteiligungen gleichzeitig auch eine Lernstörung haben können. Neuere Definitionen, wie z. B. jene, die 1981 vom NJCLD vorgelegt und 1988 revidiert wurden, oder jene, die 1986 von der ACLD vorgeschlagen wurde, integrierten diese neuen Überlegungen und Informationen.

Die Definition, die das behördenübergreifende Komitee 1987 in seinem Bericht an den Kongress vorschlug, löste eine interessante Kontroverse aus. Unter Berücksichtigung neuer Forschungsergebnisse über Probleme, die Kinder mit Lernstörungen im Hinblick auf soziale Interaktionen zeigen, bezog diese Definition auch Defizite der sozialen Kompetenz als eine Art von Lernstörung ein. Das US-Kultusministerium lehnte diesen Vorschlag entschieden ab. In seiner neuen Definition schloss das NJCLD Probleme der sozialen Interaktion als ein definierendes Merkmal von Kindern mit Lernstörungen denn auch explizit aus:

Lernstörung ist ein allgemeiner Begriff, der sich auf eine heterogene Gruppe von Störungen bezieht, die sich durch beträchtliche Schwierigkeiten beim Erwerb und Gebrauch von Fähigkeiten wie Zuhören, Sprechen, Lesen, Schreiben, schlussfolgerndem Denken oder Rechnen manifestieren. Es handelt sich um intrinsische Störungen, die vermutlich durch eine Dysfunktion des zentralen Nervensystems verursacht werden; sie können über die gesamte Lebensspanne hinweg auftreten. Probleme des selbstregulierenden Verhaltens, der sozialen Wahrnehmung und sozialen Interaktion können bei Lernstörungen auftreten, stellen selbst aber keine Lernstörung dar. Obgleich Lernstörungen als Begleiterscheinung von anderen Beeinträchtigungen (z. B. sensorischen Behinderungen, mentaler Retardierung, schweren Affektstörungen) oder von extrinsischen Einflüssen (wie kulturelle Unterschiede, unzureichende oder unangemessene schulische Förderung) auftreten können, sind sie nicht die Folge dieser Beeinträchtigungen oder Einflüsse (NJCLD Memorandum, 1988, S. 1).

In einem Artikel der Zeitschrift *Journal of Learning Disabilities* wies Hammill (1990) ausdrücklich darauf hin, dass die NJCLD-Definition den seinerzeit breitest möglichen Konsens auf dem Gebiet darstellte – und das ist auch im Jahr 2003 der Fall. Im November 2001 beauftragte das US-Kultusministerium eine Gruppe von Wissenschaftlern mit der Erarbeitung von Aussagen über Lernstörungen, über die zu jenem Zeitpunkt Übereinstimmung herrschte. Diese Studiengruppe war Teil einer größeren zweijährigen Initiative zum Thema Lernstörungen, deren Ziel es war, relevante Aspekte zu identifizieren und im Vorfeld der Verabschiedung des neuen schulischen Ausbildungsgesetzes für Individuen mit Behinderungen einen Konsens zu bilden. Was das Konzept von Lernstörungen betraf, konnte sich die Studiengruppe auf folgende Aussage einigen:

> *Die Gültigkeit des Konzepts spezifischer Lernstörungen wird durch überzeugende Forschungsbelege aus unterschiedlichen Richtungen bestätigt. Diese Belege sind besonders eindrucksvoll, weil sie sich ungeachtet der unterschiedlichen Indikatoren und Methoden, die verwendet wurden, einander annähern. Das zentrale Konzept von spezifischen Lernstörungen bezieht sich auf Lern- und Kognitionsstörungen, die dem Individuum innewohnen. Diese Lernstörungen sind in dem Sinne spezifisch, dass sie jeweils nur ein relativ enges Spektrum an schulischen und leistungsbezogenen Resultaten erheblich beeinflussen. Spezifische Lernstörungen können zwar gemeinsam mit anderen Beeinträchtigungen auftreten, sie sind jedoch keine Folge dieser Beeinträchtigungen wie z. B. mentaler Retardierung, Verhaltensstörungen, dem Mangel an Lerngelegenheiten oder primären sensorischen Defiziten (Danielson & Bradley, 2002, S. 792).*

Für das Arbeitsfeld der Lernstörungen als einer erzieherisch-politischen Bewegung ist es wichtig, eine möglichst breite Akzeptanz einer einzelnen, umfassenden Definition von Lernstörungen zu erreichen. Allerdings hat diese Art von Definition auch schwerwiegende Nachteile. Das größte Manko besteht vermutlich darin, dass solche Definitionen wenig hilfreich für die Forschung sind, da sie dazu führen, dass ein viel zu breites Spektrum an Kindern untersucht wird, die alle unter die gleiche Definition fallen (Wong, 1986). Wenn Wissenschaftler versuchen, Ergebnisse aus Studien zu vergleichen, in denen die Stichprobenauswahl auf der Grundlage einer weit gefassten Definition erfolgte, verwundert es nicht, dass sie häufig zu völlig unterschiedlichen Ergebnissen gelangen. Daher sprechen sich nun immer mehr Experten gegen die Entwicklung solch breiter Definitionen aus. So weist beispielsweise Stanovich (1993) darauf hin, dass wissenschaftliche Untersuchungen eines Phänomens, das unter dem Oberbegriff der „Lernstörung" zusammengefasst wird, wenig Sinn machen, wenn man bedenkt, was über die Heterogenität von verschiedenen Lernbereichen bereits alles bekannt ist. Forschungen müssen Gruppen je nach Störungsbereich (Leseschwäche, Rechenschwäche) spezifisch definieren (S. 273). Ein Beispiel für eine solche bereichsspezifische Definition einer Lernstörung ist die Definition von Lesestörungen, die erst vor Kurzem vom Forschungskomitee der IDA in Zusammenarbeit mit dem NCLD sowie Wissenschaftlern vorgelegt wurde. Diese Definition integriert den gegenwärtigen Kenntnisstand über Lesestörungen, der das Ergebnis aktueller Forschungsinitiativen auf diesem Gebiet ist. Die Definition lautet:

1

Dyslexie ist eine von mehreren unterschiedlichen Lernstörungen. Sie stellt eine spezifische sprachbasierte Störung konstitutionellen Ursprungs dar, die sich durch Schwierigkeiten beim Dekodieren einzelner Wörter äußert, was normalerweise Ausdruck einer unzureichenden phonologischen Verarbeitungsfähigkeit ist. Die Leistungen beim Dekodieren einzelner Wörter weichen häufig von dem ab, was man aufgrund des Alters bzw. der kognitiven und schulischen Fähigkeiten des Betroffenen erwarten würde. Die Störung ist nicht das Ergebnis einer generalisierten Entwicklungsstörung oder einer sensorischen Behinderung. Dyslexie manifestiert sich durch unterschiedlich stark ausgeprägte Schwierigkeiten mit verschiedenen Formen von Sprache und umfasst neben den Problemen mit dem Lesen häufig auch deutliche Schwierigkeiten beim Erwerb einer adäquaten Schreib- und Buchstabierfähigkeit (Lyon, 1995, S. 9).

Es würde den Rahmen dieses Kapitels sprengen, würde man ausführlich auf den großen Fundus an Forschungswissen über Lesestörungen eingehen, das in diese Definition einfließt (vgl. Raynor et al., 2001; Share & Stanovich, 1995; Torgesen, 1999). Man sollte sich allerdings bewusst sein, dass diese Definition keineswegs alle möglichen Formen von Lesestörungen einbezieht, sondern nur die häufigsten unter ihnen (Fletcher et al., 2002). Obgleich sich die Definition sicherlich im Laufe der Zeit verändern wird, wenn neue Forschungserkenntnisse über Lesestörungen vorhanden sein werden, kann sie als ein Modell für die Entwicklung anderer bereichsspezifischer Definitionen von Lernstörungen dienen, die sich aus unserem wachsenden Verständnis der spezifischen Faktoren herausbilden, welche für Lernprobleme in anderen schulischen Bereichen verantwortlich sind.

1.3.2 Ursachen

Wie bereits erwähnt, wird das Konzept von Lernstörungen nicht etwa dadurch widerlegt, dass wir nicht für jedes einzelne Kind in einer speziellen Einrichtung für Kinder mit Lernstörungen nachweisen können, dass die kognitiven Verarbeitungsdefizite durch eine neurologische Störung hervorgerufen werden. Wenn jedoch tatsächlich nur ein verschwindend geringer Teil der Kinder, die derzeit aufgrund von Lernstörungen Fördermaßnahmen erhalten, nachweisbare neurologische Störungen hätte, so würden sich daraus Probleme für die erzieherisch-politische Bewegung im Arbeitsfeld der Lernstörungen ergeben. Die grundlegende Annahme ist derzeit, dass Lernstörungen aus einer neurologischen Störung resultieren, die spezifische Gehirnfunktionen beeinträchtigt. Auf dieser Grundlage hat man Lernstörungen den Status einer schwerwiegenden Beeinträchtigung verliehen.

Die plausibelsten wissenschaftlichen Belege dafür, dass es sich bei Lernstörungen tatsächlich um Beeinträchtigungen handelt, die durch Veränderungen von Gehirnfunktionen verursacht werden, stammen derzeit aus Studien über die genetische Vererbung von Lesestörungen (Olson, 1997; Wadsworth et al., 2000). Diese Studien deuten darauf hin, dass (je nach allgemeinem IQ) etwa 50 bis 70 % aller Veränderungen der phonologischen Prozesse, die für eine spezifische Lesestörung verantwortlich sind, genetische Ursachen haben. Die genetische Forschung hat gezeigt, dass das Risiko einer Lesestörung bei Kindern mit einem Elternteil, der selbst eine Lesestörung hat, im Vergleich zur übrigen Population achtmal höher ist.

Diese genetischen Studien werden durch aktive Forschungsprogramme ergänzt, die versuchen, den spezifischen Ort jener Dysfunktion des Gehirns zu identifizieren, die für die Schwierigkeiten beim Lesenlernen verantwortlich ist. Es gibt überzeugende wissenschaftliche Belege dafür, dass die Betroffenen vor allem – aber nicht ausschließlich – Störungen in der linken Gehirnhemisphäre aufweisen, also dort, wo sich die Sprachregion befindet. Neurobiologische Untersuchungen, in denen Gehirnproben von Verstorbenen (Galaburda et al., 1994), Gehirn-Morphometrie (Filipek, 1996) und Diffusions-Tensor-Bildgebung (DTI) bzw. Magnetresonanztomografie (MRI) (Klingberg et al., 2000) verwendet wurden, haben ergeben, dass Kinder mit Lesestörungen im Vergleich zu Kindern, die ganz normal lesen lernen, subtile strukturelle Unterschiede in verschiedenen Hirnregionen aufweisen. Laboruntersuchungen mit funktioneller Bildgebung des Gehirns haben ebenfalls Belege dafür geliefert, dass bei Kindern mit Lesestörungen atypische Muster der Gehirnorganisation vorliegen. Diese Studien zeigen, dass es während der Durchführung von Leseaufgaben zu einer Verringerung der Gehirnaktivität kommt, die normalerweise – aber nicht immer – in der linken Hemisphäre auftritt (Shaywitz et al., 2000). In einer aktuellen Zusammenfassung der Forschungsergebnisse, die neurobiologische Ursachen für spezifische Lesestörungen verantwortlich sehen, kommen Zeffiro und Eden (2000) zu folgendem Schluss: „Die wissenschaftlichen Belege, die gezeigt haben, dass makroskopische, morphologische, mikroskopisch neuronale und mikrostrukturelle Anomalien der weißen Hirnsubstanz an Dyslexie beteiligt sind, sprechen dafür, dass die wesentlichen pathophysiologischen Prozesse um den *Sulcus lateralis* (Sylvius-Furche) herum und hauptsächlich in der linken Hemisphäre lokalisierbar sind" (S. 23). Die Autoren weisen jedoch auch darauf hin, dass wir unsere Vorstellung von den biologischen Unterschieden zwischen dyslektischen und normalen Kindern möglicherweise dahingehend erweitern müssen, dass die Gehirnanomalien der Betroffenen offenbar nicht auf jene Regionen beschränkt sind, die üblicherweise als Sprachregionen definiert werden.

Obgleich diese Ergebnisse das Konzept einer konstitutionell begründeten Lesestörung sehr stark untermauern, geben sie keinen Aufschluss darüber, welcher Anteil der Schüler, bei denen Lernstörungen identifiziert wurden, tatsächlich von dieser Art von Störung betroffen ist. Die Ergebnisse der genetischen Studien lassen darauf schließen, dass biologisch bedingte Lesestörungen bei jenen Kindern recht verbreitet sind, die im schulischen Kontext als lerngestört identifiziert wurden. Studien über die kognitiven Fähigkeiten von Kindern mit Lesestörungen haben zweifellos gezeigt, dass Beeinträchtigungen bei der Verarbeitung von phonologischen Informationen die häufigste Ursache dieser Störung sind (Fletcher et al., 1994). Jedoch ist die Variabilität in der „Begabung" zur phonologischen Verarbeitung mindestens zur Hälfte auf Umwelteinflüsse zurückzuführen, und die phonologischen Fähigkeiten selbst werden dadurch beeinflusst, wie gut die Kinder Lesefertigkeiten erwerben (Wagner et al., 1997). Daher lässt sich die These, dass alle oder die meisten Kinder, die derzeit in öffentlichen Schulen aufgrund einer Lesestörung besondere Fördermaßnahmen erhalten, Lesestörungen konstitutionellen Ursprungs haben, nur schwer aufrechterhalten.

Im Vergleich zu dem, was wir über Lesestörungen wissen, stehen uns nur sehr wenige Informationen über die möglichen biologischen Ursachen anderer Arten von

1

Lernstörungen zur Verfügung. Im Hinblick auf nonverbale Lernstörungen hat Byron Rourke (1995) eine Theorie entwickelt, in der er für die Schwierigkeiten beim Erwerb bestimmter mathematischer Fertigkeiten eine eindeutige biologische Ursache identifiziert. Wie Rourke jedoch selbst bemerkt, ist diese Art von Störung äußerst selten, d. h., sie ist vermutlich nicht geeignet, um jene Faktoren abzuleiten, die normalerweise für schulische Störungen im Bereich der Mathematik verantwortlich sind.

1.3.3 Lernstörungen von anderen Beeinträchtigungen abgrenzen

Die Frage der Ätiologie ist für das Gebiet der Lernstörungen wichtig, weil sie eine Basis dafür liefert, dass sich die Lernprobleme von Kindern mit Lernstörungen grundlegend von den Problemen anderer schwacher Lerner unterscheiden. Eine andere Möglichkeit, die Frage nach Unterschieden zwischen lerngestörten Kindern und anderen schwachen Lernern zu thematisieren, ergibt sich im Hinblick auf kognitive und behaviorale Charakteristika. Die Unterschiede auf dieser Ebene sind wichtig für unsere Fähigkeit, im Verlauf des Beurteilungs-/Diagnoseprozesses zuverlässig zwischen Kindern mit Lernstörungen und anderen schwachen Lernern unterscheiden zu können.

Dieser Aspekt wurde notgedrungen bereits zu einem relativ frühen Zeitpunkt in der Geschichte der formalen Disziplin der Lernstörungen durch Forschungen von James Ysseldyke und seinen Mitarbeitern am Minnesota Institute for the Study of Learning Disabilities thematisiert. Ysseldyke fasste seine mehr als fünf Jahre andauernden Forschungen über Beurteilungsprobleme mit der Aussage zusammen, dass es unter Verwendung üblicher Verfahren unmöglich sei, Kinder mit Lernstörungen zuverlässig von anderen schlechten Schülern zu unterscheiden (Ysseldyke, 1983). Unterstützung erhielt diese Aussage dadurch, dass seine Gruppe Daten aus mehreren Studien berichtete, die zeigten, dass Kinder, die im schulischen Kontext als lerngestört identifiziert worden waren, und Kinder, bei denen keine Lernstörung diagnostiziert worden war, die aber als langsame Lerner galten, in großem Ausmaß überlappende Testwerte und Testwertmuster aufwiesen (Shinn et al., 1982; Ysseldyke et al., 1982). Die Studien zeigten außerdem, dass es einer Stichprobe von Schulpsychologen und Förderlehrern nicht gelang, Kinder anhand von Testdaten mithilfe eines klinischen Urteils zuverlässig als lerngestört oder als langsame Lerner einzustufen (Epps et al., 1981). Andere Forscher haben ein ähnlich hohes Maß an Übereinstimmungen von kognitiven, affektiven und demografischen Variablen zwischen Stichproben mit lerngestörten, mental retardierten und verhaltensgestörten Kindern in öffentlichen Schulen festgestellt (Gajar, 1980; Webster & Schenck, 1978).

Diese Ergebnisse sind für die Bewegung der Lernstörungen möglicherweise problematisch, weil sie nahelegen, dass öffentliche Gelder selektiv in die Förderung einer Gruppe von (vermeintlich lerngestörten) Kindern investiert werden, die jedoch nicht zuverlässig von anderen schlechten Lernern unterschieden werden können; im Hinblick auf grundlegende wissenschaftliche und konzeptionelle Aspekte sind sie jedoch nicht relevant. Sie verraten mehr über den sozialen/politischen Identifikationsprozess in den öffentlichen Schulen als über die wissenschaftliche Validität des Konzepts der Lernstörungen (Senf, 1986). Während diese Ergebnisse möglicherweise darauf hindeuten, dass das Konzept in der Praxis zu stark ausgeweitet worden ist oder dass bei Platzierungsentscheidungen neben Daten über psychologische Eigenschaften des Kindes auch noch andere Faktoren wichtig sind (Ysseldyke, 1983), sprechen sie keine grundlegenden wissenschaftlichen Fragen über die Einzigartigkeit von Kindern mit Lernstörungen an.

Andere Arbeiten über Lesestörungen haben sich dagegen direkt mit dieser Frage befasst. Tatsächlich stellt die Dominanz dieser Arbeiten die Validität traditioneller operationaler Definitionen von Lesestörungen infrage, die eine Diskrepanz zwischen der allgemeinen Intelligenz und der Lesefähigkeit als Teil des diagnostischen Prozesses verwendet haben. Traditionelle diagnostische Vorgehensweisen gingen bislang davon aus, dass sich eine spezifische Lesestörung (bei der die Lesefähigkeit von der allgemeinen Intelligenz abweicht) grundlegend von den Leseschwierigkeiten jener Kinder unterscheidet, deren allgemeines Leistungsniveau mit ihren schwachen Leseleistungen übereinstimmt. Es gibt inzwischen vier Arten von Forschungsbefunden, die gegen diese Annahme sprechen (Fletcher et al., 2002).

Erstens wurden frühe Berichte (Rutter & Yule, 1975), denen zufolge Lesestörungen bimodal verteilt seien (es also zwei unterschiedliche Populationen schlechter Leser gibt), in späteren, gut geplanten epidemiologischen Studien nicht repliziert (Shaywitz et al., 1992; Silva et al., 1985; Stevenson, 1988). Zweitens weisen sorgfältige Untersuchungen kognitiver Profile von diskrepanten und nicht diskrepanten schlechten Lesern darauf hin, dass sie sich in den kognitiven Fähigkeiten, die am stärksten mit Leseschwierigkeiten auf Wortebene zusammenhängen, nicht unterscheiden (Fletcher et al., 1994; Stanovich & Siegel, 1994). Drittens zeigen diskrepante und nicht diskrepante Gruppen im Hinblick auf die wortbezogene Lesefähigkeit eine ähnliche Entwicklungsrate, sowohl in den ersten Grundschulklassen (Foorman et al., 1995) als auch in der frühen Adoleszenz (Francis et al., 1995). Viertens und letztens haben Studien zur Genetik von Lesestörungen gezeigt, dass sowohl diskrepante als auch nicht diskrepante wortbezogene Lesestörungen erblich sind (Wadsworth et al., 2000).

Der grundlegende konzeptionelle Fehler bei der diskrepanzbasierten Unterscheidung von Kindern mit einer „echten Lesestörung" und Kindern, die „allgemein langsame Lerner" sind und deshalb auch Probleme mit dem Lesen haben, besteht darin, dass beide Gruppen aus den gleichen Gründen Schwierigkeiten beim Erwerb grundlegender Lesefähigkeiten haben. Diese Gewissheit verdanken wir der Entdeckung, dass bei den meisten Kindern, denen das Lesen gedruckter Wörter Schwierigkeiten bereitet, der phonologische Sprachbereich beeinträchtigt ist (Torgesen & Wagner, 1998). Frühe Leseprobleme lassen sich nicht gut durch die allgemeine Intelligenz voraussagen, da die phonologischen Sprachfähigkeiten nur schwach mit dem IQ korrelieren (Wagner et al., 1994). Das bedeutet, dass Kinder mit überdurchschnittlicher Intelligenz eine Lesestörung haben können, weil sie eine spezifische Störung im phonologischen Bereich haben; und andere Kinder mit einer phonologischen Störung – die gleichzeitig Beeinträchtigungen eines breiteren Spektrums an kognitiven und sprachlichen Fertigkeiten aufweisen – können aus dem gleichen Grund eine Lesestörung haben. Beide Gruppen von Kindern sind auf die gleiche Art von Fördermaßnahmen angewiesen, um wirksame Fertigkeiten des Wortlesens

1

zu erwerben; eine der Gruppen benötigt jedoch zusätzliche Interventionen, die dem breiteren Spektrum an kognitiven und sprachlichen Beeinträchtigungen gerecht werden (Foorman & Torgesen, 2001).

Obgleich dieser Trend weg von diskrepanzbasierten Definitionen von Lesestörungen hin zu allgemeineren Definitionen in der Praxis viele schwierige Fragen aufwerfen wird (z. B. wie man die dadurch steigende Zahl von Kindern mit wirklichen Lesestörungen wirksam fördern kann), wird er dazu beitragen, gefährdete Kinder schon frühzeitig zu identifizieren. Gegenwärtig muss mit der Identifizierung so lange gewartet werden, bis sich eine Diskrepanz zwischen allgemeinem IQ und Lesefähigkeit zeigt. Ein validerer Ansatz wäre, jene Kinder zu identifizieren, die die spezifischen linguistischen/phonologischen Eigenschaften von Kindern mit Lesestörung aufweisen – ohne dabei Bezug auf das allgemeine Leistungsniveau zu nehmen – und ihnen eine gezielte Förderung zukommen zu lassen.

1.3.4 Identifikation und die Durchführung von Fördermaßnahmen

Wie bereits erwähnt, spricht derzeit nichts dafür, dass Kinder mit Lernstörungen im Vergleich zu anderen schwachen Lernern qualitativ unterschiedliche Fördermaßnahmen benötigen. Fest steht, dass sie eine andere Art von Unterricht brauchen als den, der im normalen schulischen Kontext angeboten wird. Schließlich wird die Diagnose einer Lernstörung normalerweise deswegen gestellt, weil die Betroffenen vom regulären Schulunterricht nicht profitieren! Im Falle von Lesestörungen – die häufigste Lernstörung und zugleich jene, über die wir am meisten wissen – benötigen die betroffenen Kinder offenbar einen Unterricht, der expliziter, intensiver und zugleich unterstützender ist als der normale Schulunterricht (Foorman & Torgesen, 2001).

Der Unterricht muss in dem Sinne expliziter sein, als er bei den Kindern in geringerem Ausmaß bereits vorhandene Fähigkeiten oder Fertigkeiten voraussetzt, Schlussfolgerungen über sprachliche Regelmäßigkeiten ziehen zu können, die beim Lesen hilfreich sind. In anderen Worten, Kinder mit Lesestörungen müssen nach Möglichkeit gezielt in all den Dingen unterrichtet werden, die sie brauchen, um gute Leser zu werden (Gaskins et al., 1997).

Der Leseunterricht für Kinder mit Störungen in diesem Bereich muss nicht nur expliziter, sondern auch intensiver sein. Eine größere Intensität lässt sich entweder dadurch erreichen, dass die Unterrichtszeit verlängert wird oder indem ein Lehrer weniger Schüler unterrichtet. Ein intensiverer Unterricht ist nicht nur deshalb wichtig, weil Kinder mit Lesestörung mehr Zeit brauchen, um diese Fertigkeit zu erlernen; ein expliziterer Unterricht setzt auch voraus, dass mehr Dinge direkt vom Lehrer vermittelt werden. Wird der Leseunterricht für Kinder mit Lesestörungen gegenüber dem normalen Unterricht nicht intensiviert (oder zeitlich beträchtlich ausgedehnt), werden die betroffenen Kinder in ihrer Leseentwicklung zwangsläufig hinter ihren Altersgenossen zurückbleiben. Ein intensiverer Unterricht scheint insbesondere in speziellen Fördereinrichtungen wichtig, wo Kinder von Anfang an weit hinter ihren Altersgenossen zurückliegen (Torgesen, 2004).

Um erfolgreich zu sein, muss der Unterricht für Kinder mit Lesestörungen auch dahingehend verändert werden, dass er den Betroffenen eine qualitativ bessere Unterstützung zukommen lässt. Mindestens zwei Arten von besonderer Unterstützung sind erforderlich. Erstens: Da Kinder mit Lesestörungen im Vergleich zu anderen Kindern größere Schwierigkeiten beim Erwerb von Lesefähigkeiten haben, brauchen sie mehr *emotionale* Unterstützung in Form von Ermutigung, positiver Rückmeldung und Enthusiasmus vonseiten des Lehrers, damit ihre Lernmotivation erhalten bleibt. Zweitens: Unterrichtsinteraktionen müssen das Kind stärker unterstützen, indem sie es in sogenannten Scaffolding-Interaktionen[1] einbinden. In einer aktuellen Studie über die Eigenschaften, die ein effektiver Lese-Förderlehrer mitbringen muss, identifizierte Juel (1996) als eine der wichtigsten Variablen die Anzahl der Scaffolding-Interaktionen, die während einer Unterrichtsstunde eingesetzt werden. Bei einer Scaffolding-Interaktion unterstützt der Lehrer den Schüler bei der Bewältigung einer Aufgabe (z. B. ein Wort lesen), indem er die Aufmerksamkeit des Schülers auf einen wesentlichen Informationsteil lenkt oder die Aufgabe in kleinere Unteraufgaben unterteilt, die der Schüler besser bewältigen kann. Das Ziel dieser Interaktionen besteht darin, dem Kind genau jenes Maß an Unterstützung zukommen zu lassen, das es braucht, um die nötigen Verarbeitungsschritte zu durchlaufen und die richtige Antwort zu finden. Mit ausreichender Übung kann das Kind die einzelnen Schritte dann selbstständig durchlaufen. Juels Ergebnisse über die Bedeutung von Scaffolding-Interaktionen im Unterricht sind konsistent mit dem Nachdruck, mit dem in Lehrermanualen zu zwei Unterrichtsprogrammen, die sich bei Kindern mit schweren Lesestörungen als besonders wirksam erwiesen haben, diese Art von Interaktionen empfohlen wird (Lindamood & Lindamood, 1984; Wilson, 1988).

Obgleich es scheint, dass Forschung und Theorie diese besonderen Unterrichtsbedürfnisse bestätigt haben, besteht Uneinigkeit darüber, wie man ihnen im normalen schulischen Kontext gerecht werden kann. Der traditionelle Ansatz zur Förderung von Kindern mit Lernstörungen besteht in Programmen, bei denen die betroffenen Kinder aus dem Regelunterricht herausgenommen und in verhältnismäßig kleinen Gruppen (5–15 Kinder) getrennt unterrichtet werden. Dieser Ansatz wird häufig kritisiert, weil er bei den meisten Kindern mit Lernstörungen nicht zu einer „Normalisierung" ihrer intellektuellen Fähigkeiten führt (Hanushek et al., 1998). Das Modell, das anstelle dieses Ansatzes entwickelt wurde und abwechselnd als „Initiative für eine normale Schulbildung", „Mainstream" oder „Integrationsbewegung" bezeichnet wird, ist jedoch nicht weniger problematisch. So haben z. B. Vaughn und Schumm (1996) nach ausführlichen Studien über die Reaktionen von Lehrkräften auf die Integration lernschwacher Kinder festgestellt, dass „Lehrer im normalen schulischen Kontext ein verstärktes Maß an Förderung zwar für wünschenswert, jedoch nur für schwer realisierbar halten, und dass sie kaum bereit sind, ausführliche, zeitaufwendige Anpassungen vorzunehmen, um den individuellen Bedürfnissen der Schüler gerecht zu werden" (S. 109). Und weiter: „Maßnahmen für ein einzelnes Kind oder eine Subgruppe von

---

[1] Stützunterricht. Der Begriff „Scaffolding"(wörtlich Gerüst, Stütze) bezeichnet den Einsatz niveaugerechter Anreize bzw. Hilfen, die ein Lehrer den Lernenden zur Verfügung stellt, um eine Aufgabe auszuführen oder ein Ziel zu erreichen, was ohne die gezielte Hilfestellung des Lehrenden nicht möglich wäre.

Kindern, die einen übermäßigen Aufwand seitens des Lehrers erfordern, werden mit großer Wahrscheinlichkeit nicht durchgeführt" (S. 122). Zigmond (1996), der eine Reihe von Studien zu Kindern mit Lernstörungen durchführte, die mit integrativen Methoden unterrichtet wurden, berichtet, dass die Resultate bei den meisten Kindern in diesen Programmen äußerst entmutigend sind.

Das Problem bei aktuellen Interventionen und Fördermaßnahmen besteht offenbar darin, dass sie nicht mit der notwendigen Intensität und möglicherweise auch nicht mit den erforderlichen Fachkenntnissen durchgeführt werden. Den überzeugendsten Beleg dafür liefern aktuelle Interventionsstudien, die eine signifikante Anzahl von Unterrichtsstunden (60–100 Stunden) mit der angemessenen Intensität (entweder im Verhältnis 1:1 oder in sehr kleinen Gruppen mit drei bis fünf Kindern) über einen relativ kurzen Zeitraum hinweg (zwei bis sechs Monate) durchgeführt haben. Als Stichproben wurden Kinder mit schweren bis moderaten Leseschwächen in den oberen Grundschulklassen ausgewählt (Torgesen et al., 2003). Es konnte gezeigt werden, dass die Lesegenauigkeit und das Leseverständnis bei den meisten dieser Kinder auf ein normales Niveau gebracht werden kann. Obwohl sich die Leseflüssigkeit verbessern lässt, ist es dennoch sehr viel schwieriger, „diese Lücke zu schließen", als das bei anderen Lesefertigkeiten der Fall ist (Torgesen et al., 2001).

Kann man Lernstörungen vorbeugen? Eine offensichtliche Konsequenz einer Bewegung in Richtung von Definitionen von Lernstörungen – die sich nicht auf die Diskrepanz von Intelligenz und Leistung gründen – ist, dass gefährdete Kinder bereits zu einem sehr frühen Zeitpunkt ihrer Schullaufbahn identifiziert werden können. Angenommen, es werden zum richtigen Zeitpunkt spezielle Präventionsmaßnahmen durchgeführt: Ließe sich dadurch die Notwendigkeit weiterer Fördermaßnahmen für Kinder mit Lernstörungen vermeiden? Man kann diese Frage derzeit auf zweierlei Arten beantworten, und beide weisen darauf hin, dass wir bis heute über keine geeigneten Präventionsmaßnahmen für Lesestörungen verfügen. Zum einen wurde in mehreren der frühen Interventionsstudien ein breites Spektrum an Fördermaßnahmen angewandt, vom Einzelunterricht über den Unterricht in Kleingruppen bis hin zum Unterricht mit ganzen Klassen (Brown & Felton, 1990; Foorman et al., 1998; Torgesen et al., 1999; Vellutino et al., 1996). Nach einer Gesamtzeit von 88 bis 340 Unterrichtsstunden stellte sich heraus, dass diese Interventionen bei 2 bis 6 % der Gesamtpopulation unwirksam waren (Torgesen, 2000). Obgleich die Präventionsmaßnahmen dazu beitrugen, die Zahl der potenziell gefährdeten Kinder beträchtlich zu senken, reichten sie nicht aus, um allen Kindern zum Erwerb grundlegender Anfänger-Lesefähigkeiten zu verhelfen. Zum anderen zeichnet sich ab, dass selbst Kinder, die gut auf frühe Interventionen ansprechen, zu einem späteren Zeitpunkt weitere Interventionen benötigen, um eine normale Entwicklung der Lesefähigkeit aufrechtzuerhalten (Torgesen, 2004). So haben z. B. Folgestudien mit Kindern, die als Erstklässler erfolgreich das weitverbreitete Reading Recovery-Programm (Leseaufholprogramm) absolviert hatten, gezeigt, dass ein beträchtlicher Teil von ihnen in der Leseentwicklung wieder zurückfällt oder zu einem späteren Zeitpunkt in der Grundschule spezielle Leseinterventionen benötigt (Shanahan & Barr, 1995).

Zusammenfassend lässt sich feststellen, dass die wichtigste Frage bei der Durchführung von Fördermaßnahmen den Bereich der Lernstörungen von Anfang an begleitet hat: Wie können wir allen Kindern mit Lernstörungen einen qualitativ hochwertigen, wirksamen Unterricht bieten? Der aktuelle Zeitgeist propagiert, alle lernschwachen Kinder in den normalen Schulunterricht zu integrieren. Kinder mit Lernstörungen benötigen jedoch im Vergleich zu ihren Altersgenossen einen expliziteren und intensiveren Unterricht mit mehr Unterstützung, und es ist sehr schwierig, diesen Bedürfnissen im normalen schulischen Umfeld gerecht zu werden. Gerade im Falle des Lesens bedeutet ein expliziterer Unterricht für die Lehrer nicht nur, dass sie mehr Zeit investieren müssen, sondern auch, dass sie bessere Kenntnisse über Sprach- und Leseprozesse benötigen, als sie derzeit besitzen (Moats, 1995). Ein großer Teil der aktuellen Forschung zu Lesestörungen deutet darauf hin, dass wir den Umfang und die Qualität des Unterrichts, den diese Kinder benötigen, um brauchbare Lesefähigkeiten zu erwerben, stark unterschätzt haben. Eine der größten Herausforderungen für unseren Bereich in den nächsten zehn Jahren wird darin bestehen, zu lernen, welche Voraussetzungen geschaffen werden müssen und wie sich diese Voraussetzungen auf politischer Ebene umsetzen lassen, damit alle Kinder mit Lernstörungen ein breites Spektrum an nützlichen schulischen Fertigkeiten erwerben können.

1.4 Schlussbemerkung

Als ich vor etwa 12 Jahren die erste Version dieses Kapitels verfasste, sagte ich voraus, dass das kommende Jahrzehnt große Veränderungen für den Bereich der Lernstörungen mit sich bringen würde. In einer Hinsicht hatte ich Recht, in der anderen habe ich mich getäuscht. Ich habe mich getäuscht, weil sich der Status des Bereichs der Lernstörungen als soziale/politische/erzieherische Bewegung in den letzten 12 Jahren wenig verändert hat. Das Studium von Lernstörungen stellt immer noch eine starke und wichtige Kraft innerhalb der größeren sonderpädagogischen und pädagogischen Gemeinschaft dar. Der Bereich hat Fördermaßnahmen hervorgebracht, die in vielen Ländern gesetzlich verankert und vorgeschrieben sind und einer großen Zahl von Kindern mit unterschiedlichen, sehr schwierigen und ungewöhnlichen Lernproblemen zur Verfügung gestellt werden. Fachleute in diesem Bereich haben sich zu starken Organisationen zusammengeschlossen, die adäquate Kommunikationsmittel für den Austausch von Fach- und Forschungsthemen zur Verfügung stellen. Außerdem gibt es eine Vielzahl von Verbänden, die die Interessen von Kindern und Erwachsenen mit Lernstörungen vertreten und deren oberstes Ziel es ist, das Recht der Betroffenen auf eine freie und angemessene Ausbildung und einen geeigneten Arbeitsplatz zu verteidigen. Darüber hinaus ist die Forschung in diesem Bereich in den vergangenen Jahren kontinuierlich gewachsen und vielfältiger geworden, und viele neue Forschungsinitiativen werden von der Regierung unterstützt.

Ich hatte insofern Recht, als wir heute sehr viel mehr über Lernstörungen wissen, insbesondere über die häufigste dieser Störungen, die den Erwerb von Lesefähigkeiten beeinträchtigt. Wir wissen z. B., dass die rasche und korrekte Identifizierung von Worten ein grundlegendes Problem bei Lesestörungen darstellt und dass Störungen bei der Verarbeitung der phonologischen Merkmale von Sprache die Hauptursache für dieses Problem sind. Wir wissen außerdem, dass individuelle Unterschiede bei phonologischen Fähigkeiten zum großen Teil genetisch bedingt sind, und wir beginnen, relativ klare Vorstellungen darüber zu entwickeln, welche spezifischen Bereiche des Gehirns betroffen sind. All diese Erkenntnisse untermauern die traditionellen Definitionen, wonach Lernstörungen auf intrinsische, konstitutionell begründete Verarbeitungsstörungen zurückgehen. Allerdings wird das Kriterium der Diskrepanz von Begabung und Leistung, das normalerweise zur Identifizierung von Kindern mit Lernstörungen verwendet wird, durch das übereinstimmende Ergebnis entkräftet, dass Leseprobleme im Grunde immer durch dieselben Beeinträchtigungen verursacht werden, egal ob eine Diskrepanz zwischen der Lesefähigkeit der Kinder und ihrem allgemeinen IQ besteht oder nicht. Um die Praxis mit den besten wissenschaftlichen Informationen, die uns derzeit zur Verfügung stehen, in Einklang zu bringen, sollte der Bereich eine umfassendere Definition von Lesestörungen übernehmen. Kinder sollten nicht deshalb von Förderprogrammen ausgeschlossen werden, weil ihre Begabungs-Leistungs-Diskrepanz nicht groß genug ist. Stattdessen sollten alle Kinder, die Primärsymptome einer phonologisch begründeten Lesestörung zeigen, die passenden Unterrichtsinterventionen erhalten.

Der Bereich der Lernstörungen befindet sich derzeit auf einem spannenden Weg. Er verfügt über eine solide rechtliche Grundlage und eine beeindruckende Zahl an gut informierten Interessenvertretern und Fachleuten und ist Gegenstand anspruchsvoller und programmatischer Forschungen. Es bleibt zu hoffen, dass in den nächsten zehn Jahren ein weiterer Erkenntniszuwachs und die nötige Erweiterung von Fördermaßnahmen für alle Kinder und Erwachsene mit Lernstörungen stattfinden werden.

Literatur

Arter, J. A. & Jenkins, J. R. (1979). Differential diagnostic prescriptive teaching: A critical appraisal. *Review of Educational Research*, **49**, 517–555.

Brown, A. L. & Campione, J. C. (1986). Psychological theory and the study of learning disabilities. *American Psychologist*, **14**, 1059–1068.

Brown, I. S. & Felton, R. H. (1990). Effects of instruction on beginning reading skills in children at risk for reading disability. *Reading and Writing: An Interdisciplinary Journal*, **2**, 223–241.

Bush, W. J. & Giles, M. T. (1969). *Aids to psycholinguistics teaching*. Columbus, Ohio: Merrill.

Butterfield, E. D. & Ferretti, R. P. (1987) Toward a theoretical integration of cognitive hypotheses about intellectual differences among children. In L. Borkowski & L. D. Day (Hg.), *Cognition in special children: Comparative approaches to retardation, learning disabilities, and giftedness* (S. 195–234). New York: Ablex.

Ceci, S. J. & Baker, J. G. (1990). On learning... more or less: A knowledge x process x context view of learning disabilities. In J. K. Torgesen (Hg.), *Cognitive and behavioral characteristics of children with learning disabilities*. Austin, TX: PRO-ED.

Chalfant, J. C. & Scheffelin, M. A. (1969). Central processing dysfunctions in children: A review of research. *NINDS Monographs*, Bethesda, MD. U.S. Department of Health, Education, and Welfare.

Coles, G. S. (1987). *The learning mystique: A critical look at „learning disabilities."* New York: Pantheon.

Cruickshank, W. M., Bentzen, F. A., Ratzeburg, F. H. & Tannhauser, M. T. (1961). *A teaching method for brain-injured and hyperactive children*. Syracuse, NY: Syracuse University Press.

Cruickshank, W. M., Bice, H. V. & Wallen, N. E. (1957). *Perception and cerebral palsy*. Syracuse, NY: Syracuse University Press.

Danielson, L. & Bradley, R. (2002). Specific learning disabilities: Building consensus for identification and classification. In R. Bradley, L. Danielson & D. P. Hallahan (Hg.) *Identification of learning disabilities: Research into practice* (S. 791–804). Mahwah, NJ: Lawrence Erlbaum Associates.

Doris, J. (1986). Learning disabilities. In S. J. Ceci (Hg.), *Handbook of cognitive, social, and neuropsychological aspects of learning disabilities* (S. 3–53). Hillsdale, NJ: Erlbaum Assoc.

Durrell, D. D. (1940). *Improvement of basic reading abilities.* New York, NY: World Book Company.

Ehri, L. C., Nunes, S. R., Willows, D. M., Schuster, B. V., Yaghoub-Zadeh, Z. & Shanahan, T. (2001). Phonemic awareness instruction helps children learn to read: Evidence from the National Reading Panel's meta-analysis. *Reading Research Quarterly, 36*, 250–287.

Ellis, E. S., Lenz, B. K. & Sabornie, E. J. (1987). Generalization and adaptation of learning strategies to natural environments: Part 2: Research into practice. *Remedial and Special Education, 8*, 6–23.

Epps, S., Ysseldyke, J. E. & McGue, M. (1981). *Differentiating LD and non-LD students: „I know one when I see one."* Minneapolis, MN: Institute for Research on Learning Disabilities.

Filipek, P. (1996). Structural variations in measures in the developmental disorders. In R. Thatcher, G. Lyon, J. Rumsey & N. Krasnegor (Hg.), *Developmental neuroimaging: Mapping the development of brain and behavior* (S. 169–186). San Diego, CA: Academic Press.

Fletcher, J. M., Lyon, G. R., Barnes, M., Stuebing, K. K., Francis, D. J., Olson, R. K., Shaywitz, S. E. & Shaywitz, B. A. (2002). Classification of learning disabilities: An evidence-based evaluation. In R. Bradley, L. Danielson & D. Hallahan (Hg.), *Identification of Learning disabilities: Research to practice* (S. 185–250). Mahwah, NJ: Lawrence Erlbaum Associates.

Fletcher, J. M., Shaywitz, S. E., Shankweiler, D. P., Katz, L., Liberman, I. Y., Stuebing, K. K., Francis, D. J., Fowler, A. E. & Shaywitz, B. A. (1994). Cognitive profiles of reading disability: Comparisons of discrepancy and low achievement definitions. *Journal of Educational Psychology, 86*, 6–23.

Foorman, B. R., Francis, D. J. & Fletcher, J. M. (1995). Growth of phonological processing skills in beginning reading: The lag versus deficit model revisited. Paper presented at the Society for Research on Child Development, Indianapolis, IN, March 31, 1995.

Foorman, B. R., Francis, D. J., Fletcher, J. M., Schatschneider, C. & Mehta, P. (1998). The role of instruction in learning to read: Preventing reading failure in at-risk children. *Journal of Educational Psychology, 90*, 37–55.

Foorman, B. & Torgesen, J. K. (2001). Critical elements of classroom and small-group instruction to promote reading success in all children. *Learning Disabilities Research and Practice, 16*, 203–212.

Francis, D. J., Shaywitz, S. E., Stuebing, K. K., Shaywitz, B. A. & Fletcher, J. M. (1996). Developmental lag versus deficit models of reading disability: A longitudinal, individual growth curves analysis. *Journal of Educational Psychology, 88*, 3–17.

Frostig, M., Lefever, D. W. & Whittlesey, J. R. B. (1964). *The Marianne Frostig developmental test of visual perception.* Palo Alto: Consulting Psychology Press.

Gajar, A. H. (1980). Characteristics across exceptional categories: EMR, LD, and ED. *Journal of Special Education, 14*, 165–173.

Galaburda, A. M., Menard, M. & Rosen, G. (1994). Evidence for aberrant auditory anatomy in developmental dyslexia. *Proceedings of the National Academy of Science, 91*, 8010–8013.

Gaskins, I. W., Ehri, L. C., Cress, C., O'Hara, C. & Donnelly, K. (1997). Procedures for word learning: Making discoveries about words. *The Reading Teacher, 50*, 312–327.

Habib, M., Espresser, R., Rey, V., Giraud, K., Braus, P. & Ores, C. (1999). Training dyslexics with acoustically modified speech: Evidence of improved phonological performance. *Brain & Cognition, 40*(1), 143–146.

1

Hallahan, D. P. & Cruickshank, W. M. (1973). *Psycho-educational foundations of learning disabilities*. Englewood Cliffs, NJ: Prentice-Hall.

Hallahan, D. P. & Cruickshank, W. M. (1979). *Lernstörungen bzw. Lernbehinderung: pädagogisch-psychologische Grundlagen*. München/Basel: Reinhardt.

Hallahan, D. P., Kauffman, J. M. & Lloyd, J. W. (1985). *Introduction to learning disabilities*. Englewood Cliffs, NJ: Prentice-Hall.

Hallahan, D. P. & Mercer, C. D. (2002) Learning disabilities: Historical perspectives. In R. Bradley, L. Danielson & D. Hallahan (Hg.), *Identification of learning disabilities: Research to practice* (S. 1–67). Mahwah, NJ: Lawrence Erlbaum Associates.

Hammill, D. D. (1972). Training visual perceptual processes. *Journal of Learning Disabilities, 5*, 552–559.

Hammill, D. D. (1990). On defining learning disabilities: An emerging consensus. *Journal of Learning Disabilities, 23*, 74–84.

Hammill, D. D., Goodman, L. & Wiederholt, J. L. (1974). Visual motor processes: What success have we had in training them? *The Reading Teacher, 27*, 469–478.

Hammill, D. D. & Larson, S. C. (1974). The efficacy of psycholinguistic training. *Exceptional Children, 41*, 5–14.

Hanushek, E. A., Kain, J. F. & and Rivkin, S. G. (1998). Does special education raise academic achievement for students with disabilities? National Bureau of Economic Research, Working Paper Nr. 6690, Cambridge, MA.

Harris, K. & Graham, S. (1996). *Making the writing process work: Strategies for composition and self-regulation* (2. Aufl.). Cambridge: Brookline Books.

Hartman, N. C. & Hartman, R. K. (1973). Perceptual handicap or reading disability? *The Reading Teacher, 26*, 684–695.

Head, H. (1926). *Aphasia and kindred disorders of speech*. Bd. 1. London, UK: Cambridge University Press.

Hinshelwood, J. (1917). *Congenital word blindness*. London, UK: H. K. Lewis.

Hook, P. E., Macaruso, P. & Jones, S. (2001). Efficacy of Fast ForWord training on facilitating acquisition of reading skills by children with reading difficulties: A longitudinal study. *Annals of Dyslexia, 51*, 75–96.

Interagency Committee on Learning Disabilities. (1987). Learning disabilities: A report to the U.S. Congress. Bethesda, MD: National Institutes of Health.

Johnson, D. J. & Mykelbust, H. R. (1967). *Learning disabilities: Educational principles and practices*. New York: Grune & Stratton.

Juel, C. (1996). What makes literacy tutoring effective? *Reading Research Quarterly, 31*, 268–289.

Kass, C. E. (1970). Final report: Advanced institute for leadership personnel in learning disabilities. Contract Nr. OEG-09–121013–3021–031, U.S. Office of Education, Department of Special Education, University of Arizona, Tucson, Arizona.

Kavale, K. & Forness, S. (1985). *The science of learning disabilities*. San Diego, CA: College-Hill Press.

Kavanagh, J. F. & Truss, T. J. (1988). Learning disabilities: Proceedings of the national conference. Parkton, MD: York Press.

Kephart, N. C. (1960). *The slow learner in the classroom*. Columbus, OH: Charles E. Merrill.

Kephart, N. C. (1977). *Das lernbehinderte Kind im Unterricht*. München/Basel: Reinhardt.

Kephart, N. C. & Strauss, A. A. (1940). A clinical factor influencing variations in IQ. *American Journal of Orthopsychiatry, 10*, 345–350.

Kirk, S. A. (1963). Behavioral diagnosis and remediation of learning disabilities. *Proceedings of the Annual Meeting of the Conference on Exploration into the Problems of the Perceptually Handicapped Child*. Bd. 1.

Kirk, S. A. & Kirk, W. D. (1971). *Psycholinguistic learning disabilities: Diagnosis and remediation.* Chicago, IL: University of Illinois Press.

Klingberg, T., Hedehus, M., Temple, E., Salz, T., Gabrieli, J., Moseley, M. & Poldrack, R. (2000). Microstructure of temporo-parietal white matter as a basis for reading ability: Evidence from diffusion tensor magnetic resonance imaging. *Neuron, 25,* 493–500.

Liberman, L. Y., Shankweiler, D., Orlando, C., Harris, K. S. & Berti, F. B. (1971). Letter confusions and reversals of sequence in the beginning reader: Implications for Orton's theory of developmental dyslexia. *Cortex, 7,* 127–142.

Lindamood, C. H. & Lindamood, P. C. (1984). *Auditory discrimination in depth.* Austin, TX: PRO-ED, Inc.

Lyon, G. R. (1985). Identification and remediation of learning disability subtypes: Preliminary findings. *Learning Disabilities Focus, 1,* 21–35.

Lyon, G. R. (1994). *Frames of reference for the assessment of learning disabilities: New views on measurement issues.* Baltimore, MD: Brooks Publishing.

Lyon, G. R. (1995). Toward a definition of dyslexia. *Annals of Dyslexia, 45,* 3–27.

Mann, L. (1971). Psychometric phenology and the new faculty psychology: The case against ability assessment and training. *Journal of Special Education, 5,* 3–14.

Mann, L. (1979). *On the trail of process.* New York: Grune & Stratton.

Mann, L. & Phillips, W. A. (1967). Fractional practices in special education: A critique. *Exceptional Children, 33,* 311–317.

Mastropieri, M. A. & Scruggs, T. E. (1997). Best practices in promoting reading comprehension in students with learning disabilities: 1976–1996. *Remedial and Special Education, 18,* 197–213.

McAnally, D. I., Hansen, P. C., Cornelissen, P. L. & Stein, J. F. (1997). Effect of time and frequency manipulation on syllable perception in developmental dyslexics. *Journal of Speech, Language, and Hearing Research, 40,* 912–924.

McCarthy, J. J. & Kirk, S. A. (1961). *Illinois Test of Psycholinguistic Abilities: Experimental version.* Urbana, IL: University of Illinois Press.

Meltzer, L. J. (1993). *Strategy assessment and instruction for students with learning disabilities.* Austin, TX: PRO-ED, Inc.

Merzenich, M. M., Jenkins, W. M., Johnston, P., Schreiner, C., Miller, S. L. & Tallal, P. (1996). Temporal processing deficits of language-learning impaired children ameliorated by training. *Science, 271,* 77–81.

Moats, L. C. (1995). The missing foundation in teacher education. *American Educator, 19,* 9–51.

Mody, M., Studdert-Kennedy, M. & Brady, S. (1997). Speech perception deficits in poor readers: Adutory processing or phonological coding? *Journal of Experimental Child Psychology, 64,* 199–231.

Myers, P. & Hammill, D. D. (1990). *Learning disabilities: Basic concepts, assessment practices, and instructional strategies.* Austin, TX.: PRO-ED.

National Joint Committee on Learning Disabilities. (1988). Letter to NJCLD organizations.

Newcomer, P. L. & Hammill, D. D. (1975). ITPA and academic achievement. *The Reading Teacher, 28,* 731–741.

Nittrouer, S. (1999). Do temporal processing deficits cause phonological processing problems? *Journal of Speech, Language, and Hearing Research, 42,* 925–942.

Olson, R. (1997). The genetics of LD: Twin studies. Address presented at conference titled „Progress and promise in research and education for individuals with learning disabilities." Washington, DC, May.

Orton, S. T. (1937). *Reading, writing, and speech problems in children.* New York: Norton.

Palincsaar, A. S., Winn, J., David, Y., Snyder, B. & Stevens, D. (1993). Approaches to strategic reading instruction reflecting different assumptions regarding teaching and learning. In L. J.

Meltzer (Hg.), *Strategy assessment and instruction for students with learning disabilities*. Austin, TX.: PRO-ED, Inc.

Raynor, K., Foorman, B. R., Perfetti, C. A., Pesetsky, D. & Seidenberg, M. S. (2001). How psychological science informs the teaching of reading. *Psychological Science in the Public Interest*, **2**, 31–73.

Rourke, B. P. (1995). *Syndrome of nonverbal learning disabilities: Neurodevelopmental manifestations*. New York: Guilford Press.

Rutter, M. & Yule, W. (1975). The concept of specific reading retardation. *Journal of Child Psychology and Psychiatry*, **16**, 181–197.

Sarason, S. B. (1949). *Psychological problems in mental deficiency*. New York: Harper.

Senf, G. M. (1986). LD research in sociological and scientific perspective. In J. K. Torgesen & B. Y. L. Wong (Hg.), *Psychological and educational perspectives on learning disabilities*. New York: Academic Press.

Shanahan, T. & Barr, R. (1995). Reading recovery: An independent evaluation of the effects of an early instructional intervention for at-risk learners. *Reading Research Quarterly*, **30**, 958–996.

Shankweiler, D. & Liberman, I. Y. (1989). *Phonology and reading disability*. Ann Arbor: University of Michigan Press.

Share, D. L. & Stanovich, K. E. (1995). Cognitive processes in early reading development: A model of acquisition and individual differences. *Issues in Education: Contributions from Educational Psychology*, **1**, 1–35.

Shaywitz, S. E. (1996). Dyslexia. *Scientific American*, **97**, 98–104.

Shaywitz, S. E., Escobar, M. D., Shaywitz, B. A., Fletcher, J. M. & Makuch, R. (1992). Evidence that dyslexia may represent the lower tail of a normal distribution of reading ability. *The New England Journal of Medicine*, **326**, 145–150.

Shaywitz, S. E., Pugh, K. R., Jenner, A. R., Fulbright, R. K., Fletcher, J. M., Gore, J. C. & Shaywitz, B. A. (2000). The neurobiology of reading and reading disability (dyslexia). In M. L. Kamil, P. B. Mosenthal, P. D. Pearson & R. Barr (Hg.), *Handbook of reading research*, Bd. 3 (S. 229–249). Mahway, NJ: Lawrence Erlbaum.

Shinn, M. R., Ysseldyke, J., Deno, S. & Tindal, G. (1982). Comparison of psychometric and functional differences between students labeled learning disabled and low achieving. Research report Nr. 71, Institute for Research on Learning Disabilities, University of Minnesota.

Siegel, L. S. (1989). IQ is irrelevant to the definition of learning disabilities. *Journal of Learning Disabilities*, **22**, 469–479.

Siegler, R. S. (1998). *Children's thinking*, (3. Aufl.). Upper Saddle River, NJ: Prentice-Hall, Inc.

Silva, P. A., McGee, R. & Williams, S. (1985). Some characteristics of 9-year-old boys with general reading backwardness or specific reading retardation. *Journal of Child Psychology and Psychiatry*, **26**, 407–421.

Stanovich, K. E. (1990). Explaining the differences between the dyslexic and the garden-variety poor reader: The phonological-core variable-difference model. In J. Torgesen (Hg.), *Cognitive and behavioral characteristics of children with learning disabilities*. Austin, TX: PRO-ED.

Stanovich, K. E. (1993). The construct validity of discrepancy definitions of reading disability. In G. R. Lyon, D. Gray, J. Kavanagh & N. Krasnegor (Hg.), *Better understanding learning disabilities: New views on research and their implications for public policies*. Baltimore: Paul H. Brookes Publishing.

Stanovich, K. E. & Siegel, L. S. (1994). The phenotypic performance profile of reading-disabled children: A regression-based test of the phonological-core variable-difference model. *Journal of Educational Psychology*, **86**, 24–53.

Stevenson, J. (1988). Which aspects of reading disability show a „hump" in their distribution? *Applied Cognitive psychology*, **2**, 77–85.

Strauss, A. A. (1943). Diagnosis and education of the cripplebrained, deficient child. *Journal of Exceptional Children*, **9**, 163–168.

Strauss, A. A. & Kephart, N. C. (1955). *Psychopathology and education of the brain-injured child: Progress in theory and clinic* (Bd. 2). New York: Grune & Stratton.

Strauss, A. A. & Lehtinen, L. E. (1947). *Psychopathology and education of the brain-injured child.* New York: Grune & Stratton.

Tallal, P. (1980). Auditory temporal perception, phonics, and reading disabilities in children. *Brain and Language*, **9**, 182–198.

Tallal, P., Miller, S. L., Bedi, G., Byma, G., Wang, X., Nagarajan, S. S., Schreiner, C., Jenkins, W. M. & Merzenich, M. M. (1996). Language comprehension in language-learning impaired children improved with acoustically modified speech. *Science*, **271**, 81–84.

Temple, E., Deutsch, G. K., Poldrack, R. A., Miller, S. L., Tallal, P., Merzenich, M. M. & Gabrieli, J. D. (2003). Neural deficits in children with dyslexia ameliorated by behavioral intervention: Evidence from functional MRI. *Proceedings of the National Academy of Sciences*, **100**, 2860–2865.

Torgesen, J. K. (1979). What shall we do with psychological processes? *Journal of Learning Disabilities*, **12**, 514–521.

Torgesen, J. K. (1986). Learning disabilities theory: Its current state and future prospects. *Journal of Learning Disabilities*, **19**, 399–407.

Torgesen, J. K. (1993). Variations on theory in learning disabilities. In R. Lyon, D. Gray, N. Krasnegor & J. Kavenagh (Hg.), *Better understanding learning disabilities: Perspectives on classification, identification, and assessment and their implications for education and policy.* Baltimore: Brookes Publishing.

Torgesen, J. K. (1999). Phonologically based reading disabilities: Toward a coherent theory of one kind of learning disability. In R. J. Sternberg & L. Spear-Swerling (Hg.), *Perspectives on learning disabilities* (S. 231–262). New Haven: Westview Press.

Torgesen, J. K. (2000). Individual differences in response to early interventions in reading: The lingering problem of treatment resisters. *Learning Disabilities Research and Practice*, **15**, 55–64.

Torgesen, J. K. (2002). Empirical and theoretical support for direct diagnosis of learning disabilities by assessment of intrinsic processing weaknesses. In R. Bradley, L. Danielson & D. Hallahan (Hg.), *Identification of learning disabilities: Research to practice* (S. 565–613). Mahwah, NJ: Lawrence Erlbaum Associates.

Torgesen, J. K. (2004). Lessons learned from the last 20 years of research on interventions for students who experience difficulty learning to read. In McCardle, P. & Chhabra, V. (Hg.), *The voice of evidence in reading research* (S. 225–229). Baltimore: Brookes Publishing.

Torgesen, J. K., Rashotte, C. A. & Alexander, A. (2001). Principles of fluency instruction in reading: Relationships with established empirical outcomes. In M. Wolf (Hg.), *Dyslexia, fluency, and the brain. Parkton*, MD: York Press.

Torgesen, J. K., Rashotte, C. A., Alexander, A. & MacPhee, K. (2003). Progress towards understanding the instructional conditions necessary for remediating reading difficulties in older children. In B. Foorman (Hg.), *Preventing and Remediating Reading Difficulties: Bringing Science to Scale* (S. 275–298). Parkton, MD: York Press.

Torgesen, J. K. & Wagner, R. K. (1998). Alternative diagnostic approaches for specific developmental reading disabilities. *Learning Disabilities Research and Practice*, **13**, 220–232.

Torgesen, J. K., Wagner, R. K., Rashotte, C. A., Rose, E., Lindamood, P., Conway, T. & Garvin, C. (1999). Preventing reading failure in young children with phonological processing disabilities: Group and individual responses to instruction. *Journal of Educational Psychology*, **91**, 579–593.

Vaughn, S. & Schumm, J. S. (1996). Classroom ecologies: Classroom interactions and implications for inclusion of students with learning disabilities (S. 107–124). In D. L. Speece & B. K. Keogh (Hg.), *Research on classroom ecologies*. Mahwah, NJ: Lawrence Erlbaum Associates.

Vellutino, F. R., Scanlon, D. M., Sipay, E. R., Small, S. G., Pratt, A., Chen, R. & Denckla, M. B. (1996). Cognitive profiles of difficult-to-remediate and readily remediated poor readers: Early intervention as a vehicle for distinguishing between cognitive and experiential deficits as basic causes of specific reading disability. *Journal of Educational Psychology*, **88**, 601–638.

Vellutino, F. R., Steger, B. M., Moyer, S. C., Hardin, C. J. & Niles, J. A. (1977). Has the perceptual deficit hypothesis led us astray? *Journal of Learning Disabilities*, **10**, 375–385.

Vernon, M. D. (1957). *Backwardness in reading*. London, UK: Cambridge University Press.

Wadsworth, S. J., Olson, R. K., Pennington, B. F. & DeFries, J. C. (2000). Differential genetic etiology of reading disability as a function of IQ. *Journal of Learning Disabilities*, **33**, 192–199.

Wagner, R. K., Torgesen, J. K. & Rashotte, C. A. (1994). The development of reading-related phonological processing abilities: New evidence of bi-directional causality from a latent variable longitudinal study. *Developmental Psychology*, **30**, 73–87.

Wagner, R. K., Torgesen, J. K., Rashotte, C. A., Hecht, S. A., Barker, T. A., Burgess, S. R., Donahue, J. & Garon, T. (1997). Changing causal relations between phonological processing abilities and word-level reading as children develop from beginning to fluent readers: A five-year longitudinal study. *Developmental Psychology*, **33**, 468–179.

Webster, R. E. & Schenck, S. J. (1978). Diagnostic test pattern differences among LD, ED, EMH, and multi-handicapped students. *Journal of Educational Research*, **72**, 75–80.

Wiederholt, J. L. (1974). Historical perspectives on the education of the learning disabled. In L. Mann & D. A. Sabatino (Hg.), *The second review of special education* (S. 103–152). Austin, TX: PRO-ED.

Wiederholt, J. L. & Hammill, D. D. (1971). Use of the FrostigHorne Visual Perceptual Program in the urban school. *Psychology in the Schools*, **8**, 268–274.

Wilson, B. A. (1988). *Instructor manual*. Millbury, MA: Wilson Language Training.

Wong, B. Y. L. (1986). Problems and issues in the definition of learning disabilities. In J. K. Torgesen & B. Y. L. Wong (Hg.), *Psychological and educational perspectives on learning disabilities* (S. 1–25). San Diego: Academic Press.

Ysseldyke, J. E. (1973). Diagnostic-prescriptive teaching: The search for aptitude-treatment interactions. In L. Mann & D. Sabatino (Hg.), *The first review of special education*. Austin, TX: PRO-ED.

Ysseldyke, J. E. (1983). Current practices in making psychoeducational decisions about learning disabled students. *Journal of Learning Disabilities*, **16**, 209–219.

Ysseldyke, J. E., Algozzine, B., Shinn, M. & McGue, M. (1982). Similarities and differences between students labeled underachievers and learning disabled. *Journal of Special Education*, **16**, 73–85.

Zeffiro, T. J. & Eden, G. (2000). The neural basis of developmental dyslexia. *Annals of Dyslexia*, **50**, 1–30.

Zigmond, N. (1996). Organization and management of general education classrooms. In D. L. Speece & B. K. Keogh (Hg.), *Research on classroom ecologies* (S. 163–190). Mahwah, NJ: Lawrence Erlbaum Associates.

2 Lernstörungen und Gedächtnis

H. Lee Swanson*, John B. Cooney** und John K. McNamara***
University of California*, University of Northern Colorado**,
University of Saskatchewan***

2.1 Einleitung

Unter Gedächtnis versteht man die Fähigkeit, Informationen aufzunehmen, zu enkodieren, zu verarbeiten und wieder abzurufen. Das Gedächtnis ist untrennbar mit dem geistigen Leistungsvermögen und mit Lernen verbunden. Es liegt nahe, anzunehmen, dass Personen mit beeinträchtigten Gedächtnisfähigkeiten, wie Kinder und Erwachsene mit Lernstörungen, Schwierigkeiten mit verschiedenen schulischen und kognitiven Aufgaben haben. Obwohl das Gedächtnis eng mit der Leistung in mehreren schulischen (z. B. Lesen) und kognitiven (z. B. Problemlösen) Bereichen zusammenhängt, stellt es für den Bereich der Lernstörungen aus dreierlei Gründen ein kritisches Schwerpunktgebiet dar. Erstens ist Gedächtnis Ausdruck angewandter Kognition, d. h., die Gedächtnisfunktion ist für sämtliche Bereiche des Lernens kennzeichnend. Zweitens deuten mehrere Studien darauf hin, dass die Gedächtnisfertigkeiten von Schülern mit Lernstörungen deren tatsächlichen Ressourcen keineswegs vollständig oder auch nur annähernd ausnutzen; das bedeutet, dass wir Instruktionsverfahren entwickeln müssen, die darauf ausgerichtet sind, das Potenzial dieser Kinder auszuschöpfen. Drittens verwenden verschiedene Interventionsprogramme, deren Ziel die Verbesserung der allgemeinen Kognition von Kindern und Erwachsenen mit Lernstörungen ist, Prinzipien, die aus der Gedächtnisforschung stammen. Dieses Kapitel befasst sich zunächst überblicksartig mit einigen wichtigen Forschungsansätzen aus Vergangenheit und Gegenwart, beschreibt die verschiedenen Verarbeitungskomponenten und -stadien, welche die Gedächtnisleistung beeinflussen und diskutiert aktuelle Trends und die Bedeutung der Gedächtnisforschung für die Förderung von Kindern und Erwachsenen mit Lernstörungen.

2.2 Gedächtnisforschung und Lernstörungen: ein historischer Überblick

Die früheste Verbindung zwischen Lernstörungen und Gedächtnis wurde Ende des 19. Jahrhunderts in Kussmauls Arbeiten über Lesestörungen gezogen. Im Jahre 1877 machte Kussmaul auf eine Störung aufmerksam, die er als „Wortblindheit" bezeich-

2

nete. Gemeint war die Unfähigkeit, lesen zu lernen, obgleich Sehvermögen, Intellekt und Sprache normal entwickelt waren. Im Anschluss an Kussmauls Arbeiten wurde über mehrere Fälle von Lesestörungen berichtet, die im Erwachsenenalter auftraten und durch Hirnschädigungen – insbesondere im Bereich des *Gyrus angularis* der linken Hemisphäre – verursacht wurden (im Überblick Hinshelwood, 1917). In einer wichtigen Fallstudie, die 1896 von Morgan veröffentlicht wurde, wird von einem 14-jährigen Jungen berichtet, der trotz normaler Intelligenz Schwierigkeiten beim Abruf der Buchstaben des Alphabets hatte. Es fiel ihm außerdem schwer, sich an geschriebene Worte zu erinnern, die allem Anschein nach „keinerlei Eindruck bei ihm hinterließen". Interessanterweise zeigte der Junge ein gutes Gedächtnis für mündliche Informationen. Diese Fallstudie war wichtig, weil sie deutlich machte, dass Wortblindheit offenbar nicht die Folge einer Hirnschädigung war. Im Anschluss an Morgans Beschreibung dieser Beeinträchtigung, die man als spezifische Lesestörung bezeichnete, wurde die Gedächtnisforschung dahingehend erweitert, dass nun auch Kinder mit normaler Intelligenz einbezogen wurden, die Schwierigkeiten mit dem Lesen hatten. Hinshelwoods (1917) klassische Monografie stellt eine Reihe von Fallstudien vor, die Lesestörungen bei normal intelligenten Kindern mit Gedächtnisproblemen beschreiben. Aufgrund seiner Beobachtungen gelangte Hinshelwood zu dem Schluss, dass die Leseschwierigkeiten dieser Kinder „mit einem pathologischen Zustand des visuellen Gedächtniszentrums" zusammenhingen (S. 21).

Im gleichen Jahr, als Hinshelwood seine Monografie veröffentlichte, erschien auch ein wenig bekannter Text von Bronner (1917), der ebenfalls Fallstudien enthielt, in denen Gedächtnisprobleme bei normal intelligenten Kindern beschrieben wurden. Hier z. B. die Fallstudie 21:

> *Henry J., 16 Jahre alt, wurde vorstellig, nachdem er bereits mehrere Male vor Gericht gestanden hatte. Die Untersuchung seines Geisteszustandes ergab, dass der Junge recht intelligent und allgemein begabt war, jedoch eine sehr spezifische Störung hatte. Bei sämtlichen Untersuchungen war auffällig, dass der Junge hinsichtlich seiner kurzfristigen Merkfähigkeit für sein Alter weit zurücklag. Wenn ihm eine Reihe von Zahlen akustisch dargeboten wurde, konnte er nicht mehr als vier davon behalten. Seine Gedächtnisspanne für geschriebene Zahlen war auch nicht viel besser: (...) in diesem Fall konnte er höchstens fünf Zahlen behalten. Die Gedächtnisspanne für Wortsilben war ebenfalls schlecht. (...) Wenn es jedoch darum ging, sich an Vorstellungen zu erinnern, das Gedächtnis also mit logischen Inhalten befasst war, waren die Ergebnisse gut (S. 120).*

Die meisten Fallstudien in Bronners Text deuteten darauf hin, dass bei Kindern mit Lesestörungen das Kurzzeitgedächtnis Beeinträchtigungen aufwies, während das Langzeitgedächtnis intakt war. Bronner wies außerdem darauf hin, dass nur wenig über das Gedächtnis und seine Anwendung bei komplexen Lernaktivitäten bekannt war. So gab der Autor beispielsweise zu bedenken, dass „sehr viele Gesetzmäßigkeiten des Gedächtnisses, die in der Praxis äußerst wichtig sind, noch nicht identifiziert wurden; diejenigen, die eindeutig nachgewiesen sind, betreffen vorwiegend sinnloses Material oder solche Inhalte, die wenig Ähnlichkeiten haben mit Aktivitäten des täglichen Lebens. Wir sind uns bewusst, dass sowohl das unmittelbare als auch das langfristige Gedächtnis wichtig sind, dass wir uns an das, was wir sehen und hören, erinnern müssen (...) und dass die Fähigkeit, sich an eine Idee zu erinnern, vermutlich insgesamt nützlicher ist als ein gutes Gedächtnis für Auswendiggelerntes; aber eine Schwäche in der Fähigkeit zum Auswendiglernen ist möglicherweise von großer Bedeutung für bestimmte schulische Anforderungen" (S. 110).

Von den 1920er- bis in die 1950er-Jahre gingen Wissenschaftler allgemein davon aus, dass Leseschwächen mit strukturellen Schädigungen einzelner Gehirnbereiche zusammenhingen, die für das visuelle Gedächtnis zuständig sind (im Überblick Geschwind, 1962; siehe auch Monroe, 1932). Demgegenüber vertrat Orton (1925; 1937) die Ansicht, dass Lesestörungen von einer neurologischen Reifeverzögerung herrührten, die durch den verspäteten Aufbau einer Sprachdominanz in der linken Gehirnhemisphäre verursacht wird. Orton beschrieb das Phänomen eines selektiven Verlustes bzw. einer Beeinträchtigung der Fähigkeit, sich an Worte zu erinnern. Er bezeichnete dieses Phänomen als Strephosymbolie (Vertauschen von Symbolen). Orton (1937) wies darauf hin, dass „obwohl diese Kinder auch viele andere Arten von Fehlern machen, die eine große Bandbreite aufweisen, ist klar, dass weder das Gehör noch der Sprechmechanismus das Problem darstellen, (...) sondern der Abruf von Worten, die zuvor mehrmals gehört oder in gesprochener Sprache verwendet worden sind. Der Abruf wird vor allen Dingen dadurch behindert, dass sich die Kinder nicht an alle Laute in der richtigen Reihenfolge *erinnern* [Hervorhebung hinzugefügt] können" (S. 147). Mit Blick auf das visuelle Gedächtnis war Orton der Auffassung, dass die Hauptschwierigkeit von Kindern mit Lesestörungen darin bestand, „das gedruckte Wort gemäß seiner räumlichen Sequenz bzw. der richtigen Anordnung im Raum zu erinnern" (S. 148). Nach Ortons Auffassung spiegelten die Gedächtnisprobleme von Kindern mit Lesestörungen räumliche Sequenzen im visuellen Gedächtnis bzw. zeitliche Sequenzen im auditiven Gedächtnis wider. Obwohl die konzeptuelle Grundlage eines Großteils von Ortons Forschungen in den 1970er-Jahren infrage gestellt wurde (vgl. Vellutino, 1979, im Überblick), basiert die Verknüpfung zwischen Lernstörungen und Gedächtnisprozessen auf vielen Forschungsbelegen aus den früheren klinischen Studien von Morgan, Hinshelwood und Orton. Heute werden Lesestörungen in erster Linie als Sprachprobleme betrachtet (z. B. Siegel, 2003), und Gedächtnisprobleme werden gemeinhin im Sinne von Sprachprozessen konzeptualisiert (Siegel, 2003; Swanson & Siegel, 2001a).

Erst in den späten 1960er-und frühen 1970er-Jahren erschienen experimentelle (nicht klinische) Studien, in denen die Gedächtnisleistung von Kindern mit Lernstörungen mit der von Kindern ohne Lernstörung verglichen wurde. Die meisten dieser Studien konzentrierten sich auf modalitätsspezifische Gedächtnisprozesse (z. B. auditives vs. visuelles Gedächtnis) sowie auf modalitätsübergreifende Unterrichtsbedingungen (z. B. das visuelle Wiedererkennen von auditiv dargebotenen Informationen); sie lieferten jedoch widersprüchliche Ergebnisse. So führten beispielsweise Conners et al. (1969) eine Studie zum auditiven Gedächtnis durch, in der lernschwache Kinder und Kinder mit normalen schulischen Leistungen in ihrer Fähigkeit verglichen wurden, Zahlen zu erinnern, die ihnen in einer dichotischen Höraufgabe präsentiert worden waren. Die Studie ergab, dass sich die lernschwachen Kinder hinsichtlich ihrer kurzfristigen Merkfähigkeit nicht von ihren Altersgenossen unterschieden. Bryan (1972) führte ebenfalls eine Studie mit Kindern mit und ohne Lernstörungen durch,

2

setzte dabei jedoch sowohl auditive als auch visuelle Reize ein. Die Probanden sollten sich in einer Aufgabe Worte merken, die von einem Tonband abgespielt wurden, und in einer anderen Aufgabe Worte, die mithilfe eines Diaprojektors dargeboten wurden. Beide Gruppen zeigten eine bessere Gedächtnisleistung bei den visuellen Reizen, allerdings schnitten die Kinder mit Lernstörungen sowohl bei der visuellen als auch bei der auditiven Aufgabe schlechter ab als die Vergleichsgruppe.

Widersprüchliche Befunde wurden auch in Studien gefunden, in denen visuelle Gedächtnisfähigkeiten von Kindern mit Lesestörungen untersucht wurden. Goyen und Lyle (1971; 1973) untersuchten das visuelle Erinnerungsvermögen von Schulkindern (jünger als achteinhalb Jahre) mit Lesestörungen. Die Kinder sollten sich kritische Details visueller Reize merken, die ihnen tachistoskopisch in Intervallen unterschiedlicher Dauer dargeboten wurden. Die Ergebnisse zeigten, dass die Schüler mit Lesestörungen im Vergleich zu jüngeren und älteren normalen Lesern eine schlechtere Merkfähigkeit hatten. In einer anderen Studie verglichen Guthrie und Goldberg (1972) mithilfe verschiedener Tests das visuelle Kurzzeitgedächtnis von beeinträchtigten und guten Lesern. Im Gegensatz zu Goyen und Lyle kamen Guthrie und Goldberg zu dem Ergebnis, dass die Leistung der Probandengruppen bei den Subtests zum visuellen Gedächtnis keinen deutlichen Unterschied erkennen ließ.

Widersprüchliche Befunde ergaben sich auch in der Forschung zur intermodalen Verarbeitung von Informationen. So fanden z. B. Senf und Feshbach (1970) unter intermodalen Verarbeitungsbedingungen Unterschiede in der Gedächtnisleistung von guten und schlechten Lesern. Die Merkfähigkeit der Schüler wurde anhand von Ziffern getestet, die ihnen entweder auditiv oder visuell oder audio-visuell dargeboten wurden; die Widergabe der Ziffern erfolgte mündlich oder schriftlich. Die Stichproben bestanden aus kulturell benachteiligten, lerngestörten Lesern sowie normalen Lesern aus Grundschul- und ersten Oberschulklassen. Die Stichprobe mit den lerngestörten Kindern zeigte bei Reizen, die in audio-visuellen Paaren dargeboten wurden, eine schlechte Merkfähigkeit, was auf Probleme in der intermodalen Zuordnung zurückgeführt wurde. Die älteren, kulturell benachteiligten und normalen Kinder konnten sich die Ziffern in audio-visuellen Paaren besser merken als die jüngeren Kinder der Vergleichsgruppen, wohingegen die älteren Kinder mit Lernstörungen keine bessere Merkfähigkeit zeigten als die jüngeren Kinder mit Lernstörungen. Die Stichprobe der Kinder mit Lernstörungen wies außerdem eine höhere Fehlerquote beim visuellen Gedächtnis auf. Diese Studie deutete darauf hin, dass Kinder mit Lernstörungen bestimmte Fähigkeiten, die zur paarweisen Zuordnung von visuellen und auditiven Reizen erforderlich sind, nicht entwickelt hatten, und dass diese Fähigkeiten wesentlich für das Lesen waren. Im Gegensatz zu dieser Studie kamen Denckla und Rudel (1974) in einer anderen Studie zu dem Ergebnis, dass die schlechte Merkfähigkeit von Kindern mit Lernstörungen keinen Zusammenhang mit visuellen Enkodierungsfehlern aufwies, sondern mit zeitlicher Sequenzierung. Ihre Resultate legten nahe, dass Kinder, die Schwierigkeiten mit der zeitlichen Sequenzierung hatten, zugleich große Probleme beim Abruf von räumlichen Informationen aufwiesen bzw. bei der Durchführung von Aufgaben, welche die Zuordnung von seriellen und räumlichen Reizen erforderten (wie in der o. g. Studie von Senf & Feshbach, 1970).

Zusammenfassend lässt sich feststellen, dass die Studien der späten 1960er- und frühen 1970er-Jahre trotz ihrer z. T. widersprüchlichen Ergebnisse eine Grundlage für die Untersuchung von Lernstörungen im Kontext von Gedächtnis schufen. Kinder mit Lernstörungen zeigten Gedächtnisprobleme bei Laboraufgaben, welche die Sequenzierung von visuell und auditiv dargebotenen Informationen erforderten. Die unterschiedlichen Resultate sind vermutlich auf Variationen in der Definition und in der Auswahl der Fähigkeitsgruppen zurückzuführen. Im folgenden Abschnitt werden aktuellere Konzepte von Gedächtnisproblemen bei Kindern und Erwachsenen mit Lernstörungen diskutiert.

2.3 Zeitgenössische Forschung

2.3.1 Überblick

In den letzten 25 Jahren wurde die Gedächtnisforschung im Bereich der Lernstörungen stark durch die Hypothese beeinflusst, dass Variationen in der Gedächtnisleistung von Kindern auf den Erwerb von Gedächtnisstrategien zurückgehen. Unter Strategien versteht man absichtliche, bewusst angewandte Vorgehensweisen, die für das Behalten und den anschließenden Abruf von Informationen förderlich sind. Der Forschungsrahmen der meisten Strategietrainingsstudien, die Kinder mit Lernstörungen einbeziehen, lässt sich zu früherer Forschung zu Metakognition (siehe unten; Flavell, 1979) und/oder zu Forschung zu Produktionsdefiziten (Flavell et al., 1966) zurückverfolgen. Letztere unterscheidet zwischen den Konzepten Produktions- und Mediationsdefizit. Mediationsdefizite bedeuten, dass dem Kind die Voraussetzungen fehlen, um eine Strategie effizient zu nutzen. So sind z. B. kleine Kinder nicht in der Lage, spontan einen potenziellen Mediator zu produzieren, um die Anforderungen einer Aufgabe zu erfüllen; aber selbst wenn sie dazu in der Lage wären, könnten sie ihn nicht wirksam zur Steuerung ihrer Leistung nutzen. Demgegenüber sind Produktionsdefizite dadurch gekennzeichnet, dass man Kindern wirksame Strategien, die sie selbst nicht spontan produzieren können, beibringen kann, und dass diese Strategien ihre Leistung steuern und verbessern. Bezogen auf Lernstörungen bedeutet diese Hypothese, dass, je stärker eine effektive Gedächtnisleistung von strategischen Informationen abhängt, desto größer die Wahrscheinlichkeit ist, die Aufgabe durch die kognitive Reife des Kindes beeinflusst wird.

Die Strategiehypothese (für die viele verschiedene Bezeichnungen verwendet wurden, darunter der „passive Lerner") war von so herausragender Bedeutung, dass sie bis in die späten 1980er-Jahre praktisch gleichbedeutend mit der Gedächtnisforschung bei Kindern mit Lernstörungen war. Studien, die sich mit Gedächtnisaktivitäten wie Clustering, Elaboration und Rehearsal befassten, stützten sich primär auf diese Hypothese. Der Schwerpunkt der Studien lag darin, Kindern mit Lernstörungen beizubringen, wie sie sich das dargebotene Unterrichtsmaterial unter verschiedenen Bedingungen bzw. mithilfe unterschiedlicher Gedächtnisstrategien merken konnten (für einen Überblick siehe z. B. Scruggs & Mastroperi, 2000). Diese früheren Studien zeigten, dass man Kindern mit Lernstörungen durch direkte Instruktion (z. B. Gelzheiser, 1984), Modellieren (z. B. Dawson et al., 1980) und Verstärkung (z. B. Bauer & Peller-Porth, 1990) den Gebrauch einfacher Gedächtnisstrategien beibringen kann, die sie nicht selbstständig spontan produzieren und einsetzen (z. B. Dallego & Moely,

2

1980). Die Strategiehypothese wurde nicht nur im Zusammenhang mit Gedächtnis angewandt, sondern auch auf andere Bereiche übertragen, darunter Leseverständnis (z. B. Borkowski et al., 1988; Wong & Jones, 1982), Schreiben (z. B. Graham & Harris, 2003), Mathematik (z. B. der Überblick von Geary, 2003; Montague, 1992) und Problemlösen (z. B. Borkowski et al., 1989).

Seit wenigen Jahren bewegt sich die Gedächtnisforschung in eine andere Richtung, hin zu einer Analyse nicht strategischer Prozesse, welche nicht unbedingt bewusst eingesetzt werden. Viele dieser neueren Studien sind im Bezugssystem von Baddeleys Mehrkomponenten- bzw. Arbeitsgedächtnismodell (siehe unten; Baddeley & Logie, 1999) angesiedelt. Der wichtigste Beweggrund für diesen Richtungswechsel ist, dass wichtige Aspekte der Gedächtnisleistung häufig unabhängig von Veränderungen der Gedächtnisstrategien sind. Der überzeugendste Forschungsbeleg stammt aus Studien, in denen selbst nach der Verwendung einer optimalen Strategie (eine Strategie, die sich in den meisten Studien als vorteilhaft erwiesen hat) noch Unterschiede zwischen Kindern mit und ohne Lernstörungen festgestellt wurden. Bevor wir uns jedoch dem aktuellen Schwerpunkt der Gedächtnisforschung zuwenden, ist es erforderlich, die Forschung zu verstehen, die von den späten 1970er- bis in die frühen 1990er-Jahre durchgeführt wurde. Der folgende Überblick ist in zwei Abschnitte unterteilt: (1) Studien, die Parallelen zur normalen Gedächtnisentwicklung in der Kindheit ziehen und (2) Studien, die Gedächtniskomponenten identifizieren, in denen Kinder und Erwachsene mit Lernstörungen beeinträchtigt sind.

2.4 Vergleiche mit der normalen Gedächtnisentwicklung

Wissenschaftler sind sich zu einem gewissen Grad darin einig, dass das, was wir über das Gedächtnis von Kindern mit Lernstörungen wissen, Parallelen aufweist zu dem, was wir über Unterschiede zwischen älteren und jüngeren Kindern wissen (z. B. Gathercole, 1998; Siegel & Ryan, 1989; Swanson, 1999a, b). Solche Parallelen bedeuten allerdings nicht, dass bei Kindern mit Lernstörungen eine Verzögerung aller Gedächtnisprozesse vorliegt, oder dass eine Beeinträchtigung der Gedächtnisleistung in erster Linie durch eine verzögerte Entwicklung bedingt ist. Vielmehr spiegelt die beeinträchtigte Gedächtnisleistung eine direkt beobachtbare Leistung in bestimmten Gedächtnisbereichen wider, die mit der junger Kinder vergleichbar ist. Daher wird die Gedächtnisleistung von Kindern mit Lernstörungen in den meisten Studien mit der Gedächtnisleistung jüngerer Kinder ohne Lernstörungen in Beziehung gesetzt, obgleich der schwachen Gedächtnisleistung von lerngestörten Kindern nicht unbedingt die gleichen Mechanismen zugrunde liegen wie der Gedächtnisleistung jüngerer Kinder (De Jong, 1998; Swanson & Sachse-Lee, 2001a, b). Die Parallelen zwischen Kindern mit Lernstörungen vs. gleichaltrigen Kindern ohne Lernstörungen einerseits und zwischen jüngeren vs. älteren Kindern ohne Lernstörungen andererseits zeigen sich deutlich darin, dass Leistungsunterschiede (1) bei Aufgaben auftreten, in denen die Anwendung kognitiver Strategien (z. B. Wiederholung und Organisation) erforderlich ist; (2) bei Gedächtnisaufgaben auftreten, in denen eine kontrollierte, nicht jedoch bei Aufgaben, in denen eine automatisierte Informationsverarbeitung stattfindet; (3) durch das Vorwissen des Individuums beeinflusst werden; (4) durch das Wissen des Individuums über seine eigenen Gedächtnisprozesse (Metakognition) beeinflusst werden. Im Folgenden wird jede dieser Parallelen kurz erläutert.

Eine ganze Reihe von Forschungsbefunden legt die Schlussfolgerung nahe, dass sich die Merkfähigkeit von Kindern mit zunehmendem Alter verbessert, weil Kontrollprozesse durch wiederholte Ausführung stärker automatisiert werden (z. B. Gathercole, 1998; Pressley, 1994). Kontrollprozesse beim Gedächtnis entscheiden darüber, welche Informationen wie geprüft, im Gedächtnis behalten und/oder organisiert werden sollen. Unter Rehearsal versteht man Gedächtnisaktivitäten, denen ein vokaler oder subvokaler Memorier- bzw. Wiederholungsprozess zugrunde liegt. Ein Beispiel für Rehearsal ist das Wiederholen einer Telefonnummer oder einer Adresse zum Zwecke des Auswendiglernens. Weitere Kontrollprozesse sind Organisation, z. B. das Ordnen, Klassifizieren oder Etikettieren von Informationen, um sie später leichter abrufen zu können, und Mediation, z. B. der Vergleich neuer Items mit Informationen, die bereits im Gedächtnis gespeichert sind. In Bezug auf Kinder mit Lernstörungen wurden verschiedene Organisationsstrategien untersucht (z. B. Borkowski et al., 1988; Dallego & Moely, 1980; Krupski et al., 1993; Lee & Obrzut, 1994), darunter:

1. *Chunking.* Einzelne Elemente werden in Einheiten höherer Ordnung (engl. *chunks*) gruppiert, so dass jedes Element eine vollständige Reihe von Elementen in Erinnerung ruft (z. B. indem man einzelne Wörter zu einem vollständigen Satz verbindet).
2. *Clustering.* Einzelne Items werden in Kategorien (z. B. Tiere, Möbel) geordnet.
3. *Mnemotechniken.* Idiosynkratische Lern- und Behaltenstechniken, mit deren Hilfe Informationen organisiert werden.
4. *Kodieren.* Die qualitative Form der Informationen wird verändert (z. B. indem Wörter durch Bilder bzw. Vorstellungen ersetzt werden).

Außerdem wurden mehrere Studien zu Verfahren durchgeführt, mit denen die Merkfähigkeit von Kindern mit Lernstörungen verbessert werden sollen (z. B. Scruggs & Mastropieri, 2000; Swanson, 1989), z. B.:

1. Nutzung bereits vorhandener Assoziationen: Auf diese Weise müssen keine neuen Assoziationen aufgebaut werden.
2. Verwendung von Instruktionen: Die Schüler werden aufgefordert, sich Informationen verbal oder in Form von Vorstellungsbildern einzuprägen, wodurch die Organisation und Reproduktion dieser Informationen erleichtert wird.
3. Verwendung von Stichworten bzw. Eselsbrücken: Durch sprachliche oder bildliche Hinweisreize lassen sich Informationen leichter behalten.

Ein hervorragendes Beispiel für Untersuchungen, die sich mit der Verbesserung der Merkfähigkeit von lernschwachen Schülern befassen, ist die Studie von Mastropieri et al. (1985). Die Autoren führten zwei Experimente durch, in denen Jugendliche mit Lernstörungen die Definitionen von 14 Vokabeln lernen sollten. Dazu wurde sowohl ein bildliches mnemotechnisches Verfahren (die sogenannte Schlüsselwortmethode bzw. Keyword-Methode) als auch ein traditioneller Instruktionsansatz getestet. Die Schlüsselwortmethode basiert darauf, dass mit den Elementen, die miteinander assoziiert werden sollen, ein interaktives Vorstellungsbild erzeugt wird. Um sich bei-

2

spielsweise mithilfe der Schlüsselwortmethode zu merken, dass das Wort *Klausur* u. a. „schriftliche Prüfung" bedeutet, wird der Lernende darauf aufmerksam gemacht, dass der erste Teil des Wortes *Klausur* wie der Name *Klaus* und der zweite Teil wie das bereits bekannte Wort *Uhr* klingt. Der Lernende kreiert daraufhin ein interaktives Bild, das eine Verbindung zwischen Klaus und Uhr herstellt, z. B. ein Schüler mit Namen Klaus, der während der Prüfung auf die Uhr schaut, um zu sehen, wie viel Zeit ihm noch bleibt. Die Resultate des ersten Experiments (die Vorstellungsbilder wurden vom Versuchsleiter vorgegeben) und des zweiten Experiments (die Vorstellungsbilder wurden vom Lernenden selbst kreiert) ergaben, dass die Schlüsselwortmethode deutlich effizienter war als der traditionelle Ansatz.

Zwei Studien, die von Tarver et al. (1976) durchgeführt worden sind, gehören zu den vielleicht wichtigsten Studien, in denen die Entwicklungsperspektive in die Forschung zum Thema Gedächtnis bei Schülern mit Lernstörungen eingebracht worden ist. In ihrer ersten Studie verglichen sie achtjährige Schüler mit Lernstörungen und gleichaltrige Jungen mit normalen Schulleistungen in einer seriellen Merkaufgabe mit Bildern, die sowohl wesentliche als auch nebensächliche (inzidentelle) Informationen enthielten. Die serielle Positionskurve der Schüler ohne Lernstörungen ergab den üblichen Primacy-Recency-Effekt (die ersten und letzten Objekte der Reihe wurden besser erinnert als die mittleren Objekte), während die Gedächtnisleistung der Kinder mit Lernstörungen ausschließlich einen Recency-Effekt ergab. In der zweiten Studie wurde die Gedächtnisleistung von zehn- und dreizehnjährigen lerngestörten Jungen verglichen. Es stellte sich heraus, dass beide Altersgruppen unter Nicht-Rehearsal- und Rehearsal-Bedingungen sowohl einen Primacy- als auch einen Recency-Effekt zeigten. In beiden Studien ergab die Analyse der Reproduktion wesentlicher Informationen (die Kinder richten ihre Aufmerksamkeit entsprechend der Instruktion des Versuchsleiters auf spezifische Items, die vom Versuchsleiter vorgegeben wurden) in den drei Altersgruppen eine konstante, altersabhängige Zunahme der allgemeinen Merkfähigkeit und des Primacy-Effektes (d. h. die ersten Items wurden besonders gut erinnert). Im Vergleich zu den Kindern mit Lernstörungen reproduzierten die Kinder mit normalen Schulleistungen mehr wesentliche Informationen, während die Kinder mit Lernstörungen vergleichsweise mehr inzidentelle Informationen erinnerten. Obgleich also die Kinder mit Lernstörungen in ihrer selektiven Aufmerksam insgesamt beeinträchtigt waren, verbesserte sich ihre selektive Aufmerksamkeit mit zunehmendem Alter. Diese Ergebnisse wurden als Ausdruck einer Entwicklungsverzögerung interpretiert. Bei den Schülern mit Lernstörungen wurde ein Entwicklungsrückstand sowohl in der Verwendung von Strategien zur seriellen Reproduktion (sprachliches Rehearsal) als auch in der selektiven Aufmerksamkeit gesehen.

Weitere frühe Studien, die sich mit ähnlichen Entwicklungsaspekten wie Tarver et al. (1976) befassten, wurden u. a. durchgeführt von Torgesen und Goldman (1977) zur Wirksamkeit von Rehearsal bei seriellen und freien Reproduktionsaufgaben; von Swanson (1977) zur Rolle des Primacy-Effektes bei der nonverbalen, seriellen Reproduktion visueller Informationen; von Bauer (1977) zur Bedeutung von Rehearsal bei serieller Reproduktion und von Wong (1978) zur Wirkung von kontextgebundenen Hinweisreizen auf die Organisation und Wiedergabe von Informationen bei Kindern mit Lernstörungen. Beispielsweise hatten in der Studie von Bauer (1977) Kinder mit und ohne Lernstörungen die Aufgabe, von einer Reihe einsilbiger Hauptwörter möglichst viele Wörter frei (also ungeachtet der ursprünglichen Reihenfolge) zu reproduzieren. Die Analyse der Gedächtnisleistung auf jeder seriellen Position ergab, dass die Wiedergabe der zuerst dargebotenen Wörter (Primacy-Effekt) bei den Kindern mit Lernstörungen beeinträchtigt war, der Recency-Effekt (Wiedergabe der zuletzt dargebotenen Wörter) dagegen nicht. Der Primacy-Effekt wurde zu jenem Zeitpunkt mit Rehearsal (Ornstein & Naus, 1978) und elaborativem Enkodieren (z. B. Bauer & Ehmert, 1984) assoziiert. Im Unterschied zu den Forschungen zum Primacy-Effekt haben Studien zum Recency-Effekt ergeben, dass Kinder mit Lernstörungen ähnliche Ergebnisse erzielen wie jüngere Kinder ohne Lernstörungen und dass die Leistung von jüngeren Kindern mit der von älteren Kindern vergleichbar ist (z. B. Bauer, 1977; Swanson, 1977; Tarver et al., 1976). Man nimmt an, dass die Reproduktion der zuletzt dargebotenen Items durch das automatische (nicht kontrollierte) Enkodieren von Informationen erfolgt, also ohne den bewussten Einsatz von Mnemotechniken (Swanson, 1983a).

Bei den meisten der in den späten 1970er- und frühen 1980er-Jahren veröffentlichten Studien, die Untersuchungen mit freien Reproduktionsaufgaben durchführten, stellte sich heraus, dass die Unterschiede zwischen Alters- und Fähigkeitsgruppen auf die ersten und mittleren Items einer Reihe beschränkt und somit Ausdruck von Strategiedefiziten – z. B. beim Rehearsal – waren. So haben beispielsweise Torgesen und Goldman (1977) die Lippenbewegungen von Kindern während einer Memorieraufgabe untersucht und dabei festgestellt, dass Kinder mit Lernstörungen weniger Lippenbewegungen machen als Kinder ohne Lernstörungen. In dem Maße, in dem Lippenbewegungen Aufschluss über die Quantität des Rehearsals bieten, stützen diese Daten die Rehearsal-Defizit-Hypothese. Haines und Torgesen (1979) und andere (z. B. Dawson et al., 1980; Koorland & Wolking, 1982) wiesen außerdem darauf hin, dass sich die Quantität des Rehearsals durch Anreize erhöhen lässt. Bauer und Emhert (1984) kamen zu dem Ergebnis, dass der Unterschied zwischen Schülern mit und ohne Lernstörungen nicht so sehr in der Quantität, sondern in der Qualität des Rehearsals besteht.

Außer den Unterschieden, die Alters- und Fähigkeitsgruppen im Hinblick auf Rehearsal-Strategien aufweisen, wurden auch Unterschiede bei der Verwendung von Organisationsstrategien untersucht. In diesem Zusammenhang deuten die Befunde darauf hin, dass Kinder mit Lernstörungen und jüngere Kinder die dargebotenen Items in geringerem Maße organisieren oder die Organisationsstruktur dieser Items gewinnbringend nutzen (Swanson & Rathgeber, 1986). Interventionsstrategien (d. h. die Anleitung, wie man Items vor dem Einprägen sortieren und in Kategorien ordnen kann) haben die Unterschiede zwischen den Fähigkeitsgruppen in vielen Fällen verringert oder sogar ganz beseitigt (z. B. Dallego & Moely, 1980; vgl. jedoch Gelzheiser et al., 1987; Krupski et al., 1993). Obgleich Kinder mit Lernstörungen und jüngere Kinder dazu tendieren, semantische Beziehungen in dem dargebotenen Material weniger zu nutzen (Swanson, 1986; Swanson & Rathgeber, 1986), sind sowohl Kinder mit Lernstörungen als auch jüngere Kinder sehr wohl dazu in der Lage, semantische Organisationsstrategien mit einer gewissen Wirksamkeit einzusetzen, wenn sie entsprechend instruiert werden (z. B. Lee & Obrzut, 1994).

Eine Studie von Gelzheiser et al. (1983) untersuchte die Kategorisierungsprobleme, die Kinder mit Lernstörungen beim Speichern von anspruchsvollen Informa-

2

tionen zeigen. Die Autoren berichten über die Aussage einer Schülerin mit Lernstörungen, die sich eine Textpassage mit vier Absätzen über Diamanten merken sollte. Die Schülerin gab an, die Hauptthemen der Geschichte identifizieren zu können, sie war jedoch nicht in der Lage, die verschiedenen Informationsteile in Hauptthemen zu ordnen. Sie konnte zwar das Wesentliche der Geschichte abstrahieren, war jedoch nicht in der Lage, ihr Wissen als einen Bezugsrahmen zu nutzen, um den Merkprozess zu organisieren. Diese Studie deutet darauf hin, dass Schüler mit Lernstörungen eventuell die Fähigkeit besitzen, Wortkategorien aus seriell dargebotenen Wortreihen abstrahieren zu können, ohne jedoch gleichzeitig in der Lage zu sein, die Wörter in Einheiten höherer Ordnung zu gruppieren (Chunking) und diese Einheiten für den späteren Abruf zu nutzen.

Diese These wird auch durch die Ergebnisse einer Studie von Cermak (1983) gestützt, bei der Kinder mit und ohne Lernstörungen in insgesamt fünf Lerndurchgängen eine Liste mit 20 vertrauten Begriffen auswendig lernen sollten. Die Kinder wurden aufgefordert, die Begriffe in jedem Lerndurchgang laut zu wiederholen. Am Ende eines jeden Lerndurchgangs wurden die Kinder aufgefordert, möglichst viele Begriffe zu reproduzieren. Es wurden drei Arten von Wortlisten verwendet: (1) eine Liste mit einer Zufallsauswahl von Begriffen, die keinerlei Beziehung untereinander aufwiesen, (2) eine Liste, die vier Kategorien mit jeweils fünf Begriffen enthielt, die zufällig über die Liste verteilt waren, und (3) eine Liste mit vier Kategorien, denen jeweils fünf Wörter zugeordnet werden konnten, wobei die zusammengehörigen Wörter jeweils in Blöcken dargeboten wurden. Die Schüler mit Lernstörungen reproduzierten in allen drei Darbietungsbedingungen weniger Begriffe als die Schüler ohne Lernstörungen.

Swanson (1983b) gelangte zu einem ähnlichen Ergebnis: Er stellte fest, dass Kinder mit Lernstörungen beim Rehearsal mehrerer Items nur selten eine Organisationsstrategie anwendeten. Da die Kinder in der Lage waren, die Items zu wiederholen, lagen nach seiner Auffassung ihre Schwierigkeiten nicht im Rehearsalprozess begründet, sondern in der elaborativen Verarbeitung der einzelnen Items. Elaboratives Lernen wurde definiert als eine Verarbeitung, die über das anfängliche Analyseniveau hinausgeht, differenziertere Merkmale der einzelnen Items einschließt und diese Merkmale schließlich mit anderen Merkmalen in der Liste vergleicht.

Die Forschung der 1970er- und 1980er-Jahre legte außerdem nahe, dass zwischen der Entwicklung von kontrollierten und automatischen Gedächtnisprozessen unterschieden werden kann (z. B. Ceci, 1984; Swanson, 1984a). Wenn man sich Informationen bewusst und absichtlich merkt, spricht man von einem kontrollierten Gedächtnisprozess; wenn Informationen dagegen unabsichtlich und ohne bewusste Anstrengung im Gedächtnis behalten werden, handelt es sich um einen automatischen Gedächtnisprozess (z. B. Guttentag, 1984; Miller et al., 1991). Es wird davon ausgegangen, dass das kontrollierte Gedächtnis von der Entwicklung „kognitiver Ressourcen" abhängt, auf die das Individuum zurückgreifen kann. Eine weiterführende Annahme ist, dass unterschiedliche Gedächtnisleistungen verschiedener Fähigkeitsgruppen (Lernstörung vs. keine Lernstörung) und verschiedener Altersgruppen auf kontrollierte Gedächtnisprozesse zurückzuführen sind bzw. auf die individuell unterschiedliche Menge an verfügbaren kognitiven Ressourcen (z. B. Howe et al., 1989; Swanson et al., 1996). Im Gegensatz hierzu wird angenommen, dass das automatische Gedächtnis bei den jeweiligen Fähigkeitsgruppen vergleichbar ist (z. B. Ceci, 1984).

2

Die empirische Evidenz für die Unterscheidung zwischen kontrolliertem und automatischem Gedächtnis stammt aus Untersuchungen zu individuellen Unterschieden und Gemeinsamkeiten der Gedächtnisfunktion bei verschiedenen Altersgruppen (z. B. Harnishfeger & Bjorklund, 1994; Miller & Seier, 1994). Forschungen zum Gedächtnis von Kindern mit Lernstörungen ziehen direkte Parallelen zur normalen Gedächtnisentwicklung im Bereich der kontrollierten Verarbeitung. So wurde z. B. gezeigt, dass normal entwickelte Kinder unter neun Jahren und Kinder mit Lernstörungen bei Aufgaben wie dem freien Erinnern schlechtere Leistungen erbringen als ältere Kinder bzw. als gleichaltrige Vergleichsgruppen ohne Lernstörungen (z. B. Guttentag, 1984). Es hat sich gezeigt, dass die älteren Kinder und die gleichaltrigen Vergleichsgruppen ohne Lernstörungen bewusst Gedächtnisstrategien einsetzen, um Informationen im Gedächtnis zu behalten (siehe z. B. den Überblick von Pressley, 1994). Ein Beispiel für Studien, die nahelegen, dass Unterschiede zwischen Fähigkeitsgruppen durch anspruchsvolle Anforderungen bedingt sind, stellen Untersuchungen dar, in denen lerngestörte und nicht lerngestörte Kinder in verbalen Aufgaben verglichen werden. Swanson (1984a) führte drei Experimente mit lerngestörten Schülern durch, bei denen Merkaufgaben mit Wörtern gestellt wurden. Er kam zu dem Schluss, dass die Erinnerungsleistung mit dem Grad an kognitiver Anstrengung bzw. mentaler Energie zusammenhängt, die ein System mit begrenzten Fähigkeiten aufwenden muss, um eine Antwort zu finden. Swanson fand heraus, dass sich Leser mit Lernstörungen im Vergleich zu Lesern ohne Lernstörungen schlechter an solches Lernmaterial erinnern konnten, das ein hohes Maß an kontrollierter Gedächtnisleistung erforderte. Darüber hinaus konnten Leser ohne Lernstörungen im Vergleich zu den lerngestörten Lesern auf mehr nützliche Informationen aus dem semantischen Gedächtnis zurückgreifen und ihre Merkfähigkeit dadurch steigern. In einer nachfolgenden Studie fand Swanson (1986), dass Kinder mit Lernstörungen der Vergleichsgruppe unterlegen waren, was Quantität und internale Kohärenz der im semantischen Gedächtnis gespeicherten Informationen und den Zugang zu diesen Informationen betraf.

Eine weitere wichtige Parallele zwischen der Forschung zu Lernstörungen und der altersabhängigen, normalen Gedächtnisentwicklung stammt aus Studien, die das Weltwissen von Kindern untersuchen (siehe die Überblicke von Bjorklund et al., 1992 sowie Kee, 1994). So ermöglicht beispielsweise die Vertrautheit mit Begriffen, Objekten und Ereignissen, neue Informationen in den bereits vorhandenen Wissensbestand zu integrieren (siehe z. B. Ericsson & Delaney, 1999 sowie den Überblick von Ericsson & Kintsch, 1995). Ein Weg, wie die Wissensbasis die Gedächtnisleistungen beeinflussen kann, besteht darin, dass sie sich auf die Effizienz mentaler Operationen bei der Verarbeitung der zu erinnernden Items auswirkt. Mehrere Autoren (z. B. Bjorklund et al., 1994) haben die Auffassung vertreten, dass das Vorwissen einer Person in bestimmten Situationen die Nutzung von Strategien beeinflussen kann, weil z. B. Organisations- und Rehearsal-Strategien in Abhängigkeit vom Vorwissen spontaner und wirksamer eingesetzt werden können. Torgesen und Houch (1980) haben diese Auffassung indirekt bestätigt. Sie führten eine Studie durch, in der sie lerngestörte Schüler mit schwerer Beeinträchtigung des Kurzzeitgedächtnisses (KZG), lerngestörte Kinder ohne Beeinträchtigung des KZG sowie Kinder ohne Lernstörungen im Hinblick auf ihre Erinnerungsleistung bei Lernmaterial mit unterschiedlichem Vertrautheitsgrad verglichen. Die Ergebnisse zeigten, dass sich die Erinnerungsleistung der Kinder ohne

2

Lernstörungen und der Kinder mit Lernstörungen, aber ohne Beeinträchtigung des KZG, steigerte, je vertrauter ihnen die Items waren, die sie sich merken sollten; d. h., die Unterschiede in der Erinnerungsleistung waren bei wenig vertrauten Items geringer. Diese Ergebnisse deuten darauf hin, dass die Wissensbasis einer Person (d. h. die Vertrautheit mit den dargebotenen Informationen) die Entwicklung bzw. die Nutzung von Gedächtnisprozessen beeinflusst (siehe auch Torgesen et al., 1991, für eine Aktualisierung dieser Ergebnisse).

Eine weitere wichtige Verbindung zwischen der Forschung zum Gedächtnis bei Lernstörungen und entwicklungsorientierter Forschung besteht in der Untersuchung dessen, was Kinder über kognitive Strategien denken. Brown (1975) fasste diese Entwicklung als „Wissen, wie man etwas weiß" („Knowing how to know") und „Wissen über das Wissen" („Knowing about knowing") zusammen. Die entwicklungsbedingte Steigerung der Erinnerungsleistung und die Leistungsvorteile von Kindern ohne Lernstörungen werden mit der Nutzung von Strategien wie Rehearsal, Organisation und Elaboration assoziiert, die geeignet sind, die Enkodierung und den Abruf von Informationen zu fördern. Forschungen haben sich damit befasst, wie und in welchem Ausmaß die wirksame Anwendung kontrollierter Prozesse (z. B. kognitiver Strategien) mit Metakognition zusammenhängt (z. B. Borkowski et al., 1990; Borkowski & Muthukrishna, 1992; Hasselhorn, 1992). Metakognition bezieht sich auf das Wissen über allgemeine kognitive Strategien (z. B. Rehearsal); auf das Bewusstsein eigener kognitiver Prozesse; auf die Kontrolle, Bewertung und Steuerung dieser Prozesse und auf Überzeugungen darüber, welche Faktoren eigene kognitive Aktivitäten beeinflussen (siehe Pressley, 1994; Wong et al., 2003). Unterschiede in Metakognition wurden als ein Erklärungsansatz für individuelle Unterschiede in Intelligenz und Gedächtnis herangezogen (Brown & Campione, 1981; Borkowski & Muthukrishna, 1992). Vergleichende Studien mit verschiedenen Gruppen von Kindern (normale, mental retardierte und lerngestörte Kinder) haben beträchtliche Unterschiede beim metakognitiven Wissen ergeben, zumindest, was das Gedächtnis und die Memorierprozesse betrifft (siehe Campione et al., 1982 und den Überblick von Male, 1996). Was wir derzeit wissen ist, dass Kinder zwischen vier und zwölf Jahren einen Entwicklungsprozess durchlaufen, bei dem sie sich der verschiedenen Variablen, die das Gedächtnis beeinflussen (Person, Aufgabe, Strategie etc.), zunehmend bewusst werden (siehe z. B. Pressley, 1994). Wong (1982) verglich Kinder mit Lernstörungen, Kinder mit normalen Schulleistungen und hochbegabte Kinder hinsichtlich ihrer Fähigkeit, sich Prosatexte zu merken. Die Studie ergab, dass Kinder mit Lernstörungen im Vergleich zu normalen und hochbegabten Kindern über weniger ausgeprägte Fertigkeiten der Selbstkontrolle verfügten und bei der selektiven Suche nach Abrufhilfen weniger effizient vorgingen. Diese Ergebnisse deuten darauf hin, dass das Bewusstsein darüber, welche Strategien beim Erinnern von Prosatexten eingesetzt werden können, bei Kindern mit Lernstörungen weniger ausgeprägt ist.

Zusammenfassend lässt sich feststellen, dass die Gedächtnisleistung von jüngeren Kindern und die von älteren Kindern mit Lernstörungen einige Parallelen aufweisen. Die Gedächtnisleistung von Kindern mit Lernstörungen kann durch ein Defizit und/ oder durch einen Entwicklungsrückstand bedingt sein. Als Nächstes wenden wir uns den einzelnen Komponenten und Stadien der Informationsverarbeitung zu, die bei den Gedächtnisproblemen von Kindern mit Lernstörungen eine Rolle spielen können.

2.5 Komponenten und Stadien der Informationsverarbeitung

Die Gedächtnisforschung – sowohl ihre entwicklungsorientierte als auch ihre instruktionsorientierte Ausrichtung – wird größtenteils durch den Ansatz der Informationsverarbeitung bestimmt, da es sich hierbei um das bis heute einflussreichste Modell der kognitiven Psychologie handelt (siehe die Überblicke von Anderson, 1990; Baddeley & Logie, 1999; Miyake, 2001). Die Kernannahmen des Informationsverarbeitungsmodells sind: (1) Zwischen einem Reiz und einer Reaktion treten verschiedene Operationen und Verarbeitungsstadien ein; (2) der dargebotene Reiz löst einen mehrstufigen Prozess mit unterschiedlichen Stadien aus; (3) in jedem Stadium werden die zur Verfügung stehenden Informationen verarbeitet; (4) durch diese Operationen werden die Informationen in gewisser Weise verändert, und (5) die neuen Informationen bilden den Input für das darauffolgende Stadium. Der Ansatz des Informationsverarbeitungsmodells konzentriert sich also darauf, wie der Informationsinput transformiert, reduziert, elaboriert, gespeichert, abgerufen und verwendet wird.

Die kognitive Leistung von Schülern mit Lernstörungen wird häufig mithilfe von grundlegenden Konstrukten erklärt, die den meisten Informationsverarbeitungsmodellen innewohnen. Drei Konstrukte sind von besonderer Bedeutung: (1) eine begrenzende strukturelle Komponente, die mit der Hardware eines Computers vergleichbar ist und die Parameter definiert, innerhalb derer Informationen in einem bestimmten Stadium verarbeitet werden können (z. B. sensorischer Speicher bzw. Ultrakurzzeitgedächtnis, Kurzzeitgedächtnis, Arbeitsgedächtnis, Langzeitgedächtnis); (2) eine Strategiekomponente, die mit der Software eines Computers vergleichbar ist und die Operationen in den verschiedenen Verarbeitungsstadien beschreibt; (3) eine exekutive Komponente, die dazu dient, die Aktivitäten des Lernenden (z. B. Strategien) zu überwachen und zu beobachten.

Dieses Mehrspeichermodell geht davon aus, dass Informationen auf wohlregulierte Weise verschiedene Komponentenspeicher durchlaufen, beginnend vom *sensorischen Register* bzw. *Ultrakurzzeitgedächtnis* über das *Kurzzeitgedächtnis* und schließlich zum *Langzeitgedächtnis* . Im Hinblick auf die Gedächtnisfunktion von Kindern lassen sich diese Speicher dadurch unterscheiden, dass (1) das Kurzzeitgedächtnis (KZG) eine begrenzte Speicherkapazität hat und daher Wiederholungs- und Organisationsmechanismen von Bedeutung sind; (2) sich das Langzeitgedächtnis (LZG) durch seine primär semantische Kodierung auszeichnet und (3) die beiden ausschlaggebenden Faktoren des Vergessens im Langzeitgedächtnis Item-Verdrängung und Interferenz sind, die möglicherweise auf einen Mangel an Abrufstrategien zurückzuführen sind.

Die strukturellen Komponenten sind also sensorisches, Kurzzeit-, Arbeits- und Langzeitgedächtnis. Das sensorische Gedächtnis bezeichnet die anfängliche Repräsentation von Informationen, für deren Verarbeitung maximal drei bis fünf Sekunden zur Verfügung stehen. Im KZG werden Informationen etwa drei bis sieben Sekunden lang verarbeitet; hier werden Informationen vor allem durch Wiederholungsprozesse (Rehearsal) gespeichert. Das Arbeitsgedächtnis ist ebenfalls für die Speicherung von Informationen zuständig; darüber hinaus leistet es eine aktive Interpretation sowohl der neu eingegangenen Informationen als auch der Informationen aus dem LZG. Das

2

LZG ist ein dauerhafter Speicher mit unbegrenzter Speicherkapazität. Die exekutive Komponente kontrolliert und koordiniert die Funktionsweise des gesamten Systems. Diese Überwachung kann automatisch ablaufen, ohne dass sich das Individuum dessen bewusst ist; es gibt aber auch intentionale Arten der Überwachung, die eine kontrollierte und bewusste Verarbeitung erfordern. Diese Komponenten werden an späterer Stelle, im Rahmen unserer Diskussion aktueller Forschungsergebnisse, ausführlicher behandelt.

2.5.1 Sensorisches Register (Ultrakurzzeitgedächtnis)

Man nimmt an, dass grundlegende Informationen aus der Umwelt (z. B. visuellauditive Reize), die über die Sinnesorgane aufgenommen werden, als Erstes in das entsprechende sensorische Register gelangen. Die Informationen in diesem Speicher stellen vermutlich eine relativ vollständige Kopie des physikalischen Reizes dar, für dessen weitere Verarbeitung maximal drei bis fünf Sekunden zur Verfügung stehen. Ein Beispiel für die Registrierung in der visuellen Modalität ist ein Erinnerungsbild bzw. Ikon. Wird bei einer Leseaufgabe eine Reihe von Buchstaben auf einem Computerbildschirm dargeboten und wird das Kind nach einem Intervall von 30 Sekunden aufgefordert, zu den Buchstaben die entsprechende Taste zu drücken, kann es etwa sechs bis sieben Buchstaben korrekt wiedergeben. Informationen, die über andere Sinnesorgane aufgenommen werden (z. B. auditive oder kinästhetische Reize), werden zwar ebenfalls im sensorischen Gedächtnis gespeichert, über ihre Repräsentation ist allerdings weitaus weniger bekannt. Wird Schülern beispielsweise ein Buchstabe des Alphabets dargeboten, kann dies dazu führen, dass eine fotografische Gedächtnisspur hervorgerufen wird, die jedoch rasch wieder zerfällt; oder die Schüler prüfen den Buchstaben physikalisch (Scanning) und transferieren die Information in eine auditive (z. B. das Echo eines Lauts) oder visuell-linguistische Repräsentation (Bedeutung). In anderen Worten, visuell dargebotene Informationen können in anderen Modalitäten gespeichert werden (z. B. durch den Transfer eines visuellen Bildes in den auditiv-visuell-linguistischen Speicher). Beim Leseprozess wird jeder Buchstabe bzw. jedes Wort geprüft und mit Informationen aus dem Langzeitgedächtnis verglichen. Diese Repräsentation erleichtert den Transfer der Informationen aus dem sensorischen Register hin zu einer höheren Ebene der Informationsverarbeitung. Um die Verarbeitung von sensorischen Informationen zu beurteilen, wird üblicherweise das Paradigma des Wiedererkennens verwendet. Der Versuchsteilnehmer soll auf eine kurzzeitig (d. h. für eine Dauer von Millisekunden) dargebotene Information reagieren bzw. bestimmen, ob ein bestimmtes Ereignis stattgefunden hat. Der Versuchsteilnehmer wird entweder instruiert, auf bestimmte Items mit Ja oder Nein zu reagieren oder einzelne Items aus einem Set auszuwählen. Zu den üblichen abhängigen Maßen gehören korrekte Entdeckung wahrgenommener Reize und Reaktionszeit (RT).

Im Großen und Ganzen legen Forschungen zum sensorischen Register die Schlussfolgerung nahe, dass dieser erste Speicher bei Kindern mit Lernstörungen weitgehend intakt ist (Aaron, 1993; Eden et al., 1995; Lorsbach et al., 1992; Santiago & Matos, 1994 im Überblick). So hat beispielsweise Elbert (1984) Forschungsbelege dafür geliefert, dass das Enkodierstadium der Worterkennung bei Schülern mit und ohne Lernstörungen vergleichbar ist, dass die Schüler mit Lernstörungen jedoch mehr Zeit benötigen, um eine Gedächtnissuche durchzuführen (siehe auch Manis, 1985; Mazer et al., 1983). Weitere Belege dafür, dass das Wiedererkennungsstadium der Informationsverarbeitung bei Kindern mit und ohne Lernstörungen vergleichbar ist, stammen von Lehman und Brady (1982). Unter Verwendung eines proaktiven Inhibitionsverfahrens (siehe Dempster & Cooney, 1982) kamen Lehman und Brady zu dem Schluss, dass Kinder mit Lesestörungen und normale Leser in ihrer Fähigkeit, Wortinformationen zu enkodieren (z. B. angeben, ob ein Wort gehört oder gesehen wurde; eine Wortkategorie erkennen) durchaus vergleichbar waren. Allerdings stützten sich die Kinder mit Lesestörungen im Vergleich zu den normalen Lesern beim Dekodierprozess auf kleinere Untereinheiten von Worten.

Schlechte Wiedererkennungsleistungen von Schülern mit Lernstörungen bei kurzzeitigen Informationsdarbietungen wurden vielfach auf Aufmerksamkeitsdefizite zurückgeführt (siehe den Überblick von Hallahan & Reeve, 1980), obgleich diese Annahme auch infrage gestellt wurde (siehe Samuels, 1987). Beispielsweise gelangten McIntyre et al. (1978) unter Verwendung einer psychologischen Technik, die frei von Konfundierungen mit Gedächtnisanforderungen war, zu dem Ergebnis, dass die Aufmerksamkeitsspanne von Schülern mit Lernstörungen unterhalb der Norm lag. Mazer et al. (1983) schrieben die niedrigere Aufmerksamkeitsspanne einer langsameren Informationsaufnahme aus dem sensorischen Speicher zu. Entgegen der verbreiteten Annahme, dass die Aufmerksamkeit gegenüber visuellen und auditiven Reizen bei Kindern mit und ohne Lernstörungen unterschiedlich ausgeprägt sei, gelangte eine frühere Studie von Bauer (1979a) zu dem Ergebnis, dass die Aufmerksamkeitsressourcen von Kindern mit Lernstörungen bei einer Vielzahl von Gedächtnisaufgaben für eine adäquate Leistung ausreichen. In anderen Worten, die Restunterschiede sind nicht groß genug, um die Unterschiede in der Gedächtnisleistung zu erklären. Kinder mit und ohne Lernstörungen sind beispielsweise in ihrer Fähigkeit vergleichbar, mündlich dargebotene Abfolgen von drei Buchstaben oder drei Worten innerhalb von vier Sekunden nach ihrer Darbietung wiederzugeben (Bauer, 1979a). Auch sind beide Fähigkeitsgruppen vergleichbar gut in der Lage, Buchstaben und geometrische Formen nach einer kurzzeitigen Darbietung wiederzuerkennen, wenn nicht mehr als 300 msec zwischen Reizdarbietung und Wiedererkennen liegen (Morrison et al., 1977). Angesichts dieser Ergebnisse stellt der Abruf von Informationen aus dem sensorischen Speicher einen wichtigen – jedoch keinen ausschlaggebenden – Faktor für die Gedächtnisdefizite bei Schülern mit Lernstörungen dar (siehe den Überblick von Willows et al., 1993).

2.5.2 Kurzzeitgedächtnis

Aus dem sensorischen Register werden die Informationen in das Kurzzeitgedächtnis (KZG) übertragen, das über eine begrenzte Speicherkapazität verfügt. Seine Inhalte werden als auditiv-sprachliche linguistische Repräsentationen im Gedächtnis behalten (Atkinson & Shiffrin, 1968; Baddeley, 1986). Es wird davon ausgegangen, dass Informationen, die im KZG verloren gehen, zerfallen bzw. vergessen werden, wobei die tatsächliche Zerfallsdauer im Vergleich zum sensorischen Register länger ist. Die exakte Zerfallsrate lässt sich nicht bestimmen, da diese Gedächtniskomponente vom

2

Subjekt kontrolliert wird. Nimmt man das Beispiel eines Kindes, das sich Buchstaben merken soll, kann es sein, dass das Kind die Buchstaben subvokal immer wieder aufs Neue wiederholt. Dabei handelt es sich um einen Kontrollprozess, durch den die Buchstaben so lange im KZG gehalten werden, bis sie ins Langzeitgedächtnis transferiert werden oder die Informationen zerfallen.

Das KZG wird in erster Linie mithilfe von Gedächtnisaufgaben untersucht, bei denen das freie oder serielle Erinnern von Items wie Zahlen, Formen oder Wörtern erfasst wird. Beim freien Erinnern (*free recall*) werden die Versuchsteilnehmer aufgefordert, Reize unmittelbar nach ihrer auditiven oder visuellen Darbietung ohne Berücksichtigung ihrer Darbietungsreihenfolge zu reproduzieren. Beim seriellen Erinnern (*serial recall*) sollen die Versuchsteilnehmer die Reize dagegen exakt in der gleichen Reihenfolge wiedergeben, in der sie dargeboten wurden. Variationen dieser Aufgaben schließen die Probetechnik (*probe recall*) und das Erinnern mithilfe von Hinweisreizen bzw. Abrufhilfen (*cued recall*) ein. Bei der Probetechnik sollen spezifische Elemente einer Sequenz (z. B. das dritte Element) wiedergegeben werden; bei der Hinweisreizmethode wird dem Testteilnehmer dagegen ein Teil der zuvor dargebotenen Reize präsentiert, und er muss die fehlenden Items ergänzen. Diese Methode wurde verwendet, um zu prüfen, in welchem Ausmaß die Gedächtnisleistung durch Abrufhilfen verbessert werden kann, wodurch der Unterschied zwischen der Zugänglichkeit (d. h. Verarbeitungseffizienz) und der Verfügbarkeit (d. h. Speicherung) von Items hervorgehoben wurde.

Eine entscheidende Ursache für die Schwierigkeiten, die Kinder mit Lernstörungen im Zusammenhang mit der KZG-Verarbeitung zeigen, wird dem Mangel bzw. der unwirksamen Verwendung eines phonologischen Kodes (Repräsentation von Lauten) zugeschrieben. Hulme (1992) hat einen Überblick über verschiedene Studien erstellt, in denen die Versuchsteilnehmer bei der Wiedergabe von Abfolgen sprachlicher Informationen erhebliche Defizite aufwiesen. In seiner Analyse gelangt Hulme zu dem Schluss, dass die beeinträchtigte Gedächtnisleistung von Schülern mit Lernstörungen phonologische Sprachmerkmale widerspiegelt (siehe auch Siegel, 2003). Hulme geht davon aus, dass die Gedächtnisprobleme dieser Kinder mit dem Erwerb flüssiger Wortidentifikations- und Wortanalysefertigkeiten zusammenhängen.

Diese Sichtweise wird durch Forschungen gestützt, die Unterschiede zwischen guten und schlechten Lesern in der Fähigkeit gefunden haben, ähnlich und verschieden klingende Namen wiederzugeben (Stanovich & Siegel, 1994). Verschiedene Wissenschaftler sind zu dem Schluss gelangt, dass sich gute und schlechte Leser durch die Zugänglichkeit phonologischer Informationen im Gedächtnis unterscheiden (siehe den Überblick von Siegel, 2003). In einer älteren, jedoch sehr fruchtbaren Studie stellten Shankweiler et al. (1979) einen Vergleich zwischen überdurchschnittlichen, durchschnittlichen und schlechten Lesern der zweiten Grundschulklasse an; sie testeten die Fähigkeit der Kinder, Ketten von Buchstaben wiederzugeben, die sich in einem Fall reimten, im anderen nicht. Es stellte sich heraus, dass die überdurchschnittlichen Leser mit der Wiedergabe der sich reimenden Ketten größere Schwierigkeiten hatten als mit der Wiedergabe von Ketten, die sich nicht reimten. Dagegen zeigten die schlechten Leser bei sich reimenden und sich nicht reimenden Buchstabenketten eine vergleichbare Leistung. Die Autoren gelangten zu dem Schluss, dass die phonologische Konfusion, die durch die sich reimenden Buchstabenketten entstand, die Erinnerungsfähigkeit der guten Leser beeinträchtigte, da sich diese Leser im Vergleich zu den schlechtern Lesern sehr viel stärker auf phonologische Informationen stützten.

Gewöhnlich wird eine Interaktion dahingehend gefunden, dass schwache Leser bei Aufgaben mit Reimwörtern und ähnlich klingenden Buchstaben bessere Leistungen erbringen, weil sie einen schlechteren Zugang zu phonologischen Kodes haben (z. B. Shankweiler et al., 1979; Siegel & Linder, 1984). Das bedeutet, dass gute Leser eine größere Informationsmenge abrufen können, wenn man ihnen verschieden klingende Wörter oder Buchstaben (z. B. Fluss vs. Baum; A vs. F) darbietet, als wenn man ihnen ähnlich klingende Wörter oder Buchstaben (z. B. Hund vs. Mund; b vs. d) darbietet. Dagegen ist die Erinnerungsleistung schlechter Leser bei ähnlich und bei verschieden klingenden Wörtern oder Lauten vergleichbar. Diese Ergebnisse deuten darauf hin, dass gute Leser durch ähnlich klingende Wörter oder Laute beeinträchtigt werden, weil sie Informationen zu Lauteinheiten (phonologischen Einheiten) verarbeiten. Dagegen können schlechte Leser Informationen nicht wirksam zu Lauteinheiten (phonologische Kodes) verarbeiten, so dass ihre Leistung durch ähnlich klingende Wörter oder Buchstaben nicht beeinträchtigt wird.

Johnson et al. (1987) führten eine Studie mit acht- und elfjährigen guten und schlechten Lesern mit durchschnittlicher und unterdurchschnittlicher Intelligenz durch. Sie verglichen die Fähigkeit, ähnlich und verschieden klingende Lautketten zu erinnern. Wenn die Unterschiede zwischen den Fähigkeitsgruppen in der Gedächtnisspanne kontrolliert wurden, waren die Ähnlichkeitseffekte bei schlechten Lesern mit hohem und niedrigem IQ vergleichbar den Ähnlichkeitseffekten bei Kindern mit gleichem chronologischen Alter (CA). Die Annahme, dass Schwierigkeiten mit dem Kurzzeitgedächtnis in erster Linie auf Probleme mit der phonologischen Kodierung zurückgehen, wurde von dieser Studie nicht bestätigt. Einige andere Studien (z. B. Sipe & Engle, 1986) kamen dagegen zu dem Ergebnis, dass schlechte Leser möglicherweise über eine adäquate phonologische Kodierung verfügen, jedoch eine rasche Abnahme ihrer Erinnerungsfähigkeit zeigen, wenn das Behaltensintervall (d. h. die Zeit zwischen der Darbietung des Items und seinem Abruf) zunimmt. Hall et al. (1983) konnten bei einer seriellen Gedächtnisaufgabe mit Buchstaben ebenfalls keine einheitlichen Unterschiede zwischen guten und schlechten Lesern feststellen. Sie nahmen an, dass diese Aufgabe für schlechte Leser schwieriger war, weil sie phonologische Ähnlichkeitseffekte verschleierte und nahelegte, dass die tatsächlichen Unterschiede im Zugang oder im Gebrauch von phonologischen Informationen im Gedächtnis zwischen den Fähigkeitsgruppen vergleichbar sind. Leider lassen sich diese Studien angesichts der kleinen Stichprobengrößen, des unterschiedlichen Schwierigkeitsgrads der Aufgaben und der unterschiedlichen Stichprobenverfahren nur schwer miteinander vergleichen.

Informationen können im KZG sowohl als Lauteinheiten (phonologische Einheiten) als auch semantisch repräsentiert werden (Shulman, 1971). Die Forschungsergebnisse im Bereich der semantischen Kodierung von Informationen (der Zuordnung von Bedeutungen) sind jedoch weniger einheitlich als jene im Bereich der phonologischen Informationsverarbeitung. Waller (1976) kam zu dem Ergebnis, dass sich sowohl lerngestörte als auch nicht lerngestörte Kinder auf semantische Informationen stützen, um den Lernstoff im Gedächtnis zu behalten, dass sich aber Kinder mit Leseschwäche sehr viel stärker auf diese Art von Gedächtnis stützen als normale Leser (siehe auch

2

Siegel, 1993). Andere Studien haben dagegen ergeben, dass Kinder mit Lernstörungen eine Beeinträchtigung der semantischen Kodierung aufweisen (z. B. Ceci et al., 1980; Swanson, 1984a; Vellutino et al., 1995). Dallego und Moely (1980) fanden, dass schlechte Leser bei einer freien Erinnerungsaufgabe ganz ähnliche Leistungen zeigten wie gleichaltrige normale Leser, wenn für die Items semantische Hinweisreize zur Verfügung gestellt wurden. Dallego und Moely gelangten zu dem Schluss, dass die Probanden mit Lesestörungen beim Abruf von Informationen semantische Hinweisreize verwenden konnten, dass ihnen der bewusste Einsatz solcher Strategien jedoch schwerfiel. Das bedeutet, dass Kinder mit Lernstörungen zwar durchaus in der Lage waren, semantische Informationen zu verwenden, jedoch anfangs keinen Nutzen aus den semantischen Eigenschaften von Informationen zogen.

Ob die KZG-Defizite bei Kindern mit Lernstörungen auf die phonologische bzw. semantische Kodierung zurückzuführen sind, hängt möglicherweise davon ab, wann und wo die Defizite im Gedächtnissystem auftreten. Einige Wissenschaftler vertraten die Ansicht, dass das Gedächtnis ein duales Speichersystem ist und dass die Speicherung je nach Art der kodierten Informationen variiert (Conrad, 1964; Baddeley, 1976), wobei der phonologische Kode im Kurzzeitgedächtnis verwendet wird und der semantische Kode im Langzeitgedächtnis. Hinweise auf die Verwendung eines phonologischen Kodes im Langzeitgedächtnis (Gruneberg & Sykes, 1969) und die Nutzung semantischer Informationen im KZG (Shulman, 1971) deuten allerdings darauf hin, dass eine simplifizierte Sichtweise vom KZG wahrscheinlich unzutreffend ist. Einige Wissenschaftler befürworten ein konnektionistisches Modell der Informationsverarbeitung, wonach Lernen und Gedächtnis durch wiederholte Assoziationen (d. h. die Intensität von Aktivierungen) zustande kommen und nicht in verschiedenen Stadien oder Speichereinheiten (Seidenberg, 1989). Ein solches Aktivierungsmodell geht davon aus, dass die Fokussierung auf die Speicherung im Kurzzeit- oder im Langzeitgedächtnis weniger wichtig ist als ein Gedächtnissystem, das auf der Stärke von Assoziationen beruht, wobei Assoziationen auf phonetischen, semantischen und/oder visuell-räumlichen Informationen aufbauen. Bedauerlicherweise gibt es nur wenige Forschungen zur Interaktion von phonologischen und semantischen Prozessen bei Personen mit Lesestörungen (Swanson, 1984b; Waterman & Lewandowski, 1993).

Meta-Analyse. Da es sich beim KZG um das mit Abstand am besten erforschte Gebiet im Zusammenhang mit kognitiver Informationsverarbeitung bei Schülern mit Lernstörungen handelt, haben O'Shaughnessy und Swanson (1998) eine umfassende Meta-Analyse (quantitative Synthese) durchgeführt, in der die Gedächtnisleistung von Schülern mit und ohne Lernstörungen anhand von KZG-Aufgaben verglichen wurde. Diese Analyse beinhaltet zahlreiche Studienberichte, die über einen Zeitraum von 20 Jahren hinweg veröffentlicht wurden. In die Analyse wurden nur Studien aufgenommen, die folgende Kriterien erfüllten: (1) Die Studie musste einen direkten Vergleich zwischen Lesern mit Lernstörungen und normalen Lesern (mithilfe standardisierter Lesemaße) in mindestens einem Maß für das KZG durchgeführt haben; (2) die Studie musste über standardisierte Lesewerte berichten, die darauf hindeuteten, dass Schüler mit Lernstörungen mindestens ein Jahr hinter dem normalen Niveau der Klassenstufe zurücklagen; (3) die Studie musste über den Intelligenzquotienten der lernschwachen Schüler berichten, die im Normbereich (85 bis 115) liegen mussten. Obgleich die Recherchen auf ca. 155 Studienberichte stießen, die sich mit Lernstörungen und KZG befassten, erfüllten nur 38 dieser Studien (24,5 %) die vorgegebenen Einschlusskriterien. Für jedes Experiment wurden Effektstärken berechnet. Die Effektstärke (ES) wurde als der Gedächtnis-Mittelwert der Schülergruppe mit Lernstörungen minus der Gedächtnis-Mittelwert der Schülergruppe ohne Lernstörungen, geteilt durch die Gesamtstandardabweichung beider Gruppen definiert und dann der jeweiligen Stichprobengröße angepasst. Negative ES-Werte stehen für eine schlechtere KZG-Leistung der Gruppe mit Lernstörungen. Die Interpretation der Effektstärke gleicht der eines z-Wertes, wenn man von einer Normalverteilung der Daten ausgeht. So wird beispielsweise eine Effektstärke von 0,20 als gering angesehen, eine Effektstärke von 0,50 als mittel und eine Effektstärke von 0,80 als groß (Cohen, 1988).

Um die Ergebnisse zu strukturieren, wurden die in der Analyse berücksichtigten Studien in zwei breit gefasste Kategorien eingeteilt: Studien, die (1) verbale Reize und/ oder (2) nonverbale Reize verwendeten. Zur Strukturierung dieser beiden Kategorien wurden außerdem die folgenden Subkategorien entwickelt: freie und serielle Erinnerungsaufgaben, mit und ohne Instruktion von Mnemotechniken, auditive und visuelle Darbietung sowie Alter (7 bis 8 Jahre, 9 bis 11 Jahre, 12 bis 13 Jahre, 14 bis 17 Jahre sowie 18 Jahre und älter). Jede Kategorie bzw. Subkategorie wurde getrennt analysiert, aber in jedem Fall wurde die gleiche Analysemethode verwendet. Die durchschnittliche Stichprobengröße pro Studie betrug 36 (bei einer Bandbreite von 8 bis 66 Teilnehmer; n = 1345) Schüler mit Lernstörungen und 42 (bei einer Bandbreite von 8 bis 88; n = 1600) durchschnittliche Schüler. In der Probandengruppe mit Lernstörungen betrug das Durchschnittsalter 11 Jahre; 240 Probanden waren weiblich und 894 männlich. In der Probandengruppe ohne Lernstörungen betrug das Durchschnittsalter ebenfalls 11 Jahre; 382 Teilnehmer waren weiblich, 949 männlich. Die Mehrzahl der Studien wurde mit Schülern der vierten, fünften und sechsten Klasse durchgeführt.

Im Folgenden werden die wichtigsten Ergebnisse der Analyse vorgestellt:

1. Im Vergleich zu der Gruppe ohne Lernstörungen zeigte die lerngestörte Gruppe schlechte Leistungen in Aufgaben, bei denen sich die Schüler sprachliche Informationen einprägen sollten. Insgesamt ergaben die sprachlichen Aufgaben eine Effektstärke (ES) von –0,68, was bedeutet, dass 75,17 % der Schüler in der Gruppe ohne Lesestörungen Werte erzielten, die oberhalb des Durchschnitts der leseschwachen Gruppe lagen.

2. Gedächtnisaufgaben mit nur schwer zu benennenden Reizen (z. B. abstrakte Formen) ergaben keine großen Unterschiede zwischen den Fähigkeitsgruppen (ES = –0,15). In diesem Fall erzielten nur 55,96 % der Gruppe ohne Lernstörungen Werte, die über dem Durchschnitt der lernschwachen Gruppe lagen.

3. Gedächtnisaufgaben, bei denen Leser mit Lernstörungen die exakte Reihenfolge sprachlicher Reize (z. B. Worte oder Zahlen) unmittelbar nach deren Darbietung wiedergeben sollten, ergaben eine sehr viel größere Gesamteffektstärke (ES = –0,80) als nonverbale serielle Gedächtnisaufgaben (ES = –0,17). Das bedeutet, dass die serielle Gedächtnisleistung der Schüler mit Lernstörungen bei nonverbalem Lernstoff weniger als ein Viertel einer Standardabweichung unterhalb der Leistung von durchschnittlichen Lesern lag. Verglichen mit der Leistung bei nonverbalem Material lag demgegenüber die serielle Gedächtnisleistung der lerngestörten Schüler bei verbalem Material mehr als drei Viertel einer Standardabweichung unterhalb der Leistung durchschnittlicher Leser.

2

4. Bei Studien, die vor dem Abruf Instruktionen in Mnemotechniken (z. B. Rehearsal und das Ordnen von Items in Gruppen) gaben und verbale Reize verwendeten, betrug die mittlere Gesamteffektstärke –0,54; bei Studien, die verbale Reize verwendeten, jedoch keine Instruktionen von Mnemotechniken anboten, betrug die Gesamteffektstärke dagegen –0,71. Dies bedeutet, dass sich die Gedächtnisleistung der Schüler mit Lesestörungen bei der Verwendung von Mnemotechniken zwar steigerte, aber immer noch 70,5 % der normalen Leser eine Gedächtnisleistung aufwiesen, die über dem Durchschnitt der lerngestörten Gruppe lag.

5. Gedächtnisaufgaben, bei denen verbale Reize auditiv dargeboten wurden, ergaben eine mittlere Gesamteffektstärke von –0,70; in Gedächtnisaufgaben, bei denen verbale Reize visuell dargeboten wurden, betrug die mittlere Gesamteffektstärke –0,66. In Prozenten ausgedrückt, erzielten jeweils 75,8 und 74,5 % der Schüler mit normalen Schulleistungen bessere Werte als der Mittelwert bei den Schülern mit Lernstörungen. Das bedeutet, dass die schlechtere verbale Gedächtnisleistung der Schüler mit Lesestörungen nicht von der Modalität abhängt, in der ein Reiz wahrgenommen wird.

6. Gedächtnisaufgaben, bei denen nonverbale Reize (z. B. abstrakte Formen) visuell dargeboten wurden, ergaben eine mittlere Gesamteffektstärke von –0,15. Dies lässt sich als ein geringfügiger Unterschied zwischen den beiden Fähigkeitsgruppen interpretieren.

Diese quantitative Analyse deutet darauf hin, dass Kinder und Erwachsene mit Lernstörungen bei Messungen der KZG-Leistung schlechter abschneiden als Vergleichsgruppen ohne Lernstörungen. Der Unterschied zwischen den Fähigkeitsgruppen (Schüler mit Lernstörungen vs. gleichaltrige Schüler mit normalen Schulleistungen) ist bei Gedächtnisaufgaben mit verbalen Reizen besonders groß. Schülern mit Lernstörungen fällt es schwer, sich vertraute Items wie Buchstaben, Wörter und Zahlen zu merken; das Gleiche gilt für unvertraute Items wie abstrakte Formen, die benannt werden können. Es folgt eine kurze Beschreibung von zwei Studien, die diese Schlussfolgerung stützen.

Bauer und Peller-Porth (1990) untersuchten die Wirkung von Anreizen auf die verbale freie Erinnerungsleistung. Kinder mit und ohne Lernstörungen wurden nach Alter, Geschlecht, IQ und Rasse parallelisiert. Das Durchschnittsalter der Teilnehmer betrug 9,87 Jahre. Die Identifikation der Teilnehmer mit Lernstörungen erfolgte aufgrund einer Diskrepanz zwischen der zu erwartenden und der tatsächlichen Schulleistung (d. h., trotz normaler IQ-Werte lag die Leseleistung der Kinder zwei bis drei Jahre hinter dem für die Klassenstufe zu erwartendem Niveau zurück). Die Vorgehensweise und die verwendeten Reize ähnelten denen, die bereits in Bauer (1979b) beschrieben worden waren. Allerdings wurden die Kinder, nachdem sie an einem ersten Test mit freier Erinnerung (*free recall*) teilgenommen hatten, vier bis fünf Tage später einem weiteren unmittelbaren, freien Erinnerungstest unterzogen, diesmal unter Verwendung von Anreizen. Obgleich die Anreize die Erinnerungsleistung beider Gruppen gleichermaßen verbesserten, waren die Gesamtwerte bei den Schülern ohne Lernstörungen signifikant höher als bei den Schülern mit Lernstörungen (ES = –1,01). Außerdem konnte sich die Gruppe mit Lernstörungen schlechter an die zuerst dargebotenen Wörter erinnern, was wiederum auf mangelnde Gedächtnisstrategien, wie z. B. Rehearsal, hindeutet. Dagegen war die Wiedergabe der zuletzt dargebotenen Wörter bei beiden Fähigkeitsgruppen ähnlich, was darauf hindeutet, dass Aufmerksamkeit und unmittelbare Gedächtnisleistung vergleichbar waren.

Siegel und Linder (1984) verglichen die KZG-Leistung von 45 Kindern mit einer Leselernstörung und 89 Kindern mit normalen Schulleistungen. Den Kindern im Alter von 7 bis 13 Jahren wurden mehrere sprachliche, serielle Erinnerungsaufgaben gestellt, bei denen sich reimende und sich nicht reimende Buchstaben sowohl visuell als auch auditiv dargeboten wurden. In dieser Studie wurden Lernstörungen mithilfe der Lesewerte eines Leistungstests mit großer Bandbreite (Wide Range Achievement Test) definiert: Lag der Wert unter dem 21. Perzentil, wurde von einer Leselernstörung ausgegangen. Bei den Kindern mit normaler Leseleistung lag das mittlere Perzentil der Leseleistung bei 74,9, also im durchschnittlichen Bereich. Um an der Studie teilnehmen zu können, musste das Kind zusätzlich beim Peabody-Bild-Vokabel-Test (Peabody Picture Vocabulary Test, PPVT) einen Wert von mindestens 80 erzielen. Die Ergebnisse dieser Studie deuteten darauf hin, dass die Erinnerungsleistung der jüngsten Kinder (sieben bis acht Jahre) mit einer Lesestörung bei Reimbuchstaben (B, C, D, G) gleich war wie bei Nicht-Reimbuchstaben (H, L, Q, Z); dagegen hatten gleichaltrige Kinder mit normalen Leseleistungen größere Schwierigkeiten beim Erinnern der Reimbuchstaben als beim Erinnern der Nicht-Reimbuchstaben. Die schlechtere Leistung der Kinder mit normalen Leseleistungen wurde auf die Verwendung eines sprachbasierten Kodiersystems im KZG zurückgeführt, das größere Schwierigkeiten mit ähnlich klingenden als mit verschieden klingenden Lauten aufweist. Dagegen zeigten die älteren Kinder (9 bis 13 Jahre) mit Lesestörung, ähnlich wie die gleichaltrigen normalen Leser, eine signifikant schlechtere Erinnerungsleistung bei Reimbuchstaben als bei Nicht-Reimbuchstaben. Die Autoren gelangten zu dem Schluss, dass bei jüngeren Kindern mit Lernstörungen möglicherweise eine Störung der phonologischen Kodierung vorlag; dagegen verwendeten ältere Kinder mit Lernstörungen offenbar ein sprachbasiertes Kodiersystem, zeigten jedoch ein allgemeineres KZG-Defizit. Die Effektstärken wurden in dieser Studie über alle Altersgruppen hinweg berechnet, da keine Daten zur Verfügung standen, um getrennt für jede Gruppe eine einzelne ES zu berechnen. Die mittlere Gesamteffektstärke betrug −1,50 (Bandbreite von −1,22 bis −1,84), was darauf hinweist, dass die Kinder mit Lernstörungen im Vergleich zu gleichaltrigen Kindern ohne Lernstörungen insgesamt eine schlechtere Gedächtnisleistung bei seriellen sprachlichen Erinnerungsaufgaben zeigten.

Zusammenfassung. Die wichtigste Schlussfolgerung, die man aus dem Literaturüberblick zum KZG ziehen kann, ist, dass Leser mit Lernstörungen als Gruppe deutlich hinter den gleichaltrigen normalen Lesern zurückliegen, wenn es um das Erinnern von sprachlichen Informationen geht. Schüler mit einer Leselernstörung haben Schwierigkeiten, sich vertraute Items wie Buchstaben, Wörter und Zahlen zu merken; das Gleiche gilt für unvertraute Items, die leicht benannt und im Gedächtnis phonetisch gespeichert werden können. Bei Aufgaben, die den seriellen Abruf sprachlicher Informationen erfordern, ist die Leistung von Schülern mit Lernstörungen noch schlechter. Da eine gute Lesefähigkeit die Verarbeitung geordneter Informationen voraussetzt (d. h., Wörter sind von links nach rechts geschrieben und bestehen aus einer bestimmten Abfolge von Buchstaben), ist es wahrscheinlich, dass Gedächtnisdefizite bei Lernstörungen eine ursächliche Rolle spielen. So müssen z. B.

2

Leseanfänger die Laute eines Wortes von seiner geschriebenen Repräsentation ableiten. Diese Schrift-Laut-Kodes müssen geordnet im Gedächtnis gespeichert werden und dann miteinander verschmelzen; gleichzeitig muss das Langzeitgedächtnis nach einem Wort abgesucht werden, das auf die Lautabfolge des Wortes passt. Da sich die Erinnerungsleistungen von normalen Lesern und Lesern mit Lernstörungen bei Informationen mit geringem sprachlichem Gehalt (z. B. geometrische Formen) nur wenig unterscheiden, kann man davon ausgehen, dass die Gedächtnisdefizite von Lesern mit Lernstörungen nicht die gesamte Gedächtnisfähigkeit betreffen.

2.5.3 Langzeitgedächtnis

Sowohl die Menge als auch die Form der Informationen, die ins Langzeitgedächtnis (LZG) transferiert werden, hängt in erster Linie von Kontrollprozessen (z. B. Rehearsal) ab. Das LZG ist ein dauerhafter Informationsspeicher mit unbegrenzter Speicherkapazität. Wie die Informationen gespeichert werden, hängt von der Verwendung von Verweisen (Links), Assoziationen und allgemeinen Organisationsplänen ab. Das LZG zeichnet sich durch seine primär semantische Kodierung aus. Vergessen findet statt in Form von Itemzerfall (Informationsverlust) oder Interferenzen (Gedächtnishemmungen).

Im Vergleich zu den zahlreichen Forschungen zu KZG-Prozessen gibt es bislang nur wenige Studien, die das LZG von Kindern mit Lernstörungen untersucht haben. Die bislang durchgeführten Forschungen sprechen jedoch sehr stark für die Annahme, dass Speicherungs- und Abrufprobleme primär für individuelle Unterschiede in der LZG-Leistung verantwortlich sind (z. B. Swanson & Sachse-Lee, 2001b). Was den Abruf von Informationen aus dem LZG betrifft, so sind Kinder mit Lernstörungen dazu in der Lage, Strategien zur Auswahl von Abrufhilfen (Wong, 1982) sowie unterschiedliche Wortattribute (z. B. grafophonische, syntaktische, semantische) einzusetzen, um den Abruf zu steuern (Blumenthal, 1980); allerdings wählen sie offenbar weniger wirksame Strategien aus, suchen in geringerem Ausmaß nach Abrufhilfen und zeigen bei der Auswahl von Abrufhilfen weniger Selbstüberwachungsfertigkeiten (Wong, 1982). Laut Swanson (1984b, 1987) sind LZG-Defizite möglicherweise darauf zurückzuführen, dass visuelle und verbale Gedächtnisspuren von visuell dargebotenen Reizen zum Zeitpunkt der Speicherung und des Abrufs nicht integriert werden können. Seine Ergebnisse deuten darauf hin, dass Kinder mit Lernstörungen aufgrund semantischer Gedächtnisbeeinträchtigungen nicht in der Lage sind, verbale und visuelle Kodes zu integrieren. Die Daten von Ceci et al. (1980) sprechen dafür, dass auditive und visuelle Inputs auf getrennten Bahnen ins semantische Gedächtnissystem transferiert werden und dass bei Kindern mit Lernstörungen eine bzw. beide Bahnen beeinträchtigt sind. Bei Kindern mit Beeinträchtigungen in der visuellen und der auditiven Bahn sind sowohl die Speicherung als auch der Abruf gestört. Ist nur eine Modalität beeinträchtigt, so wird davon ausgegangen, dass die Beeinträchtigung des LZG zum Zeitpunkt der Speicherung auftritt. Außerdem gibt es Belege dafür, dass semantische Orientierungsaufgaben Abrufdefizite verminderten, wenn nur eine Modalitätsstörung vorhanden war, nicht jedoch, wenn sowohl die visuelle als auch die sprachliche Modalität beeinträchtigt waren (Ceci et al., 1980; Experiment 2).

Einige frühere Überblicke (siehe z. B. Worden, 1986) kamen zu der Schlussfolgerung, dass bei Kindern mit Lernstörungen nicht das LZG selbst beeinträchtigt ist, sondern die Strategien, die erforderlich sind, um die im LZG gespeicherten Informationen abzurufen. Dieser Auffassung stehen allerdings Forschungsbelege entgegen, die zeigen, dass die LZG-Funktion von Kindern mit Lernstörungen im Vergleich zu der von gleichaltrigen Kindern ohne Lernstörungen deutlich beeinträchtigt ist, wenn es um Aufgaben geht, die eine semantische Informationsverarbeitung erfordern (Howe et al., 1989; Swanson et al., 1996). So haben beispielsweise Brainerd und Kollegen eine Reihe von Analysen durchgeführt, um die Entwicklung der LZG-Prozesse bei Kindern mit Lernstörungen und bei Kindern mit normalen Schulleistungen zu untersuchen (siehe den Überblick von Brainerd & Reyna, 1991). Howe et al. (1996) berichteten, dass Kinder ohne Lernstörungen eine bessere Abrufleistung erbrachten, wenn die zu erinnernden Items taxonomischen Kategorien zugeordnet werden konnten, als wenn zwischen ihnen kein taxonomischer Zusammenhang bestand. Bei Kindern mit Lernstörungen verbesserte sich die Abrufleistung allerdings kaum, wenn taxonomische Zusammenhänge vorhanden waren. Sowohl Kinder mit als auch ohne Lernstörungen zeigen beim Erinnern mit Abrufhilfe (*cued recall*) bessere Ergebnisse als beim freien Erinnern (*free recall*). Allerdings ist der Nutzen, den Kinder ohne Lernstörungen aus Erinnerungsverfahren mit Abrufhilfe ziehen, deutlich größer als bei Kindern mit Lernstörungen. Brainerd et al. (1990) berichten über weitere Experimente, die darauf hindeuten, dass Kinder mit Lernstörungen im Vergleich zu Kindern ohne Lernstörungen eine höhere Versagensrate bei der Speicherung aufweisen, und zwar unabhängig davon, ob die dargebotenen Informationen taxonomisch zusammenhängen oder nicht.

In ihrem Überblick über mehrere Studien gelangen Brainerd und Reyna (1991) zu dem Schluss, (1) dass Kinder mit Lernstörungen möglicherweise generalisierte kognitive Probleme haben und (2) dass diese Schwierigkeiten auf der Aneignungsseite des Lernprozesses größer sind als auf der Vergessensseite. Das bedeutet, dass Kinder mit Lernstörungen größere Probleme beim Aufbau neuer Gedächtnisspuren haben als beim Behalten von Gedächtnisspuren, wenn diese erst einmal erworben sind. Aus dieser Erkenntnis ergibt sich eine wichtige Konsequenz: Obgleich die Unterschiede zwischen Kindern mit und ohne Lernstörungen beim Lernen von deklarativen Informationen verringert werden können, zeigen Kinder mit Lernstörungen eine etwas höhere Vergessensrate (infolge von Speicherungsversagen). Ein wichtiger zukünftiger Forschungsgegenstand sind daher Verfahren, die beim Speicherungsverfahren ansetzen (siehe Swanson, 2000 für eine Studie zu diesem Problembereich).

Die hier angeführten Forschungsergebnisse deuten darauf hin, dass die Prozesse, die beim Transfer einer Gedächtnisspur in den Langzeitspeicher beteiligt sind, wichtige Anhaltspunkte darstellen, um Unterschiede zwischen den Fähigkeitsgruppen im Erinnern aus dem Langzeitgedächtnis zu erklären. Weitere Forschungen sind notwendig, um Methoden zur Behandlung dieser Defizite zu entwickeln. Im folgenden Abschnitt, der sich mit dem Arbeitsgedächtnis befasst, werden weitere Forschungen vorgestellt, die Defizite der Gedächtnisleistung gezielter mit LZG-Mechanismen in Verbindung bringen. Das Arbeitsgedächtnis wird als aktiver Bestandteil des LZG betrachtet (Baddeley & Logie, 1999).

2.5.4 Arbeitsgedächtnis

Aktuelle Untersuchungen des Gedächtnisses bei Stichproben mit Lernstörungen konzentrieren sich in erster Linie auf das Arbeitsgedächtnis (AG) (z. B. Bull et al., 1999; Chiappe et al., 2000; De Beni et al., 1998; Swanson, 1999b). Bevor wir uns diesem Forschungsbereich zuwenden, möchten wir kurz das bekannteste Modell zum Arbeitsgedächtnis vorstellen: das Mehrkomponentenmodell von Baddeley (Baddeley, 1986; Baddeley & Logie, 1999). Nach diesem dreiteiligen Modell besteht das Arbeitsgedächtnis aus einer zentralen Exekutive (*central executive*), die mit zwei Subsystemen interagiert: der sprachbasierten phonologischen Schleife (*phonological loop*) und dem visuell- räumlichen Notizblock (*visual-spatial sketch pad*). Die phonologische Schleife ist für die vorübergehende Speicherung von sprachlichen Informationen zuständig; die Items werden für begrenzte Dauer in einem phonologischen Speicher durch einen Prozess der inneren Artikulation aufrechterhalten. Der visuell-räumliche Notizblock ist für die kurzfristige Speicherung von visuell-räumlichen Informationen verantwortlich und spielt eine Schlüsselrolle bei der Generierung und Manipulation mentaler Vorstellungsbilder. Die zentrale Exekutive ist an der Kontrolle und Steuerung des AG-Systems beteiligt. Nach Baddeley und Logie (1999) koordiniert sie die beiden Subsysteme, indem sie die Aufmerksamkeit fokussiert und lenkt und indem sie außerdem die Repräsentationen im LZG aktiviert. Ergebnisse aus der neuropsychologischen Forschung ergänzen diese dreiteilige Struktur, indem sie die funktionelle Unabhängigkeit dieser drei Systeme aufzeigen (z. B. Joindes, 2000).

Inwiefern kann dieses Arbeitsgedächtnismodell gegenüber dem KZG-Konzept zu einem besseren Verständnis von Lernstörungen beitragen? Erstens deutet es darauf hin, dass Strategien für Lernen und Gedächtnis weniger wichtig sind als bisher angenommen wurde. Das ist ein wichtiger Punkt, denn einige Studien zeigen, dass die Leistungsdefizite von Kindern mit Lernstörungen nicht mit Rehearsal per se zusammenhängen (z. B. Swanson, 1983a, b). Zweitens ist die Vorstellung von einem AG-System sinnvoll, da es als ein aktives Gedächtnissystem verstanden wird, das von einer zentralen Exekutive gesteuert wird. Dies ist von Bedeutung, weil die zentrale Exekutive Ansatzpunkt für Instruktion und Beeinflussung schulischer Leistung werden kann. Der letzte und wichtigste Punkt ist, dass die AG-Prozesse sehr stark mit Leistung zusammenhängen (z. B. Daneman & Merikle, 1996) und weniger mit dem KZG (Daneman & Carpenter, 1980; Engle et al., 1992).

Im Folgenden werden kurz die einzelnen Komponenten des Arbeitsgedächtnisses und die damit zusammenhängenden psychologischen Forschungsbelege im Hinblick auf Lernstörungen vorgestellt.

2.5.4.1 Exekutives System

Der zentralen Exekutive werden verschiedene kognitive Aktivitäten zugeordnet (siehe den Überblick von Miyake et al., 2000). Dazu gehören die Kontrolle der sprachlichen und visuell-räumlichen Gedächtnissysteme; die Kontrolle von Strategien der Enkodierung und des Abrufs; der Wechsel der Aufmerksamkeit während der Manipulation der in den sprachlichen und visuell-räumlichen Systemen aufbewahrten Informationen; die Unterdrückung irrelevanter Informationen; der Abruf von Informationen aus dem LZG und so weiter (z. B. Baddeley, 1996). Einige dieser Aktivitäten wurden zu drei Funktionen zusammengefasst: (1) die Aktualisierung und Überwachung von AG-Repräsentationen, (2) die Unterdrückung irrelevanter Informationen und (3) der Wechsel zwischen mentalen Sets (Miyake et al., 2000). Die bisherige Forschung legt nahe, dass Kinder mit Lernstörungen offenbar bei zwei Prozessen des exekutiven Systems eine Beeinträchtigung aufweisen: bei der Unterdrückung irrelevanter Informationen und bei der Aktualisierung.

Unterdrückung irrelevanter Informationen. Man geht davon aus, dass Kinder mit Lernstörungen in ihrer Fähigkeit beeinträchtigt sind, bei hohen Verarbeitungsanforderungen irrelevante Informationen zu unterdrücken (Chiappe et al., 2000; De Beni et al., 1998; Swanson & Cochran, 1991). Einige Studien haben untersucht, ob Kinder mit Lernstörungen im Vergleich zu Kindern mit normalen Schulleistungen bei Aufgaben mit geteilter Aufmerksamkeit größere Informationsverluste und schwächere Unterdrückungsstrategien haben. Z. B. entwarf Swanson drei Experimente, in denen Aufmerksamkeitsanforderungen sowohl an das sprachliche als auch an das visuell-räumliche System gestellt wurden. Bei einem der Experimente (Swanson, 1993b, Experiment 1) wurde Lesern mit Lernstörungen und normalen Lesern eine Gedächtnisdoppelaufgabe gestellt, die Swanson von Baddeley (Baddeley et al., 1984) übernommen hatte. Die Teilnehmer sollten sich Zahlenreihen (z. B. 9, 4, 1, 7, 5, 2) merken und gleichzeitig verschiedene Karten sortieren: Karten ohne Abbildungen, Karten mit Abbildungen nonverbaler Formen und Karten mit Items, die semantischen Kategorien zugeordnet werden konnten (z. B. Fahrzeug – Auto, Bus, Laster; Kleidung – Kleid, Strümpfe, Gürtel). Die Anforderungen an die zentrale Exekutive wurden durch unterschiedliche Schwierigkeitsgrade der Aufgaben variiert (Zahlenreihen mit drei Ziffern vs. sechs Ziffern; Sortieren von Karten ohne Abbildungen, mit nonverbalen Formen, mit semantischen Kategorien). Die Ergebnisse zeigten, dass Leser mit Lernstörungen bei sprachlichen und visuell-räumlichen Aufgaben mit geringem Schwierigkeitsgrad (Zahlenreihen mit drei Ziffern) ähnliche Leistungen erbrachten wie die gleichaltrigen Probanden der Vergleichsgruppe ohne Lernstörungen; erst bei Aufgaben mit höherem Schwierigkeitsgrad (Zahlenreihen mit sechs Ziffern) zeigten sich Unterschiede zwischen den Fähigkeitsgruppen. Wichtiger war, dass bei Aufgaben mit hoher Gedächtnisanforderung die Studienteilnehmer mit Lernstörungen sowohl beim verbalen als auch beim nonverbalen Sortieren eine geringere Erinnerungsleistung erbrachten als die gleichaltrigen normalen Leser. Da die Erinnerungsleistung nicht auf ein bestimmtes Speichersystem (d. h. verbale Speicherung) beschränkt war, kann geschlussfolgert werden, dass nicht das sprachspezifische System, sondern andere Prozesse für die Ergebnisse verantwortlich waren.

Ebenfalls untersucht wurde die selektive Aufmerksamkeit von Kindern mit Lernstörungen im Hinblick auf Wortmerkmale. Die Aufmerksamkeitsanforderungen wurden variiert und bezogen sich entweder auf eine zerebrale Hemisphäre oder auf beide Hemisphären. So führten z. B. Swanson und Cochran (1991) anhand einer dichotischen Höraufgabe einen Vergleich zwischen 10-jährigen Kindern mit normalen Schulleistungen und gleichaltrigen Kindern mit Lernstörungen durch. Die Probanden sollten sich Wörter zu merken, die nach semantischen (z. B. rot, schwarz, grün, orange), phonologischen (z. B. Wand, Rand, Hand) und orthografischen (z. B. Kuh, Korn, Kern, Kahn, Kind) Merkmalen geordnet waren und entweder über das rechte

2

oder das linke Ohr dargeboten wurden. Das Studiendesign sah zwei Experimente vor. Beim Experiment 1 wurde das freie Erinnern von Wortlisten im Anschluss an verschiedene Orientierungsinstruktionen verglichen. Die Kinder wurden z. B. über die Organisationsstruktur der Wörter, die dargeboten werden sollten, unterrichtet; sie wurden aufgefordert, sich alle Wörter zu merken, „aber besonders Wörter, die zu _____ passen" (z. B. Farben – semantische Merkmalorientierung) oder „Wörter, die sich mit _____ reimen" (z. B. -and – phonologische Merkmalsorientierung) oder „Wörter, die mit dem Buchstaben _____ beginnen" (z. B. K – orthografische Merkmalsorientierung). Unter nicht orientierenden Bedingungen wurden die Kinder aufgefordert, sich alle Wörter zu merken, ohne dass zuvor auf die Organisationsmerkmale der Wörter hingewiesen wurde. Experiment 2 erweiterte das erste Experiment, indem eine Abrufbedingung mit Abrufhinweisen hinzugefügt wurde. Bei beiden Experimenten wurde den Kindern gesagt, dass sie über Kopfhörer eine Stimme vernehmen würden, dass sie aber nur auf das achten sollten, was sie mit dem einen Ohr (dem Zielohr) hören würden. Sobald auf beiden Ohren keine Informationen mehr zu hören waren, sollten die Kinder dem Versuchsleiter alle Wörter mitteilen, an die sie sich erinnern konnten.

In beiden Experimenten zeigten die Kinder ohne Lernstörungen im Vergleich zu den Kindern mit Lernstörungen eine bessere Erinnerungsleistung sowohl bei den Zielwörtern als auch bei den Hintergrundwörtern. Wichtiger war, dass zwischen den beiden Fähigkeitsgruppen deutliche Unterschiede in der selektiven Aufmerksamkeit gegenüber spezifischen Wortmerkmalen auftraten. Der selektive Aufmerksamkeitsindex fokussierte auf die Zielwörter im Vergleich zu den Hintergrundwörtern (Abruf der Zielwörter minus Abruf der Hintergrundwörter von anderen Wortreihen _innerhalb_ des Zielohrs sowie Hintergrundwörtern im anderen Ohr). Unabhängig davon, ob konkurrierende Wortmerkmale (über dasselbe Ohr oder über beide Ohren) dargeboten wurden oder ob die Wiedergabe mit oder ohne Abrufhilfen erfolgte, waren die Werte der selektiven Aufmerksamkeit bei Lesern mit Lernstörungen niedriger (der Differenzwert zwischen Zielitems und Hintergrunditems lag näher bei null) als bei den Lesern ohne Lernstörungen. Somit waren Kinder ohne Lernstörungen eher in der Lage, irrelevante Informationen zu ignorieren. Die Ergebnisse dieser Studie deuten ebenso wie die von drei anderen Studien zum dichotischen Hören (Swanson, 1986) darauf hin, dass Kinder mit Lernstörungen unabhängig von Wortmerkmalen, Abrufbedingungen oder Zielohr Schwierigkeiten damit haben, irrelevante Informationen zu unterdrücken.

Aktualisierung. Mehrere Studien (z. B. Swanson, 1994; Swanson & Ashbaker, 2000; Swanson et al., 1996; Swanson & Sachse-Lee, 2001b) zur exekutiven Informationsverarbeitung haben Aufgaben verwendet, die dem Format von Daneman und Carpenters AG-Maß der Satzspanne ähneln; dabei handelt es sich um Aufgaben, die stark mit Schulleistungen zusammenhängen (siehe den Überblick von Daneman & Merikle, 1996). Bei diesem Aufgabenformat müssen die Probanden gleichzeitig mit Speicherungs- und Verarbeitungsanforderungen umgehen. Beim Lesespannentest von Daneman und Carpenter (1980) beispielsweise sollen die Teilnehmer Sätze lesen und den Wahrheitsgehalt dieser Sätze bestimmen (Verarbeitung) und gleichzeitig versuchen, sich das letzte Wort eines jeden Satzes zu merken (Speicherung). Die Studien kamen durchweg zu dem Ergebnis, dass die AG-Leistung von Lesern mit Lernstörungen bei diesem Aufgabenformat deutlich hinter dem von normalen Lesern zurücklag. Diese Ergebnisse geben Aufschluss über den „Aktualisierungsprozess" (Miyake et al., 2000). Aktualisierung setzt voraus, dass die Informationen der betreffenden Aufgabe auf ihre Relevanz hin überprüft und entsprechend kodiert werden; erst dann lassen sich die im Arbeitsgedächtnis aufbewahrten Informationen korrekt überarbeiten.

In einer Querschnittstudie hat Swanson (2003) normale Leser und Leser mit Lernstörungen aus vier Altersgruppen (7, 10, 13, 20 Jahre) mithilfe von phonologischen, semantischen und visuell-räumlichen AG-Maßen verglichen; die Bedingungen waren dieselben wie bereits bei Swanson et al. (1996) beschrieben: Ausgangsbedingungen (ohne Abrufhilfen), Zuwachsbedingungen (mit Abrufhilfen, die die Leistung auf ein asymptotisches Niveau bringen) und Aufrechterhaltungsbedingungen (asymptotische Bedingungen ohne Abrufhilfen). Aus den Ergebnissen ging deutlich hervor, dass die Leser mit Lernstörungen unter allen Testbedingungen und bei sämtlichen Aufgaben (Verarbeitung von phonologischen, visuell-räumlichen und semantischen Informationen) eine geringere AG-Leistung erbrachten als die normalen Leser. Darüber hinaus ergaben sich keinerlei Anhaltspunkte, dass die Leser mit Lernstörungen mit zunehmendem Alter bessere AG-Fertigkeiten entwickelten oder gegenüber den normalen Lesern „aufholten". Dies deutet darauf hin, dass ein Defizitmodell der Gedächtnisleistung von Lesern mit Lernstörungen eher gerecht wird als ein Entwicklungsverzögerungsmodell. Weitere Studien (Swanson, 1992; Swanson et al., 1996) haben Belege dafür geliefert, dass Kinder und Erwachsene mit Lernstörungen allgemeine domänenübergreifende Verarbeitungsdefizite aufweisen, was für eine Beteiligung des exekutiven Systems spricht.

Zusammenfassend lässt sich feststellen: Eine Reihe von Studien hat gezeigt, dass einige Teilnehmer mit Lernstörungen, deren IQ mit dem der Teilnehmer ohne Lernstörungen parallelisiert ist, schlechtere Ergebnisse bei Aufgaben erzielen, die spezifische Komponenten der exekutiven Verarbeitung messen. Die Komponenten des exekutiven Systems, die bei Personen mit Lernstörungen beeinträchtigt sind, hängen mit der Aktualisierung (Siegel & Ryan, 1989; Swanson et al., 1996) und der Unterdrückung irrelevanter Informationen (Chiappe et al., 2000) zusammen. Alternative Erklärungen für diese Ergebnisse zu exekutiven Prozessen, z. B. dass die Defizite auf Aufmerksamkeitsdefizit-/Hyperaktivitätsstörung (ADHS), bereichsspezifisches Wissen und/oder Prozesse niedriger Ordnung (wie z. B. phonologische Kodierung) zurückgeführt werden können, werden an anderer Stelle diskutiert (siehe den Überblick von Swanson & Siegel, 2001a). So wurde beispielsweise argumentiert, dass AG-Defizite gegenüber Leistungsproblemen oder Beeinträchtigungen des phonologischen Gedächtnisses (sprachliches Kurzzeitgedächtnis) sekundär seien. Allerdings zeigen Probanden mit Lernstörungen im Vergleich zur Kontrollgruppe signifikant niedrigere AG-Werte, wenn der Einfluss von Lesefertigkeiten und verbalem Kurzzeitgedächtnis in der Analyse statistisch kontrolliert wurde (Swanson, 1996b; Swanson et al., 1996).

2.5.4.2 Phonologische Schleife

In Baddeleys Modell (1986) ist die phonologische Schleife speziell für das Behalten sprachlicher Informationen über kurze Zeiträume zuständig. Sie setzt sich aus einem phonologischen Speicher und einem Rehearsal-Prozess zusammen: Der phono-

2

logische Speicher dient der Aufbewahrung von Informationen in phonologischer Form, während der Rehearsal-Prozess Repräsentationen im phonologischen Speicher aufrechterhält (für einen ausführlichen Überblick siehe Baddeley und Gathercole, 1998). Eine beträchtliche Anzahl von Studien stützt die Annahme, dass Kinder mit Lernstörungen Gedächtnisdefizite in Prozessen haben, die mit der phonologischen Schleife zusammenhängen (siehe den Überblick bei Siegel, 1993, in dem über Studien berichtet wird, die zeigen, dass die Beeinträchtigungen von Lesern mit Lernstörungen im Zusammenhang mit phonologischen Repräsentationen stehen). Die Schwierigkeiten beim Aufbau von und beim Zugang zu phonologischen Repräsentationen beeinträchtigt die Fähigkeit, sprachliche Informationen abzurufen. Bevor wir uns den Forschungsbelegen zum sprachlichen Gedächtnis zuwenden, müssen wir die Überschneidungen und Unterschiede zwischen sprachlichem Kurzzeitgedächtnis und sprachlichem Arbeitsgedächtnis ansprechen.

Sind die sprachlichen KZG-Defizite, die Kinder mit Lernstörungen aufweisen, mit Defiziten im sprachlichen AG identisch? Wir haben geprüft, ob Operationen im KZG und im AG unabhängig voneinander sind. In einer Studie von Swanson und Ashbaker (2000) wurden Leser mit Lernstörungen und normale Leser sowie jüngere Kinder mit parallelisierter Leseleistung mittels verschiedener AG- und KZG-Tests miteinander verglichen, um die exekutive und die phonologische Informationsverarbeitung zu beurteilen. Die Maße für das exekutive System orientierten sich an Daneman und Carpenters (1980) AG-Aufgaben (Doppelaufgaben, bei denen Speicherung und Verarbeitung koordiniert werden sollen), während die Maße des phonologischen Systems Artikulationsgeschwindigkeit, Zifferspanne und Wortspanne berücksichtigten. Die Studie von Swanson und Ashbaker (2000) brachte zwei wichtige Resultate. Erstens: Obwohl die Gruppe der Leser mit Lernstörungen den normalen Lesern unterlegen war, was AG, sprachliches KZG und Artikulationsgeschwindigkeit betraf, ließen die Unterschiede beim sprachlichen KZG und AG kaum einen Zusammenhang mit der Artikulationsgeschwindigkeit erkennen. D. h., die Unterschiede bei den AG- und KZG-Maßen blieben bestehen, wenn die Artikulationsgeschwindigkeit in der Analyse auspartialisiert wurde. Die Unterschiede zwischen den Lesegruppen traten sowohl bei sprachlichen als auch visuell-räumlichen AG-Aufgaben auf, selbst wenn der Einfluss des sprachlichen KZG kontrolliert wurde; dies deutet darauf hin, dass die Unterschiede zwischen den Lesergruppen bereichsübergreifend waren. Zweitens: AG-Aufgaben und sprachliche KZG-Aufgaben trugen neben der Artikulationsgeschwindigkeit eigenständige und unabhängige Varianz zur Worterkennung und zum Leseverständnis bei. Diese Ergebnisse stimmen mit denen von Daneman und Carpenter (1980) und anderen Autoren (z. B. Engle et al., 1999) überein, die argumentieren, dass sprachliche KZG-Aufgaben und AG-Aufgaben grundverschieden sind und dass die phonologische Kodierung zwar möglicherweise eine wichtige Rolle beim KZG-Abruf spielt, jedoch nicht unbedingt einen entscheidenden Faktor bei AG-Aufgaben darstellt.

Die Ergebnisse der Studie von Swanson und Ashbaker sind konsistent zu früheren Untersuchungen mit lerngestörten Probanden (Swanson, 1994; Swanson & Berninger, 1995). Swanson (1994) untersuchte, ob KZG und AG eigenständige Varianz zu den schulischen Leistungen von Kindern und Erwachsenen mit Lernstörungen beitrugen. Er fand, dass KZG- und AG-Aufgaben auf unterschiedlichen Faktoren luden und dass die beiden Faktoren eigenständige Varianz zur Lese- und Rechenleistung beitru-

2

gen. Swanson und Berninger (1995) untersuchten ebenfalls potenzielle Unterschiede zwischen dem KZG und dem AG: Sie testeten, ob diese beiden Gedächtnissysteme für unterschiedliche kognitive Profile bei Lesern mit Lernstörungen verantwortlich sind. Swanson und Berninger verwendeten ein doppeltes Dissoziationsdesign, um Kinder mit beeinträchtigtem Leseverständnis (basierend auf Werten des Passagenverständnis-Subtests aus dem Woodcock-Reading-Mastery-Test) und/oder beeinträchtigter Worterkennung (basierend auf Werten des Subtests zur Wortidentifikation aus dem Woodcock-Reading-Mastery-Test) in AG- und phonologischen KZG-Maßen zu vergleichen. Die Probanden wurden in vier Fähigkeitsgruppen eingeteilt: hohes Verständnis/hohe Worterkennung, hohes Verständnis/niedrige Worterkennung, niedriges Verständnis/hohe Worterkennung und niedriges Verständnis/niedrige Worterkennung. Die Ergebnisse waren klar und deutlich: Die AG-Maße bezogen sich primär auf das Leseverständnis, während sich die phonologischen KZG-Maße primär auf die Worterkennung bezogen. Da keine signifikante Interaktion auftrat, deuteten die Ergebnisse außerdem daraufhin, dass die komorbide Gruppe (Kinder, die sowohl bei den Verständnis- als auch bei den Worterkennungsaufgaben schlecht abschnitten) kombinierte Gedächtnisdefizite hatte. D. h., die AG-Defizite waren für die Gruppe kennzeichnend, die nur bei den Verständnisaufgaben schlechte Leistungen erzielte, und die KZG-Defizite waren für die Gruppe kennzeichnend, die nur bei den Worterkennungsaufgaben schlecht abschnitt.

Worin unterscheiden sich KZG und AG? AG-Aufgaben erfordern die aktive Beobachtung von Ereignissen. Die Beobachtung von Ereignissen innerhalb des Gedächtnisses lässt sich von der einfachen Aufmerksamkeit gegenüber Reizen unterscheiden, die im KZG gespeichert werden. Es gibt viele Gedächtnissituationen, in denen sich die Aufmerksamkeit auf einen Reiz im Gedächtnis richtet, während die anderen Reize im Hintergrund bestehen, d. h., sie stehen nicht im Mittelpunkt des aktuellen Bewusstseins. Diese Situationen erfordern nach unserer Auffassung keine Beobachtung. Die Beobachtung innerhalb des AG lenkt die Aufmerksamkeit sowohl auf den Reiz, der in dem Moment berücksichtigt wird, als auch auf andere Reize, deren augenblicklicher Status für die zu treffende Entscheidung wichtig ist. Ergebnisse aus unserem Labor haben gezeigt, dass sich die Aufgaben in einer subtilen Weise unterscheiden. Manche Kinder mit Lernstörungen zeigen schlechte Leistungen bei Aufgaben, bei denen Buchstaben, Zahlenreihen, richtige Wörter oder Kunstwörter präzise und/oder rasch wiedererkannt bzw. abgerufen werden sollen. Aufgaben dieser Art, die geringe Anforderungen an das LZG stellen, um Schlussfolgerungen aus den Informationen zu ziehen oder sie zu transformieren, reflektieren das KZG. Eine gemeinsame Verbindung zwischen den Aufgaben besteht darin, dass sie die Fähigkeit voraussetzen, die Lautstruktur von Sprache (phonologische Verarbeitung) zu speichern und/oder abzurufen. Einige Kinder mit Lernstörungen schneiden allerdings auch bei solchen Aufgaben schlecht ab, die hohe Anforderungen an die Aufmerksamkeit stellen, was ein Merkmal von AG-Aufgaben ist.

Zusammengefasst gibt es eine Fülle von Forschungsbelegen, die zeigen, dass Probanden mit Lernstörungen Defizite im KZG, einem Substrat des phonologischen Systems, aufweisen. Möglicherweise ist auch ein Substrat dieses Systems mitverantwortlich für Probleme beim sprachlichen AG, die unabhängig von Problemen beim sprachlichen KZG auftreten. Darüber hinaus bleiben diese Probleme beim sprachli-

2

chen AG auch dann bestehen, wenn der Einfluss von sprachlicher Artikulationsgeschwindigkeit, Leseverständnis, sprachlichem KZG oder IQ-Werten auspartialisiert wird (siehe den Überblick von Swanson & Siegel, 2001b).

2.5.4.3 Visuell-räumlicher Skizzenblock

Nach Baddeleys Modell (1986; Baddeley & Logie, 1999) ist der visuell-räumliche Skizzenblock (*visual-spatial sketchpad*) auf die Verarbeitung und Speicherung von visuellem und/oder räumlichem Lernstoff sowie auf linguistische Informationen spezialisiert, die zu imaginalen Formen umkodiert werden können. Die Befunde zum Zusammenhang zwischen Lernstörungen und visuell-räumlichem Gedächtnis sind gemischt. So deuten beispielsweise mehrere Studien in der Literatur zum KZG darauf hin, dass das visuelle KZG bei Kindern mit Lernstörungen intakt ist (für einen umfassenden Überblick siehe O'Shaughnessy und Swanson, 1998). Einige Studien sind außerdem zu dem Ergebnis gelangt, dass das visuell-räumliche AG bei Kindern mit Lernstörungen intakt ist (z. B. Swanson et al., 1996, Experiment 1); andere Studien legen dagegen die Schlussfolgerung nahe, dass Kinder mit Lernstörungen Schwierigkeiten bei verschiedenen visuell-räumlichen Aufgaben haben (Swanson et al., 1996, Experiment 2). Die meisten Studien deuten jedoch darauf hin, dass in aller Regel größere Leistungsprobleme bei sprachlichen AG-Aufgaben auftreten als bei visuell-räumlichen. So fanden z. B. Swanson et al. (1999) heraus– nachdem sie den Einfluss des sprachlichen IQs mittels einer Regressionsanalyse auspartialisiert hatten –, dass Schüler mit Lesestörungen bei visuell-räumlichen und sprachlichen AG-Maßen eine schlechtere Leistung erbrachten als langsame Lerner (bzw. schlechte Leser). D. h., obwohl Kinder mit einer spezifischen Lesestörung größere Defizite bei den sprachlichen AG-Aufgaben als bei den visuell-räumlichen AG-Aufgaben zeigten, war ihre Leistung bei beiden Aufgabentypen schlechter als die anderer Gruppen schlechter Lerner, wenn man den sprachlichen IQ statistisch kontrollierte.

Ob Kinder mit Lernstörungen bei visuell-räumlichen AG-Aufgaben besser abschneiden, hängt offenbar von den Verarbeitungsanforderungen ab. Sind die Verarbeitungsanforderungen verhältnismäßig gering, ist die visuell-räumliche AG-Leistung von Kindern mit Lernstörungen deutlich besser als ihre sprachliche AG-Leistung. Bei hohen Verarbeitungsanforderungen (maximale Leistung) ist dagegen kein Unterschied zwischen der visuell-räumlichen und der sprachlichen Leistung erkennbar. Swanson (2000) hat ein Modell entworfen, das diesen gemischten Ergebnissen versucht, Rechnung zu tragen.

Swanson und Siegel (2001a, b) haben einen Forschungsüberblick über die Zusammenhänge von AG und Lernstörungen erstellt. Die drei wichtigsten Schlussfolgerungen, die aus diesem Überblick hervorgehen, sind:

1. Personen mit Lernstörungen haben eine geringere allgemeine AG-Kapazität als Kontrollgruppen mit normalen schulischen Leistungen. Dieses Defizit der AG-Kapazität ist jedoch *nicht* speziell ihrer schulischen Beeinträchtigung (z. B. Lesen oder Mathematik) oder ihrer Intelligenz zuzuschreiben. Probleme mit der AG-Kapazität bleiben bei Individuen mit Lernstörungen auch dann erhalten, wenn schulische Leistung und psychometrischer IQ auspartialisiert oder in der statistischen Analyse kontrolliert wurden.

2. Die AG-Defizite von Individuen mit Lernstörungen betreffen einzelne Komponenten des phonologischen und des exekutiven Systems. Die Schwierigkeiten im Zusammenhang mit der phonologischen Schleife betreffen den seriellen Abruf von Buchstaben, Zahlen, richtigen Wörtern und Kunstwörtern. Die Probleme bei der exekutiven Verarbeitung betreffen dagegen Kontrollressourcen (Entscheidungen im Zusammenhang mit der Aufmerksamkeitszuwendung: Die Kontrolle lenkt die Aufmerksamkeit sowohl auf den momentan berücksichtigten Reiz als auch auf andere Reize, deren aktueller Status für die erfolgreiche Erfüllung der Aufgabe wichtig ist) und Interferenzen (konkurrierende Gedächtnisspuren, die von der angezielten Gedächtnisspur ablenken).
3. Im Allgemeinen hängt die Leistung bei komplexen schulischen Aufgaben (z. B. Leseverständnis) und grundlegenden Fertigkeiten (z. B. Rechnen) sowohl vom exekutiven System als auch von der phonologischen Schleife ab.

2.5.5 Alltagsgedächtnis

Obgleich in der Forschungsliteratur immer wieder darauf hingewiesen wird, dass Kinder mit Lernstörungen Beeinträchtigungen bei sprachlichen Gedächtnisaufgaben sowie bei komplexen Aufgaben aufweisen, welche die Verarbeitungskapazität des Arbeitsgedächtnisses übersteigen, müssen diese Schlussfolgerungen weiterhin geprüft werden, da sich die Ergebnisse mehrheitlich auf Laboraufgaben beziehen. Dagegen wissen wir verhältnismäßig wenig darüber, wie das Gedächtnis von Kindern und Erwachsenen mit Lernstörungen im täglichen Leben arbeitet. In der Literatur zur Gedächtnisforschung konnten nur zwei Studien identifiziert werden, die Labormaße der Gedächtnisfunktion mit der Alltagskognition von Kindern mit Lernstörungen in Verbindung brachten.

Swanson, Reffel und Trahan (1990) führten drei Experimente durch, um das naturalistische Gedächtnis von Kindern mit Lernstörungen zu beurteilen. In Experiment 1 wurde die Abrufleistung von 10-jährigen Lesern mit und ohne Lernstörungen verglichen; das Erinnerungsmaterial bildeten bekannte Objekte und Ereignisse, wie z. B. der Name der Erzieherin im Kindergarten, Items auf einem Telefon und einer Münze sowie Informationen über die Challenger-Katastrophe im Jahre 1986. (Die Kinder hatten zwei Jahre zuvor in der Schule einen Dokumentarfilm über das Challenger-Unglück angeschaut.) Mithilfe eines Fragebogens wurde außerdem die Beziehung zwischen Gedächtnis und Abrufstrategien im täglichen Leben untersucht.

Der Vergleich der Fähigkeitsgruppen führte zu drei wichtigen Ergebnissen. Erstens zeigten die Unterschiede beim Erinnern von Informationen auf einer Münze, dass Kinder mit Lernstörungen im Vergleich zu normalen Lesern beim Abruf von bekannten visuellen und sprachlichen Informationen schlechter abschneiden. Zweitens haben Kinder mit Lernstörungen größere Schwierigkeiten, sich die Fakten eines folgenschweren Ereignisses zu merken (z. B. das Datum der Challenger-Katastrophe) oder sich an ihre eigenen früheren Schulerfahrungen zu erinnern (z. B. an den Namen der Erzieherin im Kindergarten). Drittens deuten die Resultate des Fragebogens darauf hin, dass Leser mit Lernstörungen im Vergleich zu normalen Lesern seltener

2

auf externe Gedächtnishilfen (z. B. Notizen für den eigenen Gebrauch) zurückgreifen, um sich Informationen zu merken.

In Experiment 2 wurde die Beziehung zwischen Alltagsgedächtnis und Lesefähigkeit bei einer Gruppe von 15- bis 16-jährigen Jugendlichen untersucht. Dazu wurden verschiedene Aufgaben aus Experiment 1 verändert oder durch andere Aufgaben ersetzt. Die Fragen zur Challenger-Katastrophe wurden erweitert, um das Erinnerungsvermögen der Jugendlichen besser beurteilen zu können. Außerdem sollten die Jugendlichen u. a. die Präsidenten der Vereinigten Staaten in der chronologischen Reihenfolge ihrer Amtszeit wiedergeben.

In dieser Studie zeigten die Jugendlichen mit Lernstörungen bei den meisten Aufgaben eine schlechtere Gedächtnisleistung als die Leser ohne Lernstörungen. Allerdings war unklar, ob die schwache Gedächtnisleistung der Jugendlichen mit Lernstörungen mit der *Gedächtnisspeicherung* (Verfügbarkeit von Items) oder mit Schwierigkeiten beim *Zugang* zu bestimmten Arten von Informationen zusammenhing. Diese Frage wurde in Experiment 3 angegangen. Bei den Münzen-, Präsidenten- und Challenger-Aufgaben wurden diesmal Abrufhilfeverfahren eingesetzt. Die Ergebnisse von Experiment 3 zeigten, dass die Leistung der Leser mit Lernstörungen beim Abruf bekannter Objektmerkmale (Münzen) und wichtiger Ereignisse (Challenger-Katastrophe) sowie beim freien Erinnern einiger LZG-Informationen (Präsidenten) mit der Leistung der gleichaltrigen Kontrollgruppe ohne Lernstörungen vergleichbar war. Wenn man die Ergebnisse von Experiment 2 mit denen von Experiment 3 kombiniert, deuten sie darauf hin, dass die Speicherung von Alltagsinformationen bei Jugendlichen mit Lernstörungen und gleichaltrigen normalen Lesern vergleichbar ist, woraus man schließen kann, dass die Gedächtnisprobleme mit dem Zugang zu bestimmten Arten von Informationen zusammenhängen.

McNamara und Wong (2003) führten eine Studie mit 11-jährigen Kindern mit und ohne Lernstörungen durch, in der sie den Abruf komplexer schulischer Informationen und Alltagsinformationen verglichen. Da die Autoren am Arbeitsgedächtnis interessiert waren, wählten sie Kinder mit Lernstörungen aus, die schlechte sprachliche Arbeitsgedächtnisfertigkeiten aufwiesen. Zu den Maßen des Abrufs schulischer Informationen gehörten ein auditiver Satzspannentest, ein Reimwörter-Arbeitsgedächtnis-Test und ein visueller Matrix-Arbeitsgedächtnis-Test. Zu den Alltags-Arbeitsgedächtnis-Aufgaben gehörte der Abruf eines selbst erlebten Ereignisses (ein Tanz-Workshop), der Abruf einer Alltagstätigkeit (ein Buch aus der Schulbibliothek ausleihen) und der Abruf bekannter Objektmerkmale (Informationen auf einer Münze, Bestandteile eines Telefons und die Merkmale des McDonald's-Markenzeichen). Zusätzlich wurde die Abrufleistung bei allen Aufgaben mit Abrufhilfen gemessen. Im Vergleich zu den Kindern ohne Lernstörungen zeigten die Kinder mit Lernstörungen sowohl beim Abruf schulischer Informationen als auch beim Abruf von Alltagsinformationen schlechtere Leistungen. Die Ergebnisse stützen die Annahme, dass einige Schüler mit Lernstörungen Arbeitsgedächtnisprobleme haben, die sich nicht nur auf das Lesen, sondern auch auf andere Aufgaben auswirken. Bei der Verwendung von Hinweisreizen nahmen die Unterschiede zwischen den Fähigkeitsgruppen bei vielen der schulischen Aufgaben und Alltagsaufgaben signifikant ab. Dieses Ergebnis lässt vermuten, dass Schüler mit Lernstörungen Abrufhilfen nicht wirksam nutzen und dass einige dieser Schüler möglicherweise ein Produktionsdefizit haben, das den Abruf von zuvor enkodierten Informationen beeinträchtigt.

Insgesamt zeigen diese Forschungsergebnisse, dass Gedächtnisdefizite bei Kindern mit Lernstörungen übergreifend sowohl bei Alltags- als auch bei Laboraufgaben vorhanden sind. Außerdem deuten die Untersuchungen von Swanson et al. (1990) darauf hin, dass diese Gedächtnisprobleme bei Alltagsaufgaben bei jüngeren Kindern umfassender sind und sich bei Jugendlichen verringern.

2.6 Gedächtnisforschung und Lernstörungen aus theoretischer Sicht

Der kurze Überblick über die historische und zeitgenössische Literatur macht deutlich, dass es in der Gedächtnisforschung eine ganze Reihe von Hypothesen gibt, die mit Lernstörungen zusammenhängen. Zu den vermuteten Mediatoren von Gedächtnisproblemen gehören metakognitive Fähigkeiten, Strategieeffizienz, Strategienutzung, Strategiebewusstsein, Wissen (Quantität und Qualität), Effizienz einer spezifischen Komponente (Enkodierung, Speicherung, Abruf), Arbeitsgedächtniskapazität (exekutive Funktion, phonologisches System, visuell-räumliches System) und Aufmerksamkeitskapazität, ebenso wie andere Bereiche, die hier nicht diskutiert wurden (Selbstwirksamkeit, Überzeugungen und Motivation). Wir haben einige der frühen und aktuellen Forschungserkenntnisse dargestellt. Im Folgenden werden wir die Gedächtnisforschung aus theoretischer Sicht diskutieren. Dazu werden wir einen Überblick über die wichtigsten Thesen aufstellen, Annahmen zusammenfassen und auf eine wichtige theoretische Einschränkung hinweisen.

Eine frühe Hypothese, die perzeptive (visuelle) und intermodale Hypothese, ging davon aus, dass die Gedächtnisschwierigkeiten von Kindern mit Lernstörungen damit zusammenhingen, dass die Betroffenen keine visuell-räumlichen Informationen wahrnehmen und visuell-räumliche Beziehungen erinnern können und/oder nicht in der Lage sind, die Informationen über verschiedene Modalitäten hinweg (Sehen – Schreiben) zu integrieren. In der frühen Entwicklungsphase des Bereichs der Lernstörungen war diese Theorie vor allem im Hinblick auf Lesestörungen sehr populär. In den frühen 1970er-Jahren wurde sie durch Forschungen verdrängt, die zeigten, dass der Abruf von visuell-räumlichen und nonverbalen Informationen bei Kindern mit und ohne Lernstörungen statistisch vergleichbar war; diese Forschungsergebnisse deuteten darauf hin, dass die Gedächtnisprobleme in erster Linie auf den Sprachbereich zurückgingen.

In den 1970er- und 1980er-Jahren kam dann die Hypothese auf, dass der Erwerb von Lern- und Abrufstrategien die Gedächtnisleistung von Kindern mit Lernstörungen beträchtlich verbessern könne. Obgleich sich zeigte, dass Abrufstrategien tatsächlich zur Verbesserung der Gedächtnisleistung beitragen können, reichte die Strategiehypothese nicht aus, um die Unterschiede zwischen Individuen mit und ohne Lernstörungen zu erklären. Einige Studien zeigten, dass Unterschiede zwischen den Fähigkeitsgruppen selbst dann auftraten, wenn Rehearsal kontrolliert oder wenn der lerngestörten Stichprobe organisiertes Material zur Verfügung gestellt wurde. D. h.,

2

Rehearsal oder Organisation konnten nicht allein für die signifikanten Unterschiede zwischen den Fähigkeitsgruppen verantwortlich gemacht werden, und die Gültigkeit der Hypothese musste infrage gestellt werden.

Eine weitere Hypothese, die in den 1980er-Jahren starken Anklang fand, war die Annahme, dass Kinder mit Lernstörungen metakognitive Defizite haben (d. h. in ihrem Wissen über geeignete und wirksame Strategien in einer bestimmten Situation beeinträchtigt sind). Die Entwicklung des Metagedächtnisses galt daher bei der Beurteilung der Gedächtnisprobleme des lernschwachen Kindes als wichtige Variable. Allerdings hat sich das Metagedächtnismodell nicht immer als geeignet erwiesen, um Unterschiede zwischen Kindern mit und ohne Lernstörungen zu finden (McBridge-Chang et al., 1993). Außerdem hängen einige der metakognitiven Fragebogen eng mit Sprache zusammen, d. h., aus den Forschungsergebnissen geht nicht immer klar hervor, ob die Beeinträchtigungen von Kindern und Erwachsenen mit Lernstörungen tatsächlich auf metakognitive Probleme zurückgehen oder auf Sprachkompetenz.

Zwei weitere Hypothesen, die in der Literatur zur Entwicklung des Kindes populär sind, allerdings in der Lernstörungsforschung noch nicht ausreichend getestet wurden, sind die Wissenshypothese und die Kapazitätshypothese. Die Wissenshypothese gründet sich auf die Annahme, dass Veränderungen der Gedächtnisleistung von der Qualität und Quantität bereichsspezifischen Wissens abhängen. Infolgedessen wird die Gedächtnisentwicklung durch den Zuwachs an allgemeinem Weltwissen und den Erwerb von inhaltsspezifischem Wissen in bestimmten Bereichen bestimmt. Während die Wissenshypothese eine wichtige Rolle in der Entwicklungspsychologie des Kindes spielt, sind uns keine Studien bekannt, die diese Hypothese in Bezug auf Kinder mit Lernstörungen getestet haben. Keine veröffentlichte Studie hat bereichsspezifisches Wissen manipuliert, um zu untersuchen, ob die Gedächtnisleistungen der lerngestörten Gruppe und die einer Kontrollgruppe ohne Lernstörungen, aber mit vergleichbarer Wissensbasis, ähnlich gut ausfallen. Diese Frage wurde indirekt in Studien angesprochen, in denen ein Cluster erfasst wurde, das nicht notwendigerweise eine absichtliche und strategische Organisation von Information widerspiegelt (Lee & Obrzut, 1994; Krupski et al., 1993). Clustering ist ein Nebenprodukt der allgemeinen Lernfähigkeit, und die Unterschiede zwischen Kindern mit und ohne Lernstörungen hängen vermutlich mit Allgemeinwissen zusammen.

Eine andere Theorie, die von der Lernstörungsforschung noch nicht eingehend getestet wurde, ist die Kapazitätshypothese. Diese Hypothese gründet sich auf die Annahme, dass Unterschiede in der Gedächtnisleistung in gewisser Weise mit dem Reifungsstatus der Arbeitsgedächtniskapazität zusammenhängen (Swanson, 2003). Einige Wissenschaftler gehen davon aus, dass die Beziehung zwischen Lernstörungen und Gedächtnis zumindest teilweise auf die Verarbeitungskapazität oder auf eine Begrenzung von Ressourcen zurückzuführen ist (z. B. Swanson, 1984a). Allerdings sind diese Spekulationen umstritten, da „Kapazität" und „Ressource" in der Regel nicht klar definiert werden. Erklärungen, die Lernstörungen auf die Unfähigkeit zurückführen, Informationen aufzunehmen, zu speichern oder anzupassen, legen eine basale Verarbeitungsineffizienz nahe, während Erklärungen, die sich auf das Unvermögen beziehen, eine Strategie anzuwenden, eher mentale Fähigkeiten

2

betonen. Die entscheidende Annahme ist jedoch, dass eine Lernstörung Ausdruck einer quantitativen und/oder qualitativen Verarbeitungsbeeinträchtigung ist. Zusätzlich zur Beeinträchtigung der Strategieanwendung wird die Kapazität mit der Quantität bzw. Qualität einer wirksamen Anwendung verschiedener Wissensarten assoziiert. Wie wichtig diese strukturellen bzw. Kapazitätsfaktoren sind, hängt von der Aufgabe ab; die grundlegende Annahme ist aber, dass die Unterschiede zwischen Kindern mit und ohne Lernstörungen zum Teil auf die Verarbeitungskapazität zurückzuführen sind.

Zusammenfassend lässt sich feststellen, dass es in der Gedächtnisforschung einige Lücken gibt, die geschlossen werden müssen, damit die kognitiven Dimensionen von Gedächtnisfunktionsstörungen bei Kindern und Erwachsenen mit Lernstörungen besser verstanden werden können. In diesem Unterkapitel wurden einige empirische Forschungsbelege zu unterschiedlichen Mechanismen von Gedächtnisphänomenen vorgestellt, die bei Kindern und Erwachsenen mit und ohne Lernstörungen verschieden sind. Nicht berücksichtigt wurden deskriptive Modelle zur Wechselbeziehung zwischen dem Erwerb, der Verfügbarkeit und der Zugänglichkeit von inhaltsspezifischem Wissen, allgemeinen Strategien und metakognitiven Fertigkeiten in lerngestörten Stichproben (z. B. Borkowski et al., 1989). Aktuell werden theoretische Ansätze und Prozesse diskutiert, die zur Beurteilung von Gedächtnisdefiziten bei Stichproben mit Lernstörungen herangezogen werden. Es gibt jedoch kein umfassendes Modell, das die Verarbeitung niedriger Ordnung (z. B. phonologische Kodierung) und höherer Ordnung (exekutive Verarbeitung), Strategienutzung, Wissen, Metakognition, Kapazitätsbeschränkungen etc. miteinander in Verbindung bringt. Die Forschung zum Arbeitsgedächtnis könnte in dieser Hinsicht eine wichtige Rolle spielen (Siegel, 2003; Swanson & Siegel, 2001a, b).

2.7 Aktuelle Trends in der Gedächtnisforschung

In den letzten zehn Jahren hat die Gedächtnisforschung dem Bereich der Lernstörungen Perspektiven eröffnet, die frühere Forschungen nicht berücksichtigt hatten. Erstens konzentrieren sich die Untersuchungen der Gedächtnisfunktion bei Kindern mit Lernstörungen nicht mehr nur auf empirische Beschreibungen der allgemeinen Veränderungen von Gedächtnisleistung und Gedächtnisprozessen, sondern darauf, unter welchen situativen Bedingungen sich die Gedächtnisleistung verändert oder nicht verändert. So wurde beispielsweise in der bereits erwähnten Studie von Swanson et al. (1996) die Arbeitsgedächtnisleistung unter verschiedenen Bedingungen untersucht: unter Ausgangsbedingungen, unter Bedingungen, in denen das Gedächtnis beeinflusst werden kann, sowie unter Bedingungen, in denen das Gedächtnis erhalten werden kann, nachdem Hilfestellungen gegeben wurden. Zweitens ist man sich offenbar dessen bewusst geworden, dass Stichproben Lerngestörter ein beträchtliches Maß an Variabilität aufweisen und dass wir diese Variabilität erklären müssen, um die Gedächtnisprobleme von Kindern mit Lernstörungen besser verstehen zu können. Studien, in denen Kinder mit Lernstörungen je nach schulischer Leistung in

2

verschiedene Untergruppen eingeteilt werden, deuten darauf hin, dass die Leistung möglicherweise von unterschiedlichen Gedächtniskomponenten abhängt. Verschiedene Subgruppen mit Lese- oder Rechenschwäche weisen exekutive und/oder phonologische und/oder visuell-räumliche Gedächtnisdefizite auf (Siegel & Ryan, 1989; Swanson, 1991, 1993b). Ein dritter aktueller Trend deutet auf einen Zusammenschluss von Gedächtnisleistung und Leseforschung hin. Derzeit wird diskutiert, ob das Lesen die Gedächtnisleistung beeinflusst oder ob die Gedächtnisleistung unabhängig vom Lesen ist. Zu den aktuellen Forschungsschwerpunkten gehören sowohl die wechselseitigen Beziehungen kognitiver Prozesse und ihre Entwicklung als auch ein besseres Verständnis der Gedächtnisfunktion insgesamt.

Ein weiterer Trend besteht darin, dass Wissenschaftler im Bereich der Lernstörungen nun verstärkt Zusammenhänge zwischen kognitiven Hypothesen und neurologischen und genetischen Indizes untersuchen (z. B. Wadsworth et al., 1995). Dieser Trend betrifft sowohl die Leseforschung als auch Untersuchungen zum Arbeitsgedächtnis. Weiterhin werden Lernstörungen nun nicht mehr ausschließlich als eine Beeinträchtigung von Kindern betrachtet. Immer mehr Untersuchungen befassen sich mit Lernstörungen im Erwachsenenalter (Bruck, 1992; Ransby & Swanson, 2003).

Schließlich deutet viel darauf hin, dass das Gedächtnis nun verstärkt im Hinblick auf das Umfeld und unter natürlichen Bedingungen untersucht wird, und nicht mehr nur unter Laborbedingungen (McNamara & Wong, 2003). Dazu gehört auch die Untersuchung von Faktoren wie Motivation und deren Einfluss auf die Gedächtnisleistung. Die Frage, wie man die Forschungsergebnisse auf die Gedächtnisinstruktion in den Schulen oder auf die Leistung eines Schülers mit Lernstörungen im Alltag anwenden kann, wird erst jetzt verstärkt untersucht (für einen früheren Überblick, siehe Scruggs & Mastropiero, 2000).

2.8 Zeitgenössische Gedächtnisforschung und ihre Implikationen für Instruktion

Eine gute Gedächtnisleitung hängt nach Pressley (1994) von mehreren Faktoren ab: Strategien, Wissen, metakognitive Verarbeitung und metakognitives Verständnis, Motivation und Kapazität. Allerdings kann man diese Faktoren nicht unabhängig voneinander betrachten; eine wirksame Kognition ist vielmehr das Ergebnis all dieser Komponenten und Interaktionen zusammengenommen. Manchmal macht sich die strategische Informationsverarbeitung stärker als andere Faktoren bemerkbar, ein anderes Mal besteht der entscheidende Mechanismus in der Verknüpfung von Inhalten mit Vorwissen, und bei anderen Gelegenheiten wird ein Kind über die Anforderungen der Aufgabe reflektieren (darüber, was es in einer bestimmten Situation tun kann bzw. ob es bereits ähnliche Situationen erlebt hat). Um eine bestimmte Aufgabe zu erfüllen, ist die Metakognition manchmal stärker gefragt als andere Komponenten; in anderen Situationen wiederum ist die Motivation des Kindes ausschlaggebend. All diese Prozesse hängen sehr stark mit Bewusstsein, Wissen, Gedächtnis, Attributionen und Motivation zusammen.

Aus der umfangreichen Literatur, die in der Gedächtnisforschung in diesem Zusammenhang erarbeitet worden ist, lassen sich einige äußerst praktische Konzepte und Prinzipien ableiten, die als Richtlinien für die Instruktion von Kindern mit Lernstörungen dienen können. Eine effektive Instruktion sollte Informationen zur Verfügung stellen (1) über eine Reihe von Strategien; (2) darüber, wie diese Strategien kontrolliert und implementiert werden und (3) darüber, wie wichtig Anstrengung und persönliche Verantwortung für eine erfolgreiche Leistung sind. Darüber hinaus sollten diese Komponenten nicht getrennt voneinander vermittelt werden, sondern als interagierende Mechanismen – nur so können sie im schulischen Kontext ihre volle Wirkung entfalten. In den nachfolgenden Abschnitten werden acht Kernprinzipien beschrieben, die bei einer erfolgreichen Strategievermittlung berücksichtigt werden sollten (für eine ausführlichere Beschreibung dieser Prinzipien und ihrer Anwendung, siehe auch Montague, 1993).

2.8.1 Gedächtnisstrategien dienen unterschiedlichen Zwecken

Die Forschung zu Gedächtnisstrategien lässt deutlich werden, dass es keine bestimmte, einzelne Strategie gibt, die für Schüler mit Lernstörungen am besten geeignet ist. Eine ganze Reihe von Studien hat sich damit befasst, wie man die Gedächtnisleistung von Schülern mit Lernstörungen verbessern könnte, z. B. durch die Verwendung von organisierenden Lernhilfen (Advance Organizers), Texte überfliegen, Fragen stellen, Notizen machen, Zusammenfassen etc. Obgleich viele verschiedene Arten von Strategien getestet worden sind, ist unklar, welche Strategien für Schüler mit Lernstörungen am besten geeignet sind. In bestimmten Situationen – etwa beim Erinnern von Fakten – ist die Schlüsselwortmethode offenbar wirksamer als Modelle der direkten Instruktion (Scruggs & Mastropieri, 2000); welche Strategie am effektivsten ist, hängt jedoch immer davon ab, welche Art von Lernergebnis erwartet wird. So sind bestimmte Strategien besser zur Steigerung des Leseverständnisses geeignet, während andere für das Erinnern von Worten und Fakten besonders nützlich sind. Es geht also darum, dass unterschiedliche Strategien auf verschiedene Weise unterschiedliche kognitive Ergebnisse herbeiführen können.

2.8.2 Gute Gedächtnisstrategien für Schüler ohne Lernstörungen sind nicht unbedingt gute Gedächtnisstrategien für Schüler mit Lernstörungen (und umgekehrt)

Strategien, die für Schüler mit normalen Leistungen hilfreich sind, müssen nicht für alle Kinder mit Lernstörungen gleichermaßen geeignet sein. So haben beispielsweise Wong und Jones (1982) Jugendlichen mit und ohne Lernstörungen eine Strategie der Selbstbefragung zur Beobachtung des Leseverständnisses vermittelt. Die Ergebnisse zeigten, dass die Jugendlichen mit Lernstörungen von dem Strategietraining profitier-

2

ten, die Jugendlichen ohne Lernstörungen in ihrer Leistung jedoch eher beeinträchtigt wurden. Eine Studie von Swanson (1989) hat dieses Ergebnis bestätigt: Verschiedenen Teilnehmergruppen (Schüler mit Lernstörungen, mental retardierte Schüler, hochbegabte Schüler und durchschnittliche Schüler) wurden verschiedene Aufgaben mit Basissätzen und elaborativen Sätzen gestellt. Die Teilnehmer sollten sich bestimmte Wörter aus diesen Sätzen merken. Die Ergebnisse des ersten Experiments zeigten, dass die Kinder mit Lernstörungen weniger von der Elaboration profitierten als die anderen Teilnehmergruppen. D. h., während die anderen Teilnehmergruppen unter Elaborationsbedingungen deutlich besser abschnitten als unter Basissatzbedingungen, zeigten die Teilnehmer mit Lernstörungen bei keinem der beiden Aufgabentypen eine deutlich bessere Leistung. In einer anderen Studie von Swanson et al. (1988) wurden College-Studenten mit Lernstörungen aufgefordert, sich unter verschiedenen Bedingungen (semantisch vs. imaginal) die Wörter eines Satzes zu merken. Entgegen der einschlägigen Literatur deuteten die Ergebnisse darauf hin, dass Leser mit Lernstörungen unter semantischen Verarbeitungsbedingungen eine bessere Erinnerungsleistung erbrachten. Die Leser ohne Lernstörungen zogen dagegen die imaginalen Verarbeitungsbedingungen vor. Diese Ergebnisse zeigen, dass Strategien, die für Schüler ohne Lernstörungen wirksam sind, für Schüler mit Lernstörungen weniger effektiv sein können.

2.8.3 Wirksame Gedächtnisstrategien eliminieren nicht zwangsläufig die Unterschiede in der Informationsverarbeitung

Wenn Kinder mit Lernstörungen eine Strategie verwenden, die es ihnen gestattet, Informationen wirksam zu verarbeiten, erscheint es logisch, dass die Leistungsverbesserung darauf zurückzuführen ist, dass die Strategien die gleichen Prozesse beeinflussen wie bei Kindern ohne Lernstörungen. Diese Annahme stammt in erster Linie aus Studien, in denen ein anscheinend unorganisierter Lernstoff organisiert werden sollte. Beispielsweise gibt es zahlreiche Forschungsergebnisse, die darauf schließen lassen, dass Leser mit Lernstörungen anfangs keinen Nutzen aus den Organisationsmerkmalen des Lernstoffes ziehen (Dallego & Moely, 1980; Lee & Obrzut, 1994). Es ist allerdings zu bezweifeln, dass Leser mit Lernstörungen die Organisationsmerkmale von Informationen auf die gleiche Weise verarbeiten wie Schüler ohne Lernstörungen (Swanson, 1986). So haben beispielsweise Swanson und Rathgeber (1986) anhand von Kategorisierungsaufgaben gefunden, dass Kinder mit Leseschwäche in der Lage sind, Informationen abzurufen, ohne eine Beziehung zwischen übergeordneten, untergeordneten und nebengeordneten Informationsklassen herzustellen, wie es Kinder ohne Lernstörungen tun. D. h., dass Kinder mit Lernstörungen lernen können, Informationen auf organisierte Weise zu verarbeiten, ohne zu wissen, was der Lernstoff bedeutet. Selbst wenn Kinder mit Lernstörungen mithilfe einer Strategie (z. B. mittels kognitiver Strategien, die das Ordnen des Lernstoffes erfordern) auf die innere Struktur des Lernstoffs hingewiesen werden, bedeutet das noch nicht, dass sie den Lernstoff auch tatsächlich so nutzen, wie das von der Instruktionsstrategie beabsichtigt war.

2.8.4 Die Strategien, die vermittelt werden, sind nicht notwendigerweise diejenigen, die angewandt werden

Das vorangehende Prinzip deutet darauf hin, dass bei einer Intervention verschiedene Prozesse aktiviert werden können, die von der Instruktionsintervention nicht unbedingt beabsichtigt waren. Außerdem ist es wahrscheinlich, dass Schüler mit Lernstörungen bei Aufgaben, die ihnen offenbar leicht fallen, unterschiedliche Strategien verwenden, so dass der Lehrer diese Aufgaben übersieht und keine Interventionen dafür in Betracht zieht. Man nimmt an, dass die Informationsverarbeitung von Schülern mit Lernstörungen bei Aufgaben, die ihnen leicht fallen, trotz der vereinzelten Gedächtnisdefizite (im sprachlichen Bereich) und dem daraus resultierenden Bedarf an kompensatorischen Lernstrategien mit der Informationsverarbeitung gleichaltriger Schüler ohne Lernstörungen vergleichbar ist. Allerdings weisen einige Autoren darauf hin, dass es eine ganze Reihe von alternativen Möglichkeiten gibt, um eine erfolgreiche Leistung zu erbringen (Pressley, 1994). Einige indirekte Forschungsergebnisse zeigen, dass Personen mit Lernstörungen möglicherweise mentale Operationen (Shankweiler et al., 1979) und Verarbeitungswege (z. B. Swanson, 1988) einsetzen, die sich qualitativ von denen anderer Fähigkeitsgruppen unterscheiden.

2.8.5 Gedächtnisstrategien im Zusammenhang mit der Wissensbasis und der Kapazität eines Schülers

Eine wichtige Variable, die in der Literatur zu Lernstörungsinterventionen bislang nicht berücksichtigt wurde, sind Beschränkungen (sogenannte Constraints) bei der Informationsverarbeitung (Swanson et al., 1996). Offenbar nimmt die Gedächtniskapazität mit fortschreitender Entwicklung des Kindes zu, wobei dieser Zuwachs vermutlich durch mehrere Faktoren beeinflusst wird. Die KZG-Kapazität wächst mit zunehmendem Alter des Kindes (Case et al., 1982). Die Anzahl der Komponentenprozesse sorgt für eine beschleunigte Verarbeitung, wobei schnellere Prozesse in der Regel weniger Kontrolle erfordern als langsame Prozesse, so dass die gleiche Menge an Kapazität größer erscheinen kann (d. h., bei steigender Verarbeitungseffizienz tritt eine funktionale Steigerung der Kapazität ein). Ältere Kinder verfügen in der Regel über mehr organisiertes Vorwissen, wodurch die Gesamtzahl der zu verarbeitenden Chunks reduziert und der Abruf von Informationen aus dem LZG erleichtert wird. Diese entwicklungsbedingten Zusammenhänge spielen möglicherweise bei der Strategieeffizienz eine Rolle. In einer Studie von Pressley et al. (1987) wurde diese Möglichkeit untersucht: Zum Lernen von Sätzen sollten die Kinder eine Repräsentationsstrategie mit Vorstellungsbildern verwenden, die hohe Anforderungen an die Kapazität stellte. Den Kindern in der experimentellen Gruppe wurde eine Reihe von hoch konkreten Sätzen dargeboten (z. B. „Der aufgebrachte Vogel kreischte den weißen Hund an"; „Der Truthahn pickte am Mantel"). Die Kinder wurden aufgefor-

2

dert, sich die Bedeutung dieser Sätze bildlich vorzustellen. Den anderen Kindern, die unter Kontrollbedingungen an dem Versuch teilnahmen, wurden keine Anweisungen gegeben. Die Kinder profitierten von der Vorstellungsinstruktion. Die Leistung hing allerdings von der funktionalen KZG-Kapazität der Kinder ab, wie die individuellen Leistungsunterschiede bei einer klassischen Gedächtnisspannenaufgabe zeigten. D. h., Leistungsunterschiede zwischen den beiden Teilnehmergruppen (experimentelle vs. kontrollierte Bedingungen) zeigten sich nur dann, wenn die funktionale KZG-Kapazität relativ hoch war.

2.8.6 Die Verwendung ähnlicher Gedächtnisstrategien eliminiert nicht unbedingt die Leistungsunterschiede zwischen Fähigkeitsgruppen

Mehrere Studien haben gezeigt, dass Restunterschiede zwischen Fähigkeitsgruppen erhalten bleiben, wenn man diesen Gruppen die Verwendung einer Strategie vermittelt und/oder sie vom Gebrauch dieser Strategie abhält (Gelzheiser et al., 1987). In einer hier bereits diskutierten Studie von Gelzheiser et al. (1987) wurde die Fähigkeit, Organisationsstrategien zu verwenden, bei Kindern mit und ohne Lernstörungen verglichen. Nachdem die Verwendung von Organisationsstrategien erklärt worden war, wurde die Abrufleistung der beiden Fähigkeitsgruppen in einem Posttest verglichen. Die Ergebnisse deuteten darauf hin, dass die Strategieanwendung bei Kindern mit und ohne Lernstörungen vergleichbar war, dass die Leistung der Kinder mit Lernstörungen insgesamt jedoch unzureichend war. In einer anderen Studie kam Swanson (1983b) zu dem Ergebnis, dass sich die Erinnerungsleistung einer Gruppe lernschwacher Schüler durch ein Training von Rehearsal-Strategien gegenüber dem Ausgangsniveau nicht verbesserte. Die Teilnehmer dieser Gruppe zeigten eine schwächere Erinnerungsleistung als die gleichaltrigen Teilnehmer der Kontrollgruppe mit normalen Schulleistungen, obwohl die beiden Gruppen hinsichtlich der von ihnen verwendeten Strategien vergleichbar waren. Diese Ergebnisse stützen die Annahme, dass Gruppen von Kindern mit einer unterschiedlichen Vorgeschichte des Lernens möglicherweise weiterhin unterschiedlich lernen, selbst wenn sie im Strategiegebrauch angeglichen wurden.

2.8.7 Unterrichtete Gedächtnisstrategien werden nicht unbedingt in Experten-Strategien umgewandelt

Kinder, die in bestimmten Aufgaben Experten werden, haben oft einfache Strategien gelernt und durch Übung herausgefunden, wie sie die Strategien in wirksamere Verfahren umwandeln können (Schneider, 1993). Der erfahrene Lerner setzt insbesondere Regeln höherer Ordnung ein, um unnötige Schritte und Redundanzen zu vermeiden und größere Mengen an Informationen behalten zu können. Dagegen lernen Kinder mit Lernstörungen zunächst die Fertigkeiten, die zur Ausführung einer schulischen Aufgabe erforderlich sind, und führen die Aufgabe dann korrekt aus, indem sie sorgfältig und systematisch den vorgegebenen Regeln oder Strategien folgen. Obwohl man Kindern mit Lernstörungen Strategien beibringen kann, deuten einige Studien darauf hin, dass der Unterschied zwischen Kindern mit Lernstörungen und Kindern ohne Lernstörungen (in diesem Fall Experten) darin besteht, dass Letztere die Strategien so umwandeln, dass sie effizienter werden (Swanson & Cooney, 1985). Es ist plausibel, dass Kinder mit Lernstörungen beim Lernen neuer Informationen Novizen bleiben, weil sie nicht in der Lage sind, Gedächtnisstrategien in effizientere Formen umzuwandeln (siehe Swanson & Rhine, 1985).

2.8.8 Die Instruktion von Strategien muss auf der Grundlage des Gesetzes der Sparsamkeit erfolgen

Um die Leistung von Kindern mit Lernstörungen zu verbessern, wurden verschiedene Mehrkomponenten-Pakete der Strategieinstruktion vorgeschlagen. Dazu gehören normalerweise folgende Komponenten: überfliegen, bildlich vorstellen, zeichnen, elaborieren, paraphrasieren, Mnemotechniken verwenden, Vorwissen einsetzen, Überblicke geben, auf wichtige Merkmale aufmerksam machen usw. Diese Strategie-Pakete haben zweifellos einige positive Aspekte zu bieten:

1. Gegenüber den Strategien, die in der Literatur zu Lernstörungen eher als einfach und oberflächlich beschrieben werden (z. B. Rehearsal oder Kategorisierung zur Verbesserung der Gedächtnisleistung), stellen diese Programme einen Fortschritt dar.
2. Diese Programme fördern bereichsspezifische Fertigkeiten und bringen einen gewissen metakognitiven Aspekt mit sich.
3. Die besten dieser Programme zeichnen sich dadurch aus, dass sie (a) einige wenige Fertigkeiten gründlich und nicht nur oberflächlich vermitteln; (b) den Schülern beibringen, die eigene Leistung zu beobachten; (c) den Schülern beibringen, wann und wo sie eine bestimmte Strategie einsetzen und eine Generalisierung erreichen können; (d) Strategien als integralen Bestandteil des Lehrplans vermitteln und (e) auf ein großes Maß an Übung und Rückmeldung der Schüler Wert legen.

Das Problem dieser Strategie-Pakete besteht zumindest in theoretischer Hinsicht darin, dass nur wenig darüber bekannt ist, welche Komponenten die Leistung eines Schülers am besten voraussagen. Außerdem lässt sich nur schwer bestimmen, warum eine bestimmte Strategie funktioniert. Die Mehrkomponenten-Ansätze, die in den meisten Strategie-Interventionsstudien vorkommen, müssen sorgfältig mit einem Komponentenanalyse-Ansatz verglichen werden, der die systematische Kombination von Instruktionskomponenten beinhaltet, von denen man weiß, dass sie eine verstärkende Wirkung auf die Leistung haben. Wie Pressley (1986, S. 140) bemerkte: „Gute Strategien bestehen aus Prozessen, die ausreichend und notwendig sind, um das angestrebte Ziel zu erreichen. Dabei sollten sie so wenig intellektuelle Prozesse wie möglich beanspruchen."

2.9 Zusammenfassung und Schlussfolgerung

In diesem Kapitel haben wir kurz die Forschung zu Gedächtnis und Lernstörungen beschrieben. Was wir über das Gedächtnis von Individuen mit Lernstörungen wissen, ist in etwa mit dem vergleichbar, was über die Gedächtnisunterschiede zwischen jüngeren und älteren Kindern bekannt ist. Die Parallele besteht in der kontrollierten Informationsverarbeitung, der Fokussierung auf kognitive Strategien, der Entwicklung einer Wissensbasis und dem Bewusstsein für die eigenen Gedächtnisprozesse. Die Gedächtnisforschung geht zumeist von einem Informationsverarbeitungsansatz aus. Frühere Forschungen betonten vor allem die Integration von Informationen über die verschiedenen Modalitäten (visuell-auditiv) und die Wahrnehmung (visuelles Gedächtnis). Bei den aktuelleren Studien stehen dagegen Repräsentation, Kontrolle und exekutive Prozesse (z. B. Strategien) des Gedächtnisses im Mittelpunkt. Die gegenwärtige Gedächtnisforschung beginnt verstärkt die Interaktion von Strukturen und Prozessen im Hinblick auf die Gedächtnisleistung zu untersuchen. Ein Großteil der aktuellen Gedächtnisforschung beschäftigt sich mit dem Arbeitsgedächtnis. Die Grenzen und Mängel früherer Modelle wurden hier ebenso diskutiert wie aktuelle Trends der Gedächtnisforschung im Hinblick auf Schüler mit Lernstörungen. Im Zusammenhang mit der Instruktion von Gedächtnisstrategien haben sich verschiedene Prinzipien herauskristallisiert, die direkt in den Unterricht von Kindern und Erwachsenen mit Lernstörungen einfließen. Diese Prinzipien hängen mit folgenden Punkten zusammen: (1) Zweck von Strategien, (2) Sparsamkeit im Hinblick auf die Anzahl der Prozesse, (3) individuelle Unterschiede bei der Verwendung von Strategien und bei der Gedächtnisleistung, (4) Beschränkungen (Constraints) der Lernenden und (5) Transfer von Strategien in effizientere Prozesse.

Literatur

Aaron, P. G. (1993). Is there a visual dyslexia? *Annals of Dyslexia*, **43**, 110–124.

Anderson, J. (1990). *Cognitive psychology and its implications.* New York: Freeman.

Atkinson, R. & Shiffrin, R. (1968). Human memory: A proposed system and its control processes. In K. Spence & J. Spence (Hg.), *The psychology of learning and motivation: Advances in research and theory*, Bd. 2 (S. 85–195). New York: Academic Press.

Baddeley, A. D. (1986). *Working memory.* London, UK: Oxford University Press.

Baddeley, A. D. (1996). Exploring the central executive. *Quarterly Journal of Experimental Psychology: Human Experimental Psychology*, **49**(1), 5–28.

Baddeley, A. D., Gathercole, S. E. & Papagno, C. (1998). The phonological loop as a language learning device. *Psychological Review*, **105**(1), 158–173.

Baddeley, A. D., Lewis, V., Eldridge, M. & Thomson, N. (1984). Attention and retrieval from long-term memory. *Journal of Experimental Psychology*, **113**(4), 518–540.

Baddeley, A. D. & Logie, R. H. (1999). Working memory: The multiple component model. In A. Miyake & P. Shah (Hg.) *Models of working memory: Mechanisms of active maintenance and executive control* (S. 28–61). New York: Cambridge University Press.

Bauer, R. H. (1977). Memory processes in children with learning disabilities: Evidence for deficient rehearsal. *Journal of Experimental Child Psychology*, **24**, 415–30.

Bauer, R. H. (1979a). Memory processes in children with learning disabilities: Evidence for deficient rehearsal. *Journal of Experimental Child Psychology*, **27**, 415–430.

Bauer, R. H. (1979b). Memory, acquisition, and category clustering in learning disabled children. *Journal of Experimental Child Psychology*, **27**, 365–383.

Bauer, R. H. & Emhert, J. (1984). Information processing in reading-disabled and nondisabled children. *Journal of Experimental Child Psychology*, **37**, 271–281.

Bauer, R. H. & Peller-Porth, V. (1990). The effect of increased incentive on free recall by learning-disabled and nondisabled children. *The Journal of General Psychology*, **117**, 447–462.

Bjorklund, D. F. (1985). The role of conceptual knowledge in the development of organization in children's memory. In C. J. Brainerd (Hg.), *Basic processes in memory development* (S. 103–134). New York: Springer.

Bjorklund, D. F., Coyle, T. R. & Gaultney, J. F. (1992). Developmental differences in the acquisition and maintenance of an organizational strategy: Evidence for the utilization deficiency hypothesis. *Journal of Experimental Child Psychology*, **54**, 434–448.

Bjorklund, D. F., Schneider, W., Cassel, W. S. & Ashley, E. (1994). Training and extension of a memory strategy: Evidence for utilization deficiencies in the acquisition of an organizational strategy in high- and low-IQ children. *Child Development*, **65**, 951–965.

Blumenthal, S. H. (1980). A study of the relationship between speed of retrieval of verbal information and patterns of oral reading errors. *Journal of Learning Disabilities*, **3**, 568–570.

Borkowski, J. G., Carr, M., Rellinger, E. A. & Pressley, M. (1990). Self-regulated strategy use: Interdependence of metacognition, attributions, and self-esteem. In B. F. Jones (Hg.), *Dimensions of thinking: Review of research* (S. 53–92). Hillsdale, NJ: Erlbaum.

Borkowski, J. G., Estrada, M., Milstead, M. & Hale, C. A. (1989). General problem-solving skills: Relations between metacognition and strategic processing. *Learning Disability Quarterly*, **12**, 57–70.

Borkowski, J. G. & Muthukrishna, N. (1992). Moving metacognition into the classroom: „Working models" and effective strategy teaching. In M. Pressley, K. R. Harris & J. T. Guthrie (Hg.), *Promoting academic competence and literacy in school* (S. 477–501). Toronto, Canada: Academic Press.

Borkowski, J. G., Weyhing, R. S. & Carr, M. (1988). Effects of attributional retraining on strategy-based reading comprehension in learning-disabled students. *Journal of Educational Psychology*, **80**, 46–53.

Brainerd, C. J., Kingma, J. & Howe, M. L. (1986). Long-term memory development and learning disability: Storage and retrieval loci of disabled/nondisabled differences. In S. J. Ceci (Hg.), *Handbook of cognitive, social, and neuropsychological aspects of learning disabilities* (Bd. 1, S. 161–184). Hillsdale, NJ: Lawrence Erlbaum.

Brainerd, C. J. & Reyna, V. F. (1991). Acquisition and forgetting processes in normal and learning-disabled children: A disintegration/reintegration theory. In J. Obrzut & G. W. Hynd (Hg.), *Neuropsychological foundations of learning disabilities* (S. 147–175). New York: Academic Press.

Brainerd, C. J., Reyna, V. F., Howe, M. L. & Kingma, J. (1990). The development of forgetting and reminiscence. *Monographs of the Society for Research in Child Development*, **53**(3–4, Gesamte Nr. 222).

Bronner, A. F. (1917). *The psychology of special abilities and disabilities*. Boston, MA: Little, Brown.

Brown, A. L. (1975). The development of memory: Knowing, knowing about knowing, and knowing how to know. In H. Reese (Hg.), *Advances in child development and behavior* (Bd. 10). New York: Academic Press.

Brown, A. L. & Campione, J. C. (1981). Inducing flexible thinking: The problem of access. In M. Friedman, J. P. Das & N. O'Connor (Hg.), *Intelligence and learning* (S. 515–530). New York: Plenum Press.

2

Brown, A. L. & Palincsar, A. S. (1988). Reciprocal teaching of comprehension strategies: A natural history of one program for enhancing learning. In J. Borkowski & J. P. Das (Hg.), *Intelligence and cognition in special children: Comparative studies of giftedness, mental retardation, and learning disabilities.* New York: Ablex.

Brown, K. F. (1988). Development of long-term memory retention processes among learning disabled and nondisabled children. Unpublished doctoral dissertation. University of Arizona, Tucson.

Brown, R., Pressley, M., Van Meter, P. & Schuder, T. (1996). A quasi-experimental validation of transactional strategies instruction with low-achieving second-grade readers. *Journal of Educational Psychology, **88**,* 18–37.

Bruck, M. (1992). Persistence of dyslexics' phonological awareness deficits. *Developmental Psychology, **28**,* 874–886.

Bryan, T. (1972). The effect of forced mediation upon short-term memory of children with learning disabilities. *Journal of Learning Disabilities, **5**,* 605–609.

Bull, R., Johnston, R. S. & Roy, J. A. (1999). Exploring the roles of the visual-spatial sketch pad and central executive in children's arithmetical skills: Views from cognition and developmental neuropsychology. *Developmental Neuropsychology, **15**(3),* 421–442.

Campione, J. C., Brown, A. L. & Ferrara, F. A. (1982). Mental retardation and intelligence. In R. I. Sternberg (Hg.), *Handbook of human intelligence* (S. 392–390). New York: Cambridge.

Cantor, J. & Engle, R. W. (1993). Working memory capacity as long-term memory activation: An individual differences approach. *Journal of Experimental Psychology: Learning, Memory, and Cognition, **18**,* 972–992.

Case, R., Kurland, D. M. & Goldberg, J. (1982). Operational efficiency and the growth of short-term memory span. *Journal of Experimental Child Psychology, **33**,* 386–404.

Ceci, S. J. (1984). Developmental study of learning disabilities and memory. *Journal of Experimental Child Psychology, **38**,* 352–371.

Ceci, S. J., Ringstrom, M. D. &, Lea, S. E. G. (1980). Coding characteristics of normal and learning-disabled 10-year-olds: Evidence for dual pathways to the cognitive system. *Journal of Experimental Psychology: Human Learning & Memory, **6**,* 785–797.

Cermak, L. (1983). Information processing deficits in learning disabled children. *Journal of Learning Disabilities, **16**,* 599–605.

Chiappe, P., Hasher, L. & Siegel, L. S. (2000). Working memory, inhibitory control, and reading disability. *Memory & Cognition, **28**(1),* 8–17.

Cohen, J. (1988). *Statistical power analysis for the behavioral sciences.* San Diego, CA: Academic Press.

Conners, C. K., Kramer, K. & Guerra, F. (1969). Auditory synthesis and dichotic listening in children with learning disabilities. *Journal of Special Education, **3**,* 163–170.

Conrad, R. (1964). Acoustic confusion in immediate memory. *British Journal of Psychology, **55**,* 75–84.

Cooper, H. & Hedges, L. C. (1994). *Handbook on research synthesis.* New York: Russell Sage.

Dallego, M. L. & Moely, B. E. (1980). Free recall in boys of normal and poor reading levels as a function of task manipulation. *Journal of Experimental Child Psychology, **30**,* 62–78.

Daneman, M. & Carpenter, P. A. (1980). Individual differences in working memory and reading. *Journal of Verbal Learning Behavior, **19**,* 450–466.

Daneman, M. & Merikle, P. M. (1996). Working memory and language comprehension: A meta-analysis. *Psychonomic Bulletin & Review,* 3(4), 442–463.

Dawson, M. H., Hallahan, D. P., Reeves, R. E. & Ball, D. W. (1980). The effect of reinforcement and verbal rehearsal on selective attention in learning disabled children. *Journal of Abnormal Child Psychology, **8**,* 133–144.

De Beni, R., Palladino, P., Pazzaglia, F. & Cornoldi, C. (1998). Increases in intrusion errors and working memory deficit of poor comprehenders. *Quarterly Journal of Experimental Psychology: Human Experimental Psychology*, **51**(2), 305–320.

De Jong, P. (1998). Working memory deficits of reading disabled children. *Journal of Experimental Child Psychology*, **70**(2), 75–95.

Dempster, F. N. & Cooney, J. B. (1982). Individual differences in digit span, susceptibility to proactive interference, and aptitude/achievement test scores. *Intelligence*, **6**, 399–416.

Denckla, M. B. & Rudel, R. G. (1974). Rapid „automatized" naming of pictured objects, colors, letters, and numbers by normal children. *Cortex*, **10**, 186–202.

Eden, G. F., Stein, J. F., Wood, H. M. & Wood, F. B. (1995). Temporal and spatial processing in reading disabled and normal children. *Cortex*, **31**, 451–468.

Elbert, J. C. (1984). Short-term memory encoding and memory search in the word recognition of learning-disabled children. *Journal of Learning Disabilities*, **17**, 342–345.

Engle, R. W., Cantor, J. & Carullo, J. J. (1992). Individual differences in working memory and comprehension: A test of four hypotheses. *Journal of Experimental Psychology: Learning, Memory and Cognition*, **18**, 972–992.

Engle, R. W., Tuholski, S. W., Laughlin, J. E. & Conway, A. R. (1999). Working memory, short-term memory, and general fluid intelligence: A latent-variable approach. *Journal of Experimental Psychology*, **128**(3), 309–331.

Ericsson, K. & Kintsch, W. (1995). Long-term working memory. *Psychological Review*, **102**, 211–245.

Ericsson, K. & Delaney, P. F. (1999). Long-term memory as an alternative to capacity models of working memory in everyday skilled performance. In A. Miyake & P. Shah (Hg.), *Models of working memory: Mechanisms of active maintenance and executive control* (S. 257–297). New York: Cambridge University Press.

Flavell, J. H. (1970). Developmental studies of mediated memory. In H. W. Reese & L. P. Lipsitt (Hg.), *Advances in child development and child behavior*, Bd. 5 (S. 181–211). New York: Academic Press.

Flavell, J. (1979). Metacognition and cognitive monitoring. *American Psychologist*, **34**, 906–911.

Flavell, J. H., Beach, D. R. & Chinsky, J. M. (1966). Spontaneous verbal rehearsal in a memory task as a function of age. *Child Development*, **37**, 283–299.

Gathercole, S. E. (1998). The development of memory. *Journal of Child Psychology and Psychiatry*, **39**, 3–27.

Gathercole, S. E. & Baddeley, A. D. (1993). *Working memory and language*. Hove, UK: Erlbaum.

Geary, C. (2003). Learning disabilities in arithmetic: Problem-solving differences and cognitive deficits. In Swanson, K. Harris & S. Graham (Hg.) *Handbook on learning disabilities* (S. 199–213) New York: Guilford.

Gelzheiser, L. M. (1984). Generalization from categorical memory tasks to prose by learning disabled adolescents. *Journal of Educational Psychology*, **76**, 1128–1138.

Gelzheiser, L. M., Cort, R. & Shephard, M. J. (1987). Is minimal strategy instruction sufficient for LD children? Testing the production deficiency hypothesis. *Learning Disability Quarterly*, **10**, 267–276.

Gelzheiser, L. M., Solar, R. A., Shepherd, M. J. &, Wozniak, R. H. (1983). Teaching learning disabled children to memorize: Rationale for plans and practice. *Journal of Learning Disabilities*, **16**, 421–425.

Geschwind, N. (1962). The anatomy of acquired disorders of reading. In J. Money (Hg.), *Reading disability: Progress and research needs in dyslexia* (S. 115–129). Baltimore: Johns Hopkins Press.

Goyen, J. D. & Lyle, J. (1971). Effect of incentives upon retarded and normal readers on a visual-associate learning task. *Journal of Experimental Child Psychology*, **11**, 274–280.

Goyen, J. D. & Lyle, J. (1973). Short-term memory and visual discrimination in retarded readers. *Perceptual and Motor Skills*, **36**, 403–408.

Graham, S. & Harris, K. (2003). Students with learning diabilities and the process of writing: A meta-analysis of the SRSD studies. In Swanson, K. Harris & S. Graham (Hg.) *Handbook on learning disabilities* (S. 323–344) New York: Guilford.

Gruneberg, M. M. & Sykes, R. (1969). Acoustic confusion in long-term memory. *Acta Psychologica*, **29**, 293–296.

Guthrie, J. T. & Goldberg, H. K. (1972). Visual sequential memory in reading disability. *Journal of Learning Disabilities*, **5**, 41–46.

Guttentag, R. E. (1984). The mental effort requirement of cumulative rehearsal: A developmental study. *Journal of Experimental Child Psychology*, **37**, 92–106.

Haines, D. J. & Torgesen, J. K. (1979). The effects of incentives on rehearsal and short-term memory in children with reading problems. *Learning Disability Quarterly*, **2**, 48–55.

Hall, J., Wilson, K., Humphreys, M., Tinzmann, M. & Bowyer, P. (1983). Phonemic-similarity effects in good vs poor readers. *Memory & Cognition*, **11**, 520–527.

Hallahan, D. P. & Reeve, R. (1980). Selective attention and distractibility. In B. Keogh (Hg.), *Advances in special education* (S. 141–182). Greenwich, CT: JAI Press.

Harnishfeger, K. K. & Bjorklund, D. F. (1994). A developmental perspective on individual differences in inhibition. *Learning & Individual Differences*, **6**, 331–357.

Harris, K. R., Graham, S. & Pressley, M. (1992). Cognitive behavioral approaches in reading and written language: Developing self-regulated learners. In N. N. Singh & I. L. Beale (Hg.), *Current perspectives in learning disabilities: Nature, theory, and treatment* (S. 415–451). New York: Springer-Verlag.

Hasselhorn, M. (1992). Task dependency and the role of category typicality and metamemory in the development of an organizational strategy. *Child Development*, **63**, 202–214.

Hinshelwood, J. (1917). *Congenital word blindness*. London, UK: Lewis.

Howe, M. L. & Brainerd, C. J. (1989). Development of children's long-term retention. *Developmental Review*, **9**, 301–340.

Howe, M. L., Brainerd, C. J. & Kingma, J. (1985). Storage-retrieval processes of normal and learning disabled children: A stages-of-learning analysis of picture-word effects. *Child Development*, **56**, 1120–1133.

Howe, M. L., Brainerd, C. J. & Kingma, J. (1989). Localizing the development of ability differences in organized memory. *Contemporary Educational Psychology*, **14**, 336–356.

Howe, M. L., O'Sullivan, J. T., Brainerd, C. J. & Kingma, J. (1989). Localizing the development of ability differences in organized memory. *Contemporary Educational Psychology*, **14**, 336–356.

Hulme, C. (1992). *Working memory and severe learning difficulties: Essays in cognitive psychology*. East Sussex, UK: Lawrence Erlbaum Associates.

Johnson, R. S., Rugg, M. & Scott, T. (1987). Phonological similarity effects, memory span, and developmental reading disorders. *British Journal of Psychology*, **78**, 205–211.

Jonides, J. (2000). Mechanism of verbal working memory revealed by neuroimaging studies. In B. Landau et al. (Hg.) *Perception, cognition, and language: Essays in honor of Henry and Lila Gleitman* (S. 87–104). Cambridge, MA: MIT Press.

Just, M. A. & Carpenter, P. A. (1992). A capacity theory of comprehension: Individual differences in working memory. *Psychological Review*, **99**, 122–149.

Kee, D. W. (1994). Development differences in associative memory: Strategy use, mental effort, and knowledge-access interaction. In H. W. Reese (Hg.), *Advances in child development and behavior* (Bd. 25). New York: Academic Press.

Koorland, M. A. & Wolking, W. D. (1982). Effect of reinforcement on modality of stimulus control in learning. *Learning Disabilities Quarterly*, **5**, 264–273.

Krupski, A., Gaultney, J. F., Malcolm, G. & Bjorklund, D. F. (1993). Learning disabled and nondisabled children's performance on serial recall tasks: The facilitating effect of knowledge. *Learning & Individual Differences*, **5**, 199–210.

Kussmaul, A. (1877). Disturbances of speech. *Cyclopedia of Practical Medicine*, **14**, 581–875.

Lee, C. P. & Obrzut, J. E. (1994). Taxonomic clustering and frequency associations as features of semantic memory development in children with learning disabilities. *Journal of Learning Disabilities*, **27**, 454–462.

Lehman, E. B. & Brady, K. M. (1982). Presentation modality and taxonomic category as encoding dimensions from good and poor readers. *Journal of Learning Disabilities*, **15**, 103–105.

Lorsbach, T. C., Sodoro, J. & Brown, J. S. (1992). The dissociation of repetition priming and recognition memory in language/learning-disabled children. *Journal of Experimental Child Psychology*, **54**, 121–146.

Lucangeli, D., Galderisi, D. & Cornoldi, C. (1995). Specific and general transfer effects following metamemory training. *Learning Disabilities Research & Practice*, **10**, 11–21.

Male, D. R. (1996). Metamemorial functioning of children with moderate learning difficulties. *British Journal of Educational Psychology*, **66**, 145–157.

Manis, F. R. (1985). Acquisition of word identification skills in normal and disabled readers. *Journal of Educational Psychology*, **27**, 28–90.

Mastropieri, M. A., Scruggs, T. E., Levin, J. R., Gaffney, J. & McLoone, B. (1985). Mnemonic vocabulary instruction for learning disabled students. *Learning Disability Quarterly*, **8**, 57–63.

Mazer, S. R., McIntyre, C. W., Murray, M. E., Till, R. E. & Blackwell, S. L. (1983). Visual persistence and information pick-up in learning disabled children. *Journal of Learning Disabilities*, **16**, 221–225.

McBride-Chang, C., Manis, F. R., Seidenberg, M. S. Custodio, R. & Doi, L. M. (1993). Print exposure as a predictor of word reading and reading comprehension in disabled and nondisabled readers. *Journal of Educational Psychology*, **85**, 230–238.

McIntyre, C. W., Murray, M. E., Coronin, C. M. & Blackwell, S. L. (1978). Span of apprehension in learning disabled boys. *Journal of Learning Disabilities*, **11**, 13–20.

McNamara, J. K. & Wong, B. Y. L. (2003). Memory for everyday information in students with learning disabilities. *Journal of Learning Disabilities*, **36**, 394–406.

Miller, P. H. & Seier, W. L. (1994). Strategy utilization deficiencies in children: When, where, and why. In H. W. Reese (Hg.), *Advances in child development and behaviour*, Bd. 25 (S. 107–156). New York: Academic Press.

Miller, P. H., Woody-Ramsey, J. & Aloise, P. A. (1991). The role of strategy effortfulness in strategy effectiveness. *Developmental Psychology*, **27**, 738–745.

Miyake, A. (2001). Individual differences in working memory: Introduction to the special section. *Journal of Experimental Psychology*, **130**, 163–168.

Miyake, A., Carpenter, P. A. & Just, M. A. (1994). A capacity approach to syntactic comprehension disorders: Making normal adults perform like aphasic patients. *Cognitive Neuropsychology*, **11**, 671–717.

Miyake, A. Just, M. & Carpenter, P. (1994). Working memory constraints on the resolution of lexical ambiguity. *Cognitive Neuropsychology*, **33**, 175–202.

Miyake, A., Friedman, N. P., Emerson, M. J., Witzki, A. H. & Howerter, A. (2000). The unity and diversity of executive functions and their contributions to complex „frontal lobe" tasks: A latent variable analysis. *Cognitive Psychology*, **41**(1), 49–100.

Monroe, M. (1932). *Children who cannot read*. Chicago: University of Chicago Press.

Montague, M. (1992). The effects of cognitive and metacognitive strategy instruction on the mathematical problem solving of middle school students with learning disabilities. *Journal of Learning Disabilities*, **25**, 230–248.

2

Montague, M. (1993). Student-centered or strategy-centered instruction: What is our purpose? *Journal of Learning Disabilities*, **26**, 433–437.

Morgan, W. P. (1896). A case of congenital word blindness. *British Medical Journal*, **2**, 1378–1379.

Morrison, F. J., Giordani, B. & Nagy, J. (1977). Reading disability: An information processing analysis. *Science*, **196**, 77–79.

Ornstein, P. A. & Naus, M. J. (1978). Rehearsal processes in children's memory. In P. A. Ornstein (Hg.), *Memory development in children*. Hillsdale, NJ: Erlbaum.

Orton, S. T. (1925). „Word-blindness" in school children. *Archives of Neurology and Psychiatry*, **14**, 581–615.

Orton, S. T. (1937). *Reading, writing, and speech problems in children*. New York: Norton.

O'Shaughnessy, T. & Swanson, H. L. (1998). Do immediate memory deficits in students with learning disabilities in reading reflect a developmental lag or deficit? A selective meta-analysis of the literature. *Learning Disability Quarterly*, **21**(2), 123–148.

Passolunghi, M. C., Cornoldi, C. & De Liberto, S. (1999). Working memory and intrusions of irrelevant information in a group of specific poor problem solvers. *Memory & Cognition*, **27**(5), 779–790.

Pennington, B. F., Van Orden, G. C., Kirson, D. & Haith, M. M. (1991). What is the causal relation between verbal STM problems and dyslexia? In S. A. Brady & D. P. Shankweiler (Hg.), *Phonological processes in literacy* (S. 173–186). Hillsdale, NJ: Erlbaum.

Pressley, M. (1986). The relevance of the good strategy user model to the teaching of mathematics. *Educational Psychology*, **21**, 139–161.

Pressley, M. (1991). Can learning disabled children become good information processors? How can we find out? In L. Feagans, E. Short & L. Meltzer (Hg.), *Subtypes of learning disabilities* (S. 137–162). Hillsdale, NJ: Erlbaum.

Pressley, M. (1994). Embracing the complexity of individual differences in cognition: Studying good information processing and how it might develop. *Learning & Individual Differences*, **6**, 259–284.

Pressley, M., Borkowski, J. G. & Schneider, W. (1987). Cognitive strategies: Good strategy users coordinate metacognition and knowledge. *Annals of Child Development*, **4**, 89–129.

Pressley, M., Cariglia-Bull, S. D. & Schneider, W. (1987). Short-term memory, verbal competence, and age as predictors of an imaginary structural effectiveness. *Journal of Experimental Child Psychology*, **43**, 194–211.

Ransby, M. & Swanson, H. L. (2003). Reading comprehension skills of young adults with childhood diagnosis of dyslexia. *Journal of Learning Disabilities*, **36**, 538–555.

Samuels, S. J. (1987). Information processing and reading. *Journal of Learning Disabilities*, **20**, 18–22.

Santiago, H. C. & Mates, I. (1994). Visual recognition memory in specific learning-disabled children. *Journal of the American Optometric Association*, **65**, 690–700.

Schneider, W. (1993). Acquiring expertise: Determinants of exceptional performance. In K. A. Heller, F. J. Monks & A. H. Passow (Hg.), *Research and development of giftedness and talent*. New York: Pergamon.

Scruggs, T. E. &, Mastropieri, M. A. (1989). Mnemonic instruction of LD students: A field-based evaluation. *Learning Disability Quarterly*, **12**, 119–125.

Scruggs, T. E. & Mastropieri, M. (2000). The effectiveness of mnemonic instruction for students with learning and behavior problems: An update and research synthesis. *Journal of Behavioral Education*, **10**, 163–173.

Seidenberg, M. S. (1989). Reading complex words. In G. N. Carlson & M. Tanenhaus (Hg.), *Linguistic structure in language processing* (S. 53–105). New York: Kluver Academic Publishers.

Senf, G. M. & Feshbach, S. (1970). Development of bisensory memory in culturally deprived, dyslexic, and normal readers. *Journal of Educational Psychology*, **61**, 461–470.

Shankweiler, D., Liberman, I. Y., Mark, S. L., Fowler, L. A. & Fischer, F. W. (1979). The speech code and learning to read. *Journal of Experimental Psychology: Human, Learning, & Memory*, **5**, 531–545.

Shulman, H. G. (1971). Similarity effects in short-term memory. *Psychological Bulletin*, **75**, 389–415.

Siegel, L. S. (1993). Phonological processing deficits as the basis of a reading disability. Special issue: Phonological processes and learning disability. *Developmental Review*, **13**, 246–257.

Siegel, L. S. (1993). The cognitive basis of dyslexia. In M. Howe & R. Pasnak (Hg.), *Emerging themes in cognitive development* (S. 33–52). New York: Springer.

Siegel, L. S. (2003). Basic cognitive processes and reading disabilities. In H. L. Swanson, K. Harris & S. Graham (Hg.), *Handbook on learning disabilities* (S. 158–198). New York: Guilford.

Siegel, L. S. & Linder, B. A. (1984). Short-term memory processing in children with reading and arithmetic learning disabilities. *Developmental Psychology*, **20**, 200–207.

Siegel, L. S. & Ryan, E. B. (1988). Development of grammatical sensitivity, phonological, and short-term memory skills in normally achieving and learning disabled children. *Developmental Psychology*, **24**, 28–37.

Siegel, L. S. & Ryan, E. B. (1989). The development of working memory in normally achieving and subtypes of learning disabled children. *Child Development*, **60**, 973–980.

Sipe, S. & Engle, R. (1986). Echoic memory processes in good and poor readers. *Journal of Experimental Psychology: Learning, Memory, and Cognition*, **12**, 402–412.

Stanovich, K. E. (1990). Concepts in developmental theories of reading skill: Cognitive resources, automaticity, and modularity. *Developmental Review*, **10**, 72–100.

Stanovich, K. E. & Siegel, L. S. (1994). Phenotypic performance profile of children with reading disabilities: A regression-based test of the phonological-core difference model. *Journal of Educational Psychology*, **86**, 24–53.

Swanson, H. L. (1977). Nonverbal visual short-term memory as a function of age and dimensionality in learning disabled children. *Child Development*, **45**, 51–55.

Swanson, H. L. (1978). Verbal coding effects on the visual short-term memory of learning disabled and normal readers. *Journal of Educational Psychology*, **70**, 539–544.

Swanson, H. L. (1983a). A study of nonstrategic linguistic coding on visual recall of learning disabled and normal readers. *Journal of Learning Disabilities*, **16**, 209–216.

Swanson, H. L. (1983b). Relations among metamemory, rehearsal activity, and word recall in learning disabled and nondisabled readers. *British Journal of Educational Psychology*, **53**, 186–194.

Swanson, H. L. (1984a). Effects of cognitive effort and word distinctiveness on learning disabled and nondisabled readers' recall. *Journal of Educational Psychology*, **76**, 894–908.

Swanson, H. L. (1984b). Semantic and visual memory codes in learning disabled readers. *Journal of Experimental Child Psychology*, **37**, 124–140.

Swanson, H. L. (1986). Do semantic memory deficiencies underlie disabled readers' encoding processes? *Journal of Experimental Child Psychology*, **41**, 461–88.

Swanson, H. L. (1987). Verbal-coding deficits in the recall of pictorial information by learning disabled readers: The influence of a lexical system. *American Educational Research Journal*, **24**, 143–170.

Swanson, H. L. (1988). Learning disabled children's problem solving: Identifying mental processes underlying intelligent performance. *Intelligence*, **12**, 261–278.

Swanson, H. L. (1989). The effects of central processing strategies on learning disabled, mildly retarded, average, and gifted children's elaborative encoding abilities. *Journal of Experimental Child Psychology*, **47**, 370–397.

2

Swanson, H. L. (1991). A subgroup analysis of learning-disabled and skilled readers' working memory: In search of a model of reading comprehension. In L. Feagans, E. Short & L. Meltzer (Hg.), *Subtypes of learning disabilities: Theoretical perspectives and research* (S. 209–228). Hillsdale, NJ: Erlbaum.

Swanson, H. L. (1992). Generality and modifiability of working memory among skilled and less skilled readers. *Journal of Educational Psychology*, **64**, 473–488.

Swanson, H. L. (1993a). Executive processing in learning-disabled readers. *Intelligence*, **17**, 117–149.

Swanson, H. L. (1993b). Working memory in learning disability subgroups. *Journal of Experimental Child Psychology*, **56**, 87–114.

Swanson, H. L. (1994). Short-term memory and working memory. Do both contribute to our understanding of academic achievement in children and adults with learning disabilities? *Journal of Learning Disabilities*, **27**, 34–50.

Swanson, H. L. (1999a). What develops in working memory? A life span perspective. *Developmental Psychology*, **35**, 986–1000.

Swanson, H. L. (1999b). Reading comprehension and working memory in skilled readers: Is the phonological loop more important than the executive system? *Journal of Experimental Child Psychology*, **72**, 1–31.

Swanson, H. L. (2000). Are working memory deficits in readers with learning disabilities hard to change? *Journal of Learning Disabilities*, **33**, 551–566.

Swanson, H. L. (2003). Age-related differences in learning disabled and skilled readers working memory. *Journal of Experimental Child Psychology*, **85**, 1–31.

Swanson, H. L. & Ashbaker, M. (2000). Working memory, short-term memory, articulation speed, word recognition, and reading comprehension in learning disabled readers: Executive and/or articulatory system? *Intelligence*, **28**(1), 1–30.

Swanson, H. L., Ashbaker, M. & Lee, C. (1996). The effects of processing demands on the working memory of learning disabled readers. *Journal of Experimental Child Psychology*, **61**, 242–275.

Swanson, H. L. & Berninger, V. (1995). The role of working memory in skilled and less skilled readers' comprehension. *Intelligence*, **21**, 83–108.

Swanson, H. L. & Cochran, K. (1991). Learning disabilities, distinctive encoding, and hemispheric resources. *Brain and Language*, **40**(2), 202–230.

Swanson, H. L., Cochran, K. & Ewers, C. (1989). Working memory and reading disabilities. *Journal of Abnormal Child Psychology*, **17**, 745–756.

Swanson, H. L., Cochran, K. F. & Ewers, C. A. (1990). Can learning disabilities be determined from working memory performance. *Journal of Learning Disabilities*, **23**, 59–67.

Swanson, H. L. & Cooney, J. (1985). Strategy transformations in learning disabled children. *Learning Disability Quarterly*, **8**, 221–231.

Swanson, H. L., Cooney, J. D. & Overholser, J. D. (1988). The effects of self-generated visual mnemonics on adult learning disabled readers' word recall. *Learning Disabilities Research*, **4**, 26–35.

Swanson, H. L., Mink, J. & Bocian, K. M. (1999). Cognitive processing deficits in poor readers with symptoms of reading disabilities and ADHD: More alike than different? *Journal of Educational Psychology*, **91**(2), 321–333.

Swanson, H. L. & Rathgeber, A. J. (1986). The effects of organizational dimension on memory for words in learning-disabled and nondisabled readers. *Journal of Educational Research*, **79**, 155–162.

Swanson, H. L., Reffel, J. & Trahan, M. (1990). Naturalistic memory in learning disabled and skilled readers. *Journal of Abnormal Child Psychology*, **19**, 117–148.

Swanson, H. L. & Rhine, B. (1985). Strategy transformations in learning disabled children's math performance: Clues to the development of expertise. *Journal of Learning Disabilities,* **18**, 596–603.

Swanson, H. L. & Sachse-Lee, C. (2001a). A subgroup analysis of working memory in children with reading disabilities: Domain-general or domain-specific deficiency? *Journal of Learning Disabilities,* **34**, 249–263.

Swanson, H. L. & Sachse-Lee, C. (2001b). Mathematical problem solving and working memory in children with learning disabilities: Both executive and phonological processes are important. *Journal of Experimental Child Psychology,* **79**, 294–321.

Swanson, H. L. & Siegel, L. (2001a). Elaborating on working memory and learning disabilities: A reply to commentators. *Issues in Education: Contributions from Educational Psychology,* **7**(1), 107–129.

Swanson, H. L. & Siegel, L. (2001b). Learning disabilities as a working memory deficit. *Issues in Education: Contributions from Educational Psychology,* **7**(1), 1–48.

Tarver, S. G., Hallahan, D. P., Kauffman, J. M. & Ball, D. W. (1976). Verbal rehearsal and selective attention in children with learning disabilities: A developmental lag. *Journal of Experimental Child Psychology,* **22**, 375–385.

Torgesen, J. K. & Goldman, T. (1977). Rehearsal and short-term memory in second-grade reading disabled children. *Child Development,* **48**, 56–61.

Torgesen, J. K. & Houch, D. G. (1980). Processing deficiencies of learning disabled children who perform poorly on the digit span subtest. *Journal of Educational Psychology,* **72**, 141–160.

Torgesen, J. K., Rashotte, C. A., Greenstein, J. & Fortes, P. (1991). Further studies of learning disabled children with severe performance problems on the Digit Span Test. *Learning Disabilities Research & Practice,* **6**, 134–144.

Vellutino, F. R. (1979). *Dyslexia: Theory and research.* Cambridge, MA: MIT Press.

Vellutino, F., Scanlon, D. M. & Spearing, D. (1995). Semantic and phonological coding in poor and normal readers. *Journal of Experimental Child Psychology,* **59**, 76–123.

Wadsworth, S. J., DeFries, J. C., Fulker, D. W., Olson, R. K., et al. (1995). Reading performance and verbal short-term memory: A twin study of reciprocal causation. *Intelligence,* **20**, 145–167.

Waller, T. G. (1976). Children's recognition memory for written sentences: A comparison of good and poor readers. *Child Development,* **47**, 90–95.

Waterman, B. & Lewandowski, L. (1993). Phonological and semantic processing in reading disabled and nondisabled males at two age-levels. *Journal of Experimental Child Psychology,* **55**, 87–103.

Wilhardt, L. & Sandman, C. A. (1988). Performance of nondisabled adults and adults with learning disabilities on a computerized multiphasic cognitive memory battery. *Journal of Learning Disabilities,* **21**, 179–185.

Willows, D. M., Corcos, E. & Kershner, J. R. (1993). Perceptual and cognitive factors in disabled and normal readers' perception and memory of unfamiliar visual symbols. In S. F. Wright & R. Groner (Hg.), *Facts of dyslexia and its remediation. Studies in visual information processing,* Bd. 3 (S. 163–177). Amsterdam, Netherlands: North-Holland/Elsevier Science Publishers.

Wong, B. Y. L. (1978). The effects of directive cues on the organization of memory and recall in good and poor readers. *Journal of Educational Research,* **72**, 32–38.

Wong, B. Y. L. (1982). Strategic behaviors in selecting retrieval cues in gifted, normal achieving, and learning disabled children. *Journal of Learning Disabilities,* **15**, 33–37.

Wong, B. Y. L. (1991). Assessment of metacognitive research in learning disabilities: Theory, research, and practice. In H. L. Swanson (Hg.), *Handbook on the assessment of learning disabilities* (S. 265–284). Austin, TX: PRO-ED.

Wong, B. Y. L., Harris, K., Graham, S. & Butler, D. (2003) Cognitive strategies instruction in learning disabilities. Swanson, K. Harris & S. Graham (Hg.) *Handbook on learning disabilities* (S. 383–402) New York: Guilford.

2

Wong, B. Y. L., & Jones, W. (1982). Increasing metacomprehension of learning disabled and normal achieving students through self-questioning training. *Learning Disability Quarterly*, **5**, 228–240.

Worden, P. E. (1986). Comprehension and memory for prose in the learning disabled. In S. J. Ceci (Hg.), *Handbook of cognitive social and neuropsychological aspects of learning disabilities*, Bd. 1 (S. 241–262). Hillsdale, NJ: Erlbaum.

3 Sprachprozesse und Lesestörungen

Maureen Hoskyn
Simon Fraser University

3.1 Einleitung

Ein wesentliches Ergebnis von mehr als 40 Jahren Forschung zur sprachlichen Grundlage des Lesens ist die allgemeine Auffassung, dass Kinder, die schlechte Leser sind, eine spezifische Beeinträchtigung der phonologischen Verarbeitung haben (Adams, 1990). Allerdings beschäftigen sich Wissenschaftler neuerdings zunehmend mit der Frage, ob außer den phonologischen Verarbeitungsstörungen nicht auch andere Sprachprozesse an den individuellen Abweichungen bei der Leseentwicklung beteiligt sind. Aktuelle Studien zeigen, dass es nicht gelingt, große Stichproben von Kindern mit Lesestörungen ausschließlich auf der Grundlage von phonologischen Defiziten in Subtypen einzuteilen, da auf diese Weise nicht alle Kinder mit Leseschwäche erfasst werden können (Castles & Coltheart, 1993; Manis et al., 1996). Einige schlechte Leser haben ein begrenztes Vokabular (Nation & Snowling, 1998), andere Kinder wiederum haben Schwierigkeiten mit syntaktischen Strukturen (Bashir & Scavuzzo, 1992) oder sind nicht in der Lage, präzise Inferenzen zu ziehen (Cain & Oakhill, 1999; Oakhill, 1984). Darüber hinaus gibt es immer mehr Forschungsbelege dafür, dass das Risiko, eine Lesestörung zu entwickeln, bei jüngeren Kindern mit schlechten Sprachfertigkeiten höher ist als bei jüngeren Kindern, deren Sprachfähigkeiten im Vergleich zu denen ihrer Altersgenossen stark ausgeprägt sind (Storch & Whitehurst, 2002). So hat beispielsweise Scarborough (1990) die Sprachentwicklung und Lesefähigkeit bei 32 Kleinkindern dokumentiert, die alle aus Familien kamen, in denen entweder ein Elternteil oder beide Eltern eine Vorgeschichte mit Leseproblemen hatten. Es stellte sich heraus, dass Kinder, bei denen im Alter von zweieinhalb Jahren die syntaktischen und die phonologischen Fähigkeiten beeinträchtigt waren, in der zweiten Klasse Probleme bei der Worterkennung zeigten. Catts et al. (2002) kommen ebenfalls zu dem Ergebnis, dass man anhand der Leistung, die Kinder bei sprachbasierten Aufgaben (Buchstabenidentifizierung, Satzimitation, rasches Benennen) ebenso wie bei spezifischen Sprachverarbeitungsaufgaben erbringen, voraussagen kann, mit welcher Wahrscheinlichkeit den Kindern in der zweiten Klasse eine Leseschwäche diagnostiziert werden wird. Weitere Quellen zeigen, dass sprachbasierte Leseprobleme, die in den ersten Grundschulklassen identifiziert werden, die schulische Leistung der Betroffenen weit über die Grundschulzeit hinaus beeinflussen und bis ins Jugend-

3

und Erwachsenenalter fortbestehen (Snowling et al., 2000; Wilson & Leseaux, 2001; Young et al., 2002). Studien haben nicht nur gezeigt, dass schwache Sprachfertigkeiten Prädiktoren für spätere Leseschwierigkeiten sind, sondern sie haben auch deutlich gemacht, dass gute mündliche Sprachfertigkeiten in einigen Fällen vor der Entstehung einer Leseschwäche schützen können. In einer Längsschnittstudie mit 56 Kindern, bei denen ein familiäres Dyslexie-Risiko bestand, beobachteten Snwoling et al. (2003), dass 6-jährige Kinder mit adäquater Wortschatzentwicklung sowie guter sprachlicher und grammatikalischer Ausdrucksfähigkeit phonologische Verarbeitungsdefizite mit größerer Wahrscheinlichkeit kompensieren konnten und mit acht Jahren normale Lesefertigkeiten zeigten, als das bei Kindern mit schwachen Sprachfähigkeiten der Fall war.

Insgesamt haben Wissenschaftler umfangreiche Erkenntnisse über die Zusammenhänge zwischen Sprache und Leseentwicklung bei Kindern mit Lesestörungen gesammelt. Allerdings ist nur wenig darüber bekannt, wodurch diese Sprachschwierigkeiten ausgelöst werden, welche Einflüsse sie aufrechterhalten und ob sie sich im Laufe der Zeit in ihrer Form oder im Ausprägungsgrad verändern. Theoretiker und Forschende, die sich mit den Ursachen und dem Fortbestand von sprachbedingten Lesestörungen befassen, übersehen nur allzu häufig den wichtigen Aspekt, dass jüngere Kinder, die lesen lernen, gleichzeitig Kompetenz in ihrer Muttersprache erwerben. Sprachschwierigkeiten bei schlechten Lesern in den ersten Grundschulklassen könnten zumindest anfangs einen Stillstand bzw. eine Verzögerung des Spracherwerbs darstellen, nicht ein spezifisches Sprachdefizit. Darüber hinaus entspricht die Sprache älterer Kinder mit Lesestörungen in einigen Aspekten möglicherweise den noch unausgereiften Sprachfähigkeiten jüngerer Leser mit normaler Entwicklung. Um die Beziehungen zwischen Sprache und Lesen zu klären – sei es in Bezug auf jüngere Kinder, bei denen das Risiko eines Leselernversagens besteht, oder im Hinblick auf ältere Kinder, die bereits eine Leseschwäche manifestieren –, muss zunächst der Spracherwerb von Kindern diskutiert werden. Daher beginnt dieses Kapitel mit einem Überblick über einige theoretische Ansätze zum Spracherwerb. Vor diesem theoretischen Hintergrund werden im zweiten Teil des Kapitels drei Konzepte des Leseprozesses diskutiert, die wichtig sind, um die Beziehungen zwischen Sprache und Lesestörungen zu verstehen: Single-Route-, Dual-Route- und Entwicklungsmodelle. Das Kapitel endet mit einer Beschreibung möglicher Ursachen der Sprachprobleme von Kindern mit Lesestörungen und wagt einen Ausblick auf zukünftige Herausforderungen, denen Forschende in diesem Bereich begegnen werden.

3.2 Theoretische Ansätze zum Spracherwerb

Forschende, die sich mit den Beziehungen von Sprachentwicklung und Lesen befassen, sehen sich mit dem Problem konfrontiert, dass nur wenige Theoretiker sich darüber einig sind, was eigentlich Kinder tun, wenn sie eine Sprache hören oder sprechen (Gleason, 2001; Ritchie & Bhatia, 1999). Die widersprüchlichen Spekulationen über das Wesen von Sprache und Spracherwerb sind in äußerst unterschiedlichen philosophischen Traditionen verwurzelt, die versucht haben, den menschlichen Geist zu ergründen. Eine vollständige Diskussion und Kritik dieser konkurrierenden Richtungen philosophischen Denkens würde den Rahmen dieses Kapitels bei Weitem sprengen; daher beschränkt sich unser Überblick auf die Beschreibung jener Theorien, die zum Verständnis von Lesestörungen beitragen: linguistische, kognitiv-konstruktivistische, sozial-interaktionistische und konnektionistische Ansätze.

3.2.1 Eine linguistische Sichtweise

Linguistische Ansätze zum Spracherwerb gehen auf die Vorstellungen von Philosophen wie Platon, Leibniz und Descartes zurück und sind in der rationalistischen Theorie begründet: die Vorstellung, dass intelligentes Denken auf der Handhabung willkürlicher Symbole durch ein abstraktes Regelsystem beruht. Wenn Symbole für Konzepte stehen, dann ist die Logik das Regelsystem, das Schlussfolgerungen ermöglicht. Wenn Symbole für linguistische Einheiten (z. B. Phoneme, Morpheme, Wörter) stehen, dann ist die Phonologie das Regelsystem, das zulässige Kombinationen und die Aussprache von Phonemen spezifiziert; die Morphologie regelt die Verbindung zwischen Morphemen und Bedeutung; Syntax definiert die Beziehungen der Wörter zueinander; die Semantik bestimmt die Wahrheitsbedingungen, unter denen ein Wort das Objekt bezeichnet, das es repräsentiert; und die Pragmatik steuert die Anwendung von Sprachformen in zwischenmenschlichen Situationen (Pinker, 1999). Um in einer Sprache linguistische Kompetenz zu erlangen, müssen Kinder etwas über die einzelnen Regelsysteme wissen, die für Sprachform und Sprachinhalt bestimmend sind. Um kommunikative Kompetenz zu erlangen, müssen Kinder außerdem wissen, wie sie Sprache während einer sozialen Interaktion einsetzen können (Ninio et al., 1994). Alle Theorien des Spracherwerbs unterscheiden zwischen Sprachform und Sprachinhalt einerseits und Sprachfunktion andererseits; linguistische Ansätze betonen jedoch, dass das implizite Wissen des Kindes über die linguistische Struktur wichtiger ist als der Sprachgebrauch in sozialen Kontexten.

Die formale Linguistik orientiert sich sehr stark an den Ideen von Davidson, der eine wahrheitsbedingte Bedeutungstheorie entwickelte, wonach die Wahrheit eines Satzes die Beziehung zwischen einem Satz, einer Person und eines Zeitpunkts ist, welche allesamt in der externen Welt beobachtbar und durch Erfahrung verifizierbar sind (Glock, 2003). Die linguistische Bedeutsamkeit bzw. der Sinn eines Satzes werden demnach durch die strukturellen Bedingungen bestimmt, unter denen der Satz wahr ist. Sehen wir uns die folgenden Satzbeispiele genauer an:

- Brittany cried when Sally hurt herself
- Brittany cried when Sally hurt her

Gemäß englischen Grammatikregeln beziehen sich Reflexivpronomen auf den Referenten im selben Satzteil, wohingegen sich anaphorische Pronomen auf Referenten beziehen, die nicht im selben Satzteil stehen. Im ersten Satz bezieht sich das Reflexivpronomen *herself* auf *Sally*, den im selben Satzteil befindlichen Referenten. Damit der erste Satz also wahr sein kann, muss Sally die verletzte Person sein. Im zweiten Satz bezieht sich das anaphorische Pronomen *her* auf *Brittany*, ein Referent, der vorher im Text steht, nicht aber im selben Satzteil. In diesem Fall muss Brittany die verletzte Person sein, damit der Satz wahr sein kann. Grammatikalische Regeln wie die

3

zwei, die illustriert worden sind, können danach beurteilt werden, ob sie die externe Welt repräsentieren und ob die symbolische Übereinstimmung in der externen Welt als wahr verifiziert werden kann. Pinker (1999) geht davon aus, dass Kinder beim Spracherwerb ein Inventar an Wörtern ansammeln und zugleich Wissen über das umfassende, festgelegte System der Prinzipien und Regeln erwerben, das die Wahrheitsbedingungen spezifiziert, unter denen bestimmte Kombinationen dieser Wörter Bedeutung annehmen.

Während Linguisten darin übereinstimmen, dass eine bedeutungsvolle Sprache von einem System struktureller Regeln abhängt, herrscht Uneinigkeit darüber, wie Kinder ihr Wissen über dieses Regelsystem erwerben. Die theoretische Debatte im Bereich der Linguistik ist weitgehend eine Reaktion auf die erstmals von Chomsky und Kollegen postulierten Annahmen über das universelle und generative Wesen der Sprachgrammatik. Chomsky (1999) nimmt an, dass natürliche Prinzipien und Parameter, die allen Kindern, Kulturen und Sprachen gemein sind, den Spracherwerb und die Sprachorganisation anleiten. Diese universellen linguistischen Parameter – laut Chomsky eine Kombination von „Schaltern" (*switches*), die die Beziehungen zwischen Worten signalisieren – sind biologisch verfügbar und werden aktiviert, wenn das Kind eine Sprache hört. Die Input-Daten, die das Kind hört, sind Umgebungsspuren, die in der Grammatik begründet sind, welche die Erwachsenen um das Kind herum sprechen. Obgleich Kindern diese primären linguistischen Daten zur Verfügung stehen müssen, ist die Quantität bzw. Qualität des Inputs kein ausschlaggebender Faktor für den Spracherwerb von Kindern. Chomsky verweist darauf, dass die Grammatik einer Sprache viel zu komplex ist und viel zu schnell erworben wird, als dass sie sich aus dem externalen Input durch bekannte Lernmethoden wie Imitation oder Assoziationsbildung erlernen ließe. Daher muss bei sehr kleinen Kindern eine Art sprachspezifische kognitive Verarbeitungsfähigkeit vorhanden sein, die Teil der genetischen Ausstattung des Menschen ist (Chomsky, 1968). Chomsky geht davon aus, dass diese Sprachanlage eine physiologische Komponente des Gehirns ist, die dem Wissen über die formalen Prinzipien und Regeln von Phonologie, Morphologie, Syntax und Semantik vorgeschaltet ist. Diese Regeln verbinden die Sprache, die das Kind hört, mit den ihr zugrunde liegenden mentalen linguistischen Repräsentationen (d. h. dem strukturellen Aspekt von Sprache), die im Geiste des Kindes vorhanden sind. In die Sprachanlage nicht mit eingeschlossen sind Regeln, die die Verwendung von linguistischen Formen in sozialen Kontexten anleiten (d. h. Pragmatik bzw. der funktionelle Aspekt von Sprache) (Chomsky, 1980).

Botanische Metaphern, wie z. B. „eine Blume, die unter optimalen Lichtverhältnissen blüht", werden in der Linguistik häufig verwendet, um die prädeterminierte Entfaltung von Sprache zu verdeutlichen, die stattfindet, wenn Kinder einem Umfeld ausgesetzt sind, in dem gesprochen wird. Zwei konkurrierende Hypothesen erklären das Wesen dieses Erwerbsprozesses. Kontinuitätstheorien postulieren, dass die Sprachanlage, die ein Neugeborenes bei Geburt besitzt, repräsentativ für eine Grammatik ist, die sich kontinuierlich bis ins Erwachsenenalter fortsetzt (Chomsky, 1999; Pinker, 1994). Dagegen vertreten Reifungstheorien den Standpunkt, dass die Sprachanlage eine Sequenz von Grammatikmodulen ist und dass die Grammatik, die Säuglingen und Kleinkindern biologisch zur Verfügung steht, möglicherweise ganz anders ist als die von Erwachsenen (Wexler, 1999).

3

Ein gemeinsames Merkmal von Kontinuitäts- und Reifungstheorien ist, dass die Weichenstellung während kritischer Perioden der Gehirnentwicklung erfolgt und dass der Erwerb einer Erstsprache nach einem bestimmten Zeitpunkt sehr viel schwieriger, wenn nicht sogar unmöglich ist. Unklar ist, wann genau dieser kritische Zeitpunkt überschritten wird. Einige Wissenschaftler vertreten die Auffassung, dass die Gelegenheit des Spracherwerbs nur bis zu einem Alter von sechs bis sieben Jahren besteht (Berninger & Richards, 2002). Andere Forscher gehen davon aus, dass der optimale Zeitraum für den Spracherwerb bis zur Pubertät fortdauert (Nelson & Bloom, 1997; Newport, 1990). Man nimmt an, dass kritische Perioden durch den Verlust der Nervenplastizität bestimmt oder durch eine verstärkte Lateralisierung im Gehirn verursacht werden. Aktuelle Studien zur Gehirnfunktion und neuraler Aktivität im Anschluss an eine Gehirnschädigung deuten allerdings darauf hin, dass das Gehirn sehr viel flexibler arbeitet als ursprünglich angenommen und dass es sich die gesamte Entwicklung über an Veränderungen anpassen kann. Anstelle des eher starren Begriffs der „kritischen Periode" verwenden daher immer mehr Wissenschaftler den Begriff „sensible Perioden", um Zeiträume zu beschreiben, in denen Kinder zunehmend weniger effizient darin werden, neue Sprachelemente zu erwerben.

Direkte Forschungsbelege für kritische bzw. sensible Perioden des Spracherwerbs sind weitgehend begrenzt auf Studien, die funktionelle Kernspintomografie (*functional magnetic resonance imaging*, fMRI) einsetzten, um die Gehirnaktivierung bei Gruppen von englischsprachigen, hörenden Erwachsenen zu untersuchen, die entweder vor oder nach der Pubertät die amerikanische Gebärdensprache (American Sign Language, ASL) erlernt hatten (siehe Newman et al., 2002). ASL ist eine Sprache, deren Struktur dem gesprochenen Englisch ähnelt. Wenn hörende Erwachsene, die von Geburt an sowohl Englisch als auch ASL gelernt haben (weil ihre Eltern gehörlos waren und als Erstsprache die Gebärdensprache verwendeten), englische Texte lesen, lässt sich eine starke Aktivierung der linken Hemisphäre feststellen. Beim Betrachten der Gebärdensprache werden ähnliche Regionen in der linken Hemisphäre und spezifische Bereiche in der rechten Hemisphäre aktiviert (d. h. Gyrus temporalis superior, Gyrus angularis sowie die hintere Region des Gyrus praecentralis). Wenn englischsprachige hörende Erwachsene, die ASL nach der Pubertät erworben haben, Englisch lesen, wird die linke Hemisphäre aktiviert; wenn diese Gruppe ASL verarbeitet, wird der Gyrus angularis der rechten Hemisphäre allerdings nicht aktiviert. Insgesamt deuten diese Ergebnisse darauf hin, dass es eine „kritische Periode" gibt, in deren Verlauf die Aktivierung der rechten Hemisphäre zum Lernen von ASL (und möglicherweise anderer Sprachen, an denen die Aktivierung einer rechtshemisphärischen Struktur beteiligt ist) beiträgt.

Indirekte Forschungsbelege für kritische bzw. sensible Perioden stammen aus Fallstudien mit kongenital gehörlosen Kindern bzw. wilden Kindern, die bis zur späten Adoleszenz (also bis lange nach dem Ende der kritischen Spracherwerbsperiode) keinerlei sprachlichen Input erhalten haben. Die syntaktischen Fähigkeiten dieser Kinder verbessern sich trotz intensiver Interventionen nicht (Goldin-Meadow et al., 1994; Kenneally et al., 1998). Fallstudien mit Kindern aus rumänischen Waisenhäusern – deren Sprachentwicklung teilweise deshalb beeinträchtigt ist, weil sie aufgrund der begrenzten Interaktion mit dem Pflegepersonal nur wenig Aufmerksamkeit und sprachlichen Input erhalten – liefern ebenfalls indirekte Belege dafür, dass es kritische

3

Perioden für den Spracherwerb gibt (Ames & Chisholm, 2001). Die Schwierigkeit bei diesen Studien ist allerdings, dass man die Auswirkungen des geringen sprachlichen Inputs auf den Spracherwerb kaum unabhängig von den allgemeinen sozialen Bedingungen und dem Leben in einem unproduktiven Umfeld untersuchen kann.

Studien, die den Spracherwerb bei Kindern mit mentalen Beeinträchtigungen (z. B. Downsyndrom oder fragiles-X-Syndrom) oder mit spezifischen Sprachentwicklungsstörungen (*specific language impairments*, SLI) untersuchen, sprechen ebenfalls für das Konzept der kritischen Perioden. Kinder mit mentalen Beeinträchtigungen erwerben sprachliche Regeln auf die gleiche Weise wie ihre Peers, aber langsamer, bis der kritische Zeitrahmen für den Spracherwerb beendet ist und die Wachstumsrate der sprachlichen Fähigkeiten äußerst unregelmäßig wird (Fowler et al., 1994). Kommt bei Kindern mit SLI der Erwerb von Flexionsmorphologie (d. h. grammatikalische Morpheme und Funktionswörter wie Artikel und Hilfsverben) zu einem frühen Zeitpunkt zum Stillstand, gestaltet sich der Erwerb dieser Regeln als schwierig und kann nur durch intensive Interventionen herbeigeführt werden (Clahsen, 1999).

Die Vorstellung, dass es kritische Perioden für den Spracherwerb gibt, dient politischen Entscheidungsträgern seit jeher als theoretische Begründung für die frühzeitige Durchführung von Interventionsprogrammen. Theoretisch beginnt der kritische Zeitraum für den Erwerb einer Sprache in den ersten drei Lebensjahren, also lange bevor die Kinder in die Schule kommen und der formelle Leseunterricht beginnt. Bailey (2002) geht allerdings davon aus, dass frühe Initiativen auch unabhängig von dem Konzept der kritischen Perioden sinnvoll sind; er bezweifelt die Vorstellung, dass bestimmte Erfahrungen während der allgemeinen Altersparameter von 0 bis 3 Jahren erfolgen müssen, damit die Sprachentwicklung des Kindes normal verläuft (für eine bearbeitete Ausgabe von Beiträgen, die 1999 anlässlich der Konferenz „Kritische Beiträge zu kritischen Perioden" am National Centre for Learning and Development vorgestellt wurden, siehe auch Bailey et al., 2001). Dieser Standpunkt wird durch aktuelle Forschungen gestützt, die zeigen, dass der Zeitrahmen für das Lernen von Sprachfertigkeiten größer ist als ursprünglich angenommen und dass sich die Fertigkeiten, die in der späten Kindheit und Adoleszenz erworben werden, von den frühkindlichen Fertigkeiten unterscheiden (Nippold, 2000). Außerdem ist der Spracherwerb bei Kindern mit mentalen Beeinträchtigungen nach dem Pubertätsalter möglicherweise dem Spracherwerb von Kindern mit normaler Entwicklung ähnlicher, als man zunächst geglaubt hatte. Thordardottir et al. (2002) verwendeten in ihrer Studie ein Forschungsdesign, in dem Jugendliche und junge Erwachsene mit Downsyndrom mit jüngeren, sich normal entwickelnden Kindern (im Alter zwischen 2,1 und 4 Jahren) nach dem Kriterium der mittleren Länge von Äußerungen parallelisiert wurden. Beide Gruppen zeigten ähnliche Muster des Syntax-Erwerbs. Die Autoren folgerten daraus, dass der Erwerb von Syntax bei älteren Kindern und Erwachsenen mit Downsyndrom auf die gleiche Weise stattfindet wie bei jüngeren Kindern mit normaler Entwicklung; allerdings erfolgt die Entwicklung bei Kindern mit Downsyndrom mit gleichbleibender Geschwindigkeit.

Es ist unklar, ob biologische Ereignisse den optimalen Zeitpunkt für den Erwerb von Sprachfertigkeiten bestimmen, die für das Lesenlernen essenziell sind. Shaywitz et al., (2003) verglichen mithilfe von fMRI-Methoden die Neuralfunktion zweier Gruppen junger Erwachsener, die als Kind schlechte Leser gewesen waren, mit einer

Kontrollgruppe erwachsener Leser, die ohne Schwierigkeiten lesen gelernt hatten. Die Kriterien für die eine Vergleichsgruppe waren schlechte Lesefertigkeiten in der zweiten bis vierten Klasse, jedoch nicht in der neunten oder zehnten Klasse, d. h., die Erwachsenen in dieser Gruppe hatten in der späten Kindheit bzw. Jugend lesen gelernt (Gruppe 1). Die Kriterien für die zweite Vergleichsgruppe waren schlechte Lesefertigkeiten in der zweiten bis vierten Klasse sowie in der neunten oder zehnten Klasse, d. h., die Erwachsenen in dieser Gruppe hatten dauerhafte Leseschwierigkeiten (Gruppe 2). Die durchschnittliche Leseleistung der unbeeinträchtigten Kontrollgruppe war im Vergleich zu Gruppe 1 signifikant besser; die Leistung von Gruppe 1 war wiederum signifikant besser als die der Erwachsenen aus Gruppe 2. Bei der Ausführung einer Leseaufgabe waren bei Gruppe 1 außerdem mehr Hilfssysteme aktiv als bei Gruppe 2. Im Vergleich zu Gruppe 2 zeigten die Erwachsenen in Gruppe 1 eine stärkere Aktivierung des rechten superioren frontalen Gyrus und des rechten mittleren temporalen Gyrus sowie des linken anterioren cingulären Gyrus. Diese vermehrte Aktivität wurde nur bei Gruppe 1 festgestellt, während sowohl Gruppe 1 als auch Gruppe 2 eine (im Vergleich zur unbeeinträchtigten Kontrollgruppe) erhöhte Aktivität im rechten inferioren frontalen Gyrus aufwiesen. Shaywitz et al. vermuten, dass diese Unterschiede die neuralen Korrelate der Kompensation darstellen, die mit den besseren Sprach- und Denkfähigkeiten und der besseren Schulleistung von Gruppe 1 assoziiert werden (für eine umfassende Analyse und Diskussion dieser Ergebnisse, siehe auch Shaywitz et al., 2003). Ob Kompensation nur zu optimalen Zeitpunkten während der Leseentwicklung auftritt, bleibt allerdings unklar, da die Kinder in Gruppe 1 im Vergleich zu denen in Gruppe 2 eine bessere Qualität der Lernerfahrungen hatten. Um diese Frage zu klären, sind weitere Forschungen notwendig, in denen untersucht wird, ob die Neuralaktivität bei Erwachsenen mit dauerhaften Leseschwierigkeiten auf ein Niveau ansteigt wie bei beeinträchtigten Lesern mit überwundenen Leseschwierigkeiten, wenn die Leser mit dauerhaften Leseschwierigkeiten mit einer qualitativ hochwertigen Leseinstruktion gefördert werden.

Für Theorien zu sprachbedingten Lesestörungen sind weitere Merkmale eines biologisch beeinträchtigten Sprachapparats wichtig. Erstens lässt sich Sprache als ein modulares System betrachten, das von spezialisierten Gehirnsystemen unterstützt wird, welche speziell für die Sprachdomäne zuständig und an anderen kognitiven Systemen nicht beteiligt sind (Caplan & Waters, 1999; Chomsky, 1999). Zweitens sind die Prinzipien und Regeln, die Phonologie, Syntax und Semantik zugrunde liegen, autonome Subkomponenten dieses separaten sprachlichen Systems (Crain & Wexler, 1999), die nicht durch allgemeine kognitive Mechanismen oder durch Weltwissen beeinflusst werden (Fodor, 2000). Drittens interagieren Subkomponenten-Prozesse während der Sprachproduktion nicht miteinander; stattdessen werden strukturelle Repräsentationen von Sprache erst auf niedrigeren Ebenen verarbeitet, und die Resultate dieser Operationen werden zur weiteren Verarbeitung auf höhere Ebenen weitergeleitet (Crain & Shankweiler, 1991; Shankweiler et al., 1999). Das bedeutet, dass Defizite im phonologischen Regelsystem einen Engpass bilden, der die Sprachoperationen auf höherer Ebene (d. h. Syntax, Semantik, Diskursprozesse) beeinträchtigt. Umgekehrt tritt dieser Effekt allerdings nicht ein (Brown & Felton, 1990). Beeinträchtigungen der Kapazität bei exekutiven Prozessen (z. B. Arbeitsgedächtnis, Aufmerksamkeit) können zwar gleichzeitig mit Sprachdefiziten auftreten und das Sprachverständnis

3

und/oder die Leistung bei Leseverständnisaufgaben beeinträchtigen; diese unabhängigen kognitiven Prozesse sind jedoch nicht ursächlich an Störungen auf der unteren Ebene des Sprachsystems beteiligt.

Viele Kernannahmen des linguistischen Ansatzes sind in der Literatur debattiert worden. Die vielleicht am stärksten diskutierte Annahme ist, dass Sprache biologisch angeboren ist und sich gemäß eines genetisch determinierten Plans entwickelt. Demnach haben Quantität und Qualität des sprachlichen Inputs, den ein Kind von den Erwachsenen in seinem Umfeld bekommt, nur einen geringfügigen Einfluss auf den Spracherwerb. Wie bereits diskutiert, legen einige neurowissenschaftliche Forschungen nahe, dass die Feinabstimmung der Nervenleitung im Gehirn durch soziale und kulturelle Erfahrung erfolgt (für einen vollständigen Überblick siehe Berninger & Richards, 2002). Zweifellos beeinflusst die Reifung des Gehirns den Spracherwerb und wird zugleich durch Erfahrungen im linguistischen Umfeld vermittelt. Wir werden in diesem Kapitel noch einmal auf die Rolle von Erfahrung beim Spracherwerb zurückkommen. Zunächst wenden wir uns jedoch einem zweiten Ansatz zu, der für das Verständnis der Zusammenhänge zwischen Kognition und Spracherwerb grundlegend ist: der kognitiv-konstruktivistische Ansatz.

3.2.2 Eine kognitiv-konstruktivistische Sichtweise

Ebenso wie die formalen linguistischen Ansätze gehen die kognitiv-konstruktivistischen Theorien von Sprache und Sprachentwicklung aus der rationalistischen philosophischen Tradition hervor. Beide Ansätze konzeptualisieren den Spracherwerb als universell sequenziell und invariant. Demnach werden Regeln, die der Sprache Struktur verleihen (d. h. Syntax, Semantik), früher und unabhängig von den Regeln erworben, die die Verwendung von linguistischen Strukturen in sozialen Kontexten spezifizieren (d. h. Pragmatik). Die beiden theoretischen Sichtweisen unterscheiden sich allerdings in der Art und Weise, wie sie die Mechanismen erklären, die der sich entwickelnden Sprachstruktur zugrunde liegen. Während traditionelle linguistische Theorien davon ausgehen, dass Sprachform und -inhalt aus einer universellen Sprachfähigkeit hervorgehen, postulieren Entwicklungsansätze, dass die Entwicklung der Sprachstruktur erst an zweiter Stelle im Anschluss an Veränderungen der Kognition erfolgt, die durch die Interaktion mit einer physikalischen Umwelt eintreten.

Piaget (1954) geht davon aus, dass Sprache nicht einfach nur angeboren ist oder erlernt wird, sondern dass die biologischen Ursprünge von Sprache vielmehr in der universellen Neigung des Kindes liegen, eine Äquilibration (Angleichung) seiner internen kognitiven Prozesse an Ereignisse herzustellen, die es in der Umwelt erfährt. Demnach konstruieren Kinder mentale Repräsentationen der Ereigniswelt (z. B. Interaktionen mit Objekten oder Aktivitäten in dieser Umwelt) innerhalb kognitiver Rahmen, die das Denken über die Umwelt organisieren und anleiten. Die sich entwickelnde Sprachstruktur ist demnach die Lösung, die von Kindern für das Problem konstruiert wird, auf das sie stoßen, wenn sie nicht sprachliche kognitive Bedeutungen der Sprache zuordnen, die sie in ihrer Umwelt hören. Wenn Kinder neue Konzepte lernen, stellen sie Äquilibration neu her, indem sie ihr Denken neu organisieren. Dazu werden kognitive Schemata so angepasst, erweitert bzw. umstrukturiert, dass sie den

3

neuen Wörtern gerecht werden, oder die Bedeutung bereits bekannter Wörter wird so verändert, dass sie im Rahmen der bestehenden mentalen Modelle dem neuen Wissen entspricht. Die symbolische Struktur von Sprache ist daher nur eine von mehreren symbolischen Funktionen, die durch die kontinuierliche Interaktion zwischen der aktuellen kognitiven Funktionsebene des Kindes und seiner sprachlichen bzw. nicht sprachlichen Umwelt innerlich konstruiert werden. Die sprachliche Bedeutung, die im Geist des Kindes entsteht, ist die Folge einer Interaktion zwischen dem logischen Denken des Kindes und seiner sich verändernden Wahrnehmung der Realität in der externen Welt.

Aus konstruktivistischer Sicht sind selbst sehr kleine Kinder und Säuglinge aktive Problemlöser, die auf die sprachliche Bedeutung der Dinge ebenso achten wie auf den Sinn der Ereignisse, die um sie herum geschehen. In einer Studie zum oralen Sprachverständnis bei Kindern im Alter von 15, 18 und 24 Monaten fanden Meints et al. (2002), dass Kinder bereits mit 15 Monaten die Bedeutung von räumlichen Präpositionen wie „auf" und „unter" in einer Umgebung unterscheiden können, die von den Eltern zuvor als „typisch" eingestuft wurde (z. B. das Bild einer Katze, die entweder auf einer Tischplatte oder genau in der Mitte unter einem Tisch sitzt); mit 18 Monaten waren die Kinder in der Lage, ihr Verständnis der räumlichen Präpositionen auf Situationen zu generalisieren, die von den Eltern zuvor als „untypisch" eingestuft wurden (z. B. das Bild einer Katze, die entweder auf einer Tischplatte oder unter einer Ecke des Tisches sitzt).

Je älter Kinder sind, desto besser ist ihr Denkvermögen. Die entwicklungsbedingte Veränderung ihrer Sprachfähigkeit verläuft, so wird angenommen, linear und ist auf quantitative und qualitative Fortschritte bei der Kognition (z. B. die Entwicklung von Konzepten wie Zahlen, Kausalität, Reziprozität, Raum, Qualität und Klasse) zurückzuführen. Zum Zeitpunkt der Einschulung verfügen Kinder in der Regel über ein gutes Verständnis der grundlegenden Grammatik ihrer Muttersprache. Mit zunehmendem Weltwissen verbessern sich jedoch auch die Sprachfähigkeiten. Schätzungen zufolge nimmt das Grundvokabular von Kindern mit jedem Schuljahr um etwa 3000 Wörter zu (Just & Carpenter, 1987). Außerdem verbessern Schulkinder kontinuierlich ihre Fähigkeit, komplexe Wissensstrukturen zu formulieren, die sich qualitativ von denen jüngerer Kinder unterscheiden. Kamhi und Catts (2002) beschreiben vier Arten von Wissensstrukturen, die Kinder konstruieren, wenn die kognitiven Anforderungen ihrer physischen und sprachlichen Umwelt zunehmen: lexikalisches Wissen, strukturelles Wissen, propositionales Wissen und situatives Wissen. Darüber hinaus entwickeln Kinder ein metalinguistisches Bewusstsein, d. h. die Fähigkeit, die eigene Verwendung von Sprachformen zu erkennen, zu steuern und bewusst zu kontrollieren.

Entwicklungstheorien machen deutlich, dass nicht alle Kinder die Sprache mit der gleichen Geschwindigkeit oder Leichtigkeit lernen. Selbst Kinder, die sich normal entwickeln, können Fehler beim Sprachverständnis oder bei der Sprachproduktion machen. Diese Fehler sind ganz natürlich, da das Kind versucht, Aufgaben auszuführen, denen es entwicklungsbedingt noch nicht gewachsen ist. Manche Kinder zeigen jedoch auch schwerwiegende Reifungsverzögerungen bei der Sprachentwicklung und Sprachproduktion. Zu dieser Gruppe zählen Kinder mit globalen Sprachentwicklungsverzögerungen, die mit Verzögerungen der allgemeinen kognitiven Entwicklung

3

einhergehen (wie z. B. bei Kindern mit allgemeinen intellektuellen Beeinträchtigungen); andere wiederum zeigen trotz normaler kognitiver Entwicklung sprachliche Reifungsverzögerungen (wie z. B. bei Kindern mit spezifischen Sprachbeeinträchtigungen). Zahlreiche Studien zeigen, dass die Häufigkeit von Lesestörungen bei Kindern mit schweren Sprachstörungen deutlich höher ist als in der Allgemeinbevölkerung. So fanden beispielsweise McArthur et al. (2000) bei ihrer Untersuchung der Lesefähigkeit von Kindern mit schweren sprachlichen Beeinträchtigungen, dass 51 % der insgesamt 102 Kinder einer Stichprobe (im Alter von 6,1 bis 9,9 Jahren) gleichzeitig eine Lesestörung hatten. Die Autoren untersuchten auch bei 110 Kindern (im Alter von 6,9 bis 13,9 Jahren) mit Lesestörungen die Leistung bei sprachlichen Aufgaben. Das Ergebnis war, dass 55 % der Stichprobe zusätzlich Probleme mit der oralen Sprache hatten.

Dass eine Lesestörung gleichzeitig mit einer schweren Sprachbeeinträchtigung auftritt, ist nicht verwunderlich, wenn beide Gruppen durch ähnliche Kriterien definiert werden. So geht man beispielsweise davon aus, dass Kinder beider Gruppen eine spezifische kognitive Störung bzw. Sprachstörung haben, die sich nicht auf eine Verzögerung der kognitiven Entwicklung zurückführen lässt. Alternativ werden Kinder, deren schlechte Leseleistung auf einen generalisierten kognitiven Rückstand zurückgeht, in der Literatur als „langsame Lerner", „entwicklungsverzögert", „leseretardiert" oder „leistungsschwache Schüler" („*low achievers*") bezeichnet. Der Begriff der „Lesestörung" wird nur dann verwendet, wenn die Leseleistung der Kinder in Anbetracht ihrer allgemeinen kognitiven Fähigkeit nicht dem „erwarteten" Niveau entspricht (Gough & Tunmer, 1986). Die statistischen und konzeptuellen Probleme, die entstehen, wenn ein kognitiver Referenzpunkt (wie z. B. der Intelligenzquotient) zur Identifizierung von Kindern mit Sprach- und/oder Lesestörungen herangezogen wird, sind gut dokumentiert (zu diesem Thema, siehe den Überblick von Siegel, 2003). Bei der Verwendung eines kognitiven Bezugsrahmens wird erstens davon ausgegangen, dass sich Kognition und Sprache kontinuierlich und miteinander verzahnt entwickeln, und zweitens, dass Kognition eine Grundvoraussetzung für den Spracherwerb ist. Die Forschung deutet allerdings darauf hin, dass die Beziehungen zwischen Kognition und Sprachentwicklung keineswegs linear oder stetig sind, wenn das Kind erst einmal die frühe Sprachlernphase durchlaufen hat. Die Annahme, dass Kognition eine Grundvoraussetzung oder gar ausschlaggebend für den Spracherwerb ist, ist ebenfalls fragwürdig, da Kinder nicht immer erst dann sprachliche Meilensteine erreichen, wenn sie eine vergleichbare kognitive Leistung erbracht haben (für einen Überblick über diese Literatur, siehe Bohannon & Bonvillian, 2001).

Zahlreiche Studien haben gezeigt, dass Kinder mit Sprachverzögerungen ganz unabhängig von ihrer kognitiven Entwicklung Schwierigkeiten mit dem Lesenlernen haben, wenn sie in die Schule kommen (Catts et al., 2002; Roth et al., 2002; Scarborough, 1990), und dass kleine Kinder, die am besten auf Interventionen ansprechen, ein besser entwickeltes Sprachsystem haben (Berninger & Richards, 2002; Berninger et al., 2002). Ein beträchtlicher Teil von Forschungen hat gezeigt, dass das Risiko, eine Lesestörung zu entwickeln, bei Kindern mit verlangsamter Sprachentwicklung (den sogenannten „*late talkers*") größer ist als bei Kindern, deren mündliche Sprachproduktion sich normal entwickelt. Spätsprecher sind Kinder, die im Alter von 24 Monaten nur über ein sehr geringes expressives Vokabular verfügen (d. h. weniger als

3

50 Wörter) und die in einer Spontankonversation nur Einzelwortäußerungen produzieren (Rescorla et al., 2001; Scarborough & Dobrich, 1990). Im Vergleich zu ihren normal entwickelten Altersgenossen vokalisieren späte Sprecher weniger häufig und haben geringere Kenntnisse über die phonetische Struktur ihrer Sprache (Rescorla & Ratner, 1996). Während einige Forscher darüber berichten, dass Kinder, die mit zwei Jahren nur ein geringes expressives Vokabular haben, dazu tendieren, ihren Rückstand mit fünf Jahren aufzuholen (Whitehurst & Fischel, 2000), sind andere Wissenschaftler der Meinung, dass es sich hierbei lediglich um eine Plateauphase bzw. eine Phase des „illusionären Aufholens" handelt und dass diese Kinder mit sechs oder sieben Jahren im Vergleich zu Gleichaltrigen erneut zurückfallen (Scarborough & Dobrich, 1990), wodurch wieder um die Leseentwicklung beeinträchtigt wird (Catts, 1993).

Ein wichtiges Merkmal des kognitiv-konstruktivistischen bzw. entwicklungsorientierten Ansatzes ist, dass er Forschenden und Lehrplanentwicklern Grund gibt, jene kognitiven Strategien zu untersuchen, die das Verständnis und die Produktion von mündlicher und schriftlicher Sprache zu unterschiedlichen Zeitpunkten der kindlichen Entwicklung fördern und/oder beeinträchtigen. Wenn Kinder während ihrer schulischen Laufbahn Leseprobleme haben, so wird dies darauf zurückgeführt, dass zwischen den kognitiven Ressourcen, die dem Kind zu einem bestimmten Entwicklungszeitpunkt zur Verfügung stehen, und den sprachlichen Anforderungen eines schulischen Lehrplans ein Missverhältnis besteht. Sowohl linguistische als auch kognitiv-konstruktivistische Ansätze betrachten den Spracherwerb als das Ergebnis von Erfahrungen, die Kinder zu optimalen Zeitpunkten der Gehirnentwicklung oder der kognitiven Entwicklung machen. Im folgenden Abschnitt wenden wir uns einem Ansatz zu, der die Rolle der Erfahrung beim Spracherwerb besonders betont: dem sozial-interaktionistischen Ansatz.

3.2.3 Eine sozial-interaktionistische Sichtweise

Im Gegensatz zum kognitiven Konstruktivismus, der annimmt, dass die kognitive Entwicklung des Kindes der Sprachformulierung vorausgeht und sie steuert, geht der sozial-interaktionistische Ansatz davon aus, dass die Beziehungen zwischen Kognition und Sprache bidirektional sind. Aus sozial-interaktionistischer Sicht wird der Spracherwerb des Kindes durch soziale und kulturelle Erfahrungen vermittelt. Diese Sichtweise deckt sich mit einer handlungsorientierten Annäherung an Sprache, wie sie von Autoren wie Wittgenstein (Wittgenstein & Waisman, 2003), Austin (1962) und Searle (1998) vertreten wird. Nach dieser Auffassung erledigen Menschen mit ihren Worten Vorhaben, wenn sie sprechen. Sie beschreiben, stellen in Frage, äußern eine Meinung, kritisieren etc., und die Struktur der Sprache ist eine Funktion der Beziehungen zwischen den Worten und der Bedingungen ihres Gebrauchs. Im Gegensatz zur traditionellen, wahrheitsbedingten Sichtweise von Sprache, wonach ein Sprecher seine Äußerung als Wahrheitsaussage intendiert, konzentrieren sich gebrauchsbedingte Ansätze unabhängig von den Wahrheitsbedingungen auf die Funktion von Satzaussagen (Austin, 1962): Eine Äußerung, die als sinnlos verworfen wird, weil ihr Wahrheitsgehalt nicht verifizierbar ist, kann dennoch eine kommunikative Funktion haben; sie kann Menschen beeinflussen oder die Aufmerksamkeit des Zuhörers auf

3

ein wichtiges Merkmal der Situation lenken, in der die Äußerung gemacht wird. Austin (1962) unterscheidet zwischen „performativen" Äußerungen, die gebraucht werden, um eine Handlung anzukündigen, welche bestimmte Folgen für den Sprecher hat (z. B. „Ich verspreche, mein Studium zu beenden"), und „konstativen" Äußerungen, die gebraucht werden, um über Handlungen zu berichten, deren Wahrheitsgehalt verifizierbar ist („Ich habe versprochen, mein Studium zu beenden"). Der Unterschied zwischen performativen und konstativen Äußerungen und die Vorstellung, dass die Bedeutung von Sprache sowohl in ihrer Form als auch in ihrer Funktion begründet liegt, hat zahlreiche Wissenschaftler dazu veranlasst, den Einfluss von Pragmatik oder sozialen Faktoren auf den Spracherwerb zu berücksichtigen, etwa die Quantität und Qualität von kommunikativen Absichten bei Eltern-Kind-, Geschwister-Kind- und Peer-Kind-Interaktionen (siehe Blum-Kulka & Snow, 2002).

Sogar im Säuglingsalter können Mutter-Kind-Erfahrungen die Sprachentwicklung beeinflussen. So haben beispielsweise Kitamura und Burnaham (2003) Stimmlage und kommunikative Absicht in der Sprache von Müttern untersucht, die mit ihren drei, sechs, neun und zwölf Monate alten Säuglingen sprachen. Dabei stellte sich heraus, dass die Sprachmuster der Mütter je nach Alter und Geschlecht des Säuglings variierte. In einer Untersuchung von elf Mutter-Kind-Dyaden fand Rollins (2003) außerdem heraus, dass der frühe sprachliche Input, den der Säugling im Alter von neun Monaten von der Mutter erhält, noch mit 30 Monaten die Fähigkeiten der Sprachproduktion beeinflusst. Säuglinge, deren Mütter Gegenstände eines geteilten Aufmerksamkeitsfokus kommentierten und gerade stattfindende Handlungen berichteten, verwendeten zu einem späteren Entwicklungszeitpunkt mit größerer Wahrscheinlichkeit ein breites Spektrum an syntaktischen und morphologischen Formen als Kinder, deren Mütter in ihrem kommunikativen Verhalten dem geteilten Aufmerksamkeitsfokus weniger Beachtung schenkten (z. B. kindzentrierte soziale Routinen wie das „Guck-Guck-Spiel", Austausch von Gefühlszuständen wie „Magst du das?", Hinweise wie „Nimm das blaue" oder „Schau mal das hier"). Außerdem haben Studien gezeigt, dass Kleinkinder, deren Mütter sich häufig mit ihnen unterhalten und darauf achten, dass das Kind seine Aufmerksamkeit auf das richtet, über das gerade gesprochen wird, Items/Ereignisse häufiger bezeichnen als Kinder von Müttern, die weniger mit ihrem Nachwuchs sprechen und ihnen weniger sprachliche Orientierung bieten (Tomasello & Farrar, 1986). Mit zunehmendem Alter beschränken sich die Interaktionen des Kindes nicht mehr auf die Mutter oder die unmittelbaren Pflegepersonen, sondern beziehen ein wachsendes soziales Umfeld mit ein. Diese neuen Interaktionen beeinflussen ebenfalls den Spracherwerb, einschließlich die Entwicklung der referenziellen und/oder expressiven Sprache, das Wortlernen und die Grammatik (für entsprechende Literaturüberblicke, siehe Goldfield & Snow, 2001; Tomasello & Bates, 2001). Das Besondere an der sozial-interaktionistischen Sichtweise ist die Vorstellung, dass die Qualität und Häufigkeit der sozialen Interaktionen des Kindes sein Lernen von Sprachstruktur bzw. -form entweder fördert oder beeinträchtigt.

Andere Forscher haben eine radikalere Haltung eingenommen und postulieren, dass das strukturelle Endstadium von Sprache selbst gebrauchsbedingt ist (Tomasello, 2003; für einen Überblick siehe Ninio & Snow, 1999). Aus dieser Perspektive ist Sprache ein „fertiges Produkt einer soziohistorischen Entwicklung", welches von Kindern genutzt wird, um Erfahrung zu analysieren, zu verallgemeinern und zu enkodieren (Luria, 1982). Im Verlauf des Spracherwerbsprozesses benennen Kinder Dinge und weisen sozialen Ereignissen und Tätigkeiten mithilfe sprachlicher Mittel, die historisch und kulturell bedingt sind, Bedeutungen zu. Das heißt, dass geistig aktive Kinder Sprache in einer dynamischen, aktiven Umwelt konstruieren und dazu Mittel verwenden, die in einem bestimmten soziokulturellen Kontext von Bedeutung sind.

Vygotsky (1962) geht davon aus, dass die frühe soziale Sprache von Säuglingen und Kleinkindern multifunktional ist und ausschließlich für soziale Kontakte und die Beeinflussung anderer gebraucht wird (Kinder und Erwachsene beeinflussen sich gegenseitig). Wenn Kinder in ihrem sozialen Umfeld mit Erwachsenen interagieren, wird diese soziale Sprache stärker auf den Zweck ausgerichtet, soziale Handlungen zu kontrollieren. Das egozentrische Sprechen von Kindern im Vorschulalter (z. B. das laute Sprechen während der Spielaktivitäten) ist Ausdruck dieser zielgerichteten Handlung. Diese Sichtweise steht in Gegensatz zu der von Piaget, der das egozentrische Sprechen von Kindern im Vorschulalter als einen Monolog betrachtet, in dem das Kind über sich selbst spricht, ohne dabei zu versuchen, die Perspektive eines Zuhörers einzunehmen. Piaget geht davon aus, dass soziale Sprache (d. h. wenn ein Kind Ideen und Gedanken mit anderen austauscht) nur infolge signifikanter Veränderungen von Kognition und symbolischem Wissen auftritt. Dagegen beschreibt Vygotsky (1978) das Selbstgespräch von Kindern als einen innerlichen Gebrauch von Sprachstruktur, der dazu dient, Aktivitäten innerhalb des sozialen Umfeldes zu planen und zu kontrollieren. Sobald Kinder eine größere Kompetenz beim Gebrauch der Sprache zur Steuerung ihres sozialen Umfeldes entwickeln, verliert sich das egozentrische Sprechen, und an seine Stelle tritt das innere Sprechen bzw. der innere Monolog (Wertsch, 1998). Das innere Sprechen dient der verbalen Selbstinstruktion und der Steuerung des Denkens. Die Wahrnehmung des Kindes wird also durch Sprache vermittelt. Wörter tragen nicht nur Bedeutung, sondern stellen grundlegende Denkeinheiten dar, mit deren Hilfe die externe Welt kontrolliert wird. Der kommunikative Austausch und die Interpretation von kommunikativen Absichten sind aus Vygotskys Sicht grundlegend für das Lernen von Sprache und die Entwicklung des Denkens über die Lebensspanne.

Aus einer gebrauchsorientierten Perspektive liegen Bedeutungen in der sozialen Aktivität der Sprechgemeinschaften, von denen die Kinder umgeben sind, und die Kinder müssen aufmerksam sein gegenüber den kommunikativen Absichten der Sprecher, die mit ihnen kommunizieren, damit sie den linguistischen Strukturen, die sie hören, Bedeutung zuordnen können. Diese Aktivität ist komplex, da soziale Phänomene auf unterschiedliche Weise dargestellt werden können, je nach Sichtweise und Absicht des Sprechenden. Christensen (1999) weist z. B. darauf hin, dass der Begriff „Lernstörung" (oder „Lesestörung") eine Form der sozialen Praxis widerspiegelt, in der unterschiedliche Schulleistungen in eine individuelle Pathologie verwandelt werden. Darüber hinaus dient die sprachliche Etikettierung mit dem Begriff der „Lernstörung" dazu, das Schulversagen von Kindern zu legitimieren, deren Lernschwierigkeiten „unerwartet" auftreten. Sprache wird so zu einem machtvollen Instrument, das genutzt werden kann, unsere Ansichten und Denkprozesse zu formen, und ein solches Instrument ist nicht etwa in der Psychologie des Individuums angelegt, sondern wird politisch, sozial und kulturell vermittelt.

3

Die Untersuchung kausaler Zusammenhänge zwischen Erfahrungen und Spracherwerb von Kindern gehört zu den vielversprechenden künftigen Forschungsrichtungen. Noch wissen wir zu wenig darüber, welche Erfahrungen den Spracherwerb beeinflussen und zu welchem Zeitpunkt diese Erfahrungen die größte Auswirkung auf die Entwicklung von Sprache und Lesefähigkeit des Kindes haben. Darüber hinaus sollten künftige Forschungen auch die Effekte von kulturellen und sozialen Erfahrungen auf die Lesefähigkeit von Kindern mit Schulproblemen untersuchen.

3.2.4 Konnektionistische Modelle des Spracherwerbs

Alternativ zu den rationalistischen, regelbasierten Sichtweisen des Spracherwerbs lässt sich Sprache auch als eine Verknüpfung (Konnektion) von Ideen begreifen, die durch Prinzipien der Ähnlichkeit, der Kontiguität von Raum oder Zeit sowie Ursache und Wirkung bestimmt werden. Diese Prinzipien sind in den Vorstellungen von Hume und Locke verwurzelt und liegen der Theorie des Assoziationismus zugrunde, welche wiederum einen wichtigen Lehrsatz der philosophischen Tradition des „Empirismus" bildet. Konnektionistische Modelle gehen davon aus, dass der Mensch im Geiste Informationen miteinander verbindet und – je nach Ähnlichkeit und effektiv vergleichbaren Eigenschaften – auf neue Gegenstände und Ereignisse generalisiert. Diese theoretische Sichtweise ist grundlegend für das Konzept der Reiz-Reaktionsverbindungen in der traditionellen behavioristischen Lerntheorie und wird neuerdings auch im Rahmen von Netzwerkmodellen herangezogen, die die Verknüpfung neuronaler Elemente im Gehirn beschreiben (z. B. McClelland & Rummelhart, 1981). Natürlich ist es viel zu einfach, die Abläufe im Gehirn so darzustellen, als ob es eine Eins-zu-eins-Übereinstimmung gäbe zwischen Neuronen in einem neuralen Netz und den mentalen Repräsentationen, die sie enkodieren (Berninger & Richards, 2002; Bishop, 2000). Dennoch sind konnektionistische Modelle nützlich, weil sie die Art und Weise erklären, wie Informationen in einem allgemeinen Sprachsystem reduziert, enkodiert, gespeichert und abgerufen werden. Im Folgenden wenden wir uns dem Konkurrenzmodell zu, einem konnektionistischen Ansatz zum Spracherwerb, den MacWhinney (1987; 1999) entwickelt hat.

Um zu erklären, wie Kinder kommunizieren lernen, greift das Konkurrenzmodell (MacWhinney, 1987, 1999) die Vorstellung paralleler Informationsverarbeitung (*parallel distributed processors*, PDPs) auf (McClelland & Rummelhart, 1981). PDPs sind vielschichtige Netzwerke von Verarbeitungseinheiten, die simultan zusammenarbeiten, um sprachlichen Input zu interpretieren und Sprache zu produzieren. Dieses System von Verarbeitungseinheiten funktioniert wie die neuralen Netzwerke im Gehirn und dient der Lösung von Informationsverarbeitungsproblemen (Christiansen & Chater, 2001). Jede Einheit bzw. jeder „Aktivationsknoten" (d. h. jedes Neuron) erhält aus der Umwelt Informationen und sendet über Nervenbahnen (d. h. Dendriten und Axone, über die Neurone im Gehirn miteinander verbunden sind) erregende oder hemmende Signale an andere Knoten weiter. Ebenso wie Neurone erhalten die Aktivationsknoten über Bahnen unterschiedlicher Stärke Input von anderen Aktivationsknoten. Diese Verbindungen werden gespeichert und je nach Erfahrung kontinuierlich angepasst. Alle bekannten phonologischen Muster,

Wörter und syntaktischen Formen sind aktivierte Einheiten, die zur gleichen Zeit miteinander konkurrieren, um eine bestimmte Bedeutung oder kommunikative Funktion zu repräsentieren. Im Verlauf des Spracherwerbsprozesses werden die sprachlichen Formen, die mit einer kommunikativen Funktion übereinstimmen, durch wiederholten Gebrauch verstärkt, während sprachliche Formen, die funktional nebensächlich, selten oder fehlerhaft sind, verschwinden. Dieser Prozess setzt noch vor der formalen Sprachproduktion ein, wenn Säuglinge kommunikative Handlungen (wie z. B. durch Gesten einen Wunsch äußern) vollziehen, bei denen Sprache durch nonverbales Verhalten ersetzt wird. Mit zunehmendem Alter lernen Kinder, Hinweisreize (d. h. Form-Funktions-Beziehungen) zu verwenden, um sprachliche Formen zu erzeugen, die mit der funktionalen Sprache der Erwachsenen übereinstimmen. Das heißt, Sprache wird im Wesentlichen durch Erfahrung erlernt. Die Geschwindigkeit des Spracherwerbs wird durch die Validität und die Stärke von Hinweisreizen in der Sprache bestimmt, durch die Häufigkeit, mit der die Hinweisreize dargeboten werden, und durch die Fähigkeit der Kinder, Hinweisreize so wahrzunehmen und zu integrieren, dass sie ihren sozialen Bedürfnissen entsprechen.

Allen konnektionistischen Modellen ist die Vorstellung gemein, dass wichtige Informationen auf ökonomische Weise enkodiert werden. Das heißt, dass der Prozess des Sprachlernens nicht einfach nur additiv ist, sondern Prozesse der Subtraktion und Reorganisation beinhaltet. Die Grenzen zwischen den formalen strukturellen Systemen von Phonologie, Syntax, Semantik und Pragmatik verschwimmen, da die Interaktionen zwischen den einzelnen Komponenten in einem konnektionistischen Modell probabilistisch und kontextuell sind. Die einzelnen Sprachebenen sind weniger modular und stärker in andere kognitive Systeme integriert. Außerdem deutet einiges darauf hin, dass zwischen dem integrierten Sprachsystem kleiner Kinder und dem entsprechenden Sprachsystem Erwachsener Kontinuität vorhanden ist. Im Gegensatz zu linguistischen Ansätzen und Entwicklungstheorien, die von einem hierarchischen Sprachsystem ausgehen, nehmen konnektionistische Modelle an, dass kognitive Prozesse und Sprachprozesse auf allen Sprachebenen interagieren. Die exekutive Kapazität wird als die Gesamtsumme der Aktivation konzipiert, die dem Sprachnetz zur Verfügung steht. Wenn in diesem Netz Mängel oder Unterbrechungen auftreten, bleibt die Gesamtsumme der Aktivation stabil. Allerdings können die Ressourcen auf andere Bereiche verlagert werden, um die Unterbrechungen im System auszugleichen. Unklar ist, ob sich der Einfluss von exekutiven Prozessen (z. B. Arbeitsgedächtnis, Aufmerksamkeit) auf das Sprachsystem schlechter Leser auch auf andere kognitive Domänen auswirkt, oder ob die Beziehungen zwischen den exekutiven Funktionen und dem Lesen einem domänenspezifischen Sprachsystem vorbehalten sind; dieser Punkt ist in der aktuellen Literatur sehr umstritten (für eine ausführliche Diskussion siehe den Beitrag von Swanson, Cooney & McNamara in diesem Band). Konnektionistische Ansätze werden dazu verwendet, Computersimulationen von Wortlesen oder von Schwierigkeiten beim Wortlesen zu erzeugen (Plaut et al., 1996; Seidenberg & McClelland, 1989). Allerdings reichen die meisten aktuellen konnektionistischen Modelle nicht aus, um die komplexen Abläufe des mündlichen Diskurses und/oder des Verständnisses umfangreicher Lesetexte (mehr als ein Wort oder Satz) mithilfe des Computers zu simulieren.

3.2.5 Implikationen

Beim Spracherwerb handelt es sich wahrscheinlich nicht um ein einheitliches Phänomen, das sich vollständig durch einen einzelnen theoretischen Ansatz erklären lässt. Die umfangreichen Forschungsergebnisse sprechen sowohl für als auch gegen die Kernannahmen eines jeden Ansatzes, was deutlich macht, dass Spracherwerb ein komplexes, multidimensionales Konstrukt ist, das man aus verschiedenen Perspektiven betrachten kann. Die Frage ist nun, ob die Forschungsergebnisse aus diesen unterschiedlichen Sichtweisen auf eine Weise konvergieren, die unser Verständnis von der Entstehung von Lesestörungen erweitert. Ein Punkt, über den sich alle einig sind, und der wichtige Implikationen für alle Forschenden und Fachleute hat, die sich mit sprachbedingten Lesestörungen befassen, ist, dass die Fähigkeit zum Spracherwerb eine Funktion von genetischer Prädisposition, Gehirnreifung und Kognition ist, ebenso wie von Erfahrungen in der physischen und kulturell definierten sozialen Umwelt. Die verschiedenen theoretischen Sichtweisen unterscheiden sich nur dadurch, dass sie bei ihrer Erklärung des Spracherwerbs den einzelnen Dimensionen unterschiedliches Gewicht beimessen. Das heißt, dass individuelle Unterschiede beim Spracherwerb von Kindern mit sprachbedingten Lesestörungen durch verschiedene, wenngleich komplementäre, Ursachen bedingt sein können, darunter genetische, biologische, kognitive, umweltbedingte und kulturelle Faktoren. Die Frage, ob sprachbedingte Lesestörungen am besten von einer oder mehrerer dieser Analyseebenen angegangen werden sollten, erübrigt sich, wenn Forschungsergebnisse einander ergänzen. Vielmehr können Studien aus unterschiedlichen theoretischen Perspektiven sowohl Theoretikern als auch Praktikern wichtige Informationen über die komplexen Zusammenhänge von Lesestörungen liefern und Aufschluss über die Heterogenität und Veränderlichkeit dieses Phänomens über die Lebensspanne bieten. Im Folgenden wird diskutiert, was wir derzeit über die Beziehungen zwischen Sprache und Lesen bei sich normal entwickelnden Lesern und über die sprachlichen Ursachen von Lesestörungen wissen. Dabei werden auch die eben dargestellten Theorien zum Spracherwerb eine Rolle spielen. Eine Herausforderung für den Leser besteht darin herauszufinden, auf welche Weise sich diese Themen gegenseitig ergänzen und uns helfen, die Beziehungen von Sprache und Lesen bei Kindern mit Lesestörungen besser zu verstehen.

3.3 Sprache und Lesen

Wissenschaftler, die sich mit den Zusammenhängen von Spracherwerb und Leseentwicklung bei Kindern befassen, begegnen folgendem Problem: Obgleich das allgemeine Sprachsystem, welches für Hören und Sprechen zuständig ist, vermutlich auch die Leseentwicklung bestimmt, schöpft jede Modalität (Hören, Sprechen, Lesen, Schreiben) aus spezialisierten funktionalen Komponenten innerhalb dieses allgemeinen Sprachsystems. Hören und Sprechen decken sich daher nicht exakt mit Lesen und Schreiben. In einem Gespräch kommunizieren ein Sprecher und ein Zuhörer innerhalb eines interaktiven, sozialen Kontextes, der persönlich, unmittelbar und gegenseitig ist. Dagegen kommunizieren Schreibende oder Lesende innerhalb von Kontexten, die voneinander entfernt sind, und mittels eines Kodes von abstrakten, schriftlichen

Symbolen. Im Gegensatz zum Sprecher, der einen Zuhörer direkt anspricht, wendet sich ein Autor beim Schreiben nicht unbedingt an einen spezifischen Leser oder an ein ganz bestimmtes Publikum. Während bei der mündlichen Kommunikation die Analyseeinheit die Äußerung ist, kann bei der schriftlichen Kommunikation sowohl die Äußerung (in einem schriftlich verfassten Dialog) oder der Satz (als formaler schriftlicher Diskurs) analysiert werden.

Lesenlernen ist eine dekontextualisierte Aktivität, die etwas andere sprachliche und kognitive Anforderungen an das Kind stellt als das bei einer stark kontextbedingten, mündlichen Kommunikation der Fall ist. Dies ist möglicherweise der Grund dafür, dass manche Kinder trotz normaler Sprachverständnis-/Sprachproduktionsfähigkeiten Schwierigkeiten mit dem Wortlesen haben. Kamhi und Catts (2002) bezeichnen diese Gruppe schlechter Leser als Kinder mit *Dyslexie*. Die Autoren identifizieren außerdem zwei weitere Subgruppen von Kindern mit Lesestörungen. Der einen Gruppe werden Kinder mit *Sprachlernstörungen* zugeordnet; dabei handelt es sich um Kinder mit Schwierigkeiten bei der Worterkennung und beim Sprachverständnis. Zur anderen Gruppe gehören schlechte Leser mit normalen oder überdurchschnittlichen Fertigkeiten der Wortidentifikation; die Kinder dieser Gruppe haben Schwierigkeiten damit, Sprache, die sie dekodieren können, zu verstehen. Die Autoren bezeichnen diese Störung als *Hyperlexie* (Aaron et al., 1999; Catts & Kamhi, 1999). Die Kinder aller drei Gruppen haben Probleme mit dem Leseverständnis (Kamhi, 1997). Bei Kindern mit Dyslexie liegt das mangelnde Leseverständnis im ungenauen und/oder langsamen Dekodieren begründet. Bei Kindern mit Hyperlexie sind sprachliche oder kognitive Defizite für das mangelnde Leseverständnis verantwortlich. Kinder mit Sprachlernstörungen haben sowohl Schwierigkeiten bei der Worterkennung als auch beim Hörverständnis. Wer die Beziehungen von Sprache und Lesen bei Kindern mit Lesestörungen untersucht, muss daher zunächst die sprachlichen Ursachen zweier sich überschneidender, aber zum Teil unabhängiger Facetten des Lesens identifizieren: Worterkennung und Textverständnis (Hoover & Gough, 1990; Gough & Tunmer, 1986). Ist der Zusammenhang zwischen Sprache und Worterkennung bzw. Textverständnis erst einmal geklärt, muss untersucht werden, ob Störungen der Sprachprozesse für die Entstehung und langfristige Aufrechterhaltung der Lesestörungen verantwortlich sind.

3.4 Sprache, Worterkennung und Lesestörungen

3.4.1 Dual-Route- und Single-Route-Modelle

Im Dual-Route Cascaded (DRC) Modell von Castles und Coltheart (1993) gibt es zwei getrennte, nichtsemantische Routen, die zu einer wirksamen Worterkennung führen: eine „phonologische Route" und eine „lexikalische Route". Bei der phonologischen Route verwenden Kinder die linguistischen Regeln der Phonologie, um phonetisch regelmäßige Wörter (z. B. Hund, Katze) oder Nichtwörter (z. B. Wup, Niep) zu erkennen. Bei der lexikalischen Route schöpfen Kinder aus ihren Kenntnissen des orthografischen Kodes und der Semantik, um phonetisch unregelmäßige oder seltene Wörter

3

(z. B. Koffein) mit einer bestimmten Aussprache in ihrem Lexikon zu speichern und daraus abzurufen. Phonetisch regelmäßige Wörter lassen sich über beide Routen identifizieren. Unregelmäßige oder seltene Wörter werden dagegen nur über die lexikalische Route identifiziert, da sich ihre phonologische Repräsentation nicht anhand phonologischer Regeln ableiten lässt. Nichtwörter (z. B. Wep, Pud) werden nur über die phonologische Route identifiziert, da diese Wörter im Lexikon des Kindes nicht vorkommen. Je nachdem, ob das Kind bei der Worterkennung hauptsächlich von der phonologischen oder von der lexikalischen Route Gebrauch macht, werden zwei Arten von Lesestörung unterschieden: die „Oberflächendyslexie" und die „phonologische Dyslexie". Bei Kindern mit Oberflächendyslexie ist die gesamte Wortroute beeinträchtigt, und die Betroffenen verwenden beim Wortlesen fast ausschließlich phonologische Strategien. Bei Kindern mit phonologischer Dyslexie ist die phonologische Wortroute beeinträchtigt; um geschriebene Wörter zu erkennen, nutzen diese Kinder hauptsächlich orthografische Kodierfertigkeiten. Castles und Coltheart berichten, dass 55 % einer Stichprobe von Kindern mit Lesestörungen eine phonologische Dyslexie hatten und 30 % eine Oberflächendyslexie. Bei einem kleinen Prozentsatz der Kinder (10 %) wurde eine Kombination beider Subtypen festgestellt. Phonologische und Oberflächen-Subtypen von Dyslexie wurden in zahlreichen Studien dokumentiert (Murphy & Pollatsek, 1994; Manis et al., 1996; Stanovich et al., 1997).

Auf der anderen Seite gehen Single-Route- bzw. verteilte konnektionistische Modelle des Wortlesens davon aus, dass regelmäßige und außergewöhnliche Wörter in einem vielschichtigen Netzwerk von Verarbeitungseinheiten einheitlich repräsentiert werden. Das heißt, phonologische, orthografische und semantische Verarbeitungseinheiten werden gleichzeitig aktiviert und interagieren während des Wortlesens sowohl mit- als auch gegeneinander. Die Werte, die den Verbindungen innerhalb des Systems zugeordnet werden, oszillieren so lange, bis ein stabiles Muster von Verbindungsgewichtungen erreicht ist. Aus dieser Sicht werden beim kompetenten Wortlesen gleichzeitig *beide* Routen, sowohl die phonologische als auch die semantische, aktiviert, und *alle* Teile des Systems sind an der Informationsverarbeitung beteiligt, wenngleich einige Teile des Netzwerkes wichtiger sein können, je nachdem, ob der Input ein unregelmäßiges Wort oder ein regelmäßiges Wort oder ein Nichtwort ist (Plaut, 2001). So erfordert beispielsweise das Lesen von unregelmäßigen Wörtern zusätzliche Unterstützung durch die semantische Route. Bleibt diese Unterstützung aus oder ist die Arbeitsteilung zwischen der semantischen und der phonologischen Route unausgewogen, manifestiert sich das System als *Oberflächendyslexie*. Wenn dagegen die orthografisch-phonologische Route beeinträchtigt ist und die semantische Route dieses Defizit nicht kompensieren kann – etwa bei Kindern, die Schwierigkeiten beim Lesen von phonologisch regelmäßigen Wörtern oder Nichtwörtern haben –, manifestiert sich das System als *phonologische Dyslexie*.

3.4.2 Entwicklungsmodelle

Die entwicklungsorientierte Sichtweise bietet eine andere Konzeption von Worterkennungsschwierigkeiten lesegestörter Kinder an. Mehrere Autoren haben Schemata entwickelt, die einzelne Phasen auf dem Weg zum flüssigen Lesen beschrieben (z. B.

Chall, 1996; Fitzgerald & Shanahan, 2000; Goswami, 1986; Juel, 1988, 1991). Ehri und McCormick (1998) haben ein umfassendes kognitives Rahmenwerk entwickelt, das fünf Phasen des Wortlernens bei Leseanfängern beschreibt. Die einzelnen Phasen unterscheiden sich dadurch, dass der beginnende Leser jeweils ein anderes Verständnis vom alphabetischen Schreibsystem hat. Visuelle Prozesse und Gedächtnisprozesse erklären Varianz in individuellen Unterschieden, die Kinder ganz unabhängig von bestimmten Sprachfaktoren beim Lernen geschriebener Wörter zeigen. In der folgenden Diskussion werden die Beziehungen zwischen Sprache und visuellen Prozessen bzw. Gedächtnisprozessen hervorgehoben, die erforderlich sind, um die einzelnen Phasen zu durchlaufen (für einen vollständigen Überblick über dieses Modell, siehe Ehri & McCormick, 1998).

Nach Ehri und McCormicks (1998) Modell haben Kinder in der voralphabetischen Phase des Lesens nur ein sehr begrenztes Wissen über die Struktur ihres Schreibsystems. Obgleich sie verstehen, dass Logos bzw. Zeichen in ihrer Umwelt Bedeutungen haben (z. B. Stop, McDonalds, Cola), kennen Kinder in dieser Phase normalerweise weder die Namen der einzelnen Buchstaben, noch wissen sie, dass Grapheme Phonemen zugeordnet werden. Voralphabetische Leser bedienen sich selektiver, nicht-phonetischer, visueller Hinweisreize, um Wörter zu erinnern, etwa die Form oder Länge des Wortes (Juel, 1991) oder das Bild, welches das Wort darstellt. Leser in der teilalphabetischen Phase beginnen, die Grapheme in Wörtern zu unterscheiden und sind in der Lage, Phonemen Buchstabennamen zuzuordnen: [b], [d], [f], [j], [k], [l], [m], [n], [p], [r], [s], [t], [v], und [z]. Ehri und ihre Kollegen postulieren, dass Kinder in dieser Phase Wörter lesen, indem sie die Erinnerung an die visuelle Form und Struktur des Wortes einsetzen, und teilweise auch, indem sie grafophonetische Hinweisreize verwenden. In der vollalphabetischen Phase bilden Kinder korrekte phonologische Repräsentationen aus Graphem-Phonem-Beziehungen, die sie in Wörtern erkennen, weil sie nun über eine phonemische Bewusstheit und Kenntnisse über Graphem-Phonem-Beziehungen verfügen. Dies befähigt Kinder, simultan unbekannte Wörter zu dekodieren, die Ergebnisse ihrer phonetischen Analyse im Gedächtnis zu speichern und unbekannte Wörter zu lesen, indem sie ihre Struktur mit der bereits bekannter und gespeicherter Wörter vergleichen. Die konsolidierte alphabetische Phase überschneidet sich beträchtlich mit der vollalphabetischen Phase und bezeichnet einen Zeitpunkt, zu dem Kinder Wissen über Flexionsmorpheme erwerben. Die letzte Phase ist die automatische Phase, in der die Kinder bei der Identifizierung von bekannten und unbekannten Wörtern Automatik und Geschwindigkeit entwickeln. Eine automatische, flüssige Wortidentifizierung entlastet die Aufmerksamkeit des Lesers und erlaubt es ihm, sie auf die Bedeutungserfassung des Satzes, der gerade gelesen wird oder eines größeren Textes, in den der Satz eingebettet ist, zu fokussieren.

Ehris Entwicklungsphasen des Lesens liefern wichtige Anhaltspunkte dazu, wie sich die Sprachanforderungen des Lesens mit der Zeit verändern. Jede Phase hat das Potenzial, als Sprachmarker für Leseprobleme zu fungieren. Unklar ist, ob diese Sprachmarker spezifisch für das Lesen sind oder auch für andere schulische Bereiche (d. h. Schreiben, Rechnen) gelten; Untersuchungen zu dieser Frage könnten dazu beitragen, den umfassenden Effekt von Lesestörungen auf das schulische Lernen zu erklären. Entwicklungsmodelle wie das von Ehri bieten dem Forschenden einen Ausgangspunkt, von dem aus individuelle Unterschiede beim Spracherwerb mit der

3

Leseentwicklung in Verbindung gebracht werden können. Der folgende Abschnitt beinhaltet einen kurzen Literaturüberblick über individuelle Unterschiede beim Spracherwerb von Kindern mit Lesestörungen, wobei berücksichtigt ist, wie wichtig es ist, dieses Wissen in einen Entwicklungsrahmen zu integrieren.

3.5 Quellen individueller Unterschiede

3.5.1 Phonologische Informationsverarbeitung

Zahlreiche Forschungen sind zu dem Ergebnis gelangt, dass die Beeinträchtigung der phonologischen Informationsverarbeitung – einer wichtigen Komponente der teil- und vollalphabetischen Phasen der Leseentwicklung – eine Hauptursache für Lesestörungen ist. Hunderte von Studien haben gezeigt, dass schlechte Leser im Vergleich zu normalen Lesern weniger stabile phonologische (Snwoling, 2000; Stanovich & Siegel, 1994; Torgesen et al., 1994) oder morphophonologische Repräsentationen im Gedächtnis bilden und dass die phonologischen Verarbeitungsschwierigkeiten, die in den unteren oder oberen Grundschulklassen auftreten (Leach et al., 2003), ohne Interventionen bis ins Erwachsenenalter fortdauern (Berninger, 2000; Bruck, 1992; Naucler & Magnusson, 2002). Die Forschungsergebnisse, die phonologische Verarbeitung mit individuellen Unterschieden bei der Leseleistung verbinden, gelten überdies für alle Sprachen und Rechtschreibsysteme (Chiappe & Siegel, 1999; Goswami, 2002; Goswami et al., 1998; Naucler & Magnusson, 2000); allerdings hängt das Maß, in dem die phonologische Verarbeitung Vorhersagen über die Worterkennung zulässt, davon ab, wie die Orthografie einer Sprache beschaffen ist (Goswami et al., 2003). Leser von alphabetischen Sprachen, in denen Grapheme direkt mit Phonemen übereinstimmen (z. B. Schwedisch), sind beim Wortlesen in der Regel hochsensibel gegenüber der phonemischen Ebene im Unterschied zu Lesern von Sprachen, in denen die Graphem-Phonem-Übereinstimmung gering ist. Die Beziehungen von phonologischer Bewusstheit und Lesen werden auch durch die allgemeine mündliche Sprachfähigkeit (Cooper et al., 2002) und durch semantisches Wissen vermittelt (Snowling et al., 2000).

Theoretiker haben drei mögliche Ursachen von phonologischen Verarbeitungsproblemen beschrieben. Die eine Gruppe von Forschenden ist der Ansicht, dass die phonologische Bewusstheit von Kindern eine Folge des wachsenden Vokabulars ist. Mit wachsendem Wortschatz sind Kinder gezwungen, zwischen ähnlich klingenden Wörtern zu unterscheiden, damit eine wirksame Speicherung im mentalen Lexikon stattfinden kann (für eine ausführliche Diskussion, siehe das Modell zur lexikalischen Restrukturierung von Metsala & Walley, 1998, sowie Metsala, 1999; Walley et al., 2003). Ein Beispiel: Englischsprachige Kleinkinder, die das Wort *Ball* hören, nehmen mit großer Wahrscheinlichkeit ein holistisches Lautmuster wahr (d. h. bal). Beim Aussprechen des Wortes *Ball* versuchen sehr kleine Kinder, die Lautrepräsentation des Wortes zu produzieren, die als Ganzes in ihrem Gedächtnis gespeichert ist. Dazu müssen sie das Wort nicht bewusst in seine einzelnen Laute (/b/, /a/, /l/) zerlegen, wozu sie wahrscheinlich gar nicht in der Lage wären (Chiat, 2001; Jusczyk et al., 1998). Mit zunehmendem Vokabular sehen sich Kinder jedoch mit dem Problem konfrontiert, ähnlich klingende Worte mit unterschiedlichen Bedeutungen zu speichern

(z. B. *Ball, bald, Balken*). An diesem Punkt gehen die Strategien der Worterkennung von einer ganzheitlichen Verarbeitung zu einer Verarbeitung von Teilen über, und das Kind beginnt, phonologische und morphophonologische Repräsentationen aus dem Sprechkode zu konstruieren. Die Fähigkeit, akkurate phonologische und/oder morphophonologische Repräsentationen aus dem Sprechkode zu konstruieren, ist Voraussetzung dafür, dass kleine Kinder Phoneme identifizieren und manipulieren können. Phoneme bilden die kleinste Lauteinheit einer Sprache; ihnen werden Grapheme, die schriftlichen Symbole eines alphabetischen Skripts (z. B. /b/ /a/ /l/ B-a-l-l; Perfetti, 1985) zugeordnet. Ohne die Fähigkeit, exakte phonologische oder morphologische Repräsentationen aus gesprochenen Wörtern bilden zu können, ist es für Kinder sehr schwierig, die phonischen Fertigkeiten zu lernen (z. B. dass die Laute der Konsonanten oder Vokale eines Wortes durch Buchstaben repräsentiert werden können), die wiederum grundlegend für das Einzelwortlesen sind. Außerdem entwickeln diese Kinder mit großer Wahrscheinlichkeit weder eine explizite phonemische Bewusstheit, noch können sie die schriftbezogenen Aktivitäten nutzen, die umgekehrt zur Verbesserung phonologischer Fertigkeiten beitragen.

Im Gegensatz zu der Auffassung, dass Phoneme mit zunehmendem Wortschatz des Kindes als Einheiten identifizierbar werden, geht ein zweiter Ansatz davon aus, dass Phonemsegmente, die kleine Kinder zur Sprachwahrnehmung und -produktion nutzen, funktional mit den Einheiten identisch sind, die ältere Kinder zum Lesen und Schreiben verwenden. Allerdings entwickeln Kinder erst dann ein Bewusstsein für phonemische Einheiten, wenn sie mit der Aufgabe des Lesen- oder Schreibenlernens konfrontiert werden und mit einer alphabetischen Orthografie vertraut gemacht werden (Bowers & Newby-Clark, 2002). Zur selben Zeit müssen die Kinder, um eine phonemische Bewusstheit zu entwickeln, in der Lage sein, sich von der Bedeutung eines ganzen Wortes zu lösen und die Aufmerksamkeit auf individuelle phonemische Einheiten in der Sprache zu richten. Es wird angenommen, dass das Lesenlernen diesen Entwicklungsprozess unterstützt, da die Erfahrungen des Kindes mit der alphabetischen Orthografie dazu beitragen, die Segmentstruktur gesprochener Silben (d. h. Konsonanten und Vokale) transparenter machen (Dale et al., 1995; Ehri, 1997). Diese Sichtweise wird auch durch den Befund gestützt, dass die phonemische Bewusstheit zunimmt, wenn Kinder mit niedrigen Lese- und Schreibfähigkeiten schon frühzeitig Fördermaßnahmen erhalten, die auf die Orthografie der Sprache abzielen (z. B. Juel & Minden-Cup, 2000). Insgesamt wird davon ausgegangen, dass die Schwierigkeiten bei der phonologischen Verarbeitung zwei mögliche Ursachen haben: unterentwickelte metakognitive Fertigkeiten und/oder einen Mangel an Erfahrung mit dem Textlesen.

Eine weitere Gruppe von Forschern geht davon aus, dass Defizite bei der Sprachwahrnehmung bei manchen Kindern eine Ursache für phonologische Verarbeitungsschwierigkeiten darstellen, da das akustische Signal, das mit einem Phonem korrespondiert, je nachdem, welche Laute es umgeben, anders klingen kann (Liberman, 1997). Obgleich die Unterscheidung des Sprachsignals keine einfache Aufgabe ist, scheint sich die phonologische Sensibilität bei den meisten Kindern zu stabilisieren, sobald sie in die Schule kommen und der Leseunterricht beginnt (Burgess, 2002). Bei manchen Kindern ist die Sensibilität gegenüber Sprachlauten bei Schulbeginn offenbar noch nicht voll entwickelt; bei diesen Kindern ist das Risiko, dass sie Leseprobleme entwickeln, erhöht. Lyytinen et al. (2001) nehmen an, dass dieser Un-

3

terschied bei der Sprachwahrnehmung bereits im Säuglingsalter identifizierbar ist. Die Autoren haben den Entwicklungsverlauf bei Säuglingen mit und ohne familiäre Risiken für Dyslexie verglichen und gefunden, dass Gruppenunterschiede bei der Sprachwahrnehmung (gemessen durch ereignisbezogene Potenzialveränderungen auf Sprachlaute und durch Kopfdrehen) bereits im Alter von wenigen Tagen bzw. von sechs Monaten festgestellt werden konnten.

3.5.2 Morphologische Bewusstheit

Einige Wissenschaftler gehen davon aus, dass individuelle Unterschiede bei der Worterkennung von Kindern im Grund- bis hin zum Sekundarstufenalter in der morphologischen Bewusstheit begründet liegen (Carlisle, 2000; Singson et al., 2000). Beispielsweise wurde gezeigt, dass derivative Morpheme, wie z. B. Suffixe, welche die syntaktische Kategorie des Wortstamms (beispielsweise ist *Funktion* ein Hauptwort, *funktional* ist ein Adjektiv, *funktionalisieren* ein Verb) und das Bewusstsein für die semantischen, syntaktischen, phonologischen und relationalen Eigenschaften von Morphemen verändern, zur Vorhersage von Worterkennung und Leseverständnis beitragen (Mahoney et al., 2000). Allerdings geht aus diesen Studien nicht hervor, ob die mangelnde morphologische Bewusstheit einiger schlechter Leser auf eine grundlegende Insensitivität gegenüber grammatischen Regeln, welche die Morphemstrukturen bestimmen, zurückzuführen ist oder ob sie eine Folge früher Defizite der phonologischen Verarbeitung darstellt. Zukünftige Forschungen sollten sich mit dieser Frage auseinandersetzen. Beeinträchtigungen der phonologischen Verarbeitung verlangsamen aus dieser Sicht die Leseentwicklung und beeinträchtigen jene Leseerfahrungen, die das Bewusstsein für morphologische Distinktionen schärfen (Bryant et al., 1998).

3.5.3 Die Zeitfaktor-Hypothese

Nach der Zeitfaktor-Hypothese werden Kinder deshalb schlechte Leser, weil sie Informationen zu langsam verarbeiten bzw. weil sie ein Defizit in der Fähigkeit haben, Informationen zeitlich zu verarbeiten (Chiappe et al., 2002; Share et al., 2002). Zeitliche Verarbeitung bezieht sich auf Dauer, Reihenfolge und Rhythmus von Ereignissen. Tallal und Kollegen (Tallal, 1980, 1984, 1988; Tallal et al., 1997; Tallal & Piercy, 1975) gehen davon aus, dass Kinder mit Lesestörungen nicht in der Lage sind, Sprachlaute aufgrund der raschen zeitlichen Dimensionen der eintreffenden auditiven Signale zu unterscheiden (Tallal & Piercy, 1975; Farmer & Klein, 1995).

Zeitliche Verarbeitung findet jedoch auch im visuellen System statt. Es ist gut belegt, dass nicht nur phonologische Bewusstheit, sondern auch die Leistung, die Kinder bei Benennungsaufgaben erbringen (z. B. die Benennung von seriell dargebotenen Buchstaben, Farben, Zahlen und Gegenständen), zur Varianz in der Vorhersage von Worterkennung beiträgt (Bowers, 1995; Wolf & Bowers, 1999; Wolf et al., 2000, 2002), und dass diese Vorhersage sowohl in Bezug auf Grundschulkinder als auch auf Kinder in den mittleren Schulklassen bedeutsam ist (Scarborough, 1998). Umstritten ist weiterhin, ob die Beziehung zwischen rascher Benennung und Worterkennung bei Kindern mit

Lesestörungen tatsächlich durch ein zeitliches Defizit, wie zuvor diskutiert (Wolf, 1991, 1997; Wolf et al., 2002) oder durch ein sprachspezifisches, phonologisches Verarbeitungsproblem (Chiappe et al., 2002; Wagner & Torgesen, 1987), durch eine allgemeine Ineffizienz der Informationsverarbeitung (Catts et al., 2002; Kail et al., 1999) oder durch Beeinträchtigungen der Aufmerksamkeit (Neuhaus et al., 2001) vermittelt wird.

3.5.4 Implikationen

Aus der vorangegangenen Diskussion geht hervor, dass sich die Heterogenität, die mit dem Konstrukt der Lesestörungen assoziiert wird, zum Teil darauf zurückführen lässt, dass Kinder bei der Erkennung gedruckter Wörter Sprache unterschiedlich verarbeiten und gebrauchen. Es liegt nahe, anzunehmen, dass Subgruppen schwacher Leser identifiziert werden können mit Schwächen in der phonologischen Verarbeitung, der morphologischen Bewusstheit oder der zeitlichen Verarbeitung. Darüber hinaus erscheint die Annahme sinnvoll, dass die unterschiedlichen Verarbeitungsprobleme von Kindern gezielte Unterrichtsstrategien erfordern; umgekehrt würde das bedeuten: Wenn schlechte Leser nicht von einem Unterricht profitieren, der auf soliden Lehrprinzipien basiert, sind die aktuellen Zielsetzungen nicht mit der spezifischen Beeinträchtigung der Sprachverarbeitung des Kindes vereinbar. Um diese Annahmen zu bestätigen, sind allerdings weitere Forschungen notwendig.

3.6 Sprache, Leseverständnis und Lesestörungen

Flüssigkeit in der Wortidentifikation ist notwendig, aber nicht hinreichend, dass ein junger Leser die Botschaft verstehen kann, die ein Autor mittels eines Schriftsprachsystems vermittelt (deJong & van der Leij, 2002). Die Bedeutung einzelner Wörter im Text muss mit den Bedeutungen anderer Wörter, die im mentalen Lexikon der Kinder gespeichert sind, integriert werden. Bedeutung wird auch durch Syntaxanalyse und semantische Integration erzeugt, um lokale Kohärenz auf Satzebene zu entwickeln; daneben wird Bedeutung durch Beobachtung des Verständnisprozesses erzeugt, um eine kohäsive, globale Repräsentation des Textes als Ganzes zu bilden (Ehrlick et al., 1999). Es folgt, dass Kinder mit sprachbedingten Lesestörungen möglicherweise Schwierigkeiten beim Worterwerb und/oder beim Manipulieren der syntaktischen und semantischen Struktur der Sprache haben. Diese Schwierigkeiten im Sprachverständnis können sich schon früh manifestieren, möglicherweise noch bevor das Kind flüssige Worterkennungsprozesse entwickelt hat.

3.6.1 Wortschatz

Individuelle Unterschiede beim Umfang des Wortschatzes können eine Variabilität in der Worterkennungs- (Dickinson & Snow, 1987) und Leseverständnisleistung

3

vorhersagen (Bast & Reitsma, 1998; Bashir & Scavuzzo, 1992). In einer Längsschnitt-studie zur Leseentwicklung von englischsprachigen Schulkindern fanden Torgesen et al., (1997), dass der Wortschatz das Leseverständnis von der zweiten zur fünften Klasse vorhersagen konnte, nachdem ein autoregressiver Effekt zuvor statistisch kontrolliert worden war. Diese Ergebnisse konnten auch im Hinblick auf verschiedene andere Sprachen bestätigt werden. So fanden z. B. Senechal und LeFavre (2002) in einer fünf Jahre dauernden Längsschnittstudie zu frühen Lese-/Schreiberfahrungen und späteren Lesefähigkeiten holländischer Kinder, dass frühe Erfahrungen von Vorschulkindern, denen Geschichten aus Büchern vorgelesen wurden, Vorhersagen über die Wortschatzentwicklung ermöglichten, und dass die Wortschatzentwicklung wiederum ein Prädiktor für die Leseverständnisfähigkeit in der dritten Klasse war. Dufva et al. (2001), die das Hörverständnis und die phonologische Bewusstheit finnischer Kinder im Vorschulalter untersuchten, kamen zu einem ähnlichen Ergebnis. Sie fanden, dass das Hörverständnis der Kinder auf signifikante Weise unabhängige Varianz bei der Leseleistung in der zweiten Klasse vorhersagte.

Die Zunahme des Wortschatzes kann zumindest teilweise Leseentwicklung erklären, und ein beschränkter Wortschatz ist mit einer Beeinträchtigung des Leseverständnisses assoziiert (Catts, 1999; Nation & Snowling, 1998; Stanovich & Siegel, 1994). Allerdings reicht ein umfangreiches Inventar an bekannten Wörtern in einem mentalen Lexikon nicht aus, um ein guter Leser zu werden. Gute Leser wissen auch, wie der Wortschatz in komplexe semantische, syntaktische und Diskurs-Strukturen integriert wird, und sie verwenden diese Strukturen, um die Bedeutung von Wörtern, Sätzen und ganzen Texten zu integrieren und zu kontrollieren. Die Fähigkeit von Kindern, diesen komplexen Vorgang auszuführen, wird überdies durch die Kapazität des Arbeitsgedächtnisses, die exekutive Funktion und die Metakognition vermittelt, die alle ursächlich an den Leseproblemen von Kindern beteiligt sein können (Swanson & Alexander, 1997; Swanson & Ashbaker, 2000; Swanson & Trahan, 1996).

3.6.2 Semantische, syntaktische und Diskursfähigkeiten

Die Zunahme semantischer und syntaktischer Fähigkeiten vollzieht sich als subtile und allmähliche Veränderung, die im Kindesalter beginnt und sich bis weit in die Adoleszenz und das Erwachsenenalter fortsetzt (Nippold, 1999, 2000). In einer Längsschnittstudie zur Sprach- und Lesefähigkeit von 39 Kindergartenkinder fanden Roth et al. (2002), dass phonologische Bewusstheit Worterkennung vorhersagte, während semantische Fertigkeiten (d. h. mündliche Wortdefinitionen und Wortabruf) unabhängige Varianz beim Leseverständnis in der zweiten Klasse vorhersagten. Die Autoren gehen davon aus, dass sich die Beziehungen zwischen Sprache und Lesen mit der Zeit verändern, und ob ein Zusammenhang zwischen Sprachfertigkeiten und späterer Lesefähigkeit besteht, ist eine Funktion des Lesemaßes, das vorhergesagt werden soll, des Sprachbereiches, der ausgewählt wird, und des Entwicklungszeitpunktes, zu dem Sprache erfasst wird. Diese Auffassung wird auch durch die Ergebnisse von Nation und Snowling (1998) gestützt, die eine Gruppe von neunjährigen Kindern mit Schwierigkeiten beim Leseverständnis mit guten Lesern verglichen, die nach Alter und Dekodierfähigkeiten parallelisiert worden waren. Die Kinder mit schlechtem Leseverständnis konnten unregelmäßige und seltene Wörter, die semantisches Wissen und phonologische Fertigkeiten erfordern, schlechter lesen. Wenn Kinder als Leser heranreifen, verwenden sie zum Dekodieren unbekannter Wörter offenbar semantische Fertigkeiten, die mit phonologischer Verarbeitung auf niedriger Ebene interagieren.

Eine zweite Ursache für die Schwierigkeiten, die junge Leser beim Leseverständnis haben, hängt mit mangelnden Kenntnissen der syntaktischen Struktur zusammen (Craig et al., 2003; Vos & Friederici, 2003). In einer Studie von Nation und Snowling (2000) mit gleichaltrigen guten und schlechten Lesern, deren nonverbale Fähigkeiten und Dekodierfähigkeiten vergleichbar waren, wurden die Teilnehmer zunächst aufgefordert, sich einen Satz anzuhören, bei dem die Wortfolge durcheinander war; anschließend sollten sie die Wörter in die richtige Reihenfolge bringen. Die Kinder mit schlechtem Leseverständnis zeigten bei der Korrektur von Aktiv- und Passivsätzen eine schlechtere Leistung als die guten Leser. Die Passivsätze bereiteten allen Kindern Schwierigkeiten, besonders aber den Kindern mit Leseverständnisproblemen. Die Autoren schlossen daraus, dass schlechte Leser im Vergleich zu guten Lesern schwache Fertigkeiten der syntaktischen Bewusstheit haben. Da die guten Leser jedoch ebenfalls durch experimentelle Manipulationen (d. h. Aktiv- und Passivsätze) beeinflusst wurden, wurde diese Schwäche als ein Stillstand der Sprachentwicklung und nicht als ein Defizit interpretiert.

Wenn Kinder sprachlich heranreifen, entwickeln sie die Fähigkeit, Texte zu verstehen, die komplexeren Genres (z. B. Überzeugung) angehören und für ein breites Spektrum von Lesern geschrieben wurden. Darüber hinaus entwickeln Kinder auch ein höheres Verständnisniveau, was die bildliche Sprache betrifft (z. B. Metaphern, idiomatische Wendungen, Sprichwörter), und dieses Verständnis lässt sich nur durch Kenntnisse der Sprachstruktur und die Anwendung in einem sozialen und/oder kulturellen Kontext erklären. Eine Wendung wie z. B. „Ein Haar in der Suppe finden" hat sowohl eine wörtliche als auch eine kulturell bedingte metaphorische Bedeutung. Einer Theorie zufolge müssen Kinder, wenn sie in einem Text metaphorische Aussagen finden, die Akzeptanz der wörtlichen Bedeutung zugunsten einer metaphorischen Interpretation hemmen, die auf früheren Hinweisreizen im Text basiert (Glucksberg et al., 2001). Wenn ein Kind Schwierigkeiten hat, Metaphern in einem Text zu verstehen, so kann die Ursache dafür sein, dass das Kind entsprechende Hinweisreize im Text nicht erkennen oder nicht interpretieren kann, ein Aufmerksamkeitsdefizit (im Zusammenhang mit der Inhibition) aufweist oder auch eine Kombination beider Faktoren.

Sprachliche Auswirkungen auf das Leseverständnis werden durch mehrere kognitive Faktoren beeinflusst, darunter Vorwissen, Arbeitsgedächtnis, die Fähigkeit, Interferenzen herzustellen, sowie Kenntnisse über die Struktur von Geschichten (Cain et al., 2000). Außerdem gibt es Hinweise darauf, dass die Auswirkungen kognitiver Prozesse auf das Leseverständnis durch Sprache beeinflusst werden (Nation et al., 1999). Zukünftige Forschungen sind notwendig, um herauszufinden, auf welche Weise Sprachprozesse die einzelnen Komponenten eines komplexen Lesesystems beeinflussen und wie sich diese Beziehungen im Laufe der Zeit verändern. Es scheint allerdings unwahrscheinlich, dass ein einzelner Zusammenhang ausreicht, um die Leseverständnisprobleme aller betroffenen Kinder zu erklären.

3.6.3 Implikationen

Die Beziehungen zwischen Sprache und Lesen werden komplexer, wenn die Leseentwicklung des Kindes über die Worterkennung hinaus zum Verständnis zusammenhängender Texte fortschreitet. Daher ist die Beeinträchtigung eines einzelnen Sprachprozesses wahrscheinlich nicht ausreichend, um die Leseprobleme aller betroffenen Kinder zu erklären. Darüber hinaus kann nicht ein einzelner Unterrichtsansatz die Sprachprobleme aller Kinder lösen, die Schwierigkeiten beim Verständnis zusammenhängender Texte haben. Sinnvoller sind Ansätze, die aus meta-analytischen Untersuchungen zu wirksamen Interventionen für Kinder mit Leseverständnisproblemen stammen und Unterrichtsprinzipien favorisieren, die zu positiven Ergebnissen führen. Obgleich diese Prinzipien, je nachdem, welche Sprachprobleme die Kinder haben, unterschiedliche Wirkungen erzielen können, hat die Forschung mehrere Unterrichtsprinzipien identifiziert, die zu einer wirksamen Instruktion beitragen können (siehe Swanson & Deschler, 2003). Fallstudien zu Kindern, die nicht auf Interventionen ansprechen, die auf diesen Instruktionsprinzipien aufbauen, können wertvolle Informationen über das komplexe Sprachsystem liefern, das dem Leseverständnis von Kindern mit Lesestörungen zugrunde liegt.

3.7 Zukünftige Herausforderungen

Angesichts der auseinanderdriftenden Sichtweisen, die in diesem Kapitel beschrieben wurden, könnte man meinen, dass hinsichtlich der sprachlichen Ursachen von Lesestörungen wenig Hoffnung auf einen Konsens unter Forschenden und Theoretikern besteht. Dennoch konvergieren aktuelle Forschungsergebnisse in drei wichtigen Punkten, die Implikationen haben für zukünftige Forschungen und für Pädagogen:

1. *Wenn Kinder Schwierigkeiten beim Lesenlernen haben, betrachtet man dieses Problem am sinnvollsten als ein komplexes Zusammenspiel von sprachlichen, kognitiven, sozial-interaktionistischen, konnektionistischen und soziokulturellen Phänomenen.*
   Kinder werden mit einer genetischen Prädisposition für den Spracherwerb geboren, und die Sprache, die sie lernen, wird durch die kulturellen und sozialen Kontexte bestimmt, in denen sie leben. Eine Sprache verstehen und sprechen zu lernen, ist ein komplexer Prozess, der sich auf die perzeptuellen, kognitiven, sozial-kommunikativen und sprachlichen Fertigkeiten des Kindes stützt und durch jahrelange Erfahrung und aktive Interaktion mit kompetenten Sprechern in einer Sprachgemeinschaft gefördert wird. Diese Sprachgemeinschaft ist selbst das Produkt einer jahrhundertelangen sozialhistorischen Entwicklung. Lesenlernen ist eine vielschichtige, kognitiv anspruchsvolle Tätigkeit, die sich auf das Wissen des Kindes über Sprachform, -inhalt und -funktion innerhalb eines sozialen Kontextes stützt. Einseitige, pathologische Erklärungen für ein Leseversagen (z. B. ein phonologisches „Verarbeitungsdefizit") sind zu einfach und vermutlich ungenau, wenn man bedenkt, welch komplexe Prozesse beteiligt sind. Eine Sprache lernen und Lesenlernen sind dynamische Prozesse, die durch entwicklungsbedingte und/oder kulturelle Veränderungen beeinflusst werden. Daher sind statische oder spezifische Erklärungen kaum geeignet, um die Ursachen für das Leseversagen heranreifender

Kinder zu bestimmen, obgleich diese Sprachprozesse zu bestimmten Zeitpunkten der Entwicklung einen beträchtlichen Einfluss auf das Lesen haben können. Es gibt viele individuelle Gründe dafür, warum nicht alle Kinder gleich schnell oder gleich gut lesen lernen. Schwierigkeiten bei der Sprachverarbeitung können auf einer oder auf mehreren Ebenen vorkommen, und diese Verarbeitung wirkt sich auf den Zeitpunkt und die Art der Erfahrungen aus, die das Kind in einem hoch kontextabhängigen, sozialen Umfeld sammelt und ist andererseits von Zeitpunkt und Art dieser Erfahrungen beeinflusst. Die sprachbedingten Leseschwierigkeiten eines Kindes nur aus einer einzigen Perspektive zu betrachten, ist zweifellos ein unwirksamer Ansatz, und eine der Herausforderungen, der sich Forschende in diesem Bereich in Zukunft stellen müssen, ist, die Ergebnisse unterschiedlicher theoretischer Beiträge zusammenzuführen. Die Forschung zu Lesestörungen lässt sich am besten als ein interdisziplinäres Unterfangen konzeptualisieren, das ein breites Spektrum an Ideen und Lösungen erfordert, um zu erklären, warum manche Kinder das Lesenlernen als einen so entmutigenden Prozess empfinden.

2. *Um zu lernen, wie man eine alphabetische Sprache liest, müssen Kinder Kenntnisse über Form und Inhalt dieser Sprache haben und wissen, wie man sie in dem kulturellen Kontext, in dem sie leben, gebraucht.*

Wenn Kinder unterschiedlicher kultureller Herkunft lernen, einen alphabetischen Schrifttext zu lesen, stützen sie sich auf ähnliche Sprachfertigkeiten (Mann & Wimmer, 2002; McBridge-Chang & Kail, 2002). Studien, die die Schwierigkeiten schlechter Leser, eine alphabetische Sprache mit transparenter Rechtschreibung und die Schwierigkeiten schlechter Leser einer weniger regelmäßigen oder weniger transparenten Sprache vergleichen, können daher helfen, die subtileren Sprachprobleme zu verstehen, denen Kinder beim Lesenlernen eines alphabetischen Skripts begegnen, ebenso wie die Schwierigkeiten, die universell in allen Rechtschreibsystemen vorhanden sind.

Ebenso können Untersuchungen zu schlechten Leseleistungen in Sprachen mit ähnlicher Rechtschreibung wichtige Informationen über den Einfluss liefern, den das soziale Umfeld auf den Sprach- und Leseerwerb von Kindern ausübt. Eine solche Untersuchung kann auf verschiedenen Analyseebenen erfolgen. Auf einer Ebene sind beispielsweise Studien, mit denen die Wirksamkeit bestimmter Regierungsinitiativen untersucht wird, die zum Ziel haben, die allgemeine Lesefähigkeit zu steigern und die Lücken zwischen schlechten und guten Lesern zu schließen (z. B. die „Leave No Child Behind"-Gesetzgebung in den USA und die „National Literacy Strategy" in England) hilfreich, die soziokulturellen Kontexte miteinander vergleichen, die bei Kindern mit Rückstand in der Leseentwicklung am wirksamsten waren, die Lesefähigkeit zu fördern. Auf einer anderen Ebene können Längsschnitt-Fallstudien, die in einem spezifischen kulturellen Kontext die kommunikativen Interaktionen von Kindern mit erhöhtem familiären Risiko einer Lesestörung untersuchen, verstehen helfen, ob bestimmte frühe Spracherfahrungen einen wirksamen Schutz gegen die Entstehung von Leseproblemen bieten können. Ungeachtet der unterschiedlichen Ansätze sind sich die Forschenden darüber einig, dass die Spracherfahrungen von Kindern und die Qualität des Sprachinputs, den sie erhalten, ein großes Potenzial bieten, Aufschluss über die Entstehung von Lesestörungen zu gewinnen.

3

3. *Obgleich es sensitive Perioden für den Spracherwerb gibt, deutet wenig darauf hin, dass Sprach- und/oder Lesefähigkeitsinterventionen auf die frühe Kindheit und/oder die frühe Schulzeit begrenzt werden sollten.*
Angesichts aktueller Forschungsergebnisse ist es weder notwendig noch sinnvoll, die These einer „kritischen Periode" als Rechtfertigung für frühzeitige Interventionsprogramme heranzuziehen, welche den Spracherwerb in der frühen Kindheit (0 bis 3 Jahre) und den Leseerwerb in der Vor- und Grundschulzeit (vom Kindergarten bis zur dritten Klasse) fördern sollen. Der Zeitrahmen für den Spracherwerb reicht bis in die späte Adoleszenz hinein, und die Lesefertigkeiten entwickeln sich über die Grundschulzeit hinaus bis zur Sekundarschulzeit weiter. Bailey (2002) ist der Ansicht, dass man das Timing am besten als ein Zusammenspiel der Erfahrungen des Kindes, seiner Entwicklung und seinem Bedürfnis oder seiner Bereitschaft, ein neues Konzept zu lernen, konzipiert. Forschungsunternehmungen, die auf die Qualität von Erfahrungen fokussieren, welche für den Sprach- und Leseerwerb in Kindheit und Jugend kritisch sind, haben entscheidende Bedeutung sowohl für Leser, die sich normal entwickeln, als auch für Kinder mit Lesestörungen.

Angesichts der unterschiedlichen theoretischen Sichtweisen wird es natürlich auch weiterhin Anlass zu Diskussionen in diesem Bereich geben. Aber gerade die strittigen Punkte können unser Verständnis von Lesestörungen entscheidend voranbringen. Beispielsweise muss geklärt werden, ob die einzelnen Komponenten des Sprachsystems, die dem Lesen von Kindern mit Lesestörungen zugrunde liegen, am besten als modular und eingebettet in eine spezifische Sprachdomäne zu betrachten sind oder ob diese Prozesse integriert sind und in mehrere Domänen hineinreichen. Die Frage, ob ein Sprachsystem modular oder integriert ist, hat wichtige Implikationen für den Unterricht. So wird beispielsweise eine Intervention in einem modularen System, die eine Leistungsverbesserung bei sprachbasierten Leseaufgaben anstrebt, keine Auswirkungen auf die Leistung in anderen schulischen Bereichen mit ähnlichen Sprachanforderungen haben, da sich jeder Bereich durch eine andere Hierarchie von zu erwerbenden Fertigkeiten auszeichnet. In einem integrierten System ist es dagegen wahrscheinlich, dass sprachbasierte Aktivitäten, die der Verbesserung der Leseleistung dienen, auch die Leistung in anderen schulischen Bereichen verbessern. Ein weiterer strittiger Punkt ist, ob anhand spezifischer Sprachdefizite von Kindern diskrete Subtypen von Lesestörungen identifiziert werden können. Des Weiteren sollte geklärt werden, ob Lesestörungen Ausdruck eines Stillstandes beim Erwerb formaler struktureller Regeln sind oder ob sie infolge eines begrenzten qualitativen oder quantitativen Inputs während der Sprachentwicklung eines Kindes entstehen. Studien, die verschiedene Hypothesen verwenden, um gegensätzliche theoretische Positionen zu testen, sind bei Weitem informativer als solche, die sich nur auf eine Nullhypothese stützen.
Die Prozesse des Spracherwerbs und der Leseentwicklung stellen ein komplexes Phänomen dar; daher ist zu erwarten, dass auch Untersuchungen zu Lesestörungen viele Facetten aufweisen. Anstatt zu versuchen, Lesestörungen aus nur einer Perspektive zu beschreiben, müssen zukünftige Forscher in diesem Bereich darauf vorbereitet sein, mehrere Sichtweisen in Betracht zu ziehen, um die Bedeutung und die

unterschiedlichen Dimensionen des Konstrukts zu erfassen. Es gibt keine einzelne Erklärung dafür, wie Sprache die Entstehung von Lesestörungen beeinflusst; um diese Frage zu klären, bedarf es vieler verschiedener Forschungsrichtungen.

Literatur

Aaron, P. G., Joshi, M. & Williams, K. A. (1999). Not all reading disabilities are alike. *Journal of Learning Disabilities*, **32**, 120–137.

Adams, M. (1990). *Beginning to read. Thinking and learning about print.* Cambridge, MA: MIT Press.

Ames, E. W. & Chisholm, K. (2001). Social and emotional development in children adopted from institutions. In D. Bailey, Jr., T. Bruer, F. J. Symons & J. W. Lichtman (Hg.), *Critical thinking about critical periods* (S. 129–148). Baltimore, MD: Paul H. Brookes.

Austin, J. L. (1962). *How to do things with words.* Oxford: Clarendon Press.

Bailey, D. (2002). Are critical periods critical for early childhood education? The role of timing in early childhood pedagogy. *Childhood Research Quarterly*, **17**, 281–294.

Bailey, D., Bruer, J. T., Symons, F. J. & Lichtman, J. W. (2001). *Critical thinking about critical periods.* Baltimore, MD: Paul H. Brookes.

Bashir, A. S. & Scavuzzo, A. (1992). Children with language disorders: Natural history and academic success. *Journal of Learning Disabilities*, **25**, 53–65.

Bast, J. & Reitsma, P. (1998). Analyzing the development of individual differences in terms of Matthew effects in reading: Results from a Dutch longitudinal study. *Developmental Psychology*, **34**, 1373–1399.

Berninger, V. (2000). Dyslexia: The invisible, treatable disorder. The story of Einstein's Ninja turtles. *Learning Disability Quarterly*, **23**, 175–195.

Berninger, V., Abbott, R., Abbott, S., Graham, S. & Richards, T. (2002). Writing and reading: Connections between language by hand and language by eye. *Journal of Learning Disabilities*, **35**, 39–56.

Berninger, V. & Richards, T. (2002). *Brain literacy for educators and psychologists.* Amsterdam: Academic Press.

Bishop, D. V. M. (2000). How does the brain learn language? Insights from the study of children with and without language impairment. *Developmental Medicine and Child Neurology*, **42**, 133–142.

Blum-Kulka, S. & Snow, C. (2002). *Talking to adults: The contribution of multiparty discourse to language acquisition.* Mahwah, NJ: Erlbaum.

Bohannon, J. N. & Bonvillian, J. D. (2001) Theoretical approaches to language acquisition. In J. B. Gleason (Hg.), *Development of language*, 5. Aufl. (S. 254–315). Boston: Allyn & Bacon.

Bowers, P. G. (1995). Tracing symbol naming speed's unique contributions to reading disability over time. *Reading and Writing: An Interdisciplinary Journal*, **7**, 189–216.

Bowers, P. G. & Newby-Clark, E. (2002). The role of naming speed within a model of reading acquisition. *Reading and Writing: An Interdisciplinary Journal*, **15**, 109–126.

Brown, I. S. & Felton, R. H. (1990). Effects of instruction on beginning reading skills in children at-risk for reading disability. *Reading and Writing: An Interdisciplinary Journal*, **2**, 223–241.

Bruck, M. (1992). Persistence of dyslexics' phonological awareness deficits. *Developmental Psychology*, **28**, 874–887.

Burgess, S. R. (2002). The influence of speech perception, oral language ability, the home literacy environment, and pre-reading knowledge on the growth of phonological sensitivity: A one-year longitudinal investigation. *Reading and Writing: An Interdisciplinary Journal*, **15**, 709–737.

3

Bryant, P., Nunes, T. & Bindman, M. (1998). Awareness of language in children who have reading difficulties: Historical comparisons in a longitudinal study. *Journal of Child Psychology and Psychiatry and Allied Disciplines, 39*, 501–510.

Cain, K. & Oakhill, J. V. (1999). Inference-making ability and its relation to comprehension failure in young children. *Reading and Writing: An Interdisciplinary Journal, 11*, 489–503.

Cain, K., Oakhill, J. V. & Bryant, P. (2000). Phonological processing skills and comprehension failure: A test of the phonological processing deficit hypothesis. *Reading and Writing: An Interdisciplinary Journal, 13*, 31–56

Caplan, D. & Waters, G. S. (1999). Issues regarding general and domain-specific resources. *Behavioral and Brain Sciences, 22*, 114–126.

Carlisle, J. F. (2000). Awareness of the structure and meaning of morphologically complex words: Impact on reading. *Reading and Writing: An Interdisciplinary Journal, 12*, 169–190.

Castles, A. & Coltheart, M. C. (1993). Varieties of developmental dyslexia. *Cognition, 41*, 149–180.

Catts, H. W. (1993). The relationship between speech-language impairments and reading disabilities. *Journal of Speech and Hearing Research, 36*, 948–958.

Catts, H. W. (1999). Phonological awareness: Putting research into practice. *Language Learning and Education, 6*, 17–19.

Catts, H. W., Fey, M. E. & Tomblin, J. B. (2002). A longitudinal analysis of reading outcomes in children with language impairments. *Journal of Speech, Language, & Hearing Research, 45*, 1142–1157.

Catts, H. W., Gillespie, M., Leonard, L., Kail, R. & Miller, C. (2002). The role of processing, rapid naming, and phonological awareness in reading achievement. *Journal of Learning Disabilities, 35*, 510–535.

Catts, H. W. & Kamhi, A. (1999). Classification of reading disabilities. In H. Catts & A. Kamhi (Hg.), *Language and reading disabilities* (S. 73–94). Needham, MA: Allyn & Bacon.

Chall, J. S. (1996). *Stages of reading development.* Fort Worth, TX: Harcourt Brace.

Chiappe, P. & Siegel, L. (1999). Phonological awareness and reading acquisition in English and Punjabi-speaking Canadian children. *Journal of Educational Psychology, 91*, 20–28.

Chiappe, P., Stringer, R., Siegel, L. & Stanovich, K. E. (2002). Why the timing deficit hypothesis does not explain reading disability in adults. *Reading and Writing: An Interdisciplinary Journal, 5*, 73–107.

Chiat, S. (2001). Mapping theories of developmental language impairment: Premises, predictions, and evidence. *Language and Cognitive Processes, 16*, 113–142.

Chomsky, N. (1968). *Language and mind.* New York: Harcourt, Brace & World.

Chomsky, N. (1980). On cognitive structures and their development: A reply to Piaget. In M. Piattelli-Palmarini (Hg.), *Language and learning: The debate between Jean Piaget and Noam Chomsky* (S. 35–52). Cambridge, MA: Harvard University Press.

Chomsky, N. (1999). On the nature, use and acquisition of language. In W. Ritchie & T. Bhatia (Hg.), *Handbook of child language acquisition* (S. 13–39). New York: Academic Press.

Christiansen, M. H. & Chater, N. (2001). Connectionist psycholinguistics: Capturing the empirical data. *Trends in Cognitive Sciences, 5*, 82–88.

Christensen, C. (1999). Learning disability: Issues of representation, power, and the medicalization of school failure. In R. J. Sternberg & L. Spear-Swerling (Hg.), *Perspectives on learning disabilities* (S. 227–249). Oxford: Westview Press.

Clahsen, H. (1999). Linguistic perspectives in specific language impairment. In W. Ritchie & T. Bhatia (Hg.), *Handbook of child language acquisition* (S. 675–704). New York: Academic Press.

Cooper, D. H., Roth, F. P., Speece, D. L. & Schatschneider, C. (2002). The contribution of oral language skills to the development of phonological awareness. *Applied Psycholinguistics, 23*, 399–416.

Craig, H. K., Connor, C. M. & Washington, J. A. (2003). Early positive predictors of later reading comprehension for African American students: A preliminary investigation. *Language, Speech and Hearing Services in Schools, 34*, 31–43.

Dale, P. S., Crain-Thoreson, C. & Robinson, M. (1995). Linguistic precocity and the development of reading: The role of extralinguistic factors. *Applied Psycholinguistics, 16*, 173–187.

DeJong, P. & Van der Leij, A. (2002). Effects of phonological abilities and listening comprehension on the development of reading. *Scientific Studies of Reading, 6*, 51–77.

Dickinson, D. K. & Snow, C. (1987). Interrelationships among pre-reading and oral language skills in kindergartners from two social classes. *Early Childhood Research Quarterly, 2*, 1–25.

Dufva, M., Niemi, P. & Voeten, M. (2001). The role of phonological memory, word recognition, and comprehension skills in reading development: From preschool to grade 2. *Reading & Writing: An Interdisciplinary Journal, 14*, 91–117.

Ehri, L. C. (1997). Learning to read and learning to spell are one and the same, almost. In C. Perfetti, L. Rieben & M. Fayol (Hg.), *Learning to spell: Research, theory and practice across languages* (S. 237–269). Mahwah, NJ: Erlbaum.

Ehri, L. C. & McCormick, S. (1998). Phases of word learning: Implications for instruction with delayed and disabled readers. *Reading and Writing Quarterly, 14*, 35–164.

Ehrlick, M., Remond, M. & Tardieu, H. (1999). Processing of anaphoric devices in young skilled and less skilled comprehenders: Differences in metacognitive monitoring. *Reading and Writing: An Interdisciplinary Journal, 11*, 29–63.

Farmer, M. E. & Klein, R. M. (1995). The evidence for a temporal processing deficit linked to dyslexia: A review. *Psychonomic Society, 2*, 460–493.

Fitzgerald, J. & Shanahan, T. (2000). Reading and writing relations and their development. *Educational Psychologist, 35*, 39–50.

Fodor, J. (2000). *The mind doesn't work that way: The scopes and limits of computational psychology.* Cambridge, MA: MIT Press.

Fowler, A., Gelman, R. & Gleitman, L. R. (1994). The course of language learning in children with Down syndrome. In H. Tager-Flusberg (Hg.), *Constraints on language acquisition* (S. 91–140). Hillsdale, NJ: Erlbaum.

Fowler, J. (2003, April 24). US Bridles as UN's Kofi Annan Calls It „Occupying Power", *Associated Press*, Retrieved April 24, 2003, from http://www.ap.org.

Gleason, J. B. (2001). *The development of language.* Boston: Allyn and Bacon.

Glock, H. (2003). *Quinn and Davidson on language, thought, and reality.* Cambridge: Cambridge University Press.

Glucksberg, S., Newsome, M. & Goldvarg, Y. (2001). Inhibition of the literal: Filtering metaphor-irrelevant information during metaphor comprehension. *Metaphor & Symbol, 16*, 277–293.

Goldfield, B. A. & Snow, C. E. (2001). Individual differences: Implications for the study of language acquisition. In J. B. Gleason (Hg.), *Development of language*, 5. Aufl. (S. 315–346). Boston: Allyn & Bacon.

Goldin-Meadow, S., Butcher, C. & Mylander, C. (1994). Nouns and verbs in a self-styled gesture system: What's in a name? *Cognitive Psychology, 27*, 259–319.

Goswami, U. (1986). Children's use of analogy in learning to read: A developmental study. *Journal of Experimental Child Psychology, 42*, 73–83.

Goswami, U. (2002). Phonology, reading, and dyslexia: A cross linguistic perspective. *Annals of Dyslexia, 52*, 141–163.

Goswami, U., Gombert, J. E. & de Barrera, L. F. (1998). Children's orthographic representations and linguistic transparency: Nonsense word reading in English, French, and Spanish. *Applied Psycholinguistics, 19*, 19–52.

Goswami, U., Ziegler, J. C., Dalton, D. & Schneider, W. (2003). Nonword reading across orthographies: How flexible is the choice of reading units? *Applied Psycho-linguistics, 24*, 235–247.

3

Gough, P. B. & Tunmer, W. (1986). Decoding, reading, and reading disability. *Remedial and Special Education*, **1**, 6–10.

Grain, S. & Shankweiler, D. (1991). Modularity and learning to read. In I. G. Mattingly & M. Studdert-Kennedy (Hg.), *Modularity and the motor theory of speech perception* (S. 375–392). New Haven, CT: Haskins Laboratory.

Grain, S. & Wexler, K. (1999). Methodology in the study of language acquisition: A modular approach. In W. Ritchie & T. Bhatia (Hg.), *Handbook of child language acquisition* (S. 387–425). New York: Academic Press.

Hoover, W. A. & Gough, P. B. (1990). The simple view of reading. *Reading and Writing: An Interdisciplinary Journal*, **2**, 127–160.

Juel, C. (1988). Learning to read and write: A longitudinal study of 54 children from the first through fourth grades. *Journal of Educational Psychology*, **91**, 44–49.

Juel, C. (1991). Beginning reading. In R. Barr, M. Kamil, P. Mosenthal & P. Pearson (Hg.), *Handbook of reading research*, Bd. 2 (S. 759–788). New York: Longman.

Juel, C. & Minden-Cupp, C. (2000). Learning to read words: Linguistic units and instructional strategies. *Reading Research Quarterly*, **35**, 458–492.

Just, M. & Carpenter, P. (1987). *The psychology of reading and language comprehension*. Boston: Allyn & Bacon.

Jusczyk, P. W., Hohne, E. A. & Bauman, A. (1998). Infants' sensitivity to allophonic cues for word segmentation. *Perception & Psychophysics*, **61**, 1465–1476.

Kail, R., Hall, L. & Caskey, B. J. (1999). Processing speed, exposure to print, and naming speed. *Applied Psycholinguistics*, **20**, 303–314.

Kamhi (1997). Three perspectives on comprehension: Implications for assessing and treating comprehension problems. *Topics in Language Disorders*, **17**, 62–74.

Kamhi, A. G. & Catts, H. W. (2002). The language basis of reading: Implications for classification and treatment of children with reading disabilities. In K. G. Butler & E. R. Silliman (Hg.), *Speaking, reading, and writing in children with language learning disabilities: New paradigms in research and practice* (S. 45–72). Mahwah, NJ: Lawrence Erlbaum Assoc.

Kenneally, S. M., Bruck, G. E., Frank, E. M. & Nalty, L. (1998). Language intervention after thirty years of isolation: A case study of a feral child. *Education and Training in Mental Retardation and Developmental Disabilities*, **33**, 13–23.

Kitamura, C. & Burnham, D. (2003). Pitch and communicative intent in mother's speech: Adjustments for age and sex in the first year. *Infancy*, **4**, 85–110.

Leach, J. M., Scarborough, H. & Rescorla, L. (2003). Late emerging reading disabilities. *Journal of Educational Psychology*, **95**, 211–224.

Liberman, A. M. (1997). How theories of speech affect research in reading and writing. In Benita A. Blachman (Hg.), *Foundations of reading acquisition and dyslexia: Implications for early intervention* (S. 3–19). Mahwah, NJ: Lawrence Erlbaum.

Luria, A. R. (1982). *Language and cognition*. Washington: Winston.

Lyytinen, H., Ahonen, T., Eklund, K., Guttorm, T. K., Laakso, M., Leinonen, S., Leppanen, P., Lyytinen, P., Poikkeus, A., Puolakanaho, A., Richardson, U. & Viholainen, H. (2001). Developmental pathways of children with and without familial risk for dyslexia during the first years of life. *Developmental Neuropsychology*, **20**, 535–554.

MacWhinney, B. (1987). The competition model. In B. MacWhinney (Hg.), *Mechanisms of language acquisition* (S. 249–308). Hillsdale, NJ: Lawrence Erlbaum Assoc.

MacWhinney, B. (1999). The emergence of language from embodiment. In B. MacWhinney (Hg.), *The emergence of language* (S. 213–256). Pittsburgh, PA: Carnegie Mellon.

Magnusson, E. & Naucler, K. (1990). Can preschool data predict language-disordered children's reading and spelling at school? *Folia Phoniatrica*, **42**, 277–282.

Mahoney, D., Singson, M. & Mann, V. (2000). Reading ability and sensitivity to morphological relations *Reading and Writing: An Interdisciplinary Journal,* **12**, 191–218.

Manis, F. R., Seidenberg, M. S., Doi, L. M., McBride-Chang, C. & Peterson, A. (1996). On the bases of two subtypes of developmental dyslexia. *Cognition,* **58**, 157–195.

Mann, V. & Wimmer, H. (2002). Phoneme awareness and pathways into literacy: A comparison of German and American children. *Reading & Writing,* **5**, 653–682.

McArthur, G. M., Hogben, J. H., Edwards, V. T., Heath, S. M. & Mengler, E. D. (2000). On the „specifics" of specific reading disability and specific language impairment. *Journal of Child Psychology and Psychiatry,* **41**, 869–874.

McBride-Chang, C. & Kail, R. V. (2002). Cross-cultural similarities in the predictors of reading acquisition. *Child Development,* **73**, 1392–1407.

McClelland, J. L. & Rummelhart, D. E. (1981). An interactive activation model of context effects in letter perception: An account of basic findings. *Psychological Review,* **88**, 375–407.

Meints, K., Plunkett, K., Harris, P. & Dimmock, D. (2002). What is „on" and „under" for 15-, 18-, and 24-month-olds? Typicality effects in early comprehension of spatial prepositions. *British Journal of Developmental Psychology,* **20**, 113–130.

Metsala, J. L. (1999). Young children's phonological awareness and nonword repetition as a function of vocabulary development. *Journal of Educational Psychology,* **81**, 3–19.

Metsala, J. L. & Walley, A. C. (1998). Spoken vocabulary growth and the segmental restructuring of lexical representations: Precursors to phonemic awareness and early reading ability. In J. L. Metsala and L. C. Ehri (Hg.), *Word recognition in beginning literacy* (S. 89–120). Mahwah, NJ: Lawrence Erlbaum.

Murphy, L. & Pollatsek, A. (1994). Developmental dyslexia: Heterogeneity without discrete subgroups. *Annals of Dyslexia,* **44**, 120–146.

Nation, K., Adams, J. W., Bowyer-Crane, C. A. & Snowling, M. J. (1999). Working memory deficits in poor comprehenders reflect underlying language impairments. *Journal of Experimental Child Psychology,* **73**, 139–158.

Nation, K. & Snowling, M. E. (2000). Factors influencing syntactic awareness skills in normal readers and poor comprehenders. *Applied Psycholinguistics,* **21**, 229–241.

Nation, K. & Snowling, M. E. (1998). Semantic processing and the development of word-recognition skills: Evidence from children with reading comprehension difficulties. *Journal of Memory and Language,* **39**, 85–101.

Naucler, K. & Magnusson, E. (2000). Language problems in poor readers. *Logopedics, Phoniatrics, Vocology,* **25**, 12–21.

Naucler, K. & Magnusson, E. (2002). How do preschool language problems affect language problems in adolescence? In F. Windsor & M. L. Kelly (Hg.), *Investigations in clinical phonetics and linguistics* (S. 99–114). Mahwah, NJ: Lawrence Erlbaum.

Nelson, C. A. & Bloom, F. E. (1997). Child development and neuroscience. *Child Development,* **68**, 770–987.

Neuhaus, G., Foorman, B., Francis, D. J. & Carlson, C. D. (2001). Measures of information processing in rapid automatized naming (RAN) and their relation to reading. *Journal of Experimental Child Psychology,* **78**, 359–373.

Newman, A. J., Bavelier, D., Corina, D., Jezzard, P. & Neville, H. J. (2002). A critical period for right hemisphere recruitment in American Sign Language processing. *Nature Neuroscience,* **5**, 76–80.

Newport, E. I. (1990). Maturational constraints of language learning. *Cognitive Science,* **14**, 11–28.

Ninio, A. & Snow, C. (1999). The development of pragmatics: Learning to use language appropriately. In W. Ritchie & T. Bhatia (Hg.), *Handbook of child language acquisition* (S. 347–386). New York: Academic Press.

3

Ninio, A., Snow, C. & Pan, B. A. (1994). Classifying communicative acts in children's interactions. *Journal of Communication Disorders, 27*, 157–187.

Nippold, M. A. (1999). Word definition in adolescents as a function of reading proficiency. A research note. *Child Language Teaching & Therapy, 15*, 171–176.

Nippold, M. A. (2000). Language development during the adolescent years: Aspects of pragmatics, syntax, and semantics. *Topics in Language Disorders, 20*, 15–28.

Oakhill, J. V. (1984). Inferential and memory skills in children's comprehension of stories. *British Journal of Educational Psychology, 54*, 31–39.

Perfetti, C. A. (1985). *Reading ability.* New York: Oxford University Press.

Piaget, J. (1954). *The construction of reality in the child.* New York: Basic Books.

Pinker, S. (1994). *The language instinct: How the mind creates language.* New York: Morrow.

Pinker, S. (1999). *Words and rules.* New York: Morrow.

Plaut, D. (2001). A connectionist approach to word reading and acquired dyslexia: Extension to sequential processing. In M. H. Christiansen & N. Chater (Hg.), *Connectionist psycholinguistics* (S. 244–278). Westport, CT: Ablex Pub.

Plaut, D., McClelland, J. L., Seidenberg, M. & Patterson, K. (1996). Understanding normal and impaired word reading: Computational principles in quasi-regular domains. *Psychological Review, 103*, 56–115.

Rescorla, L., Bascome, A., Lampard, J. & Feeny, N. (2001). Conversational patterns in late talkers at age 3. *Applied Psycholinguistics, 22*, 235–251.

Rescorla, L. & Ratner, N. (1996). Phonetic profiles of toddlers with specific expressive language impairment (SLI-E). *Journal of Speech and Hearing Research, 39*, 153–165.

Ritchie, W. & Bhatia, T. (1999). *Handbook of language acquisition.* New York: Academic Press.

Rollins, P. (2003). Caregivers' contingent comments to 9-month-old infants: Relationships with later language. *Applied Psycholinguistics, 24*, 221–234.

Roth, F., Speece, D. & Cooper, D. (2002). A longitudinal analysis of the connection between oral language and early reading. *Journal of Educational Research, 95*, 259–272.

Scarborough, H. S. (1990). Very early language deficits in dyslexic children. *Child Development, 61*, 1728–1743.

Scarborough, H. S. (1998). Predicting the future achievement of second graders with reading disabilities: Contributions of phonemic awareness, verbal memory, rapid naming, and IQ. *Annals of Dyslexia, 48*, 115–136.

Scarborough, H. S. & Dobrich, W. (1990). Development of children with early language delay. *Journal of Speech and Hearing Research, 33*, 70–83.

Searle J. (1998). *Mind, language, and society: Philosophy in the real world.* New York: Basic Books.

Seidenberg, M. & McClelland, J. (1989). A distributed developmental model of word recognition and naming. *Psychological Review, 96*, 523–568.

Senechal, M. & LeFavre, J. (2002). Parental involvement in the development of children's reading skill: A five-year longitudinal study. *Child Development, 73*, 445–460.

Shankweiler, D., Lundquist, E., Katz, L., Stuebing, K., Fletcher, J., Brady, S., Fowler, A., Dreyer, L., Marchione, K., Shaywitz, S. & Shaywitz, B. (1999). Comprehension and decoding: Patterns of association in children with reading difficulties. *Scientific Studies of Reading, 3*, 69–94.

Share, D. L., Jorm, A. F., MacLean, R. & Matthews, R. (2002). Temporal processing and reading disability. *Reading and Writing: An Interdisciplinary Journal, 15*, 151–178.

Shaywitz, S., Shaywitz, B., Fulbright, R., Skudlarski, P., Einar Mencl, W., Constable, R. T., Pugh, K. R., Holahan, J. M., Marchione, K. E., Fletcher, J. M., Lyon, G. R. & Gore, J. (2003). Neural systems for compensation and persistence: Young adult outcome of childhood reading disability. *Biological Psychiatry, 54*, 25–33.

Siegel, L. (2003). IQ-discrepancy definitions and the diagnosis of LD: Introduction to the special issue. *Journal of Learning Disabilities, 36*, 2–3.

Singson, M., Mahoney, D. & Mann, V. (2000). The relation between reading ability and morphological skills: Evidence from derivation suffixes. *Reading and Writing: An Interdisciplinary Journal, 12*, 219–252.

Snowling, M. J. (2000). Language and literacy skills: Who is at risk and why. In D. Bishop & L. B. Leonard (Hg.), *Speech and language impairments in children: Causes, characteristics, intervention, and outcome* (S. 245–259). Philadelphia, PA: Psychology Press.

Snowling, M. J., Bishop, D. M. V. & Stothard, S. E. (2000). Is preschool language impairment a risk factor for dyslexia in adolescence? *Journal of Child Psychology and Psychiatry and Allied Disciplines, 41*, 587–600.

Snowling, M. J., Gallagher, A. & Frith, U. (2003). Family risk of dyslexia is continuous: Individual differences in the precursors of reading skill. *Child Development, 74*, 358–373.

Stanovich, K. E. & Siegel, L. S. (1994). Phenotypic performance profile of children with reading disabilities: A regression-based test of the phonological-core variable difference model. *Journal of Educational Psychology, 86*, 24–53.

Stanovich, K., Siegel, L. & Gottardo, A. (1997). Converging evidence for phonological and surface subtypes of reading disability. *Journal of Educational Psychology, 89*, 114–127.

Storch, S. & Whitehurst, G. J. (2002). Oral language and code-related precursors to reading: Evidence from a longitudinal structural model. *Developmental Psychology, 38*, 934–947.

Swanson, H. L. & Alexander, J. E. (1997). Cognitive processes as predictors of word recognition and reading comprehension in learning-disabled and skilled readers: Revisiting the specificity hypothesis. *Journal of Educational Psychology, 89*, 128–158.

Swanson, H. L. & Ashbaker, M. (2000). Working memory, short-term memory, speech rate, word recognition, and reading comprehension in learning disabled readers: Does the executive system have a role? *Intelligence, 28*, 1–30.

Swanson, H. L. & Deshler, D. (2003). Instructing adolescents with learning disabilities: Converting a meta-analysis to practice. *Journal of Learning Disabilities, 36*, 124–135.

Swanson, H. L. & Trahan, M. (1996). Learning disabled and average readers' working memory and comprehension: Does metacognition play a role? *British Journal of Educational Psychology, 66*, 333–355.

Tallal, P. (1980). Auditory temporal perception, phonics, and reading disabilities in children. *Brain and Language, 9*, 182–198.

Tallal, P. (1984). Temporal or phonetic processing deficit in dyslexia? That is the question. *Applied Psycholinguistics, 5*, 167–169.

Tallal, P. (1988). Developmental language disorders, Part 1: Definition. *Human Communication Canada. 12*, 7–22.

Tallal, P., Miller, S. L., Jenkins, W. M. & Merzenich, M. M. (1997). The role of temporal processing in developmental language-based learning disorders: Research and clinical implications. In B. Blachman (Hg.), *Cognitive and linguistic foundations of reading acquisition* (S. 49–66). Hillsdale, NJ: Erlbaum.

Tallal, P. & Piercy, M. (1975). Developmental aphasia: The perception of brief vowels and extended stop consonants. *Neuropsychologia, 13*, 69–74.

Thordardottir, E., Chapman, R. & Wagner, L. (2002). Complex sentence production by adolescents with Down syndrome. *Applied Psychololinguistics, 23*, 163–183.

Tomasello, M. (2003). *Constructing a language*. Cambridge, MA: Harvard University Press.

Tomasello, M. & Bates, E. (2001). *Language development: The essential readings*. Maiden, MA: Blackwell.

Tomasello, M. & Farrar, M. J. (1986). Joint attention and early language. *Child Development, 57*, 1454–1463.

3

Torgesen, J. K., Wagner, R. K. & Rashotte, C. A. (1994). Longitudinal studies of phonological processing and reading. *Journal of Learning Disabilities, 27,* 276–286.

Torgesen, J. K., Wagner, R. K., Rashotte, C. A., Burgess, S. & Hecht, S. (1997). Contributions of phonological awareness and rapid automatic naming ability to the growth of word-reading skills in second- to fifth-grade children. *Scientific Studies of Reading, 1,* 161–185.

Vos, S. & Friederici, H. (2003). Intersentential syntactic context effects on comprehension: The role of working memory. *Cognitive Brain Research, 16,* 111–122.

Vygotsky, L. (1962). *Thought and language.* Cambridge, MA: MIT Press.

Vygotsky, L. (1978). *Mind in society: The development of higher psychological processes.* M. Cole (Hg.), Cambridge: Harvard University Press.

Wagner, R. K. & Torgesen, J. K. (1987). The nature of phonological processing and its causal role in the acquisition of reading skills. *Psychological Bulletin, 101,* 192–212.

Walley, A. C., Metsala, J. L. & Garlock, V. M. (2003). Spoken vocabulary growth: Its role in the development of phoneme awareness and early reading ability. *Reading and Writing: An Interdisciplinary Journal, 16,* 5–20.

Wertsch, J. V. (1998). *Mind as action.* New York: Oxford University Press.

Wexler, K. (1999). Maturation and growth of grammar. In W. Ritchie & T. Bhatia (Hg.), *Handbook of child language acquisition* (S. 55–109). New York: Academic Press.

Whitehurst, G. J. & Fischel, J. E. (2000). A developmental model of reading and language impairments arising in conditions of economic poverty. In D. Bishop & L. Leonard (Hg.), *Speech and language impairments in children: Causes, characteristics, intervention, and outcome* (S. 53–71). Philadelphia, PA: Psychology Press.

Wilson, A. M. & Lesaux, L. (2001). Persistence of phonological processing deficits in college students with dyslexia who have age-appropriate reading skills. *Journal of Learning Disabilities, 34,* 394–400.

Wittgenstein, L. & Waismann, F. (2003). *The voices of Wittgenstein.* England: Routledge.

Wolf, M. (1991). Naming speed and reading: The contribution of the cognitive neurosciences. *Reading Research Quarterly, 26,* 125–141.

Wolf, M. (1997). A provisional integrative account of phonological and naming-speed deficits in dyslexia: Implications for diagnosis and intervention. In B. Blachman (Hg.), *Foundations of reading acquisition* (S. 67–92). Mahwah, NJ: Lawrence Erlbaum Assoc.

Wolf, M. & Bowers, P. (1999). The question of naming-speed deficits in developmental reading disabilities: An introduction to the double-deficit hypothesis. *Journal of Educational Psychology, 19,* 1–24.

Wolf, M., Bowers, P. & Biddle, K. (2000). Naming-speed processes, timing, and reading: A conceptual review. *Journal of Learning Disabilities, 33,* 387–407.

Wolf, M., Goldberg O'Rourke, A., Gidney, C., Lovett, M., Cirino, P. & Morris, R. (2002). The second deficit: An investigation of the independence of phonological and naming-speed deficits in developmental dyslexia. *Reading and Writing: An Interdisciplinary Journal, 15,* 43–72.

Young, A., Beitchman, J. H., Johnson, C., Douglas, L., Atkinson, L., Escobar, M. & Wilson, B. (2002). Young adult academic outcomes in a longitudinal sample of early identified language impaired and control children. *Journal of Child Psychology and Psychiatry, 43,* 635–645.

4 Peerbeziehungen und Lernstörungen

Ruth Pearl und Mavis L. Donahue
University of Illinois, Chicago

4.1 Einleitung

Tagtäglich werden Schüler aller Klassenstufen vor die soziale Anforderung gestellt, mit ihren Peers (Gleichaltrigen) eine Interaktion zu beginnen und aufrecht zu halten, Konflikte zu lösen, Freundschaften aufzubauen und gemeinsame interpersonale Ziele zu erreichen. Dass heute nicht mehr extra darauf hingewiesen werden muss, wie wichtig ein Kapitel zu sozialen Peerbeziehungen in einem Buch über Lernstörungen ist, lässt erkennen, dass unser Bereich Fortschritte macht. In den letzten drei Jahrzehnten hat es eine Anzahl verschiedener theoretischer Modelle, Forschungsergebnisse und Erziehungspraktiken gegeben, die das inhärent soziale Wesen des Lernens betonen. Lehrer und Eltern sind sich seit Generationen darüber im klaren, dass es einen Zusammenhang zwischen Schulproblemen und Peerbeziehungen gibt; und tatsächlich deuten Forschungen nun darauf hin, dass sich drei von vier Schülern mit Lernstörungen in einigen Aspekten der sozialen Kompetenz von ihren Peers unterscheiden (Kavale und Forness, 1996). Tanis Bryans radikale Forderung aus dem Jahre 1976, dass „der soziale Status als Teil der Lernstörung des Kindes betrachtet werden sollte" (S. 113), ist heute eines der führenden Prinzipien der Interventionsmodelle und Beurteilungen dieser Schüler.

Allerdings ist es nach wie vor eine bisweilen entmutigende Herausforderung, die komplexen Zusammenhänge zwischen Peerbeziehungen und schulischem Lernen zu verstehen (Wong & Donahue, 2002). Außer den Beeinträchtigungen von Aufmerksamkeit, Wahrnehmung, Gedächtnis und Sprache, die das Kind bereits in die soziale Begegnung mitbringt, ist es für die Betroffenen vergleichsweise schwieriger, Freundschaften zu schließen, weil manche Peers intolerant sind. Die sozialen Ablehnungen können das Kind dann genau um jene Erfahrungen bringen, die es braucht, um seine sozialen Fertigkeiten zu entwickeln und zu lernen, was Peers von einem sozialen Gegenüber erwarten. Wenn daraus ein negatives Selbstbild, Einsamkeit und Depressionen folgen, werden die Schwierigkeiten, die der Schüler mit Gleichaltrigen hat, noch verstärkt, zum einen, weil der Schüler in seiner Interaktion mit Peers zurückhaltender wird und sich auf diese Weise keine Selbstbestätigung verschaffen kann, und zum anderen, weil er als Freund möglicherweise weniger attraktiv ist. Der soziale Randstatus kann die Betroffenen dazu veranlassen, sich Peers anzuschließen, die ihnen zwar

4 irgendwie Akzeptanz entgegenbringen, jedoch nicht wirklich Unterstützung bieten, oder die keineswegs gute Rollenvorbilder sind. Und so schließt sich der Kreis: infolge geringerer positiver Interaktionsgelegenheiten mit Peers, die gute Schüler sind, haben Schüler mit Lernstörungen möglicherweise auch weniger Zugang zum allgemeinen Unterrichtslehrplan, da schulische Inhalte heute verstärkt in kooperative und andere soziale Lernaktivitäten eingebettet sind.

Trotz dieses Teufelskreises potentieller negativer Konsequenzen besteht Grund zu Optimismus. Erstens sind die Ursachen für Peerbeziehungsprobleme von Kindern mit Lernstörungen vielschichtig, kompliziert und von Kind zu Kind verschieden. Vielleicht wurden viele Forscher von der Herausforderung, dieses Phänomen zu verstehen, deshalb so sehr angesprochen, weil die Komplexität viele Anknüpfungspunkte für Interventionen bietet, die sich unterschiedlich auswirken können. Glücklicherweise wissen wir heute viel mehr darüber, wie Peerbeziehungen von Schülern mit Lernstörungen beschaffen sind, und über die spezifischen Faktoren, die darauf Einfluss nehmen, wie diese Kinder in ihrer sozialen Welt zurechtkommen. Diese Informationen sind wichtig, weil sie einerseits Aufschluss über die Alltagserfahrungen dieser Kinder geben, und weil andererseits Peerbeziehungen sowohl das schulische Engagement als auch die langfristige soziale Anpassung beeinflussen (z. B. Bagwell et al., 2001; Erdley et al., 2001).

Dieses Kapitel beginnt mit einer Darstellung dessen, was über das Wesen der Peerbeziehungen von Schülern mit Lernstörungen bekannt ist, wobei besonders die Forschung der letzten Jahre berücksichtigt wird. Im darauffolgenden Abschnitt werden verschiedene Faktoren beschrieben, die möglicherweise Einfluss auf die Qualität des sozialen Lebens dieser Kinder nehmen. Schließlich werden Vorschläge für künftige Forschungen zu Peerbeziehungen gemacht.

4.2 Wodurch zeichnen sich Peerbeziehungen von Schülern mit Lernstörungen aus?

4.2.1 Forschungen, die zur Untersuchung von Peerbeziehungen soziometrische Methoden verwenden

Die systematische Untersuchung der Peerbeziehungen von Kindern mit Lernstörungen begann 1974 mit der Veröffentlichung einer Studie, die heute ein Klassiker ist: „Die Beliebtheit von Kindern mit Lernstörungen unter Gleichaltrigen". In dieser Studie von Tanis Bryan wurden Grundschulkinder gebeten, Klassenkameraden zu nennen, die sie gerne als Freunde, Klassennachbarn und Gäste auf einer Party hätten oder nicht. Außerdem wurden die Kinder gebeten, Fragen wie z. B. „Wer ist hübsch oder sieht nett aus?" oder „Wer kann im Unterricht nicht still sitzen?" zu beantworten. Die Ergebnisse zeigten, dass die Kinder mit Lernstörungen im Vergleich zu ihren Schulkameraden im schulischen Umfeld weniger beliebt waren; sie erhielten weniger positive und mehr negative Nennungen. Die Resultate einer weiteren Studie, die mit denselben Kindern ein Jahr später durchgeführt wurde (Bryan, 1976), bot noch größeren Grund zur Beunruhigung. Obwohl sich die Klassenkonstellation inzwischen verändert hatte, erhielten die Kinder mit Lernstörungen – trotz großteils neuer Klassenkameraden – wiederum weniger positive und mehr negative Nominationen.

Diese beiden Studien zogen verständlicherweise großes Interesse auf sich; bald gab es mehr als 200 Untersuchungen, die diese Ergebnisse durchweg bestätigten und erweiterten. Sowohl Studien mit Nominationen als auch Studien mit Schätzskalen kamen zu dem Ergebnis, dass ein unverhältnismäßig hoher Anteil der Schüler mit Lernstörungen weniger akzeptiert, stärker abgelehnt oder stärker vernachlässigt wurde als das bei Gleichaltrigen ohne Lernstörungen der Fall war. Mehrere Meta-Analysen, in denen die Ergebnisse einer größeren Anzahl von Studien zusammenfassend analysiert wurden, haben sich mit soziometrischen Studien beschäftigt. Ebenso wie die einzelnen Studien bestätigen diese Meta-Analysen das konsistente Muster, dass Schüler mit Lernstörungen über den ganzen Altersbereich hinweg bei ihren Klassenkameraden oft wenig beliebt sind (Kavale & Forness, 1996; Ochoa & Olivarez, 1995; Swanson & Malone, 1992).

Gelten diese Ergebnisse auch für die Peerbeziehungen von anderen schlechten Schülern? Mehrere Untersuchungen haben die Peerakzeptanz von Kindern mit Lernstörungen und die anderer Kinder mit schlechten Schulleistungen, die jedoch nicht als lerngestört identifiziert worden waren, miteinander verglichen. Während einige Studien zu dem Schluss gelangten, dass der Status von Kindern mit Lernstörungen nicht schlechter war als der von anderen schwachen Schülern (z. B. Bursuck, 1983; Coleman et al., 1992; Haager & Vaughn, 1995; Sater & French, 1989; Vaughn et al., 1992, 1993), fanden andere Studien wiederum, dass Kinder mit Lernstörungen noch einen vergleichsweise niedrigeren soziometrischen Status hatten (z. B. Bursuck, 1989; La Greca & Stone, 1990; Ochoa & Palmer, 1995; Perlmutter et al., 1983).

Die Konsistenz dieses Musters ist bemerkenswert, wenn man bedenkt, wie heterogen Studienstichproben von Schülern mit Lernstörungen sind. Allerdings ist der Prozentsatz von Kindern mit Lernstörungen, die einen niedrigen Status aufweisen, von Studie zu Studie verschieden. Mehrere Meta-Analysen deuten zwar darauf hin, dass ca. 80 % der Schüler mit Lernstörungen einen niedrigeren Status als ihre Peers haben (Kavale & Forness, 1996; Swanson & Malone, 1992); einzelne Studien berichten jedoch über unterschiedliche Prozentsätze. Eine Studie kam zu dem Ergebnis, dass mehr als die Hälfte der Schüler mit Lernstörungen im Vergleich zu ihren Klassenkameraden einen niedrigen Status hatten, wobei etwa die Hälfte dieser Kinder von ihren Peers abgelehnt, die andere Hälfte vernachlässigt wurde (Stone & LaGreca, 1990). Andere Studien wiederum fanden, dass mindestens die Hälfte der Schüler mit Lernstörungen einen zumindest durchschnittlichen Status hatte (z. B. Conderman, 1995; Kistner & Gatlin, 1989b; Wiener et al., 1990); und einige wenige Studien fanden keine Unterschiede zwischen der sozialen Akzeptanz von Schülern mit und ohne Lernstörungen (z. B. Prilliman, 1981; Sabornie & Kauffman, 1986; Sainato et al., 1983).

Die unterschiedlichen Studienresultate heben zwei wichtige Punkte hervor: Zum einen zeigen sie, dass ein niedriger sozialer Status zwar auf viele, nicht aber auf alle Schüler mit Lernstörungen zutrifft. Das bedeutet, dass Lehrer und Eltern zwar

4

aufmerksam verfolgen müssen, ob Probleme mit Peers auftreten; es wäre jedoch falsch, grundsätzlich davon auszugehen, dass jedes Kind mit Lernstörungen von diesem Problem betroffen ist. Zum anderen trägt möglicherweise die Heterogenität des sozialen Status dazu bei, das Rätsel zu lösen, warum die einen Kinder mit Lernstörungen von ihren Peers akzeptiert werden, die anderen dagegen nicht. So könnte man beispielsweise untersuchen, ob bestimmte Eigenschaften der Kinder eine Rolle spielen, oder ob bestimmte Klassenkonstellationen positivere Peerbeziehungen schaffen können. Solche Fragestellungen könnten wichtige Hinweise darauf liefern, welche Kinder gefährdet sind, und was man tun kann, um dieses Risiko zu verringern. Der dritte Teil dieses Kapitels setzt sich ausführlicher mit diesen Fragen auseinander.

4.2.2 Forschungen zu weiteren Aspekten von Peerbeziehungen

Die soziometrische Forschung hat die Aufmerksamkeit auf die Peerbeziehungen von Schülern mit Lernstörungen gelenkt und gezeigt, dass diese Kinder im Vergleich zu anderen bei ihren Klassenkameraden oft weniger beliebt sind bzw. akzeptiert werden. Obgleich dies ein wichtiger Aspekt von Peerbeziehungen ist, gibt es noch andere Beziehungsdimensionen, die von der soziometrischen Forschung nicht erfasst werden. So können Kinder mit Lernstörungen ganz unabhängig vom Grad ihrer allgemeinen Akzeptanz durch Gleichaltrige sehr wohl Freunde haben. Und ganz unabhängig davon, ob diese Kinder beliebt sind oder Freunde haben, schließen sie sich vielleicht ganz bestimmten Kindern an. Die Forschung zu Peerbeziehungen von Schülern mit Lernstörungen befasst sich neuerdings auch mit diesen Aspekten.

4.2.2.1 Freundschaften

a. Anzahl der Freundschaften. Freundschaft wird definiert als die Beziehung zwischen zwei Individuen, die positive Gefühle füreinander empfinden (Burkowski & Hoza, 1989). Einige Wissenschaftler vertreten die Ansicht, dass auch ein einziger Freund die negativen Auswirkungen von Zurückweisung oder Vernachlässigung durch die größere Peergruppe kompensieren kann (z. B. Howes, 1988). Obwohl Gegenseitigkeit ein wichtiges Merkmal von Freundschaft ist, stellt sich die Frage, ob Schüler mit Lernstörungen nicht auch das Gefühl haben können, Freunde zu haben, selbst wenn die Person, die als Freund identifiziert wird, nicht so denkt. Die meisten Schüler mit Lernstörungen haben offenbar das Gefühl, mindestens einen Freund zu haben. In einer Studie von Vaughn und Elbaum (1999) zählten 96 % der Schüler mit Lernstörungen mindestens eine Person als besten Freund auf; zwei Drittel der Kinder gaben an, dass sie sechs oder mehr Freunde hatten (Vaughn et al., 2001). Eine andere Studie mit Kindern aus der Mittelstufe konnte hinsichtlich der Anzahl guter Freunde keinerlei Unterschiede zwischen Schülern mit Lernstörungen und gleichaltrigen Schülern ohne Lernstörungen feststellen; jede Gruppe gab an, etwa vier gute Freunde zu haben. Interessanterweise gaben die Schüler mit Lernstörungen mehr Freunde an, die mindestens ein Jahr älter waren (Fleming et

4

al., 2002). Im Gegensatz dazu fand eine Studie mit Grundschulkindern, dass Schüler mit Lernstörungen zwar zumeist gleichaltrige Kinder als Freunde nannten, im Vergleich zu den Schülern ohne Lernstörungen gaben sie jedoch öfter jüngere Kinder als Freunde an (Wiener, 2002).

Reziproke Freundschaften werden identifiziert, indem man feststellt, ob Kinder sich tatsächlich gegenseitig nennen, wenn sie nach ihrem „besten Freund" oder nach dem Kind gefragt werden, das sie „am meisten mögen". Mehrere Studien haben eine ähnliche Anzahl reziproker Freundschaften bei Grundschulkindern mit und ohne Lernstörungen festgestellt (Bear et al., 1993; Juvonen & Bear, 1992; Vaughn & Haager, 1994; Vaughn et al., 1993). Allerdings fallen nicht alle Berichte so positiv aus. In einer Studie hatten nur 26 % der Grundschüler mit Lernstörungen reziproke Freundschaften, im Vergleich zu 71 % der Schüler mit schlechten Schulleistungen (ohne Lernstörungen) und 63 % der durchschnittlichen bzw. überdurchschnittlichen Schüler. Diese erste Erhebung wurde im Herbst durchgeführt. In einer zweiten Erhebung im darauf folgenden Frühjahr hatte sich der Prozentsatz der Schüler mit Lernstörungen mit reziproken Freundschaften zwar mehr als verdoppelt; diese Schüler hatten jedoch noch immer mit geringerer Wahrscheinlichkeit reziproke Freundschaften als die Schüler mit durchschnittlichen bzw. überdurchschnittlichen Leistungen (53 % im Vergleich zu 72 %; Vaughn et al., 1996).

Eine andere Studie deutet darauf hin, dass die Freundschaften von Grundschülern mit Lernstörungen im Laufe des Schuljahrs sogar abnehmen (Tur-Kaspa et al., 1999). Im Vergleich zu ihren Klassenkameraden hatten mehr Schüler mit Lernstörungen zu Beginn des Schuljahrs keine reziproken Freundschaften (31 % der Schüler mit Lernstörungen im Vergleich zu 20 % der Schüler ohne Lernstörungen). Im darauffolgenden Frühjahr war dieser Unterschied sogar noch deutlicher: der Anteil der Schüler mit Lernstörungen ohne reziproke Freundschaften war auf 39 % angestiegen, während der Anteil der Schüler ohne Lernstörungen ohne reziproke Freundschaften auf 17 % gesunken war. Schlimmer noch, gegen Ende des Schuljahres hatten mehr Kinder mit Lernstörungen eine gegenseitige Feindseligkeit mit einem Klassenkameraden entwickelt. Auf die Frage „Mit welchem der Jungen und Mädchen in der Klasse möchtest Du am allerwenigsten befreundet sein?" nannten 56 % der Kinder mit Lernstörungen (im Vergleich zu 27 % der Kinder ohne Lernstörungen) einen Mitschüler, der sie ebenfalls nannte.

b. *Qualität der Freundschaft.* Insgesamt deuten diese Ergebnisse darauf hin, dass die meisten Kinder mit Lernstörungen am Ende des Schuljahres zumindest einen reziproken Freund haben. Wie aber sehen diese Freundschaften aus? Die Qualität von Kinderfreundschaften weist große Unterschiede auf, was Nähe, Sicherheit und Konflikte betrifft (z. B. Bukowski et al., 1994; Parker & Asher, 1993). Nicht alle Freundschaften zeichnen sich durch ein großes Maß an Nähe und Unterstützung aus. Eine wichtige Frage ist daher, ob die Qualität der Freundschaften von Schülern mit Lernstörungen mit der von Freundschaften anderer Kinder vergleichbar ist.

Die wenigen Studien zu diesem Thema deuten darauf hin, dass die Qualität der Freundschaften dieser Schüler tatsächlich niedriger ist. So fanden z. B. Vaughn et al. (2001), dass Grundschüler mit Lernstörungen im Vergleich zu ihren Mitschülern ohne Lernstörungen über qualitativ schlechtere Freundschaften berichteten; die Qualität der Freundschaften von Schülern ohne Lernstörungen verbesserte sich bis zur Oberstufe, die der Freundschaften von Schülern mit Lernstörungen dagegen nicht. Im Einzelnen sahen Schüler ohne Lernstörungen in ihren Freundschaften ein höheres Niveau an Nähe und Unterstützung für ihre Selbstachtung als das bei Schülern mit Lernstörungen der Fall war (Vaughn & Elbaum, 1999). In einer anderen Studie gaben Schüler mit Lernstörungen vergleichsweise weniger Freunde an, bei denen sie in einer schwierigen Situation Unterstützung suchen würden (Geishardt & Munsch, 1996). Was die Wahrnehmung der Schüler von ihren Freundschaften betrifft, berichteten die Schüler mit Lernstörungen außerdem, dass sie sich von ihren Freunden weniger geschätzt fühlten und dass ihre Freundschaften konfliktreicher waren (Wiener, 2002).

Um mehr Informationen über die Freundschaften von Kindern mit Lernstörungen zu sammeln, haben Wiener und Sunohara (1998) die Eltern von Kindern interviewt, die in einer psychiatrischen Gesundheitseinrichtung Fördermaßnahmen erhielten. Laut der Elternberichte hatte fast die Hälfte der Kinder instabile Beziehungen, die durch ein geringes Maß an Vertrautheit und Gemeinsamkeit gekennzeichnet waren. Die Autoren weisen zurecht darauf hin, dass es sich bei dieser Studie nicht um eine repräsentative Stichprobe von Kindern mit Lernstörungen handelte; dennoch bestätigt die Untersuchung die Ergebnisse anderer Studien: „einen Freund bzw. eine Freundin haben" bedeutet nicht unbedingt, dass Kinder mit Lernstörungen unmissverständliche Akzeptanz und Unterstützung erfahren.

4.2.2.2 Soziale Netzwerke

In einer Klasse ist es ganz normal, dass Kinder mit manchen Mitschülern stärker interagieren als mit anderen. Diese sozialen Gruppen in einem Klassenverband werden in Forschungsansätzen identifiziert, in denen soziale Netzwerke von Kindern untersucht werden. Die Methodik stützt sich auf Fragen wie „Gibt es Kinder in Deiner Klasse, mit denen Du besonders viel Zeit verbringst? Wer sind diese Kinder?" Die Untersuchung der von den Schülern angegebenen Gruppen gibt Aufschluss darüber, ob zu einer Gruppe auch Schüler mit Lernstörungen gehören, und wenn ja, welche Eigenschaften die Mitglieder dieser Gruppe haben.

Pearl et al. (1998) haben die sozialen Netzwerke in 59 Klassen untersucht. In jeder Klasse gab es mindestens zwei Schüler mit leichten Beeinträchtigungen, die jedoch die meiste Zeit am Regelunterricht der Klasse teilnahmen. Die Schülergruppe mit leichten Beeinträchtigungen bestand überwiegend aus Kindern mit Lernstörungen. Den Berichten der Schüler zufolge waren die meisten der Schüler mit leichten Beeinträchtigungen Teil einer Gruppe. Im Vergleich zu den Peers ohne Beeinträchtigungen (7 %) waren jedoch mehr Schüler mit Beeinträchtigungen (19 %) nicht in eine Gruppe integriert. In weiteren Analysen wurde die Konstellation der Gruppen untersucht, in denen Schüler mit leichten Beeinträchtigungen integriert waren. Waren sie in Gruppen von Schülern mit durchschnittlichem prosozialen Verhalten bzw. durchschnittlichem Problemverhalten? Oder zeichneten sich die Mitglieder dieser Gruppen durch hohe Ausprägung in prosozialem bzw. in Problemverhalten aus?

Um diese Fragen zu beantworten, wurden zunächst Gruppen identifiziert, bei denen der mittlere Wert des von Mitschülern beurteilten prosozialen Verhaltens bzw. Problemverhaltens der Gruppenmitglieder ohne Beeinträchtigungen oberhalb des 80. Perzentils lag. Die Ergebnisse deuteten darauf hin, dass 49 % der Kinder mit leichten Beeinträchtigungen in Gruppen mit durchschnittlichem prosozialem bzw. problematischem Verhalten integriert waren. Negativ fiel dagegen auf, dass Schüler mit leichten Beeinträchtigungen in den stark prosozialen Gruppen mit 11 % unterrepräsentiert und mit 21 % in Gruppen mit hohem Problemverhalten überrepräsentiert waren. Eine Analyse, die den Prozentsatz von Gruppenmitgliedern mit Lernstörungen bestimmte, kam zu dem Ergebnis, dass der größte Anteil von Schülern mit Lernstörungen in Gruppen mit dem höchsten Problemverhalten vertreten war (Farmer et al., 1999).

Um eine Vorstellung davon zu bekommen, welche Rolle die Schüler mit leichten Beeinträchtigungen in den Problemgruppen spielten, wurde untersucht, wie oft die Kinder mit leichten Beeinträchtigungen einer dieser Gruppen zugeordnet wurden. Die Annahme war, dass die Kinder zentrale Mitglieder der Gruppe waren, wenn viele Klassenkameraden sie als Gruppenmitglieder nannten. Wurden sie dagegen nur von wenigen Mitschülern erwähnt, waren sie wahrscheinlich eher sekundäre und marginale Gruppenmitglieder. Was die Position der Schüler mit leichten Beeinträchtigungen in Gruppen mit hohem Problemverhalten angeht, so erzielten sie niedrigere Zentralitätswerte als die Schüler ohne Beeinträchtigungen; allerdings war der Unterschied nicht signifikant. Was dagegen die Gruppen betrifft, die in der Klasse am prominentesten waren und von den meisten Schülern erwähnt wurden, so ergab sich ein signifikanter Unterschied. Offenbar spielen die meisten Kinder mit Lernstörungen eine eher zweitrangige Rolle in diesen Gruppen, während die Rolle des „Anführers" den Peers ohne Lernstörungen vorbehalten ist (Farmer et al., 1999).

Zusammenfassend lässt sich feststellen, dass ein unverhältnismäßig hoher Anteil der Kinder mit leichten Beeinträchtigungen nicht Mitglied einer Klassengruppe war; von denjenigen, die in einer Klassengruppe integriert waren, war ein unverhältnismäßig hoher Anteil in einer Gruppe mit Problemverhalten vertreten. Zu ganz ähnlichen Ergebnissen kam eine Studie mit Schülern der mittleren Klassenstufen: Schüler mit Lernstörungen berichteten im Vergleich zu Schülern ohne Lernstörungen häufiger über Kontakte zu Peers mit negativen Verhaltensweisen (Fleming et al., 2002). Ironischerweise legen diese Ergebnisse nahe, dass für einige Schüler mit Lernstörungen der Anschluss an Peers nicht die positive Entwicklung zur Folge hat, die oft unterstellt wird. Das heißt, die Peers, mit denen sie interagieren, fördern nicht unbedingt ein positives, prosoziales Verhalten, sondern können unter Umständen zu negativen, problematischen Verhaltensweisen animieren. Ein Befund, der in die gleiche Richtung deutet, stammt aus einer Studie von Bryan et al. (1989, 1982), wonach Schüler mit Lernstörungen im Vergleich zu Schülern ohne Lernstörungen über eine größere Bereitschaft berichteten, problematische Verhaltensweisen ihrer Peers auf deren Drängen hin zu übernehmen. Dennoch sollte man diese Ergebnisse nicht überbewerten, wenn man bedenkt, dass der Großteil der Kinder mit leichten Beeinträchtigungen nicht in den hochproblematischen Gruppen vertreten war, und dass die meisten

4

Mitglieder in den hochproblematischen Gruppen Kinder waren, die keine leichten Beeinträchtigungen hatten.

4.3 Welche Faktoren beeinflussen die Peerbeziehungen von Schülern mit Lernstörungen?

Ganz gleich, welche Maße zur Beurteilung von Peerbeziehungen verwendet werden, lassen die Forschungsbelege mit bemerkenswerter Übereinstimmung erkennen, dass Schüler mit Lernstörungen anfällig für soziale Schwierigkeiten sind. Nach wie vor unklar ist allerdings, welche Faktoren im Kind und in der Umwelt diese oft so problematischen Beziehungen beeinflussen und noch weniger wissen wir, warum manche Schüler mit Lernstörungen großes Geschick beim Aufbau positiver Peerbeziehungen zeigen. Wie bereits in der Einleitung dieses Kapitels erwähnt, können viele verschiedene Faktoren zu den sozialen Schwierigkeiten und Erfolgen von Kindern beitragen. Überraschenderweise gibt es nur relativ wenige Untersuchungen, die sich gezielt mit den Faktoren befassen, welche mit dem soziometrischen Status von Schülern mit Lernstörungen, ihren Freundschaften und sozialen Netzwerken korrelieren. Dennoch haben einige Studien mit Hilfe von entwicklungsorientierten Forschungsmodellen untersucht, ob sich Schüler mit Lernstörungen von ihren Peers in verschiedenen Merkmalen unterscheiden von denen angenommen wird, dass sie zur Qualität von sozialen Beziehungen beitragen.

Diese Vergleichsstudien von Gruppen sind wichtig, weil sie Informationen über mögliche Ursachen für soziale Beziehungsprobleme liefern; allerdings beinhalten sie auch die klassische Henne-und-Ei-Problematik, weil es oft unmöglich ist, festzustellen, ob bestimmte Faktoren die Ursache oder die Folge der sozialen Probleme der Kinder sind. So können beispielsweise Gefühle von Minderwertigkeit dazu führen, dass sich ein Kind passiv verhält oder aus sozialen Interaktionen zurückzieht, wodurch es dann leicht von den Mitschülern übersehen wird. Auf der anderen Seite kann das Kind aber auch gerade deshalb Minderwertigkeitsgefühle entwickeln, weil es von den Klassenkameraden übersehen wird. Sehr wahrscheinlich treffen beide Möglichkeiten zu einem gewissen Ausmaß zu.

Wohl wissend, wie schwierig es sein kann, Ursache vs. Wirkung zu bestimmen, werden im nächsten Abschnitt Faktoren untersucht, die möglicherweise mit den Peerbeziehungen von Schülern mit Lernstörungen in Zusammenhang stehen. Als erstes befassen wir uns mit der Frage, ob Kinder mit bestimmten Merkmalen – z. B. männlich vs. weiblich oder bestimmte Arten von Beeinträchtigungen – stärker oder weniger stark für soziale Probleme anfällig sind. Da das Verhalten eines Kindes auch dadurch beeinflusst werden kann, wie es soziale Interaktionen interpretiert, werden wir uns im darauffolgenden Abschnitt damit auseinandersetzen, ob sich Kinder mit Lernstörungen darin von anderen Kindern unterscheiden, wie sie soziale Informationen verarbeiten. Im dritten Abschnitt werden Untersuchungen zur Selbstwahrnehmung, die zu problematischen Peerbeziehungen beitragen bzw. daraus resultieren kann, beschrieben. Da das Betragen in der Klasse Bewunderung, aber auch Abneigung von

Mitschülern hervorrufen kann, befasst sich der vierte Abschnitt damit, ob das Verhalten von Kindern mit Lernstörungen anders ist als das ihrer Peers. Fünftens werden emotionale Begleiterscheinungen (z. B. Einsamkeit und Depression) untersucht. Abschließend befassen wir uns mit Kontextvariablen, die möglicherweise den Grad der Akzeptanz von Kindern mit Lernstörungen mitbestimmen.

4.3.1 Charakteristika von Schülern mit Lernstörungen

Einige Studien sind zu dem Ergebnis gelangt, dass bei Kindern mit Lernstörungen ein Zusammenhang zwischen dem Geschlecht und dem soziometrischen Status besteht. Mädchen scheinen für einen niedrigen sozialen Status besonders gefährdet (z. B. Conderman, 1995; Juvonen & Bear, 1992; La Greca & Stone, 1990; Stiliadis & Wiener, 1989; Stone & La Greca, 1990). Studien, die Freundschaftsmaße verwendeten, kamen allerdings zu dem Schluss, dass Jungen mit Lernstörungen weniger reziproke Freundschaften (Wiener, 2002) sowie Freundschaften von geringerer Qualität (Tur-Kaspa et al., 1999) hatten als Mädchen mit Lernstörungen bzw. als Kinder ohne Lernstörungen. Was die Wahrscheinlichkeit betraf, Mitglied in sozialen Klassengruppen zu sein, spielte das Geschlecht offenbar keine Rolle (Pearl et al., 1998).

Weitere Studien haben gefunden, dass der soziometrische Status der Kinder durch Rasse und sogar durch Interaktionen zwischen Rasse und Geschlecht beeinflusst wird. So ergab z. B. eine Studie, dass europäisch-amerikanische Mädchen mit Lernstörungen eher abgelehnt wurden als afro-amerikanische Mädchen mit Lernstörungen (Kistner & Gatlin, 1989a). Zwei weitere Studien deuten außerdem darauf hin, dass afro-amerikanische Kinder mit Lernstörungen möglicherweise einen höheren soziometrischen Status haben als europäisch-amerikanische Kinder (Bryan, 1974; Gresham & Reschly, 1987). Da jedoch keine Daten zur ethnischen Zugehörigkeit der Kinder vorliegen, die die Einschätzungen vornahmen, ist die Interpretation dieser Ergebnisse nicht ganz eindeutig. So könnte es sein, dass afro-amerikanische Kinder Unterschieden gegenüber aufgeschlossener sind (oder zumindest die Unterschiedlichkeit von Kindern mit Lernstörungen besser akzeptieren); eine weitere mögliche Erklärung könnte darin liegen, dass gegenüber Kindern mit unterschiedlichem Hintergrund unterschiedliche Erwartungshaltungen vorhanden sind. Weitere Forschungen zu ethnischen Unterschieden sind erforderlich, um den Einfluss kultureller Werte auf die sozialen Beziehungen von Kindern mit Lernstörungen zu klären.

Der Schweregrad einer Lernstörung könnte die Akzeptanz durch die Peers ebenfalls beeinflussen. Eine Studie, die in einem Camp für Kinder mit Lernstörungen durchgeführt wurde, ergab, dass Kinder, deren Leistungsniveau mehr als zwei Jahre unter dem Altersniveau lag, von den anderen Campteilnehmern mehr negative und weniger positive Nominierungen erhielten als Kinder mit geringerer Alters-/Leistungsdiskrepanz (Wiener, 1980). Komorbidität mit Aufmerksamkeitsdefizit-/Hyperaktivitätsstörung (ADHS) könnte die Wahrscheinlichkeit, dass soziale Probleme auftreten, ebenfalls erhöhen (z. B. Flicek & Landau, 1985; Wiener, 2002). Auf der anderen Seite können Eigenschaften wie Sportlichkeit oder gutes Aussehen den soziometrischen Status von Schülern mit Lernstörungen offenbar aufbessern (z. B. Conderman, 1995; Siperstein & Goding, 1983; Siperstein et al., 1978).

4

Einige Untersuchungen haben sich mit der Frage befasst, ob bestimmte Arten von Lernstörungen eher zur Entwicklung sozialer Probleme führen. Eine Studie deutet darauf hin, dass Jungen mit besseren verbalen Sprachfertigkeiten nicht das gleiche Maß an Ablehnung erfahren wie andere Jungen mit Lernstörungen. Jungen, die beim Wechsler Intelligenztest für Kinder – Revision (WISC-R) bessere Werte beim Verbalteil als beim Handlungsteil erzielten, waren bei ihren Peers zwar weniger beliebt als Jungen ohne Lernstörungen; dennoch erfuhren sie ein geringeres Maß an Ablehnung als Jungen, deren Handlungswerte über den Verbalwerten lagen bzw. als Jungen mit gleichen Werten in beiden Skalen (Landau et al., 1987). Dass sprachliche Beeinträchtigungen bei der Ablehnung durch Peers eine große Rolle spielen, wurde durch Forschungen bei Schülern bestätigt, die trotz normaler kognitiver Entwicklung spezifische sprachliche Beeinträchtigungen aufwiesen – eine Population, deren diagnostische Kriterien sich weitgehend mit denen von Lernstörungsstichproben überschneiden. Kinder mit Beeinträchtigungen der verbalen Sprachfertigkeit waren sogar auf Vorschulebene als Spielkameraden weniger gefragt als gleichaltrige Kinder mit normaler Sprachentwicklung (z. B. Gertner et al., 1994; Rice, 1993). In einer Stichprobe von Grundschülern mit Lernstörungen korrelierte die Peerpräferenz negativ mit den Werten von Lese-Subtests (Wiener et al., 1990). Solche Ergebnisse zeigen, dass weitere Forschungen notwendig sind, um zu klären, auf welche Weise unterschiedliche Arten von Lernstörungen den sozialen Status der betroffenen Kinder beeinflussen (z. B. Rourke & Fuerst, 1996).

4.3.2 Soziale Informationsverarbeitung bei Schülern mit Lernstörungen

Die Verarbeitung sozialer Informationen ist eine komplexe Aufgabe. Ein bekanntes Modell zu diesem Prozess postuliert, dass Kinder in jede soziale Situation Erinnerungen vergangener sozialer Erfahrungen sowie erworbene soziale Regeln und Schemata mitbringen. Diese bereits vorhandenen Daten bilden die Grundlage, auf der weitere soziale Reize aufgenommen und in verschiedenen Schritten verarbeitet werden (Crick & Dodge, 1994). Die Verhaltensreaktionen des Kindes (Schritt 6) ergeben sich aus der Art und Weise, wie diese Reize während der ersten fünf Schritte verarbeitet werden: (1) Enkodierung von wahrgenommenen sozialen Reizen; (2) Repräsentation und Interpretation der Reize; (3) Wahl eines Ziels; (4) Abruf möglicher Reaktionen aus dem Langzeitgedächtnis und (5) Evaluation und Reaktionswahl. Alle Schritte sind durch Feedbackschleifen miteinander verbunden und werden durch die Datenbasis, in der soziale Erfahrungen und soziales Wissen gespeichert sind, gefiltert. Dieses Modell wird im Folgenden als Organisationsmittel verwendet, um Untersuchungen der sozialen Informationsverarbeitungsfertigkeiten von Schülern mit Lernstörungen zu beschreiben.

4.3.2.1 Schritte 1 und 2: Soziale Wahrnehmung und Interpretation

Angesichts dessen, dass Probleme der perzeptuellen Verarbeitung im Mittelpunkt früher Charakterisierungen von Lernstörungen standen, ist es nicht weiter verwunderlich, dass eine der ersten und verbreitetsten Hypothesen über die negativen Peerbeziehungen dieser Schüler Schwierigkeiten bzw. Unterschiede in der Wahrnehmung und Interpretation von interpersonalen Reizen betont. In der Tat haben viele Studien – über alle Altersstufen hinweg, von der Grundschule bis zur Sekundarstufe – unter Verwendung unterschiedlicher Maße sozialer Wahrnehmung bestätigt, dass Schüler mit Lernstörungen im Vergleich zu ihren Peers geringere Fertigkeiten bei der Interpretation sozialer Displays aufweisen (für einen Überblick siehe Tur-Kaspa, 2002a). Eine aktuelle Meta-Analyse kam zu dem Schluss, dass die Interpretation nonverbalen Verhaltens bei 80% der Schüler mit Lernstörungen weniger genau war (Kavale & Forness, 1996).

Eine Studie untersuchte die Fertigkeiten von Schülern, Emotionen zu entdecken, die mittels Gesichtsausdruck, Gestik und Körperhaltung kommuniziert wurden. Es stellte sich heraus, dass Schüler mit Lernstörungen im Vergleich zu ihren Mitschülern bei der Identifizierung von Gefühlen in allen drei Bereichen weniger kompetent waren (Nabuzoka & Smith, 1995). Manche Emotionen ließen sich leichter entdecken als andere; selbst die jüngsten der Schüler mit Lernstörungen hatten kaum Probleme damit, Freude zu identifizieren. Die meisten anderen Emotionen konnten von älteren Schülern mit Lernstörungen (ca. 11 Jahre) präziser bestimmt werden als von jüngeren Kindern mit Lernstörungen (ca. 6,5 Jahre); dies deutet darauf hin, dass sich die sozialen Wahrnehmungsfertigkeiten von Kindern mit Lernstörungen mit zunehmendem Alter verbessern.

Mehrere Studien sind zu dem Ergebnis gekommen, dass Schüler mit Lernstörungen möglicherweise größere Schwierigkeiten damit haben, bei der Einschätzung von Gefühlen anderer Personen die eigene Perspektive außer Acht zu lassen (z. B. Kravetz et al., 1999; Wong & Wong, 1980). Beispiele dafür, wie eine unangemessene Perspektivenübernahme zu weniger kompetentem sozialem Verhalten führen kann, finden sich in vielen Studien, in denen das Verständnis der Sichtweise einer anderen Person Vorraussetzung für kompetentes Handeln war. So waren Schüler mit Lernstörungen in einer Studie beispielsweise nicht in der Lage festzustellen, dass der Sprecher absichtlich die Unwahrheit sagte, obgleich sie die Täuschungsaussagen durchaus als unwahr erkannten (Pearl et al., 1991). In einer anderen Studie erwiesen sich Schüler mit Lernstörungen im Vergleich zu ihren Peers als weniger taktvoll, wenn es darum ging, einem anderen Kind im Rollenspiel eine enttäuschende Nachricht zu übermitteln (Pearl et al., 1985). Außerdem hat sich gezeigt, dass Schüler mit Lernstörungen weniger den Gefühlen und Gedanken anderer entgegenkommen, wenn es darum geht, Zuhörer davon zu überzeugen, ihre Meinung zu ändern (Bryan et al., 1981a; Donahue, 1981).

4.3.2.2 Schritt 3: Wahl eines Ziels

Eine mögliche Erklärung für die sozialen Schwierigkeiten von Schülern mit Lernstörungen ist, dass diese Kinder schlichtweg weniger daran interessiert sind, Beziehungen mit ihren Peers zu entwickeln. Dies scheint allerdings nicht der Fall zu sein. In Studien, in denen die Anzahl an Peer-Interaktionen erfasst wurde, unterschieden sich Schüler mit Lernstörungen häufig nicht von anderen Kindern. Studien, in denen die Bereitschaft zur Teilnahme an gemeinsamen Aktivitäten mit Peers eingeschätzt wur-

4

den, ergaben, dass Schüler mit Lernstörungen mindestens genauso teilnahmebereit waren wie andere Schüler (Pearl, 1992).

Dennoch können sich die spezifischen Ziele, die Schüler mit Lernstörungen mit ihren Interaktionen verbinden, von denen ihrer Peers unterscheiden. Zwei Studien, in denen Jungen mit hypothetischen Situationen konfrontiert wurden, in denen sie Peerbeziehungen aufbauen und aufrecht erhalten sollten, fanden, dass sich die Zielsetzungen der Jungen mit Lernstörungen möglicherweise von denen der anderen Jungen unterschieden. Eine Studie kam zu dem Ergebnis, dass Jungen ohne Lernstörungen in Konfliktsituationen eher das Ziel einer Kompromissfindung verfolgten, während Jungen mit Lernstörungen eher darauf aus waren, Regeln zu befolgen oder zu vermeiden (Carlson, 1987). In der zweiten Studie wurden die Ziele von Jungen in unterschiedlichen Situationen nach dem Grad an Subtilität und Spezifität bewertet (Olivia & La Greca, 1988). Wenn Schüler z. B. am ersten Schultag in der Pause mit dem Ziel auf den Schulhof gingen, Freundschaften zu schließen, so galt dieses Verhalten als subtiler und spezifischer als wenn die Schüler nur zu den anderen auf den Schulhof gingen, weil es drinnen langweilig war oder weil das alle so machten. Die Analysen deuteten darauf hin, dass sich die Jungen mit Lernstörungen zwar ebenso freundlich verhielten wie die anderen Schüler, dass ihre Ziele aber weniger subtil und spezifisch waren. Die beiden Studien lassen erkennen, dass Jungen mit Lernstörungen zwar ebenso großes Interesse an ihren Peers haben, dass sich ihre Ziele jedoch hinsichtlich Zweck und Bestimmtheit möglicherweise von denen anderer Jungen unterscheiden. Soweit wir wissen, wurden die Ziele von Mädchen mit Lernstörungen bislang nicht untersucht.

4.3.2.3 Schritte 4 und 5: Abruf und Wahl von Reaktionen

Wie Schüler Reaktionen auf soziale Konfliktsituationen generieren und auswählen, ist ebenfalls untersucht worden. Ein Beispiel: auf die Frage, wie ein Kind sich Aktivitäten mit anderen anschließen oder eine Konfliktsituation lösen könnte, entwickelten Schüler mit Lernstörungen im Vergleich zu ihren Mitschülern weniger Antwortalternativen (Carlson, 1987; Hartas & Donahue, 1997; Toro et al., 1990; Tur-Kaspa & Bryan, 1994) und entschieden sich für weniger kompetente Strategien (Bryan et al., 1981; Carlson, 1987; Tur-Kaspa & Bryan, 1994). Selbst wenn Schüler mit Lernstörungen dieselbe Strategie wie ihre Mitschüler wählen, setzen sie sie möglicherweise weniger kompetent um (Stone & La Greca, 1984; Tur-Kaspa & Bryan, 1994).

4.3.2.4 Umfassende Beurteilung der sozialen Informationsverarbeitung

Die meisten Studien haben sich mit einzelnen Komponenten der Informationsverarbeitung befasst. Eine Studie führte dagegen eine umfassende Beurteilung aller Schritte einer früheren Version (Dodge, 1986) des Modells von Crick und Dodge (1994) durch. Die Ergebnisse deuteten darauf hin, dass Schüler mit Lernstörungen im Vergleich zu Schülern mit durchschnittlichen Schulleistungen bei sämtlichen Schritten der sozialen Informationsverarbeitung weniger kompetent waren. Darüber hinaus erwiesen sich diese Schüler im Vergleich zu ihren Mitschülern mit schlechten schulischen Leistungen (bei denen keine Lernstörung identifiziert worden war) bei zwei Schritten als weniger kompetent: Enkodierung von sozialen Informationen und Reaktionswahl (Tur-Kaspa & Bryan, 1994).

4.3.2.5 Soziale Datenbasis

Insgesamt deuten die Untersuchungen also darauf hin, dass die Verarbeitung sozialer Informationen (oder zumindest die Verarbeitung auf konventionelle Weise) für viele Schüler mit Lernstörungen ein Problem darstellt. Wie das Modell von Crick und Dodge (1994) nahe legt, werden die Interpretationen dieser Schüler möglicherweise auch dadurch beeinflusst, dass jeder Schritt der sozialen Informationsverarbeitung durch das individuelle soziale Gedächtnis und Wissen gefiltert wird. Obgleich eine Reihe von Studien zu dem Ergebnis gekommen ist, dass sich Schüler mit Lernstörungen in ihrem sozialen Wissen nicht von anderen unterscheiden (Bryan & Sonnefeld, 1981; Bursuck, 1983; McLeod et al., 1994; Stone & La Greca, 1984), gibt es Hinweise darauf, dass Schüler mit Lernstörungen in bestimmten Situationen zumindest andere Erwartungen haben. So hat sich z. B. gezeigt, dass Jugendliche mit Lernstörungen im Vergleich zu anderen mit geringerer Wahrscheinlichkeit davon ausgehen, dass Teenager Überzeugungstricks anwenden, um einen Peer zur Teilnahme an negativen Aktivitäten zu überreden; dieses Ergebnis spiegelt möglicherweise eine mangelnde Perspektivenübernahme wider (Pearl & Bryan, 1992; Pearl et al., 1990). Im Vergleich zu ihren Peers gehen Schüler mit Lernstörungen außerdem mit geringerer Wahrscheinlichkeit davon aus, dass ein Teenager, der bei einem Vergehen ertappt wird, die Konsequenzen dafür trägt; sie nehmen vielmehr an, dass der Teenager in diesem Fall die Flucht ergreift (Pearl & Bryan, 1994). Der Mangel an kollektivem sozialem Wissen kann in bestimmten Situationen einen deutlichen Nachteil mit sich bringen; Schülern mit Lernstörungen fehlt möglicherweise das nötige Rüstzeug, um solche Situationen vorherzusehen und mit ihnen umzugehen.

Die persönlichen Erfahrungen eines Kindes im Umgang mit seinen Peers tragen ebenfalls dazu bei, welches Verhalten das Kind als angemessen betrachtet. Während ein Kind beispielsweise überlegt, wie es in einer bestimmten Situation reagieren soll (z. B. bei der Begegnung mit einer neuen Peergruppe oder in Konfliktsituationen), evaluiert es die Wirksamkeit seiner Selbstdarstellung auf der Grundlage früherer Erfahrungen mit Peers und in Abhängigkeit seines Wissens über angemessene soziale Schemata. Das heißt, die eigenen sozialen Erfahrungen, ebenso wie das allgemeinere soziale Wissen, bilden die soziale Datenbasis. Diese Datenbasis beeinflusst das soziale Verhalten und ist zugleich ein Ergebnis dieses Verhaltens.

Im nächsten Abschnitt wird untersucht, wie Schüler mit Lernstörungen ihren sozialen Status und ihre sozialen Fertigkeiten wahrnehmen, und ob diese Faktoren möglicherweise etwas über die Qualität ihrer Peerinteraktionen und -beziehungen aussagen. Insbesondere Studienergebnisse, die darauf hindeuten, dass Schüler mit Lernstörungen sich ihres niedrigeren sozialen Status bewusst sind, können dazu beitragen, die offenkundige „Spaltung" zwischen dem sozialen Wissen und dem sozialen Verhalten einiger Kinder zu erklären. So könnte es z. B. sein, dass manche Kinder mit Lernstörungen sehr wohl wissen, welches Verhalten in einer bestimmten Situation angemessen ist; möglicherweise glauben sie jedoch, dass ihr niedriger so-

4

zialer Status andere soziale Strategien erfordert, damit sie von ihren Peers akzeptiert werden (z. B. der Aufforderung eines Peers nachgeben anstatt ihr selbstbewusst zu widerstehen).

4.3.3 Selbstwahrnehmung von Schülern mit Lernstörungen

4.3.3.1 Selbsteinschätzung der sozialen Kompetenz

Wie schätzen Schüler mit Lernstörungen sich selbst und ihre Erfahrungen im sozialen Bereich ein? Einige Studien haben ergeben, dass sie ihre soziale Kompetenz und ihr soziales Verhalten (z. B. Bear et al., 1991; Dalley et al., 1992; Montgomery, 1994; Raviv & Stone, 1991), ihre Akzeptanz durch andere Peers (Halmhuber & Paris, 1993; Harter et al., 1998; Kistner & Osborne, 1987; Smith & Nagle, 1995) und ihre Aussichten auf sozialen Erfolg in der Zukunft (Sobol et al., 1983) selbst niedriger bewerten als Schüler ohne Lernstörungen.

Andere Studien haben dagegen keine Unterschiede festgestellt, was die außerschulische Selbstwahrnehmung betrifft (z. B. Vaughn et al., 1990, 1992, 1996), möglicherweise deshalb, weil wenige enge Freundschaften dazu beitragen können, eine negative Selbstwahrnehmung infolge einer allgemein schlechteren Peerakzeptanz zu mindern (Bear et al., 1993). Die soziale Selbstwahrnehmung von Schülern hängt möglicherweise auch davon ab, welche spezifische Verhaltensweise bewertet wird. In einer Studie fielen die Selbsteinschätzungen von Kooperation vergleichsweise niedriger aus, während die Selbsteinschätzungen von Durchsetzungsfähigkeit, Verantwortlichkeit und Selbstkontrolle keinen Unterschied zwischen Schülern mit und ohne Lernstörungen ergaben (Haager & Vaughn, 1995). Die Tatsache, dass eine niedrige soziale Selbstwahrnehmung von Schülern mit Lernstörungen nicht durchgängig gefunden wurde, hängt möglicherweise mit der Heterogenität der sozialen Anpassung dieser Kinder zusammen. Für diese Vermutung spricht das Ergebnis einer Studie, bei der die Selbstwahrnehmung der sozialen Akzeptanz und des Selbstwertgefühls von Jungen aus der fünften Klasse negativ mit der Anzahl der negativen soziometrischen Nennungen der Schüler korrelierte (Bear et al., 1993). Diese Beziehung konnte allerdings bei Drittklässlern nicht bestätigt werden, was darauf hindeutet, dass Kinder mit Lernstörungen mit zunehmendem Alter möglicherweise eine größere Sensibilität gegenüber ihren Beziehungen mit anderen Peers entwickeln und/oder ihnen mehr Bedeutung zumessen.

Eine weitere Studie, die sich mit dieser Heterogenität befasste, kam ebenfalls zu dem Ergebnis, dass Schüler mit leichten Lernstörungen in ihren Selbstwahrnehmungen variieren. Diese Studie identifizierte Schülergruppen mit leichten Beeinträchtigungen (hauptsächlich Lernstörungen), die unterschiedliche Konfigurationen von Merkmalen (erfasst anhand eines Lehrer-Fragebogens) aufwiesen, und verglich daraufhin die Selbstwahrnehmung der Gruppen (Farmer et al., 1999). Es wurde eine ganze Reihe von Unterschieden festgestellt; warum es wichtig ist, Selbstwahrnehmungen in Betracht zu ziehen, wird jedoch deutlich, wenn man die Unterschiede zwischen zwei Konfigurationen von männlichen Probanden betrachtet, die von den Lehrern als überdurchschnittlich aggressiv eingestuft worden waren. Eine dieser Gruppen wurde außerdem als überdurchschnittlich beliebt, sportlich und gut aussehend bewertet. Im Vergleich zu den meisten anderen Gruppen von Jungen mit leichten Beeinträchtigungen nahmen diese Jungen sowohl ihr Aggressionsniveau als auch ihr Beliebtheitsniveau höher wahr. Die andere Gruppe wurde hinsichtlich ihrer Internalisierung (d. h. traurig oder besorgt) und ihrer Schulleistungen als überdurchschnittlich bewertet; verglichen mit den Bewertungen der Lehrer und der anderen Peers neigten diese Jungen dazu, ihre Aggression zu unterschätzen, während sie ihre Beliebtheit und ihre Freundlichkeit im Umgang mit anderen überschätzten. Die unterschiedlichen Selbstwahrnehmungen dieser beiden Gruppen deuten darauf hin, dass sich Interventionen zur Verbesserung des sozialen Verhaltens eng an der Selbstwahrnehmung der Schüler orientieren sollten. Wenn Schüler glauben, dass ihr negatives Verhalten ihnen nutzt, werden sie vermutlich weniger motiviert sein, es zu ändern. Es gibt aber auch Schüler, die sich ihres negativen Verhaltens gar nicht bewusst sind oder es nicht eingestehen wollen.

4.3.3.2 Selbstwahrnehmung und Interaktion mit Peers

Der Einfluss der Selbstwahrnehmung von Kindern auf die Interaktion mit ihren Peers wurde in einer interessanten Studie von Settle und Milich (1999) demonstriert. Die Teilnehmer (Viert- und Fünftklässler) wurden aufgefordert, mehrere mögliche Ursachen für verschiedene Beispiele von sozialer Zurückweisung zu bewerten. Obwohl Schüler mit und ohne Lernstörungen gleichermaßen „Missverständnisse" als wahrscheinlichste Ursache nannten, gab es einen entscheidenden Unterschied. Die Schüler mit Lernstörungen konnten diese Vorfälle im Vergleich zu den anderen Schülern weniger als etwas abtun, für das sie nicht verantwortlich waren. Obgleich sie nicht direkt äußerten, dass sie selbst der Grund für eine soziale Zurückweisung waren, gingen sie im Vergleich zu den anderen Kindern seltener davon aus, dass eine solche Zurückweisung auf eine Charaktereigenschaft des anderen Kindes (z. B. Gemeinheit) beruhte.

Im nächsten Teil der Studie wurden die Schüler mit einem Kind gleichen Geschlechts zusammen gebracht, das zuvor trainiert worden war, unfreundlich und ablehnend zu agieren. Im Anschluss an eine fünfminütige Interaktion wurden die Schüler mit einem anderen gleichgeschlechtlichen Kind zusammengebracht, das zuvor trainiert worden war, sich freundlich und ansprechend zu verhalten. Nach jeder Interaktion wurden die Schüler gebeten, anhand von Fragebögen ihr eigenes Verhalten und das des anderen Kindes zu bewerten (z. B. „Wie sehr mochte er/sie Dich?"; „Wie gut, glaubst Du, hat er/sie Dich kennen gelernt?").

Die Antworten auf diese Fragen ließen erkennen, dass die Schüler mit Lernstörungen die unfreundliche Interaktion negativer und die freundliche Interaktion positiver bewerteten als die Schüler ohne Lernstörungen. Die Frage, wie sehr das andere Kind sie wohl mochte, ergab, dass sich die Mädchen mit Lernstörungen im Vergleich zu den Mädchen ohne Lernstörungen nach der negativen Interaktion weniger geschätzt fühlten; Mädchen und Jungen mit Lernstörungen fühlten sich dagegen nach der positiven Interaktion gleichermaßen mehr geschätzt. In Übereinstimmung mit diesen Ergebnissen kamen Beobachter, die die Interaktionen bewerteten, zu dem Schluss, dass sich die Schüler mit Lernstörungen im Vergleich zu den Schülern ohne Lernstörungen bei der Interaktion mit dem unfreundlichen Kind weniger positiv verhielten; bei der Interaktion mit dem freundlichen Kind waren sie dagegen freundlicher als ihre Peers.

4

Die Ergebnisse zeigten, dass „Kinder mit Lernstörungen sowohl auf die soziale Zurückweisung, als auch auf die anschließende soziale Akzeptanz offenbar stärker reagierten" (S. 208) als die Kinder ohne Lernstörungen. Dies impliziert, dass sich diese Schüler vermutlich frühzeitig aus Interaktionen mit Peers zurückziehen, die als weniger freundlich wahrgenommen werden, während sie freundliche Annäherungen von Peers besonders begrüßen.

4.3.4 Verhalten von Kindern mit Lernstörungen

4.3.4.1 Verhalten im Klassenzimmer

Da das Klassenzimmer der Bereich ist, in dem sich Peerbeziehungsprobleme in der Regel zuerst manifestieren, haben Forschende das Verhalten von Schülern mit Lernstörungen im Klassenzimmer untersucht, um zu sehen, ob es sich von dem ihrer Mitschüler unterscheidet. Eine Meta-Analyse, in der Resultate von 25 Studien zum schulischen Verhalten von Schülern mit Lernstörungen zusammenfasst wurden, hat eine Reihe von Verhaltensdefiziten ergeben. Im Vergleich zu Schülern ohne Lernstörungen zeigten die Schüler mit Lernstörungen häufiger ein Off-Task-Verhalten und waren seltener bei der Sache (On-Task-Verhalten), waren stärker ablenkbar, schüchterner und zurückhaltender und zeigten mehr Verhaltensstörungen (Bender & Smith, 1990). Laut Beurteilungen der Lehrer zeigen Schüler mit Lernstörungen mehr negative und weniger adaptive soziale Fertigkeiten als andere Schüler (z. B. Dalley et al., 1992; Halmhuber & Paris, 1993; Touliatos & Lindholm, 1980; Tur-Kaspa, 2002b; Vallance et al., 1998). Obgleich sich Schüler mit Lernstörungen in einigen Studien in dieser Hinsicht nicht von anderen schlechten Schülern unterschieden (Coleman et al., 1992; Haager & Vaughn, 1995; Tur-Kaspa & Bryan, 1995; Vaughn et al., 1993), scheint es doch, dass das Verhalten vieler Schüler mit Lernstörungen in gewisser Weise anders ist als das ihrer Mitschüler.

4.3.4.2 Sprachgebrauch in sozialen Kontexten

Angesichts dessen, dass soziale Informationsverarbeitung und mündliche Sprachfähigkeiten integriert werden müssen, damit eine wirksame Kommunikation mit Peers möglich wird, haben sich Forschungen ausführlich mit dem Sprachgebrauch von Kindern in sozialen Kontexten – der sogenannten „Pragmatik" – befasst. Methoden zur Einschätzung kommunikativer Interaktionen mit Peers lassen sich auf einem Kontinuum nach der „Natürlichkeit" bzw. der „Authentizität" der Interaktion anordnen. Die Methoden reichen von vorbereiteten Aufgaben, bei denen Kinder ein bestimmtes Gespräch mit einem Peer führen sollen, bis zu Rollenspielen mit strengen thematischen Auflagen und ohne Feedback durch den Zuhörer (Donahue, 2002).

Das Ergebnismuster spiegelt generell die Dilemmata wider, die in diesem Kapitel bereits erwähnt wurden. In manchen Situationen nehmen Schüler mit Lernstörungen an Peerdiskursen teil, als ob sie *Neuankömmlinge* bzw. *Immigranten* der Peerkultur wären. Dieser Diskursstil lässt sich möglicherweise nicht nur auf ihre soziale Informationsverarbeitung und Sprachdefizite zurückführen, sondern auch darauf, dass sie von den Peers quantitativ und qualitativ unterschiedliche Daten erhalten, aus denen sie soziale Normen ableiten (Donahue, 1994). In anderen Worten: Schüler, die von ihren Peers vernachlässigt oder abgelehnt werden, haben mit großer Wahrscheinlichkeit auch weniger Gelegenheiten, die Konservationsregeln und -vorgaben, an die sich die anderen halten, zu beobachten und nachzuahmen. Darüber hinaus erhalten Schüler mit Lernstörungen für ihre Gesprächsbeiträge von den Peers vermutlich eine andere Art von Feedback als ihre Mitschüler, d. h., Themenwechsel oder Versuche, eine persönliche Geschichte zu erzählen, werden weniger toleriert. Andere Studien deuten darauf hin, dass Schüler mit Lernstörungen wie *Betrüger* kommunizieren, d. h., sie sind sich der angemessenen Regeln für Peerdiskurse sehr wohl bewusst, wählen aber kompensatorische Strategien, die ihre Selbstwahrnehmung als Randmitglieder der Peergruppe bestätigen.

Ein Beispiel für das kommunikative Profil des „Neuankömmlings" bzw. „Immigranten" stammt aus Studien, in denen die Fähigkeit von Kindern untersucht wurde, in eine Peerinteraktion einzusteigen. Um die Peerreputation und -geschichte zu kontrollieren, werden Kinder, die sich nicht kennen, einander vorgestellt und aufgefordert, ein Spiel zusammen zu spielen. Nach ca. zehn Minuten wird ein Zielkind (ebenfalls unbekannt) in den Raum geführt. Craig und Washington (1993) verglichen die Fähigkeiten der Peerzugänglichkeit von siebenjährigen Kindern mit spezifischen Sprachbeeinträchtigungen mit denen zweier Vergleichsgruppen mit normaler Sprachentwicklung: jüngere Kinder, die hinsichtlich ihrer sprachlichen Ausdrucksfähigkeit parallelisiert waren und Kinder, die nach dem Alter parallelisiert waren. Die Unterschiede zwischen den Gruppen waren bemerkenswert. Alle Kinder mit normaler Sprachentwicklung fanden leicht und rasch Zugang zu den Peers. Die meisten Kinder mit Sprachbeeinträchtigungen waren dagegen überhaupt nicht erfolgreich; einige verschafften sich nur durch nonverbale Mittel, d. h. ohne zu sprechen, Zugang zu der Interaktion. In einer Replikationsstudie mit älteren Kindern (acht bis zwölf Jahre) konnten Brinton et al. (1997) zeigen, dass selbst diejenigen Kinder mit Sprachbeeinträchtigungen, denen es gelang, den Zugang zu den Peers aufzubauen, keine gleichwertigen Partner im darauf folgenden Gespräch waren.

Studien, die Gruppenaufgaben der Entscheidungsfindung verwenden, liefern Informationen über den „betrügerischen" Kommunikationsstil, den Schüler gebrauchen, um ihre sozial-kognitiven und kommunikativen Grenzen zu überspielen, und als gleichwertige Gesprächspartner zu erscheinen. Dreiergruppen von Kindern wurden aufgefordert, bei der Bewertung von Geschenken bzw. Snacks einen Konsens zu finden (Brinton et al., 1998; Bryan et al., 1981a; Donahue & Prescott, 1988; Fujiki et al., 1997). Schüler mit Sprach- oder Lernproblemen sprachen ebenso viel wie ihre Partner und waren stärker darauf aus, mit ihren Mitschülern überein zu stimmen und Informationswünschen nachzukommen. Sie vermieden jedoch Strategien, die sprachliche Flüssigkeit oder Konfliktlösungsfertigkeiten verlangen. Sie waren beispielsweise weniger geneigt, die Meinungen ihrer Partner anzufechten, wortführend zu sein, Kommentare zu machen, die die Gruppe bei der Sache hielten (Bryan et al., 1981) oder ausgefeilte Überzeugungstaktiken anzuwenden (Brinton et al., 1998). Es überrascht daher nicht, dass Schüler mit Sprach- bzw. Lernstörungen weniger Einfluss auf die letztendlichen Entscheidungen ihrer Gruppen hatten. Interessanterweise konnte man diesen strategisch passiven Konversationsstil auch bei schlechten Lesern feststellen, bei denen noch keine Lernstörung identifiziert worden war (Donahue & Prescott, 1988).

Was geschieht, wenn man Schülern mit Sprachlernstörungen ein Script gibt, das ihnen eine ungewohnte soziale Rolle – z. B. die des dominanten Gesprächspartners – aufzwingt? In einer Studie sollten Schüler mit Lernstörungen (zweite bis vierte Klasse) die Rolle eines „Talk-Show-Moderators" spielen und Mitschüler ohne Lernstörungen interviewen. Dabei hatten sie Schwierigkeiten, den Dialog aufrecht zu erhalten. Sie stellten weniger offene Fragen und ihre „Gäste" gaben weniger ausführliche Antworten (Bryan et al., 1981b). In einer zweiten Studie mit einer kurzen Modeling-Intervention wurden Jungen mit Lernstörungen angehalten, mehr offene Fragen zu stellen und themenerweiternde Kommentare zu geben (Donahue & Bryan, 1983). Diese Veränderungen des Konversationsverhaltens führten jedoch dazu, dass die interviewten Mitschüler noch weniger ausführliche Antworten gaben und häufiger „nachhaken" mussten, weil sie die Frage nicht verstanden hatten. Was aber noch mehr überraschte war, dass die Jungen mit Lernstörungen, die ihren Kommunikationsstil geändert hatten, stärker auf ihre eigenen Kommunikationsfertigkeiten und auf die verbalen bzw. nonverbalen Antworten ihrer Peers achteten als die Vergleichsgruppe. Diese Ergebnisse lassen vermuten, dass die Jungen den sozialen „Preis" des veränderten Interaktionsstils erkannten, was zeigt, dass selbst subtile Gesprächsnormen in sozialen Beziehungen mit empfindlichem Gleichgewicht eine Rolle spielen.

4.3.4.3 Verhalten und Peerbeziehungen

Beeinflusst dieses „andere" soziale Verhalten den Peerstatus von Schülern mit Lernstörungen? Die wenigen Studien, die sich direkt mit den Korrelationen dieser Maße befassen, zeigen, wie schwierig es ist, die komplexen Faktoren zu verstehen, die der Peerakzeptanz zugrunde liegen. Außerdem sei an dieser Stelle ausdrücklich darauf hingewiesen, dass die meisten dieser Studien untersuchten, wie Lehrer, Eltern oder Peers das Verhalten der Kinder wahrnahmen, und nicht direkt das Verhalten der Kinder beobachteten.

Schüler, deren Lehrer weniger Verhaltensweisen entdeckten, die vermutlich durch soziale Wahrnehmungsdefizite verursacht waren (Stiliadis & Wiener, 1989), und die mehr positive Interaktionen mit Peers hatten (Coleman & Minnett, 1992), wiesen einen höheren soziometrischen Status auf. Eltern- und Lehrerberichten zufolge hatten Schüler mit Lernstörungen, die von ihren Peers abgelehnt wurden, eine geringere soziale Kompetenz und mehr Verhaltensprobleme als Schüler mit Lernstörungen, die von ihren Peers akzeptiert wurden (Sater & French, 1989). Lehrerbeurteilungen von Unaufmerksamkeit/Hyperaktivität und Aggression waren mit negativen soziometrischen Nennungen assoziiert (Kistner & Gatlin, 1989b).

Schüler, die von ihren Peers eher als aggressiv und verschlossen bewertet wurden, erhielten mehr negative und weniger positive Nennungen als Schüler mit niedrigen Aggressions- und Verschlossenheitswerten. Peerbeurteilungen von Abhängigkeit, Selbstunsicherheit und Passivität korrelierten positiv mit der Anzahl an negativen Nennungen (Kistner & Gatlin, 1989b). Peerpräferenzen („Mag ich am meisten"- minus „Mag ich am wenigsten"-Nennungen) korrelierten negativ mit Peernennungen wie Störenfried, abhängig und kampflustig und korrelierten positiv mit Nennungen von Kooperationsbereitschaft (Wiener et al., 1990). Beliebte Jugendliche mit Lernstörungen wurden von den Peers als unabhängig und zurückgezogen betrachtet (Perlmutter et al., 1983).

Diese Ergebnisse scheinen darauf hinzudeuten, dass Verhaltensweisen, die als negativ wahrgenommen werden, mit einem niedrigeren Status in Verbindung stehen. Allerdings lassen Daten zu schulischen Netzwerken erkennen, dass die Rolle des negativen Verhaltens möglicherweise sehr viel komplexer ist. Obgleich Mädchen mit Lernstörungen mit größerer Wahrscheinlichkeit Mitglied einer Klassengruppe und weniger isoliert waren, wenn sie von ihren Peers als Anführerinnen und als prosozial (d. h. „fleißig" und „kooperativ") bezeichnet wurden, konnten sich Jungen mit Lernstörungen leichter einer Gruppe anschließen, wenn sie als Anführer, sportlich und antisozial (Nennungen wie „Störenfried", „fängt oft Streit an" und „bringt sich in Schwierigkeiten") wahrgenommen wurden (Pearl et al., 1998). Dieses letzte Ergebnis deutet auf die beunruhigende Möglichkeit hin, dass es für Jungen, die Teil der sozialen Welt ihrer Peers sein möchten, von Vorteil ist, als antisozial wahrgenommen zu werden. Wir möchten an die beiden Gruppen aggressiver Jungen mit leichten Beeinträchtigungen erinnern, die in diesem Kapitel beschrieben wurden. Eine dieser Gruppen wurde von den Lehrern als hoch aggressiv, beliebt, sportlich und gut aussehend beschrieben (und bestand aus etwa 14 % der Jungen mit leichten Beeinträchtigungen). Insbesondere diese Jungen schienen für ihr Verhalten Unterstützung von den Peers zu bekommen: 20 % der Mitschüler bezeichneten sie als „cool". Die Aggressivität dieser Gruppe war also offenbar kein Grund, um von den Peers abgelehnt zu werden. Wie bereits erwähnt, waren sich diese Schüler nicht nur ihrer Aggressivität bewusst, sondern nahmen sich selbst auch als beliebt wahr. Jungen mit dieser Konfiguration von Merkmalen werden kaum bestrebt sein, ihr aggressives Verhalten zu ändern.

Allerdings wurden nicht alle Jungen mit leichten Beeinträchtigungen, die als aggressiv wahrgenommen wurden, als „cool" betrachtet; wie bereits erwähnt, wurde das aggressive Verhalten von Schülern mit Lernstörungen in einigen Studien mit einem niedrigeren soziometrischen Status assoziiert. Die zweitrangige Rolle, die Kinder mit leichten Beeinträchtigungen offenbar in aggressiven Schülergruppen spielen (Farmer et al., 1999) deutet auch darauf hin, dass die Aggressivität bei manchen Jungen nicht der Grund, sondern die Folge ihrer Beziehung zu aggressiven Mitschülern sein könnte. In anderen Worten: die Charakterähnlichkeiten von Kindern, die sich zu einer Gruppe zusammenschließen, können sowohl eine Folge der Sozialisierung durch andere Gruppenmitglieder sein als auch der Grund für die gegenseitige Anziehung und den Gruppenzusammenschluss (z. B. Farmer et al., 1996).

Obgleich aggressives Verhalten nur auf eine verhältnismäßig kleine Gruppe von sozial „erfolgreichen" Jungen mit Lernstörungen typisch ist, könnte die Art des Peerzuspruchs, der diese negative Verhaltensweise offenbar bestärkt, auch im Bezug auf andere Verhaltensweisen bestärkend wirken. Man denke nur an den Mangel an Selbstsicherheit, der für viele Schüler mit Lernstörungen so typisch ist. Möglicherweise könnten diese Schüler ein höheres Akzeptanzniveau erzielen, wenn man sie dazu bringen könnte, ebenso selbstsicher zu handeln wie ihre Mitschüler ohne Lernstörungen. Auf der anderen Seite trägt eine größere Selbstsicherheit möglicherweise gar nicht dazu bei, die soziale Stellung dieser Schüler zu verbessern. Es könnte durchaus sein, dass selbstbewusste Reaktionen seitens der Schüler mit Lernstörungen gar nicht gut aufgenommen werden. Je nachdem, welche Eigenschaften das Kind sonst noch hat, könnte ein selbstbewusstes Verhalten unterschiedlich gut ankommen, d.h. selbstbewusstes Verhalten könnte bei manchen Schülern mit Lernstörungen akzeptiert werden, bei anderen nicht.

Forschungsunternehmungen sollten auch in Zukunft die komplexen sozialen Systeme im schulischen Bereich untersuchen, in denen Verhaltensweisen eingebettet sind. Es reicht allerdings nicht aus, Verhaltensunterschiede zwischen Schülern mit und ohne Lernstörungen sowie Verhaltenskorrelate der Peerakzeptanz zu identifizieren; ebenso wichtig ist es zu untersuchen, auf welche Weise die Reaktionen der Peers bestimmte Verhaltensweisen – positive wie negative – von Schülern mit Lernstörungen und unterschiedlichen Eigenschaften bestärken und aufrecht erhalten.

4.3.5 Emotionale Begleiterscheinungen von Lernstörungen

Möglicherweise sind die weniger befriedigenden und stabilen Peerbeziehungen ein Grund dafür, warum Schüler mit Lernstörungen offenbar stärker gefährdet sind, emotionale Probleme zu entwickeln. Zum Beispiel hatten Schüler mit Lernstörungen – sogar im College (Hoy et al., 1997; Reiff et al., 2001) – ein höheres Ausmaß an Ängsten und Stress (Fisher et al., 1996; Margalit & Shulman, 1986; Margalit & Zak, 1984). Außerdem leiden Kinder mit Lernstörungen auch oft unter Einsamkeit (z. B. Margalit & Ben-Dov, 1992, in: Margalit & Levin-Alyagon, 1994; Pavri & Monda-Amaya, 2000; Sabornie, 1994; Tur-Kaspa et al., 1998; Tur-Kaspa et al., 1999) sowie Depressionen (z. B. Stanley et al., 1997). Eine Studie kam zu dem Ergebnis, dass die Einsamkeit von Grundschülern mit Lernstörungen mit ihren Wahrnehmungen von der Qualität ihrer Freundschaften zusammenhing. Die Einsamkeit zu Beginn des Schuljahres korrelierte außerdem mit der Anzahl gegenseitiger Ablehnungen, während die Einsamkeit am Ende des Schuljahres mit der Anzahl reziproker Freundschaften zusammenhing (Tur-Kaspa et al., 1999). Bei Schülern mit Lernstörungen in der frühen bis mittleren Adoleszenz war die Einsamkeit stark an die Akzeptanz und Ablehnung durch die Peers sowie an reziproke Freundschaften gekoppelt (Tur-Kaspa et al., 2002b).

Die Häufigkeit schwerer Depressionen bei Grundschülern mit Lernstörungen wird auf 14 % bis teilweise sogar auf mehr als 35 % geschätzt (Stevenson & Romney, 1984; Wright-Strawderman & Watson, 1992). Auch bei Jugendlichen mit Lernstörungen wurde eine erhöhte Rate von Depressionen festgestellt (Dalley et al., 1992; Maag & Behrens, 1989): ca. 32 % der Teilnehmer einer Studie zeigten Symptome einer mittleren bis schweren Depression. Die psychologischen Berater dieser Studie gingen davon aus, dass 43 % der Teilnehmer Depressionswerte im klinisch relevanten Bereich hatten (Howard & Tryon, 2002). Schüler, die ihre soziale Akzeptanz als negativ wahrnahmen, erwiesen sich in einer Studie als besonders anfällig für Depressionen (Heath & Wiener, 1996). Noch alarmierender sind Untersuchungen, wonach eine unverhältnismäßig hohe Zahl von Schülern, die Selbstmord begehen, Lernstörungen hatten (z. B. Huntington & Bender, 1993). Die häufige Koinzidenz von Lernstörungen und schweren psychologischen Problemen bedarf einer größeren Aufmerksamkeit (Rock et al., 1997; San Miguel et al., 1996).

Eine Studie legt nahe, dass der Gemütszustand von Schülern mit Lernstörungen deren soziale Informationsverarbeitung beeinflussen kann (Bryan et al., 1998). Um einen positiven Gemütszustand herzustellen, wurden die Schüler aufgefordert, eine Minute lang die Augen zu schließen und an die glücklichste Zeit ihres Lebens zu denken oder einfach nur „fröhliche" Musik zu hören. Anschließend wurde den Schülern eine soziale Problemlösungsaufgabe gestellt (z. B. wie man in ein bereits laufendes Spiel einsteigen könnte). Im Vergleich zu Schülern in einem neutralen Gemütszustand, die einfach nur eine Minute lang ihre Augen geschlossen hatten und zählten, brachten die Schüler mit den positiven Erinnerungen mehr Lösungen hervor; diejenigen Schüler, die eine Minute lang fröhliche Musik gehört hatten, interpretierten die Situation zwar positiver, beschönigten sie jedoch auch sehr stark. Diese Ergebnisse waren bei Kindern mit und ohne Lernstörungen gleich. Obwohl die Musik-Bedingung nicht durchweg von Nutzen war, bewirkte der positive Gemütszustand einige Verbesserungen in der Informationsverarbeitung. Dies legt die Schlussfolgerung nahe, dass der Mangel an positiven Gefühlen oder Gefühlszuständen, den einige Schüler mit Lernstörungen erleiden, zu deren sozialen Schwierigkeiten beitragen kann.

4.3.6 Kontextuelle Einflüsse

Der Schauplatz Schule ist nicht unbedingt ein leichtes Umfeld. Das soziale Los von Schülern mit Lernstörungen ist nicht nur eine Funktion ihrer eigenen sozialen Fähigkeiten und ihres Sozialverhaltens, sondern hängt auch von der Toleranz und dem Verständnis der Mitschüler ab. Es erscheint daher sinnvoll anzunehmen, dass Schüler mit Lernstörungen in einem Umfeld, das möglichen negativen Ausrichtungen entgegenwirkt oder sie möglichst gering hält, weniger Probleme mit ihren Peers haben.

In den letzten Jahren wurde verstärkt für schulische Integration als ein Mittel eingetreten, die soziale Akzeptanz von Schülern mit Lernstörungen zu verbessern. Es wurde vermutet, dass die soziale Akzeptanz dieser Schüler zunimmt, wenn sie trotz spezieller Fördermaßnahmen voll in den normalen Schulunterricht integriert werden. Diese Annahme geht zumindest teilweise auf die Überzeugung zurück, dass Schüler stigmatisiert werden und bei ihren Klassenkameraden ein geringeres Ansehen haben, wenn sie getrennt unterrichtet werden oder den normalen Unterricht häufig verlassen müssen, um spezielle Fördermaßnahmen zu erhalten. Außerdem wurde vermutet, dass sich Schüler mit Lernstörungen durch den stetigen Kontakt mit Schülern ohne Lernstörungen an besseren Rollenmodellen für ein erfolgreiches schulisches Verhalten orientieren können.

Leider gibt es kaum Anhaltspunkte dafür, dass eine Integration automatisch zu den erhofften positiven Resultaten führt (Sale & Carey, 1995; Vaughn et al., 1998, 1996). Obgleich Schüler mit Lernstörungen, die in förderpädagogischen Programmen getrennt unterrichtet wurden, über mehr Konflikte und weniger Kameradschaft mit ihren besten Schulfreunden berichteten als Schüler in Integrationsprogrammen, ergab der Vergleich zwischen Integrations- und sonderpädagogischem Förderunterricht keinen Unterschied, was die Zahl der Freunde, Qualität der Freundschaften, soziale Fähigkeiten, Selbstkonzept, Einsamkeit und Depression betraf. Die Trennung von der Klasse, um für 90 Minuten pro Tag an einem speziellen Förderprogramm teilzunehmen, hatte keinen Einfluss auf das schulische Sozialverhalten der Kinder (Wiener, 2002). Eine Meta-Analyse ergab zudem keinerlei Unterschiede zwischen den sozialen und persönlichen/emotionalen Selbstkonzepten (bzw. den allgemeinen, schulischen und physischen Selbstkonzepten) von Schülern mit Lernstörungen, die in den normalen Schulunterricht integriert waren, und Schülern mit Lernstörungen, die getrennt unterrichtet wurden (Elbaum, 2002).

Offenbar ist es nicht ausschlaggebend, ob ein Schüler in den normalen Schulunterricht integriert ist oder nicht, sondern ob das Unterrichtsumfeld die Unterstützung bietet, die den sozialen und schulischen Bedürfnissen des Kindes gerecht wird. Beispielsweise lassen sich bessere soziale Resultate erzielen, wenn die Lehrer gegenüber den Schülern mit Lernstörungen eine positive Einstellung haben (Vaughn et al., 1993) oder eine sonderpädagogische Ausbildung (Madge et al., 1990) absolviert haben, oder wenn sie gezielt durch Sonderpädagogen unterstützt werden (z. B. Juvonen & Bear, 1992; Vaughn et al., 1998).

Noch wichtiger ist jedoch das Ausmaß, im dem konzertierte Anstrengungen unternommen werden, positive Interaktionen zwischen den Mitschülern zu fördern. Zu den vielversprechenden Methoden zur Verbesserung von Peerbeziehungen gehören kooperative Lerngruppen (z. B. Anderson, 1985; Putnam et al., 1996) und Peer-Tutoring, wobei Schüler mit Lernstörungen abwechselnd als Tutor und als Lernender mit einem Partner zusammen arbeiten (Fuchs et al., 2002). Diese Methoden sind jedoch keineswegs ein Allheilmittel; Schüler mit und ohne Lernstörungen müssen in der Regel erst einmal lernen, mit anderen Kindern in Gruppen zusammen zu arbeiten (Bryan et al., 1982). In einer Studie zum naturwissenschaftlichen Lernen im Integrationsunterricht legten Palincsar et al. (2000) dar, wie Schüler mit Lernstörungen bei Kleingruppenarbeit häufig von ihren Peers marginalisiert wurden. Glücklicherweise stellte sich heraus, dass die Lehrer, die an fallbasierten professionellen Entwicklungsgesprächen über die negativen Gruppenerfahrungen dieser Schüler teilnahmen, ihre Auffassung und Praktiken bezüglich ihrer Wahl der Gruppenmitglieder änderten und die Schüler besser darauf vorbereiteten, sich gegenseitig zu unterstützen. Diese Maßnahme trug dazu bei, dass die Schüler mit Lernstörungen ihr naturwissenschaftliches Lernen verbessern konnten.

4.4 Zukünftige Forschungsrichtungen

Wie in diesem Kapitel beschrieben wurde, hat eine unverhältnismäßig hohe Zahl an Schülern mit Lernstörungen problematische Peerbeziehungen; gleichzeitig haben einige lerngestörte Kinder den gleichen sozialen Erfolg wie ihre Mitschüler ohne Lernstörungen. Obwohl heute besser verstanden wird, warum dies so ist, müssen noch viele Fragen geklärt werden, z. B., wie man schon frühzeitig jene Schüler identifizieren kann, bei denen ein hohes Risiko für spätere Peerbeziehungsprobleme besteht, oder ob Kinder, die aufgrund ihrer mündlichen Sprachprobleme bereits im Vorschulalter von ihren Peers abgelehnt werden, besonders gefährdet sind. Eine frühzeitige Identifizierung der Vorläufer von Peerbeziehungsproblemen würde es uns ermöglichen, umfassende Präventionsmaßnahmen zu ergreifen – noch bevor sich diese Probleme manifestieren.

Überraschenderweise gibt es nur wenige Forschungen, die direkt untersucht haben, welche Faktoren zusammentreffen müssen, damit ein Kind positiven Zuspruch von seinen Mitschülern erhält. Die Antworten auf diese Frage sind keineswegs einfach. So wissen wir beispielsweise, dass bestimmte wünschenswerte Eigenschaften dazu beitragen können, dass Kinder mit Lernstörungen von ihren Klassenkameraden akzeptiert werden; wir wissen aber auch, dass die Aggressivität von Jungen in positivem Zusammenhang zu ihrer Zugehörigkeit zu einer Klassengruppe steht. Diese Ergebnisse werfen eine Reihe von Fragen auf, von denen einige in diesem Kapitel angesprochen wurden. Inwieweit spielen Merkmale, Fertigkeiten und Verhaltensweisen eine Rolle? Unterscheiden sie sich, je nach dem, welche Beziehungsmaße verwendet werden? Sind sie für die Peers von unterschiedlicher Bedeutsamkeit, je nach dem, welche Konfiguration von Eigenschaften ein Kind mit Lernstörungen besitzt? Auf welche Weise fördert bzw. hemmt das Verhalten von Peers die Entwicklung von Fertigkeiten und Verhaltensweisen, die die Attraktivität dieser Kinder als Freunde beeinflussen? Und wie werden diese Zusammenhänge durch Geschlecht und Kultur beeinflusst?

Um den Einfluss anderer auf das Leben eines Kindes besser zu verstehen, muss man über das Peerumfeld hinausschauen. Welchen Beitrag leisten Eltern und Lehrer, um Fertigkeiten und Verhaltensweisen auszubilden, die der sozialen Akzeptanz des Kindes zuträglich sind? Inwieweit tragen sie zur Strukturierung von Situationen bei, die positive Beziehungen fördern? Auf welche Weise beeinflussen die Einstellungen und Verhaltensweisen, die Lehrer gegenüber Schülern mit Lernstörungen zeigen, die Reaktionen der anderen Kinder? Welche schulischen Maßnahmen sorgen am ehesten für gute Beziehungen zwischen allen Mitschülern? Wie kann man gemeinsame Interessen und Hobbys nutzen, um für Schüler mit Lernstörungen Gelegenheiten zu schaffen, sich voll und ganz in Peergruppen zu integrieren? Außerdem muss untersucht werden, wie sich vielversprechende schulische Programme zur Förderung von positiven Peerbeziehungen auf Motivation und Leistung auswirken (z. B. das Child Development Project; Solomon et al., 1996). Darüber hinaus müssen wir herausfinden, ob außerschulische Beziehungen mit Kindern – z. B. mit Spielkameraden aus der Nachbarschaft, Cousins/Cousinen, Pfadfindern, Kindern aus der Kirchengemeinde – einige der sozialen Schwierigkeiten in der Schule kompensieren können.

Viele der Ergebnisse, die in diesem Kapitel diskutiert wurden, werfen grundlegende Fragen zu Umfang und Methode von Interventionsmodellen auf. Ist es z. B. sinnvoller, auf eine bessere Gruppenakzeptanz zu zielen oder dem Kind dabei zu helfen, einige wenige – und dafür gute – Freundschaften aufzubauen? Sind Beziehungen mit anderen Kindern, die ebenfalls Lernstörungen haben, weniger nützlich als Beziehungen mit Kindern ohne Lernstörungen? Wie wir festgestellt haben, schließen sich einige Kinder mit Lernstörungen Mitschülern mit weniger wünschenswerten Verhaltensweisen an und manchmal bringen ihnen ihre Freundschaften wenig Bestätigung und Unterstützung ein. Würde es dem Kind mehr schaden als nutzen, wenn man es in solchen Freundschaften bestärken würde? Und was noch viel wichtiger ist: wie können wir erkennen, dass soziale Schwierigkeiten zu einer ernsthaften Gefahr – z. B. eines Suizids – werden und ein sofortiges Eingreifen erfordern?

Nach 30 Jahren Forschung sind sich Pädagogen und Eltern von Schülern mit Lernstörungen darüber im klaren, wie wichtig Peerbeziehungen sind. Allerdings kommen die Betroffenen selbst in diesen Untersuchungen eigenartigerweise kaum zu Wort. Wie können wir die erfolgreichen Strategien erkennen und unterstützen, mit deren

4   Hilfe sich einige Schüler mit Lernstörungen ihre eigene soziale Nische geschaffen haben (z. B. Donahue et al., 1999)? So könnte es z. B. sein, dass einige Schüler mit ausgeprägten außerschulischen Interessen und Hobbys ihr soziales Leben gezielt an anderen ausrichten, die ihren Enthusiasmus teilen. All unsere Bemühungen, Schülern mit Lernstörungen dabei zu helfen, positive Peerbeziehungen zu entwickeln, werden unvollkommen bleiben, wenn wir die sozialen Zielsetzungen und Überzeugungen der einzelnen Schüler nicht verstehen.

Literatur

Anderson, M. A. (1985). Cooperative group tasks and their relationship to peer acceptance and cooperation. *Journal of Learning Disabilities, 18,* 83–86.

Bagwell, C. L., Schmidt, M. E., Newcomb, A. F. & Bukowski, W. M. (2001). Friendship and peer rejection as predictors of adult adjustment. *New Directions for Child and Adolescent Development, 91,* 25–49.

Bear, G. G., Clever, A. & Proctor, W. A. (1991). Self-perceptions of nonhandicapped children with learning disabilities in integrated classes. *Journal of Special Education, 24,* 409–426.

Bear, G. G., Juvonen, J. & McInerney, F. (1993). Self-perceptions and peer relations of boys with and boys without learning disabilities in an integrated setting: A longitudinal study. *Learning Disability Quarterly, 16,* 127–136.

Bender, W. N. & Smith, J. K. (1990). Classroom behavior of children and adolescents with learning disabilities: A meta-analysis. *Journal of Learning Disabilities, 23,* 298–305.

Brinton, B., Fujiki, M. & Mckee, L. (1998). Negotiation skills of children with specific language impairment. *Journal of Speech, Language, and Hearing Research, 41,* 927–940.

Brinton, B., Fujiki, M., Spencer, J. & Robinson, L. (1997). The ability of children with specific language impairment to access and participate in an ongoing interaction. *Journal of Speech, Language, and Hearing Research, 40,* 1011–1025.

Bryan, J. H. & Sonnefeld, L. J. (1981). Children's social desirability ratings of ingratiation tactics. *Learning Disability Quarterly, 4,* 287–293.

Bryan, J. H., Sonnefeld, L. J. & Greenberg, F. Z. (1981). Ingratiation preferences of learning disabled children. *Learning Disability Quarterly, 4,* 170–179.

Bryan, T. H. (1974). Peer popularity of learning disabled children. *Journal of Learning Disabilities, 7,* 621–625.

Bryan, T. H. (1976). Peer popularity of learning disabled children: A replication. *Journal of Learning Disabilities, 9,* 307–311.

Bryan, T., Cosden, M. & Pearl, R. (1982). The effects of cooperative goal structures and cooperative models on learning disabled and nondisabled students. *Learning Disability Quarterly, 5,* 415–421.

Bryan, T., Donahue, M. & Pearl, R. (1981a). Learning disabled children's peer interactions during a small-group problem-solving task. *Learning Disability Quarterly, 4,* 13–22.

Bryan, T., Donahue, M., Pearl, R. & Sturm, C. (1981b). Learning disabled children's conversational skills: The television talk show. *Learning Disability Quarterly, 4,* 250–259.

Bryan, T., Pearl, R. & Fallon, P. (1989). Conformity to peer pressure by students with learning disabilities: A replication. *Journal of Learning Disabilities, 22,* 458–459.

Bryan, T., Sullivan-Burstein, K. & Mathur, S. (1998). The influence of affect on social-information processing. *Journal of Learning Disabilities, 31,* 418–426.

Bryan, T., Werner, M. & Pearl, R. (1982). Learning disabled students' conformity responses to prosocial and antisocial situations. *Learning Disability Quarterly, 5,* 344–352.

Bukowski, W. M. & Hoza, B. (1989). Popularity and friendship. Issues in theory, measurement, and outcome. In T. J. Berndt & G. W. Ladd (Hg.), *Peer relationships in child development* (S. 15–45). New York: Wiley.

Bukowski, W. M., Hoza, B. & Boivin, M. (1994). Measuring friendship quality during pre-and early adolescence: The development and psychometric properties of the Friendship Qualities Scale. *Journal of Social and Personal Relationships, 11,* 471–484.

Bursuck, W. (1983). Sociometric status, behavior ratings, and social knowledge of learning disabled and low-achieving students. *Learning Disability Quarterly, 6,* 329–338.

Bursuck, W. (1989). A comparison of students with learning disabilities to low achieving and higher achieving students on three dimensions of social competence. *Journal of Learning Disabilities, 22,* 188–194.

Carlson, C. I. (1987). Social interaction goals and strategies of children with learning disabilities. *Journal of Learning Disabilities, 20,* 306–311.

Coleman, J. M., McHam, L. A. & Minnett, A. M. (1992). Similarities in the social competencies of learning disabled and low achieving elementary school children. *Journal of Learning Disabilities, 25,* 671–677.

Coleman, J. M. & Minnett, A. M. (1992). Learning disabilities and social competence: A social Ecological perspective. *Exceptional Children, 59,* 234–246.

Conderman, G. (1995). Social status of sixth-and seventh-grade students with learning disabilities. *Learning Disability Quarterly, 18,* 13–24.

Craig, H. & Washington, J. (1993). Access behaviors of children with specific language impairment. Journal *of Speech and Hearing Research, 36,* 322–337.

Crick, N. R. & Dodge, K. A. (1994). A review and reformulation of social information-processing mechanisms in children's social adjustment. *Psychological Bulletin, 115,* 74–101.

Cutter, J., Palincsar, A. S. & Magnusson, S. J. (2002). Supporting inclusion though case-based vignette conversations. *Learning Disabilities Research and Practice, 17*(3), 186–200.

Dalley, M. B., Bolocofsky, D. N., Alcorn, M. B. & Baker, C. (1992). Depressive symptomatology, attributional style, dysfunctional attitude, and social competency in adolescents with and without learning disabilities. *School Psychology Review, 21,* 444–458.

Dodge, K. A. (1986). A social information processing model of social competence in children. In M. Perlmutter (Hg.), *The Minnesota Symposium on Child Psychology,* Bd. 18 (S. 77–125). Hillsdale, NJ: Lawrence Erlbaum.

Donahue, M. (1981). Requesting strategies of learning disabled children. *Applied Psycholinguistics, 2,* 213–234.

Donahue, M. (1994). Differences in classroom discourse styles of students with learning disabilities. In D. Ripich and N. Creaghead (Hg.), *School discourse* (S. 229–261). San Diego, CA: Singular Press.

Donahue, M. (2002). „Hanging with friends": Making sense of research on peer discourse in children with language and learning disabilities. In K. Butler & E. Silliman (Hg.), *Speaking, reading, and writing in students with language learning disabilities* (S. 239–258). Mahwah, NJ: Lawrence Erlbaum.

Donahue, M. & Bryan, T. (1983). Conversational skills and modeling in learning disabled boys. *Applied Psycholinguistics, 44,* 251–278.

Donahue, M. & Prescott, B. (1988). Reading disabled children's conversational participation in dispute episodes with peers. *First Language, 8,* 247–258.

Donahue, M., Szymanski, C. & Flores, C. (1999). When Emily Dickinson met Steven Spielberg: Assessing social information processing in literacy contexts. *Language, Speech, and Hearing Services in Schools, 30,* 274–284.

Donahue, M. & Wong, B. Y. L. (2002). How to start a revolution. In B. Y. L. Wong & M. Donahue (Hg.), *Social dimensions of learning disabilities: Essays in honor of Tanis Bryan.* Mahwah, NJ: Lawrence Erlbaum.

4

Elbaum, B. (2002). The self-concept of students with learning disabilities: A metaanalysis of comparisons across different placements. *Learning Disabilities & Practice, 17,* 216–226.

Erdley, C. A., Nangle, D. W., Newman, J. E. & Carpenter, E. M. (2001). Children's friendship experiences and psychological adjustment: Theory and research. *New Directions for Child and Adolescent Development, 91,* 5–24.

Farmer, T. W., Pearl, R. & Van Acker, R. (1996). Expanding the social skills framework: A developmental synthesis perspective, classroom social networks, and implications for the social growth of students with disabilities. *Journal of Special Education, 30,* 232–256.

Farmer, T. W., Rodkin, P. C., Pearl, R. & Van Acker, R. (1999). Teacher-assessed behavioral configurations, peer-assessments, and self-concepts of elementary students with mild disabilities. *Journal of Special Education, 33,* 66–80.

Farmer, T. W., Van Acker, R. M., Pearl, R. & Rodkin, P. C. (1999). Social networks and peer-assessed problem behavior in elementary classrooms. *Remedial and Special Education, 20,* 244–256.

Fisher, B. L., Allen, R. & Kose, G. (1996). The relationship between anxiety and problem-solving skills in children with and without learning disabilities. *Journal of Learning Disabilities, 29,* 439–446.

Fleming, J. E., Cook, T. D. & Stone, C. A. (2002). Interactive influences of perceived social contexts on reading achievement of urban middle schoolers with learning disabilities. *Learning Disabilities Research & Practice, 17,* 47–64.

Flicek, M. & Landau, S. (1985). Social status problems of learning disabled and hyperactive/learning disabled boys. *Journal of Clinical Child Psychology, 14,* 340–344.

Fuchs, D., Fuchs, L. S., Mathes, P. G. & Martinez, E. A. (2002). Preliminary evidence on the social standing of students with learning disabilities in PALS and No-PALS classrooms. *Learning Disabilities Research & Practice, 17,* 205–215.

Fujiki, M., Brinton, B., Robinson, L. & Watson, V. (1997). The ability of children with specific language impairment to participate in a group decision task. *Journal of Children's Communication Development, 18*(2), 1–10.

Geisthardt, C. & Munsch, J. (1996). Coping with school stress: A comparison of adolescents with and without learning disabilities. *Journal of Learning Disabilities, 29,* 287–296.

Gertner, B., Rice, M. & Hadley, P. (1994). Influence of communicative competence on peer preferences in a preschool classroom. Journal *of Speech and Hearing Research, 37,* 913–923.

Gresham, F. & Reschly, D. (1987). Sociometric differences between mildly handicapped and nonhandicapped Black and White students. *Journal of Educational Psychology, 79,* 195–197.

Haager, D. & Vaughn, S. (1995). Parent, teacher, peer, and self-reports of the social competence of students with learning disabilities. *Journal of Learning Disabilities, 28,* 205–215.

Halmhuber, N. L. & Paris, S. G. (1993). Perceptions of competence and control and the use of coping strategies by children with disabilities. *Learning Disability Quarterly, 16,* 93–111.

Hartas, D. & Donahue, M. (1997). Conversational and social problem-solving skills in adolescents with learning disabilities. *Learning Disabilities Research and Practice, 12,* 213–220.

Harter, S., Whitesell, N. R. & Junkin, L. J. (1998). Similarities and differences in domain-specific and global self-evaluations of learning-disabled, behaviorally disordered, and normally achieving adolescents. *American Educational Research Journal, 35,* 653–680.

Heath, N. L. & Wiener, J. (1996). Depression and nonacademic self-perceptions in children with and without learning disabilities. *Learning Disability Quarterly, 19,* 34–44.

Howard, K. A. & Tryon, G. S. (2002). Depressive symptoms in and type of classroom placement for adolescents with LD. *Journal of Learning Disabilities, 35,* 185–190.

Howes, C. (1988). Peer interactions of young children. *Monographs of the Society for Research in Child Development, 53*(1), Nr. 217.

Hoy, C., Gregg, N., Wisenbaker, J., Manglitz, E., King, M. & Moreland, C. (1997). Depression and anxiety in two groups of adults with learning disabilities. *Learning Disability Quarterly,* **20,** 280–291.

Huntington, D. D. & Bender, W. N. (1993). Adolescents with learning disabilities at risk? Emotional well-being, depression, suicide. *Journal of Learning Disabilities,* **26,** 159–166.

Juvonen, J. & Bear, G. (1992). Social adjustment of children with and without learning disabilities in integrated classrooms. *Journal of Educational Psychology,* **84,** 322–330.

Kavale, K. A. & Forness, S. R. (1996). Social skill deficits and learning disabilities: A meta-analysis. *Journal of Learning Disabilities,* **29,** 226–237.

Kistner, J. A. & Gatlin, D. F. (1989a). Sociometric differences between learning-disabled and non handicapped students: Effects of sex and race. *Journal of Educational Psychology,* **81,** 118–120.

Kistner, J. A. & Gatlin, D. (1989b). Correlates of peer rejection among children with learning disabilities. *Learning Disability Quarterly,* **12,** 133–140.

Kistner, J. & Osborne, M. (1987). A longitudinal study of LD children's self-evaluations. *Learning Disability Quarterly,* **10,** 258–266.

Kravetz, S., Faust, M., Lipshitz, S. & Shalhav, S. (1999). LD, interpersonal understanding, and social behavior in the classroom. *Journal of Learning Disabilities,* **32,** 248–255.

La Greca, A. M. & Stone, W. L. (1990). LD status and achievement: Confounding variables in the study of children's social status, self-esteem, and behavioral functioning. *Journal of Learning Disabilities,* **23,** 483–490.

Landau, S., Milich, R. & McFarland, M. (1987). Social status differences among subgroups of LD boys. *Learning Disability Quarterly,* **10,** 277–282.

Maag, J. W. & Behrens, J. T. (1989). Depression and cognitive self-statements of learning disabled and seriously emotionally disturbed adolescents. *Journal of Special Education,* **23,** 17–27.

Madge, S., Affleck, J. & Lowenbraun, S. (1990). Social effects of integrated classrooms and resource room/regular class placements on elementary students with learning disabilities. *Journal of Learning Disabilities,* **23,** 439–445.

Margalit, M. & Ben-Dov, I. (1992). *Kibbutz versus city comparisons of social competence and loneliness among students with and without learning disabilities.* Vortrag anlässlich der alljährlichen IARLD-Konferenz, Amsterdam.

Margalit, M. & Levin-Alyagon, M. (1994). Learning disability, subtyping, loneliness, and classroom adjustment. *Learning Disability Quarterly,* **17,** 297–310.

Margalit, M. & Shulman, S. (1986). Autonomy perceptions and anxiety expressions of learning disabled adolescents. *Journal of Learning Disabilities,* **19,** 291–293.

Margalit, M. & Zak, I. (1984). Anxiety and self-concept of learning disabled children. *Journal of Learning Disabilities,* **17,** 537–539.

McLeod, T. M., Kolb, T. L. & Lister, M. O. (1994). Social skills, school skills, and success in the high school: A comparison of teachers' and students' perceptions. *Learning Disabilities Research & Practice,* **9,** 142–147.

Montgomery, M. S. (1994). Self-concept and children with learning disabilities: Observer–child concordance across six context-dependent domains. *Journal of Learning Disabilities,* **27,** 254–262.

Nabuzoka, D. & Smith, P. K. (1995). Identification of expressions of emotions by children with and without learning disabilities. *Learning Disabilities Research & Practice,* **10,** 91–101.

Ochoa, S. H. & Olivarez, Jr., A. (1995). A meta-analysis of peer rating sociometric studies of pupils with learning disabilities. *Journal of Special Education,* **29,** 1–19.

Ochoa, S. H. & Palmer, D. J. (1995). Comparison of the peer status of Mexican-American students with learning disabilities and non-disabled low-achieving students. *Learning Disability Quarterly,* **18,** 57–63.

Oliva, A. H. & La Greca, A. M. (1988). Children with learning disabilities: Social goals and strategies. *Journal of Learning Disabilities, 21,* 301–306.

Palincsar, A., Magnusson, S., Collins, K. & Cutter, J. (2000). Investigating the engagement and learning of students with learning disabilities in guided inquiry science. *Language, Speech, and Hearing Services in Schools, 31,* 240–251.

Parker, J. G. & Asher, S. R. (1993). Friendship and friendship quality in middle childhood: Links with peer group acceptance and feelings of loneliness and social dissatisfaction. *Developmental Psychology, 29,* 611–621.

Pavri, S. & Monda-Amaya, L. (2000). Loneliness and students with learning disabilities in inclusive classrooms: Self-perceptions, coping strategies, and preferred interventions. *Learning Disabilities Research & Practice, 15,* 22–33.

Pearl, R. (1992). Psychosocial characteristics of learning disabled students. In N. N. Singh and I. L. Beale (Hg.), *Current perspectives in learning disabilities: Nature, theory, and treatment.* New York: Springer-Verlag.

Pearl, R. & Bryan, T. (1992). Students' expectations about peer pressure to engage in misconduct. *Journal of Learning Disabilities, 25,* 582–585, 597.

Pearl, R. & Bryan, T. (1994). Getting caught in misconduct: Conceptions of adolescents with and without learning disabilities. *Journal of Learning Disabilities, 27,* 193–197.

Pearl, R., Bryan, T., Fallon, P. & Herzog, A. (1991). Learning disabled students' detection of deception. *Learning Disabilities Research and Practice, 6,* 12–16.

Pearl, R., Bryan, T. & Herzog, A. (1990). Resisting or acquiescing to peer pressure to engage in misconduct: Adolescents' expectations of probable consequences. *Journal of Youth and Adolescence, 19,* 43–55.

Pearl, R., Donahue, M. & Bryan, T. (1985). The development of tact: Children's strategies for delivering bad news. Journal of Applied *Developmental Psychology, 6,* 141–149.

Pearl, R., Farmer, T. W., Van Acker, R., Rodkin, P. C., Bost, K. K., Coe, M. & Henley, W. (1998). The social integration of students with mild disabilities in general education classrooms: Peer group membership and peer-assessed social behavior. *Elementary School Journal, 99,* 167–185.

Perlmutter, B. F., Crocker, J., Cordray, D. & Garstecki, D. (1983). Sociometric status and related personality characteristics of mainstreamed learning disabled adolescents. *Learning Disability Quarterly, 6,* 21–31.

Prilliman, D. (1981). Acceptance of learning disabled students in the mainstream environment: A failure to replicate. *Journal of Learning Disabilities, 14,* 344–346.

Putnam, J., Markovchick, K., Johnson, D. W. & Johnson, R. T. (1996). *Journal of Social Psychology, 136,* 741–752.

Raviv, D. & Stone, C. A. (1991). Individual differences in the self-image of adolescents with learning disabilities: The role of severity, time of diagnosis, and parental perceptions. *Journal of Learning Disabilities, 24,* 602–611, 629.

Reiff, H. B., Hatzes, N. M., Bramel, M. H. & Gibbon, T. (2001). The relation of LD and gender with emotional intelligence in college students. *Journal of Learning Disabilities, 34,* 66–78.

Rice, M. (1993). „Don't talk to him; he's weird": A social consequences account of language and social interactions. In A. Kaiser & D. Gray (Hg.), *Enhancing children's communication,* Bd. 2. (S. 139–158). Baltimore: Brookes Publishing.

Rock, E. E., Fessler, M. A. & Church, R. P. (1997). The concomitance of learning disabilities and emotional/behavioral disorders: A conceptual model. *Journal of Learning Disabilities, 30,* 245–263.

Rourke, B. P. & Fuerst, D. E. (1996). Psychosocial dimensions of learning disability subtypes. *Assessment, 3,* 277–290.

Sabornie, E. J. (1994). Social–affective characteristics in early adolescents identified as learning disabled and nondisabled. *Learning Disability Quarterly, 17,* 268–279.

Sabornie, E. J. & Kauffman, J. M. (1986). Social acceptance of learning disabled adolescents. *Learning Disability Quarterly,* **9,** 55–60.

Sainato, D. M., Zigmond, N. & Strain, P. (1983). Social status and initiations of interaction by learning disabled students in a regular education setting. *Analysis and Intervention in Developmental Disabilities,* **3,** 71–87.

Sale, P. & Carey, D. M. (1995). The sociometric status of students with disabilities in a full-inclusion school. *Exceptional Children,* **62,** 6–19.

San Miguel, S. K., Forness, S. R. & Kavale, K. A. (1996). Social skills deficits in learning disabilities: The psychiatric comorbidity hypothesis. *Learning Disability Quarterly,* **19,** 252–261.

Sater, G. M. & French, D. C. (1989). A comparison of the social competencies of learning disabled and low achieving elementary-aged children. *Journal of Special Education,* **23,** 17–27.

Settle, S. A. & Milich, R. (1999). Social persistence following failure in boys and girls with LD. *Journal of Learning Disabilities,* **32,** 201–212.

Siperstein, G. N., Bopp, M. J. & Bak, J. J. (1978). Social status of learning disabled children. *Journal of Learning Disabilities,* **11,** 98–102.

Siperstein, G. N. & Goding, M. J. (1983). *Social integration of learning disabled children in regular classrooms.* Greenwich, CT: JAI Press.

Smith, D. S. & Nagle, R. J. (1995). Self-perceptions and social comparisons among children with LD. *Journal of Learning Disabilities,* **28,** 364–371.

Sobol, M. P., Earn, B. M., Bennett, D. & Humphries, T. (1983). A categorical analysis of the social attributions of learning-disabled children. *Journal of Abnormal Child Psychology,* **11,** 217–228.

Solomon, D., Watson, M., Battistich, V., Schaps, E. & Delucchi, K. (1996). Creating classrooms that students experience as communities. *American Journal of Community Psychology,* **24,** 719–748.

Stanley, P. D., Dai, Y. & Nolan, R. F. (1997). Differences in depression and selfesteem reported by learning disabled and behavior disordered middle school students. *Journal of Adolescence,* **20,** 219–222.

Stevenson, D. T. & Romney, D. M. (1984). Depression in learning disabled children. *Journal of Learning Disabilities,* **17,** 579–582.

Stiliadis, K. & Wiener, J. (1989). Relationship between social perception and peer status in children with learning disabilities. *Journal of Learning Disabilities,* **22,** 624–629.

Stone, W. L. & La Greca, A. M. (1984). Comprehension of nonverbal communication: A reexamination of the social competencies of learning disabled children. *Journal of Abnormal Child Psychology,* **12,** 505–518.

Stone, W. L. & La Greca, A. M. (1990). The social status of children with learning disabilities: A reexamination. *Journal of Learning Disabilities,* **23,** 32–37.

Swanson, H. L. & Malone, S. (1992). Social skills and learning disabilities: A metaanalysis of the literature. *School Psychology Review,* **21,** 427–443.

Toro, P. A., Weissberg, R. P., Guare, J. & Liebenstein, N. L. (1990). A comparison of children with and without learning disabilities on social problem-solving skill, school behavior, and family background. *Journal of Learning Disabilities,* **23,** 115–120.

Touliatos, J. & Lindholm, B. W. (1980). Dimensions of problem behavior in learning disabled and normal children. *Perceptual and Motor Skills,* **50,** 145–146.

Tur-Kaspa, H. (2002a). Social cognition in learning disabilities. In B. Y. L. Wong & M. L. Donahue (Hg.), *The social dimensions of learning disabilities* (S. 11–31). Mahwah, NJ: Lawrence Erlbaum Associates.

Tur-Kaspa, H. (2002b). The socioemotional adjustment of adolescents with LD in the kibbutz during high school transition periods. *Journal of Learning Disabilities,* **35,** 87–96.

Tur-Kaspa, H. & Bryan, T. (1994). Social information-processing skills of students with learning disabilities. *Learning Disabilities Research & Practice,* **9,** 12–23.

4

Tur-Kaspa, H. & Bryan, T. (1995). Teachers' ratings of the social competence and school adjustment of students with LD in elementary and junior high school. *Journal of Learning Disabilities*, **28**, 44–52.

Tur-Kaspa, H., Margalit, M. & Most, T. (1999). Reciprocal friendship, reciprocal rejection, and socio-emotional adjustment: The social experiences of children with learning disorders over a one-year period. *European Journal of Special Needs Education*, **14**, 37–48.

Tur-Kaspa, H., Weisel, A. & Segev, L. (1998). Attributions for feelings of loneliness of students with learning disabilities. *Learning Disabilities Research & Practice*, **13**, 89–94.

Vallance, D. D., Cummings, R. L. & Humphries, T. (1998). Behavior in children with language learning disabilities. *Journal of Learning Disabilities*, **31**, 160–171.

Vaughn, S. & Elbaum, B. E. (1999). The self concept and friendships of students with learning disabilities: A developmental perspective. In R. Gallimore, L. Bernheimer, D. L. MacMillan, D. L. Speece & S. Vaughn (Hg.), *Developmental perspective on children with high incidence disabilities* (S. 81–110). Mahwah, NJ: Lawrence Erlbaum.

Vaughn, S., Elbaum, B. & Boardman, A. G. (2001). The social functioning of students with learning disabilities: Implications for inclusion. *Exceptionality*, **9**, 47–65.

Vaughn, S., Elbaum, S. E. & Schumm, J. S. (1996). The effects of inclusion on the social functioning of students with learning disabilities. *Journal of Learning Disabilities*, **29**, 598–608.

Vaughn, S., Elbaum, B. E., Schumm, J. S. & Hughes, M. T. (1998). Social outcomes for students with and without learning disabilities in inclusive classrooms. *Journal of Learning Disabilities*, **31**, 428–436.

Vaughn, S. & Haager, D. (1994). Social competence as a multifaceted construct: How do students with learning disabilities fare? *Learning Disability Quarterly*, **17**, 253–266.

Vaughn, S., Haager, D., Hogan, A. & Kouzekanani, K. (1992). Self-concept and peer acceptance in students with learning disabilities: A four- to five-year prospective study. *Journal of Educational Psychology*, **84**, 43–50.

Vaughn, S., Hogan, A., Kouzekanani, K. & Shapiro, S. (1990). Peer acceptance, selfperceptions, and social skills of learning disabled students prior to identification. *Journal of Educational Psychology*, **82**, 101–106.

Vaughn, S., McIntosh, R., Schumm, J. S., Haager, D. & Callwood, D. (1993a). Social status, peer acceptance, and reciprocal friendships revisited. *Learning Disabilities Research and Practice*, **8**, 82–88.

Vaughn, S., Zargoza, N., Hogan, A. & Walker, J. (1993b). A four-year longitudinal investigation of the social skills and behavior problems of students with learning disabilities. *Journal of Learning Disabilities*, **26**, 404–412.

Wiener, J. (1980). A theoretical model of the acquisition of peer relationships of learning disabled children. *Journal of Learning Disabilities*, **13**, 506–511.

Wiener, J. (2002). Friendship and social adjustment. In B. Y. L. Wong & M. Donahue (Hg.), *The social dimensions of learning disabilities* (S. 93–114). Mahwah, NJ: Lawrence Erlbaum.

Wiener, J., Harris, P. J. & Shirer, C. (1990). Achievement and social–behavioral correlates of peer status in LD children. *Learning Disability Quarterly*, **13**, 114–127.

Wiener, J. & Sunohara, G. (1998). Parents' perceptions of the quality of friendship of their children with learning disabilities. *Learning Disabilities Research & Practice*, **13**, 242–257.

Wong, B. Y. L. & Donahue, M. (Hg.) (2002). *Social dimensions of learning disabilities: Essays in honor of Tanis Bryan*. Mahwah, NJ: Lawrence Erbaum.

Wong, B. Y. & Wong, R. (1980). Role-taking skills in normal achieving and learning disabled children. *Learning Disability Quarterly*, **3**, 11–18.

Wright-Strawderman, C. & Watson, B. L. (1992). The prevalence of depressive symptoms in children with learning disabilities. *Journal of Learning Disabilities*, **25**, 258–264.

5 Selbstregulation bei Schülern mit Lernstörungen und Aufmerksamkeitsdefizit-/Hyperaktivitätsstörung (ADHS)

Karen R. Harris,* Robert R. Reid** und Steve Graham*
*University of Maryland, **University of Nebraska-Lincoln

5.1 Selbstregulation definieren und verstehen

Das eigene Verhalten zu kontrollieren und zu steuern wurde schon immer als eine erstrebenswerte Fähigkeit betrachtet. So pries schon Aristoteles die Tugenden der Selbstwahrnehmung, und Benjamin Franklin war ein entschiedener Verfechter der Selbstregulation. Franklin beschrieb eine Reihe von Selbstregulationsverfahren, die er bei seinem Streben nach Selbstvervollkommnung verwendete (Zimmerman & Schunk, 1989). So definierte er beispielsweise 13 Tugenden, die er zu erlangen hoffte, darunter Mäßigkeit und Ordnung. In seinen Aufzeichnungen legte er Ziele zum Erreichen dieser Tugenden fest, dokumentierte seine Erfolge und Rückschritte, protokollierte die täglichen Resultate seiner Bemühungen und formulierte neue Ziele. Der schottische Dichter Robert Burns sah in der klugen, umsichtigen Selbstkontrolle die Wurzel der Weisheit, und William Penn, der Gründer von Pennsylvania, glaubte, dass ein Mensch andere nur dann steuern könne, wenn er sich selbst zu steuern vermag (vgl. Harris et al., 2003).

Heute ist das Thema Selbstregulation in vielen Bereichen der Pädagogik und der Pädagogischen Psychologie zu einem Forschungsschwerpunkt geworden und bildet darüber hinaus ein wichtiges Forschungs- und Interventionskonstrukt in den Bereichen Lernstörungen und Aufmerksamkeitsdefizit-/Hyperaktivitätsstörung (ADHS) (Graham et al., 1992; Schunk & Zimmerman, 2003). Obgleich nach wie vor ein hoher Bedarf an Grundlagenforschung besteht, sind sich Forschende darin einig, dass die betroffenen Schüler Probleme bzw. Beeinträchtigungen bei Selbstregulationsprozessen aufweisen (siehe Barkley, 1997; DuPaul & Stoner, 1994; Harris, 1986a, 1985, 1982; Torgesen, 1980, 1977; Zivin, 1979). Sowohl die schulischen als auch die sozialen Schwierigkeiten von Schülern mit Lernstörungen gehen zumindest teilweise

5

auf Probleme bei der Selbstregulierung von organisierten, strategischen Verhaltensweisen zurück (Graham et al., 1992; Harris, 1982). In den letzten zehn Jahren wurde die Annahme infrage gestellt, dass ADHS primär eine Folge von Aufmerksamkeits-, Impulsivitäts- und Hyperaktivitätsproblemen sei. Die derzeitige Sichtweise ist, dass diese Störung ein umfassenderes Syndrom einer beeinträchtigten Selbstkontrolle ist (Barkley, 1997; Cutting & Denckla, 2003). Wissenschaftler, die ADHS untersuchen, gehen davon aus, dass sich die Selbstkontrolle aus mehreren Unterbereichen zusammensetzt, darunter kognitive Kontrolle und sozial-emotionale Kontrolle. Defizite der exekutiven Funktionen stehen nun verstärkt im Mittelpunkt der Untersuchungen.

Obgleich Schüler mit Lernstörungen und Schüler mit ADHS heterogene Gruppen bilden, sind Schwierigkeiten bei der Selbstregulation offenbar bei beiden Störungen sehr verbreitet. Darüber hinaus sind Schüler mit ADHS häufig schwache Schüler. Bis zu 80 % zeigen schulische Leistungsprobleme, und bei etwa 26 % wurde außerdem eine Lernstörung diagnostiziert (Barkley, 1997; Cutting & Denckla, 2003; DuPaul & Stoner, 1994). Schüler mit Lernstörungen oder ADHS (oder beiden Störungen) haben eindeutig Schwierigkeiten mit Verhaltenshemmung, Belohnungsaufschub und Ausdauer bei Tätigkeiten, die Selbstregulation erfordern. Den Betroffenen fällt es schwer, die Leistungsmenge und -qualität hervorzubringen, zu der sie eigentlich fähig wären, aufgabenorientiertes Verhalten aufrechtzuerhalten, Anweisungen konsequent auszuführen oder zielgerichtete, zukunftsorientierte Handlungen zu planen und zu steuern.

Da der Selbstregulation/Selbstkontrolle im Hinblick auf Lernen und Entwicklung neuerdings mehr Bedeutung beigemessen wird und man erkannt hat, dass Schüler mit Lernstörungen und/oder ADHS häufig Probleme mit der Selbstregulation haben, überrascht es nicht, dass in diesem Bereich umfangreiche Interventionsforschungen durchgeführt werden. Interventionsforschung zu Selbstregulation findet nicht nur im Bereich der Lernstörungen und ADHS statt, sondern auch in vielen Spezialgebieten der Pädagogik und Psychologie. Wichtige Zusammenfassungen dieses wachsenden Forschungskorpus finden sich in den Arbeiten von Boekaerts, Pintrich und Zeidner (2000), Diaz und Berk (1992), Schunk und Zimmerman (1998, 1994), Zimmerman und Schunk (1989) und Zivin (1979).

In diesem Kapitel stellen wir die theoretischen Grundlagen der Forschung zur Selbstregulation dar: allgemeine Strategien bzw. Prozesse der Selbstregulation; Effekte von Selbstregulationsinterventionen auf die wichtigsten abhängigen Variablen und Resultate; Faktoren, die den Einsatz und die Wirksamkeit von Selbstregulation bei Lernenden beeinflussen können, mit besonderer Berücksichtigung von Selbstwirksamkeit; und die Effekte, die durch die gezielte Entwicklung von Selbstregulationsfähigkeiten in Kombination mit Strategieinstruktion entstehen können. Zunächst wenden wir uns jedoch den Definitionen der Begriffe zu, die in diesem Zusammenhang häufig gebraucht werden, darunter Selbstregulation, selbstreguliertes Lernen, Metakognition und exekutive Funktion.

5.1.1 Selbstregulation und selbst reguliertes Lernen

Die verhältnismäßig hohe Zahl an Forschenden, die sich in unterschiedlichen Bereichen mit dem Thema Selbstregulation befassen, hat eine Fülle von Definitionen von

5

Selbstregulation und selbstreguliertem Lernen hervorgebracht; auch für Metakognition und exekutive Funktion gibt es eine ganze Reihe von Definitionen. Mit zunehmender Forschung in diesen Bereichen wurden die Definitionen weiterentwickelt und präzisiert, und es ist anzunehmen, dass dies auch weiterhin der Fall sein wird. Darüber hinaus lässt sich eine gewisse Ambiguität und eine Überschneidung dieser Konstrukte und ihrer Definitionen feststellen (Boekaerts et al., 2000), die in Forschung und Praxis auch in Zukunft thematisiert werden dürften. Die hier vorgestellten aktuellen Definitionen stammen von führenden Wissenschaftlern in diesen Bereichen.

Selbstregulation lässt sich als der Prozess definieren, „bei dem Schüler Kognitionen, Verhaltensweisen und Affekte aktivieren und aufrechterhalten, die systematisch auf das Erreichen ihrer Ziele ausgerichtet sind" (Schunk & Zimmerman, 1994, S. 309). Selbstregulation bezieht sich auf den „Grad, in dem Individuen hinsichtlich ihrer Metakognition, ihrer Motivation und ihres Verhaltens aktiv an ihrem eigenen Lernprozess teilnehmen" (Schunk & Zimmerman, 1994, S. 3). Demnach gehören zum selbstregulierten Lernen Gedanken, Gefühle und Handlungen, die vom Schüler generiert, überwacht und im Laufe der Zeit angepasst werden, damit er seine Lernziele erreicht. Zimmerman (2000) geht davon aus, dass Schüler Aspekte ihres eigenen Lernverhaltens, der Umweltbedingungen und ihrer kognitiven und affektiven Zustände selbst regulieren können. Er hat ein Modell für die zyklischen Phasen der Selbstregulation entwickelt, das Vorausplanung, Leistung und Selbstreflexion umfasst. Außerdem hat Zimmerman verschiedene Subprozesse der Selbstregulation identifiziert, darunter Aufgabenanalyse, selbst motivierende Überzeugungen sowie Prozesse der Selbstkontrolle, die während dieser Phasen auftreten.

Das Konstrukt der Selbstregulation, und folglich auch seine Definition, ist äußerst komplex. Boekaerts et al. (2000) gehen davon aus, dass Selbstregulation eine Reihe von „integrierten Mikroprozessen umfasst, darunter Zielsetzungen; strategisches Planen; Verwendung effektiver Strategien, um Informationen zu organisieren, zu kodieren und zu speichern; Überwachung und Metakognition; Handlungs- und Willenskontrolle; effektives Zeitmanagement; selbstmotivierende Überzeugungen (Selbstwirksamkeit, Ergebniserwartungen, intrinsisches Interesse, Zielorientiertheit etc.), Auswertung (Evaluation) und Selbstreflexion; auf die eigenen Bemühungen stolz sein und daraus Befriedigung ziehen und eine geeignete Umgebung schaffen" (S. 753). Im Verlauf unserer Diskussion der Selbstregulation bei Schülern mit Lernstörungen und ADHS werden wir auf diese affektiven, kognitiven und behavioralen Komponenten und Prozesse der Selbstregulation zurückkommen.

5.1.2 Metakognition

Boekaerts et al. (2000) haben darauf hingewiesen, dass in der Literatur manchmal nicht deutlich zwischen Selbstregulation und Metakognition unterschieden wird, und dass über die Beziehung dieser beiden Begriffe Uneinigkeit herrscht. Metakognition wird im Allgemeinen als das Wissen über die Fertigkeiten, Strategien und Ressourcen verstanden, die notwendig sind, um eine Aufgabe erfolgreich auszuführen; daneben bezeichnet sie das Wissen, wie man sein eigenes Verhalten kontrolliert und steuert, um die Aufgabe erfolgreich zu erfüllen (siehe Boekaerts et al., 2000; Wong, 1982). Einfacher ausgedrückt

5

ist Metakognition das Wissen, das Schüler sowohl über das Lernen selbst als auch über die Steuerung ihres eigenen Lernens haben. Gegenwärtig sehen viele Forschende Selbstregulation als den breiteren Begriff, der u. a. metakognitives Wissen und Fertigkeiten beinhaltet (Boekaerts et al., 2000; Schunk & Zimmerman, 1998, 1994). Selbstregulation geht nach dieser Auffassung über Metakognition hinaus, weil sie Prozesse der Beobachtung und Steuerung von Affekten/Emotionen, Motivation und Verhalten umfasst.

5.1.3 Exekutive Funktion

Der letzte Begriff, der an dieser Stelle definiert werden soll, und der sich ebenfalls mit den Konzepten der Metakognition und Selbstregulation überschneidet – wodurch das präzise Verständnis und der Gebrauch dieser Begriffe weiter verkompliziert wird –, ist die exekutive Funktion. Cutting und Denckla (2003) sind der Meinung, dass der Begriff exekutive Funktion nicht als Synonym für Metakognition verwendet werden sollte. Der Begriff exekutive Funktion wird in der Regel von kognitiven Neuropsychologen und kognitiven Psychologen verwendet, während Pädagogen und Pädagogische Psychologen häufiger den Begriff Selbstregulation verwenden.

Barkley (1997) definierte die exekutive Funktion als „die selbst gesteuerten mentalen Aktivitäten, die während einer Reaktionsverzögerung auftreten und die dazu dienen, die langfristigen Konsequenzen im Zusammenhang mit einem Ereignis zu antizipieren und die Reaktion auf dieses Ereignis so zu selektieren, dass sich daraus positive Folgen ergeben" (S. 56). Barkley wies außerdem darauf hin, dass der Begriff exekutive Funktion selbstgesteuertes Handeln, die Organisation des Verhaltens über einen längeren Zeitraum hinweg, den Gebrauch von selbstgesteuerter Sprache, Regeln bzw. Plänen, Belohnungsaufschub sowie zielgerichtete, zukunftsorientierte, zweckdienliche, kontrollierte bzw. willentliche Handlungen beinhaltet. Nach Barkley umfasst die exekutive Funktion „jene Handlungen, die wir für uns selbst durchführen und die auf uns selbst gerichtet sind, um Selbstkontrolle, zielorientiertes Verhalten und ein Maximum an zukünftigen Resultaten zu erreichen" (S. 57). Die Nuancen bei den Definitionen der Begriffe Selbstregulation, Metakognition und exekutive Funktion haben sehr viel mit dem jeweiligen wissenschaftlichen Bereich zu tun, in dem sie verwendet werden, und mit der Zeit, in der sie entwickelt wurden. Obgleich die Überschneidung dieser Begriffe und die mangelnde klare Abgrenzung der Konstrukte zunächst verwirrend sein mögen, hat jede dieser Perspektiven die Forschung zu Selbstregulation bzw. Selbstkontrolle vorangebracht. Diese Begriffe hängen auch mit den unterschiedlichen theoretischen Sichtweisen von Selbstregulation zusammen, denen wir uns im Folgenden zuwenden werden.

5.2 Theoretische Grundlagen der Forschung zu Selbstregulation

Obgleich es mehrere theoretische Sichtweisen von Selbstregulation gibt, beschränken wir uns auf eine kurze Beschreibung von vier der wichtigsten Theorien, die für die Forschung zu Selbstregulation bei Schülern mit Lernstörungen oder ADHS relevant

5

sind: operante Theorie, Informationsverarbeitungstheorie, sozialkonstruktivistische Theorie und sozialkognitive Theorie (Schunk & Zimmerman, 2003). Eine ausführlichere Diskussion dieser Theorien und ihrer Beiträge zur Selbstregulationsforschung sowie weitere theoretische Sichtweisen finden sich bei Schunk und Zimmerman (2003, 1998, 1994) sowie bei Boekaerts et al. (2000). Die Überschneidungen und Abgrenzungsprobleme, die im Zusammenhang mit den soeben definierten Begriffen beschrieben wurden, gelten in ähnlicher Weise auch für diese theoretischen Sichtweisen. Ganz abgesehen davon befindet sich jede dieser Theorien noch in der Entwicklung, d. h., wir können sie nur überblicksartig darstellen. Wer sich für diesen Themenbereich interessiert, sollte jede Sichtweise und den Beitrag, den sie zur Selbstregulationsforschung leistet, sorgfältig berücksichtigen.

5.2.1 Operante Theorie

Operante bzw. verhaltensbezogene Theoretiker haben menschliches Verhalten traditionell anhand von Antezedenzen und Konsequenzen erklärt; ihre Forschungen konzentrierten sich in erster Linie auf leicht beobachtbares und messbares offenes Verhalten. Radikale Behavioristen haben die Ansicht vertreten, dass Kognitionen in der Verhaltensforschung nichts verloren haben, während gemäßigte Behavioristen die Existenz des Geistes zwar nicht verneinen, kognitive Verhaltenskomponenten jedoch als irrelevant oder trivial erachten (Harris, 1982). Bereits Anfang der 1970er-Jahre begannen jedoch einige Vertreter der behavioristischen Theorie damit, der Rolle der Kognition mehr Gewicht zu verleihen. Kanfer und Karoly (1972) verfassten einen frühen und äußerst einflussreichen Artikel, der sich mit dem Thema Selbstregulation aus behavioristischer Sicht befasste und interessanterweise den Titel „Selbstkontrolle: eine behavioristische Exkursion in die Höhle des Löwen" trug. Nur zwei Jahre später veröffentlichten Mahoney und Thoresen (1974) ein einflussreiches Buch, das behaviorale und soziale Lernperspektiven im Zusammenhang mit Selbstregulation darstellte und den Titel *Self-control: Power to the Person* trug. Diese frühen und wichtigen Arbeiten sind Pflichtlektüre für jeden, der die Entwicklung der Selbstregulationsforschung verstehen möchte.

Schunk und Zimmerman (2003) verweisen darauf, dass ein Schüler aus Sicht der operanten Theorie entscheidet, welche Verhaltensweisen zu regulieren sind, dass er Diskriminationsreize für das Auftreten dieser Verhaltensweisen festlegt, dass er seine Leistung danach bewertet, ob sie den Standards entspricht oder nicht, und dass er Verstärkungen einsetzt. Zu den Schlüsselprozessen der Selbstregulation gehören aus Sicht der Verhaltenstheoretiker das Festlegen von Zielen, Selbstinstruktionen, Selbstkontrolle (einschließlich Selbstbeurteilung und Selbstprotokollierung) sowie Selbstverstärkung. Die gleichen Prozesse werden jedoch auch von Forschenden mit anderen theoretischen Überzeugungen untersucht.

5.2.2 Informationsverarbeitungstheorie

Schunk und Zimmerman (2003) haben darauf hingewiesen, dass es mehrere Modelle zur Informationsverarbeitung gibt; aber im Allgemeinen steht im Mittelpunkt dieser

5

Theorie die Grundannahme, dass Schüler aktuelle Aktivitäten und Fähigkeiten mit Standards vergleichen und notwendige Schritte unternehmen müssen, um Diskrepanzen auszugleichen. Metakognition bzw. das Wissen über Aufgabenanforderungen, persönliche Fähigkeiten und Strategien zur Lösung einer Aufgabe wird als Voraussetzung für selbstreguliertes Lernen betrachtet. Ferner wird Lernen als das Enkodieren von Informationen und deren Transfer ins Langzeitgedächtnis verstanden. Neues Wissen wird mit bereits vorhandenen Informationen im Arbeitsgedächtnis verknüpft. Prozesse der Selbstregulation bzw. Selbstkontrolle dienen dazu, neues Lernen zu unterstützen und Informationen vom Arbeits- ins Langzeitgedächtnis zu übertragen.

5.2.3 Sozialkonstruktivistische und sozialkognitive Theorie

Diese beiden Theorien sind, ebenso wie die operante Theorie und die Informationsverarbeitungstheorie, äußerst komplex und können an dieser Stelle nicht umfassend beschrieben werden. Schunk und Zimmerman (2003) sehen die sozialkonstruktivistische Theorie in jenen kognitiven Entwicklungstheorien verwurzelt, die postulieren, dass Menschen von Natur aus motivierte, aktive Lerner sind. Mentale Repräsentationen und vertieftes Verständnis entwickeln sich im Laufe der Zeit durch Reflexion, Erfahrung, soziale Anleitung und durch den Erwerb neuer Informationen. Sozialkonstruktivisten betrachten die Selbstregulation als einen Prozess, bei dem Schüler „Überzeugungen und Theorien über ihre Fähigkeiten und Kompetenzen und die Struktur und Schwierigkeit von Lernaufgaben erwerben und lernen, Anstrengung und Strategiegebrauch einzusetzen, um Ziele zu erreichen" (Schunk & Zimmerman, 2003, S. 66). Die Überzeugungen und Theorien der Schüler hängen von ihrem jeweiligen Entwicklungsstand ab und verändern sich infolge der voranschreitenden Entwicklung und des Erfahrungszuwachses. Die Arbeiten von Vygotsky, Luria, Flavell und anderen werden häufig als grundlegend für die sozialkonstruktivistische Theorie und als wichtiger Einfluss in der sozialkognitiven Theorie betrachtet (Harris, 1990, 1982).

Die sozialkognitive Theorie gründet sich auf Banduras (1968) Annahme reziproker Interaktionen zwischen Verhaltensweisen, Umweltfaktoren, Kognition und Emotion. Sozialkognitive Theoretiker betonen, dass Selbstregulation situationsspezifisch ist und sehr stark durch Selbstwirksamkeitsüberzeugungen der Schüler beeinflusst wird (Schunk & Zimmerman, 1994, 1998, 2003). Zimmermans Drei-Phasen-Modell der zyklischen Selbstregulationsprozesse (Vorausplanung, Leistung und Selbstreflexion), das hier bereits erwähnt wurde, ist auf der Grundlage sozialkognitiver Theorien entstanden. Im Verlauf der drei Phasen und während der Interaktion von persönlichen Faktoren, Verhaltens- und Umweltfaktoren kommen mehrere Selbstregulationsprozesse ins Spiel. Als Nächstes wenden wir uns allgemeinen Komponenten der Selbstregulation zu, die aus den unterschiedlichen theoretischen Perspektiven untersucht wurden: Selbstbeobachtung bzw. Selbstüberwachung (Selbstmonitoring), Selbstinstruktion, Zielsetzung, Selbstevaluation und Selbstverstärkung.

5.3. Allgemeine Prozesse der Selbstregulation und ihre Anwendung bei Schülern mit Lernstörungen und ADHS

5

Es gibt eine ganze Reihe von Selbstregulationsprozessen bzw. -strategien, die Schülern mit Defiziten oder Schwierigkeiten in Selbstregulation wirksam vermittelt werden können, um sie bei der Entwicklung dieser Fähigkeiten zu unterstützen. Dazu gehören Selbstüberwachung bzw. Selbstbeobachtung (auch als Selbstmonitoring, Selbsteinschätzung oder Selbstprotokollierung bezeichnet), Selbstevaluation, Selbstinstruktion, Zielsetzung und Selbstverstärkung. All diese Aspekte der Selbstregulation wurden ausführlich erforscht und im schulischen Bereich getestet und haben sich bei Schülern mit Lernstörungen und ADHS als wirksam erwiesen (Mace et al., 2001; Reid, 1999). Obwohl wir im Folgenden jede Komponente einzeln diskutieren werden, möchten wir ausdrücklich darauf hinweisen, dass diese Verfahren der Selbstregulation in der Praxis normalerweise dann am effektivsten sind, wenn sie miteinander verknüpft werden. Wir werden auch kurz auf einige weniger verbreitete, aber potenziell wirksame Ansätze der Selbstregulation eingehen. Im Anschluss daran werden wir uns dann den wichtigsten Zielverhaltensweisen bzw. den abhängigen Variablen zuwenden, die in Zusammenhang mit Selbstregulationsinterventionen untersucht worden sind.

5.3.1 Selbstüberwachung (Selbstmonitoring)

Selbstüberwachung ist eine der am gründlichsten erforschten Selbstregulationstechniken; sie wird als einer der wichtigsten Subprozesse selbstregulierten Lernens betrachtet (Reid, 1996; Shapiro et al., 2002). Ursprünglich wurde Selbstüberwachung als ein Erhebungsverfahren entwickelt, das es Psychologen ermöglichen sollte, Informationen über Verhaltensweisen, Gefühle oder Kognitionen von Klienten zu sammeln, um die Wirksamkeit von Interventionen beurteilen zu können (Kanfer, 1977; Shapiro et al., 2002). Dabei stellte sich heraus, dass allein schon das Bewusstmachen bzw. das Protokollieren von Verhaltensweisen ausreichte, um die Häufigkeit ihres Auftretens zu verändern (Nelson & Hayes, 1981). Diese Verhaltensänderung, die als „Reaktivität" bezeichnet wird, führte dazu, dass Selbstüberwachung an sich als Intervention eingesetzt wurde. Von Selbstüberwachung bzw. Selbstbeobachtung spricht man, wenn eine Person zunächst selbst beurteilt, ob ein bestimmtes Zielverhalten eingetreten ist oder nicht, und dann das Auftreten, die Häufigkeit und die Dauer dieses Zielverhaltens protokolliert (Nelson & Hayes, 1981). Bei einer der frühesten Demonstrationen von Selbstüberwachung bei Schülern wurde eine Achtjährige darin instruiert, sich in bestimmten zeitlichen Abständen selbst zu fragen, ob sie im Unterricht mitarbeitete oder aufpasste, und dann die Ergebnisse auf einem Protokollbogen zu dokumentieren. Die Resultate erwiesen sich als positiv (Broden et al., 1971). In der Regel werden bei Selbstüberwachung keine externen Verstärker eingesetzt; in manchen Fällen, insbesondere bei Kindern mit ADHS, ist Selbstüberwachung jedoch mit externer Verstärkung verbunden (Barkley et al., 1980). Die Anwendung von Selbstüberwachung

5

kann Schülern schnell und gezielt vermittelt werden, und Verfahren hierzu sind gut etabliert (siehe Graham et al., 1992; Reid, 1993).

5.3.2 Selbstevaluation

Selbstevaluation hängt eng mit Selbstüberwachung zusammen und unterscheidet sich dadurch, dass externe Vergleiche und Verstärker eingesetzt werden. Sie wurde häufig und mit großer Wirksamkeit bei Kindern mit ADHS angewandt (z. B. Shapiro et al., 1998). Selbstevaluation erfordert, dass die Schüler in vorgegebenen Zeitabständen ihr eigenes Verhalten beurteilen (Shapiro & Cole, 1994). Die Evaluation erfolgt z. B. durch die Bewertung des Verhaltens auf einer Skala von 1 (den Anweisungen nicht gefolgt oder die Arbeit nicht zu Ende geführt) bis 5 (allen Anweisungen gefolgt und die Arbeit beendet). Die Beurteilungen der Schüler werden daraufhin mit den Evaluationen eines externen Beobachters (z. B. des Lehrers oder eines professionellen Beraters) verglichen; je nachdem, in welchem Maß die Selbstevaluation der Schüler mit der externen Beurteilung übereinstimmt, bekommen die Schüler eine bestimmte Punktzahl. Wenn die Selbstevaluationen über einen längeren Zeitraum hinweg stets genau sind, wird der externe Vergleich ausgeblendet, und die Kinder geben sich selbst Punkte auf der Grundlage ihrer eigenen Beurteilung.

5.3.3 Selbstinstruktion

Zur Selbstinstruktion gehört der Gebrauch von Selbstaussagen, mit deren Hilfe das Verhalten gesteuert bzw. reguliert wird (Graham et al., 1992). Schon Kinder lernen, sich buchstäblich durch eine Aufgabe oder Aktivität „hindurch zu reden". Die Methoden der Selbstinstruktion gehen auf die Beobachtung von Vygotsky (1962, 1934) zurück, wonach Kinder offene Verbalisationen verwenden, die ihnen helfen, ihr Verhalten zu steuern. Selbstkommunikation (häufig auch „innerer Dialog" genannt) wird von Kindern angewandt, um ihr Verhalten zu steuern und ist Teil des normalen Entwicklungsprozesses (Harris, 1990). Selbstinstruktionstechniken imitieren die Art und Weise, in der Sprache normalerweise gebraucht wird, um Verhaltensweisen zu regulieren. Graham et al. (1992) identifizierten sechs grundlegende Formen der Selbstinstruktion: (1) Problemdefinition –Wesen und Anforderungen einer Aufgabe definieren; (2) Aufmerksamkeitsfokussierung/Planung – sich einer Aufgabe zuwenden und einen Plan entwerfen; (3) Strategieentwurf – eine Strategie erarbeiten und anwenden; (4) Selbstevaluation – Entdeckung von Fehlern und deren Korrektur; (5) Coping – Umgang mit Schwierigkeiten/Versagen; (6) Selbstverstärkung – sich selbst belohnen.

Um Schülern den Gebrauch von Selbstinstruktion zu vermitteln, sind folgende Schritte notwendig: (a) die Bedeutsamkeit von Verbalisationen wird diskutiert; (b) Lehrer und Schüler entwickeln gemeinsam individualisierte und aufgabenangemessene Selbstaussagen; (c) der Gebrauch von Selbstaussagen wird durch Modeling (Modelllernen) vermittelt und (d) bei der Anwendung von Selbstinstruktion wird der Schüler durch gemeinsame Übung unterstützt, damit er die Aufgabe ausführen

5

kann (Graham et al., 1992). Für den Schüler besteht das Ziel letztendlich darin, von der Anwendung modellierter, offener Selbstäußerungen zu verdeckter, internalisierter Sprache zu gelangen (Harris, 1990). Die Effektivität von Selbstinstruktionstechniken bei Kindern mit Lernstörungen ist gut dokumentiert und nachgewiesen (Swanson et al., 1999). Selbstinstruktion wird auch häufig als Komponente von Strategietrainings-interventionen eingesetzt (z. B. Graham & Harris, 1996).

5.3.4 Setzen von Zielen

Effektive Lerner sind zielorientiert (Winne, 1997), und die Festlegung von Zielen wird als ein wichtiger Aspekt der Selbstregulation betrachtet (Bandura, 1986). Ziele erfül-len beim Lernen wichtige Funktionen. Sie strukturieren die Lernbemühung, liefern Informationen über erzielte Fortschritte und wirken leistungsmotivierend (Schunk, 1990). Ziele können entweder absolut oder normativ sein. Absolute Ziele werden durch einen vorgegebenen Standard bestimmt, z. B. das Lösen von 20 Rechenaufga-ben innerhalb von sechs Minuten. Normative Ziele orientieren sich an anderen Perso-nen, z. B. Rechenaufgaben ebenso gut lösen wie ein Mitschüler. Es spricht einiges da-für, dass die angemessenere Zielart bei Kindern mit Lernstörungen die normative ist, da sie vermutlich die Selbstwirksamkeit und Motivation der Kinder erhöht (Schunk, 1987). Wenn Schüler bei ihren Bemühungen befriedigende Fortschritte in Richtung auf ein Ziel feststellen, ist die Wahrscheinlichkeit größer, dass sie ihre Anstrengungen aufrechterhalten (Bandura, 1986).

Wirksame Ziele haben drei wichtige Merkmale: Spezifität, Proximität und Schwie-rigkeitsgrad (Bandura, 1988). *Spezifität* bezieht sich auf die Genauigkeit der Zieldefi-nition. Ungenaue Zielformulierungen (z. B. „Versuche, den Test so gut wie möglich zu machen") sind weniger effektiv als spezifische Zielformulierungen (z. B. „Mindestens 80 % der Testergebnisse sollen richtig sein"). *Proximität* bezieht sich auf die zeitlichen Aspekte der Zielsetzung. Proximale Ziele können innerhalb eines kurzen Zeitraums erreicht werden (z. B. „Schreibe diese Wörter bis zum Ende des Unterrichts dreimal ab") und sind in der Regel effektiver als distale Ziele bzw. Fernziele, die nur in einer fernen Zukunft erreicht werden können (z. B. „Bis zum Ende des Schuljahres sollst Du 100 neue Schreibwörter lernen"). Allerdings kann ein Fernziel auch über mehrere proximale Ziele erreicht werden. Der *Schwierigkeitsgrad* bezieht sich darauf, in wel-chem Ausmaß eine Person durch eine Zielsetzung gefordert wird. Leicht erreichbare Ziele tragen weniger dazu bei, die Anstrengungen zu verbessern oder aufrechtzuer-halten (Johnson & Graham, 1990). Am wirksamsten sind Zielsetzungen, die für den Lernenden eine moderate Herausforderung darstellen, also weder zu leicht noch zu schwierig erreichbar sind.

Zielsetzungen beinhalten häufig einen Selbstbeurteilungsprozess, bei dem die ak-tuelle Leistung mit einem Ziel verglichen wird (Schunk, 2001). Damit Zielsetzungen Verhalten beeinflussen können, müssen Ziele bewertet werden. Wenn ein Ziel für den Schüler nur von geringer Bedeutung ist, trägt es nur mit geringer Wahrscheinlichkeit zur Verbesserung der Leistung oder zur Aufrechterhaltung der Motivation und der Anstrengung bei. Außerdem müssen Attributionen (die wahrgenommene Ursache für ein Ergebnis) berücksichtigt werden (Schunk, 2001). Die Fortschritte des Lernen-

5

den müssen in erster Linie auf seine eigenen Bemühungen und nicht einfach nur auf Glück oder fremde Hilfe (z. B. „Ich habe das Ziel erreicht, weil mir der Lehrer dabei geholfen hat") zurückführbar sein.

5.3.5 Selbstverstärkung

Selbstverstärkung ist vorhanden, wenn ein Schüler einen Verstärker wählt und sich selbst belohnt, sobald ein zuvor festgelegtes Kriterium erreicht oder überschritten wurde (z. B. „Wenn ich drei Seiten geschrieben habe, mache ich eine Pause") (Graham et al., 1992). Dieser Prozess entspricht dem natürlichen Entwicklungsprozess, bei dem ein Kind lernt, dass auf die Erfüllung bestimmter Erwartungen meist eine positive Verstärkung folgt, während das Gegenteil häufig eine negative Reaktion bzw. keine Reaktion bewirkt (Zimmerman & Schunk, 1989). Als Folge davon lernen Kinder, ihr eigenes Verhalten selbst zu verstärken (oder selbst zu bestrafen). Zum Selbstverstärkungsprozess gehören: (1) Standards für Belohnungen bestimmen, (2) einen Verstärker wählen, (3) Evaluation der Leistung und (4) selbstbelohnende Verstärkung, wenn das Kriterium erreicht ist. Selbstverstärkung wird häufig mit anderen Techniken der Selbstregulation kombiniert. Meist ist sie der letzte Schritt in einer Abfolge von Selbstregulationsprozessen und kann zugleich den Weg für weitere Selbstregulationsabläufe bereiten. Die Vorstellung, dass Individuen bewusst Selbstverstärkung anwenden, ist für einige unvereinbar mit einer streng operanten Sichtweise von Selbstregulation (für eine ausführliche Diskussion siehe Mace et al., 2001). Ungeachtet dessen ist die Methode an sich recht effektiv.

5.3.6 Abschließende Überlegungen

Wir haben kurz die wichtigsten Techniken der Selbstregulation definiert und diskutiert, die sich in der Forschung im Hinblick auf Kinder mit Lernstörungen und ADHS als wirkungsvoll erwiesen haben. Daneben gibt es noch andere vielversprechende Selbstregulationstechniken. Zimmerman (1998) hat darauf hingewiesen, dass die Verwendung von Vorstellungsbildern – die Fähigkeit, sich die erfolgreiche Ausführung einer Aufgabe bildhaft vorzustellen – möglicherweise dazu beiträgt, die Bemühungen zu strukturieren und darüber hinaus neues Lernen anzuleiten. Visualisierungstechniken werden auch bei Methoden der Gedankenkontrolle wie z. B. dem Gedankenstopp (Stop-Think) eingesetzt, bei dem sich die Schüler ein großes Stopp-Zeichen vorstellen, um impulsive Reaktionen zu unterdrücken. Eine weitere vielversprechende Technik ist das Korrespondenz-Training (z. B. Paniagua & Black, 1990). Dabei verpflichtet sich der Schüler mündlich, ein bestimmtes Verhalten auf einem zuvor festgelegten Niveau und über einen vorgegebenen Zeitraum hinweg auszuführen (z. B. das Aufgabenblatt mit Mathematikaufgaben innerhalb von zehn Minuten zu bearbeiten). Nach Ablauf der Zeit werden die Kinder an ihre mündliche Verpflichtung erinnert und darüber informiert, ob ihre Handlungen mit ihrer Zusage korrespondieren. Wenn dies der Fall ist, bekommen sie einen positiven Verstärker. Mehrere Studien haben die Wirksamkeit des Korrespondenz-Trainings bei Kindern mit ADHS demonstriert. Weitere

Techniken wie z. B. Strategieplanung und Selbstkonsequenzen (Zimmerman, 1998) können für Kinder, die Schwierigkeiten bei der Selbstregulation haben, ebenfalls nützlich sein.

Schließlich möchten wir betonen, dass Selbstregulation nicht im luftleeren Raum stattfindet. Sowohl aus sozialkognitiver als auch aus operanter Sicht ist die Umgebung ein wichtiger Faktor bei der Selbstregulation (Mace et al., 2001; Schunk, 2001). Umweltbedingte Manipulationen können Selbstregulation auf einem sehr basalen Niveau ermöglichen oder fördern (indem man beispielsweise nur einen begrenzten Geldbetrag mit zum Einkaufen nimmt, kann man verhindern, dass man übermäßig viel Geld ausgibt) (Mace et al., 2001). Um ihre Leistung zu verbessern, können Schüler auch ihre Umgebung selbst regulieren (z. B. indem sie eine ruhige und wenig ablenkende Lernumgebung schaffen, in der ihnen das Lernen oder das Hausaufgabenmachen leichter fällt). Darüber hinaus kann die Umgebung Feedback geben, diskriminative Hinweisreize für selbstregulierte Verhaltensweisen bieten und positive Verstärkung geben. Eine notwendige Voraussetzung für eine erfolgreiche Selbstregulation ist eine strukturierte Umgebung mit vorhersehbaren, gleichbleibenden Abläufen. Kinder mit Lernstörungen oder ADHS haben wahrscheinlich auch in der bestmöglichen Umgebung gewisse Probleme mit der Selbstregulation. In einer ungeordneten, chaotischen Umgebung ist eine erfolgreiche Selbstregulation jedoch kaum möglich. Selbstregulation lässt sich durch zahlreiche Veränderungen der Umgebung positiv beeinflussen. Beispielsweise kann man den Schülern Ordner zur Verfügung stellen, mit deren Hilfe sie eine Aufgabe organisieren können, oder Zettel mit Stichworten (Prompts) an den Schließfächern anbringen („Hast Du daran gedacht, ... mitzubringen?") oder Karteikarten verwenden, auf denen die einzelnen Schritte einer Aufgabe aufgelistet sind, die bei der Durchführung als Stichworte dienen) (Pfiffner & Barkley, 1998; Reid, 1999).

5.4 Selbstregulation und die wichtigsten abhängigen Variablen

Nachdem wir die gängigen Verfahren der Selbstregulation definiert und beschrieben haben, wenden wir uns den Auswirkungen von Selbstregulationsinterventionen auf die wichtigsten abhängigen Variablen zu. Dazu zählen On-Task-Verhalten, schulische Produktivität und schulische Genauigkeit. Anschließend diskutieren wir die Auswirkungen auf störende Verhaltensweisen (Off-Task-Verhalten). Zum Schluss diskutieren wir die Anwendung von Selbstregulationstechniken im sozialen Kontext.

5.4.1 On-Task-Verhalten

On-Task-Verhalten (Bei-der-Sache-Sein) ist das mit Abstand am häufigsten untersuchte Resultat von Selbstregulationsinterventionen. So weist z. B. Reid (1996) in seinem Forschungsüberblick zur Selbstüberwachung bei Kindern mit Lernstörungen darauf hin, dass 22 von 23 Experimenten On-Task-Verhalten als eine abhängige Vari-

5

able beinhalten. Das ist verständlich, weil die Verbesserung des On-Task-Verhaltens bei Schülern mit Lernstörungen im Mittelpunkt der Selbstregulationsinterventionen steht. Obgleich das On-Task-Verhalten allein nicht ausreicht, sind die Zuwendung zu einer Aufgabe und dauerhafte Anstrengung wichtige Voraussetzungen für schulischen Erfolg. Darüber hinaus kann die Verbesserung des On-Task-Verhaltens positive Auswirkungen auf das Unterrichtsklima und die Lehrer-Schüler-Beziehung haben (Hallahan & Lloyd, 1987).

Die Wirksamkeit von Selbstüberwachung zur Verbesserung des On-Task-Verhaltens bei Kindern mit Lernstörungen ist gut dokumentiert und nachgewiesen (Reid, 1996). Mehr als 20 Studien mit Kindern mit Lernstörungen haben über eine Verbesserung des On-Task-Verhaltens berichtet. Die positiven Effekte von Selbstüberwachung wurden über verschiedene Altersstufen und Bildungsinstitutionen hinweg nachgewiesen. In den meisten Studien waren die Teilnehmer zwischen neun und elf Jahre alt; Selbstüberwachung hat sich aber auch bei Siebenjährigen (z. B. Hallahan et al., 1982, 1979) und bei 18-Jährigen (z. B. Blick & Test, 1987; Prater et al., 1991) als effektiv erwiesen. Selbstüberwachung ist sowohl im Einzelsetting als auch mit kleinen und großen Gruppen wirksam (z. B. Hallahan et al., 1981, 1979; Prater et al., 1992). Ein wichtiger Gesichtspunkt ist, dass Effekte von Selbstüberwachung lange anhalten. Mehrere Studien haben gezeigt, dass die positiven Auswirkungen dieser Unterrichtsintervention über mehrere Monate aufrechterhalten werden konnten (z. B. Harris, 1986b; Harris et al., 1994; Lloyd et al., 1989).

Abgesehen von Selbstinstruktion (Abikoff, 1991) haben sich Selbstregulationsinterventionen auch bei der Verbesserung des On-Task-Verhaltens bei Kindern mit ADHS als wirksam erwiesen (DuPaul & Stoner, 2002). Mathes & Bender (1997) wandten Aufmerksamkeitsselbstüberwachung bei drei Förderschülern im Grundschulalter erfolgreich an. Harris et al. (2005) berichteten über eine beträchtliche Verbesserung des On-Task-Verhaltens und der Rechtschreiblernleistung bei Schülern mit ADHS als Folge von Selbstbeobachtungsverfahren. Shimabukuro et al. (1999) berichteten ebenfalls über ein verbessertes On-Task-Verhalten bei 12- und 13-jährigen Schülern mit Lernstörungen und ADHS. DeHaas-Warner (1990) kam in einer Studie mit Vorschulkindern, die den Schuleignungstest absolvierten, zu ähnlichen Ergebnissen, ebenso Christie et al. (1984) bei drei Grundschülern, die am Regelunterricht teilnahmen. In zwei Studien (Mathes und Bender, 1997; DeHaas-Warner, 1990) führte Selbstüberwachung sogar zu besseren Resultaten beim On-Task-Verhalten als die Behandlung mit Psychostimulantien. Andere Forscher haben Selbstüberwachung mit Selbstverstärkung kombiniert, um das On-Task-Verhalten bei Kindern mit ADHS zu verbessern (z. B. Barkley et al., 1980; Edwards et al., 1995).

Techniken der Selbstevaluation wurden ebenfalls erfolgreich eingesetzt, um bei Kindern mit ADHS On-Task-Verhalten zu verbessern. So berichteten z. B. Ervin et al. (1998) über Verbesserungen bei einem 14-jährigen Internatsschüler. Ähnliche Ergebnisse finden sich bei Shapiro et al. (1998), die eine Studie mit zwei 12-jährigen Schülern durchführten, von denen einer am Regelunterricht teilnahm, der andere in einer reinen Förderschule unterrichtet wurde. Techniken der Selbstverstärkung haben sich bei Kindern mit ADHS ebenfalls als wirksam erwiesen (Ajibola & Clement, 1995; Bowers et al., 1985).

5.4.2 Schulische Produktivität

Die Auswirkungen von Selbstüberwachung auf die schulische Produktivität – das Maß der schulischen Ansprechbarkeit – bei Kindern mit Lernstörungen wurden in einer Reihe von Studien dokumentiert (Reid, 1996). Allerdings sind diese Auswirkungen im Vergleich zum On-Task-Verhalten weniger deutlich erkennbar. Einige frühe Studien (z. B. Roberts & Nelson, 1981) fanden deutliche Effekte, während andere widersprüchliche Effekte (Hallahan et al., 1982, 1979) oder gar keine Effekte berichteten (Lloyd et al., 1982). Möglicherweise haben methodische Probleme und Unstimmigkeiten im Studiendesign dazu beigetragen, dass die Selbstüberwachungsinterventionen in diesen Studien wirkungslos blieben. In manchen Studien wurde neues Lernmaterial eingeführt, das die Studienteilnehmer noch nicht kannten; dies ist problematisch, weil Selbstüberwachung keine Auswirkungen auf Fertigkeiten hat, die noch nicht Teil des Repertoires eines Kindes sind. Die Überwachung von etwas, von dem der Schüler gar nicht weiß, wie es funktioniert, wird ihm nicht dabei helfen, es besser zu machen. In anderen Studien sollten die Teilnehmer über einen längeren Zeitraum Aufgaben durchführen, die sie bereits konnten, was möglicherweise zu Langeweile und Widerstand geführt hat. Neuere Studien mit größerer Behandlungsvalidität berichteten, dass Selbstüberwachung schulische Produktivität beträchtlich steigern kann (z. B. DiGangi et al., 1991; Harris, 1986b; Harris et al., 1994, 2005; Lloyd et al., 1989; Maag et al., 1993; Reid & Harris, 1993).

Bei Kindern mit ADHS sind die Auswirkungen von Selbstregulationsinterventionen auf schulische Produktivität bislang nur unzureichend untersucht worden. In einer Studie mit Lese-, Rechen- und Schreibaufgaben konnte die schulische Produktivität bei drei 12- und 13-jährigen Schülern mit ADHS durch Selbstüberwachung verbessert werden (Shimabukuro et al., 1999). McDougall und Brady (1998) konnten dagegen bei einem Viertklässler keine Verbesserung der Produktivität durch Selbstüberwachung beim Lösen einer Mathematikaufgabe feststellen. Ajibola und Clement (1995) setzten bei sechs Kindern mit ADHS Selbstverstärkung ein, um die schulische Produktivität bei einer Leseverständnisaufgabe zu verbessern.

Wir konnten keine einzige Studie finden, in der die Auswirkung von Selbstevaluation auf die schulische Produktivität von Kindern mit ADHS untersucht wurde. Angesichts der gut dokumentierten Schwierigkeiten, die diese Kinder gerade mit schulischer Produktivität und Aufgabenerfüllung haben (z. B. DuPaul & Stoner, 1994), sollte in diesem Bereich unbedingt mehr geforscht werden.

5.4.2.1 Selbstüberwachung der Aufmerksamkeit vs. Selbstüberwachung des Verhaltens für eine Verbesserung des On-Task-Verhaltens und der schulischen Leistung

Harris et al. (2005) berichteten über die relativen Effekte, die durch Selbstüberwachung von Aufmerksamkeit und vom Verhalten bei Schülern mit ADHS im Zusammenhang mit On-Task-Verhalten und Rechtschreiblernverhalten hervorgerufen wurden. Sowohl die Selbstüberwachung der Aufmerksamkeit als auch des Verhaltens hatte positive Auswirkungen auf das On-Task-Verhalten und das Rechtschreib-

5

lernverhalten der Schüler. Während die Verbesserungen des On-Task-Verhaltens bei beiden Interventionen vergleichbar waren, führte die Selbstüberwachung der Aufmerksamkeit bei vier der sechs Grundschüler, die an der Studie teilnahmen, zu wesentlich besseren Ergebnissen beim Rechtschreiblernverhalten. Während dies die erste Studie ist, in der differenzielle Effekte der beiden Selbstbeobachtungsinterventionen auf Schüler mit ADHS untersucht wurden, kamen frühere Studien zu differenziellen Effekten von Selbstüberwachungsinterventionen bei Schülern mit Lernstörungen zu gegenteiligen Ergebnissen. Die Selbstüberwachung des Verhaltens führte zu einer stärkeren Verbesserung des Rechtschreiblernens als die Selbstüberwachung der Aufmerksamkeit (Harris, 1986b; Harris et al., 1994; Reid & Harris, 1993). Was die Auswirkungen dieser beiden Selbstüberwachungsverfahren bei Schülern mit Lernstörungen und ADHS betrifft, so besteht hier offensichtlich ein großer Forschungsbedarf.

5.4.3 Schulische Genauigkeit

Es gibt eine Reihe von Forschungsbelegen, die dafür sprechen, dass Selbstüberwachung die schulische Ansprechbarkeit steigern kann. Dagegen sind die Auswirkungen von Selbstüberwachung auf die schulische *Genauigkeit* nicht eindeutig. Es gibt nur zwei Studien, die für Kinder mit Lernstörungen Daten zur schulischen Genauigkeit geliefert haben (Dunlap & Dunlap, 1989; Maag et al., 1993). Beide Studien erfassten schulische Genauigkeit anhand von Rechenaufgaben und kamen zu dem Ergebnis, dass Selbstüberwachung deutliche Auswirkungen hatte. Ebenso berichteten drei Studien über positive Auswirkungen auf die schulische Genauigkeit von Kindern mit ADHS (Edwards et al., 1995; Shimabukuro et al., 1999; Varni & Henker, 1979). Die Frage ist allerdings, ob Selbstüberwachung allein die schulische Genauigkeit verbessern kann (Reid, 1996). Wie bereits erwähnt, werden durch Selbstüberwachung keine neuen Verhaltensweisen generiert; sie beeinflusst lediglich Verhaltensweisen, die bereits im Repertoire des Kindes vorhanden sind. Obgleich Selbstüberwachung das Bewusstsein für Genauigkeit steigern kann, ist sie theoretisch nicht geeignet, Genauigkeit an sich zu verbessern. Gleichwohl kann sie eine vermehrte Anwendung von Praktiken bewirken, die zur Verbesserung von Genauigkeit führen. Darüber hinaus kann Selbstüberwachung mit einer Strategie kombiniert werden, wie z. B. in der Studie von Dunlap und Dunlap (1989), in der Schüler bei sich selbst die Anwendung richtiger Vorgehensweisen beim Lösen von Rechenaufgaben kontrollierten (z. B. in einer bestimmten Zahlenreihe beginnen oder daran denken, zu übertragen). Die Nützlichkeit von Selbstregulationstechniken in Situationen, die neues Lernen beinhalten, ist in der Forschung bislang nicht ausreichend erforscht. Hallahan und Sapona (1983) vermuteten, dass Selbstüberwachung bei neuem Lernen nicht effektiv sei. Interessanterweise fanden Reid und Harris (1993), dass die Anwendung von Selbstregulation in bestimmten Situationen – nämlich dann, wenn die Selbstregulationstechnik nicht für die Aufgabe geeignet ist – sogar zu einer Verringerung neuen Lernens führen kann.

5.4.4 Störverhalten

5

Kinder mit Lernstörungen und ADHS fallen im Unterricht häufig durch Störverhalten auf. Das Störverhalten kann in Form von unangebrachten Verbalisierungen, impulsivem oder unangemessenem Verhalten oder übermäßiger motorischer Aktivität auftreten. Diese Verhaltensweisen haben einen nachteiligen Effekt auf die Lernumgebung im Klassenzimmer – weil weniger Zeit für den eigentlichen Unterricht und für Lernaktivitäten bleibt –, und sie können außerdem die Lehrer-Schüler-Beziehung negativ beeinflussen. Mehrere Studien haben gezeigt, dass sich Ansätze der Selbstregulation positiv auf das Störverhalten von Kindern mit ADHS auswirken können. In drei Studien, die im Krankenhaus und in Forschungsumgebungen durchgeführt wurden (Barkley et al., 1980; Horn et al., 1983; Kern et al., 2001), wurde Selbstüberwachung mit externen Verstärkern kombiniert, um störendes Verhalten zu reduzieren. Dies ist insofern bemerkenswert, als dass die Kinder in dieser Studie schwere Verhaltensprobleme bzw. emotionale Probleme hatten.

Studien, die im schulischen Umfeld durchgeführt wurden, konnten ebenfalls demonstrieren, dass sich Störverhalten durch Selbstüberwachung verringern lässt. Christie et al. (1984) setzten Selbstüberwachung im Regelunterricht ein. Stewart und McLaughlin (1992) berichteten über eine Verringerung des Off-Task-Verhaltens in einer sonderpädagogischen Bildungseinrichtung. Im Gegensatz zu den Studien, die im Krankenhaus durchgeführt wurden, verwendete keine dieser beiden Studien externe Verstärker. Auch Selbstevaluation hat sich sowohl an Regelschulen als auch in rein sonderpädagogischen Bildungseinrichtungen als wirksam erwiesen, um Problemverhalten zu verbessern (Davies & Witte, 2000; Hoff & DuPaul, 1998; Shapiro et al., 1998).

Besonders offensichtlich ist die Wirksamkeit von Selbstregulationstechniken an Regelschulen. Die meisten Kinder mit Lernstörungen und/oder ADHS verbringen den Großteil des Schultages im Regelunterricht (Reid et al., 1994). Eine hohe Auftretensrate von Störverhalten ist eine Barriere für wirksame Integration. Methoden, die zur Verringerung von Störverhalten beitragen, sind besonders wichtig, weil sie die Chancen erhöhen, dass diese Kinder erfolgreich in den Regelunterricht integriert werden können. Selbstregulationsinterventionen sind äußerst vielversprechend, weil sie für Lehrer akzeptabel sind und weil sie nach ihrer Implementierung kaum zusätzliche Zeit beanspruchen. Allerdings ist noch mehr Forschung erforderlich, um zu klären, wie Selbstregulation am besten eingesetzt werden kann, um Kinder mit Lernstörungen und ADHS in den Regelunterricht zu integrieren (Reid, 1996). Wichtige Fragen für zukünftige Forschung sind, ob verschiedene Interventionen (z. B. Selbstüberwachung oder Selbstevaluation) unterschiedlich starke Auswirkungen haben und welches Zielverhalten angestrebt werden sollte, d. h., sollten Interventionen darauf abzielen, unangemessene Verhaltensweisen zu reduzieren oder darauf, wünschenswerte Verhaltensweisen zu stärken?

5.4.5 Selbstregulation im sozialen Kontext

Die Probleme von Kindern mit Lernstörungen und/oder ADHS sind keineswegs auf den schulischen Bereich beschränkt. Viele dieser Kinder haben auch im sozialen

5

Bereich große Schwierigkeiten. Daher wurde mehrfach angeregt, soziale Defizite in die Definition von Lernstörungen mit einzubeziehen (Lerner, 2000). Bryan (1997) schätzte, dass mehr als ein Drittel der Kinder mit Lernstörungen auch unter einer Beeinträchtigung ihrer sozialen Fertigkeiten leidet. Bei Kindern mit ADHS ist das Problem noch gravierender, da viele der symptomatischen Verhaltensweisen zugleich ein gestörtes Sozialverhalten widerspiegeln. Etwa 40 bis 60 % der Kinder mit ADHS entwickeln zusätzlich ernste Probleme im Zusammenhang mit sozialen Beziehungen, z. B. eine Störung mit oppositionellem Problemverhalten (Barkley, 1998). Diese sozialbasierten Probleme sind keineswegs trivial. Lerner (2000) hat darauf hingewiesen, dass Defizite im Sozialverhalten möglicherweise stärker beeinträchtigen als schulische Schwierigkeiten, da sie tiefgreifender sind.

Es gibt Hinweise darauf, dass die sozialen Schwierigkeiten bei vielen Kindern mit Lernstörungen und ADHS nicht auf einen *Mangel* an sozialen Fertigkeiten zurückgehen; vielmehr sind die Betroffenen nicht in der Lage, Fertigkeiten zu aktivieren, die bereits im Repertoire vorhanden sind, oder impulsive, aber unangemessene Verhaltensweisen zu unterdrücken (Barkley, 1998; Bryan & Sonnenfield, 1981). Diese Unterscheidung ist deshalb wichtig, weil Selbstregulationstechniken nur dann wirksam eingesetzt werden können, wenn die erforderlichen Fertigkeiten auch tatsächlich vorhanden sind. Leider ist die Forschungsgrundlage zum Thema Selbstregulation bei Kindern mit Lernstörungen und ADHS im sozialen Kontext sehr dürftig (Shapiro et al., 2002). Daher ist es bis heute nicht möglich, abzuschätzen, wie wirksam Selbstregulationsansätze in diesem Bereich sind. Es gibt jedoch einige erfolgreiche Anwendungen bei Kindern mit ADHS. In einem experimentellen Programm verwendeten Hinshaw et al. (1984) in einem Spielplatz-Setting Selbstevaluation sowie Selbstevaluation in Verbindung mit medikamentöser Behandlung; dabei stellte sich heraus, dass beide Interventionen effektiv zur Verringerung von negativen sozialen Verhaltensweisen beitrugen. In einer anderen interessanten Studie zeigten Gumpel und David (2000) einem zehnjährigen Grundschüler, wie er sein Spielplatzverhalten selbst überwachen konnte. Der Junge sollte eine Küchenuhr und ein kleines Notizbuch verwenden und in vierminütigen Abständen protokollieren, ob seine Verhaltensweisen angemessen waren (z. B. „Ich habe es geschafft, mit anderen zu spielen, ohne zuzuschlagen"). Die Selbstüberwachung verminderte das aggressive Spielplatzverhalten und erhöhte die Zahl der positiven sozialen Interaktionen des Grundschülers. Dieser Zuwachs wurde auch noch sechs Wochen nach Ende der Behandlung aufrechterhalten.

5.5 Faktoren, die Selbstregulation beeinflussen und durch Selbstregulation beeinflusst werden

Forschende aus den unterschiedlichsten Bereichen haben aus zahlreichen theoretischen Perspektiven eine Reihe von Faktoren identifiziert, die die Anwendung und die Wirksamkeit von Selbstregulation bei Lernenden beeinflussen können und ihrerseits durch den Prozess der Selbstregulation beeinflussbar sind. Wie Zeidner et al. (2000) bemerken, herrscht bis heute wenig Einigkeit über die „Phasen bzw. Facetten in der

5

Struktur und Morphologie von Selbstregulation" (S. 753). Zu den Schlüsselfaktoren zählen Umweltdeterminanten (familiäre, soziale und religiöse Einflüsse), affektive und motivationale Faktoren (Selbstwirksamkeit, Attributionen, Zielorientierung, Fähigkeitsüberzeugungen, Leistungsorientierung, Stimmungslage etc.) sowie individuelle Unterschiede (Geschlecht, Alter, kognitive Fähigkeit, Persönlichkeit etc.).

Es wurden verschiedene Modelle entwickelt, die den Zeitpunkt, zu dem diese Faktoren auftreten, ihre wechselseitigen Beziehungen und ihre Interaktionen mit Selbstregulationsprozessen beschreiben; allerdings reichen die wenigen Studien, die uns zur Verfügung stehen, nicht aus, um die Rolle der einzelnen Faktoren vollständig zu klären oder ein bestimmtes Modell zu unterstützen (Boekaerts et al., 2000; Schunk & Zimmerman, 1994, 1998). In diesem Kapitel wenden wir uns ausführlicher einem der Konstrukte zu, die Forschende im Zusammenhang mit Selbstregulation, Lernstörungen und ADHS untersucht haben: Selbstwirksamkeit.

5.5.1 Selbstwirksamkeit

Obgleich die Rolle von Selbstwirksamkeit bei der Selbstregulation und die Auswirkungen von Selbstregulation auf Selbstwirksamkeit noch nicht vollständig erforscht sind, betrachten einige Wissenschaftler Selbstwirksamkeit als einen integralen Bestandteil des Selbstregulationsprozesses (Zeidner et al., 2000). Der Begriff „Selbstwirksamkeit" bezieht sich auf Einschätzungen der Schüler im Vorfeld einer Aufgabenanforderung – ihre Erwartungen oder Überzeugungen, ob sie eine bestimmte Aufgabe oder Tätigkeit ausführen können oder nicht. Einige Forscher gehen davon aus, dass die Veränderung der Selbstwirksamkeit ein ausschlaggebender Faktor für die Veränderung von Verhaltensweisen ist (siehe Zimmerman, 2000). Es wird angenommen, dass Selbstwirksamkeit einen starken Einfluss auf die Leistung ausübt, da sie die Wahl der Aktivitäten, die Leistungsanstrengungen und die Ausdauer bei auftretenden Schwierigkeiten lenkt. Mit anderen Worten: Individuen, die Vertrauen in die eigene Tüchtigkeit haben, wählen mit großer Wahrscheinlichkeit herausfordernde Aktivitäten, arbeiten hart und ausdauernd und verfolgen ihre Ziele auch dann weiter, wenn Schwierigkeiten auftreten (Harris & Graham, 1996). Eine stark ausgeprägte Selbstwirksamkeit kann somit zu einer effektiveren Selbstregulation führen, während umgekehrt eine wirksame Selbstregulation und die Bewältigung einer Aufgabe die Selbstwirksamkeit stärken können.

Interessanterweise haben Schüler mit Lernstörungen möglicherweise nicht nur eine schwache Selbstwirksamkeit, was Anforderungen betrifft, die eigentlich im Rahmen ihrer Möglichkeiten liegen. Einige Studien deuten auch darauf hin, dass sehr junge Kinder und Schüler mit Lernstörungen häufig unrealistisch hohe Erwartungen haben – sie erwarten, Aktivitäten erfolgreich ausführen zu können, obwohl sie dazu nicht in der Lage sind (Graham & Harris, 1989; Sawyer et al., 1992). Unrealistisch hohe Erwartungshaltungen von Schülern mit Lernstörungen sind möglicherweise auf Fehleinschätzungen der Aufgabenanforderungen, auf Verständnisprobleme, eine unzureichende Selbstkenntnis, selektive Aufmerksamkeit auf das, was bewältigt wurde und nicht auf das, was nicht bewältigt wurde, die Unfähigkeit, Anforderungen mit dem eigenen Fähigkeitsniveau zu vergleichen oder auf den Gebrauch einer Selbst-

5

schutz-Copingstrategie zurückzuführen (Sawyer et al., 1992). Wenn auf unrealistisch hohe Erwartungen Misserfolge oder extreme Schwierigkeiten folgen, können negative, fehlangepasste Einstellungen und Überzeugungen sowie eine geringere Selbstwirksamkeit die Folge sein.

Im Zusammenhang mit Selbstregulationsprozessen müssen Schüler nicht nur daran glauben, dass sie eine ihrem Fähigkeitsniveau angemessene Aufgabe erfüllen können; sie müssen auch davon überzeugt sein, dass die Selbstregulationsprozesse und -fähigkeiten, die sie verwenden, sie beim Erreichen ihrer Ziele unterstützen. Nur so können sie im Vorfeld einer Aufgabenanforderung positive Erwartungen entwickeln und in ihre Fähigkeit vertrauen, dass sie die Aufgabe selbstreguliert erfüllen können (Zeidner et al., 2000). Pintrich (2000) betonte, dass Lernende nicht nur ihre Kognition und ihr Verhalten steuern können, sondern auch Motivation und Affekt. Selbstregulation motivationaler Überzeugungen kann die Steuerung der Zielorientierung, Überzeugungen von Wichtigkeit, Nutzen und Relevanz der Aufgabe, persönliches Interesse an der Aufgabe sowie Selbstwirksamkeit einschließen (Pintrich, 2000; Boekaerts et al., 2000). Hier zeigen sich wieder die komplexen Beziehungen zwischen Selbstregulation und Faktoren wie Selbstwirksamkeit; künftige Forschungen sollten sich unbedingt mit diesen Beziehungen befassen. Nur wenige Studien haben Selbstwirksamkeit und Selbstregulation bei Schülern mit ADHS untersucht. Ein paar Studien haben sich allerdings mit der Verbindung von Strategietraining und Selbstregulation strategischen Verhaltens und den Effekten solcher Interventionen auf die Leistung und Selbstwirksamkeit bei Schülern mit Lernstörungen befasst. Im Folgenden wird diskutiert, wie sich Strategietraining und Selbstregulationsentwicklung verbinden lassen und welche Effekte diese Kombination bei Schülern mit Lernstörungen hat.

5.6 Selbstregulation von strategischem Verhalten

Bei den Zielverhaltensweisen der Selbstregulation, die hier bislang diskutiert wurden (schulische Produktivität, Genauigkeit, On-Task-Verhalten), handelt es sich größtenteils um Verhaltensweisen, die man relativ klar bestimmen und voneinander abgrenzen kann. Mehrere Forscher haben darauf hingewiesen, dass bestimmte Selbstregulationsverfahren auch zur erfolgreichen Anwendung komplexerer Lernstrategien geeignet sein könnten (z. B. Boekaerts et al., 2000; Harris & Graham, 1996; Schunk & Zimmerman, 1998, 1994). Ansätze zum Strategietraining in unterschiedlichen Bereichen wurden sehr stark durch die fruchtbaren Arbeiten von Donald Meichenbaum und Ann Brown und ihren Kollegen beeinflusst (Harris, 1982; Harris & Graham, 1999, 1992; Wong et al., 2003). Meichenbaum (1977) ging davon aus, dass verschiedene Selbstregulationsverfahren eine wichtige Rolle beim Strategietraining spielen könnten und entwickelte Richtlinien für das Selbstinstruktionstraining. Brown et al. (1981) betonten, wie wichtig Komponenten der Selbstkontrolle für das strategische Lernen sind; strategisches Lernen beschrieben sie als die Planung und Umsetzung einer Strategie, die Überwachung des Strategiegebrauchs sowie die Bewertung der Strategiewirksamkeit und der Resultate. Während ausführlich über strategisches

Lernen und Lernstörungen geforscht wurde, gibt es offenbar keine einzige Studie, die sich mit der Entwicklung von wirksamen schulischen und Selbstregulationsstrategien und deren Integration in die Instruktion von Schülern mit ADHS befasst hat. Künftige Forschungen sollten diesen wichtigen Bereich mit einbeziehen (Harris & Schmidt, 1998, 1997).

5.6.1 Selbst regulierte Strategieentwicklung

Wong et al. (2003) haben einen Forschungsüberblick über kognitives Strategietraining bei Schülern mit Lernstörungen veröffentlicht, auf den wir an dieser Stelle verweisen, da ein ausführlicher Überblick über die Kombination von Selbstregulation mit Strategietraining den Rahmen dieses Kapitels sprengen würde. Wir beschränken uns daher auf die Diskussion eines Modells, das die Entwicklung selbstregulierter Strategien beschreibt: Self-Regulated Strategy Development (SRSD). Das SRSD-Modell wurde seit den frühen 1980er-Jahren von Harris, Graham und Kollegen entwickelt (Harris, 1982; Harris & Graham, 1992, 1999). Beeinflusst wurde das Modell nicht nur durch die Arbeiten von Meichenbaum und Brown, sondern auch durch die Beiträge sowjetischer Forscher und Theoretiker (darunter Vygotsky, Luria und Sokolov) über die sozialen Wurzeln der Selbstkontrolle und der Entwicklung des Geistes sowie durch die Arbeiten von Deshler, Schumaker und Kollegen über die Validierung von Bausteinen des Strategieerwerbs bei Jugendlichen mit Lernstörungen (Harris & Graham, 1999, 1992).

Aktuelle Modelle des Strategietrainings haben zweifellos von den vielen verschiedenen Forschungsrichtungen profitiert, die sich mit Strategietraining befasst haben, und in vielen Bereichen haben sich diese Modelle einander angenähert (Pressley & Harris, 2001). In der Frühphase seiner Entwicklung unterschied sich das SRSD-Modell allerdings in zwei wichtigen Punkten von anderen Modellen des Strategietrainings (Harris & Graham, 1999; Wong et al., 2003). Erstens: Andere Modelle, die für Schüler mit normalen Schulleistungen entwickelt worden waren, gingen nicht ausdrücklich darauf ein, wie man die Entwicklung von Selbstregulationsfähigkeiten unterrichten und fördern kann; vielmehr wurde die Entwicklung von Selbstregulationsfähigkeiten in diesen Modellen implizit vorausgesetzt. Teilweise auf der Grundlage von Forschung zur Expertise im Schreiben und zur Selbstregulation bei Kindern (Harris & Graham, 1992) wurden im SRSD-Modell explizite Instruktion und die Förderung kritischer Selbstregulationsaspekte als wesentliche Komponenten in die Stadien der Instruktion integriert. Dazu gehörten das Setzen von Zielen, Selbstbeurteilung, Selbstinstruktion, Selbstverstärkung, Vorstellungsbilder und Management der Schreibumgebung (die meisten Studien zum SRSD-Modell wurden im Bereich des Aufsatzschreibens durchgeführt, obwohl es auch Studien zum Lesen und Rechnen gibt; siehe Graham und Harris, 2003).

Zweitens: Sowohl auf der Grundlage von Forschung als auch von eigenen Erfahrungen mit Strategietraining bei Schülern mit Lernstörungen betonten Harris und Graham, dass diese Schülergruppe – ungeachtet ihrer Heterogenität – häufig mit Problemen konfrontiert wird, die sich aus den reziproken Beziehungen aus Schulversagen, sozialen Schwierigkeiten, Selbstzweifeln, erlernter Hilflosigkeit, geringer Selbstwirksamkeit, fehlangepassten Attributionen, unrealistischen Erwartungen, geringer Motivation und mangelndem Engagement bei schulischen Anforderungen

5

ergeben (Harris, 1982; Harris & Graham, 1992). Daher wurden die Einstellungen und Überzeugungen der Kinder über sich selbst als Lerner/Schreiber ebenso wie das Strategietraining, an dem sie teilnahmen, zu wichtigen Zielpunkten von Interventionen und Beurteilungen während und nach dem Strategietraining. Während des SRSD-Trainings werden die Schüler gezielt dabei unterstützt, sowohl Attributionen für die Anstrengung als auch die Anwendung wirksamer Schreibstrategien zu entwickeln, Kenntnisse über Schreibgenres und den Prozess des Schreibens zu erwerben und Selbstwirksamkeit sowie ein hohes Engagement zu entwickeln. Außerdem basiert der Ablauf des SRSD-Trainings eher auf Kriterien als auf Zeit, d. h., die Schüler bekommen die Zeit, die sie brauchen, um wichtige Fähigkeiten und Fertigkeiten zu erwerben und die gewünschten Ergebnisse zu erzielen.

Harris und Graham (1992) haben außerdem darauf hingewiesen, dass Schüler mit Lernstörungen neben ihren gravierenden schulischen Schwierigkeiten häufig ein oder mehrere kognitive Probleme in Bereichen wie Aufmerksamkeit, Impulsivität, Gedächtnis oder Informationsverarbeitung haben. Daher formulierten die Autoren schon früh eine Annahme, die dem SRSD-Modell zugrunde liegt: Kinder, die schwerwiegende und oft aufreibende Probleme im schulischen Bereich haben, profitieren von einem integrierten Interventionsansatz, der ihren affektiven, behavioralen und kognitiven Eigenschaften, Stärken und Bedürfnissen gerecht wird (Harris, 1982; Harris & Graham, 1992). Schüler mit schweren Lernproblemen brauchen in der Regel einen ausführlichen, strukturierten und gezielten Unterricht, um Fertigkeiten und Strategien (einschließlich Selbstregulationsstrategien) zu entwickeln, die viele ihrer Peers problemlos lernen. Die Entwicklung von SRSD ist daher Ausdruck einer zweckgerichteten und gezielten Integration von Wissen, das aus unterschiedlichen theoretischen Sichtweisen und Forschungsrichtungen stammt. Die weitere Entwicklung von SRSD ist offen gegenüber Fortschritten in vielen Bereichen der Forschung (Harris & Graham, 1992, 1999).

Das SRSD-Trainingsmodell wird ausführlicher in Kapitel 8 zum Thema „Schreibunterricht" behandelt, daher werden wir an dieser Stelle nicht weiter auf diesen komplexen Unterrichtsprozess eingehen. Eine detaillierte Darstellung von SRSD im Unterricht findet sich bei Harris und Graham (1996). Eine Videoproduktion mit dem Titel „Using Learning Strategies", die 2002 von der Association for Supervision and Curriculum Development produziert wurde, stellt außerdem sämtliche Trainingsstufen im Integrationsunterricht einer vierten Grundschulklasse dar. Im Folgenden werden wir kurz Forschungsergebnisse zur Wirksamkeit von SRSD bei Schülern mit Lernstörungen zusammenfassen und dabei insbesondere darauf eingehen, was wir über die Rolle der Selbstregulationsentwicklung in diesem Modell erfahren haben.

5.6.2 Effekte von selbstregulierter Strategieentwicklung

Seit 1985 wurden mehr als 30 Studien berichtet, in denen das SRSD-Trainingsmodell im Zusammenhang mit Schreibenuntersucht worden ist. Weitere Studien haben es im Zusammenhang mit Lesen und Rechnen analysiert. An diesen Studien waren sowohl Schüler mit Lernstörungen als auch Schüler mit normalen Schulleistungen aus Grund- und Sekundarschulen beteiligt (Harris & Graham, 2003). Schreibstrategien für unterschiedliche Genres wurden entwickelt und untersucht (typischerweise mit

Unterstützung von Lehrern und ihren Schülern), darunter Ich-Erzählungen, Geschichten, Essays, Berichte, Erörterungen und Schreibtests (Graham & Harris, 2003; Harris & Graham, 1996). Die Studien ergaben signifikante Verbesserungen bei der Entwicklung von Planungs- und Korrekturstrategien der Schüler, etwa beim Brainstorming, bei der Selbstüberwachung und beim informationsorientierten Lesen, bei der semantischen Vernetzung, beim Generieren und Organisieren von Inhalten, bei Planung und Diktat, bei der Korrektur gemeinsam mit Peers sowie bei der Korrektur von Substanz und Mechanik (Graham & Harris, 2003).

Darüber hinaus hat das SRSD-Modell zur Verbesserung von vier wesentlichen Aspekten der Schülerleistung geführt: Qualität des Schreibens, Wissen über Schreiben, Einstellung gegenüber dem Schreiben und Selbstwirksamkeit im Zusammenhang mit dem Schreiben (Graham & Harris, 2003; Harris & Graham, 1999). Qualität, Länge und Struktur der von den Schülern verfassten Aufsätze konnte strategie- und genreübergreifend verbessert werden. In einigen Studien steigerte sich die Leistung der Schüler mit Lernstörungen sogar so weit, dass sie mit der ihrer Mitschüler im selben Klassenzimmer vergleichbar war. Bei den meisten Schülern mit Lernstörungen konnten diese Verbesserungen aufrechterhalten werden; bei einigen Schülern waren zusätzliche auffrischende Sitzungen notwendig, um die Verbesserungen langfristig aufrechtzuerhalten. Generalisierungen waren zwar nicht so robust wie die Nachhaltigkeit, wurden jedoch über verschiedene Settings, Personen und Schreibmedien gefunden. Verbesserungen ließen sich sowohl bei Schülern mit normalen Schulleistungen als auch bei Schülern mit Lernstörungen nachweisen. Das bedeutet, dass dieser Ansatz gerade für den Integrationsunterricht bestens geeignet ist. Während Schüler mit normalen Schulleistungen in der Regel keine extensiven oder unterstützenden Instruktionen benötigen, deuten Forschungen darauf hin, dass Schüler mit Lernstörungen erst dann substanzielle Verbesserungen zeigen, wenn die SRSD-Trainingsstufen vollständig implementiert wurden (siehe Danoff et al., 1993; Harris & Graham, 1999).

5.6.3 Forschungsergebnisse im Zusammenhang mit den Selbstregulationskomponenten von SRSD

Wie bereits erwähnt, basiert das SRSD-Modell auf der Annahme, dass die Integration und gezielte Entwicklung von Selbstregulationsfähigkeiten die Schüler dabei unterstützt, die Strategien, die sie lernen, wirksam einzusetzen, sie langfristig beizubehalten und zu generalisieren. Ein wichtiges Forschungsziel besteht deshalb darin, festzustellen, welchen Beitrag die einzelnen Selbstregulationskomponenten des SRSD-Modells leisten (Harris & Graham, 1999). Während weitere Forschung erforderlich ist, berichten Harris, Graham und Kollegen über zwei Studien, die den Beitrag der Selbstregulationsentwicklung zum Erwerb, zur Aufrechterhaltung und zur Generalisierung von Schreibstrategien untersucht haben (Graham & Harris, 1989; Sawyer et al., 1992).

In der ersten Studie führten Graham und Harris (1989) bei Fünft- und Sechstklässlern mit Lernstörungen ein Strategietraining zum Geschichtenschreiben durch, bei dem sie entweder den vollständigen SRSD-Trainingsansatz (einschließlich Selbstregulation) oder das SRSD-Modell ohne explizite Setzung von Zielen und Selbstbeurteilung, einschließlich grafischer Darstellung des Fortschritts, verwendeten. Beide

5

Bedingungen beinhalteten allerdings kognitives Modeling (Modelllernen) und die Entwicklung von Selbstinstruktionen, eine wirkungsvolle Komponente der Selbstregulation. Die Schüler verwendeten in beiden Fällen konsistent die Strategien des Vorausplanens und des Geschichtenschreibens. Die schematische Geschichtenstruktur zeigte signifikante und substanzielle Veränderungen, die bei beiden Gruppen aufrechterhalten und auf eine neue Schreibsituation generalisiert wurden. Ebenso wurde bei beiden Gruppen unmittelbar im Anschluss an das Training eine Verbesserung der allgemeinen Qualität der Geschichten festgestellt. Was den Strategiegebrauch, die Schreibleistung und die Selbstwirksamkeit betrifft, so wurden keine Unterschiede zwischen den beiden Gruppen festgestellt. Das heißt, dass in dieser Studie das zusätzliche gezielte Training des Setzens von Zielen und der Selbstbeurteilung weder das strategische Verhalten noch die Überzeugungen oder die Schreibleistung der Schüler mit Lernstörungen verbesserte.

In dieser ersten Studie (Graham & Harris, 1989) wurde allerdings gezieltes Selbstregulationstraining nicht direkt mit dem Fehlen einer solchen Trainingsmaßnahme verglichen. Unter beiden Bedingungen wurden nicht nur explizit Selbstinstruktionen entwickelt, sondern es ist sehr wahrscheinlich, dass die übrigen Trainingskomponenten des SRSD-Modells (z. B. kognitives und kollaboratives Modeling, welches ebenfalls die Verwendung von Selbstregulation beinhaltet) selbstregulatives Verhalten auslösten und förderten (Harris & Graham, 1999; Sawyer et al., 1992).

Daher untersuchten Sawyer et al. (1992) in einer zweiten Studie die Auswirkungen von drei SRSD-Versionen auf Planung und Geschichtenschreiben bei Fünft- und Sechstklässlern. Bei der ersten Version handelte es sich um das vollständige SRSD-Modell; die zweite Version verzichtete auf ein explizites Training der Setzung von Zielen und der Selbstbeurteilung (einschließlich der grafischen Darstellung des Fortschrittes); in der dritten Version wurden weitere explizite und implizite Komponenten, die Selbstregulation fördern, ausgelassen, darunter Selbstinstruktionen sowie kognitives und kollaboratives Modeling von Strategiegebrauch, welches Selbstregulation beinhaltet. Jedoch wurden bei allen Bedingungen sämtliche Schritte der Schreibstrategie dargeboten und erklärt, Ziele und Nutzen des Strategietrainings wurden diskutiert, die einzelnen Schritte der Strategie wurden gespeichert, und ihre Beherrschung war kriterienbasiert, d. h., die Schüler wurden so lange trainiert, bis sie die Strategie unabhängig anwenden konnten.

Die Schüler mit Lernstörungen machten unter allen drei Bedingungen deutliche Fortschritte beim Geschichtenschreiben (Sawyer et al., 1992). Allerdings war der Beitrag, den die Selbstregulationskomponenten leisteten, an zwei Punkten der Studie offensichtlich. Erstens hatten die Schüler, die an den ersten beiden Trainingsversionen (mit Selbstinstruktionen und Modeling) teilgenommen hatten, signifikant höhere Werte bei der schematischen Struktur als die Schüler, die an der dritten Trainingsversion (bei der weitere Selbstregulationskomponenten wegfielen) teilgenommen hatten oder die Schüler in der Schreibübungskontrollgruppe. Darüber hinaus zeigten die Schüler, die an der vollständigen SRSD-Version teilgenommen hatten, bei der Überprüfung der Generalisierung, die vom regulären Klassenlehrer in einer neuen Lernumgebung vorgenommen wurde, signifikant bessere Leistungen als alle anderen Schüler. Die Ergebnisse dieser Studie sprechen in Verbindung mit der Beobachtung, dass die Integration von gezielter Selbstregulationsentwicklung weder zeitaufwendig noch kostenintensiv ist und dass die Schüler die Selbstregulationskomponenten als hilfreich und nützlich erachteten, dafür, das vollständige SRSD-Modells mit expliziter Entwicklung von Selbstregulation anzuwenden (Harris & Graham, 1999; Sawyer et al., 1992). Allerdings besteht auch auf diesem Gebiet noch ein deutlicher Forschungsbedarf.

5.7 Schlussfolgerungen

In diesem Kapitel haben wir uns mit der Bedeutung von Selbstregulation befasst, die vielleicht eine der wichtigsten Fähigkeiten des Menschen ist (Zimmerman, 2000). Der Begriff Selbstregulation und die damit zusammenhängenden Begriffe selbstreguliertes Lernen, Metakognition und exekutive Funktion wurden definiert und diskutiert, ebenso die wichtigsten theoretischen Grundlagen der Selbstregulationsforschung. Die wesentlichen Selbstregulationsstrategien und -prozesse wurden erläutert und Forschungen wurden vorgestellt, die die Auswirkungen dieser Prozesse auf das Verhalten und auf schulische und soziale Resultate untersucht haben. Mehrere Faktoren wurden hervorgehoben, die den Gebrauch und die Wirksamkeit von Selbstregulation bei Lernenden beeinflussen können, wobei das Hauptaugenmerk auf der Selbstwirksamkeit lag. Abschließend wurde die Funktion von Selbstregulationsprozessen beim Lernen und bei der erfolgreichen Anwendung von komplexeren schulischen Strategien bei Schülern mit Lernstörungen und anderen Kindern mit Schulproblemen anhand des SRSD-Trainingsmodells untersucht.

Obgleich die Forschung zu Selbstregulation bei Schülern mit Lernstörungen, anderen Kindern mit Schulproblemen und bei den Peers mit normalen Schulleistungen in den vergangenen 15 Jahren geradezu explodiert ist, gibt es in diesem spannenden Bereich nach wie vor mehr Fragen als Antworten. In diesem Kapitel haben wir mehrfach auf die Bereiche hingewiesen, in denen noch Forschungsbedarf besteht. Ausführliche Diskussionen der Forschungen, die bereits durchgeführt wurden und jener, die noch durchgeführt werden sollten, finden sich in den fruchtbaren Arbeiten von Boekaerts et al., 2000, Schunk und Zimmerman, 1998, 1994 sowie Zimmerman und Schunk, 1989. Obwohl der Forschungsbedarf nach wie vor groß ist, wissen wir gut genug darüber Bescheid, wie wichtig die Entwicklung der Selbstregulation bei Schülern mit Lernstörungen und ADHS ist und wie wir die Schüler bei dieser Entwicklung unterstützen können, um dieses Wissen nutzen zu können, das Leben dieser Schüler positiv zu verändern.

Literatur

Abikoff, H. (1991). Cognitive training in ADHD children: Less to it than meets the eye. *Journal of Learning Disabilities*, **24**(4), 205–209.

Ajibola, O. & Clement, P. W. (1995). Differential effects of methylphenidate and self-reinforcement on attention-deficit hyperactivity disorder. *Behavior Modification*, **19**, 211–233.

Association for Supervision and Curriculum Development (Producer) (2002). Using learning strategies (Video „Teaching Students with Learning Disabilities" Series). Alexandria, VA: Association for Supervision and Curriculum Development.

Bandura, A. (1986). *Social foundations of thought and action.* Englewood Cliffs, NJ: Prentice Hall.

5

Bandura, A. (1988). Self-regulation of motivation and action through goal systems. In V. Hamilton, G. H. Browder & N. H. Frijda (Hg.), *Cognitive perspectives on emotion and motivation* (S. 37–61). Dordrecht, Netherlands: Kluwer Academic.

Barkley, R. A. (1997). *ADHD and the nature of self-control.* New York: Guilford Press.

Barkley, R. A. (1998). *Attention-deficit hyperactivity disorder: A handbook for diagnosis and treatment,* 2. Aufl. New York: Guilford Press.

Barkley, R. A., Copeland, A. P. & Sivage, C. (1980). A self-control classroom for hyperactive children. *Journal of Autism and Developmental Disorders, 10,* 75–89.

Blick, D. W. & Test, D. W. (1987). Effects of self-recording on high-school students' on-task behavior. *Learning Disability Quarterly, 10,* 203–213.

Boekaerts, M., Pintrich, P. R. & Zeidner, M. (Hg.) (2000). *Handbook of self-regulation.* New York: Academic Press.

Bowers, D. S., Clement, P. W., Fantuzzo, J. W. & Sorensen, D. A. (1985). Effects of teacher-administered and self-administered reinforcers on learning disabled children. *Behavior Therapy, 16,* 357–369.

Broden, M., Hall, R. V. & Mitts, B. (1971). The effects of self-recording on the classroom behavior of two eighth-grade students. *Journal of Applied Behavior Analysis, 4,* 191–199.

Brown, A. L., Campione, J. C. & Day, J. D. (1981). Learning to learn: On training students to learn from text. *Educational Researcher, 10,* 14–21.

Bryan, J.H. & Sonnenfield, J. (1981). Children's social ratings of ingratiation tactics. *Journal of Learning Disabilities, 5,* 605–609.

Bryan, T. (1997). Assessing the personal and social status of students with learning disabilities. *Learning Disabilities Research and Practice, 12,* 63–76.

Christie, D. J., Hiss, M. & Lozanoff, B. (1984). Modification of inattentive class-room behavior: Hyperactive children's use of self-recording with teacher guidance. *Behavior Modification, 8,* 391–406.

Cutting, L. E. & Denckla, M. B. (2003). Attention: Relationships between attention-deficit hyperactivity disorder and learning disabilities. In H. L. Swanson, K. R. Harris & S. Graham (Hg.), *Handbook of learning disabilities* (S. 125–139). New York: Guilford Press.

Danoff, B., Harris, K. R. & Graham, S. (1993). Incorporating strategy instruction within the writing process in the regular classroom: Effects on the writing of students with and without learning disabilities. *Journal of Reading Behavior, 25,* 295–322.

Davies, S. & Witte, R. (2000). Self-management and peer-monitoring within a group contingency to decrease uncontrolled verbalizations of children with attention-deficit/hyperactivity disorder. *Psychology in the Schools, 37,* 135–147.

De Haas-Warner, S. (1990). The utility of self-monitoring for preschool on-task behavior. *Topics in Early Childhood Special Education, 12,* 478–495.

Diaz, R. M. & Berk, L. E. (1992). *Private speech: From social interaction to self-regulation.* Hillsdale, NJ: Lawrence Erlbaum.

DiGangi, S. A., Maag, J. W. & Rutherford, R. B. (1991). Self-graphing of on-task behavior: Enhancing the reactivity of self-monitoring on-task behavior and academic performance. *Learning Disability Quarterly, 14,* 221–230.

Dunlap, L. K. & Dunlap, G. (1989). A self-monitoring package for teaching sub-traction with regrouping to students with learning disabilities. *Journal of Applied Behavior Analysis, 22,* 309–314.

Du Paul, G. J. & Stoner, G. (1994). *ADHD in the schools: Assessment and intervention strategies.* New York: Guilford Press.

Du Paul, G. J. & Stoner, G. (2002). Interventions for attention problems. In M. R. Shinn, H. M. Walker & G. Stoner (Hg.), *Interventions for academic and behavioral problems II: Preventive and remedial approaches* (S. 913–938). Bethesda, MD: NASP Publications.

Edwards, L., Salant, V., Howard, V. F., Brougher, J. & McLaughlin, T. F. (1995). Effectiveness of self-management on attentional behavior and reading comprehension for children with attention deficit disorder. *Child and Family Behavior Therapy*, **17**, 1–17.

Ervin, R. A., Du Paul, G. J., Kern, L. & Friman, P. C. (1998). Classroom-based functional and adjunctive assessments: Proactive approaches to intervention selection for adolescents with attention deficit hyperactivity disorder. *Journal of Applied Behavior Analysis*, **1**, 65–78.

Graham, S. & Harris, K. R. (1989). A components analysis of cognitive strategy instruction: Effects on learning disabled students' compositions and self-efficacy. *Journal of Educational Psychology*, **81**, 353–361.

Graham, S. & Harris, K. R. (1996). Self-regulation and strategy instruction for students who find writing and learning challenging. In C. M. Levy & S. Randall (Hg.), *The science of writing: Theories, methods, individual differences, and applications* (S. 347–360). Mahwah, NJ: Erlbaum.

Graham, S. & Harris, K. R. (2003). Students with LD and the process of writing: A meta-analysis of SRSD studies. In L. Swanson, K. R. Harris & S. Graham (Hg.), *Handbook of research on learning disabilities* (S. 323–344). New York: Guilford Press.

Graham, S., Harris, K. R. & Reid, R. (1992). Developing self-regulated learners. *Focus on Exceptional Children*, **24**, 1–16.

Gumpel, T. P. & David, S. (2000). Exploring the efficacy of self-regulatory training as a possible alternative to social skills training. *Behavior Disorders*, **25**, 131–141.

Hallahan, D. P. & Lloyd, G. W. (1987). A reply to Snider. *Learning Disability Quarterly*, **10**, 153–156.

Hallahan, D. P., Lloyd, J. W., Kneedler, R. D. & Marshall, K. J. (1982). A comparison of the effects of self-versus teacher-assessment of on-task behavior. *Behavior Therapy*, **13**, 715–723.

Hallahan, D. P., Lloyd, J. W., Kosiewicz, M. M., Kauffman, J. M. & Graves, A. W. (1979). Self-monitoring of attention as a treatment for a learning disabled boy's off-task behavior. *Learning Disability Quarterly*, **2**, 24–32.

Hallahan, D. P., Marshall, K. J. & Lloyd, J. W. (1981). Self-recording during group instruction: Effects on attention to task. *Learning Disability Quarterly*, **4**, 407–413.

Hallahan, D. P. & Sapona, R. (1983). Self-monitoring of attention with learning disabled children: Past research and current issues. *Journal of Learning Disabilities*, **15**, 616–620.

Harris, K. R. (1982). Cognitive behavior modification: Application with exceptional students. *Focus on Exceptional Children*, **15**(2), 1–16.

Harris, K. R. (1985). Conceptual, methodological, and clinical issues in cognitive– behavioral assessment. *Journal of Abnormal Child Psychology*, **13**, 373–390.

Harris, K. R. (1986a). The effects of cognitive behavior modification on private speech and task performance during problem solving among learning disabled and normally achieving children. *Journal of Abnormal Child Psychology*, **14**, 63–76.

Harris, K. R. (1986b). Self-monitoring of attentional behavior versus self-monitoring of productivity: Effects on on-task behavior and academic response rate among learning disabled children. *Journal of Applied Behavior Analysis*, **19**, 417–423.

Harris, K. R. (1990). Developing self-regulated learners: The role of private speech and self-instructions. *Educational Psychologist*, **25**, 35–49.

Harris, K. R., Friedlander, B. D., Saddler, B., Frizelle, R. & Graham, S. (2005). Self-monitoring of attention versus self-monitoring of academic performance: Differential effects among students with ADHD in the regular classroom. *Journal of Special Education*, **39**(3), 145–156.

Harris, K. R. & Graham, S. (1992). Self-regulated strategy development: A part of the writing process. In M. Pressley, K. R., Harris & J. T. Guthrie (Hg.), *Promoting academic competence and literacy in school* (S. 277–309). New York: Academic Press.

5

Harris, K. R. & Graham, S. (1996). *Making the writing process work: Strategies for composition and self-regulation* (2. Aufl.). Cambridge, MA: Brookline Books.

Harris, K. R. & Graham, S. (1999). Programmatic intervention research: Illustrations from the evolution of self-regulated strategy development. *Learning Disability Quarterly*, **22**, 251–262.

Harris, K. R., Graham, S., Reid, R., McElroy, K. & Hamby, R. (1994). Self-monitoring of attention versus self-monitoring of performance: Replication and cross-task comparison. *Learning Disability Quarterly*, **17**, 121–139.

Harris, K. R. & Schmidt, T. (1997). Learning self-regulation in the classroom. *The ADHD Report*, **5**(2), 1–6.

Harris, K. R. & Schmidt, T. (1998). Learning self-regulation does not equal self-instructional training. *The ADHD Report*, **6**(3), 7–11.

Hinshaw, S. P., Henker, B. & Whalen, C. K. (1984). Cognitive–behavioral and pharmacologic interventions for hyperactive boys: Comparative and combined effects. *Journal of Consulting and Clinical Psychology*, **52**, 739–749.

Hoff, K. E. & Du Paul, G. J. (1998). Reducing disruptive behavior in general education classrooms: The use of self-management strategies. *School Psychology Review*, **27**, 290–303.

Horn, W. F., Chatoor, I. & Conners, C. K. (1983). Additive effects of Dexedrine and self-control training. *Behavior Modification*, **7**, 383–402.

Johnson, L. & Graham, S. (1990). Goal setting and its application with exceptional learners. *Preventing School Failure*, **34**, 4–8.

Kanfer, F. H. (1977). The many faces of self-control, or behavior modification changes its focus. In R. B. Stuart (Hg.), *Behavioral self-management* (S. 1–48). New York: Brunner/Mazel.

Kanfer, F. H. & Karoly, P. (1972). Self-control: A behavioristic excursion into the lion's den. *Behavior Therapy*, **3**, 398–416.

Kern, L., Ringdahl, J. E., Hilt, A. & Sterling-Turner, H. E. (2001). Linking self-management procedures to functional analysis results. *Behavior Disorders*, **26**, 214–226.

Lerner, J. (2000). *Learning disabilities: Theories, diagnosis, and teaching strategies* (8. Aufl.). New York: Houghton Mifflin.

Lloyd, J. W., Bateman, D. F., Landrum, T. J. & Hallahan, D. P. (1989). Self-recording of attention versus productivity. *Journal of Applied Behavior Analysis*, **22**, 315–323.

Maag, J. W., Reid, R. & Di Gangi, S. A. (1993). Differential effects of self-monitoring attention, accuracy, and productivity. *Journal of Applied Behavior Analysis*, **26**, 329–344.

McDougall, D. & Brady, M. P. (1998). Initiating and fading self-management interventions to increase math fluency in general education classes. *Exceptional Children*, **64**, 151–166.

Mace, F. C., Belfiore, P. J. & Hutchinson, J. M. (2001). Operant theory and research on self-regulation. In B. Zimmerman & D. Schunk (Hg.), *Self-regulated learning and academic achievement* (S. 39–65). Mahwah, NJ: Lawrence Erlbaum.

Mahoney, M. J. & Thoresen, C. E. (1974). *Self-control: Power to the person*. Monterey, CA: Brooks/Cole Publishing.

Mathes, M. Y. & Bender, W. N. (1997). The effects of self-monitoring on children with attention-deficit/hyperactivity disorder who are receiving pharmacological interventions. *Remedial and Special Education*, **18**, 121–128.

Meichenbaum, D. (1977). *Cognitive behavior modification: An integrative approach*. New York: Plenum Press.

Nelson, R. O. & Hayes, S. C. (1981). Theoretical explanations for reactivity in self-monitoring. *Behavior Modification*, **5**, 3–14.

Paniagua, F. A. & Black, S. A. (1990). Management and prevention of hyperactivity and conduct disorders in 8- to 10-year-old boys through correspondence training procedures. *Child and Family Behavior Therapy*, **12**, 23–56.

Pfiffner, L. J. & Barkley, R. A. (1998). Treatment of ADHD in school settings. In R. A. Barkley (Hg.), *Attention deficit hyperactivity disorder: A handbook for diagnosis and treatment*, 2. Aufl. (S. 458–490). New York: Guilford Press.

Pintrich, P. R. (2000). The role of goal-orientation in self-regulated learning. In M. Boekaerts, P. R. Pintrich & M. Zeidner (Hg.), *Handbook of self-regulation* (S. 452–502). New York: Academic Press.

Prater, M. A., Hogan, S. & Miller, S. (1992). Using self-monitoring to improve on-task behavior and academic skills of an adolescent with mild handicaps across special education and regular education settings. *Education and Treatment of Children*, **15**, 43–55.

Prater, M. A., Joy, R., Chilman, B., Temple, J. & Miller, S. R. (1991). Self-monitoring of on-task behavior by adolescents with learning disabilities. *Learning Disability Quarterly*, **14**, 164–177.

Pressley, M. & Harris, K. R. (2001). Teaching cognitive strategies for reading, writing, and problem solving. In A. L. Costa (Hg.), *Developing minds: A resource book for teaching thinking*, 3. Aufl. (S. 466–471). Alexandria, VA: Association for Supervision and Curriculum Development.

Reid, R. (1993). Implementing self-monitoring interventions in the classroom: Lessons from research. *Monograph in Behavior Disorders: Severe Behavior Disorders in Youth*, **16**, 43–54.

Reid, R. (1996). Self-monitoring for students with learning disabilities: The present, the prospects, the pitfalls. *Journal of Learning Disabilities*, **29**, 317–331.

Reid, R. (1999). Attention deficit hyperactivity disorder: Effective methods for the classroom. *Focus on Exceptional Children*, **32**(4), 1–20.

Reid, R. & Harris, K. R. (1993). Self-monitoring of attention versus self-monitoring of performance: Effects on attention and academic performance. *Exceptional Children*, **60**, 29–40.

Reid, R., Maag, J. W., Vasa, S. F. & Wright, G. (1994). Who are the children with ADHD: A school-based survey. *Journal of Special Education*, **28**, 117–137.

Roberts, R. N. & Nelson, R. O. (1981). The effects of self-monitoring on children's classroom behavior. *Child Behavior Therapy*, **3**, 105–120.

Sawyer, R. J., Graham, S. & Harris, K. R. (1992). Direct teaching, strategy instruction, and strategy instruction with explicit self-regulation: Effects on learning disabled students' composition skills and self-efficacy. *Journal of Educational Psychology*, **84**, 340–352.

Schunk, D. (1987). Peer models and children's behavioral change. *Review of Educational Research*, **57**, 149–174.

Schunk, D. (1990). Goal setting and self-efficacy during self-regulated learning. *Educational Psychologist*, **25**, 71–86.

Schunk, D. (2001). Social cognitive theory and self-regulated learning. In B. Zimmerman & D. Schunk (Hg.) *Self-regulated learning and academic achievement* (S. 125–151). Mahwah, NJ: Lawrence Erlbaum.

Schunk, D. H. & Zimmerman, B. J. (1994). *Self-regulation of learning and performance: Issues and educational applications*. Hillsdale, NJ: Lawrence Erlbaum.

Schunk, D. H. & Zimmerman, B. J. (1998). *Self-regulated learning: From teaching to self-reflective practice*. New York: Guilford Press.

Schunk, D. H. & Zimmerman, B. J. (2003). Self-regulation and learning. In W. M. Reynolds & G. E. Miller (Hg.), *Handbook of psychology*, Bd. 7 (S. 59–78). Hoboken, NJ: John Wiley and Sons.

Shapiro, E. S. & Cole, C. L. (1994). *Behavior change in the classroom*. New York: Guilford Press.

Shapiro, E. S., DuPaul, G. J. & Bradley-Klug, K. L. (1998). Self-management as a strategy to improve the classroom behavior of adolescents with ADHD. *Journal of Learning Disabilities*, **31**, 545–555.

Shapiro, E. S., Durnan, S. L., Post, E. E. & Levinson, T. S. (2002). Self-monitoring procedures for children and adolescents. In M. R. Shinn, H. M. Walker & G. Stoner (Hg.), *Interventions for academic and behavioral problems II: Preventive and remedial approaches* (S. 433–454). Bethesda, MD: NASP Publications.

Shimabukuro, S. M., Prater, M. A., Jenkins, A. & Edelen-Smith, P. (1999). The effects of self-monitoring of academic performance on students with learning disabilities and ADD/ADHD. *Education and Treatment of Children. 22*, 397–414.

Stewart, K. G. & McLaughlin, T. F. (1992). Self-recording: Effects on reducing off task behavior with a high school student with attention deficit hyperactivity disorder. *Child & Family Behavior Therapy, 14*, 53–59.

Swanson, H. L., Hoskyn, M. & Lee, C. (1999). *Interventions for students with learning disabilities.* New York: Guilford Press.

Torgesen, J. K. (1977). The role of non-specific factors in the task performance of learning disabled children: A theoretical assessment. *Journal of Learning Disabilities, 10*, 27–35.

Torgesen, J. K. (1980). The use of efficient task strategies by learning disabled children: Conceptual and educational implications. *Journal of Learning Disabilities, 13*, 364–371.

Varni, J. W. & Henker, B. (1979). A self-regulation approach to the treatment of three hyperactive boys. *Child Behavior Therapy, 1*, 171, 192.

Vygotsky, L. S. (1962). *Thought and language* (herausgegeben und übersetzt von E. Hanfmann & G. Vakar). Cambridge, MA: MIT Press. (Erste Ausgabe 1934.)

Winne, P. H. (1997). Experimenting to bootstrap self-regulated learning. *Journal of Educational Psychology, 89*, 397–410.

Wong, B. Y. L. (1982). Understanding learning disabled students' reading problems: Contributions from cognitive psychology. *Topics in Learning and Learning Disabilities, 3*(2), 15–23.

Wong, B., Harris, K. R., Graham, S. & Butler, D. (2003). Cognitive strategies instruction research in learning disabilities. In L. Swanson, K. R. Harris & S. Graham (Hg.), *Handbook of research on learning disabilities* (S. 383–402). New York: Guilford Press.

Zeidner, M., Boekaerts, M. & Pintrich, P. R. (2000). Self-regulation: Directions and challenges for future research. In M. Boekaerts, P. R. Pintrich & M. Zeidner (Hg.), *Handbook of self-regulation* (S. 749–768). New York: Academic Press.

Zimmerman, B. J. (1998). Developing self-fullfiling cycles of academic regulation: An analysis of exemplary instructional models. In D. Schunk & B. J. Zimmerman (Hg.), *Self-regulated learning: From teaching to self-reflective practice* (S. 1–19). New York: Guilford Press.

Zimmerman, B. J. (2000). Attaining self-regulation: A social cognitive perspective. In M. Boekaerts, P. R. Pintrich & M. Zeidner (Hg.), *Handbook of self-regulation* (S. 13–41). New York: Academic Press. Zimmerman, B. J. & Schunk, D. (1989). *Self-regulated learning and academic achievement: Theory, research, and practice.* New York: Springer.

Zivin, G. (Hg.) (1979). *The development of self-regulation through private speech.* New York: John Wiley and Sons.

6 Das lesende Gehirn bei Kindern und Jugendlichen: Ein systemischer Ansatz

Virginia W. Berninger
University of Washington

Vorwort

Die Neurowissenschaft setzt heute Bildgebungsverfahren am lebenden Menschen ein, um die Entwicklung von Gehirn-/Verhaltensbeziehungen zu untersuchen. Früher war sie gezwungen, ihre Erkenntnisse aus Autopsie- und aus klinischen Studien zu gewinnen. Humphrey und Price (2001) sowie Wood und Flowers (2000) haben die rasante Entwicklungsgeschichte dieses Bereichs und seine aktuellen Herausforderungen nachgezeichnet. Die Fortschritte, die bei der funktionellen Bildgebungstechnologie und den damit zusammenhängenden kognitiven Paradigmen erzielt wurden, haben dazu geführt, dass die neurale Architektur spezifischer kognitiver Domänen, wie z. B. des Lesens, heute sehr viel genauer spezifiziert werden kann, als das noch vor 20 Jahren der Fall war (z. B. Goldman-Rakic et al., 2000). Seit der „Decade of the Brain", dem „Jahrzehnt des Gehirns", einer Initiative der US-Regierung, die der Gehirnforschung oberste Priorität bei der Verteilung von Fördermitteln einräumte, wurde eine Fülle von Forschungsresultaten veröffentlicht, die unser Wissen über die Beziehung von Hirnstruktur und Hirnfunktion im Zusammenhang mit Lesen und Lesestörungen bei Kindern und Erwachsenen erweitert haben. Die Literatur zu Lernstörungen nimmt immer öfter auf diese Forschungen Bezug.

Ziel dieses Kapitels ist es, Fachkräften, die mit Kindern und Jugendlichen arbeiten, deren Lesen durch spezifische Lernstörungen beeinträchtigt ist, den Zugang zu dieser Forschung zu erleichtern.

Bei manchen Lesern werden die zahlreichen Verweise auf spezifische Hirnregionen möglicherweise Verwirrung stiften. Berninger und Richards (2002) haben eine mit zahlreichen Abbildungen versehene Einführung verfasst, die sich gezielt an eine Leserschaft ohne Vorkenntnisse in den Neurowissenschaften wendet und Hirnstrukturen und -funktionen beschreibt, die bei normalen und gestörten Lesern am Lesen beteiligt sind. Diese Einführung kann dem Leser dabei helfen, das Material der Abschnitte 2 und 3 des vorliegenden Kapitels besser einzuordnen; es

6 handelt sich bei diesem Kapitel um ein Update von Studien zu bildgebenden Verfahren, die im Jahre 2002, als Berninger und Richards' Beitrag in den Druck ging, noch nicht veröffentlicht waren. Die Abbildungen 6.1 und 6.2 stammen ebenfalls aus Berninger und Richards (2002). Sie sollen dem Leser helfen, die spezifischen Hirnstrukturen zu lokalisieren, die hier im Zusammenhang mit Bildgebungsstudien diskutiert werden. Der Leser kann diesem Kapitel aber auch einfach die allgemeinen Prinzipien entnehmen, die neben den spezifischen Hirnstrukturen diskutiert werden. Die berücksichtigten Untersuchungen beschränken sich auf Erwachsene und Kinder mit normaler Leseentwicklung oder mit spezifischen Lesestörungen bei ansonsten normaler Entwicklung; diese Lesestörungen werden mit Anomalien (nicht mit Schädigungen) der neuralen Architektur des Gehirns assoziiert (siehe Berninger & Richards, 2002; Leonard, 2001; Shaywitz & Shaywitz, 2003). Die cere-

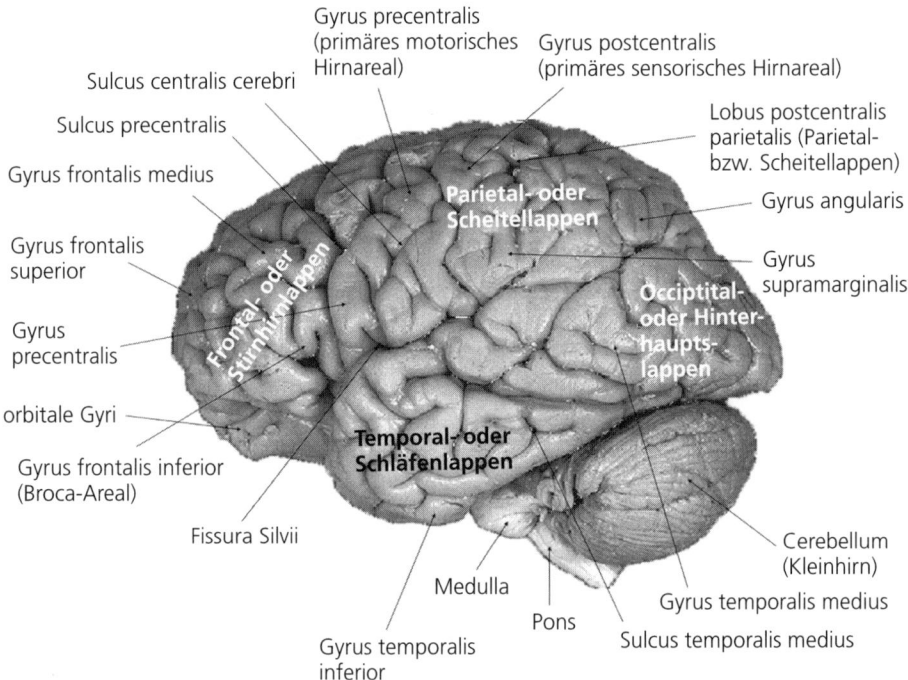

Abb. 6.1 Gehirnwindungen (Gyri), Sulci und Furchen (Fissuren) auf der Kortexoberfläche. Auf sie wird in den *in vivo* Bildgebungsstudien im Zusammenhang mit Lesen und den damit verbundenen Systemen häufig Bezug genommen. Insbesondere sind vier Bereiche zu unterscheiden: der Frontal-oder Stirnhirnlappen, der vor der zentralen Furche liegt; der Temporal- oder Schläfenlappen hinter der Sylvischen Furche; der Parietal- oder Scheitellappen oberhalb des Schläfenlappens und der Sylvischen Furche und schließlich der Occipital- oder Hinterhauptlappen. Wiedergabe mit freundlicher Genehmigung von V. Berninger & T. Richards (2002). *Brain Literary for Educators and Psychologists.* San Diego: Academic Press.

6

brale Basis von Lesestörungen, die mit Erkrankungen, Verletzungen oder Entwicklungsanomalien infolge von pränatalen bzw. perinatalen Ereignissen oder kongenitalen neurogenetischen Zuständen assoziiert werden, wird in diesem Kapitel nicht behandelt.

Das Kapitel umfasst vier Teile. Im ersten Teil werden fünf theoretische Ansätze diskutiert, die das Gehirn als ein System von koordinierten Prozessen betrachten. Die Systemtheorie wird als konzeptueller Rahmen für das Verständnis der Gehirnfunktion vorgestellt. Im zweiten Teil wird ein Modell der wichtigsten Prozesse im funktionellen Lesesystem des Gehirns vorgestellt und anhand aktueller Bildgebungsstudien mit Erwachsenen und Kindern veranschaulicht. In diesem Zusammenhang wird auch eine Theorie (Tabelle 6.1) vorgestellt, auf die sich unsere Bildgebungs- und Treatment-Studien gründen. Im dritten Teil wird dieses Modell zur Organisation eines Forschungsüberblicks über die wachsende Zahl an Bildgebungsstudien herangezogen, in denen Kinder und Jugendliche mit und ohne Lesestörungen verglichen werden. Im Anschluss an eine Zusammenfassung der ersten drei Teile werden im vierten Teil Implikationen des Systemansatzes zum Lesen erörtert, um die Ursachen von Lesestörungen zu verstehen und eine wirksame Behandlung zur Prävention und Minderung von spezifischen Lesestörungen zu entwerfen.

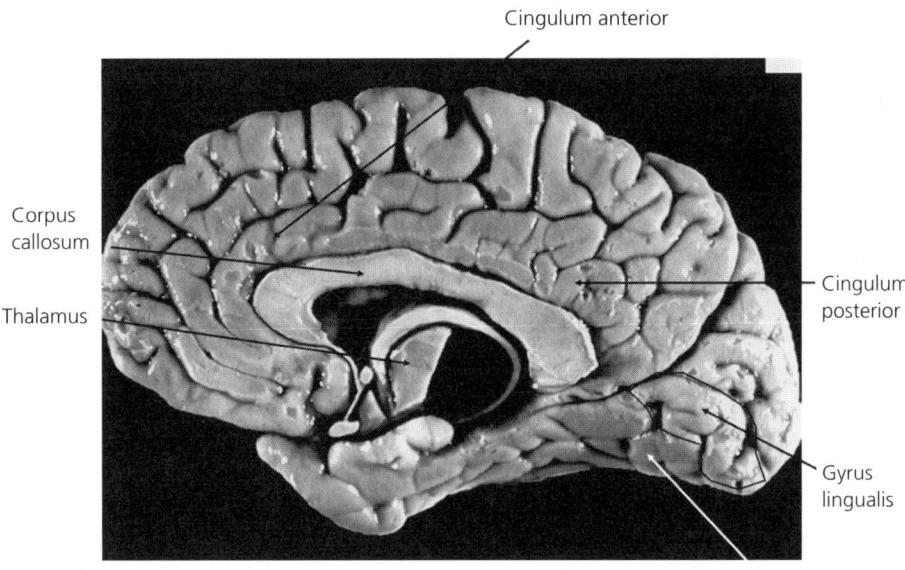

Abb. 6.2 Hirnstrukturen im Innern des Gehirns. Auf sie wird in den *in vivo* Bildgebungsstudien im Zusammenhang mit Lesen und den damit verbundenen Systemen häufig Bezug genommen. Wiedergabe mit freundlicher Genehmigung von V. Berninger & T. Richards (2002). *Brain Literary for Educators and Psychologists*. San Diego: Academic Press.

6

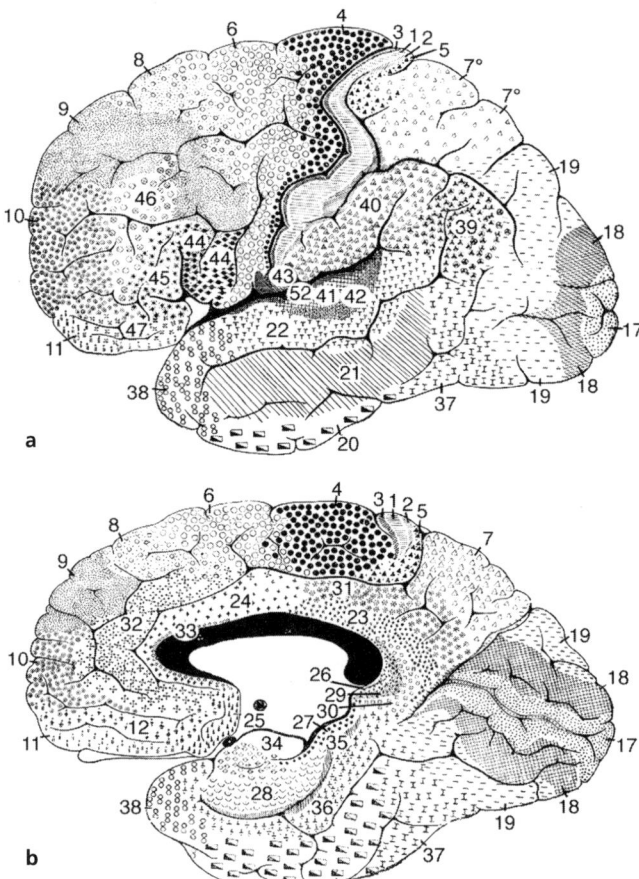

1. Regio praecentralis: Feld 4 und 6. – **2.** Regio postcentralis: Feld 1, 2, 3, 43. – **3.** Regio frontalis: Feld 8–12. – **4.** Regio insularis: Feld 13–16. – **5.** Regio parietalis: Feld 5, 7 (a und b) 39, 40. – **6.** Regio temporalis: Feld 20, 21, 22, 36, 37, 38, 41, 42, 52. – **7.** Regio occipitalis: Feld 17–19. – **8.** Regio cingularis: Feld 23–25, 31–33. – **9.** Regio retrosplenialis: Feld 26, 29, 30. – **10.** Regio hippocampica: Feld 27, 28, 34, 35. – **11.** Regio olfactoria.

Abb. 6.3 a–d Hirnkarte des Menschen nach Brodmann (aus Pritzel, Brand & Markowitsch, 2003). Korbinian Brodmanns Gehirnkarte von 1909 verzeichnet die wichtigsten Areale des Gehirns in Aufsicht (a) bzw. im Querschnitt (b). Sie korrespondieren mit spezifischen Funktionen, die Karl Kleist 1934 den Arealen zugeordnet hat (c), (d). Zusammengenommen repräsentieren diese Karten einen Ansatz der Gehirnforschung, der von einer modularen Organisation des Gehirns ausgeht. Tatsächlich führen Läsionen in bestimmten Arealen zu spezifischen und eingrenzbaren Funktionsausfällen, von denen das Gehirn dank seiner Plastizität bisweilen einige kompensieren kann. Plastizität und Selbstorganisation sind Konzepte der modernen Gehirnforschung, die das modulare Bild ergänzen. Wenn man die Funktionskarten so liest, dass für einen Prozess wie das Abschreiben von Worten an einer Tafel viele Bereiche des Gehirns zusammenarbeiten, wird deutlich, wie komplex die Suche nach den störenden Ursachen etwa der Dyslexie sind. Diese Abbildung wurde in der deutschen Ausgabe ergänzt, um die Verbindung zwischen systemischen und modularen Ansätzen sichtbar zu machen.

6

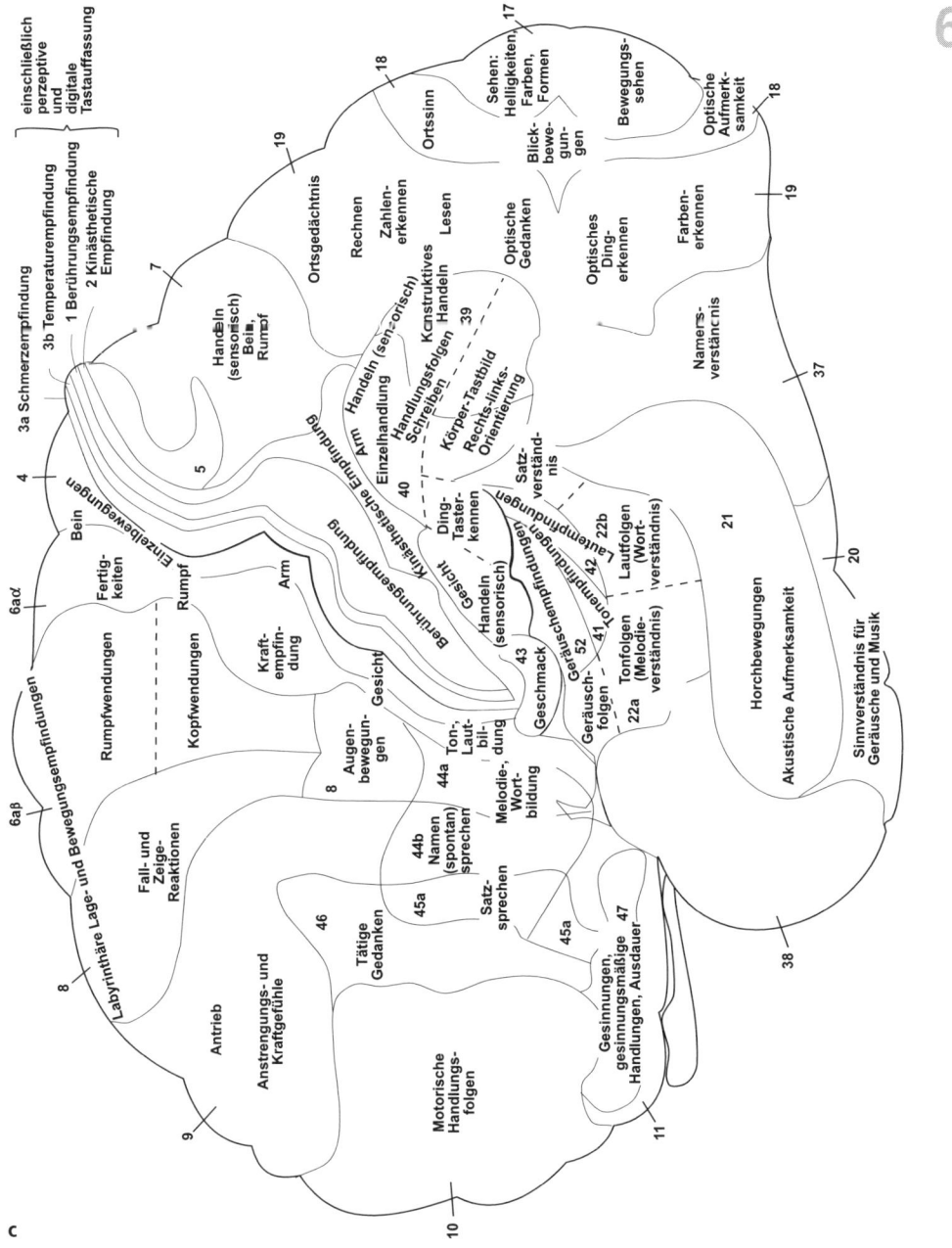

c

6

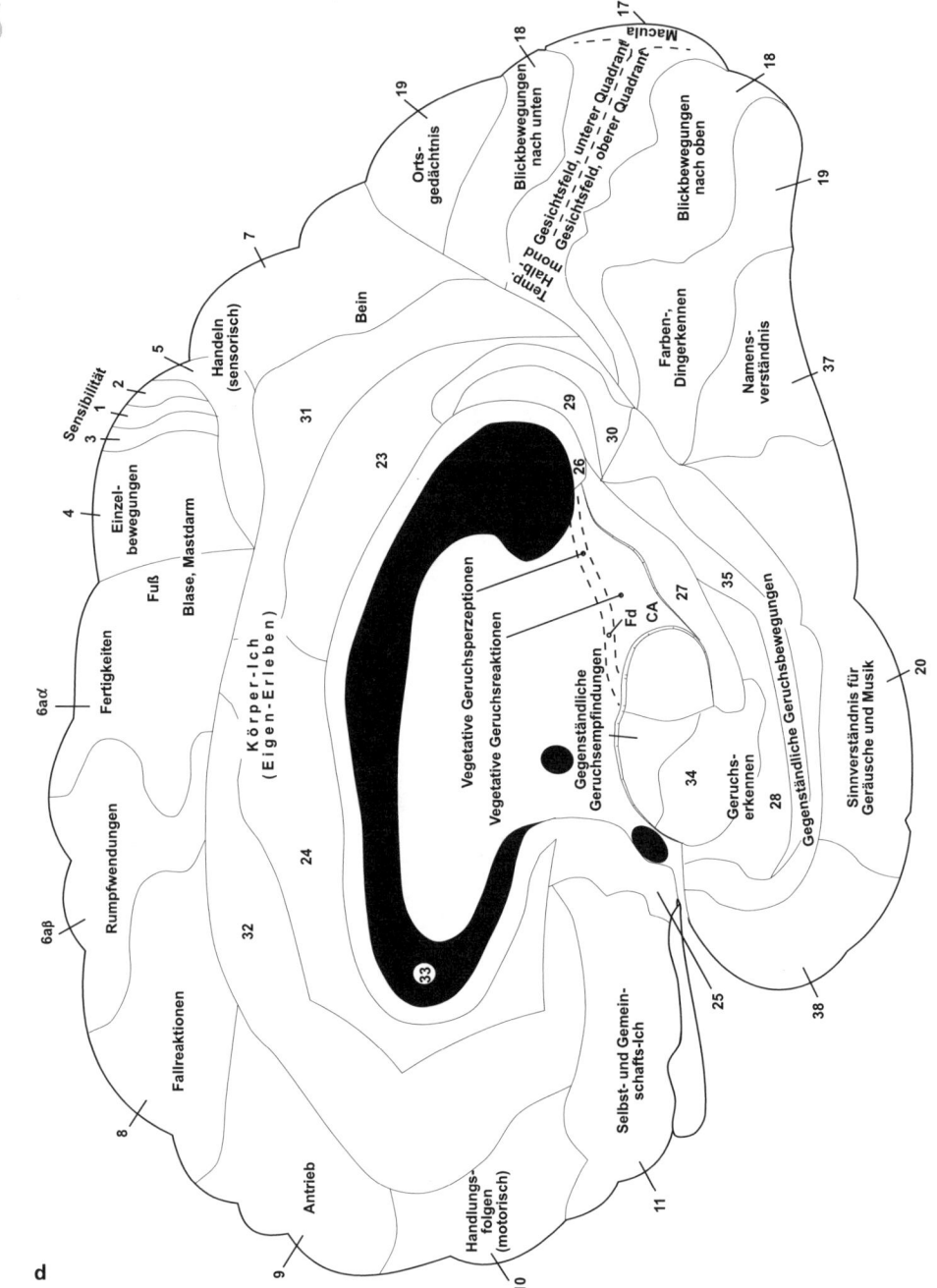

d

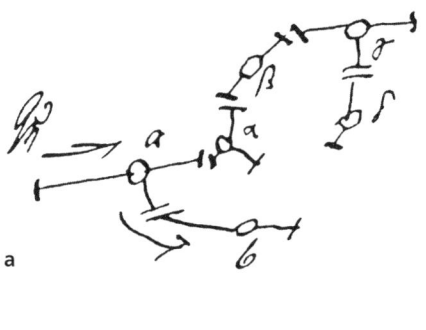

a

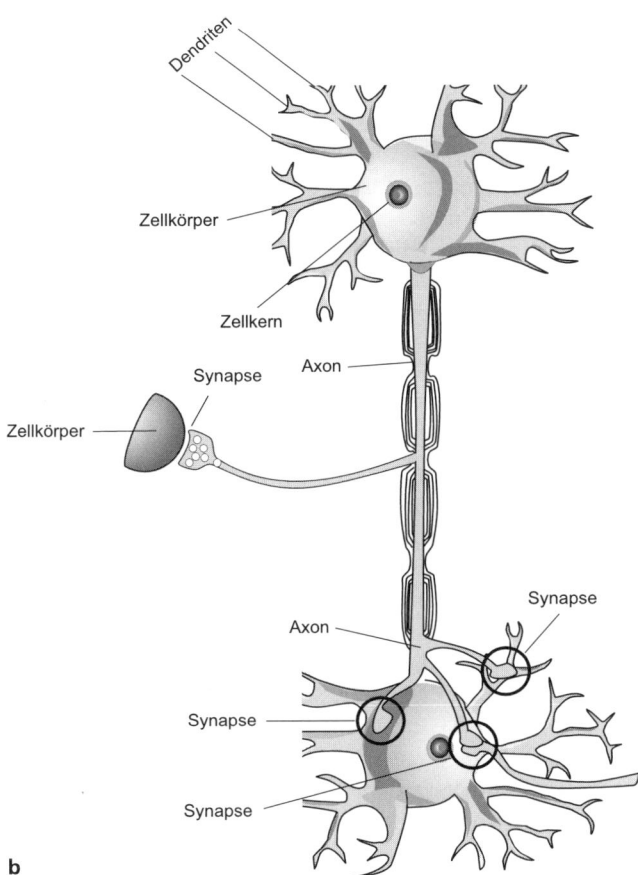

b

Abb. 6.4 Die Grundfunktion der Nervenzellen oder der Neuronen des Gehirns ist die Signal-
übertragung von einer Zelle zur anderen (Abb. 6.4a aus Spitzer, 1996; Abb. 6.4b aus Pritzel,
Brand & Markowitsch, 2003). Dabei bilden die Neuronen ein Netzwerk, wie es Sigmund
Freud sich vorstellte (a). In diesem neuronalen Netz werden Signale über lange Nervenfasern
(Axiome) „gesendet" und über kurze, verzweigte Nervenfasern (Dendriten) „empfangen"
(b). Axiome leiten elektrische Potenziale zum nächsten Neuron, das seinerseits die Signale
über seine Dendriten empfangen kann. Zwischen sendendem und empfangendem Neuron
liegt der synaptische Spalt, der das Signal durch biochemische Übertragung weiterleitet.

6   6.1 Das Gehirn als ein funktionelles System

6.1.1 Fünf Ansätze der Systemtheorie

6.1.1.1 Konstruktionsebenen

Im späten 19. Jahrhundert verblüffte der Neurologe Hughlings Jackson (z. B. Jackson, 1887) seine Kollegen mit dem Vorschlag, mentale Prozesse nicht im Hinblick auf ihre Lokalisation im Gehirn, sondern aus der Perspektive ihrer Konstruktionsebene im Nervensystem zu untersuchen. Obwohl einfache sensorische und motorische Funktionen einer bestimmten Hirnregion zugeordnet werden können, sind die komplexeren kognitiven Funktionen vermutlich nicht einer einzelnen Hirnregion zugeordnet. Wahrscheinlicher ist, dass eine Reihe von Prozessen, von denen jeder viele einzelne Schaltkreise aktiviert, die über die einzelnen Hirnregionen verteilt sind, auf vielen Ebenen des Nervensystems konstruiert werden kann. Dazu gehören *unimodale Schaltkreise*, die spezifische sensorische und motorische Funktionen kodieren, und *heteromodale Assoziationsgebiete*, die mehrere sensorische und motorische Kodes integrieren oder Abstraktionen hervorbringen, die keine sensorische oder motorische Spezifizierung aufweisen. Heute, zu Beginn des 21. Jahrhunderts, werden Jacksons einst so revolutionäre Vorstellungen durch die Ergebnisse der modernen Bildgebungsforschung bestätigt.

6.1.1.2 Funktionale Systeme im aktiven Gehirn

Der russische Neuropsychologe Alexander R. Luria (1973, 1962) knüpfte an Jacksons Erkenntnisse an und erweiterte sie, indem er ein detaillierteres Modell entwickelte. Darin spezifizierte er (1) funktionelle Einheiten zur Aktivierung (Arousal) in inneren Hirnregionen, Informationsverarbeitung in hinteren Hirnregionen sowie Programmierung/Regulation in Frontalhirnregionen und (2) wie diese funktionalen Einheiten auf verschiedenen Ebenen des Nervensystems wirken könnten. Diese Ebenen unterscheiden sich in dem Maße, in dem sie modalitätsspezifische und kodespezifische Arten von sensorischen und motorischen Informationen darstellen. Luria verwendete die klinische Methode, bei der das aktive Gehirn am lebenden Patienten untersucht wurde. Er verglich die Leistung der Testpersonen bei unterschiedlichen Aufgaben, die teils dieselben, teils unterschiedliche Verarbeitungsanforderungen stellten. Luria untersuchte sorgfältig, welche Gehirnfunktionen infolge von Verletzungen oder Erkrankungen verloren gegangen waren und wie die Patienten die gegensätzlichen Aufgaben bewältigten. Er kam zu dem Schluss, dass lokalisierte, über das gesamte Gehirn verteilte Prozesse aufeinander abgestimmt werden, um die spezifischen Ziele des aktiven Gehirns zu erreichen. Das Konzept eines funktionalen Gehirnsystems stellte einen Paradigmenwechsel dar, bei dem die Vorstellung von der Zuordnung eine *Struktur – eine Funktion* durch die Erkenntnis abgelöst wurde, dass die folgenden vier Prinzipien die Beziehungen zwischen Gehirn und Verhalten präziser widerspiegeln:

- Um eine spezifische Funktion auszuführen, muss das Gehirn zahlreiche Regionen aktivieren.

- Unterschiedliche Aufgaben werden nicht nur von einzelnen Regionen, sondern von mehreren Regionen gemeinsam ausgeführt.
- Ein und dieselbe Hirnregion kann an mehreren funktionellen Systemen beteiligt sein.
- Viele verschiedene Hirnregionen sind an einem funktionellen System beteiligt.

Die Ergebnisse der bildgebenden Verfahren zu Beginn des 21. Jahrhunderts decken sich mit diesen Prinzipien, die Luria mithilfe klinischer Beobachtungen Mitte des 20. Jahrhunderts über funktionelle Systeme aufgestellt hat.

6.1.1.3 Society of Minds

Marvin Minsky, einer der Begründer der künstlichen Intelligenz, wählte noch einen anderen Ansatz, um die Organisation der Gehirnfunktionen zu verstehen. Er verwendete Prinzipien der Gehirnorganisation und Kindesentwicklung und entwickelte lernfähige Roboter. Aus seinen technischen Erfahrungen mit künstlicher Intelligenz entwickelte er eine Theorie zur Entwicklung der menschlichen Intelligenz, die sogenannte „Society-of-Minds"-Theorie (Minsky, 1986). Um diese Theorie dem Laien begreifbar zu machen, konsultierte er einen Dichter, der Metaphern bilden sollte, um die technischen Konzepte einer Organisation mit mehreren Ebenen und Systemen zu umschreiben. Minsky verfasste außerdem einen Roman, der die Prinzipien des Baus einer Denkmaschine veranschaulichen sollte (Harrison & Minsky, 1992). Nach der „Society-of-Minds"-Theorie besteht Intelligenz aus vielen kleinen Prozessen (die von Agenten oder Prozessoren ausgeführt werden), die in Agenturen organisiert sind; diese Agenturen sind wiederum in Gemeinschaften oder Gesellschaften organisiert. Die Gesellschaften sind nicht nur hierarchisch organisiert, sondern es gibt zahlreiche Gesellschaften, die eine heterarchische Organisation bilden. Normalerweise weiß ein Agent genau, was er zu tun hat, nämlich andere Agenten im Rahmen eines An-/Aus-Systems zu aktivieren bzw. zu deaktivieren. Der Agent ist sich der anderen Agenten nicht bewusst, es sei denn, sie sind miteinander verbunden. Normalerweise ist ein Agent nur mit wenigen anderen Agenten verbunden; über mehrere indirekte Verbindungen (Agent 1 ist mit Agent 2 verbunden, der wiederum mit Agent 3 verbunden ist usw.) kann ein Agent jedoch indirekt auf andere Agenten wirken, die an einer weit entfernten Stelle der Kommunikationsschleife sitzen. Diese Metaphern basieren auf dem digitalen Alles-oder-nichts-Prinzip, das den Kommunikationsvorgang zwischen Nervenzellen bestimmt: Die Aktivierung eines Axons, das von einem Neuron ausgeht, löst ein elektrochemisches Signal aus, das den synaptischen Spalt zum nachfolgenden Neutron „überquert" und eine vorübergehende funktionelle Verbindung mit einem anderen Neuron herstellt. Das Empfängerneuron ist entweder ein erregendes Neuron, das ein Signal an andere Neuronen sendet, oder ein hemmendes Neuron, das eine weitere Kommunikation zwischen den Nervenzellen verhindert. Obwohl die Kommunikation zwischen den Agenturen (Zusammenschluss von Agenten) und Gesellschaften (Zusammenschluss von Agenturen) im Verlauf der Entwicklung zunimmt, ist die Kommunikation zwischen Agenturen oder zwischen Gesellschaften stets indirekt im Sinne von Modellen, die verschiedene Agenturen bzw. verschiedene Gesellschaften jeweils gegenseitig von sich kreieren.

6

Um in einem derart komplexen System die Koordination aufrechtzuhalten, stimmen Taktgeber die im Raum verteilte neurale Architektur aufeinander ab. Der Geisteszustand ist zu jedem Zeitpunkt die Gesamtsumme von aktiven („feuernden") und nicht aktiven („nicht feuernden") Agenten. Mentale Prozesse sind daher nicht nur das Ergebnis einer Übertragung von elektrischen Impulsen über eine Synapse (Spaltverbindung zwischen einzelnen Neuronen bzw. Nervenzellen), sondern auch das Resultat der *Konstellation von neuralen Netzwerken, die in einem bestimmten Zeittakt „feuern"*. Im Gegensatz zur Echtzeit, die linear ist, ist der Zeittakt nicht linear, da alle Agenten, Agenturen und Gesellschaften in einer etwas anderen Zeitwelt mit einer unterschiedlichen Geschichte von Vergangenheit und Gegenwart leben. Was einer Agentur wie ein flüchtiger Augenblick vorkommt, mag einer anderen wie ein ganzes Zeitalter erscheinen. Nur spezialisierte Agenturen können sich mit dem beschäftigen, was als nächstes geschieht (die Zukunft).

Minsky ging davon aus, dass zeitliches Takten – um den Unterschied zwischen zwei mentalen Zuständen herauszufinden, indem sie in rascher Abfolge aktiviert werden und indem registriert wird, welche Agenten ihren Zustand verändern – möglicherweise der Mechanismus ist, mit dem das Gehirn die Aktivität seiner Neuronen insgesamt synchronisiert. Dabei können die Taktgeber Aktivierungswellen auslösen. Wenn Minskys Analyse der Rolle des Timings in Gehirnfunktionen stimmt, beruhen Gehirnfunktionen nicht nur auf der Übertragung von Nervensignalen über Synapsen (neurale Pfade), welche auf Mikroebene in Realzeit stattfindet, sondern auch auf der vorübergehenden Koordination der Konstellationen von Verbindungen, die parallel im gleichen Moment Signale übertragen (Makroebene). Tatsächlich zeigen Bildgebungsverfahren immer wieder Aktivierungen in vielen Hirnregionen mit einem zeitlichen Verlauf, der simultane und aufeinanderfolgende Aktivierungen mehrerer Hirnregionen einschließt (siehe Berninger & Richards, 2002). Eine Theorie zur Dyslexie, die von elektrophysiologischen Studien gestützt wird, besagt, dass die orthografischen und phonologischen Systeme, die dem Wortlesen zugrunde liegen, auf unterschiedlichen Zeitskalen aktiv werden, und dass Dyslektiker im Vergleich zu normalen Lesern länger brauchen, um diese Systeme in Realzeit zu koordinieren (Breznitz, 2002).

Angesichts der enormen zeitlichen und räumlichen Komplexität der funktionellen Architektur des menschlichen Geistes befasst sich die „Society-of-Minds"-Theorie auch damit, wie sich ein solches System selbst reguliert, um ein Chaos zu verhindern. Nach Minsky gibt es nicht eine einzelne Exekutive, sondern mehrere exekutive Prozesse, die die verschiedenen Agenten, Agenturen und Gesellschaften in ihren unterschiedlichen Zeitskalen steuern und *vorübergehend koordinieren*. Wenn beispielsweise Konflikte auftreten, weil derselben Agentur verschiedene mentale Zustände (Konstellationen „feuernder" Agenten) im selben Moment aufgezwungen werden, wird der Konflikt an eine übergeordnete Agentur weitergeleitet, die die Gesellschaften wieder ins Lot bringen soll. Nicht alle exekutiven Funktionen sind für Konfliktmanagement zuständig. Einige sind für die Kontrolle der verschiedenen Verarbeitungsstufen in verschiedenen Schichten des Gehirns zuständig, die entstehen, wenn das Gehirn mit der Umgebung interagiert und lernt. Bei der einfachsten Art des Lernens werden die Verbindungen verändert, indem entweder neue geschaffen oder alte ausrangiert werden. Bei einer anderen Art des Lernens wird eine neue Schicht gebildet, die Verbindungen zu einer oder mehreren früheren Schichten unterhält. Einige Schichten sind dafür zuständig, *weltverursachte Ereignisse* (Stimulus-Ereignisse) zu entdecken, andere sind für den *motorischen Output* zuständig, und wieder andere sind darauf spezialisiert, *gehirnverursachte Ereignisse* (Simulus) in Schichten des Gehirns zu entdecken, die nicht direkt mit der Außenwelt in Verbindung stehen. Im Verlauf des Lernens werden viele Schichten von gehirnverursachten Simulus-Ereignissen konstruiert, wobei Verbindungen mit inneren Schichten entweder auf einmal oder in mehreren Schritten von denjenigen Schichten entfernt werden, die direkte Verbindungen zur Außenwelt haben (Input oder Output). Der Geist ist das Ergebnis vieler Schichten von untereinander verbundenen Gesellschaften von Gehirnereignissen in multidimensionaler Zeit.

6.1.1.4 Koordination des Denkens

Der kognitive Neurowissenschaftler Michael Posner war das führende Mitglied des ersten multidisziplinären Forscherteams, das Bildgebungsverfahren verwendete, um das komplexe Hirnsystem während des Lesens zu untersuchen (Posner et al., 1988). Das Team untersuchte die Aktivierung des Gehirns, während die erwachsenen Testpersonen gesprochene Einzelwörter hörten und geschriebene Einzelwörter sahen. Bei auditiver und visueller Darbietung von Wörtern wurden völlig unterschiedliche und nicht überlappende Bereiche des Gehirns aktiviert. Dieses Ergebnis stimmt mit früheren Theorien überein, wonach die sensorische Kodierung der verschiedenen Sinnesmodalitäten jeweils spezifisch in einem unimodalen Kortex stattfindet. Als die Aufgabe jedoch nicht mehr im passiven Zuhören, sondern in der verbalen Wiederholung von auditiv und visuell dargebotenen Wörtern bestand – was eine intermodale Integration von sensorischen und motorischen Kodes erfordert –, verlagerte sich das Muster der Hirnaktivierung, vermutlich hin zum heteromodalen Assoziationskortex. Manche Bereiche wurden sowohl beim mündlichen Wiederholen von auditiv dargebotenen Wörtern als auch beim lauten Lesen von visuell dargebotenen Wörtern aktiviert, was wahrscheinlich auf den erforderlichen motorischen Output zurückzuführen war.

Die Vorstellung, dass lokalisierte Prozesse im Gehirn in Echtzeit koordiniert werden, umschrieben Posner und Kollegen mit der Metapher des Orchesters. Die lokalisierten Prozesse sind die einzelnen Musiker. Auf Subgruppenebene werden sie nach Instrumentengruppe (z. B. Streicher, Bläser) koordiniert und auf der Ebene des Gesamtorchesters vom Dirigenten, dessen andauernden Aktionen die variierenden Funktionen in der Zeit koordinieren. Das harmonische Zusammenspiel der Musiker und der Gesamteffekt (die Musik) sind das Ergebnis einer verteilten Aktivität, nicht das Spiel des einzelnen Musikers. Selbst Soloeinlagen sind Teil des Gesamtwerkes, das sich mit der Zeit entwickelt.

6.1.1.5 Die Rolle des Timings für die exekutiven Funktionen des aktiven Gehirns

Durch Studien mit Tieren wissen wir heute mehr über die Rolle des Kortex im Stirnbereich, insbesondere des lateral-dorsalen präfrontalen Kortex (LDPFC), bei der zeitlichen Koordinierung des aktiven Gehirns bei zielgerichteter Aktivität. Der LDPFC unterhält zahlreiche Verbindungen zu den seitlich gelegenen parietalen As-

6

soziationsbereichen im Scheitellappen (Goldman-Rakic et al., 2000) und ist für das Planen und die Ausführung von Plänen zuständig. Eine Beeinträchtigung des LDPFC beeinträchtigt zugleich das Planen von zeitlich ausgedehnten und aufeinanderfolgenden Verhaltensprogrammen, nicht aber häufig geübte und wiederholte, automatische Handlungen. Der präfrontale Kortex ist offenbar eher in den Anfangsstadien am Lernen von prozeduralem Wissen beteiligt, das zur Ausführung neuer Handlungen notwendig ist, als an der Ausführung von automatischen Handlungen. Das Cingulum anterior im Frontalbereich wird beim Planen ebenfalls aktiviert und scheint eine Rolle bei Konfliktlösung zu spielen. Ein übergeordnetes Aufmerksamkeitssystem in den Frontallappen schützt das aktive Gehirn durch einen hemmenden Mechanismus vor externer und interner Ablenkung (für eine Diskussion der Forschungsbelege in diesem Zusammenhang siehe Fuster, 1997).

Fuster (1997) vertritt die These, dass die zeitliche Koordinierung durch *transtemporale Kontingenzen* zwischen dem primären sensorischen Kortex und dem primären motorischen Kortex zustande kommt, d. h., in dem zeitlich sich überschneidende (*cross-temporal*) Aktivierungsmuster in Einklang gebracht werden. Der primäre sensorische Kortex ist auf verschiedene Arten von sensorischen Empfindungen spezialisiert; er befindet sich in den hinteren Hirnregionen und hat die direktesten Verbindungen zur externen Welt. Der primäre motorische Kortex befindet sich in den vorderen Hirnregionen und ist auf Bewegung und Aktionen spezialisiert. Allerdings ist der Fluss der Verbindungen im primären sensorischen Kortex und im primären motorischen Kortex sehr unterschiedlich. Im sensorischen Kortex verläuft der Fluss von unten nach oben, vom (unimodalen) primären Kortex zum (heteromodalen) Assoziationskortex. Im motorischen Kortex verläuft der Fluss von oben nach unten, vom höheren LDPFC zum mittleren prämotorischen Kortex und supplementär-motorischen Kortex bis zur unteren Ebene der Rückenmarksaktivität. In den höheren Regionen werden komplexe Bewegungsabläufe programmiert, während die unteren Regionen auf die Ausführung konkreter Bewegungen spezialisiert sind. In Fusters Modell werden transtemporale Kontingenzen zwischen dem primären sensorischen und primären motorischen Kortex, zwischen unimodalen Assoziationsbereichen und prämotorischem Kortex sowie zwischen heteromodalem Assoziationskortex und präfrontalem Kortex gebildet. Außerdem können vorübergehende kortikal-subkortikale Kontingenzen entstehen. Das Verhalten gründet sich auf einer hierarchischen Ordnung strukturierter Einheiten von Wahrnehmung und Handlung, die zeitlich koordiniert sind. Wahrnehmungs-/Handlungsschaltkreise mit Feedback- und Feedforward-Mechanismen bilden die Grundlage für die Interaktion des Organismus mit der Umgebung.

6.1.1.6 Unterschiedliche Verarbeitung bei Mensch und Tier

Das Gehirn ist ein elektrochemischer Computer, dessen Verarbeitungsmechanismen innere mentale Welten (Geist) und offene Interaktionen mit der externen Welt (Verhalten) erzeugen. Obwohl die Gehirnstrukturen von Mensch und Tier bemerkenswerte Übereinstimmungen aufweisen, unterscheiden sie sich funktionell durch die mentalen Welten und die Verhaltensweisen, die ihre Gehirne erzeugen. Dieser funktionelle Unterschied geht in erster Linie auf den größeren präfrontalen Kortex beim Menschen zurück. Der lateraldorsale präfrontale Kortex (LDPFC) kontrolliert die transtemporalen Kontingenzen (Fuster, 1997), welche die funktionellen Systeme in verschiedenen Raum- und Zeitskalen hervorbringen (siehe Minsky, 1986), durch die sich Mensch und Tier unterscheiden. Diese Fähigkeit, Informationen in vielen Dimensionen von Zeit und Raum zu verarbeiten, eröffnet dem Menschen die Möglichkeit, sich nicht nur an seine externe und interne Umgebung anzupassen, sondern auch die Umgebungen zu wechseln und neue zu schaffen. Eine sequentielle, digitale Alles-oder-nichts-Übertragung von Nervensignalen über die strukturell getrennten Synapsen in linearer Zeit ist notwendig, aber nicht hinreichend für die Verarbeitungskapazität des menschlichen Gehirns, die auch auf die dendritischen Verzweigungen und Dornfortsätze im Netz der neuronalen Verbindungen angewiesen ist, die Signale von vielen verschiedenen Quellen aufnehmen und die gleichzeitig operieren.

Dendriten verfügen über genetisch festgelegte untere Verzweigungen und umweltempfindliche obere Verzweigungen (Diamond & Hopson, 1998; Jacobs et al., 1993). Sie sind analoge Prozessoren, die gegenüber abgestuften Signalen empfindlich sind. (Siehe Berninger & Richards [2002], Kapitel 2, für mögliche Verarbeitungsoperationen beim menschlichen Lernen, die sowohl analoge als auch digitale Prozesse umfassen.) Aktuelle Bildgebungsverfahren ermöglichen jedoch keine direkte Untersuchung der analogen dendritischen oder der digitalen axonalen Prozesse, die auf der Mikroebene der Verarbeitung ablaufen und auf der Makroebene die funktionellen Systeme im aktiven Gehirn herstellen. Mit fortschreitender Entwicklung der mathematischen Modellbildung und der Nanotechnologie zur Untersuchung mikroskopischer Einheiten in Raum und Zeit wird dies eines Tages vielleicht möglich sein.

Für den Zweck dieses Kapitels genügt es, wenn der Leser versteht, dass die Ergebnisse der Bildgebungsstudien, die in den Abschnitten 2 und 3 zusammengefasst werden, im Sinne von aktivierten Hirnregionen ausgedrückt werden, die über ihre Lage oder genauer Lokation im Gehirn hinaus funktionelle Bedeutung besitzen. Da unterschiedliche Hirnregionen aufgrund der Struktur und Funktion von Neuronen in einem regionalen Verarbeitungszentrum spezialisiert sind, kann die Lokation der Hirnaktivierung für Verarbeitungsmechanismen von Bedeutung sein, die entweder regional oder über Regionen hinweg operieren. Die Bedeutung für Kinder und Jugendliche mit Dyslexie liegt darin, dass Verarbeitungsmechanismen möglicherweise zwar insgesamt gut funktionieren, dass aber eventuell (a) einer oder mehrere Verarbeitungsmechanismen weniger gut funktionieren und somit die allgemeine Funktionstüchtigkeit des Lesesystems beeinträchtigen oder (b) das Timing dieser Verarbeitungsmechanismen auf unterschiedlichen Zeitebenen möglicherweise nicht synchronisiert ist, so dass die verschiedenen Verarbeitungsschritte nicht in Echtzeit koordiniert werden können, oder dass (c) sowohl die Verarbeitungsmechanismen als auch ihr Timing durch ein entsprechendes Treatment (Training) verändert werden können.

Bislang haben die meisten Bildgebungsstudien untersucht, ob spezifische Hirnregionen aktiviert werden, es gibt aber eine wachsende Zahl von Studien, die auf Verbindungen zwischen spezifischen Hirnregionen bzw. auf Aktivitäten über spezifische Hirnregionen hinweg abzielen. Diese Konnektivitätsstudien verwenden statistische Techniken (multiple Regression), um zu analysieren, welche Hirnregionen die Aktivierung in anderen Hirnregionen voraussagen (z. B. Pugh et al., 2000). Alternativ hierzu können Konnektivitätsstudien aber auch mathematische Modellbildung

6

verwenden, um Muster verstärkter Hirnaktivierungssignale (über dem Rauschen aufgrund von zufälliger neuraler Aktivität) auszuwerten, die zwischen verschiedenen Hirnregionen in wiederkehrenden Zeitphasen im Ruhezustand (Cordes et al., 2000) oder während spezifischer Leseaufgaben (Nandy et al., 2003) auftreten. Spezifische Hirnregionen sind an vielen verschiedenen funktionellen Systemen beteiligt. Nur durch den Vergleich der verschiedenen Funktionen, die von derselben Hirnregion unterstützt werden, können Wissenschaftler Schlüsse über die gemeinsamen Prozesse ziehen, die von einer spezifischen Hirnregion unterstützt werden, und somit exakt die Art der Verarbeitung(en) bestimmen, die von einer bestimmten Hirnregion (oder eines bestimmten Hirnareals innerhalb einer Hirnregion) geleistet werden. Um das funktionelle Lesesystem vollständig zu verstehen, bedarf es an Wissen über regional spezifisch lokalisierte Hirnaktivierung und die Interkonnektivität von spezifischen Regionen während der Verarbeitungsprozesse, welche die inneren mentalen Welten und das beobachtbare Leseverhalten des lesenden Gehirns hervorrufen.

6.2 Wichtige Prozesse im lesenden Gehirn

6.2.1 Domänenspezifische Prozesse

In den Abschnitten 2 und 3 werden für Bildgebungsverfahren die folgenden Abkürzungen verwendet: **MRI** (*magnetic resonance imaging*; Magnetresonanztomografie), **DTI** (*diffussion tensor imaging*; Diffusions-Tensor-Bildgebung), **fMRI** (functional magnetic resonance imaging; Funktionelle Kernspintomografie), **fMRS** (*functional magnetic spectroscopic imaging*; funktionelle Magnetresonanzspektroskopie), **MSI** (*magnetic source imaging* [eine Magnetfeldmessung in der Art von MEG]), **MEG** (Magnetoenzephalografie) und **ERP** (*event-related potentials*; ereigniskorrelierte Potenziale). Bei Berninger und Richards (2002, Kapitel 3) werden (in Tabelle 3.5) die Vor- und Nachteile eines jeden Verfahrens verglichen.

Konventionelle Bilder der Gehirne von normalen und schwachen Lesern enthüllen keine Geheimnisse über die strukturellen Anomalien, die einen Unterschied zwischen der neuralen Architektur von Personen, die leicht das Lesen lernen, und solchen Personen, die beim Lesenlernen Schwierigkeiten haben, erkennen lassen. Strukturelle MRI-Studien, in denen das Volumen bzw. die Oberflächengröße verschiedener Hirnregionen dargestellt wird, weisen Unterschiede bei der neuralen Architektur von guten Lesern und Dyslektikern auf (siehe den Überblick von Leonhard, 2001). Eine DTI-Studie, in der die relative Menge an grauer und weißer Hirnsubstanz in spezifischen Hirnregionen verglichen wurde, zeigte, dass sich die relative Stärke der grauen Hirnsubstanz bei Erwachsenen mit Dyslexie in mehreren spezifischen Hirnregionen von der von Kontrollpersonen unterschied – ein Ergebnis, das im Einklang mit einem systemischen Verständnis von Lesestörungen steht (Brown et al., 2001). Diese Regionen sind: bilateral in den Hinterhaupt- oder Okzipitallappen, linker medialer Schläfen- oder Temporallappen, linker Gyrus temporalis inferior, linker mittlerer Temporallappen, linker mittlerer Gyrus temporalis, bilateral Gyrus temporalis superior, bilateral Gyrus angularis, rechter Gyrus precentralis, bilateral Gyrus frontalis inferior, bilateral Gyrus frontalis superior, linker orbitaler Gyrus frontalis, bilateral Kleinhirn und bilateral Nucleus caudatus und Thalamus. Unklar ist, ob diese Unterschiede in der Stärke der grauen Hirnsubstanz auf genetische Faktoren, Reifungsverzögerungen, Unterrichts- und Leseerfahrungen oder auf alle diese Faktoren zurückzuführen sind.

Bei der funktionellen Bildgebung wird das Gehirn einer lebenden Person während der Durchführung einer Aufgabe gescannt und später analysiert. Die funktionelle Bildgebung gibt Aufschluss über Unterschiede zwischen dyslektischen und nicht dyslektischen aktiven Gehirnen. Tabelle 6.1 fasst die funktionellen Komponenten eines lesenden Gehirns zusammen, von denen jede vermutlich von vielen lokalisier-

Tab. 6.1 Ausgewählte domänenspezifische, domänenübergreifende und andere sprachliche Prozesse, die am funktionellen Lesesystem beteiligt sind.

Domänenspezifisch (Sprache übers Auge)
Subwort Phonologische Bewusstheit Morphologische Bewusstheit Orthographische Bewusstheit
Wort Phonologische Wortform Morphologische Wortform Orthographische Wortform Dekodieren von neuen Wortformen auf Anfängerniveau (orthographisch-phonologisches Mapping) Dekodieren von neuen Wortformen auf Fortgeschrittenenniveau (orthographisches, phonologisches und morphologisches Mapping) Automatisches Wortlesen von bekannten Wortformen
Wort- und Textverständnis Vokabelverständnis Satz-(Syntax-)Verständnis Diskurs-(Genre-)Verständnis
Domänenübergreifend
Arbeitsgedächtnis für zielgerichtete Aufgaben
Temporäre Netzwerke Für die Speicherung von Informationen, die aus der Umgebung aufgenommen werden, den Zugang von Informationen im Langzeitgedächtnis und die aktive Konstruktion neuer Informationen im Zusammenhang mit unmittelbaren Zielen
Artikulatorische Schleife Für die Bewahrung von Informationen im Arbeitsgedächtnis, den verbalen Output und/oder die verbale Vermittlung zur Selbstregulation von Informationsverarbeitung oder Lernen
Exekutive Funktion (einschließlich übergeordnete Aufmerksamkeit, Konfliktfindung und -lösung, Metakontrolle – Planen, Überwachen, Aktualisieren und Überarbeiten sowie zeitweise Koordination von Prozessen)
Schaltkreise zum Lernen und zur Automatisierung

6

ten und/oder verteilten Hirnregionen unterstützt wird. Die Abschnitte zu „Subwort" und „Wortprozesse" stellen den konzeptuellen Rahmen der „Dreifachen Wortform-bewusstheits- und Mapping-Theorie" („Triple Word Form Awareness and Mapping Theory") dar, die unseren Bildgebungs- und Treatmentstudien zugrunde liegt. Nach dieser Theorie werden Wörter in drei verschiedenen Formaten kodiert und Lesenler-nen setzt voraus, (a) sich der phonologischen, orthografischen und morphologischen Einheiten in diesen Wortformen bewusst zu werden und (b) die wechselseitigen Beziehungen dieser Einheiten zu strukturieren (Mapping), um unbekannte Worte dekodieren und geschriebene Worte automatisch erfassen zu können (z. B. Berninger & Richards, 2002).

6.2.1.1 Orthografische Bewusstheit

Bei einer Aufgabe, in der Einzelbuchstaben zu entdecken sind, werden bei Erwachse-nen okzipitale und inferiore posteriore Regionen des Temporalkortex aktiviert (Gar-rett et al., 2000). Bei einer fMRI-Studie mit Kindern, in der die Probanden passende Buchstaben (orthografische Verarbeitung) und Linien (nicht orthografische, visuelle Verarbeitung) einander zuordnen sollten, zeigten sich spezifische Aktivationen bei der orthografischen Buchstabenverarbeitung in den Okzipitallappen (bilateral me-dial/superior occipital, rechts lingual), in den Parietallappen (links superior parietal und Umgebung, links inferior parietal und rechts Sulcus precentralis), im Temporal-lappen (rechts Sulcus lateralis, rechts superiorer Temporallappen), in den Frontal-lappen (rechts superior frontal, links precentral, rechts inferior frontal, links medial frontal und rechts cingulärer Gyrus) sowie in den subkortikalen Regionen (bilateraler Thalamus) (Temple et al., 2001). In der Kinder-Studie von Temple et al. wurden möglicherweise deshalb mehr Hirnregionen aktiviert als in der Erwachsenen-Studie von Garrett et al. (2000), weil bei verbesserten und effizienteren Fertigkeiten weniger Hirnregionen aktiviert werden müssen, um dieselbe Aufgabe zu erfüllen. Auch ist die Beurteilung, ob Buchstaben zueinander passen, eine komplexere Aufgabe als das bloße Entdecken eines Buchstabens. In der Tat wurde bei der Zuordnung passender Buchstaben ein stark verzweigtes neurales Netzwerk aktiviert, verglichen mit der mehr fokalen Aktivierung während des Buchstabenentdeckens. Allerdings erfasst keine der beiden Aufgaben orthografische Bewusstheit (für die Buchstabenentde-cken und -erkennen erforderlich, aber nicht ausreichend ist). Unter orthografischer Bewusstheit versteht man die bewusste Reflektion über Buchstabeneinheiten in der orthografischen Wortform, welche zum Dekodieren von Wörtern angewandt werden kann. So erleichtert beispielsweise die Bewusstheit, dass das Wort *orthografisch* acht Buchstabeneinheiten (or, th, o, gr, a, f, i, sch) hat, die Phonemen entsprechen, das Dekodieren eines unbekannten Wortes, während das Wissen, dass das Wort 13 Buch-staben hat, das Dekodieren nicht erleichtert.

6.2.1.2 Phonologische Bewusstheit

Obwohl bekannt ist, dass die phonologische Bewusstheit – die bewusste Analyse von Phonemen in gesprochenen Wörtern – zu Beginn des Wortdekodierens eine wichtige Fertigkeit ist (Liberman, 1999), haben Hirnforscher im Bereich funktioneller bildgebender Verfahren bislang keine Kinder bei der Durchführung einer Aufgabe im Zusammenhang mit phonologischer Bewusstheit (z. B. Phonemstreichung) gescannt. Es wurden jedoch Gehirne gescannt, während Probanden akustisch dargebotene Pseudowörter wiederholten, geschriebene Pseudowörter phonologisch dekodierten, oder beurteilten, ob akustisch oder visuell dargebotene Pseudowörter bzw. visuell dargebotene Buchstaben sich reimten. Kinder mit phonologischer Bewusstheit können die Phoneme eines gesprochenen Wortes, die den Buchstaben des Alphabets entsprechen, analysieren und die Laute vermischen, die mit den Buchstaben unbekannter Wörter übereinstimmen, um so ein gesprochenes Wort zu konstruieren. So besitzt z. B. das gesprochene Wort *orthografisch* neun Phoneme (/or/, /th/, /o/, /g/, /r/, /a/, /f/, /i/, /sch/), aber acht Buchstabeneinheiten und 13 Buchstaben. Wenn die beiden Phoneme /g/ und /r/ rasch vermischt und der Buchstabeneinheit *gr* zugeordnet werden, hat dies den pädagogischen Vorteil, dass nicht nach jedem Konsonanten ein künstlicher Vokallaut eingeschoben wird.

6.2.1.3 Morphologische Bewusstheit

Morphologische Bewusstheit ist die bewusste Reflektion über die Wortteile (Wurzeln; Flexionssuffixe, die Tempus, Zahl oder Vergleich signalisieren; Präfixe; oder Ableitungssuffixe, die die grammatikalische Funktion bestimmen) (siehe Nagy et al., 1994). Vorschüler besitzen morphologische Bewusstheit für Flexionssuffixe sowie einige Präfixe und Ableitungssuffixe. In der Schulzeit stellt sich eine ausgereifte morphologische Bewusstheit jedoch erst nach der phonologischen Bewusstheit ein und hat einen längeren Entwicklungsverlauf – oft bis in die Oberstufe (Nagy et al., 1993). Das Wort *orthografisch* verfügt ebenso wie die Wörter *phonologisch* und *morphologisch* über Morpheme griechischen Ursprungs. Das erste Morphem, *ortho* (von griechisch *orthos*), bedeutet richtig, korrekt oder normal. Das zweite Morphem, *graf* (von griechisch *graphein*), bedeutet schreiben. Die Endung -isch weist darauf hin, dass es sich um ein Adjektiv handelt. Das Wort *orthografisch* bezeichnet das korrekte Schreiben von Buchstabenformen und *orthografische Wortform* bezieht sich auf alle Buchstaben des korrekt geschriebenen Wortes. Das Wort *phonologisch* enthält ein Morphem, das den Begriff Laut (von griechisch *phone*) bezeichnet, und ein Morphem, das den Begriff Lehre, Wissenschaft, Wort (von griechisch *logos*) bezeichnet. Das Suffix -isch weist wieder auf das Adjektiv hin. Das Wort *morphologisch* enthält ein Morphem, das den Begriff Form, äußere Gestalt (von griechisch morphe) bezeichnet, während die Morpheme -logie und -isch wieder den Begriff der Lehre und die adjektivische Endung bezeichnen. Die phonologische Wortform bezieht sich auf sämtliche Laute in einem gesprochenen Wort. Die morphologische Wortform bezieht sich auf sämtliche Morpheme, die die Bedeutung und/oder Grammatik der gesprochenen und schriftlichen Wortformen vermitteln. Das Wort *orthografisch* bezeichnet also das korrekte Schreiben von Buchstabenformen. Um die Bedeutung des ganzen Wortes bzw. der lexikalischen Einheit zu erfassen, bedarf es nach der „Dreifachen Wortformbewusstheits- und Mapping-Theorie" der gezielten Aufmerksamkeit auf und der Koordination von Buchstabeneinheiten, Phonemen und Morphemen im Wort. Die morphologische Bewusstheit gegenüber Wortteilen, die bedeutungstragend sind und die grammatikalische Funktion vermitteln, entwickelt sich möglicherweise erst nach

6

der orthografischen und phonologischen Bewusstheit, da sie von der komplexeren Koordination bzw. dem Mapping dreier Arten von Wortteilen – Rechtschreibungseinheiten, Lauteinheiten und Bedeutungs- bzw. Grammatikeinheiten – abhängt, während die orthografische Bewusstheit nur von der Rechtschreibung allein bzw. vom Rechtschreibung-Phonem-Mapping abhängt und die phonologische Bewusstheit nur vom Laut bzw. vom Rechtschreibung-Phonem-Mapping. Die morphologische Bewusstheit ist vermutlich notwenig, um die zunehmend komplexer werdenden (mehrsilbigen und multimorphemischen) Wörter zu verarbeiten, die in den oberen Grundschulklassen und in der Mittel- und Oberstufe in geschriebenen Texten auftreten.

6.2.1.4 Multiple Wortformen und interne Kodes

Bildgebungsstudien zeigen, dass Wörter im Gehirn in multiplen Formaten (internen Kodes) kodiert werden (Berninger & Richards, 2002). Beim Dekodieren und Erkennen von Wörtern greifen Leser auf flexible Weise auf diese Kodes zurück (Berninger, 1994; Pugh et al., 1994). Die internen Kodes für phonologische und morphologische Wortformen und ihre Verbindungen werden gebildet, wenn Kinder durch Zuhören und Sprechen die gesprochene Sprache erwerben. Orthografische Wortformen werden gebildet, wenn Kinder die geschriebene Sprache lesen und schreiben lernen. Diese orthografischen Wortformen werden wahrscheinlich durch komplexe Verarbeitungsmechanismen gebildet, die die bereits existierenden phonologischen und morphologischen Wortformen auf die neuen orthografischen Wortformen projizieren. Im Laufe der Schulzeit entwickelt sich nicht nur die Art und Qualität dieser orthografischen Wortformen, sondern die phonologischen und morphologischen Wortformen werden möglicherweise auch transformiert (persönliche Mitteilung, Nagy, 1993). Die Details dieser Mapping-Verfahren, die der „Dreifachen Wortformbewusstheits- und Mapping-Theorie" zugrunde liegen, und die Transformationen werden auf Verhaltensebene in einer noch laufenden Längsschnittstudie untersucht.

In einer fMRI-Studie haben Booth et al. (2001) Entwicklungsveränderungen zwischen Kindern und Erwachsenen in Hirnaktivierungsmustern bei orthografischen und phonologischen Wortformen untersucht. Die Kinder zeigten Überlappungen in Hirnregionen, die durch orthografische und phonologische Wortformen aktiviert wurden, insbesondere im Wernicke-Zentrum. Im Gegensatz hierzu zeigten die Erwachsenen eine sich nicht überlappende Aktivierung einzelner Hirnregionen: bei phonologischen Wortformen wurde der superiore temporale Gyrus aktiviert, bei orthografischen Wortformen der mittlere temporale Gyrus sowie der fusiforme Gyrus. Diese Ergebnisse deuten darauf hin, dass im Verlauf der Entwicklung des lesenden Gehirns (eine neue Schicht; Minsky, 1986) eine funktionelle Reorganisation stattfindet, wenn die orthografische Wortform hinzukommt. Anfangs greift das neu gebildete System auf zahlreiche Verbindungen zwischen der bereits vorhandenen phonologischen Wortform und der orthografischen Wortform zurück (Berninger, 1994; vergleiche Tabelle 6.1). Sobald jedoch der orthografisch-phonologische Mapping-Prozess abgeschlossen ist, wird das bereits vorhandene System für phonologische Wortformen in der neuralen Architektur von dem orthografischen Wortformsystem getrennt, weil die neu gebildete Schicht, die die multiplen Mapping-Operationen enthält, direkt zugänglich ist und eigenständig operiert. Obgleich die beiden Wortformsysteme in der neuralen Architektur des Gehirns getrennt sind, werden sie während des Lesens möglicherweise in Echtzeit funktional integriert.

a. Phonologische Wortformprozesse. Mehr als ein Jahrhundert lang wurde die Lautform von Worten mit dem Gyrus temporalis posterior superior, dem sogenannten Wernicke-Zentrum, in Verbindung gebracht (Wernicke, 1874). In einer aktuellen fMRI-Studie (Burton et al., 2001) wurden erwachsene Probanden aufgefordert, auditiv dargebotene Einzelwörter mündlich zu wiederholen. Spezifische Hirnaktivierung (im Vergleich zur Kontrollbedingung, in der ein digital rückwärts gesprochenes Wort dargeboten wurde, und die Probanden wiederholten das gleiche Wort in jedem Durchgang) trat im linken Gyrus temporalis posterior superior und im Gyrus frontalis inferior (Broca-Areal) sowie in den supplementären motorischen Bereichen auf, die vermutlich alle an der Verarbeitung phonologischer Wortformen beteiligt sind. Es wurde jedoch eine beträchtliche interindividuelle Variabilität beobachtet.

Studien mit ereigniskorrelierten Potenzialen (ERP) haben gezeigt, dass spezifische kognitive Funktionen häufig innerhalb eines vorhersagbaren Zeitraums nach Beginn eines Reizes auftreten. So findet z. B. die phonologische Wortverarbeitung innerhalb von 250 bis 350 ms statt, während die semantische Verarbeitung, die mit dem Satzkontext zu tun hat, etwas später (nach ca. 400 ms) eintritt (Connolly et al., 2001). Diese Ergebnisse deuten darauf hin, dass die phonologische Wortform früher verarbeitet wird und von der semantischen Wortanalyse getrennt werden kann. Eine Studie mit hoch auflösenden ereigniskorrelierten Potenzialen (*high-resolution event-related brain potential*, hrERP) hat bestätigt, dass die phonologisch bedingte Aktivierung bei Wörtern und aussprechbaren Pseudowörtern vergleichbar ist. Phonologische Verarbeitung erfordert keinen lexikalischen Zugang (Connolly et al., 2001).

Die menschliche Sprachwahrnehmung teilt das kontinuierliche Sprachsignal in Lautkategorien ein. Sprachwissenschaftler unterscheiden zwischen Sprachelementen, die über Kategorien hinweg variieren (z. B. /b/ und /d/), und Sprachelementen, die innerhalb derselben Kategorie variieren (z. B. Sprachelemente, die je nach Position im Wortzusammenhang anders ausgesprochen werden, beispielsweise der leichte Unterschied bei der Aussprache von /b/ in *Bad* und *ab*). In einer MEG-Studie (Kasai et al., 2001) bewirkte die präattentive Wahrnehmung (vor der bewussten Aufmerksamkeit) eines kategorieübergreifenden Wechsels von Vokalen eine symmetrische Aktivierung sowohl der linken als auch der rechten Gehirnhemisphäre, während bei der Analyse von Vokalveränderungen innerhalb derselben Kategorie in erster Linie die rechte Gehirnhemisphäre aktiviert wurde.

b. Morphologische Wortformprozesse. In einer fMRI-Studie (Aylward et al., 2003) wurde das Morphem-Mapping untersucht, indem zwei Arten von Beurteilungen verglichen wurden: (a) ob ein Wort semantische Wortstämme mit vertrauten Rechtschreibeinheiten aufwies, die entweder als Morpheme fungierten oder nicht (Ableitungssuffixe, die grammatikalische Informationen enthielten); (b) ob zwei Wörter Synonyme waren oder nicht, d. h., ob sie allgemeine semantische Merkmale gemein hatten. Ein Beispiel für eine Ja-Antwort bei der ersten Aufgabe ist „Lehrer – lehrt": das Suffix *-er* dient als Morphem, welches das Verb in ein Nomen transformiert. Ein Beispiel für eine Nein-Antwort ist „Gebieter – Gebiet": In diesem Fall dient das Suffix *-er* nicht als Morphem. Ein Beispiel für eine Ja-Antwort bei der zweiten Aufgabe ist „Säugling – Baby". Ein Beispiel für eine Nein-Antwort ist „Mädchen – Junge". In

6   beiden Aufgaben wurden die Wörter sowohl auditiv als auch visuell dargeboten, so dass die Ergebnisse nicht von den Dekodierfertigkeiten abhängig waren. Bei Kindern mit normaler Leseentwicklung wurden beim Morphem-Mapping und beim Phonem-Mapping unterschiedliche Hirnregionen aktiviert. Die Ergebnisse deuten darauf hin, dass (a) morphologische Wortformen völlig verschieden sind von allgemeinen semantischen Merkmalen für Wortbedeutung und dass (b) die phonologischen Wortformprozesse und die morphologischen Wortformprozesse in der neuralen Architektur des Gehirns unterscheidbar sind.

c. *Orthografische Wortformprozesse.* Eine Reihe von Bildgebungsstudien (siehe Berninger & Richards, 2002, für einen Forschungsüberblick mit Studien, die bis 2001 veröffentlicht wurden) hat Belege dafür geliefert, dass die Hirnregionen, die spezifisch für die orthografische Wortform zuständig sind, gegenüber Abstraktionen von Regelmäßigkeiten in geschriebenen Wörtern (Buchstabenmuster) sensitiv sind und weniger gegenüber den visuellen Merkmalen von Buchstaben (Cohen et al., 2002; Polk & Farah, 2002). Bildgebungsstudien haben gezeigt, dass die orthografische Wortform den linken fusiformen Gyrus aktiviert, dass diese Aktivierung möglicherweise aber nur die prälexikale Verarbeitung umfasst, da dieser Gyrus nicht semantische Merkmale kodiert (z. B. Dehaene et al., 2002). Da der linke fusiforme Gyrus nicht auf numerische Ziffern reagiert, wird angenommen, dass er auf die Verarbeitung von Buchstaben spezialisiert ist (Polk et al., 2002). Cohen et al. (2002) haben den Bereich der visuellen Wortform (VWF) definiert: Buchstabenreihen werden hier als eine geordnete Einheit abstrakter Buchstabenidentitäten repräsentiert. Daten der funktionellen Bildgebung, die sowohl auf geblockten fMRI-Designs als auch auf ereigniskorrelierten fMRI-Designs basieren, lokalisieren den VWF-Bereich im linken fusiformen Gyrus (extrastriärer Kortex), der eine stärkere Aktivierung bei alphabetischen Reihen und geschriebenen Wörtern als bei nichtlinguistischen visuellen Signalen und unaussprechbaren Konsonantenwörtern zeigt. Polk und Farah (2002) haben einen Forschungsüberblick mit weiteren Belegen dafür erstellt, dass diese Region auf wortähnliche geschriebene Reize reagiert, nicht jedoch auf zufällig aneinandergereihte Buchstaben. Forschungsbelege, die sich auf eine direkte Aufzeichnung des Gehirns stützen, zeigen, dass sich das orthografisch-phonologische Mapping in dieser Region abspielt (Nobre et al., 1994). Möglicherweise findet auch das orthografisch-semantische Mapping in dieser Region statt (Cohen et al., 2002).

Statt „Bereich der visuellen Wortform" ist „Bereich der orthografischen Wortform" vermutlich die treffendere Bezeichnung für einen Bereich, in dem visuelle Reize mit Sprache in Verbindung gebracht werden und in dem sichtbare Sprache, nicht aber nichtsprachliche visuelle Merkmale verarbeitet werden (Berninger, 1994; Berninger & Richards, 2002; Cohen et al., 2002). Ein weiterer Grund, diesen Bereich als orthografischen Wortformbereich zu bezeichnen, ist, dass der linke ventrale Kortex (auch als basaler Temporalkortex bezeichnet), in dem sich der fusiforme Gyrus befindet, auf vergleichbare Weise auf echte Wörter und Pseudowörter mit Buchstaben, die in ihrem Format abwechseln, reagiert (Polk & Farah, 2002). In diesem Wortformbereich werden offenbar eher abstrakte orthografische Regelmäßigkeiten als visuelle Merkmale kodiert.

d. *Wortdekodierung.* In einer ereigniskorrelierten fMRI-Studie haben Clark und Wagner (2003) die Rolle eines phonologischen (exekutiven) Kontrollprozesses bei der phonologischen Gruppe im Arbeitsgedächtnis während des Lernens neuer geschriebener Wörter untersucht. Die Autoren testeten die Hypothese, dass der linke inferiore Präfrontalkortex phonologische Kontrolle vermittelt, dass jedoch inferiore und superiore parietale Aktivierung auf eine Online-Speicherung hindeutet. Während ihre Gehirne gescannt wurden, drückten 20 erwachsene Probanden eine von zwei Tasten unter ihrer linken Hand, um anzuzeigen, ob visuell dargebotene Wörter (englische Wörter, englische Pseudowörter und fremde finnische Wörter) zwei oder drei Silben hatten. Im Anschluss an das Scanning wurde ein Wiedererkennenstest durchgeführt, bei dem die Testpersonen gefragt wurden, ob die visuell dargebotenen Wörter während des Scannings dargeboten worden waren oder nicht. Sowohl die englischen Wörter als auch die englischen Pseudowörter aktivierten den linken inferioren Präfrontalkortex sowie beidseitig den inferioren und superioren Parietalkortex. Sowohl die englischen Pseudowörter als auch die finnischen Wörter riefen eine stärkere Aktivierung im linken inferioren Präfrontalkortex sowie beidseitig im parietalen Kortex hervor, aber englische Wörter aktivierten stärker beidseitig im inferioren Gyrus parietalis angularis, im hinteren cingulären sowie im medialen frontopolaren Kortex. Das bedeutet, dass die linken inferioren präfrontalen und parietalen Hirnregionen unterschiedlich auf phonologische Vertrautheit reagierten. Dass die Aktivierung des linken inferioren Präfrontalkortex bei unbekannten Wörtern stärker war als bei bekannten Wörtern, zeigt, dass diese Hirnregion (a) eine Rolle bei der Konstruktion von unbekannten phonologischen Wortformen und nicht einfach nur beim Abruf phonologischer Informationen über bekannte Wortformen spielt und (b) an der Übersetzung (Dekodierung) orthografischer Wortformen in unbekannte phonologische Wortformen beteiligt ist.

Beim Lesen von Pseudowörtern zeigten Erwachsene, die anfangs Probleme beim Lesenlernen hatten, schließlich aber doch Lesen gelernt haben, eine Überaktivierung der linken Frontalregionen und der posterioren extrastriären Regionen sowie eine Unteraktivierung des rechten angularen Gyrus, des dorsolateralen Präfrontalkortex und des Pallidum (Ingvar et al., 2002). Diese Ergebnisse deuten darauf hin, dass Personen, die Abnormitäten im Gehirn und damit verbundene anfängliche Schwierigkeiten beim Leseerwerb kompensieren, möglicherweise noch Abnormitäten im Gehirn zeigen, wenn ihr Lesen auf Verhaltensebene anscheinend normal geworden ist. Ob diese Gehirnabnormitäten bei erwachsenen Lesern, die anfängliche Leseschwierigkeiten kompensiert haben, eine Gehirnsignatur darstellen, die mit Dyslexie assoziiert ist, oder eine alternative Leitungsbahn mit der gleichen Auswirkung auf das Verhalten, muss durch weitere Forschungen geklärt werden.

e. Wortlesen. Mithilfe einer innovativen, automatisierten Metaanalyse-Technik haben Turkeltaub et al. (2002) die Ergebnisse von elf PET-Studien zum Lesen von Einzelwörtern analysiert. Zu den Regionen, die mit signifikanter Übereinstimmung in sämtlichen PET-Studien aktiviert und anschließend in fMRI-Studien kreuzvalidiert wurden, gehörten beiderseits der motorische und superiore Temporalkortex, die präsupplementären motorischen Bereiche, der linke fusiforme Gyrus sowie das Kleinhirn. Viele Studien haben übereinstimmende Belege für eine Veränderung in den linken superioren Regionen erbracht, wo Wortformen verarbeitet werden und das automatische Erkennen von Wörtern stattfindet (Shaywitz et al., 1998). Bei manchen Kindern ist die Neuroanatomie, die dem Einzelwortlesen zugrunde liegt, im Alter von zehn Jahren

6

möglicherweise noch nicht ausgereift (Schlagger et al., 2002). Dies führt zu einem ständigen Missverhältnis zwischen der Gehirnleistung und den Anforderungen des schulischen Lehrplans und eher zu einem stabilen Defizit als zu einer Entwicklungsverzögerung. Das einzige Gegenmittel zu diesem Missverhältnis besteht darin, den heroischen Versuch zu unternehmen, die Myelinisierung der entsprechenden Strukturen zu überwachen und den Lehrplan für die betroffenen Schüler die gesamte Schulzeit über zu verändern und anzupassen, bis sie ihr Defizit vollständig kompensiert haben.

Schlagger et al. (2002) haben normal entwickelte Kinder (sieben bis zehn Jahre) und junge Erwachsene (18 bis 25 Jahre) mittels fMRI bei der Durchführung von drei ereigniskorrelierten Aufgaben untersucht, bei denen die Teilnehmer auf visuell dargebotene Einzelwörter mündliche Einzelwort-Antworten geben sollten: ein passendes Verb, ein Reimwort und ein Gegenteil (Antonym) generieren. Vergleiche über verschiedene Altersklassen hinweg sind problematisch, weil die Testleistung von der Aufgabenschwierigkeit abhängen kann, die über verschiedene Niveaus in der Entwicklung von Fertigkeiten und über das allgemeine Reifungsniveau (Alter) der Probanden hinweg nicht vergleichbar ist. Kinder und Erwachsene zeigten sowohl gemeinsame als auch altersabhängig unterschiedliche Aktivierungen im linken extrastriären und frontalen Kortex, aber als die Probanden gemäß ihres Leistungsniveaus (ein Index der individuellen Aufgabenschwierigkeit) parallelisiert wurden, verschwanden die altersabhängigen Unterschiede, was darauf hindeutet, dass sich der Schwierigkeitsgrad der Aufgabe auf die Hirnaktivierung auswirkt. Diese Veränderung der Ergebnisse lässt erkennen, mit welchen Problemen Forschende, die mit bildgebenden Verfahren arbeiten, konfrontiert werden, da sie Aufgaben entwerfen müssen, die auf der einen Seite Kontraste in einzelnen Leseprozessen erfassen und die auf der anderen Seite in ihrem Schwierigkeitsgrad (a) an verschiedene Entwicklungsstufen einer Fertigkeit und (b) an Gruppen von Kindern mit und ohne Lesestörungen angeglichen werden.

Beim *Wortvorhersage-Paradigma* werden die Teilnehmer instruiert, laut (offene Antwort) oder leise (verdeckte Antwort) das erste Wort, das ihnen in den Sinn kommt (z. B. Sahne) zu sagen, wenn die ersten drei Buchstaben eines Wortstamms (z. B. Sah) dargeboten werden. Die Forscher wählen Gruppen mit drei Buchstaben aus, die mit fünf stark vorhersagbaren Wörtern assoziiert sind. Ojemann et al. (1998) haben diese Aufgabe in einer fMRI-Studie und in einer PET-Studie verwendet und fanden eine erhöhte Aktivität in den linken frontalen und supplementären motorischen Bereichen sowie im rechten Kleinhirn, während in den medialen und rechten lateralen Parietalbereichen sowie in der rechten Insula eine verminderte Aktivierung auftrat. Dhond et al. (2001), die diese Aufgabe in einer MEG-Studie verwendeten, berichteten über vorhersagbare raumzeitliche Stufen, die vom hinteren zum vorderen Gehirn verliefen, wobei es zu einigen zeitlichen Überlappungen bzw. zu einer Reaktivierung von zuvor bereits aktivierten Stufen zu einem späteren Zeitpunkt kam. Bei der Wiederholung von Wortstämmen (Priming) zeigte der inferiore Gyrus frontalis – die letzte Region, die durch den neuen Reiz aktiviert wurde – die stärkste Reaktion. Da bei der Wiederholung bereits ein gewisses Maß an Vertrautheit bestand, wurden die Anfangsstadien der Verarbeitung offenbar übersprungen, und die Verarbeitung ging schneller und effizienter vonstatten. Die Autoren kamen zu dem Schluss, dass (a) die wortspezifische Wortform bei Verarbeitung/Wiedererkennen im visuellen Assoziationskortex auftrat, (b) das Wernicke-Areal an der multimodalen Kodierung geschriebener Wörter beteiligt war und (c) das Broca-Areal an den Prozessen der Wortproduktion beteiligt war, selbst wenn die Prozesse verdeckt erfolgten.

6.2.1.5 Vokabelverständnis

Im Gegensatz zu der orthografischen Wortform (fusiformer Gyrus) und der phonologischen Wortform (superiorer temporaler Gyrus), die eine modalitätsspezifische Kodierung im unimodalen Kortex haben, wird die semantische Verarbeitung für das Wortverständnis anscheinend auch im modalitätsfreien, heteromodalen Kortex (linker Gyrus frontalis inferior und linker Gyrus temporalis medius) kodiert (Booth et al., 2002). Eine Einzelfall-MEG-Studie kam zu dem Ergebnis, dass das Gehirn anfangs auf multiple semantische Assoziationen in den okzipitoparietalen Bereichen reagiert, im Laufe der Zeit dann aber dazu übergeht, grammatikalische Wortkategorien zu kodieren (Pulvermüller et al., 2001). Perzeptuelle und semantische Enkodierung, an die sich jeweils ein Rekognitionstest anschloss, unterschieden sich zwischen 200 und 550 ms nach Beginn der Reizdarbietung hauptsächlich über den linken superioren Temporal- und den linken superioren Parietalsensoren, und semantische Beurteilung (ob das Wort belebt oder nicht belebt war) führte zu einer stärkeren temporoparietalen Aktivierung als perzeptuelle Beurteilung (ob der erste und letzte Buchstabe des Wortes in alphabetischer Reihenfolge waren) (Walla et al., 2001). D. h., die Ausbreitung der Aktivierung multipler Wortbedeutungen, basierend auf Wortassoziationen, tritt vermutlich zu einem frühen Verarbeitungszeitpunkt auf, während kategoriale/schematische Beurteilungen der Wortbedeutung offenbar erst später auftreten.

Vokabelverständnis wird vermutlich auch von der Wortflüssigkeit (exekutive Funktionen, die den Zugang zu und den Abruf aus dem Lexikon kontrollieren) beeinflusst. Holland et al. (2001) verglichen die verdeckte Generierung von Verben aus akustisch dargebotenen Nomen mit einer Kontrollaufgabe (offene motorische Produktionen). Bei Kindern und Jugendlichen im Alter zwischen sieben und 18 Jahren trat eine linksseitige Aktivierung des Wernicke-Areals, des Broca-Areals, des cingulären Gyrus und des dorsolateralen Präfrontalkortex (DLPFC) auf. Der Grad der Lateralisierung nahm mit steigendem Alter zu, und nur die Aktivierung im linken Gyrus temporalis inferior korrelierte positiv mit zunehmendem Alter. Die linken inferioren Frontalregionen sind möglicherweise in den ersten 30 Sekunden einer Wortflüssigkeitsaufgabe beteiligt, aber die linke mittlere Frontalregion ist eventuell in den nächsten 30 Sekunden aktiv (Wood et al., 2001), was darauf hindeutet, dass beide Frontalregionen am Abruf von Wortbedeutung beteiligt sind, allerdings in verschiedenen zeitlichen Verarbeitungsstadien. Allerdings aktiviert Bedeutungsverarbeitung sowohl posteriore als auch frontale Regionen. In einer fMRI-Studie gelangten Baker et al. (2001) zu zwei Ergebnissen: (a) Sowohl die linke inferiore Frontalregion als auch die linke fusiforme Region wurden bei semantischen Entscheidungen (Zuordnung von Wörtern in die Kategorien abstrakt oder konkret) stärker aktiviert als bei nicht semantischen Entscheidungen (Zuordnung von Wörtern in die Kategorien Groß- oder Kleinschreibung); (b) diese Regionen wurden beim anschließenden Gedächtnistest (Wiedererkennen von Wörtern) stärker aktiviert. Das Muster der Hirnaktivierung bei einer Wortflüssigkeitsaufgabe, die eine offene Reaktion (verbale Äußerung) erfordert, ähnelt sehr stark dem von Aufgaben, die eine verdeckte Reaktion (inneres Sprechen)

6

erfordern, es sei denn, die Aufgabe, die eine verbale Äußerung einschließt, führt eher zu einer subkortikalen Aktivierung und bei schwierigen Items eher zu einer dorsalanterioren cingulären Aktivierung (Fu et al., 2002).

6.2.1.6 Syntax-Verständnis

In einem Forschungsüberblick haben Kaan und Swaab (2002) die vier Paradigmen geprüft, die normalerweise zur Untersuchung von rezeptiver syntaktischer Verarbeitung verwendet werden: (a) Vergleich komplexe vs. einfache Syntax; (b) Vergleich von Sätzen vs. Listen unzusammenhängender Wörter; (c) Vergleich von Sätzen, die aus Pseudowörtern bestehen vs. normale Sätze bzw. Gehirn im Ruhezustand; (d) Vergleich von syntaktisch korrekten Sätzen vs. Sätze, die syntaktische Fehler enthalten. Die Autoren kamen zu dem Schluss, dass syntaktische Verarbeitung zwar viele Hirnregionen (vor allem die linken Frontal- und Temporalregionen) beansprucht, aber keine Hirnregion syntaxspezifisch ist. Hashimoto und Sakai (2002) lokalisierten die syntaktische Verarbeitung im linken inferioren frontalen Gyrus und im linken dorsalen präfrontalen Kortex, während Caplan (2001) sie im linken inferioren frontalen Kortex lokalisierte. Röder et al. (2002) kamen zu dem Schluss, dass die syntaktische Verarbeitung von teilweise spezialisierten Systemen für syntaktische Verarbeitung in den linken anterioren Regionen im Frontalhirn sowie von teilweise spezialisierten Systemen für lexikalische Verarbeitung in den perisylvischen posterioren Regionen im hinteren Teil des Gehirns abhängt. Cooke et al. (2001) fanden, dass die Muster der Hirnaktivierung bei syntaktischen Aufgaben sowohl von der Komplexität der Syntax als auch von den Gedächtnisanforderungen der Aufgabe abhängen.

Das Bildgebungsverfahren MEG (Magnetoenzephalografie), das dazu verwendet werden kann, den zeitlichen Verlauf eines Verarbeitungsprozesses nachzuvollziehen, bietet Aufschluss über den zeitlichen Verlauf der syntaktischen Verarbeitung bei einem Paradigma, bei dem die Identifizierung eines semantisch nicht kongruenten Wortes vs. eines semantisch kongruenten Wortes am Ende eines Satzes verglichen wird (Halgren et al., 2002). Der zeitliche Verlauf der Verarbeitung lässt sich folgendermaßen beschreiben: Als Erstes tritt nach 250 ms die linkshemisphärische Aktivierung im Wernicke-Areal ein; nach 270 ms breitet sie sich auf die anterioren Temporalbereiche aus, nach 300 ms auf das Broca-Areal, nach 320 ms auf den dorsolateralen präfrontalen Kortex und nach 370 ms auf den anterioren orbitalen Kortex und den frontopolaren Kortex. Die rechtshemisphärische Aktivierung setzt nach 370 ms im rechten anterioren temporalen und orbitalen Kortex ein. Die bilaterale Aktivierung tritt auf dem Höhepunkt der N400-Komponente (400 ms nach Reizbeginn) ein und umfasst eine weitläufige linkshemisphärische Aktivierung im Temporallappen (anteriorer temporaler und perisylvischer Kortex) und im Frontallappen (orbitaler, frontopolarer, dorsolateral-präfrontaler Kortex). Die rechtshemisphärische Aktivierung im orbitalen und rechten anterioren temporalen Kortex dauert über 400 ms hinaus an.

6.2.1.7 Diskurs-Verständnis

Je komplexer Reize und Aufgaben sind, desto schwieriger gestaltet sich die Interpretation der Ergebnisse von Bildgebungsstudien. Gaillard et al. (2001) haben normale

6

Kinder im Alter zwischen 7,9 und 13,3 Jahren untersucht, während sie Aesop-Fabeln (sechs Geschichten in drei Abschnitten, zwischen 22 und 34 Wörter lang) lasen und Rätsel lösten (z. B. „Welches Haustier schnurrt?"), wobei sie die Antwort („Katze") nicht aussprechen, sondern leise geben sollten. Bei beiden Aufgaben wurden vorwiegend dieselben Hirnregionen aktiviert, darunter der Gyrus frontalis medius und der dorsolaterale präfrontale Kortex. Das Lesen von Fabeln bewirkte eine doppelt so starke Aktivierung im linken Gyrus temporalis medius und eine Ausdehnung der Aktivierung bis zum Gyrus temporalis superior (bilateral, links jedoch stärker).

Bildgebungsdaten, die von Keller et al. (2001) berichtet wurden, stützen die Vermutung, dass (a) Wortlesen und Wortverständnis auf verschiedene Sprachebenen zurückgreifen (Einzelworter und Satzsyntax), die mehrere Hirnregionen aktivieren, und (b) dieselbe Hirnregion (z. B. das linke perisylvische Spracharreal) an mehr als nur einer Sprachebene beteiligt ist. Die Forscher zeigten aber auch, dass der Verarbeitungsaufwand, der mit den einzelnen Sprachebenen assoziiert ist, zu einer Interaktion führt, welche die Verteilung der neuralen Aktivierung im Netzwerk beeinflusst. D. h., die Aufgabenschwierigkeit beeinflusst die Allokation von Ressourcen im neuralen Netzwerk für Sprachverständnis.

Textkohärenz trägt möglicherweise ebenfalls zur Verteilung der Aktivierung bei. In einer fMRI-Studie haben Robertson et al. (2000) Sätze mit und ohne bestimmten Artikel verglichen, um einen mehr oder weniger kohärenten Diskurs zu untersuchen. Der kohärente Diskurs führte im Vergleich zum weniger kohärenten Diskurs zu einer stärkeren Aktivierung der rechten Frontalregionen. Im Gegensatz dazu rief die Verarbeitung von Pseudobuchstabenketten eine stärkere linkshemisphärische Aktivierung in den hinteren Hirnarealen hervor. In einer anderen fMRI-Studie zeigte Robertson (2000), dass die Hirnaktivierung, die das narrative Verständnis unterstützt, von der Hirnaktivierung, welche die Prozesse auf Wort- oder Satzebene unterstützt, getrennt werden kann. Dieses Ergebnis stimmt mit den Resultaten mehrerer neurolinguistischer Studien überein, wonach die neurale Architektur aus neuralen Netzwerken besteht, die für unterschiedliche Sprachebenen zuständig sind. Diese Netzwerke sind zwar räumlich trennbar, jedoch zeitlich aufeinander abgestimmt, wenn Funktionen erfüllt werden, die sich auf die verschiedenen Ebenen von Sprache beziehen (siehe Berninger & Richards, 2002).

6.2.2 Beziehung zu anderen funktionellen Sprachsystemen

Das traditionelle neurolinguistische Modell ging von separaten modularen Strukturen aus, für rezeptive Sprache (Zuhören) das Wernicke-Areal und für die expressive Sprache (Sprechen bzw. mündlicher Ausdruck) das Broca-Areal. Basierend auf der Methodologie multipler bildgebender Verfahren wie elektrische Stimulation vor einem neurochirurgischen Eingriff (z. B. Fried et al., 1981), elektrophysiologischen Studien (z. B. Brown & Hagoort, 1999) und Studien zur funktionellen Bildgebung (z. B. Binder et al., 2000) ist dieses Modell inzwischen hinterfragt und revidiert worden (Mesulam, 1990). Die aktuelle funktionelle Bildgebungsforschung zeigt, dass an der Sprachverarbeitung nicht nur mehr Hirnstrukturen beteiligt sind, als bislang angenommen wurde, sondern dass auch Strukturen außerhalb des Wernicke- und Broca-

6

Areals beteiligt sind. Darüber hinaus werden die Sprachregionen offenbar nicht nur simultan, sondern auch sequenziell aktiviert (Fried et al., 1981). Häufig werden bei der Sprachverarbeitung sowohl die rechte als auch die linke Hemisphäre (Beeman & Chiarello, 1998), sowohl subkortikale als auch kortikale Regionen sowie posteriore und auch anteriore Areale aktiviert. Die spezifischen Aktivierungsmuster hängen von der Beschaffenheit der Ziel- und Kontrollaufgaben, der Bildgebungsmodalität und weiteren Faktoren ab. Für verschiedene Sprachebenen (Analyseeinheiten, die von der Subwortebene über Wortebene und Satz-/Syntaxebene bis zur Diskurs-/Textebene reichen) wurden unterschiedliche Muster von Hirnaktivierung gefunden. Für einen Forschungsüberblick über Untersuchungen, die diese Annahmen stützen, siehe Berninger und Richards (2002).

Entgegen der weitverbreiteten Vorstellung, dass Sprache ein einheitliches Konstrukt sei, handelt es sich nicht um ein einzelnes System. Liberman (1999) hatte die fruchtbare Erkenntnis, dass Sprache in Ermangelung eigener Endorgane an sensorische und motorische Organe gekoppelt ist, um ihre Ziele zu erreichen. Es gibt mindestens vier funktionelle Sprachsysteme: (a) Sprache, die an den Hörsinn gekoppelt ist (Zuhören; „Language by Ear" – Sprache über das Ohr); (b) Sprache, die an den Mund und an die oralen motorischen Leitungsbahnen gekoppelt ist (Sprechen; „Language by Mouth" – Sprache über den Mund); (c) Sprache, die an das Auge und an das visuelle sensorische System gekoppelt ist (Lesen; „Language by Eye" – Sprache über das Auge) und (d) Sprache, die an die Hand und an das grafomotorische System gekoppelt ist (Schreiben; „Language by Hand" – Sprache über die Hand). Diese funktionellen Sprachsysteme lernen, zusammenzuarbeiten. Laut Libermans (1999) motorischer Theorie der Sprachwahrnehmung hängt z. B. die Sprache übers Ohr von den Artikulationsmechanismen der Sprache über den Mund ab, um akustische Sprache wahrzunehmen. Folglich stoßen viele Bildgebungsforscher (z. B. Corina et al., 2001) bei Aufgaben, die rezeptive Sprache beinhalten, auf eine Aktivierung des Gyrus precentralis (primärer motorischer Bereich). Ergebnisse von Bildgebungsstudien zeigen, dass am Schreiben und Lesen sowohl gemeinsame als auch einzelne Hirnstrukturen beteiligt sind (siehe den Überblick von Berninger & Richards, 2002, aktualisiert von Berninger & Hooper, im Druck). Wie sich Querverbindungen (*cross-talk*) zwischen den funktionellen Sprachsystemen entwickeln ist Gegenstand einer laufenden Längsschnittstudie zum Schreiben und seinen Verbindungen zum Zuhören, Sprechen und Lesen.

6.2.2.1 Sprache über das Ohr (Zuhören)

Booth et al. (2000) haben das auditive Satzverständnis bei fünf Erwachsenen (20 bis 28 Jahre) und sieben Kindern (neun bis 12 Jahre) untersucht. Obwohl bei Erwachsenen und Kindern ähnliche Netzwerke aktiviert wurden (z. B. die inferioren frontalen Areale), wurden bei den Kindern die inferioren visuellen Areale stärker aktiviert, was darauf hindeutet, dass sie sich auf mentale Strategien der Bildvorstellung stützten.

6.2.2.2 Sprache über den Mund (Sprechen)

Motorischer Output ist für nicht invasive Bildgebungsverfahren (z. B. fMRI, fMRS) und Elektrophysiologie (z. B. ERPs) generell problematisch, da motorische Artefakte

6

induziert werden. Die wenigen Studien, die Paradigmen verwendeten, welche mündliche Antworten verlangten, wurden in erster Linie mit Einzelwörtern und nicht mit komplexeren Produktionen (Syntax und Diskurs) durchgeführt. Zukünftige Forschungen mit methodischen Innovationen könnten diese Herausforderungen in den Griff bekommen.

6.2.2.3 Sprache über die Hand (Schreiben mit der Hand, Buchstabieren und Formulieren)

Das posteriore Ende des linken Gyrus frontalis medius – eine Hirnregion, die heute als Exner-Areal bezeichnet wird (Exncr, 1881; Matsuo, Kato & Ozawa, 2001) – und der linke superiore Parietallappen (Basso et al., 1978; Vernea & Merory, 1975) sind Schreibzentren, die während des Schreibens, aber nicht zwangsläufig auch während des Lesens, aktiviert werden. In einer fMRI-Studie haben Matsuo, Kato und Ozawa (2001) vier kontrastierende Aufgaben verglichen, die von 12 normalen Erwachsenen durchgeführt wurden. Die Studienergebnisse haben Implikationen für die orthografisch-motorische Integration mit und ohne gleichzeitige Integration phonologischer Kodes. Die Ergebnisse hingen davon ab, ob das orthografische Symbol, das abgeschrieben werden sollte, phonologisch kodiert werden konnte oder nicht. Nur eine Region wurde aktiviert, wenn das orthografische Symbol phonologisch kodiert werden konnte; war dies nicht der Fall, wurden viele verschiedene Regionen aktiviert. Die Integration zweier Kodes (orthografisch und phonologisch) beim motorischen Output könnte von Nutzen sein, weil weniger Ressourcen des Gehirns zur Reproduktion der orthografischen Symbole benötigt werden. Diese Ergebnisse könnten wichtige Implikationen für einen multisensorischen Unterrichtsentwurf für Schüler mit Lernstörungen haben, falls sie mit Kindern und mit Buchstaben des englischen Alphabets repliziert werden können (für eine ausführlichere Diskussion siehe Berninger & Hooper, im Druck).

In einer elektrophysiologischen Studie verwendeten Schulte-Körne et al. (1998) das passive Oddball-Paradigma, um die Mismatch Negativity (MMN) von sprachlichen und nicht sprachlichen Lautreizen zu beurteilen. Probanden waren 19 Kinder mit Rechtschreibschwäche und 15 Kontrollteilnehmer, jeweils aus der fünften und sechsten Klasse. MMN ist die negative ERP-Komponente, die in Reaktion auf diskriminierbare Veränderungen von Frequenz, Intensität oder Dauer von Tönen bzw. phonetischen Reizen in komplexen akustischen Signalen ausgelöst wird. Die normalen und beeinträchtigten Teilnehmergruppen sahen einen Stummfilm, während ihnen akustische Signale binaural über Kopfhörer dargeboten wurden. Die beiden Gruppen unterschieden sich nicht in der MMN bei Tönen, aber bei Sprachsignalen. Dieses Ergebnis bestätigte die Resultate früherer Positronen-Emissionstomografie-(PET)-Studien (Rumsey et al., 1992), fMRS-Studien (Richards et al., 1999) und fMRI-Studien (Corina et al., 2001) für Dyslektiker mit Problemen sowohl beim Schreiben als auch beim Lesen von Wörtern. Die Schlussfolgerung von Schulte-Körne et al. (1998) – dass präattentive Sprachprozesse während der Sprachwahrnehmung möglicherweise eine Rolle bei der Rechtschreibung spielen, indem sie die Qualität und die Genauigkeit der phonologischen Repräsentationen beeinflussen, die zur Verfügung stehen, um die Zuordnung von Phonemen und Buchstaben zu lernen –, passt zu dem Befund,

6

dass es bei Dyslektikern eine unabhängige genetische Bahn von der Genauigkeit der phonologischen Wortformpräsentation zur Rechtschreibung (orthografischen Wortformproduktion) gibt (Hsu et al., 2002).

Eine fMRI-Studie liefert weitere Belege für die Beziehung zwischen Sprache und Rechtschreibung (Poldrack et al., 2001). Acht normale Erwachsene hörten Sätze, die in unterschiedlich stark komprimierter Sprache dargeboten wurden. Variiert wurde die Geschwindigkeit der akustischen Veränderungen, während die spektralen Merkmale des Sprachsignals aufrechterhalten wurden. Auf der Grundlage verschiedener Regionen, die bei spezifischen Aufgabenstellungen aktiviert wurden, und von Hirnarealen, die durch verschiedene Aufgaben aktiviert wurden, die eine gemeinsame Komponente haben, gelangten die Autoren zu dem Schluss, dass der Pars triangularis sowohl auf vorübergehende akustische Merkmale bei der Sprachwahrnehmung als auch auf phonologische Dekodierung reagierte. Die Größe des Pars triangularis (eine der Strukturen des Broca-Areals), die in einer strukturellen MRI-Studie ermittelt wurde, korrelierte mit behavioralen Maßen phonologischer Fertigkeiten und differenzierte Dyslektiker von Kontrollpersonen, die nach verbalem IQ und Alter parallelisiert waren (Eckert et al., 2003). Die Dyslektiker hatten wie andere Dyslektiker beträchtliche Rechtschreib- und Wortleseprobleme.

In einer fMRI-Studie (Kircher et al., 2001) bearbeiteten sieben normale Erwachsene eine Wortgenerierungsaufgabe und zwei Kontrollaufgaben. Die Wortgenerierungsaufgabe bestand darin, oral ein Wort zu produzieren, das einen Satzstamm mit sieben Wörtern vervollständigte, bei dem das letzte Wort (mit einer geringen Auftretenshäufigkeit) fehlte. Die beiden Kontrollaufgaben waren eine Entscheidungs- und eine Leseaufgabe: (a) Auswahl eines von zwei Wörtern, um den Satzstamm zu vervollständigen (Kontrolle der Planung der Antwort); (b) lautes Vorlesen des Wortes, das den Satzstamm vervollständigte (Kontrolle der Durchführung der oral-motorischen Antwort). Der Vergleich der Wortgenerierungsaufgabe mit den Kontrollaufgaben ergab spezifische Aktivierungen in folgenden Regionen: linker frontomedialer Kortex, anteriorer cingulärer Kortex, Präcuneus und rechter temporolateraler Kortex. Beim Vergleich von Wortgenerierungs- und Entscheidungsaufgabe zeigte sich die stärkste Signalveränderung während der Wortgenerierungsaufgabe im rechten Präcuneus, im anterioren/posterioren cingulären Kortex, im rechten posterioren Kleinhirnkortex, in der Insula, im lingualen/fusiformen Gyrus sowie bilateral im mittleren/superioren temporalen Gyrus. Während der Entscheidungsaufgabe zeigte nur der linke fusiforme Gyrus eine stärkere Signalveränderung. Der Vergleich von Wortgenerierungs- und Leseaufgabe ergab insgesamt eine stärkere rechtshemisphärische als linkshemisphärische Aktivierung, wobei die stärkste Signalveränderung während der Wortgenerierung im rechten superioren temporalen Gyrus, im anterioren cingulären Gyrus, im linken Präcuneus, im posterioren Kleinhirnkortex, im mittleren frontalen Gyrus, im inferioren Parietallappen sowie im rechten frontalen Operculum auftrat. Der Vergleich der Entscheidungs- und Lese-Kontrollaufgaben ergab eine spezifizierte bilaterale Aktivierung im linken inferioren Frontal- und mittleren/superioren Temporalkortex. Die Autoren kamen zu dem Schluss, dass die linke Hemisphäre enge semantische Felder hat, die auf den spezifischen, unmittelbaren linguistischen Kontext beschränkt sind, während die rechte Hemisphäre über weitreichendere semantische Felder verfügt, die auf einen breiten linguistischen

Kontext, einschließlich multiple Wortbedeutungen und multiple Satzinterpretationen, zugeschnitten sind.

6.2.3 Beziehungen zu domänenübergreifenden Prozessen

Am funktionellen Lesesystem sind zahlreiche domänenübergreifende Systeme beteiligt, darunter spezifische sensorische Systeme (auditiv, visuell, kinästhetisch), Feinmotorik-Systeme für Mund und Hände, Aufmerksamkeitssysteme, Netzwerke kontrollierender exekutiver Funktionen, das limbische System sowie das höhere Denk- und Problemlösungssystem (Berninger & Richards, 2002). Bei einer zielgerichteten Aktivität werden die Wortspeicherregionen, die artikulatorische Schleife einschließlich des oral-motorischen Systems und das Aufmerksamkeits-/Kontrollsystem so koordiniert, dass sie gemeinsam ein funktionelles Arbeitsgedächtnissystem bilden. Ebenso wie die Einführung von *in vivo* bildgebenden Verfahren zu Befunden führten, die das auf Autopsiestudien basierende Verständnis vom Sprachsystem grundlegend verändert hat, erweitern Bildgebungsstudien unser Wissen über das Arbeitsgedächtnissystem über die ursprünglich von Baddeley und Kollegen vorgestellten Modelle hinaus (Baddeley et al., 1998).

6.2.3.1 Arbeitsgedächtnis

a. Speichersysteme. Neueste Studien liefern keine Unterstützung für eine klare Abgrenzung zwischen phonologischem Speicher, visuell-räumlichem Skizzenblock und zentraler Exekutive im Arbeitsgedächtnis. Zurowski et al. (2002) belegen, dass die Sprachverarbeitung (phonologische Merkmale) oder die räumlich kodierte Sprache (serielle Silben) und das phonologische Arbeitsgedächtnis auf ein gemeinsames Netzwerk zurückgreifen: Aktivierung im superioren frontalen Sulcus, im posterioren Parietalkortex, im linken inferioren frontalen Gyrus, im Präcuneus sowie bilateral im mittleren frontalen Gyrus. Die Autoren konnten keine Belege für ein lokalisiertes phonologisches Arbeitsgedächtnis finden und folgerten, dass die Lokalisation des verbalen Arbeitsgedächtnisses im linken präfrontalen Kortex in Wirklichkeit die phonologischen Strategien reflektiert, die bei verbalen Arbeitsgedächtnisaufgaben verwendet werden. Der linke inferiore frontale Gyrus wurde sowohl bei phonologischen Beurteilungsaufgaben (0-back) als auch bei phonologischen Arbeitsgedächtnisaufgaben (2-back) aktiviert. Eine Studie von Sugishita et al. (1996), in der eine neuartige mentale Schreibaufgabe verwendet wurde, ergab für grafisch-visuelle Bilder eine regional spezifische Aktivierung in den linken frontalen cingulären und in den bilateralen intraparietalen Regionen. Dieses Ergebnis deutet darauf hin, dass es im Arbeitsgedächtnis möglicherweise eine Art Speicher-Puffer speziell für Buchstabenformen gibt.

b. Artikulatorische Schleife. Die artikulatorische Schleife dient nach neueren Erkenntnissen nicht nur der Aufbewahrung sprachlicher Informationen im Arbeitsgedächtnis (eine Vorstellung, die sich auf frühe Modelle des Kurzzeitgedächtnisses gründet), sondern spielt auch eine Rolle beim Sprachlernen (Baddeley et al., 1998). Baddeley et al. (1998) nehmen an, dass die artikulatorische Schleife als phonologischer Kontrollmechanismus dient, der phonologische Operationen reguliert, die am

6

Lernen von neuen Wörtern beteiligt sind. Das rechte Kleinhirn und der bilaterale Pars triangularis im Broca-Areal (Gyrus frontalis inferior) bilden bei Kindern möglicherweise strukturelle Korrelate der artikulatorischen Schleife (Eckert et al., 2003).

c. *Aufmerksamkeits-/Exekutivfunktionen.* Bei Aufgaben, die Konflikte verursachen, etwa weil wie beim Stroop-Test (Farb-Wort-Interferenz-Test) sich widersprechende Informationen zu verarbeiten sind, kommt es normalerweise zu einer vermehrten Aktivierung im anterioren cingulären und im linken präfrontalen Kortex. Es scheint jedoch kein einfaches, einzelnes Netzwerk für die Überwachung oder Lösung von Konflikten zu geben. Stattdessen aktivieren spezifische Konfliktarten unterschiedliche neurale Netzwerke bzw. Areale innerhalb eines verteilten Netzwerkes (Fan et al., 2003). Shaywitz et al. (2001) haben drei Arten von Aufmerksamkeitskontrollprozessen (selektive Aufmerksamkeit, geteilte Aufmerksamkeit und exekutive Funktion) während der Ausführung von Sprachaufgaben untersucht, die darauf ausgerichtet waren, die Bedeutung von Wörtern zu beurteilen, die in auditiven oder visuell-sensorischen Systemen kodiert waren. Die selektive Aufmerksamkeit war mit einer vermehrten Aktivierung in den linken Parietal- und inferioren Frontalregionen assoziiert. Die geteilte Aufmerksamkeit war mit einer vermehrten bilateralen Aktivierung derselben Regionen assoziiert. Exekutive Funktionen führten zu einer vermehrten Aktivierung der Frontalregionen. Der Frontallappen spielt eindeutig eine wichtige Rolle bei den exekutiven Funktionen, die am Lesen beteiligt sind (Denckla, 1996), und das Arbeitsgedächtnissystem ist ein wichtiger Teil des funktionellen Lesesystems, insbesondere, indem es die Leseverständnisprozesse unterstützt (Oakhill et al., 1998).

In einer fMRI-Studie von Wagner et al. (2001) wurden 14 normale erwachsene Testpersonen aufgefordert, zu entscheiden, welches von zwei Wörtern am stärksten mit einem Zielwort zusammenhing. Untersucht wurden die Beziehungen zwischen semantischer Distanz (die gewählten Wörter wiesen eine starke oder schwache Ähnlichkeit mit dem Zielwort auf) und der Anzahl an getroffenen Wortwahlen (zwei von vier). Die Ergebnisse zeigten, dass dem linken inferioren Präfrontalkortex beim kontrollierten Zugang zum zielgerichteten Abruf von semantischem Wissen aus dem Langzeitgedächtnis und bei der Verwendung von semantischem Wissen im Arbeitsgedächtnis eine wichtige Funktion zukommt. Ob beim Abruf konkurrierende Optionen beteiligt waren, schien irrelevant zu sein.

Während früher vor allem eine Auseinandersetzung mit der begrenzten Kapazität des Arbeitsgedächtnisses stattgefunden hat, treten zunehmend die Timing-Mechanismen des Arbeitsgedächtnisses in den Mittelpunkt des Interesses (Berninger, 1999). Fusters (1997) Tiermodell trifft überprüfbare Vorhersagen darüber, wie der präfrontale Kortex die zeitliche Organisation zahlreicher Schichten von kortikalen und subkortikalen Regionen steuert, um eine zielgerichtete Aktivität zu koordinieren. Diese zeitliche Koordinierung umfasst sowohl zukunftsgerichtete und vor allem motorische Aufmerksamkeit, die auf die Vorbereitung einer Handlung eingestellt ist, als auch das rückwärts gerichtete Kurzzeitgedächtnis, das darauf eingestellt ist, sensorisch kodierte Informationen aus der Umwelt zu speichern. Das Arbeitsgedächtnis ist demnach eine auf die internen Repräsentationen gerichtete Aufmerksamkeit, und die inneren Repräsentationen arbeiten mit kurzzeitigen Speichersystemen (Vergangenheit) und Antizipationen (Zukunft), um Vergangenheit und Zukunft in der gegenwärtigen Präsenszeit zusammenzuführen.

Bei Menschen, die lesen können, spielt das Aufmerksamkeits-/Kontrollsystem möglicherweise eine wichtige Rolle bei der *zeitlichen Koordination der verschiedenen Kodes für die Wortformspeicherung.* So wird beispielsweise der mittlere frontale Gyrus, der in Arbeitsgedächtnisstudien normalerweise aktiviert wird, bei logografischem Lesen besonders stark aktiviert, vermutlich um die anspruchsvolle visuell-räumliche, semantische und phonologische Analyse zu koordinieren, die zum Lesen von Logogrammen erforderlich ist (Tan et al., 2001). Corina et al. (2001) stießen auf signifikante Unterschiede zwischen einer Gruppe von Kindern mit Dyslexie und einer Kontrollgruppe, was die Aktivierung des mittleren frontalen Gyrus betraf, und zwar ungeachtet dessen, ob die Kinder nur auf die Phonologie oder sowohl auf die Phonologie als auch auf die Semantik achten sollten. Die Kinder mit Dyslexie hatten nicht nur mit der Verarbeitung phonologischer Informationen Schwierigkeiten, sondern auch mit den exekutiven Kontrollprozessen zur Koordinierung von Sprachkodes. Die Autoren stellten eine entsprechende Kode-Koordinierungs-Hypothese von Dyslexie auf. Diese Hypothese sollte die phonologische Kernhypothese nicht ersetzen, sondern durch einen zusätzlichen Erklärungsmechanismus ergänzen, der exekutive Funktionen berücksichtigt, welche speziell an funktionellen Sprachsystemen beteiligt sind.

d. *Phonologisches Kerndefizit und Arbeitsgedächtnis-Defizit: ein Versuch, zwei Dyslexie-Theorien in Einklang zu bringen.* Swanson und Siegel (2001) haben die wachsende Zahl an Forschungsbelegen zusammengefasst, die Dyslexie auf ein Defizit des Arbeitsgedächtnisses zurückführen. Eine Theorie der funktionellen Systeme, wie sie in diesem Kapitel diskutiert wird, bietet die Möglichkeit, die gegensätzlichen Sichtweisen in Einklang zu bringen. Innerhalb eines funktionellen Arbeitsgedächtnissystems greifen mehrere Komponenten ineinander, um eine zielgerichtete Aktivität zu unterstützen: Die Wortformspeicherung unterstützt die temporäre Verarbeitung, die artikulatorische Schleife erhält die Aktivierung bzw. Regulation des Wortlernprozesses aufrecht, und das exekutive Kontrollnetzwerk ist für die Überwachung und Bewältigung von Konflikten und für die Planung und das Erreichen von Zielen zuständig. Jede dieser Komponenten verfügt möglicherweise auch über eine phonologische Komponente – Speicherung von phonologischen Wortformen, phonologische Prozesse, die an der Artikulation (oral-motorischen Funktion) beteiligt sind, und exekutive Kontrollprozesse, die am Abruf von phonologischen Wortformen beteiligt sind. Eine Person, bei der einer dieser phonologischen Prozesse selektiv beeinträchtigt ist, hat wahrscheinlich auch ein beeinträchtigtes Arbeitsgedächtnissystem. Aus Sicht einer systemischen Theorie hat diese Person also sowohl ein phonologisches Defizit als auch ein Arbeitsgedächtnis-Defizit. In einer neuralen Architektur mit vielen Ebenen können kausale Mechanismen auf mehreren Ebenen vorhanden sein, was das wissenschaftliche Unterfangen, zu einer einzelnen kausalen Ätiologie zu gelangen, verkompliziert.

6.2.3.2 Schaltkreise für das Lernen und die Automatisierung

Beim Lernen einer motorischen Fertigkeit scheinen andere Schaltkreise aktiviert zu werden als bei der Ausführung einer automatisierten motorischen Fertigkeit. Beim Lernen von motorischen Fertigkeiten verändern sich die Aktivierungsmuster in den supplementären motorischen Arealen und im Kleinhirn (Mazziotta et al., 1991; van

6

Mier et al., 1998), aber die Basalganglien werden erst nach dem Überlernen (Automatisierung) aktiviert (Mazziotta et al., 1991). Die Frontalregionen werden eher in der Frühphase des Lernens einer visuell-motorischen Sequenz aktiviert, die Parietalregionen dagegen erst nach dem Üben (Sakai et al., 1998). Das Kleinhirn wird sowohl beim Lernen neuer Aufgaben (motorische Sequenz mit Tastendruck) als auch beim Üben aktiviert (Nicholson et al., 1999), aber wahrscheinlich werden beim Lernen andere Kleinhirn-Schaltkreise aktiviert als bei der Ausführung einer automatischen motorischen Fertigkeit (van Mier et al., 1998). Kleinhirn-Schaltkreise sind vermutlich an den Verarbeitungsabläufen beteiligt, die für die präzisen Timing-Mechanismen beim motorischen Lernen zuständig sind (Ivry & Keele, 1989). Die Forschungen zum grafomotorischen Lernen sollten auf das oralmotorische Lernen ausgeweitet werden, welches am mündlichen Lesen beteiligt ist. Weitere Erkenntnisse über die Rolle des Gehirns bei der Automatisierung vertrauter Prozesse sind von Untersuchungen zu erwarten, bei denen Gehirne von Probanden gescannt werden, die verschiedene Arten von raschen automatisierten Benennungen (z. B. von Buchstaben oder von Objekten) durchführen (Misra et al., im Druck).

6.3 Bildgebungsstudien zu Kindern und Jugendlichen mit und ohne Lesestörungen

In diesem Abschnitt wird im Überblick die Literatur zu bildgebenden Verfahren bei Kindern und Jugendlichen dargestellt, in der normale und beeinträchtigte Leser miteinander verglichen werden. Solche Studien werden am besten im Hinblick auf die Aufgaben, die Bildgebungsmodalität und die Eigenschaften der Teilnehmer interpretiert. Angesichts der Komplexität funktioneller Systeme sollten sich die Schlussfolgerungen auf die gestellten Aufgaben und die Kontrollaufgabe(n) beschränken. Dabei sollte beachtet werden, dass sich die exakten Ergebnismuster, je nachdem, welche Prozesse untersucht wurden, verändern können, und dass die Prozesse grundsätzlich einen Ausschnitt der Prozesse im gesamten funktionellen Lesesystem darstellen. Darüber hinaus ist zu beachten, dass veröffentlichte Ergebnisse nicht die Summe aller entdeckten Aktivierungen darstellen, sondern nur das relative Muster (d. h., was im Vergleich mit der Kontrollaufgabe oder anderen Aufgabenvergleichen statistisch spezifisch ist). Vermutlich sind viele Komponenten der neuralen Architektur zwar notwendig, werden jedoch nicht hinreichend aktiviert, um als spezifische Aktivierung wahrgenommen zu werden. Jede Bildgebungsmodalität hat ihre Stärken und Schwächen, und die Schlussfolgerungen sollten sich auch auf das neurale Substrat beschränken, das beurteilt wird. Nur wenn die einzelnen Aufgabengruppen mit vielen verschiedenen Bildgebungsmodalitäten untersucht werden, wird es möglich sein, das lesende Gehirn vollständig zu verstehen.

Studien variieren beträchtlich darin, wie sie Lesestörung definieren. Dieses Definitionsproblem hat zur Folge, dass sich die Interpretation der Bildgebungsresultate äußerst schwierig gestaltet (Bishop, 2002). Die Stichproben können Kinder mit Dyslexie (einem spezifischen Defizit der Wortleseprozesse bei ansonsten normaler sprachlicher und kognitiver Entwicklung) ebenso wie Teilnehmer umfassen, die ne-

6

ben Leseproblemen (Probleme, die nicht spezifisch beim Lesen oder Buchstabieren geschriebener Wörter auftreten) eine Vielzahl von Sprachverarbeitungsproblemen aufweisen. Immer mehr Forschungsbelege sprechen dafür, dass Leseprobleme, die auf eine auditiv/orale Sprachstörung zurückgehen, eine andere genetische Grundlage (Bartlett et al., 2002; Lai et al., 2001; SLI Konsortium, 2002; Raskind, 2001; Thomson & Raskin, 2003) und eine andere neuroanatomische Grundlage (Leonard, 2001) haben als Leseprobleme, bei denen diese auditiv/orale Komponente nicht vorliegt. Bildgebungsbefunde können konfundiert sein mit Stichproben, die hinsichtlich ihrer Leseschwierigkeiten nicht vergleichbar sind. Dieses Problem geht über die strittige Frage hinaus, ob eine Diskrepanz zwischen IQ und Leistung als Definition für eine Lesestörung herangezogen werden kann oder ob verbaler IQ vs. nonverbaler IQ verwendet werden soll zur Vorhersage des erwarteten Niveaus der Leseleistung. Es geht vielmehr um die Frage, wie funktionelle Hirnsysteme unterschiedlich konstruiert sind auf der Basis eines internen Kontextes, in dem die verschiedenen Komponenten (alle relevanten Komponenten eines funktionellen Lesesystems) koordiniert werden, die bei verschiedenen Leserprofilen unterschiedlich ausfallen können. Wenn Interaktionen von internen Komponenten mit der externen Umgebung berücksichtigt werden, wird die Komplexität erhöht.

Bishop (2002) ist der Ansicht, dass Wissenschaftler, die sich mit Dyslexie und anderen Lesestörungen befassen, ihre Stichproben genauer beschreiben und ein vollständiges Profil der sprachlichen, motorischen und kognitiven Fertigkeiten erstellen sollten. Eine solch genaue Charakterisierung von Stichproben führt zu schnelleren Fortschritten und besseren Erkenntnissen über die neurale Grundlage des funktionellen Lesesystems und die genetische Ursache der Defizite in der strukturellen und funktionellen neuralen Architektur. Wichtig ist, dass die Neurowissenschaft Molekulargenetik und neurale Architektur integriert (Vandenbergh, 2000). Aktuelle genetische Methoden gehen von einer *genetischen Epigenese* aus (d. h. nicht interagierende Komponenten auf genetischer Ebene), aber die Möglichkeit einer *behavioralen Epigenese* (Interaktionen von einzelnen Komponenten innerhalb eines komplexen funktionellen Systems wie dem lesenden Gehirn) ist bislang nicht empirisch untersucht worden.

In diesem Überblick wird eine kurze Beschreibung von Aufgaben gegeben, aber interessierte Leser werden aufgefordert, für vollständigere Informationen auf die Originalpublikationen zurückzugreifen. Der Überblick ist in verschiedene Bildgebungsmodalitäten untergliedert und beginnt mit fMRI, weil diese nicht invasive Technik das am häufigsten verwendete Bildgebungsverfahren zur Lokalisierung von Unterschieden in der funktionellen neuralen Architektur ist. Bei der Interpretation von Aktivierungsmustern ist es hilfreich, zu verstehen, dass eine Nichtaktivierung auf eine Nichtbeteiligung der Hirnregion hindeutet, wohingegen im Verlauf des Lernens im Anfangsstadium häufig das Muster einer Hyperaktivierung (überstarke Beteiligung einer bestimmten Hirnregion) beobachtet wird, gefolgt von einer verringerten Aktivierung (geringere Beteiligung einer bestimmten Hirnregion), sobald der Lernprozess effizienter wird. Aktuelle Bildgebungstechniken unterscheiden nicht zwischen der Aktivierung von erregenden und hemmenden Neuronen. Aus der Aktivierungslokalisation innerhalb der neuralen Architektur geht somit nicht hervor, wie die neurale Aktivität zu den Verarbeitungsprozessen beiträgt – indem sie andere Neuronen dazu veranlasst, zu feuern (Erregung) oder unbeteiligt zu bleiben (Hemmung). Mathema-

6

tische Modellbildung und Fortschritte in der Nanotechnologie sind notwendig, um die volle Bedeutung der Hirnaktivierung für die neurale Verarbeitung im aktiven Gehirn und die Entstehung von menschlichem Geist und menschlichem Verhalten zu verstehen. Abgesehen von diesen zukünftigen Herausforderungen liefern die Bildgebungsstudien schon jetzt wichtige Erkenntnisse über das lesende Gehirn von Kindern und Jugendlichen.

6.3.1 Unterschiede zwischen Dyslektikern und normalen Lesern

6.3.1.1 fMRI

Georgiawa et al. (1999) führten die erste fMRI-Lese-Studie mit Kindern durch und stellten vier hierarchisch organisierte Aufgaben: (1) stilles Anschauen von Buchstabenreihen (Kontrollaufgabe), (2) stilles Lesen von Pseudowörtern, (3) stilles Lesen von realen Wörtern mit hoher Auftretenswahrscheinlichkeit und (4) phonologische Transformationen von Wörtern (Verschieben des ersten Buchstabens an das Wortende und Hinzufügen von Suffixen). Der Vergleich der drei letzten Aufgaben mit der ersten Aufgabe, die als allgemeine Baseline diente, ergab, dass Dyslektiker bei folgenden Aktivitäten ein anderes Muster der Hirnaktivierung zeigten als die Kontrollteilnehmer: (a) Lesen der Pseudowörter (Aktivierung der linken temporalen und linken inferioren Frontalregionen) und (b) phonologische Transformationen (Aktivierung des linken inferioren frontalen Gyrus und des linken Thalamus). Diese Ergebnisse sind deshalb interessant, weil die Teilnehmer deutschsprachig waren und die deutsche Sprache eine sehr regelmäßige Rechtschreib-/Laut-Korrespondenz besitzt, d. h., die phonologischen Verarbeitungsprobleme der dyslektischen Kinder können nicht den Merkmalen der geschriebenen Sprache zugeschrieben werden.

In einer anderen fMRI-Studie von Corina et al. (2001) waren die Studienteilnehmer englischsprachige, dyslektische Jungen (im Alter von neun bis 12) sowie gleichaltrige Kontrollteilnehmer die nach ihrem IQ parallelisiert waren. Die Autoren stellten zwei akustisch dargebotene Sprachaufgaben: (a) phonologisch (Reimen sich diese Wörter?) und (b) lexikalisch (Sind beide Wörter reale Wörter?). Für beide Aufgaben wurden dieselben Wortpaare verwendet (Serafini et al., 2001, Anhang), so dass die Ergebnisse nicht auf Reizunterschiede zurückgeführt werden konnten. Die phonologische Aufgabe erforderte selektive Aufmerksamkeit gegenüber den phonologischen Kodes und selektives Ignorieren von semantischen Kodes. Die lexikalische Aufgabe erforderte dagegen selektive Aufmerksamkeit gegenüber dem Abruf von semantischen und phonologischen Kodes und selektives Ignorieren von Ähnlichkeiten phonologischer Kodes bei den verschiedenen Wortpaaren. Dyslektische Teilnehmer und Kontrollteilnehmer zeigten keine Unterschiede bei der Kontrollaufgabe, in der ein Ton zu beurteilen war, aber die Ergebnisse fielen sowohl bei der phonologischen als auch bei der lexikalischen Aufgabe unterschiedlich aus. Da die Teilnehmer bei keiner der beiden Aufgaben lesen mussten, konnte die unterschiedliche Hirnaktivierung nicht ausschließlich durch unterschiedliche Lesefähigkeit von Dyslektikern und Kontrollteilnehmern erklärt werden. Signifikante Interaktionen zwischen Gruppe (dyslektisch vs. Kontrolle) und Aufgabe (phonologische Reimbeurteilung – achte auf die Phonologie und ignoriere die Semantik vs. lexikalische Beurteilung – achte auf Bedeutung und Phonologie) ergaben sich im Gyrus temporalis inferior, Gyrus präcentralis, Gyrus frontalis medius sowie im orbitofrontalen Kortex. Aus systemischer Sicht zeigten die Dyslektiker Unterschiede im Gehirn beim Mapping von Phonologie und Bedeutung, bei der artikulatorischen Bewusstheit für Worteinheiten, beim Behalten der Wörter im Arbeitsgedächtnis, während die sprachlichen Kodes manipuliert wurden, und bei der exekutiven Kontrolle für die Koordinierung von linguistischen Kodes.

Es wird davon ausgegangen, dass das Mapping zwischen Phonologie und Semantik im linken Gyrus temporalis inferior erfolgt. Erwachsene Dyslektiker unterschieden sich in dieser Hirnregion von einer Kontrollgruppe (Paulesu et al., 2002, 1996). Mit einer Ausnahme wurde das Gehirn der Kontrollteilnehmer bei den phonologischen Reimbeurteilungen konsistent in dieser Region aktiviert, aber bei den Dyslektikern wurde die Region konsistent nicht aktiviert (siehe Berninger & Richards, 2002).

Der Gyrus präcentralis ist das primäre motorische Hirnareal, und möglicherweise werden hier artikulatorische Gesten, die an der Sprachwahrnehmung beteiligt sind, verarbeitet (siehe Abschnitt 2). Bei Aufgaben, bei denen die Aufmerksamkeit auf sublexikalische Phonologie gerichtet war und Reimbeurteilungen erfolgten, zeigte sich bei Dyslektikern im linken Gyrus precentralis eine Überaktivierung. Bei Aufgaben, bei denen die Aufmerksamkeit auf die Bedeutung und Phonologie des ganzen Worts gerichtet war, zeigten die Dyslektiker dagegen eine Unteraktivierung dieser Region. Dieses Ergebnis stützt die klinische Beobachtung, dass während dem Dekodieren eine Überbetonung der Artikulation kleiner Lauteinheiten allein, ohne Benennung ganzer Wörter, bei Dyslektikern mit der Entwicklung der automatischen Aussprache ganzer Wörter interferieren kann.

Bei Dyslektikern ergab sich bei beiden Aufgaben, aber mehr bei der lexikalischen Aufgabe, eine Unteraktivierung des linken Gyrus frontalis medius. Diese Region wird mit dem Arbeitsgedächtnis und der Bedeutungsverarbeitung assoziiert. Das Ergebnis deutet darauf hin, dass die Dyslektiker Schwierigkeiten damit hatten, Wortformen während der Manipulation im Arbeitsgedächtnis zu behalten.

Bei der lexikalischen Aufgabe zeigten die Dyslektiker eine Überaktivierung, bei der phonologischen Aufgabe eine Unteraktivierung im linken orbitofrontalen Kortex, der Teil des exekutiven Systems ist, das für Konflikte zuständig ist. Dieses Ergebnis deutet darauf hin, dass die Dyslektiker Schwierigkeiten damit hatten, (a) ihre Aufmerksamkeit auf Laute zu richten, wenn diese relevant waren, und die Bedeutung zu ignorieren, wenn sie irrelevant war und (b) ihre Aufmerksamkeit auf Bedeutung *und* Laute zu richten, wenn beide relevant waren.

Temple et al. (2001) verglichen englischsprachige Kinder mit Dyslexie und gleichaltrige Kontrollteilnehmer im Alter zwischen acht und 12 Jahren. Das experimentelle Paradigma trennte die orthografischen und phonologischen Verarbeitungsanforderungen bei Aufgaben mit denselben Reizen. Bei der phonologischen Verarbeitungsaufgabe sollten die Teilnehmer eine Taste drücken, wenn sich zwei Großbuchstaben reimten. Die orthografische Aufgabe bestand darin, eine Taste zu drücken, wenn zwei Großbuchstaben zueinander passten. Die Kontrollaufgabe war eine nicht linguistische Beurteilung der Ausrichtung von Linien. Die Ergebnisse zeigten, dass sowohl die or-

6

thografischen als auch die phonologischen Prozesse bei Dyslexie unterbrochen sind. Bei der Reimaufgabe zeigten die Dyslektiker im linken temporoparietalen Kortex keine Aktivierung. Im Vergleich zu den Kontrollteilnehmern zeigten sie jedoch eine stärkere Aktivierung und andere Aktivierungsmuster im Gyrus frontalis inferior. Die Dyslektiker zeigten bei beiden Aufgaben eine ähnliche Aktivierung, wohingegen die Kontrollteilnehmer bei der phonologischen Aufgabe eine stärkere Aktivierung zeigten als bei der orthografischen. Die Dyslektiker zeigten bei der orthografischen Aufgabe keine Aktivierung in den okzipitoparietalen Regionen und unterschieden sich von den Kontrollkindern in vier Regionen: im linken mittleren/superioren okzipitalen Gyrus, im bilateralen cingulären Gyrus, im rechten inferioren temporalen Gyrus sowie im rechten Präcuneus.

Georgiawa et al. (2002) verwendeten fMRI und ereigniskorrelierte Potenziale (ERPs), um deutschsprachige Dyslektiker und gleichaltrige Kontrollteilnehmer mit parallelisiertem IQ beim Lesen von realen Wörtern und Pseudowörtern zu vergleichen. Für die beiden Wortarten wurden keinerlei Unterschiede in der Aktivierung des Gehirns berichtet. Bei der fMRI-Aktivierung zeigten Dyslektiker und Kontrollteilnehmer signifikante Unterschiede im Gyrus frontalis inferior (Broca-Areal), wo bei den Dyslektikern eine Überaktivierung festgestellt wurde. Die Dyslektiker zeigten außerdem eine Aktivierung (a) in einem Cluster, das den Gyrus frontalis inferior, die linke Insula und den anterioren linken Gyrus temporalis superior umfasste, (b) im posterioren linken Thalamus, und (c) im linken Nucleus caudatus. ERP-Unterschiede zwischen Dyslektikern und Kontrollteilnehmern ergaben sich beim Pseudowortlesen in den linken frontalen Elektroden, 250–600 ms nach Reizbeginn.

Shaywitz et al. (2002) haben die bis dato größte fMRI-Studie mit englischsprachigen Kindern durchgeführt, an der 144 Kinder im Alter zwischen sieben und 18 Jahren teilnahmen, davon die Hälfte Dyslektiker. Die Kinder bearbeiteten fünf hierarchisch organisierte Aufgaben: (1) nicht linguistische visuelle Beurteilung der Ausrichtung von Linien; (2) Beurteilung von Groß- und Kleinbuchstaben; (3) Beurteilung von Buchstabenreimen; (4) Beurteilung von Pseudowort-Reimen; (5) semantische Beurteilung von dekodierten Wörtern. Die Hirnaktivierung von Dyslektikern und Kontrollteilnehmern unterschied sich lediglich bei den letzten drei Aufgaben, die eine phonologische Analyse erforderten. Bei den ersten beiden Aufgaben, die eine visuelle Analyse verlangten, ergaben sich dagegen keine Unterschiede. (Die Groß-/Kleinbuchstaben-Beurteilungsaufgabe hängt stärker von visuellen Hinweisreizen ab als die Aufgabe bei Temple et al. (2001), bei der die Teilnehmer beurteilen sollten, ob Buchstaben zueinander passten, und dazu orthografische Hinweisreize verwendeten). Bei den phonologischen Aufgaben zeigte sich bei den Kontrollteilnehmern im Vergleich zu den Dyslektikern eine stärkere linkshemisphärische Aktivierung (Gyrus frontalis inferior, Sulcus temporalis superior, Gyrus temporalis medius sowie Gyrus occipitalis medius) und rechtshemisphärische Aktivierung (Gyrus frontalis inferior, Sulcus temporalis superior, Gyrus temporalis superior, Gyrus temporalis medius sowie mittlerer orbitaler Gyrus). Die Aktivierung in den linken okzipitotemporalen Regionen korrelierte leicht aber signifikant mit einem psychometrischen Maß des Pseudowort-Lesens. Dies stimmt mit einem Systemmodell überein, wonach diese Region für die phonologische Dekodierung wichtig ist, auch wenn sie nicht als einzige Region involviert ist.

6

Die Autoren interpretieren ihre Ergebnisse anhand einer Dyslexie-Theorie, wonach es aufgrund einer Disruption (Unterbrechung) des posterioren Lesesystems zu einer kompensatorischen Verlagerung hin zu anterioren Systemen, z. B. dem Gyrus inferior frontalis (Broca-Areal), kommt. Diese Theorie wird durch eine wachsende Zahl an Studien gestützt, die in diesem Kapitel und in Berninger und Richards (2002) berichtet werden. Wichtig ist, dass die Autoren das Problem nicht in einem einzelnen Areal lokalisieren, sondern auf ein Netzwerk von Strukturen beziehen. Sie interpretieren die Ergebnisse aus einer systemischen Perspektive (vgl. auch Pugh et al., 2000; Shaywitz & Shaywitz, 2003) und betonen, dass bei Dyslexie drei Systeme, insbesondere in der linken Hemisphäre, unterbrochen sind: (a) ein ventral-okzipitotemporales System (das den mittleren okzipitalen Gyrus und den mittleren temporalen Gyrus umfasst), (b) ein dorsal-temporoparietales System (das den Gyrus angularis, den Gyrus supramarginalis sowie die posterioren Abschnitte des Gyrus temporalis superior umfasst), und (c) ein anteriores System (einschließlich linker inferiorer Frontalregion). Unter vielen Bildgebungsforschern zeichnet sich ein Konsens ab, dass diese drei Systeme bei Dyslexie unterbrochen sind.

Aylward et al. (2003) verwendeten in einer fMRI-Studie zwei Aufgaben, um Phonem-Mapping zu untersuchen: (1) Entsprechung/Nichtentsprechung bei Übereinstimmungen zwischen ein oder zwei Buchstaben in einem Pseudowort und einem Phonem und (2) Entsprechung/Nichtentsprechung von Buchstabenketten. Die Autoren gaben zwei weitere Aufgaben, um das Morphem-Mapping zu untersuchen: (1) Beurteilen, ob das zweite Wort eines Wortpaares morphologisch mit dem ersten Wort zusammenhängt (z. B. farm**er** – farm) oder nicht (moth**er** – moth), selbst wenn sie eine gemeinsame Buchstabeneinheit (-**er**) haben; (2) beurteilen, ob es sich bei einem Wortpaar um Synonyme handelt. Die Kinder mit Dyslexie und die gleichaltrigen Kontrollteilnehmer mit vergleichbarem verbalen IQ unterschieden sich in der Aktivierung sowohl beim Phonem-Mapping als auch beim Morphem-Mapping, was darauf hindeutet, dass die Sprachprobleme von Dyslektikern über die Verarbeitung der phonologischen Wortform hinausgehen. Im Vergleich zur Kontrollgruppe zeigten die Dyslektiker beim Phonem-Mapping eine geringere Aktivierung in den linken mittleren und inferioren frontalen Gyri, im rechten superioren frontalen Gyrus, in den linken mittleren und inferioren temporalen Gyri sowie bilateral in den superioren Parietalregionen. Beim Morphem-Mapping zeigten die Dyslektiker außerdem eine geringere Aktivierung im linken mittleren frontalen Gyrus, im rechten superioren parietalen Gyrus sowie im rechten fusiformen/okzipitalen Gyrus.

6.3.1.2 fMRS und Vergleich von fMRI und fMRS

Mithilfe von fMRS (funktionaler Magnetresonanzspektroskopie) wird die chemische Aktivierung beim Energieverbrauch im neuralen Stoffwechsel dargestellt. Richards et al. (1999) stießen in einer fMRS-Studie mit Kindern mit Dyslexie (im Alter von neun bis 12) und gleichaltrigen Kontrollteilnehmern bei der Durchführung einer phonologischen Aufgabe auf Unterschiede bei der Laktat-Aktivierung in den linken Frontalregionen und replizierten dieses Ergebnis in einer weiteren Studie mit einer anderen Stichprobe von Kindern derselben Altersstufe (Richards et al., 2002). Die Dyslektiker zeigten während der phonologischen Beurteilungsaufgabe (dieselbe wie bei Corina

6   et al., 2001) eine höhere Laktat-Aktivierung als die gleichaltrigen Kontrollteilnehmer mit gleichem IQ, was darauf hindeutet, dass ihre phonologische Verarbeitung auf neuraler Ebene weniger effizient war. Eine fMRI-/fMRS-Studie von Serafini et al. (2001) ergab bei einer lexikalischen Beurteilungsaufgabe Vergleichbarkeit bei einer *Blood Oxygenation Level Dependency*-Reaktion (BOLD) und bei der Laktat-Aktivierung. Richards et al. (2004) verglichen mittels fMRI und fMRS die Wortformareale im Zusammenhang mit einer lexikalischen Beurteilungsaufgabe und stellten bei guten Lesern, nicht aber bei Dyslektikern, eine fMRI-/fMRS-Konvergenz in einem phonologischen Wortformareal fest. Die fMRS-Untersuchung ergab eine anormale Laktat-Aktivierung in einer Hirnstruktur, die mit einer auf sensorische Kodes gerichteten Aufmerksamkeit in Verbindung gebracht wird.

6.3.1.3 ERP und EP

In einer einzigartigen Reihe von Longitudinalstudien haben Molfese und Molfese (z. B. Molfese, 2000) auditiv evozierte Potenziale (EPs) bei Neugeborenen gesammelt und ihre Sprachentwicklung während der Vorschulzeit sowie ihre Leseentwicklung während der Schulzeit untersucht. Quantitative Parameter bei den EPs der Neugeborenen lassen Vorhersagen zu über (a) die Klassifizierung der späteren Sprachfähigkeit (hoch oder niedrig) im Alter von drei Jahren; (b) den verbalen IQ (hoch, durchschnittlich oder niedrig) im Alter von acht Jahren sowie das Lesen (normal, schwach, dyslektisch) im Alter von acht Jahren (siehe Molfese, 2000). Ergebnisse dieser Art von Studien deuten darauf hin, dass frühe Interventionen möglicherweise zu besseren Resultaten führen, vorausgesetzt, die Forschung kann entwicklungsgerechte Frühinterventionen für Säuglinge und Kleinkinder identifizieren.

Flynn et al. (1992) haben eine ERP-(ereigniskorrelierte Potenziale)-Studie durchgeführt, die einen populären Mythos entkräftet hat – die Vorstellung, dass man Dyslektiker auf der Grundlage eines modalitätsspezifischen auditiven oder visuellen Lernstils in Subtypen einteilen kann. Allerdings hat eine andere ERP-Studie (McPherson et al., 1998) zwei Subtypen von jugendlichen Lesern bestätigt. Ein Subtyp hat Schwierigkeiten bei der phonologischen Dekodierung (Übersetzung orthografischer Wortformen in eine phonologische Wortform). Der andere Subtyp hat Probleme mit Leserate und Reaktionsvorbereitung, was mit einer Beeinträchtigung des phonologischen Kurzzeitgedächtnisses zusammenhängen könnte. Eine weitere ERP-Studie ergab, dass neun- bis zehnjährige Kinder mit Dyslexie im Vergleich zur Kontrollgruppe bei der visuell-orthografischen und der auditiv-phonologischen Verarbeitung als auch bei der phonologischen Verarbeitung langsamer waren (Breznitz, 2002). Darüber hinaus war die Diskrepanz zwischen der orthografischen und der phonologischen Rate bei den Dyslektikern größer als bei den Kontrollteilnehmern. Diese Diskrepanzwerte korrelierten signifikant mit behavioralen Maßen der Dekodierung.

6.3.1.4 MEG (MSI)

Die Magnetoenzephalografie (MEG) ist gegenüber temporalen Parametern der Informationsverarbeitung im Gehirn sensitiver als die fMRI, die wiederum präzisere Informationen über räumliche Lokalisationen liefert. In der ersten MEG-Studie mit Kindern verwendeten Heim et al. (1999) ein passives Oddball-Paradigma, um die Verarbeitung von rasch wechselnden Sprachlauten zu untersuchen. Dyslektiker (Durchschnittsalter 13 Jahre) und gute Leser (Durchschnittsalter 12 Jahre) wurden aufgefordert, binaural dargebotene, gerade noch wahrnehmbare Konsonant-/Vokal-/Silbenkontraste (/ba/ und /da/) zu ignorieren, während sie ein stummes Video anschauten. Die Aktivierung bei Dyslektikern und Kontrollteilnehmern unterschied sich darin, dass die Kontrollteilnehmer 100 ms nach der Silbendarbietung links-rechts-Asymmetrien zeigten, die Dyslektiker dagegen nicht. Im Laufe des Experiments nahm die Aktivierung im rechten auditiven Kortex bei den Kontrollteilnehmern zu, während bei den Dyslektikern die Aktivierung im linken auditiven Kortex zunahm.

MSI ist eine Art von MEG und erstellt in Echtzeit eine raumzeitliche Karte der Gehirnaktivität, die elektrische Ströme in neuronalen Aggregaten (Konfigurationen) während der Durchführung einer Aufgabe abbildet. In einer MSI-Studie ließen Simos et al. (2000) Kinder mit Dyslexie (Durchschnittsalter 12 Jahre) und gleichaltrige Kontrollteilnehmer eine auditive und schriftliche Worterkennungsaufgabe durchführen. Bei der auditiven Aufgabe zeigten sämtliche Dyslektiker eine stärkere links- als rechtshemisphärische temporoparietale Aktivierung, wohingegen bei der visuellen Aufgabe nur ein einziger Dyslektiker eine stärkere linkshemisphärische temporoparietale Aktivierung zeigte. Bei der visuellen Wortaufgabe zeigten die Kontrollteilnehmer ein sequenzielles Aktivierungsmuster in den linken Basalregionen (fusiformer und lingualer Gyrus), auf das eine Aktivierung der linken temporoparietalen Regionen folgte. Die Dyslektiker zeigten zunächst das gleiche Muster in den linken Basalregionen, dann aber ein gegensätzliches zweites Muster, bei dem die rechten temporoparietalen Regionen stärker aktiviert wurden als die linken. Dieses Muster deutete darauf hin, dass bei den Dyslektikern ein Problem mit der funktionellen Konnektivität zwischen dem *ventralen* visuellen Assoziationskortex und den *dorsalen* linken temporoparietalen Arealen bestand. Dass die Dyslektiker die normale Links-rechts-Asymmetrie bei der auditiven, nicht aber bei der visuellen Aufgabe zeigten, deutet darauf hin, dass sie Schwierigkeiten mit der Verarbeitung von orthografischen Wortformen in den linken Ventralregionen hatten, was sich in einem nachfolgenden Problem in den dorsalen temporoparietalen Regionen niederschlug (siehe die vorangehende Diskussion in Abschnitt 3 über ventrale, dorsale und anteriore Systeme beim Wortlesen).

In einer anderen MSI-Bildgebungsstudie ließen Simos et al. (2000) Kinder beurteilen, ob sich ein geschriebenes Pseudowortpaar reimte. Wie in der soeben beschriebenen Studie ergaben sich im Anfangsstadium der Verarbeitung bei der Aktivierung in den linken Basalregionen keine Unterschiede zwischen Dyslektikern und Kontrollteilnehmern. Unterschiede ergaben sich aber im darauffolgenden Verarbeitungsstadium. Die Dyslektiker zeigten keine Aktivierung in den linken temporoparietalen Arealen und eine entsprechende Zunahme der homologen rechtshemisphärischen Aktivierung, während die Kontrollteilnehmer eine linkshemisphärische Aktivierung zeigten. Das Aktivierungsmuster beim Lesen von Pseudowörtern ähnelte dem des Lesens von realen Wörtern, wie es das gleiche Forscherteam in einer früheren Studie beschrieben hatte. Die Studie von Simos et al. (2000) ergab bei dyslektischen Kindern längere Latenzen im rechten temporobasalen Kortex (fusiformer und lingualer Gyrus), was mit anderen Berichten in der Literatur übereinstimmt.

6

Das Paradigma, das diese Forschergruppe zur Untersuchung der Wort- und Pseudowortverarbeitung verwendet, ist möglicherweise besonders geeignet, um Anomalien in den Parietalregionen festzustellen, die nach einer anfänglichen Wortformverarbeitung den phonologischen Abruf und Kontrollprozesse unterstützt (siehe Clark & Wagner, 2003). Dyslektiker haben nicht nur mit der unmittelbaren Verarbeitung phonologischer Wortformen in den linken posterioren Regionen (ventrales System) große Schwierigkeiten, sondern auch mit der anschließenden phonologischen Verarbeitung in den Parietalregionen (dorsales System). Der Uhren-zeichnen-Test (*clock drawing*) ist ein klinisches Maß, das gegenüber Beeinträchtigungen im Parietalsystem hochsensitiv ist (Eden et al., 2003). Möglicherweise handelt es sich bei diesem System um einen Teil des Arbeitsgedächtnissystems, das die Wortdekodierung unterstützt.

Simos et al. (2002) haben in einer MSI-Studie Kindergartenkinder mit und ohne Risiko für eine Lesestörung bei der Aufgabe verglichen, den häufigsten Laut wiederzugeben, der mit jedem der dargebotenen Buchstaben assoziiert war. Die Gehirnaktivität bei dieser Aufgabe ließ sich reliabel in sieben Regionen in beiden Hemisphären lokalisieren: Gyrus temporalis superior, Gyrus temporalis medius, Gyrus supramarginalis, Gyrus angularis, Gyrus frontalis inferior, basaler Temporalkortex und mesialer Temporalkortex. Die nicht gefährdeten Kinder zeigten im Vergleich zu den gefährdeten Kindern im linken Gyrus temporalis superior eine signifikant größere Aktivität als im rechten. Nach einem intensiven und expliziten Buchstabentraining konnte dagegen kein signifikanter Unterschied mehr zwischen den Profilen der gefährdeten Kinder und denen der nicht gefährdeten Kinder festgestellt werden. Dieses Ergebnis deutet darauf hin, dass frühe Interventionen zu einer Normalisierung der Gehirnfunktion führen können.

6.3.2 Plastizität des Gehirns: wie Dyslektiker auf Instruktion reagieren

Die Frage, ob (a) eine entsprechende Instruktion das Gehirn des Dyslektikers verändert und (b) wenn ja, wie (Rosenberger & Rottenberg, 2002), gehört zu den derzeit kontrovers diskutierten Forschungsthemen im Bereich Bildgebung und Instruktion. Es gibt zwei konkurrierende Hypothesen: Die kompensatorische Hypothese geht davon aus, dass im Gehirn neue Schaltkreise gebildet werden, die wahrscheinlich die fehlerhaften Schaltkreise umgehen. Dagegen postuliert die Normalisierungshypothese, dass fehlerhafte Schaltkreise repariert werden, d. h., Dyslektiker verwenden nach entsprechenden remedialen Maßnahmen fortan die gleichen Schaltkreise wie normale Leser. Ein Faktor, der die Forschung auf diesem Gebiet verkompliziert, ist, dass bestehende Unterschiede zwischen Dyslektikern und guten Lesern aus vielerlei Gründen verschwinden können. Beispielsweise kann die Aktivierung bei Dyslektikern zunehmen, weil sie responsiver werden, und bei normalen Lesern kann die Aktivierung abnehmen, weil ihre Verarbeitung effizienter wird. Allerdings kann die Normalisierung, die bei vielen Dyslektikern im Anschluss an Instruktionsinterventionen beobachtet wurde, nicht allein auf diese differenziellen Veränderungen der Aktivierung zurückgeführt werden (Aylward et al., 2003). Die bisherigen Forschungs-

6

ergebnisse deuten darauf hin, dass das Gehirn bereits auf drei- bis achtwöchige Interventionen reagiert. Allerdings ist die Entwicklungsphase vom Novizen-Leser hin zum kompetenten Leser bei Kindern ohne Lesestörung sehr lang. Es ist deshalb wichtig, nicht den voreiligen Schluss zu ziehen, dass sich Dyslexie rasch heilen lässt, nur weil das Gehirn auf entsprechende Treatments reagiert. Obwohl die Forschungsdaten bislang die Normalisierungsthese stützen, ist beträchtlich mehr Forschung erforderlich, um diese Frage endgültig zu klären.

6.3.2.1 MRI

In der Studie von Aylward et al. (2003) wurden Dyslektiker und Kontrollteilnehmer zweimal einem Scanning unterzogen – einmal zu Beginn des Sommers und ein zweites Mal am Ende des Sommers. In der Zwischenzeit erhielten die Dyslektiker drei Wochen lang zwei Stunden am Tag eine umfassende Leseinstruktion (linguistische Bewusstheit, Dekodieren, Leseflüssigkeit und Leseverständnis, beschrieben bei Berninger et al., 2003). Die Unterschiede, die vor dem Treatment zwischen Dyslektikern und Kontrollteilnehmern bestanden, wurden zuvor in Abschnitt 3 beschrieben. Im Anschluss an das Treatment wurden jene Regionen identifiziert, die gegenüber dem ersten Scanning signifikante Veränderungen beim Phonem- und Morphem-Mapping aufwiesen und Dyslektiker und Kontrollpersonen wurden in diesen Regionen beim zweiten Scanning verglichen. Beim Phonem-Mapping zeigten die Dyslektiker eine erhöhte Aktivierung vieler Regionen, aber der Anstieg der Aktivierung im linken Gyrus frontalis inferior und im Gyrus frontalis medius war signifikant und robust und führte dazu, dass die meisten signifikanten Unterschiede zwischen Dyslektikern und Kontrollteilnehmern beim zweiten Scanning verschwunden waren. Beim Morphem-Mapping zeigten die Dyslektiker nach dem Treatment ebenfalls eine erhöhte Aktivierung vieler Regionen, signifikant jedoch im rechten fusiformen Gyrus sowie in den rechten superioren Parietalregionen, so dass auch hier im zweiten Scanning keine signifikanten Unterschiede mehr zwischen Dyslektikern und Kontrollteilnehmern auftraten.

Fast alle Aktivierungsunterschiede, die vor dem Treatment festgestellt worden waren (nicht nur diejenigen, die bei den Dyslektikern die stärksten Treatment-Effekte zeigten), waren beim zweiten Scanning verschwunden, und zwar sowohl beim Phonem- als auch beim Morphem-Mapping. Dieses Ergebnis lässt die Möglichkeit einer fast vollständigen Normalisierung im Anschluss an ein kurzzeitiges Treatment erkennen. Die Resultate lassen sich nicht einfach nur auf generalisierte Aufmerksamkeitsmechanismen zurückführen, weil die Unterschiede vor dem Treatment ebenso wie die Veränderungen nach dem Treatment verschiedene und spezifische Sprachfunktionen betrafen – Phonem-Mapping und Morphem-Mapping. Diese Ergebnisse zeigen, dass Dyslexie behandelbar ist, nicht aber, dass diese komplexe Störung nach einer kurzzeitigen Intervention geheilt ist. Eine vollständige Kompensation lässt sich vermutlich nur mithilfe einer langfristigen, expliziten und dennoch intellektuell anregenden Instruktion erreichen, die lehrplanübergreifend über die gesamte Schulzeit durchgeführt wird.

Temple et al. (2003) führten eine Studie mit 20 Dyslektikern im Alter von acht bis 12 durch, denen sie jeweils vor und nach einem achtwöchigen, computergestützten

6

Training in auditiven bzw. mündlichen Sprachfertigkeiten die gleichen Aufgaben wie in Temple et al. (2001) stellten. Die Autoren berichten über Veränderungen bei psychometrischen Sprach- und Leseaufgaben und bei der fMRI-Hirnaktivierung, die allerdings schwierig zu interpretieren sind, weil keine Ergebnisse einer Kontrollgruppe vorliegen. Es wird zwar erwähnt, dass Kontrollteilnehmer zweimal getestet wurden, über einen Vergleich mit den Dyslektikern vor und nach dem Treatment wird jedoch nicht berichtet.

6.3.2.2 fMRS

Richards et al. (2000) führten eine fMRS-Studie durch, an der Kinder mit Dyslexie teilnahmen, die vor und nach einer 28-Stunden-Intervention getestet wurden. Im Mittelpunkt der Intervention standen die phonologische Bewusstheit, Arbeitsgedächtnisfertigkeiten und multiple Dekodierstrategien. Die Kontrollteilnehmer wurden zur selben Zeit untersucht wie die Dyslektiker. Die Unterschiede, die vor dem Treatment festgestellt worden waren (Richards et al., 1999), waren nach dem Treatment verschwunden, was darauf hindeutet, dass das Gehirn sowohl eine abhängige Variable ist, die auf Instruktion reagiert, als auch eine unabhängige Variable, die den Instruktionsbedarf beeinflusst. Im Gegensatz zu der Studie von Richards et al. (2000), bei der alle Dyslektiker das gleiche Treatment erhielten, wurden die Teilnehmer einer späteren Studie (Richards et al., 2002) per Zufallsverfahren einem von zwei 28-Stunden-Treatments zugeordnet, um kausale Schlussfolgerungen über Treatment-Effekte ziehen zu können. Das Training phonologischer bzw. morphologischer Bewusstheit war eingebettet in eine Instruktion, die gemeinsame Dekodier-, Flüssigkeits- und Verständniskomponenten enthielt. Das morphologische Treatment – nicht aber das phonologische – stand in dieser Studie in signifikantem Zusammenhang mit (a) einer Verringerung der Laktat-Aktivierung in den linken anterioren Hirnregionen während einer phonologischen Beurteilungsaufgabe und (b) einer signifikanten Verbesserung bei einem behavioralen Maß der phonologischen Dekodierungsrate von Pseudowörtern. Die Ergebnisse wurden auf der Grundlage der Dreifachen Wortformbewusstheits- und Mapping-Theorie (Triple Word Form Awareness and Mapping Theory) interpretiert: Die Instruktion morphologischer Bewusstheit wirkte sich positiv auf das Mapping der Wechselbeziehungen zwischen Phonologie, Orthografie und Morphologie aus, die alle gemeinsam am Prozess der Dekodierung unbekannter Wörter (Pseudowörter) beteiligt sind.

6.3.2.3 MEG (MSI)

Simos et al. (2002) führten eine MSI-Bildgebungsstudie mit acht- bis 17-jährigen Kindern und Jugendlichen mit Dyslexie und einer Kontrollgruppe durch. Die Teilnehmer wurden jeweils vor und nach einem 80-stündigen phonologischen Intensivtraining getestet. Vor der Intervention zeigten die Dyslektiker bei einer visuellen Pseudowort-Reimaufgabe, bei der die Teilnehmer beurteilen sollten, ob sich ein Pseudowortpaar reimte oder nicht, nur eine geringfügige bzw. gar keine Aktivierung im linken Gyrus temporalis superior und eine vermehrte rechtshemisphärische Aktivierung dieser Region. Im Anschluss an die Intervention verbesserte sich die Leistung bei behavioralen Lesemaßen, und die Aktivierung im linken Gyrus temporalis superior nahm zu. Allerdings trat der Höhepunkt der Aktivierung im linken Gyrus temporalis superior bei den Dyslektikern auch nach der Intervention später ein als bei den Kontrollteilnehmern.

Zusammenfassung der Abschnitte 1, 2 und 3

In Abschnitt 1 wurden fünf Systemtheorien zur Gehirnfunktion vorgestellt. Diese Theorien verbindet die Annahme, dass die Gehirnfunktion von der raumzeitlichen Koordination mehrerer Prozesse auf verschiedenen Ebenen abhängt. In Abschnitt 2 wurden die domänenspezifischen und domänenübergreifenden Leseprozesse und andere funktionelle Sprachsysteme erklärt, die am Lesen beteiligt sind. Es wurde dargelegt, dass verschiedene Schaltkreise und Verarbeitungsmechanismen im Gehirn am Lernen einer neuen Fertigkeit sowie am Ausführen einer geübten, automatisierten Fertigkeit beteiligt sind. In beiden Fällen wird zielgerichtetes Verhalten – wie das Lesen – durch eine neurale Architektur für das Arbeitsgedächtnis unterstützt. Das Arbeitsgedächtnis verfügt über Speichermechanismen, eine artikulatorische Schleife für das Lernen neuer Wörter bzw. das Behalten bekannter Wörter und ein Kontroll- bzw. Aufmerksamkeitssystem. Jeder dieser Prozesse hat eine phonologische Komponente: phonologische Wortform für Speicherung, phonologische Vermittlungs- und Wortproduktionsprozesse der artikulatorischen Schleife, und exekutive Kontrollprozesse für den Abruf phonologischer Wortformen, die Mapping-Verfahren zur Verbindung der drei Wortformen (siehe Tabelle 6.1) und für die Unterdrückung irrelevanter Informationen während der phonologischen Verarbeitung. Die beiden Dyslexie-Theorien – phonologisches Kerndefizit und Arbeitsgedächtnis-Defizit – sind somit nicht unvereinbar.

Abschnitt 3 bot einen Überblick über Ergebnisse aktueller Bildgebungsstudien mit Kindern und Jugendlichen mit und ohne Lesestörungen. Dabei wurden auch die zahlreichen methodischen Probleme angesprochen, denen die Forschenden auf diesem Gebiet begegnen: Aufgaben in ihrem Schwierigkeitsniveau unterschiedlichen Altersklassen und Teilnehmergruppen angleichen und Aufgaben entwickeln, die aufschlussreiche Vergleiche und bedeutungsvolle Interpretationen ermöglichen. Ein Kernproblem ist die Definition von Lesestörung. Wie das Gehirn auf Instruktionsinterventionen reagiert, kann von der Ursache der Lesestörung abhängen – von den spezifischen genetischen oder neurologischen Faktoren, die der Störung zugrunde liegen, oder vom allgemeinen Fähigkeitsprofil des Schülers. Kinder, die nur leicht gefährdet sind, eine Lesestörung zu entwickeln, sprechen auf frühe Interventionen möglicherweise sehr gut an. Auch Schüler, die dauerhaft Zeichen von Dyslexie zeigen (spezifisch im Hinblick auf das Lesen geschriebener Wörter, siehe Shaywitz, 2003), können auf Interventionen reagieren. Schüler mit einer umfassenden Sprachlernstörung, die sich auf die Sprachfunktionen und die Fähigkeit des Sprachgebrauchs auswirkt, reagieren möglicherweise langsamer auf Interventionen. Die Frage, wie Lesestörungen und wirksame Interventionen definiert werden können, wird im Folgenden aus Perspektive der Systemtheorie diskutiert, geleitet von der Annahme, dass viele verschiedene Prozesse in einer vielschichtigen Gehirnarchitektur mit zeitlichen Begrenzungen relevant sind.

6

6.4 Implikationen für Beurteilung und Unterricht

6.4.1 Normale Variation, atypische Entwicklung und differenzielle Gehirndiagnostik

In den meisten US-Bundesstaaten wird der Förderbedarf von Schülern auf der Grundlage einer Diskrepanz von IQ und Leistung ermittelt, die als Lernstörung definiert wird. Eine solche Definition ist aus mehreren Gründen problematisch (Fletcher et al., 2002), u. a. deshalb, weil sie sich auf Ausschlusskriterien gründet, die festlegen, was eine Lernstörung *nicht* ist (eine Lernstörung hängt *nicht* mit sensorischen, motorischen oder geistigen Defiziten oder kulturellen Unterschieden zusammen). Wenn Lesen ein funktionelles Gehirnsystem ist (Luria, 1973, 1962 [1980]), sollte es möglich sein, spezifische Lesestörungen auf der Grundlage von Einschlusskriterien zu definieren. Die Einschlusskriterien sollten im Einzelfall Aufschluss darüber geben, welche Prozesse im domänenspezifischen Lesesystem und in den domänenübergreifenden Systemen beeinträchtigt oder unterentwickelt sind und welche nicht. Wenn man das Profil eines einzelnen Schülers innerhalb eines Systems und über verschiedene Systeme hinweg beschreiben will, ist es wichtig, Lernunterschiede, die innerhalb einer normalen Bandbreite liegen (normale Variation), nicht mit Lernstörungen zu verwechseln, die außerhalb des normalen Rahmens liegen. Lernunterschiede und Lernstörungen sollten aufgrund eines individuellen Profils (Muster von Komponentenprozessen in einem System) definiert werden und nicht aufgrund einer einzelnen Fertigkeit. Daher hat ein Forschungsteam der University of Washington zunächst die normale Variation bei der Lese- und Schreibentwicklung anhand zahlreicher lese- und schreibbezogenen Fertigkeiten untersucht, um sich anschließend mit spezifischen Lese- und Schreibstörungen zu befassen.

Wenn das multisystemische Profil, zu dem auch eine schwache Leseleistung gehört, die Komponentenprozesse von Gehirnsystemen beeinflusst, dann ist es wichtig, Lesestörungen aufgrund umfassender Beurteilungen vieler funktioneller Gehirnsysteme zu definieren und nicht nur aufgrund schlechter Leistungen in isolierten Lesefertigkeiten. Besonders relevant für die Leseleistung sind Domänen wie Kognition und Gedächtnis, rezeptive und expressive Sprache, visuell-räumliche Wahrnehmung, Fein- und Grobmotorik, Aufmerksamkeit, exekutive Funktion sowie soziales und emotionales Verhalten. Nur indem Neuropsychologen domänenübergreifende Muster und die relative Leistung innerhalb einer Domäne vergleichen, können sie beurteilen, ob bei Kindern eine normale Variation (Lernunterschiede) vorliegt, ob Lernstörungen (prozess- oder systemspezifische Störungen, die angesichts des Entwicklungsniveaus aller anderen Systeme – im Verhältnis zum Populationsdurchschnitt – nicht zu erwarten wären) vorhanden sind oder ob eine atypische Entwicklung aufgetreten ist (Störungen, die nicht prozess- oder systemspezifisch sind, weil auch andere Systeme – im Verhältnis zum Populationsdurchschnitt – signifikant außerhalb der normalen Bandbreite liegen) (siehe Berninger, 2001; Berninger & O'Donnell, 2004).

Die Ursache (Ätiologie) einer Lernstörung, die wirksamste Behandlung der Störung und die Prognose (das wahrscheinlichste langfristige Lernresultat) lassen sich nicht immer in eine eindeutige Beziehung setzen (Berninger et al., 2003). Die Ursache für ein Leseproblem ist mit großer Wahrscheinlichkeit unterschiedlich, wenn sie zum Profil eines Schülers gehört, der außerdem (a) mentale Retardierung, (b) pervasive Entwicklungsstörung mit Merkmalen des autistischen Spektrums, (c) primäre Sprachstörung, (d) Dyslexie (Lese-Rechtschreib-Störung) oder (e) Dysgrafie (Beeinträchtigung von Hand- oder Rechtschreibung ohne Beeinträchtigung des Lesens) aufweist. Nicht nur die genetischen und neurologischen Mechanismen dieser prototypischen Profile sind mit großer Wahrscheinlichkeit verschieden, sondern sehr wahrscheinlich auch die Art und Weise, wie Leseprozeduren (während der Konstruktion des funktionellen Lesesystems) geschaffen werden. Jedes Leseproblem mag auf einer univariaten Ursache beruhen, aber die effektivste Behandlung ist wahrscheinlich eine multivariate, die auf sämtliche Sprachebenen zielt und auch Funktionen mit einbezieht, die nicht unmittelbar am Lesen beteiligt sind (Berninger & Abbott, 2003; Berninger & Richards, 2002; Carlisle & Rice, 2003; Wolf & Kennedy, 2002). Die wirksamste Behandlung, um Schülern mit einem dieser unterschiedlichen prototypischen Profile das Lesen beizubringen, umfasst sicherlich einige gemeinsame Merkmale, hat aber jeweils auch viele spezifische Merkmale. Schon allein der Wortschatz, der zur Vermittlung von Lesefertigkeiten verwendet werden kann, wird je nach Profil des Schülers sehr stark variieren, ebenso die Art und Weise, wie der Transfer der Lesefertigkeiten auf ein unabhängiges Lesen vermittelt wird. Das Lernergebnis der letzten beiden Profile wird bei adäquater Instruktion außerdem mit großer Wahrscheinlichkeit besser sein als bei den ersten drei Profilen, bei denen mehr Prozesse außerhalb des normalen Rahmens liegen. Um die Ursachen, die wirksamsten Behandlungen und die Prognose eines jeden prototypischen Profils zu klären, sind Longitudinalstudien notwendig.

6.4.2 Funktionelle Gehirnsysteme: Implikationen für den Unterricht

6.4.2.1 Die Aufgabenanalyse-Fähigkeiten der Lehrer verbessern

Lehrer werden kaum oder überhaupt nicht in Prozessen der Aufgabenanalyse ausgebildet, die erforderlich sind, um im Curriculum spezifische Lesefertigkeiten zu erwerben. Sie haben auch keine Übung darin, herauszufinden, warum es manchen Schülern Schwierigkeiten bereitet, einzelne Lehrplankomponenten zu lernen oder darin, alternative Lösungen zu finden, wenn sich ein Unterrichtsansatz als unwirksam erweisen sollte. Lehrer über das aktive, lesende Gehirn zu informieren bietet eine konzeptuelle Grundlage für solche Diagnosen und für die Entwicklung von Unterrichtsansätzen.

6.4.2.2 Mehrebenenkoordination

Nach Fusters (1997) Modell lässt sich sämtliches Verhalten auf der Grundlage einer hierarchischen Ordnung strukturierter Sinnes- und Handlungseinheiten beschreiben, die sich dadurch unterscheiden, ob sie in sensorischen oder motorischen Modalitäten oder in abstrakteren Repräsentationen kodiert sind, und die über mehrere

6 Ebenen, von unten nach oben (Bottom-up) oder von oben nach unten (Top-down) miteinander koordiniert werden müssen. Für die Behandlung von Störungen in der Verarbeitung geschriebener Sprache wie Dyslexie und Dysgrafie bedeutet diese hierarchische Ordnung, dass Interventionen stärker auf Mehrebenen- und koordinierte Prozesse niedrigerer und höherer Ordnung ausgerichtet werden müssen als das beim klassischen multisensorischen Ansatz, der zur Dyslexiebehandlung empfohlen wird, der Fall ist. Wird die Intervention auf multiple sensorische Kodes beschränkt, ist eine begrenzte Lesewachstumsrate zu erwarten. Schüler profitieren von einem Unterricht, der zusätzlich auf motorische Planung und Sprachverarbeitung zielt. Daher sollte der Leseunterricht so koordiniert sein, dass er auf alle Sprachebenen ausgerichtet ist, die zeitlich aufeinander abgestimmt und in engem zeitlichem Abstand berücksichtigt werden sollten (Berninger & Richards, 2002; Berninger & Abbott, 2003).

6.4.2.3 Timing

Minsky (1986), Fuster (1997) und Wolf (2001) haben überzeugend dargelegt, wie wichtig das Timing bei der Koordination einer komplexen geistigen Aktivität wie dem Lesen ist. Angesichts der Bedeutung des Timings für die Koordination der verschiedenen Komponenten eines aktiven, lesenden Gehirns sollte mehr darauf geachtet werden, wie Unterrichtskomponenten im Klassenzimmer gebündelt werden. Allzu oft werden Fördermaßnahmen für Schüler mit Lernstörungen über den gesamten Schultag verteilt. Für Kinder mit einem schwachen und zeitlich begrenzten Arbeitsgedächtnis kann sich die Art und Weise, wie Lerninhalte innerhalb einer Schulstunde, eines Schultags, einer Schulwoche oder eines Schuljahrs dargeboten werden, erheblich darauf auswirken, ob sie die Instruktion so integrieren, dass sie zu Lesern werden, die ein Lesesystem mit vernetzten Komponenten entwickeln, die so zusammenwirken, dass sie ein müheloses Erreichen der Leseziele innerhalb und außerhalb der Schule unterstützen.

6.4.2.4 Multiple Wortform- und Mappingverfahren

Die Bildgebungsforschung hat Belege für phonologische Wortformen, orthografische Wortformen und morphologische Wortformen im funktionellen Lesesystem geliefert. Der Leseunterricht sollte auf entwicklungsadäquate Weise phonologische, orthografische und morphologische Bewusstheit unterrichten und aufzeigen, wie sich die Wechselbeziehungen zwischen phonologischen, orthografischen und morphologischen Wortformen explizit organisieren lassen (siehe Berninger et al., 2003; Berninger & Richards, 2002; Carlisle & Rice, 2002; Wolf & Kennedy, 2002).

6.4.2.5 Artikulatorische Schleife

Dyslektiker haben möglicherweise ein strukturelles Defizit in der neuralen Architektur der artikulatorischen Schleife, die am Lernen neuer Wörter beteiligt ist (siehe Abschnitt 2). Sollte dies der Fall sein, müssen weitere Studien zu der Frage durchgeführt werden, welche Methoden am wirksamsten sind, um Schülern mit Dyslexie phonologisches Dekodieren und mündliches Lesen zu vermitteln. Dabei sollte berücksichtigt werden, dass diese Schüler möglicherweise folgende Defizite haben: (a) Defizite im

6

Speichersystem für phonologische Wortformen; (b) Defizite beim Mappen der phonologischen Wortformen auf andere Wortformen; (c) Defizite bei der phonologischen Wortanalyse und dem phonologischen Produktionssystem und/oder (d) Defizite bei den exekutiven Prozessen, die für die Kontrolle von Abläufen zuständig sind, an denen phonologische Kodes oder Operationen beteiligt sind.

6.4.2.6 Exekutive Funktionen

Unsere Unterrichtserfahrungen zeigen, dass Dyslektiker bei der Entwicklung von exekutiven Funktionen und der damit verbundenen Selbstregulation des Lernprozesses ein hohes Maß an Unterstützung benötigen. Sie lernen gut, wenn ein erfahrener Lehrer die Lernumgebung strukturiert, sprachliche Prinzipien klar und verständlich darlegt und die Unterrichtsaktivitäten überwacht und steuert. Sie lernen weniger gut, wenn ihr Lernprozess nicht von expliziter Instruktion, individueller Überwachung und Steuerung durch den Lehrer begleitet wird. Weitere Forschungen sind notwendig, um die wirksamsten Methoden zu entwickeln, mit denen Dyslektiker sowohl im Regelunterricht als auch in Einzel- oder Kleingruppenkursen bei der Verbesserung der exekutiven Funktionen, welche am Sprachlernen beteiligt sind, unterstützt werden können.

6.4.2.7 Arbeitsgedächtnis für zielbezogene Aktivitäten

Der Entwurf des Leseunterrichts sollte so gut wie möglich auf das Arbeitsgedächtnissystem ausgerichtet sein. Viele Komponenten (linguistische Bewusstheit, Wortformen, die artikulatorische Schleife, exekutive Funktionen, Sprachprozesse auf Satz- und Textebene, Leseziele) müssen in einem vielschichtigen funktionellen System mit Mehrebenen-, Bottom-up- und Top-down-Kontingenzen zeitlich koordiniert werden (siehe Teil 3 in Berninger & Richards, 2002). Die Verwendung dieser Unterrichtsdesign-Prinzipien hat signifikante Unterschiede in der Leseentwicklung zwischen Treatment- und Kontrollgruppen ergeben: bei Erstklässlern (Unterrichtsset 1), Zweitklässlern (Unterrichtsset 6 und 9) und Dyslektikern (Unterrichtsset 13); Entwicklung der Handschreibung bei Erstklässlern (Unterrichtsset 3); Rechtschreibentwicklung von Zweitklässlern (Unterrichtsset 4); Rechtschreib- und Formulierungsentwicklung von Drittklässlern (Unterrichtsset 7); Entwicklung der Handschreibung, Rechtschreibung und Formulierung bei Drittklässlern (Unterrichtsset 8); Formulierungsentwicklung bei Viertklässlern (Unterrichtsset 10); Beibehaltung der Fortschritte über das folgende Jahr hinweg und weiterer Zuwachs beim Lesen (Unterrichtsset 2) oder beim Rechtschreiben (Unterrichtsset 5) und Leseentwicklung bei Dyslektikern, die als ihre eigene Kontrollgruppe fungierten (Unterrichtssets 11, 12, 14 und 15) (Berninger & Abbott, 2003).

6.4.3 Zusammenfassende Überlegungen zu einem systemischen Ansatz

Wie sich gezeigt hat, bringt der systemische Ansatz zahlreiche Herausforderungen für die wissenschaftliche Forschung mit sich. Es ist äußerst unwahrscheinlich, in einem komplexen, vielschichtigen System einen einzelnen kausalen Mechanismus zu identi-

6

fizieren. Ein sinnvolleres wissenschaftliches Ziel ist die Suche nach Beschränkungen auf spezifischen Ebenen des Systems (Berninger, 1994; Berninger und Richards, 2002). Wissenschaftler werden sich vermutlich mit vielen kleinen Theorien zu verschiedenen Aspekten eines Systems zufriedengeben müssen, anstatt eine große, allgemeine Theorie zu verfolgen, die allen Aspekten eines komplexen biologischen Systems gerecht wird – ein System, das noch dazu so angelegt ist, dass es mit einer sich verändernden Umwelt interagiert (Minsky, 1986). Da Wissenschaftler in der Lage sind, Verarbeitungsmodelle zu entwickeln, um die Natur der spezifischen Verarbeitungen zu verstehen, die von den zahlreichen Gyri und Sulci durchgeführt werden, müssen sie wahrscheinlich ihr Verständnis von den Prozessen, die zum Verhalten beitragen, radikal ändern (Churchland, 1986). So kann beispielsweise das Defizit im schnellen visuellen System, das erstmals von Eden et al. (1996) dokumentiert und anschließend von einigen anderen Forschergruppen repliziert wurde, auf ein Defizit bei der Verarbeitung von sich verändernden Elementen in einer linearen Anordnung von visuellen Elementen hindeuten. Die Erklärung für eine defizitäre Verarbeitung von Pfeilen, die sich rasch über einen Bildschirm bewegen, ist auf Verhaltensebene möglicherweise nicht so offensichtlich. Auf physiologischer Ebene kann diese Aufgabe aber die gleichen Prozesse erschließen, die den Leser dazu befähigen, Buchstabenelemente in einem Wort zu bewältigen, die sich rascher verändern als Wort- oder lexikalische Einheiten in einem geschriebenen Text. Diese Fähigkeit, aufeinanderfolgende Buchstaben und Buchstabeneinheiten in geschriebenen Wörtern und Texten zu verarbeiten, stellt für viele Schüler mit Lesestörungen, deren physiologische Defizite die orthografische Verarbeitung geschriebener Texte beeinträchtigen, eine große Herausforderung dar.

6.4.4 Schlusswort für Skeptiker und Kritiker

Unter den Forschenden im Bereich Pädagogik und Psychologie gibt es einige, die der Ansicht sind, dass die erzieherische Forschung und Praxis bislang gut ohne genaueres Wissen über das Gehirn ausgekommen ist, und dass kein Anlass besteht, die Gehirnforschung heranzuziehen, um Informationen für erzieherische Wissenschaft und Praxis zu erhalten. Gleichzeitig gibt es aber auch viele Regel- und Sonderschullehrer, die mehr über die Abläufe im Gehirn erfahren möchten, um besser zu verstehen, wie die enormen individuellen Unterschiede zustande kommen, die sie tagtäglich bei ihren Schülern beobachten, und um Unterrichtspraktiken implementieren zu können, die allen Kindern, auch jenen mit spezifischen Lernstörungen, dabei helfen, gut lesen zu lernen. Außenstehende sind zu Recht darüber erstaunt, dass Lehrer, die damit beauftragt werden, das Gehirn – das biologische Lernorgan – zu füttern, in ihrer Ausbildung nichts über die Zusammensetzung, die Strukturen, Funktionen und Arbeitsweise des Gehirns lernen. Abgesehen davon gibt es viele gute Gründe dafür, Pädagogen an den Forschungserrungenschaften der kognitiven Neurowissenschaft teilhaben zu lassen. Wenn Wissenschaftler in diesem Prozess keine führende Rolle übernehmen, werden Journalisten, die immer gerne Geschichten erzählen, glücklich darüber sein, diese Rolle auszufüllen. Journalisten haben ebenso wie Lehrer eine intellektuelle Neugier und möchten mehr über das Gehirn erfahren, und sie werden auch in Zukunft gute Geschichten über das Gehirn erzählen und konsumieren, Geschichten, die auf My-

6

then und nicht auf wissenschaftlichen Tatsachen basieren – es sei denn, Hirnforscher übernehmen eine aktivere Rolle, wenn es darum geht, die Forschungsergebnisse der aktuellen kognitiven Neurowissenschaft an Pädagogen zu vermitteln.

Bevor bildgebende Verfahren der Hirndarstellung zur Verfügung standen und das „Jahrzehnt des Gehirns" mit seinen zuvor kaum vorstellbaren Errungenschaften eingeläutet war, mochte es aus der Sicht von pädagogischen Forschern oder Ausbildern von pädagogischen Fachleuten verständlich erscheinen, die Relevanz der Hirnforschung für das Verständnis von Lernen und Lernstörungen infrage zu stellen. Da inzwischen neue Mittel und Wege zur Verfügung stehen, mehr über die komplexen Abläufe im Gehirn zu erfahren, ist es an den pädagogischen Fachleuten, zu erklären, warum dieser rasch wachsende Wissenskomplex einfach ignoriert werden soll. Wie alle wissenschaftlichen Informationen wird auch dieses Wissen von Zeit zu Zeit revidiert werden, aber es gibt keinen Grund, dieses Wissen nicht zu nutzen, selbst wenn das bedeutet, dass Fachleute in Zukunft die erforderliche Zeit aufbringen müssen, um sich in einen neuen Bereich einzuarbeiten. Zu Beginn des 20. Jahrhunderts begehrte B. F. Skinner gegen eine Stammtischphilosophie auf, die nicht auf messbaren Daten basierte. Er entwickelte Ansätze, um das menschliche Verhalten unabhängig von einer damals noch nicht messbaren „Blackbox" zu erfassen, die zwischen Gehirn und Verhalten interveniert. Da inzwischen die Technologie zur Verfügung steht, die intervenierende Variable zu messen (und das nicht mehr nur in Schwarz-Weiß-Bildern, sondern in faszinierenden Farbabbildungen), glaube ich, dass Skinner, wenn er noch am Leben wäre, diesen pädagogischen Forschern und Ausbildern den Rat geben würde, die technologischen Errungenschaften dieses neuen Zeitalters zu nutzen und die Fortschritte, die beim Verständnis der Interaktionen innerhalb der Gehirnsysteme sowie zwischen Gehirnsystemen und Unterrichtsumgebung erzielt wurden, zu berücksichtigen. Es bleibt zu wünschen, dass diese fruchtbare Wissensbasis im 21. Jahrhundert dazu beitragen wird, die Fördermaßnahmen für Schüler mit spezifischen Lernstörungen unaufhörlich zu verbessern.

Danksagung

Die Vorbereitung dieses Kapitels, die Bildgebungs- und Instruktionsforschung an der University of Washington und die Zusammenarbeit zwischen der University of Florida und der University of Washington wurden mit Fördergeldern des Nationalen Institutes für Gesundheit des Kindes und menschliche Entwicklung (National Institute of Child Health and Human Development, NICHD) unterstützt. Die Autorin dankt dem Bildgebungsteam des Multidisziplinären Zentrums für Lernstörungen der University of Washington (University of Washington Multidisciplinary Learning Disabilities Center, UWLDC) (Dr. Todd Richards, Leiter der Forschungsabteilung, Dr. Elizabeth Aylward, stellvertretende Leiterin der Forschungsabteilung, Dr. Dietmar Cordes, Dr. Rajesh Nandy, Dr. Stephen Dager, Dr. Kenneth Maravilla, Anne Richards, Katherine Field, Aimee Grimme, Larissa Stanberry und Dr. William Nagy), ihren Mitarbeitern an der University of Florida in Gainesville (Drs. Christiana Leonard und Mark Eckert) sowie früheren Mitgliedern des UWLDC (Drs. David Corina, Steven Cramer und Sandra Serafini).

6 Literatur

Aylward, E., Richards, T., Berninger, V., Nagy, W., Field, K., Grimme, A., Richards, A., Thomson, J. & Cramer, S. (2003). Instructional treatment associated with changes in brain activation in children with dyslexia. *Neurology.* **61**, 212–218.

Baddeley, A., Gathercole, S. & Papagno, C. (1998). The phonological loop as a language learning device. *Psychological Review,* **105**, 158–173.

Baker, J., Sanders, A., Maccotta, L. & Buckner, R. (2001). Neural correlates of verbal memory encoding during semantic and structural processing tasks. *NeuroReport,* **12**, 1251–1256.

Bartlett, C., Flax, J., Logue, M., Vieland, V., Bassett, A., Tallal, P. & Brzustowicz, L. (2002). A major susceptibility locus for specific language impairment is located on 13q21. *American Journal of Human Genetics,* **71**, 45–55.

Basso, A., Taborelli, A. & Vignolo, L. (1978). Dissociated disorders of speaking and writing in aphasia. *Journal of Neurology, Neurosurgery, and Psychiatry,* **41**, 556–563.

Beeman, M. & Chiarello, C. (1998). Complementary right-and left-hemisphere language comprehension. *Psychological Science,* **7**, 2–8.

Berninger, V. (1994). *Reading and writing acquisition: A developmental neuropsychological perspective.* Madison, WI: WBC Brown & Benchmark Publishing. Nachdruck 1996, Boulder, CO: Westview Press.

Berninger, V. (1999). Coordinating transcription and text generation in working memory during composing: Automatized and constructive processes. *Learning Disability Quarterly,* **22**, 99–112.

Berninger, V. (2000). Development of language by hand and its connections to language by ear, mouth, and eye. *Topics in Language Disorders,* **20**, 65–84.

Berninger, V. (2001).Understanding the lexia in dyslexia. *Annals of Dyslexia,* **51**, 23–48.

Berninger, V. (2004). Understanding the graphia in dysgraphia. In D. Dewey & D. Tupper (Hg.), *Developmental motor disorders: A neuropsychological perspective* (S. 328–350). New York: Guilford.

Berninger, V. & Abbott, S. (2003). *PAL research-supported reading and writing lessons.* San Antonio, TX: The Psychological Corporation.

Berninger, V. & Hooper, S. (im Druck). A developmental neuropsychological perspective on writing disabilities in children and youth. In D. Molfese & V. Molfese (Hg.), *Handbook of child neuropsychology.* Mahweh, NJ: Lawrence Erlbaum.

Berninger,V., Nagy, W., Carlisle, J., Thomson, J., Hoffer, D., Abbott, S., Abbott, R., Richards, T. & Aylward, E. (2003). Effective treatment for dyslexics in grades 4 to 6. In B. Foorman (Hg.), *Preventing and remediating reading difficulties: Bringing science to scale* (S. 382–417). Timonium, MD: York Press.

Berninger, V. & O'Donnell, L. (2004). Research-supported differential diagnosis of specific learning disabilities. In A. Prifitera, D. Saklofske, L. Weiss & E. Rolfus (Hg.), *WISC-IV Clinical Use and Interpretation* (S. 189–233). San Diego, CA: Academic Press.

Berninger, V. & Richards, T. (2002). *Brain literacy for educators and psychologists.* New York: Academic Press.

Binder, J., Frost, J., Hammeke, T., Bellogowan, P., Springer, J., Kaufman, J. & Possing, E. (2000). Human temporal lobe activation by speech and nonspeech sounds. *Cerebral Cortex,* **10**, 512–528.

Bishop, D. (2002). Viewpoint. Cerebellar abnormalities in developmental dyslexia: Causes, correlates, and consequences. *Cortex,* **38**, 491–498.

Booth, J., Burman, D., Meyer, J., Gitelman, D., Parrish, T. & Mesulam, M. (2002). Modality independence of word comprehension. *Human Brain Mapping,* **16**, 251–261.

Booth, J., Burman, D., Van Santen, F., Harasaki, Y., Gitelman, D., Parrish, T. & Mesulam, M. (2001). The development of specialized brain systems in reading and oral language. *Child Neuropsychology,* **7**, 119–141.

Booth, J., MacWhinney, B., Thulborn, K., Sacco, K., Voyvodic, J. & Feldman, H. (2000). Developmental and lesion effects in brain activation during sentence comprehension and mental rotation. *Developmental Neuropsychology*, **18**, 139–169.

Breznitz, Z. (2002). Asynchrony of visual–orthographic and auditory–phonological word recognition processes: An underlying factor in dyslexia. *Journal of Reading and Writing*, **15**, 15–42.

Brown, C. & Hagoort, P. (Hg.) (1999). *The neurocognition of language*. New York: Oxford University Press.

Brown, W., Menon, V., Rumsey, J., White, C. & Reiss, A. (2001). Preliminary evidence of widespread morphological variations of the brain in dyslexia. *Neurology*, **56**, 781–783.

Burton, M., Noll, D. & Small, S. (2001). The anatomy of auditory word processing: Individual variability. *Brain and Language*, **77**, 119–131.

Caplan, D. (2001). Functional neuroimaging studies of syntactic processing. *Journal of Psycholinguistic Research*, **30**, 297–320.

Carlisle, J. & Rice, M. (2002). *Improving reading comprehension. Research-based principles and practices*. Baltimore, MD: York Press, Inc.

Churchland, P. (1986). *Neurophilosophy: Toward a unified science of mind/brain*. Cambridge, MA: MIT Press.

Clark, D. & Wagner, A. (2003). Assembling and encoding word representations: fMRI subsequent memory effects implicate a role for phonological control. *Neuropsychologia*, **1503**, 1–14.

Cohen, L., Lehéricy, S., Chochon, F., Lemer, C., Rivaud, S. & Dehaene, S. (2002). Language-specific tuning of visual cortex? Functional properties of the Visual Word Form Area. *Brain*, **125**, 1054–1069.

Connolly, J., Service, E., D'Arcy, R., Kujala, A. & Alho, K. (2001). Phonological aspects of word recognition as revealed by high-resolution spatio-temporal brain mapping. *NeuroReport*, **12**, 237–243.

Cooke, A., Zurif, E., DeVita, C., Alsop, D., Koenig, P., Detre, J., Gee, J., Pinango, M., Balogh, J. & Grossman, M. (2001). Neural basis for sentence comprehension: Grammatical and short-term memory components. *Human Brain Mapping*, **15**, 80–94.

Cordes, D., Haughton,V., Arfanakis, K., Wendt, G., Turski, P., Moritz, C., Quigley, M. & Meyrand, E. (2000). Mapping functionally related regions of brain with functional connectivity MRI (fcMRI). *American Journal of Neuroradiology*, **21**, 1636–1644.

Corina, D., Richards, T., Serafini, S., Richards, A., Steury, K., Abbott, R., Echelard, D., Maravilla, K. & Berninger, V. (2001). fMRI auditory language differences between dyslexic and able reading children. *NeuroReport*, **12**, 1195–1201.

Dehane, S., Le Clec', H. G., Poline, J-B., Bihan, D. & Cohen, L. (2002). The visual word form area: A prelexical representation of visual words in the fusiform gyrus. *Brain Imaging*, **13**, 321–325.

Denckla, M. B. (1996). A theory and model of executive function. In G. R. Lyon & N. A. Krasnegor (Hg.), *Attention, memory, and executive function* (S. 263–278). Baltimore, MD: Paul H. Brookes Publishing Co.

Dhond, R., Buckner, R., Dale, A., Marinkovic, K. & Halgren, E. (2001). Spatiotemporal maps of brain activity underlying word generation and their modification during repetition priming. *The Journal of Neuroscience*, **21**, 3564–3571.

Diamond, M. & Hopson, J. (1998). *Magic trees of mind. How to nurture your child's intelligence, creativity, and healthy emotions from birth through adolescence*. New York: Penguin Books.

Eckert, M., Leonard, C., Richards, T., Aylward, E., Thomson, J. & Berninger, V. (2003). *Anatomical correlates of dyslexia: Frontal and cerebellar findings*. Brain, **126**(2), 482–494.

Eden, G., Van Meter, J., Rumsey, J., Maisog, J., Woods, R. & Zeffiro, T. (1996). Abnormal processing of visual motion in dyslexia revealed by functional brain imaging. *Nature*, **382**, 66–69.

6

Eden, G., Wood, F. & Stein, J. (2003). Clock drawing in developmental dyslexia. *Journal of Learning Disabilities*, **36**, 216–228.

Exner, S. (1881). *Untersuchungen über die Lokalisation der Funktionen in der Großhirnrinde des Menschen*. Wien: Wilhelm Braumüller.

Fan, J., Flombaum, J., McCandliss, B., Thomas, K. & Posner, M. (2003). Cognitive and brain consequences of conflict. *NeuroImage*, **18**, 42–57.

Fletcher, J., Lyon, G. R., Barnes, M., Stuebing, K., Francis, D., Olson, R., Shaywitz, S. & Shaywitz, B. (2002). Classification of learning disabilities: An evidence-based evaluation. In R. Bradley, L. Danielson & D. Hallahan (Hg.), *Identification of learning disabilities: Research to practice* (S. 185–250). Mahweh, NJ: Lawrence Erlbaum.

Flynn, J., Deering, W., Goldstein, M. & Rahbar, M. (1992). Electrophysiological correlates of dyslexic subtypes. *Journal of Learning Disabilities*, **25**, 133–141.

Fried, F., Ojemann, G. & Fetz, E. (1981). Language related potentials specific to human language cortex. *Science*, **212**, 353–356.

Fu, C., Morgan, K., Suckling, J., Williams, S., Andrew, C., Vythelingum, G. & McClure, P. (2002). A functional magnetic resonance imaging study of over letter verbal fluency using a clustered acquisition sequence: Greater anterior cingulate activation with increased task demand. *NeuroImage*, **17**, 871–879.

Fuster, J. (1997). *The prefrontal cortex. Anatomy, physiology, and neuropsychology of the frontal lobe*, 3. Aufl. (S. 209–252).

Gaillard, W., Pugliese, M., Grandin, C., Braniecki, S., Kondapaneni, P., Hunter, K., Xu, B., Petrella, J., Balsamo, L. & Basso, G. (2001). Cortical localization of reading in normal children: An fMRI language study. *Neurology*, **57**, 47–54.

Garrett, A., Flowers, D. L., Absher, J., Fahey, R., Gage, H., Keyes, J., Porrino, L. & Wood, F. (2000). Cortical activity related to accuracy of letter recognition. *NeuroImage*, **11**, 111–123.

Georgiawa, P., Rzanny, R., Gaser, C. et al. (2002). Phonological processing in dyslexic children: A study combining functional imaging and event related potentials. *Neuroscience Letters*, **318**, 5–8.

Georgiawa, P., Rzanny, R., Hopf, J., Knab, R., Glauche, V., Kaiser, W. & Blanz, B. (1999). fMRI during word processing in dyslexic and normal reading children. *NeuroReport*, **10**, 3459–3465.

Goldman-Rakic, P., Scalaidhe, S. & Chafee, M. (2000). Domain specificity in cognitive systems. In M. S. Gazzaniga (Hg.), *The new cognitive neurosciences* (S. 733–742). Cambridge, MA: MIT Press.

Halgren, E., Dhond, R., Christensen, N., Van Petten, C., Marinkovic, K., Lewine, J. & Dale, A. (2002). N400-like magnetoencephalography responses modulated by semantic context, word frequency, and lexical class in sentences. *NeuroImage*, **17**, 1101–1116.

Harrison, H. & Minsky, M. (1992). *The Turing option*. New York: Warner Books.

Hashimoto, R. & Sakai, K. (2002). Specialization in the left prefrontal cortex in sentence comprehension. *Neuron*, **35**, 589–597.

Heim, S., Eulitz, C. & Elbert, T. (1999). Alternations in functional organization of the auditory cortex in children and adolescents with dyslexia. *NeuroImage*, **9**, S568.

Holland, S., Plante, E., Byars, A., Strawsburg, R., Schmithorst, V. & Ball, W. (2001). Normal fMRI brain activation patterns in children performing a verb generation task. *NeuroImage*, **14**, 837–843.

Humphreys, G. & Price, C. (2001). Cognitive neuropsychology and functional brain imaging: Implications for functional and anatomical models of cognition. *Acta Psychologia*, **107**, 119–153.

Hsu, L., Berninger, V., Thomson, J., Wijsman, E. & Raskind, W. (2002). Familial aggregation of dyslexia phenotypes: Paired correlated measures. *American Journal of Medical Genetics/Neuropsychiatric Section*, **114**, 471–478.

Ingvar, M., Trampe, P., Greitz, T., Erikkson, L., Stone-Elander, S. & von Eiler, C. (2002). Residual differences in language processing in compensated dyslexics revealed in simple word reading tasks. *Brain and Language*, **83**, 249–267.

Ivry, R. & Keele, S. (1989). Timing functions of the cerebellum. *Journal of Cognitive Neuroscience*, **1**, 136–152.

Jackson, J. H. (1887). Remarks on evolution and dissolution of the nervous system. *Medical Press and Circular ii*, **46, 491**, 511, 586, 617. Nachdruck in James Taylor (Hg.) (1958). *Selected writings of Johns Hughlings Jackson*, Bd. 2. New York: Basic Books.

Jacobs, B., Schall, M. & Schiebel, A. (1993). A qualitative dendritic analysis of Wernicke's area in humans. II. Gender, hemispheric, and environmental factors. *The Journal of Comparative Neurology*, **327**, 97–111.

Kaan, E. & Swaab, T. (2002). The brain circuitry of syntactic comprehension. *Trends in Cognitive Sciences*, **6**, 350–356.

Kasai, K., Yamada, J., Kamio, S., Nakagome, K., Iwanami, A., Fukada, M., Itoh, K., Koshida, I., Yumoto, M., Iramina, K., Kato, N. & Ueno. S. (2001). Brain lateralization for mismatch response to across-and within-category change of vowels. *NeuroReport*, **12**, 2467–2471.

Keller, T., Carpenter, P. & Just, M. (2001). The neural basis of sentence comprehension: A fMRI investigation of syntactic and lexical processing. *Cerebral Cortex*, **11**, 223–237.

Kircher, T., Brammer, M., Andreu, N., Williams, S. & McGuire, P. (2001). Engagement of right temporal cortex during processing of linguistic context. *Neuropsychologia*, **39**, 798–809.

Lai, C., Fisher, S., Hurst, J., Vargha-Khaden, F. & Monaco, A. (2001). A forkheaddomain gene is mutated in a severe speech and language disorder. *Nature*, **413**, 519–555.

Leonard, C. (2001). Imaging brain structure in children. *Learning Disability Quarterly*, **24**, 158–176.

Liberman, A. (1999). The reading researcher and the reading teacher need the right theory of speech. *Scientific Studies of Reading*, **3**, 95–111.

Luria, A. R. (1962) (englische Übersetzung 1980). *Higher cortical functions in man, 2. Aufl.* New York: Basic Books.

Luria, A. R. (1973). *The working brain.* New York: Basic Books.

Matsuo, K., Kato, C., Ozawa, F., Takehara, Y., Isoda, H., Isogai, S., Moriya, T., Sakahara, H., Okada, T. & Nakai, T. (2001). Ideographic characters call for extra processing to correspond with phonemes. *NeuroReport*, **12**, 2227–2230.

Matsuo, K., Kato, C., Tanaka, S., Sugio, T., Matsuzawa, M., Inui, T., Moriya, T., Glover, G. & Nakai, T. (2001). Visual language and handwriting movement: Functional magnetic resonance imaging at 3 tesla during generation of ideographic characters. *Brain Research Bulletin*, **55**, 549–554.

Mazziotta, J., Grafton, S. & Woods, R. (1991). The human motor system studied with PET measurements of cerebral blood flow: Topography and motor learning. In N. Lassen, D. Ingvar, M. Raichle & L. Friberg (Hg.), *Brain work and mental activity. Alfred Benzon Symposium*, **31**, 280–290.

McPherson, W., Ackerman, P., Holcomb, P. & Dykman, R. (1998). Event-related brain potentials elicited during phonological processing differentiate subgroups of reading disabled adolescents. *Brain and Language*, **62**, 163–185.

Mesulam, M. (1990). Large-scale neurocognitive networks and distributed processing for attention, language, and memory. *Annals Neurology*, **28**, 597–613.

Minsky, M. (1986). *The society of mind.* New York: Simon & Schuster.

Minsky, M. (1990). *Mentopolis.* Stuttgart: Klett-Cotta.

Misra, M., Katzir, T., Wolf, M. & Poldrack, R. (im Druck). Neural systems for rapid automatized naming (RAN) in skilled readers: Unraveling the puzzle of RAN-reading relationship. *Brain and Language*.

6

Molfese, D. (2000). Predicting dyslexia at 8 years of age using neonatal brain responses. *Brain and Language*, **72**, 238–245.

Nagy, W., Diakidoy, I. & Anderson, R. (1993). The acquisition of morphology: Learning the contribution of suffixes to the meaning of derivatives. *Journal of Reading Behavior*, **25**, 155–170.

Nagy, W., Osborn, J., Winsor, P. & O'Flahavan, J. (1994).Structural analysis: Some guidelines for instruction. In F. Lehr & J. Osburn (Hg.), *Reading, language, and literacy* (S. 45–58). Hillsdale, NJ: Erlbaum.

Nandy, R., Cordes, D., Berninger, V., Richards, T., Aylward, E., Stanberry, L., Richards, A. & Maravilla, K. (2003). *An fMI approach to the diagnosis of dyslexia using CCA and a phoneme mapping task*. New York: Human Brain Mapping.

Nicholson, R., Fawcett, A., Berry, E., Jenkins, I., Dean, P. & Brooks, D. (1999). Association of abnormal cerebellar activation with motor learning difficulties in dyslexic adults. *The Lancet*, **353**, 1662–1667.

Nobre, A., Allison, T. & McCarthy, G. (1994). Word recognition in the human inferior temporal lobe. *Nature*, **372**, 260–263.

Oakhill, J., Cain, K. & Yuill, N. (1998). Individual differences in children's comprehension skill: Towards an integrated model. In C. Hulme & M. Joshi (Hg.), *Reading and spelling: Development and disorder*. Mahwah, NJ: Erlbaum.

Ojemann, J., Buckner, R., Akbudak, E., Snyder, A., Olinger, J., McKinstry, R., Rosen, B., Petersen, S., Raichle, M. & Conturo, T. (1998). Functional MRI studies of word-stem completion: Reliability across laboratories and comparison to blood flow imaging with PET. *Human Brain Mapping*, **6**, 203–215.

Paulesu, E., Demonet, J., Fazio, F., McCrory, E., Chanoine, V., Brunswick, N., Cappa, S., Cossu, G., Habib, M., Frith, C. & Frith, U. (2001). Dyslexia: Cultural diversity and biological unity. *Science*, **291**, 2165–2167.

Paulesu, E., Frith, U., Snowling, M., Gallagher, A., Morton, J., Frackowiak, R. & Frith, C. (1996). Is developmental dyslexia a disconnection syndrome? Evidence from PET scanning. *Brain*, **119**, 143–157.

Piaget, J. (1970). Piaget's theory. In P. H. Mussen (Hg.). *Carmichael's manual of child psychology*, Bd. 1, 3. Aufl. (S. 703–732). New York: Wiley.

Poldrack, R., Temple, E., Protopapas, A., Nagarajan, S., Tallal, P., Merzenich, M. & Gabrieli, J. (2001). Relations between the neural bases of dynamic auditory processing and phonological processing: Evidence from fMRI. *Journal of Cognitive Neuroscience*, **13**, 687–697.

Polk, T. & Farah, M. (2002). Functional MRI evidence for an abstract, not perceptual, word form area. *Journal of Experimental Psychology: General*, **131**, 65–72.

Polk, T., Stallup, M., Aguirre, G., Alsop, D., Esposito, M., Detre, J. & Farrah, M. (2002). Neural specialization for letter recognition. *Journal of Cognitive Neuroscience*, **14**, 145–159.

Posner, M., Petersen, S., Fox, P. & Raichle, M. (1988). Localization of cognitive operations in the human brain. *Science*, **240**, 1627–1631.

Pritzel, M., Brand, M. & Markowitsch, H. J. (2003). *Gehirn und Verhalten*. Heidelberg: Spektrum Akademischer Verlag.

Pugh, K., Mencl, W., Jenner, A., Katz, C., Frost, S., Lee, J., Shaywitz, S. & Shaywitz, B. (2000). Functional neuroimaging studies of reading and reading disability (developmental dyslexia). *Mental Retardation and Developmental Disabilities Research Review*, **6**, 207–213.

Pugh, K., Mencl, W., Shaywitz, B., Shaywitz, S., Fullbright, R., Constable, R., Skudlarski, P., Marchione, K., Jenner, A., Fletcher, J., Liberman, A., Shankweiler, D., Katz, L., Lacadie, C. & Gore, J. (2000). The angular gyrus in developmental dyslexia: Task-specific differences in functional connectivity within posterior cortex. *Psychological Science*, **11**, 51–56.

Pugh, K., Rexer, K. & Katz, L. (1994). Evidence of flexible coding in visual word recognition. *Journal of Experimental Psychology: Human Perception and Performance*, **20**, 807–825.

Pulvermüller, F., Assadollahi, R. & Elbert, T. (2001). Short communication: Neuromagnetic evidence for early semantic access in word recognition. *European Journal of Neuroscience*, **13**, 201–205.

Raskind, W. (2001). Current understanding of the genetic basis of reading and spelling disability. *Learning Disability Quarterly*, **24**, 141–157.

Richards, T., Dager, S., Corina, D., Serafini, S., Heidel, A., Steury, K., Strauss, W., Hayes, C., Abbott, R., Kraft, S., Shaw, D., Posse, S. & Berninger, V. (1999). Dyslexic children have abnormal chemical brain activation during reading-related language tasks. *American Journal of Neuroradiology*, **20**, 1393–1398.

Richards, T., Berninger, V., Aylward, E., Richards, A., Thomson, J., Nagy, W., Carlisle, J., Dager, S. & Abbott, R. (2002). Reproducibility of proton MR spectroscopic imaging: Comparison of dyslexic and normal reading children and effects of treatment on brain lactate levels during language tasks. *American Journal of Neuroradiology*, **23**, 1678–1685.

Richards, T., Corina, D., Serafini, S., Steury, K., Dager, S., Marro, K., Abbott, R., Maravilla, K. & Gerninger, V. (2000). Effects of phonologically-driven treatment for dyslexia on lactate levels as measured by proton MRSI. *American Journal of Radiology*, **21**, 916–922.

Richards, T., Dager, S., Corina, D., Maravilla, K. & Berninger, V. (2004). *Combining functional MRI and functional MR spectroscopic imaging to understand the lexical deficit in dyslexia*. *NeuroImage*, **17**, 45–57.

Robertson, D. (2000). Functional neuroanatomy of narrative comprehension. *Dissertation-Abstracts-International: Section B—The Sciences and Engineering*, **61**, (5-B), 2793.

Robertson, D., Gernsbacher, M., Guidotti, S., Robertson, R., Irwin, W., Mock, B. & Campana, M. (2000). Functional neuroanatomy of the cognitive process of mapping during discourse comprehension. *Psychological Science*, **11**, 255–260.

Röder, B., Stock, O., Neville, H., Bien, S. & Rösler, F. (2002). Brain activation modulated by the comprehension of normal and pseudo word sentences of different processing demands: A functional magnetic resonance imaging study. *NeuroImage*, **15**, 1003–1014.

Rosenberger, P. & Rottenberg, D. (2002). Does training change the brain? *Neurology*, **58**, 1139–1140.

Rumsey, J., Andreason, P., Zametkin, A., Acquino, T., King, C., Hamburger, S., Pikus, A., Rappoport, J. & Cohen, R. (1992). Failure to activate left tempoparietal context in dyslexia. *Archives Neurology*, **49**, 527–534.

Sakai, K., Hikosaka, O., Miyauchi, S., Takino, R., Sasaki, Y. & Putz, B. (1998). Transition of brain activations from frontal to parietal areas in visuomotor sequence learning. *Journal of Neuroscience*, **18**, 1827–1840.

Schlaggar, B., Brown, T., Lugar, H., Vissher, K., Miezin, F. & Petersen, S. (2002). Functional neuroanatomical differences between adults and school-age children in the processing of single words. *Science*, **296**, 1476–1479.

Schulte-Körne, G., Deimel, W., Barling, J. & Remschmidt, H. (1998). Auditory processing and dyslexia: Evidence for a specific speech processing deficit. *NeuroReport*, **9**, 337–340.

Serafini, S., Steury, K., Richards, T., Corina, D., Abbott, R. & Berninger, V. (2001). Comparison of FMRI and FMR spectroscopic imaging during language processing in children. *Magnetic Resonance in Medicine*, **45**, 217–225.

Shaywitz, S. (2003). *Overcoming dyslexia*. New York: Alfred A. Knopf.

Shaywitz, S. & Shaywitz, B. (2003). Neurobiological indices of dyslexia. In H. L. Swanson, K. Harris, and S. Graham (Hg.), *Handbook of research on learning disabilities* (S. 514–531). New York: Guilford.

Shaywitz, S., Shaywitz, B., Pugh, K., Fulbright, R., Constable, T., Mencl, W., Shankweiler, D., Liberman, A., Skudlarksi, P., Fletcher, J., Katz, L., Marchione, K., Lacadie, C., Gatenby, C. & Gore, J. (1998). Functional disruption in the organization of the brain for reading in dyslexia. *Proceedings of the National Academy of Science USA*. **95**, 2636–2641.

6

Shaywitz, B., Shaywitz, S., Pugh, K., Fulbright, R., Skudlarski, P., Menel, W., Constable, R. T., Marchione, K., Fletcher, J., Klorman, R., Lacadie, C. & Gore, J. (2001). The functional neural architecture of components of attention in language-processing tasks. *NeuroImage*, **13**, 601–612.

Shaywitz, B., Shaywitz, S., Pugh, K., Mencl, W., Fulbright, R., Skudlarski, P., Constable, T., Marchione, K., Fletcher, J., Lyon, R. & Gore, J. (2002). Disruption of posterior brain systems for reading in children with developmental dyslexia. *Biological Psychiatry*, **52**, 101–110.

Simos, P., Breier, J., Fletcher, J., Bergman, E. & Papanicolaou, A. (2000). Cerebral mechanisms involved in word reading in dyslexic children: A magnetic imaging approach. *Cerebral Cortex*, **10**, 809–816.

Simos, P., Breier, J., Fletcher, J., Foorman, B., Bergman, E., Fishback, K. & Papinicolaou, A. (2000). Brain activation profiles in dyslexic children during non-word reading. A magnetic source imaging study. *Neuroscience Letters*, **290**, 61–65.

Simos, P., Fletcher, J., Bergman, E., Breier, J., Foorman, B., Castillo, E., Davis, R., Fitzgerald, M. & Papinicolaou, A. (2002). Dyslexia: Specific brain activation profile becomes normal following successful remedial training. *Neurology*, **58**, 1203–1213.

Simos, P., Fletcher, J., Foorman, B., Francis, D., Castillo, E., Davis, R., Fitzgerald, M., Mathes, P., Denton, C. & Papanicolaou, A. (2002). Brain activation profiles during the early stages of reading acquisition. *Journal of Child Neurology*, **17**(3), 159–163.

The SLI Consortium (2002). A genomewide scan identifies two novel loci involved in specific language impairment. *American Journal of Human Genetics*, **70**, 384–398.

Spitzer, M. (1996). *Geist im Netz*. Heidelberg: Spektrum Akademischer Verlag.

Sugishita, M., Takayama, Y., Shino, T., Yoshikawa, T. & Takahashi, Y. (1996). Functional magnetic resonance imaging (fMRI) during mental writing with phonograms. *NeuroReport*, **7**, 1917–1921.

Swanson, H. L. & Siegel, L. (2001). Learning disabilities as a working memory deficit. *Issues in Education*, **7**, 1–48.

Tan, L., Liu, H., Perfetti, C., Spinks, J., Fox, P. & Gao, J. (2001). The neural system underlying Chinese logograph reading. *NeuroImage*, **13**, 836–846.

Temple, E., Deutsch, G., Poldrack, R., Miller, S., Tallal, P., Merzenrich, M. & Gabrielli, J. (2003). Neural deficits in children with dyslexia ameliorated by behavioral remediation: Evidence from functional MRI. *Proceedings of National Academy of Science USA*, **100**, 2860–2865.

Temple, E., Poldrack, R., Protopapas, A., Nagarajan, S., Salz, T., Tallal, P., Merzenich, M. & Gabrieli, J. (2000). Disruption of the neural response to rapidly transient acoustic stimuli in dyslexia: Evidence from fMRI. *Proceedings of the National Academy of Sciences, USA*, **97**, 12907–13912.

Temple, E., Poldrack, R., Salidis, J., Deutsch, G., Tallal, P., Merzenich, M. & Gabrieli, J. (2001). Disrupted neural responses to phonological and orthographic processing in dyslexic children: An fMRI study. *NeuroReport*, **12**, 299–307.

Thomson, J. & Raskind, W. (2003). Genetic influences on reading and writing disabilities. In H. L. Swanson, K. Harris, and S. Graham (Hg.), *Handbook of learning disabilities* (S. 256–270). New York: Guilford.

Turkeltaub, P., Eden, G., Jones, K. & Zeffiro, T. (2002). Meta-analysis of the functional neuranatomy of single-word reading: Method and validation. *Neuro-Image*, **16**, 765–780.

van Mier, H., Temple, L., Perlmutter, J., Raichle, M. & Petersen, S. (1998). Changes in brain activity during motor learning measured with PET: Effects of hand performance and practice. *Journal of Neurophysiology*, **80**, 2177–2199.

Vandenbergh, D. (2000). Techniques of molecular genetics. In M. Ernst & J. Rumsey (2000). *Functional neuroimaging in child psychiatry*. Cambridge, UK: Cambridge University Press.

Vernea, J. & Merory, J. (1975). Frontal agraphia (including a case report). *Proceedings of Australian Association of Neurology*, **12**, 93–99.

Wagner, Q., Paré-Blagoev, E. J., Clark, J. & Poldrack, R. (2001). Recovering meaning: Left prefrontal cortex guides controlled semantic retrieval. *Neuron*, **31,** 329–338.

Walla, P., Hufnagl, B., Lindinger, G., Imhof, H., Deecke, L. & Lang, W. (2001). Left temporal and tempoparietal brain activity depends on depth of word encoding: A magnetoencephalographic study in healthy young subjects. *NeuroImage*, **13,** 402–409.

Wernicke, C. (1874). *Der aphasische Symptomenkomplex.* Breslau: Cohn & Weigert.

Wolf, M. (2001). Preface: Seven dimensions of time. *Dyslexia, fluency, and the brain* (S. ix–xix). Timonium, MD: York Press.

Wolf, M. & Kennedy, R. (2002). How the origins of written language instruct us to teach: A response to Stephen Strauss. *Educational Researcher*, **31**(9), 13–26.

Wood, A., Saling, M., Abbott, D. & Jackson, G. (2001). A neurocognitive account of frontal lobe involvement in orthographic lexical retrieval: An fMRI study. *NeuroImage*, **14,** 162–169.

Wood, F. & Flowers, L. (2000). Dyslexia: Conceptual issues and psychiatric comorbidity. In M. Ernst & J. Rumsey (2000). *Functional neuroimaging in child psychiatry.* Cambridge, UK: Cambridge University Press.

Zurowski, B., Gostomzyk, J., Grön, G., Weller, R., Schirrmeister, H., Neumeier, B., Spitzer, M., Reske, S. & Walter, H. (2002). Dissociating a common working memory network from different neural substrates of phonological and spatial stimulus processing. *NeuroImage*, **15,** 45–57.

Teil 2
Aspekte der Instruktion bei Lernstörungen

7 Leseverständnisprobleme bei Schülern mit Lernstörungen

Lorraine Graham und Anne Bellert
University of New England

7.1 Einleitung

Die Zahl der Schüler mit Lernstörungen nimmt laufend zu. Derzeit wird davon ausgegangen, dass etwa 7 % aller schulpflichtigen Kinder und Jugendlichen in Nordamerika an einer Form von Lernstörung leiden (Gersten et al., 2001). In Australien und Neuseeland, wo die Definition von Lernstörungen umfassender ist und Schüler mit verschiedenen Lernschwierigkeiten mit einbezieht, geht man davon aus, dass mindestens 20 % der Schüler Probleme in einem oder mehreren schulischen Bereichen haben. Von diesen Schülern, so schätzt man, sind 5 % von einer spezifischen Lernstörung in einem schulischen Bereich – vor allem im Lesen – betroffen (Westwood & Graham, 2000).

Derzeit sind unterschiedliche Definitionen von Lernstörungen und Lernschwierigkeiten vorhanden und es gibt nach wie vor Kontroversen über die Verfahren zur Identifizierung von Lernstörungen; dies gilt vor allem für Diagnoseprozesse, denen eine Diskrepanz zwischen dem potentiellen Leistungsvermögen des Kindes und seiner tatsächlichen Leistung zugrundegelegt wird (vgl. Fuchs & Fuchs, 1998). Im großen und ganzen ist man sich jedoch darüber einig, dass Schüler mit Lernstörungen schwerwiegende und umfassende Probleme beim Erwerb und bei der Anwendung von bestimmten Fertigkeiten – Zuhören, Sprechen, Lesen, Schreiben, Schlussfolgern oder Rechnen – haben, und dass diese Probleme auf Beeinträchtigungen beim Sprachgebrauch und beim Umgang mit abstrakten Konzepten zurückzuführen sind (z. B. Swanson & Hoskyn, 1998). Diese Schwierigkeiten können mit Aufmerksamkeits- oder Verhaltensproblemen zusammenhängen. Sie werden jedoch nicht durch Beeinträchtigungen des Seh- oder Hörvermögens, durch geistige Behinderungen, emotionale Störungen oder kulturelle Benachteiligungen verursacht. Die meisten Schüler, bei denen Lernstörungen diagnostiziert werden, haben Probleme mit dem Lesen; dabei ist nicht nur das Dekodiervermögen beeinträchtigt, sondern auch die Fähigkeit, Gelesenes zu verstehen oder daraus Schlüsse zu ziehen (Carlisle, 1999; Tractenberg, 2002).

7

Leseverständnis ist während der gesamten Schulzeit eine notwendige Fertigkeit und eine wichtige Voraussetzung für den erfolgreichen Übergang ins Erwachsenenleben mit seinen Verantwortungen. Leseverständnis ist das Resultat eines vielschichtigen Prozesses, bei dem aus Geschriebenem Sinn konstruiert wird. Man kann Leseverständnis als einen interaktiven Prozess beschreiben, bei dem das Hintergrundwissen des Lesers eine dynamische Verbindung mit den Informationen eingeht, die dem Text entnommen und dekodiert werden. Voraussetzung ist, dass der Schüler viele komplexe Fertigkeiten koordinieren kann und aktiv an seinem eigenen Lernen teilnimmt. Der Erfolg des Leseverständnisses hängt davon ab, wie interessant und relevant der Schüler den Text findet, den er liest, ob er Wörter erkennen, sie dekodieren und flüssig und korrekt aussprechen kann, ob er sich der unterschiedlichen Ziele bewusst ist, die mit dem Lesen eines Textes verfolgt werden können, und ob er weiß, wie er Strategien zur Überwachung des Leseverständnisses wirksam einsetzen kann (Gersten et al., 2001; Swanson, 1999). Ein effektives Verständnis von gedrucktem Textmaterial wird auch durch textbasierte Faktoren beeinflusst, beispielsweise durch Struktur und Qualität des Textes, durch Vertrautheit oder Komplexität der Konzepte, die im Text dargeboten werden und durch das Vokabular, das verwendet wird (Raben et al., 1999).

Es gibt verschiedene Theorien, die erklären, wie das Leseverständnis zustande kommt. Das Bottom-up-Modell befürwortet einen Unterricht, in dem einzelne Fertigkeiten vermittelt werden, die miteinander kombiniert zu Sinnerzeugung und Verständnis führen. Das Top-down-Modell plädiert für einen Leseunterricht, bei dem weniger Wert auf einzelne Fertigkeiten gelegt wird; im Mittelpunkt dieses Modells steht ein holistischer Ansatz des Lesens mit dem Ziel, Kinder zusammenhängende Texte lesen und in eine literarische Umgebung eintauchen zu lassen. Interaktive Modelle wie das von Rumelhart (1976) verbinden die beiden theoretischen Ansätze miteinander und beschreiben Leser als aktive und strategische Lerner, die Vorhersagen machen, Fragen stellen, bestätigen und ihre Interpretationen des Textes selbst korrigieren. Nach dem interaktiven Modell wenden Leser Bottom-up- oder Top-down-Verarbeitung in Abhängigkeit davon an, welche Art von Verständnisschwierigkeiten beim Leser auftreten und ob ihm der Lesestoff vertraut oder fremd ist (Manzo & Manzo, 1993). Unabhängig davon, aus welcher theoretischen Perspektive die Handlungen eines Lesers interpretiert werden, gehören zum Leseverständnis grundsätzlich das flüssige und genaue Erkennen der Wörter auf einer Textseite (oder auf dem Computerbildschirm, dem Anschlagbrett, der Packung), das Verständnis und die Interpretation der Ideen, die im Kontext des Gesamttextes vermittelt werden, sowie das Hintergrundwissen des Lesers.

Im ersten Teil dieses Kapitels diskutieren wir die Schwierigkeiten, die Schüler mit Lernstörungen beim Leseverständnis häufig aufweisen. Da das Verständnis von Erzähltexten andere Strategien erfordert als das Verständnis von Sachtexten, werden anschließend Forschungsergebnisse zu wirksamen Instruktionsstrategien zusammengefasst, die Schülern dabei helfen, diese Textarten besser zu verstehen. Im letzten Teil dieses Kapitels stellen wir die – wie wir meinen – grundsätzlichen Dilemmas der Leseforschung vor und werfen einen Blick auf vielversprechende zukünftige Forschungsrichtungen, die sich mit den Verständnisproblemen von Schülern mit Lernstörungen befassen.

7.2 Schwierigkeiten beim Leseverständnis 7

Leseverständnis ist eine wichtige schulische Fertigkeit. Es unterstützt das schulische Lernen und wird fächerübergreifend und mit steigender Klassenstufe des Lesers immer wichtiger. Schüler mit Lernstörungen haben im Vergleich zu ihren Mitschülern größere Schwierigkeiten, Gelesenes zu verstehen, selbst wenn Unterschiede bei der Dekodierfähigkeit berücksichtigt werden (Englert & Thomas, 1987; Taylor & Williams, 1983).

Das Leseverständnis von Schülern mit Lernstörungen ist in der Regel deshalb schlechter, weil ihnen das strategische Lesen Probleme bereitet und es ihnen schwer fällt, während des Lesens spontan ihr Verständnis zu kontrollieren. Obgleich viel über die Vermittlung von Verständnisstrategien geforscht wurde, ist es nach wie vor eine Herausforderung, Schülern mit Lernstörung beizubringen, auf flexible und individuell angemessene Weise Lesestrategien aktiv und effizient anzuwenden. Die Verständnisprobleme von Schülern mit Lernstörungen können unterschiedliche Ursachen haben: (1) Schwierigkeiten bei der angemessenen Verwendung von Hintergrundwissen; (2) Probleme beim Dekodieren und bei der Worterkennung; (3) ein unzureichender Wortschatz; (4) Schwierigkeiten bei der Leseflüssigkeit; (5) Probleme bei der Verwendung von Strategien und mangelnde kognitive Fertigkeiten; und (6) Schwierigkeiten bei der Unterscheidung von gängigen Textstrukturen. Im folgenden Teil werden wir der Reihe nach näher auf diese möglichen Probleme von Schülern mit Lernstörungen eingehen.

7.2.1 Die richtige Verwendung von Hintergrundwissen

Um einem Text Sinn zu entnehmen, ist es wichtig, das eigene Hintergrundwissen richtig einzusetzen. Aktuelle Forschungen lassen erkennen, dass Schüler am meisten von solchen Aktivitäten profitieren, bei denen sie ihr Hintergrundwissen einschätzen, aktivieren und entwickeln (z. B. Brownell & Walther-Thomas, 1999; Jitendra et al., 2000; Raben et al., 1999). Strukturierte Aktivitäten im Vorfeld des Lesens dienen dazu, den Schülern einen besseren Zugang zum Text zu verschaffen und sie in die Lage zu versetzen, das zu erinnern, was sie gelernt haben. Die Aktivierung von Hintergrundwissen kann darüber entscheiden, ob der Leser neue Konzepte verstehen und anwenden kann, oder ob er die dargebotenen Konzepte verwirrend findet und sie nicht versteht.

Wie schwierig es sein kann, einen Text zu verstehen und die richtigen Schlüsse daraus zu ziehen, machen die beiden folgenden Satzbeispiele (Kintsch & Kennan, 1973) deutlich:

1. Die brennende Zigarette wurde achtlos weggeworfen. Das Feuer zerstörte weite Teile des Waldes.
2. Es wurde eine ungewöhnlich geringfügige Menge Hydrozele gefunden. Der Samenstrang war recht trocken.

Da der Leser mit großer Wahrscheinlichkeit die möglichen Folgen einer achtlos im Wald weggeworfenen Zigarette kennt, ist das Verständnis der ersten beiden Sätze praktisch sicher. Dagegen gehören Begriffe wie Hydrozele[1] oder Samenstrang bei den meisten Lesern wahrscheinlich nicht zum Hintergrundwissen. Daher ist das Verständnis des letzten Satzpaares mühsamer und möglicherweise erfolglos.

Wie Rumelhart (1980) bemerkte, interagieren Hintergrundwissen und Verständnis auf verschiedene Weise miteinander. Es kann z. B. sein, dass der Leser nicht über das textrelevante Hintergrundwissen verfügt. Je schlechter das Allgemeinwissen und der Wortschatz eines Schülers sind, umso schwerer fällt es ihm, für ein besseres Textverständnis das passende Wissen zu aktivieren. Oder der Schüler ist nicht in der Lage, bestimmte Stichwörter bzw. Hinweisreize im Text zu erkennen, die er mit bereits vorhandenem Wissen verknüpfen könnte oder mit deren Hilfe er bereits vorhandenes Wissen aktivieren könnte. Verständnisschwierigkeiten können aber auch auftreten, weil der Leser eine Textinterpretation entwickelt, die vom Autor nicht beabsichtigt war.

Schüler mit Lernstörungen haben häufig Schwierigkeiten beim Aktivieren von passendem Wissen oder bei der Entwicklung von Hintergrundwissen, wenn keine (oder nur vage) Kenntnisse vorhanden sind. Es kann sein, dass diese Schüler etwas über ein bestimmtes Thema wissen, ihre Kenntnisse aber nicht in den Lese- und Verständnisprozess einbringen (Paris et al., 1983). Aktivitäten im Vorfeld des Lesens wie z. B. Brainstorming, die Entwicklung einer grafischen Lern- bzw. Organisationshilfe (graphic organizer), Fragen oder Schreiben über ein verwandtes Thema können helfen, Wissen zu aktivieren. Wenn Schüler nicht über das Hintergrundwissen verfügen, das zum Verstehen eines bestimmten Textes notwendig ist, muss entschieden werden, welches spezifisches Wissen den Schülern zur Verfügung gestellt werden soll, wie viel Zeit für die Wissensentwicklung aufgebracht werden kann und welche Aktivitäten das Verständnis der Schüler am besten unterstützen. Je mehr die Schüler über ein Thema wissen, desto stärker sind sie zum Lernen motiviert und desto leichter fällt es ihnen, ihr Hintergrundwissen mit den Textinformationen zu verbinden und die neuen Informationen im Gedächtnis so zu organisieren, dass sie später abgerufen werden können.

7.2.2 Dekodierung und Worterkennung

Verständnisschwierigkeiten hängen auch mit Dekodieren und Worterkennung zusammen, da diese Fertigkeiten in unmittelbarem Zusammenhang mit den Kerndefiziten von Lernstörungen stehen. Wie Swanson (1999, S. 505) bemerkt, hat sich in den letzten Jahren die Annahme durchgesetzt, dass Schüler mit Lernstörungen gekennzeichnet sind durch „spezifische Verarbeitungsdefizite, lokalisiert in der phonologischen Verarbeitung, insbesondere auf der Worterkennungsebene (…)" (Shaywitz et al., 1996; Seigel, 1992; Stanovich & Seigel, 1994). Diese Ansicht wird weithin akzeptiert, da Leseprobleme bei Schülern mit Lernstörungen so verbreitet sind und weil zahlreiche Studien zu dem Ergebnis gelangen, dass Leseschwierigkeiten auf Defizite bei der phonologischen Kodierung, insbesondere der visuellen Worterkennung, zurückzuführen sind (Seigel, 1993). Obgleich es Hinweise darauf gibt, dass auch andere

---

[1] Eine Ansammlung seröser Flüssigkeit in den Hodenhüllen oder im Samenstrang.

Faktoren – wie z. B. die Benennungsgeschwindigkeit – wichtig für das Verständnis der Schwierigkeiten von Lesern mit Lernstörungen sind (Wolf, 2002), gilt die phonologische Verarbeitung nach wie vor als das wichtigste Defizit bei Lernstörungen.

Wenn Schüler Informationen nicht schnell und genau dekodieren, werden die ihnen zur Verfügung stehenden kognitiven Ressourcen und die begrenzte Kapazität des Arbeitsgedächtnisses zur Identifizierung der Wörter und nicht zur Bedeutungskonstruktion auf Satz- und Textebene verwendet. Manche Leser sind so sehr mit dem Dekodieren und Erkennen von Wörtern beschäftigt, dass sie, wenn sie das Satzende erreichen, bereits vergessen haben, was am Satzanfang stand. Eine solch mühsame und ineffiziente Dekodierung beeinträchtigt offensichtlich das Textverständnis der Schüler und in der Folge auch ihre Motivation zu lesen. Manchen Schülern fällt das Dekodieren eines Textes so schwer, dass das Lesen für sie kein Vergnügen, sondern eine Qual ist.

Die automatisierte Dekodierung ist ein wichtiger Bestandteil von Stanovichs (1980) interaktiv-kompensatorischem Lesemodell. Stanovich veranschaulicht sein Modell, indem er einen schlechten Leser beschreibt, dessen Worterkennungsfertigkeiten beeinträchtigt sind. Um den Text zu verstehen, verwendet dieser Leser Wörter, die er kennt und rät mit Hilfe seines semantischen und syntaktischen Wissens und anderer kontextueller Hinweise Wörter, die er nicht kennt. Stanovich kommt zu dem Schluss, dass diese Kompensation von schlechten Dekodier- und Worterkennungsfertigkeiten nur mit geringer Wahrscheinlichkeit zu einem flüssigen und genauen Lesen führt. Wenn aus Leseanfängern und Lesern mit Lernstörungen kompetente Leser werden sollen, müssen sie die Fähigkeit entwickeln, Wörter unabhängig von kontextuellen Hinweisen rasch und automatisch zu erkennen.

Flüssiges Lesen ist das Ergebnis einer kontextfreien Worterkennung in Verbindung mit einer effektiven phonologischen Dekodierung (Carlisle & Rice, 2002). Eine rasche und genaue Dekodierung ist für das Leseverständnis unerlässlich, jedoch nicht ausreichend. Sie verringert die Gedächtnisanforderungen bei der Wortidentifizierung und setzt begrenzte Kapazitäten des Arbeitsgedächtnisses frei, damit Sinn konstruiert werden kann. Dies bedeutet allerdings noch nicht, dass auch tatsächlich eine erfolgreiche Sinnkonstruktion stattfindet. Schüler müssen ein Depot mit Wörtern aufbauen, die sie sofort erkennen, damit sie Sicherheit und Spaß am Lesen gewinnen. Da Schüler mit Lernstörungen Gedächtnisprobleme haben können und Wörter vergessen können, die sie am Tag zuvor offenbar noch kannten, sind systematisches Üben von Worterkennungsfertigkeiten und Aktivitäten zur Wortschatzentwicklung hilfreich (Westwood, 2001). Je häufiger Wörter gesehen und geübt werden, desto höher ist die Wahrscheinlichkeit, dass sich Lerner an sie erinnern und ihr gespeichertes Wissen beim Lesen und Verstehen von zusammenhängenden Texten einsetzen.

7.2.3 Wortschatz

Mangelnde Wortkenntnisse oder eine Diskrepanz zwischen dem Wortschatz des Lesers und den sprachlichen Anforderungen des Textes können ebenfalls ein Grund für Leseverständnisprobleme sein. McCormick (1999) veranschaulicht anhand des folgenden Beispiels, wie das Leseverständnis durch die Kenntnis des Lesers von Wortbedeutungen beeinflusst wird:

7

1. Das Verständnis der semantischen Felder morphologischer Einheiten ist fundamental, um dem Gelesenen semantische Inhalte zu entnehmen. Dies scheint vollständig plausibel zu sein und die meisten Pädagogen würden mit den Worten reagieren: „Das trifft unweigerlich zu!"
2. Die Kenntnis von Wortbedeutungen ist wichtig für das Leseverständnis. Dies scheint ganz logisch zu sein und die meisten Lehrer würden auf diese Aussage erwidern: „Stimmt genau!"

Beide Abschnitte vermitteln die gleiche Botschaft, verwenden dazu aber völlig unterschiedliche Begriffe. Beim Lesen von Texten mit vielen unbekannten Wörtern machen Schüler mehr Fehler, weil sie den Text nicht mit ihrem Hintergrundwissen in Verbindung bringen können. Das mangelnde Leseverständnis führt dann zu Frustration und einem Motivationsverlust. Birsh (1999) weist darauf hin, dass erfolgreiches Leseverständnis eng mit dem mündlichen Sprachverständnis und dem Wortschatz eines Lesers zusammenhängt.

Perfetti (1984, S. 87) weist ebenfalls darauf hin, dass die Wortkenntnisse eines Lesers einen wichtigen Beitrag zur Lesefähigkeit leisten, da „die Kenntnis von Wortbedeutungen den Leser dazu befähigt, Propositionen zusammenzusetzen und zu integrieren" und das Gelesene zu verstehen. Wenn ein Text viele unbekannte Wörter enthält, können die anfänglichen Text-Repräsentationen des Lesers unvollständig sein und die weitere Integration von Ideen wird problematisch. Das Leseverständnis wird aber nicht nur durch mangelndes Wortwissen, sondern auch durch mangelnde Kenntnisse von Syntax und Satzstruktur – die Wortfolge in Satzteilen und Sätzen – beeinträchtigt. Daher profitieren die meisten Schüler mit Lernstörungen von einem expliziten Grammatikunterricht, wo sie z. B. lernen, auf welchen Referenten sich ein Pronomen bezieht oder auf welche Weise Binde- oder Signalwörter (wie z. B. Präpositionen) die Bedeutung eines Textes verändern können.

7.2.4 Leseflüssigkeit und Leseverständnis

Flüssiges Lesen wird vor allem durch Lesegeschwindigkeit und -genauigkeit erfasst (Chard et al., 2002). Offenbar gibt es eine optimale Geschwindigkeit, bei der Informationen vom Leser reibungslos verarbeitet werden können. Beim automatisierten Lesen wird durch mühelose Dekodierung und Worterkennung beim Leser kognitive Kapazität freigesetzt, so dass er sich auf die Bedeutung des Gelesenen konzentrieren kann (Perfetti, 1985, 1977). Beim langsamen Lesen werden Informationen nicht lang genug im Arbeitsgedächtnis behalten, um Sinn konstruieren zu können; es schränkt die Schüler auf niedrige Ebenen der Verarbeitung ein, bei der Buchstaben und Wörter anstatt Konzepte und ihre Zusammengehörigkeit im Vordergrund stehen. Zu schnelles Lesen führt hingegen dazu, dass wichtige Textdetails übersehen werden können.

Schülern mit Lernstörungen bereitet das flüssige Lesen oft Probleme (Meyer & Felton, 1999). Der Grund dafür sind Schwierigkeiten beim Erkennen von Wortgestalten, beim Dekodieren von Wörtern und beim automatischen und bedeutungsvollen Lesen von Satzteilen und Sätzen. Langsames Lesen beeinträchtigt das

7

Leseverständnis, da es den Schüler daran hindert, während des Lesens über den Text nachzudenken. Offenbar ist sowohl das zügige Lesen geläufiger Wörter als auch die rasche Anwendung von Dekodierfertigkeiten für eine gute Leseentwicklung wichtig (Chard et al., 2002). Da Schüler mit Lernstörungen häufig Probleme mit der Leseflüssigkeit zeigen, haben Wolf (2000) und ihre Kollegen (z. B. Bowers & Wolf, 1999) die Doppel-Defizit-Hypothese entwickelt, die davon ausgeht, dass die Kernprobleme von Kindern mit Lernstörungen in der Geschwindigkeit der Wortbenennung und in der phonologischen Verarbeitung von Buchstaben und Lauten begründet liegen. Diese gründlich erforschte und zunehmend einflussreiche Hypothese legt nahe, dass man Schülern mit ausreichenden Dekodierfähigkeiten genügend Gelegenheiten geben sollte, das Lesen zusammenhängender Texte zu üben, damit sie flüssige Leser werden. Wenn Schüler zügig und genau lesen können, macht ihnen das Lesen häufig auch mehr Spaß; möglicherweise lassen sich dadurch auch die Folgen einer unzureichenden Lesepraxis kompensieren, die von Stanovich (1986) als Matthäus-Effekt bezeichnet wurden.

Stanovich (1986) beschreibt die verzögerte phonologische Bewusstheit von Schülern mit Lernstörungen und die daraus resultierende Schwierigkeit, eine automatisierte Dekodierung und Worterkennung zu erlangen. Da mühsames Dekodieren die kognitiven Ressourcen des Lesers erschöpft, wird seine Verarbeitungsgeschwindigkeit gedrosselt und sein Leseverständnis beeinträchtigt. Da die Lesekompetenz normaler Leser kontinuierlich ansteigt, tendieren sie dazu, mehr zu lesen und von ausgedehnten Übungsgelegenheiten und der Begegnung mit neuen Wörtern und Ideen zu profitieren. Im Gegensatz dazu sind Schüler, denen das Lesen Schwierigkeiten bereitet, weniger motiviert zu lesen. Das hat zur Folge, dass Schüler mit Lernstörungen Lesefertigkeiten viel weniger üben als ihre Peers und der Kreislauf des Matthäus-Effekts, den Stanovich (1986) im Sinne von „Die Reichen werden immer reicher, die Armen immer ärmer" beschreibt, wird fortgesetzt. Die Kluft zwischen guten und schlechten Lesern wird im Lauf der Schulzeit immer größer.

Der Matthäus-Effekt lässt sich durch Interventionen, die auf eine Verbesserung der Leseflüssigkeit ausgerichtet sind, möglicherweise mit der Zeit umkehren. Eine Studie von Graham et al. (2001) ergab, dass häufiges Lesen und die gezielte Förderung von Worterkennung und Strategiegebrauch zu Fortschritten bei der Lesegeschwindigkeit und -genauigkeit sowie beim Grundwortschatz und beim Leseverständnis führten. Außerdem stellte sich heraus, dass die Schüler ihre verbesserte Leseflüssigkeit noch ein Jahr nach der Studie aufrechterhielten (Pegg et al., 2002). Kommentare von Schülern wie z. B. „Ich hätte nie gedacht, dass ich so gut lesen kann. Das hört sich ja an wie bei den guten Schülern", sprechen für mehr Selbstvertrauen und Spaß am Lesen. Die Ergebnisse deuten darauf hin, dass vermehrte Lesegelegenheiten und das Üben von Worterkennungsfertigkeiten die Automatisierung des Lesens fördern und der Leser somit seine kognitiven Ressourcen nutzen kann, um sich auf das Textverständnis zu konzentrieren. Die wesentliche Veränderung besteht darin, dass sich der Fokus der Kognition von niedrigeren Verarbeitungsebenen (wie z. B. das Dekodieren von Buchstaben und Wörtern) zu höheren Verarbeitungsebenen (z. B. konzeptuelles Verständnis und Bedeutungskonstruktion) verlagert.

Wie sich ein Mangel an Übung auf die Leser auswirkt, veranschaulicht Stanovich (1986) anhand einer Bibelstelle (Matthäus 25, 29).[2] Eine Verbesserung der Leseflüssigkeit durch Interventionen, in deren Mittelpunkt Worterkennung und wiederholtes Lesen stehen, könnte sich auch auf Leser auswirken, wie sie Salomo in seinem Buch der Weisheit (Weish 16, 11) beschreibt: „Sie wurden gebissen, aber schnell wieder gerettet, damit sie sich an deine Worte erinnerten; denn sie sollten nicht in tiefes Vergessen versinken, sondern sich ungehindert deiner Wohltaten erfreuen."[3] Wie es scheint, ist die Leseflüssigkeit ein überaus wichtiger Faktor, der allerdings in vielen Leseprogrammen vernachlässigt wird (Kamenui & Simmons, 2001). Genaues Dekodieren reicht nicht aus; ein Leser muss sich an Wörter erinnern und sie zügig lesen können, wenn er die Zusammenhänge zwischen den gedruckten Ideen verstehen und „nicht in tiefes Vergessen versinken" will.

7.2.5 Strategiegebrauch und Metakognition

Wichtige Bereiche der Leseverständnisforschung sind Strategietraining und Metakognition. Metakognition bezieht sich auf das Bewusstsein der Schüler für ihr eigenes Denken und die Fähigkeit, den Gebrauch von Strategien zu regulieren, um einen Text besser zu verstehen. Es ist wichtig, dass Schüler ihr Leseverständnis selbst beobachten und notwendige Maßnahmen ergreifen, wenn der Sinn des Gelesenen unklar wird. Verständnisstrategien können Schüler gezielt dabei unterstützen, aus einem Text Schlüsse zu ziehen, Informationen zusammenzufassen, vorherzusagen, was in einem Erzähltext als nächstes geschehen wird, Fragen und Antworten zu einem Text zu formulieren und sich das Gelesene bildlich vorzustellen, um so für ein besseres Leseverständnis zu sorgen (siehe Tabelle 7.1).

Erkenntnisse aus Studien zu Metakognition und Strategiegebrauch haben dazu geführt, dass sich die Vorstellungen von Lernstörungen verändert haben. Obgleich nach wie vor davon ausgegangen wird, dass diesen Störungen Verarbeitungsprobleme zugrunde liegen, überwiegt heute die Annahme, dass die Schwierigkeiten von Schülern mit Lernstörungen nicht auf Defiziten, sondern auf Ineffizienz beruhen (Gersten et al., 2001). Das bedeutet, dass diese Schüler zwar über die Strategien verfügen, die zum geplanten und strategischen Verständnis eines Textes erforderlich sind, sie jedoch nicht zum richtigen Zeitpunkt oder nur auf ineffiziente Weise oder unvollständig anwenden.

Die wesentliche Funktion des Lesens besteht darin, einem Text Sinn zu entnehmen. Wenn Kinder gar nicht merken, dass sie das Gelesene nicht verstehen, können sie auch keine Schritte unternehmen, um festzustellen, wo das Problem liegt. Schüler müssen den Erfolg bzw. Misserfolg ihrer Verständnisbemühungen überwachen, um strategische und erfolgreiche Leser zu sein. Verständnis-Monitoring ist der Schlüssel zu einem unabhängigen und selbstregulierten Lesen mit dem Ziel, Bedeutung zu konstruieren. Während bestimmte Leseaufgaben (etwa solche, bei denen die Schüler

---

[2] „Denn wer da hat, dem wird gegeben werden, und er wird die Fülle haben; wer aber nicht hat, dem wird auch, was er hat, genommen werden" (Übersetzung von Martin Luther).

[3] Aus der katholischen Einheitsübersetzung.

7

gezielten Anleitungen folgen) Verständnisüberwachung stärker fördern als andere Lesesituationen, ist diese Überwachung für die Verarbeitung aller Textarten wichtig. Tatsächlich deutet aktuelle Überblicksliteratur zum Leseverständnis darauf hin, dass Schüler mit Lernstörungen am meisten von solchen Instruktionsmaßnahmen profitieren, in deren Mittelpunkt Verständnis-Monitoring und Strategietraining stehen (Forness, 1997; Gersten et al., 2000; Swanson, 1999).

Angesichts der Komplexität eines wirksamen Strategiegebrauchs und der Notwendigkeit, ein Repertoire an Strategien zu entwickeln, die unterschiedlichen Zwecken dienen, muss die Instruktion spezifisch und langfristig sein und dafür sorgen, dass die Schüler Strategien auf andere Leseaufgaben übertragen und verallgemeinern können. Die Vermittlung von Leseverständnisstrategien ist offenbar dann am wirksamsten, wenn sie auf die Förderung von metakognitiven Fertigkeiten ausgerichtet ist (Chan & Cole, 1986; Graves, 1986; Malone & Mastropieri, 1992), für genügend Übungsgelegenheiten sorgt (Pressley et al., 1989) und Erfolg auf Anstrengung und Strategiegebrauch zurückführt (Borkowski et al., 1988; Schunk & Rice, 1992). Eine wichtige Erkenntnis aus vielen Studien zum Strategietraining ist, dass Schüler gelernte Strategien erfolgreicher einsetzen und eher auf neue Situationen übertragen, wenn das strategische Verfahren Selbstüberwachungsfragen mit einbezieht (Graves, 1986; Malone & Mastropieri, 1992; Wong & Jones, 1982).

Viele wirksame Strategien sehen vor, dass die Schüler den Text (oder Teile daraus) nochmals lesen, wenn sie die Fragen, die sie lernen sich selbst zu stellen, nicht sicher beantworten können. Das Nachlesen des ganzen Textes oder einzelner Abschnitte in einer eher zufälligen Weise trägt allerdings nicht dazu bei, das Leseverständnis von Schülern mit Lernstörungen zu verbessern; diese Schüler müssen vielmehr lernen, beim erneuten Lesen eines Textes strategisch vorzugehen. Graham und Wong (1993) haben ein auf Selbstinstruktion ausgerichtetes Training mit der traditionellen Vermittlung einer Frage-und-Antwort-Strategie verglichen. Die Ergebnisse zeigten, dass es wirksamer war, wenn Schüler mit Lernstörungen eine aus drei Kernfragen bestehende Strategie anwendeten, die sie beim Wiederholungslesen anleitete, und dass dieses Vorgehen in einem länger anhaltenden Lernerfolg resultierte.

Die drei Fragen zur Selbstbeobachtung, die sich die Schüler in dieser Studie stellen sollten, waren: (1) Wie werde ich diese Frage beantworten? *(Einen Strategieansatz wählen)*; (2) Was für eine Frage ist das? *(wörtlich, schlussfolgernd oder kreativ)*; (3) Ist meine Antwort richtig? *(rechtfertige oder beweise die Antwort)*. Die sog. 3H-Strategie (Abb. 7.1), die das Nachlesen und die Beantwortung von Fragen anleitet, wird bei Schülern in Kanada und Australien erfolgreich als Selbstinstruktionsstrategie eingesetzt.

Swansons (1999) Metaanalyse zu Leseforschungen, die sich auf Schüler mit Lernstörungen konzentrierten, liefert ebenfalls überzeugende Belege für die Nützlichkeit solcher Strategien bei lerngestörten Kindern. Gersten et al. (2001) kommen in ihrem Überblick über die Vermittlung von Leseverständnisstrategien ebenfalls zu dem Schluss, dass sich viele der strategischen Schwächen von Schülern mit Lernstörungen beseitigen lassen und dass eine explizite Instruktion ihre strategische Verarbeitung bedeutsam verbessern kann. Strategietraining in Verbindung mit direkten Instruktionsmethoden bringt offenbar die höchsten Effektstärken hervor, was auf einen positiven Einfluss auf das Leseverständnis dieser Schüler hindeutet.

Tab. 7.1 Metakognitive Strategien der Sinnbildung während des Lesens.

Schlüsse ziehen	Fragen formulieren	Probleme klären	Vorhersagen treffen	Bildlich vorstellen
„Aber die Antwort steht hier nicht" Wie Du eine Antwort findest, die nicht im Text steht: • Informationen sammeln (zusammenfassen) • Versuche, anhand der Informationen, die Dir zur Verfügung stehen, eine Vermutung anzustellen (eine Schlussfolgerung zu ziehen) • Suche Verbindungen, generalisiere vom Text auf reale Lebenserfahrungen • Lies zwischen den Zeilen, um eine verborgene Botschaft zu entdecken • Stelle einen Zusammenhang zwischen Ursache und Wirkung her; wenn bestimmte Umstände nicht ausdrücklich erwähnt werden, versuche, sie durch logisches Denken herzuleiten • Achte auf Details, die Aufschluss über Zusammenhänge geben könnten • Stelle Vergleiche an • Versuche, Motive zu finden • Beurteile die handelnden Personen, ihre Beziehungen und die Triftigkeit des Textes	**Stelle Fragen und beantworte sie im Selbstgespräch bzw. durch lautes Denken** • Wer ist ___? • Was ist/tut ___? • Wann ist ___? • Wo ist ___? • Warum ist ___ wichtig? • Warum passiert ___? • Was gehört zu ___? • Inwiefern ist ___ ein ___? Beispiel für ___? • Wie hängen ___ und ___ miteinander zusammen? • Worin unterscheiden sich ___ und ___? • Wie passiert ___? • Was ist am wichtigsten, ___ oder ___? • Was ist meine Meinung über ___? • Wie viele Teilüberschriften gibt es hier? • Hört dieser Abschnitt bald auf? • Worum geht es im nächsten Abschnitt?	**Wenn Du auf ein völlig unbekanntes Wort triffst, versuche herauszufinden, was es bedeutet** • Wie klingt das Wort? Kommt es Dir irgendwie bekannt vor? • Nutze kontextuelle Hinweise, um die Bedeutung des Worts zu ermitteln • Suche nach einer Definition anderswo im Text • Achte auf Wortwurzeln oder andere Wortteile, die Du kennst • Überlege, ob es jetzt oder später sinnvoll wäre, ein Wörterbuch oder ein Glossar zu verwenden • Frage jemanden **Was Du tun kannst, wenn Du auf ein Wort triffst, dessen Bedeutung Dir nicht ganz klar ist** • Lies weiter, um festzustellen, ob der Text nicht auch ohne das Wort Sinn ergibt	**Du kannst eine Vorhersage treffen, wenn:** • es Überschriften gibt • der Autor/die Autorin im Text eine Frage stellt • der Text darauf hinweist, was als nächstes diskutiert wird • sich eine frühere Voraussage, die Du getroffen hast, als richtig oder falsch erweist • Du eine Nuance oder Implikation entdeckst **Treffe Vorhersagen über Ergebnisse und Themen:** • Passe Deine Voraussagen an und verändere sie; überlege, wie die Geschichte ausgehen könnte • Worauf läuft die Erzählung hinaus? • Ist der Sachtext inhaltlich und formal richtig? Gibt es eine unterschwellige Botschaft? • Welchen Zweck hat dieser Teil des Textes?	**Stelle dir das, was Du liest, bildlich vor** • Beschreibe die Bildvorstellung • Wie hat sich die Bildvorstellung im Laufe des Lesens verändert? • Welche Ereignisse oder Informationen haben die Veränderung der Bildvorstellung ausgelöst? **Untersuche Deine Vorstellungsbilder und emotionalen Reaktionen** • Wenn ich das lese, stelle ich mir ___ vor • Wenn ich in meinen Gedanken lese, sehe ich ___ • Das erinnert mich an ___ • Wenn ich das lese, fühle ich mich ___ **Entwickle eine grafische Lernhilfe, mit der Du Ursache und Wirkung darstellen oder Beziehungen veranschaulichen kannst** • Konzeptpläne

- Achte auf visuelle Hinweise (z. B. Layout), um daraus Informationen abzuleiten
- Achte auf die Textstruktur und versuche, die Kernidee eines jeden Abschnitts zu entdecken

Schlussfolgern – durch logisches Denken aus Hinweisen erschließen; ab-/herleiten; konkludieren; zu dem Schluss kommen; eine Folgerung ziehen

Peer-Modeling der Selbstbefragung während des Lesens ist eine überaus wirksame Methode, um Schülern mit Lernstörungen die Strategie der Selbstbefragung zu vermitteln

- Lies den Abschnitt, der Dir unklar ist, noch einmal durch
- Verändere die Lesegeschwindigkeit: lies langsamer, um besser auf Hinweise achten zu können; lies schneller, um den Text als Ganzes zu verstehen
- Denke noch einmal darüber nach, welche Voraussagen Du am Anfang getroffen hast
- Beurteile den Text, den Du liest: ist das, was da behauptet wird, richtig oder erscheint es Dir irgendwie komisch?
- Frage jemanden

Schüler mit Lernstörungen benötigen möglicherweise Hinweisreize bzw. Prompts, um klärende Fragen zu stellen (z. B. „Was ich nicht verstehe, ist ..." oder „Diesen Teil finde ich verwirrend")

- Wie hängt dieser Teil mit der Kernidee des Textes zusammen?

Die Vorhersage von Inhalt und Ergebnissen ist eine wichtige Aktivität im Vorfeld des Lesens; für ein erfolgreiches Textverständnis muss der Leser allerdings auch während des Lesens Vorhersagen treffen und diese ggf. korrigieren

- Gittersysteme, Tabellen, Diagramme etc.
- Venn-Diagramme
- Soziogramme
- Themenskizzen

Für Schüler mit Lernstörungen ist die grafische Darstellung von Informationen wichtig, um mündlichen und schriftlichen Input zu verstärken

7

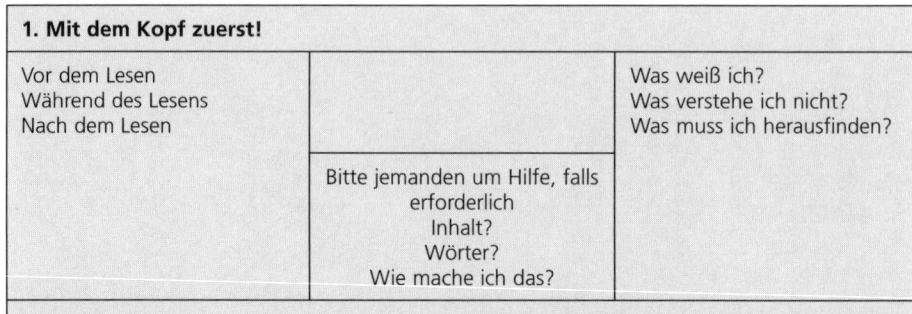

1. Mit dem Kopf zuerst!

Vor dem Lesen Während des Lesens Nach dem Lesen		Was weiß ich? Was verstehe ich nicht? Was muss ich herausfinden?
	Bitte jemanden um Hilfe, falls erforderlich Inhalt? Wörter? Wie mache ich das?	

Verwende die 3Hs, um Dich daran zu erinnern, wie Du Antworten auf Deine Fragen finden kannst:

2. HERE (explizit) Die Antwort findet sich in einem Satz des Abschnitts

3. HIDDEN (implizit) Die Antwort verbirgt sich in zwei oder mehr Teilen des Abschnitts. Oder Du findest die Antwort, wenn Du Informationen aus dem Abschnitt mit dem, was Du bereits weißt, verbindest.

4. In my HEAD (Hintergrundwissen) Nutze das, was Du bereits weißt, um die Frage zu beantworten. Nur Du oder der Abschnitt und Du.

5. Überprüfe Deine Antworten. Lies jede Frage und Deine Antworten noch einmal durch, um zu sehen, ob sie zusammenpassen. Wie sicher bist Du, dass Deine Antwort richtig ist? Wenn Du alle Fragen und Antworten überprüft hast, kehre zu den Antworten zurück, bei denen Du Dir nicht sicher bist. Kontrolliere die Antworten mit der 3H-Strategie. Du solltest für jede Deiner Antworten einen Grund haben. Ist das so? Gut gemacht!

Abb. 7.1 Die 3H-Strategie zur Beantwortung von Verständnisfragen nach dem Lesen eines Abschnitts.

7.2.6 Textstrukturen voneinander unterscheiden

In den 1980er Jahren wurde die These aufgestellt, dass Schüler mit Lernstörungen Schwierigkeiten haben, bei Verständnisaktivitäten bestimmte Aufgabenanforderungen zu erkennen; dazu gehört auch die Unterscheidung verschiedener Textarten und das strategische Herangehen an einen Text (z. B. Englert & Thomas, 1987; Taylor & Samuels, 1983; Wong & Wilson, 1984). Schülern mit Lernstörungen fällt es oft schwer, eine Erzählung bzw. einen Sachtext anhand ihrer typischen Merkmale zu erkennen; daher bereitet es ihnen Schwierigkeiten, ihr Wissen über Textstrukturen und die jeweiligen Absichten der verschiedenen Textgenres als eine Verständnishilfe einzusetzen. Da in der Schule tendenziell mehr Erzählungen als Sachtexte gelesen werden, waren die Verständnisstrategien, die vermittelt wurden, zunächst vor allem auf dieses Genre ausgerichtet. In letzter Zeit hat man allerdings erkannt, dass sich spezifische Strategien nicht auf alle Textarten anwenden lassen, und dass es daher sinnvoll und wichtig ist, zwischen den verschiedenen Genres zu unterscheiden.

Schüler müssen sich heutzutage mit einer Vielzahl von Genres auseinandersetzen, darunter Gedichte, Theaterstücke, Geschichten, Romane, Aufsätze, Berichte, Beschreibungen und Schulbuchbeiträge; diese Texte werden sowohl in gedruckter Form als auch über die elektronischen Medien dargeboten. Die Textstrukturen, die am häufigsten verwendet werden, sind Erzählungen und Sachtexte. Mit zunehmender Leseerfahrung entwickeln die meisten Schüler ein Bewusstsein für die unterschiedlichen Strukturen der Texte, die sie lesen. Bei Schülern mit Lernstörungen ist es jedoch besonders wichtig, dass der Lehrer dieses Bewusstsein gezielt fördert, da diese Schüler die verschiedenen Textstrukturen in Sach- und Informationstexten oft nur mit einiger Verzögerung verstehen lernen (Weisberg & Balajthy, 1989) und sie häufig nur mit Mühe ein Bewusstsein für die grundlegenden Bestandteile eines Erzähltextes entwickeln (Montague et al., 1990).

Die Elemente einer Erzählung werden durch eine Art „Geschichtengrammatik" organisiert, die aus Schauplatz, handelnden Personen, Ereignissen und Folgen bzw. Ausgang besteht. Normalerweise entwickeln Schüler ein Bewusstsein für diese genrespezifische Geschichtengrammatik (z. B. Romane, Märchen, Mythen, Fabeln, Theaterstücke, Legenden etc.), indem sie von klein auf Geschichten vorgelesen bekommen und später selbst lesen. Schüler mit Leseproblemen entwickeln jedoch nur langsam ein Bewusstsein dafür, wie wichtig die einzelnen Elemente – Protagonisten, Schauplatz, Konflikt, Verwicklungen und Auflösung – einer Geschichte sind. Diese Verzögerung zeigt sich sowohl in der Art und Weise, wie diese Schüler Geschichten erzählen als auch in den Verständnisproblemen beim Lesen von Geschichten. Montague et al. (1990) stellten Schülern mit und ohne Lernstörungen Aufgaben, bei denen sie Geschichten schreiben und nacherzählen sollten. Die Schüler mit Lernstörungen schnitten im Vergleich zu ihren Peers im Hinblick auf Umfang und Art der Information, die sie in ihren Nacherzählungen und in den selbst verfassten Geschichten lieferten, schlechter ab. Sie zeigten insgesamt ein weniger ausgereiftes Verständnis von Erzählkonventionen.

Im Gegensatz zu Erzähltexten besteht die Absicht von Sachtexten darin, dem Leser neue Informationen zur Verfügung zu stellen und das Allgemeinwissen des Lernenden über die Welt und natürliche Phänomene zu erweitern. Sachtexte verwenden verschiedene Muster von Textstrukturen, darunter Ursache und Wirkung, Problem und Problemlösung, zeitliche Abfolge, Aufzählung oder Gegenüberstellung und Vergleich (Anderson & Armbruster, 1984). Eine Sachtextstruktur kann außerdem Definitionen, Erklärungen (z. B. von technischen Prozessen) und Verfahrensabläufe sowie Diagramme, Grafiken und Tabellen enthalten, die „gelesen" und interpretiert werden müssen.

Ebenso wie sich das Bewusstsein für Erzählkonventionen auf das Verständnis von Erzähltexten auswirkt, beeinflusst das Bewusstsein für Sachtextstrukturen das Verständnis und das Erinnerungsvermögen der Schüler. So haben z. B. Taylor und Samuels (1983) untersucht, wie sich das Bewusstsein von Schülern für eine Textstruktur auf ihr Verständnis auswirkt; dazu wurde der Abruf von gut organisierten Textstellen mit dem von willkürlich zusammengewürfelten Sätzen verglichen. Die Autoren fanden, dass diejenigen Fünft- und Sechstklässler, die sich der Textstrukturen bewusst waren, mehr von den gut organisierten Textstellen wiedergeben konnten. Die Schüler, die sich der Textstrukturen weniger bewusst waren, erbrachten sowohl bei den gut or-

7

ganisierten als auch bei den unorganisierten Textstellen eine ähnliche Abrufleistung. Sowohl in dieser als auch in ähnlichen Studien waren sich die Schüler mit Lernstörungen offenbar nicht bewusst, dass sie den Text nicht verstanden, und sie verwendeten keine Strategien, um ihr Textverständnis zu überwachen (Englert & Thomas, 1987; Taylor & Williams, 1983).

Der Forschungsüberblick von Gersten et al. (2001) über Studien zum Leseverständnis gelangt zu drei Hauptergebnissen, die sich im Zusammenhang mit Textstrukturbewusstsein und Verständnis von Sachtexten herauskristallisiert haben. Aus der Literatur geht hervor, (1) dass das Bewusstsein für die Textstruktur entwicklungsbedingt zunimmt (Brown & Smiley, 1977); (2) dass manche Strukturen offensichtlicher und leichter zu erkennen sind als andere (Englert & Hiebert, 1984); (3) dass die Fähigkeit, Textstrukturen zu erkennen, und dieses Wissen dann richtig anzuwenden, ein wichtiger Faktor beim Verständnis von Sachtexten ist (Taylor & Beach, 1984; Taylor & Samuels, 1983). Ein Bewusstsein für die Textstruktur zu erwerben ist für Leser mit Lernstörungen offenbar besonders wichtig. Mit seiner Hilfe können sie die Organisation von Sachtexten nutzen und neue Informationen aufnehmen. Die Strategie, die Struktur von Texten zu analysieren, führt möglicherweise auch zu einer aktiveren Verarbeitung und einer vermehrten Anstrengung seitens der Schüler, das Gelesene zu verstehen und sich daran zu erinnern (Carlisle & Rice, 2002). Obgleich das Bewusstsein für die Textstruktur wahrscheinlich keine Lösung für alle Probleme darstellt, die mit dem Verständnis unterschiedlicher Textarten zusammenhängen, kann es vermutlich gerade bei Schülern mit Lernstörungen zu einer deutlichen Verbesserung der Verständniskohärenz beitragen.

7.2.7 Zusammenfassung: Schwierigkeiten beim Leseverständnis

Schüler mit Lernstörungen können aus unterschiedlichen Gründen Schwierigkeiten beim Leseverständnis haben. Diese Schwierigkeiten lassen sich allgemein als ein Mangel an Teilwissen und Fertigkeiten konzeptualisieren, die ein wirkungsvolles Leseverständnis ausmachen. Bei Schülern mit Lernstörungen äußern sich Leseverständnisprobleme oft durch Probleme bei der Worterkennung, beim richtigen Anwenden von Hintergrundwissen, beim Dekodieren sowie durch einen begrenzten Wortschatz, eine unterentwickelte Leseflüssigkeit und eine unstrategische Herangehensweise an den Text, wozu die Verwendung ineffizienter Strategien und ein mangelndes Wissen über Textstrukturen gehört. Häufig manifestieren sich diese Beeinträchtigungen nicht unabhängig voneinander, sondern bedingen sich gegenseitig, was wiederum zu komplexen und schwerwiegenden Leseverständnisproblemen führen kann. Dennoch lassen sich die Schwierigkeiten von Schülern mit Lernstörungen durch gezielte und effektive Instruktion verbessern.

Swansons (1999, S. 522) Metaanalyse zeigt die wichtigsten Unterrichtskomponenten auf, die mit einer Verbesserung des Leseverständnisses in Verbindung gebracht werden:

1. *Angeleitetes Erfragen von Antworten.* Der Lehrer leitet die Schüler an, Fragen zu stellen; Lehrer und Schüler sind im Dialog und/oder der Lehrer stellt Fragen.

7

2. *Den Schwierigkeitsgrad der Aufgabenanforderungen und ihrer Verarbeitung kontrollieren.* Die Aktivitäten sind von kurzer Dauer und der Schwierigkeitsgrad wird kontrolliert; die Aufgaben werden in einer sinnvollen Sequenz dargeboten; durch Modeling leistet die Lehrperson das erforderliche Maß an Hilfestellung.
3. *Elaboration.* Zu Konzepten, Verfahren oder Schritten einer Strategie werden zusätzliche oder wiederholte Erklärungen angeboten.
4. *Modellieren der Schritte durch den Lehrer.* Die Lehrperson macht den Schülern die Prozesse vor, die sie nachahmen sollen.
5. *Unterricht in Kleingruppen.* Die Schüler arbeiten alleine in Gruppen oder unter Anleitung einer Lehrperson.
6. *Strategiesignale.* Dazu gehören Erinnerungshilfen für die einzelnen Strategieschritte, das Verbalisieren der Verfahren durch den Lehrer und die Verwendung von Modellen des „Laut Denkens"; die Lehrperson veranschaulicht den Nutzen des Strategiegebrauchs und erläutert seine Anwendung in bestimmten Lesesituationen.

Ganz offenbar gibt es kein Patentrezept, um die Leseverständnisprobleme von Schülern mit Lernstörungen zu lösen. Ein gut durchdachter Unterricht, der sich über eine längere Zeit ausdehnt und in den Gesamtlehrplan integriert ist, kann den Schülern jedoch dabei helfen, ihre Fertigkeiten zu verbessern und zu entwickeln, und ermöglicht ihnen eine bessere Teilnahme am schulischen Lernen und an den vielen Erfahrungen des „wirklichen Lebens", für die ein effektives und effizientes Leseverständnis erforderlich ist.

7.3 Effektive Instruktion für ein verbessertes Leseverständnis

Bevor wir uns der Funktion von spezifischen Strategien zur Verbesserung des Verständnisses von Erzähl- und Sachtexten zuwenden, werden wir kurz auf allgemeine Ansätze zur Durchführung von effektiven Instruktionsinterventionen für Schüler mit Lernstörungen eingehen. Dieses Thema ist wichtig, da in den vergangenen Jahren große Fortschritte beim Entwurf, bei der Implementierung und bei der Evaluation von wirksamen Interventionen erzielt wurden, die speziell auf die schulischen Leistungsprobleme dieser Schüler ausgerichtet sind (z. B. Vaughn et al., 2000).

Eine der häufigsten Kritiken an förderpädagogischen Maßnahmen für Schüler mit Lernstörungen ist „ihre Überbetonung der ‚Grundlagen', die jegliche kreativen oder kognitiv komplexen Aktivitäten ausschließt", wodurch diese Schüler auf eine karge geistige Diät gesetzt werden (Gersten, 1998, S. 163). Diese Art von Unterricht spiegelt die Überzeugung wider, dass die Entwicklung grundlegender Fertigkeiten jedweder komplexen kognitiven Aktivität vorausgehen muss. Swansons (1999) Metaanalyse der Leseforschung deutet dagegen darauf hin, dass man die Schwierigkeiten von Schülern mit Lernstörungen durch viel Übung minimieren kann, solange diese Übung in kleinen, interaktiven Gruppen stattfindet und von gezielten Fragen und einer sorgfältigen Kontrolle des Schwierigkeitsgrades der Aufgabenanforderungen begleitet wird.

7

Zu ganz ähnlichen Ergebnissen gelangte die Metaanalyse von Vaughn et al. (2000), die Komponenten von Interventionen untersuchte, welche mit hohen Effektstärken assoziiert waren. Die Autoren fanden, dass der Lernerfolg der Schüler am stärksten von Unterricht in Kleingruppen in Verbindung mit einer kontrollierten Aufgabenschwierigkeit beeinflusst war. Sie kamen außerdem zu dem Schluss, dass sich wirksame Interventionen auf Schlüsselbereiche des Lernens konzentrierten und einen direkten Frage-und-Antwort-Lehrstil verwendeten, der zugleich interaktiv war und den Dialog zwischen Schülern und Lehrer sowie zwischen den Peers förderte, indem Fragen gestellt und die Schüler dazu ermutigt wurden, sich laut über den Text Gedanken zu machen.

In ihrer Analyse von Leseverständnisstudien, die sich mit lerngestörten Schülern befassten, kamen Mastropieri et al. (1996) ebenfalls zu dem Schluss, dass Strategien der Selbstbefragung einen positiven Einfluss auf das Lernen der Schüler hatten. Auch Gersten et al. (2001) gelangten zu dem Ergebnis, dass wirksame Strategieinterventionen entweder in „Verständnis-Monitoring" oder im „Strukturieren von Texten" bestanden. In beiden Arten von Studien wurden die Schüler aufgefordert, Fragen zu formulieren und vor, während und nach der Interaktion mit dem Text laut darüber nachzudenken. Tabelle 7.2 enthält einige Selbstfragen, die sich die Schüler stellen können, während sie darauf hinarbeiten, einer Textstelle Sinn zu entnehmen und Verständnisprobleme zu klären.

Zusammenfassend lässt sich sagen, dass wirksame Interventionen zur Verbesserung des Leseverständnisses in erster Linie dafür sorgen, dass die Schüler ihren Gedanken Ausdruck verleihen, während die Lehrer Feedback erteilen oder Fragen stellen, die sich auf die Antworten der Schüler auf den Text beziehen. Dieser interaktive Dialog beschleunigt den Verständnisprozess und bringt Schüler mit Lernstörungen dem eigentlichen Ziel näher, komplexere Denkfertigkeiten, die sie beim Lesen einsetzen können, zu verinnerlichen. Die Rolle des Lehrers besteht darin, den Schülern zu vermitteln, wie sie die geeigneten Strategien anwenden können. Die Instruktion sollte offen sein und genügend Gelegenheiten zum Üben unter Bedingungen bieten, in denen der Lehrer oder fortgeschrittene Peers Feedback erteilen, bevor die Schüler die Strategien selbständig anwenden. Die Schüler sollten außerdem lernen, dass es Situationen gibt, in denen Strategien nur bedingt wirksam sind und dass manche Strategien für bestimmte Textstellen ungeeignet sind. Interaktiver Dialog ist ein wichtiger Bestandteil des Strategietrainings. Er sorgt für ein kontinuierliches und systematisches Feedback und hilft den Schülern zu verstehen, was sie lesen.

7.3.1 Das Verständnis von Erzähltexten verbessern

Kompetente Leser entscheiden selbst, welche Absichten und Ziele sie mit dem Lesen verfolgen, stellen aktiv Fragen und wissen, wann sie den Text noch einmal lesen oder weitere Verständnisstrategien („Fix-up"-Strategien) anwenden müssen. Wie wir bereits diskutiert haben, kann man Schülern mit Lernstörungen diese strategische Herangehensweise an Texte vermitteln und ihr Leseverständnis somit verbessern. Strategische Leser treffen Entscheidungen, die ihren Absichten und Zielsetzungen entsprechen. Wenn sie zum eigenen Vergnügen lesen, können sie die Aktivität so

7

Tab. 7.2 Selbstbefragung vor, nach und während dem Lesen.

Vor dem Lesen	Während des Lesens	Nach dem Lesen
Worum geht es wohl in diesem Text? Treffe Vorhersagen; nutze dazu Buchcover oder Titelseite, Titel und Kontext des Textes, Informationen über den Autor etc.	**Welche Informationen sind wichtig?** Unterstreiche wichtige Stellen der Textstelle, damit Du Dich daran erinnerst, wo wichtige Informationen stehen.	**Kannst Du die Geschichte nacherzählen oder die wichtigsten Punkte in Deinen eigenen Worten wiedergeben?** Fasse den Text zusammen und stelle Dir selbst Fragen dazu.
Was weiß ich bereits über dieses Thema? Bringe den Text mit Deinem Hintergrundwissen in Verbindung.	**An welcher Stelle passen die Informationen in meine grafische Lernhilfe?** Passe den grafischen Überblick der fortschreitenden Textlektüre an. Achte dabei auf Verbindungen zu dem, was Du schon weißt.	**Welche Verbindungen gibt es zwischen dem Text und meinem eigenen Leben bzw. meinem Hintergrundwissen?** Stelle Zusammenhänge her zwischen dem Text und dem, was Du bereits weißt.
Was verstehe ich an diesem Text nicht? Überfliege den Text und identifiziere Wörter, die Dir Probleme bereiten könnten. Kläre ihre Bedeutung ab.	**Was wird der Autor als nächstes sagen?** Treffe Vorhersagen auf der Grundlage dessen, was Du bereits gelesen hast.	**Was muss ich herausfinden?** Überfliege den Text nochmals und achte dabei auf ein Datum, einen Namen, ein Schlüsselwort oder einen bestimmten Satz, der Dir beim Lesen wichtig erschien. Dazu solltest Du Kenntnisse über Textstruktur und Layout haben.
Was für eine Art von Text ist das? Das Erfassen der Textstruktur kann Dir helfen, die Absicht des Textes zu verstehen und zu erkennen, was auf Dich zukommt.	**Was kann ich tun, wenn ich auf ein Wort treffe, das ich nicht kenne, oder wenn mir klar wird, dass ich das Gelesene nicht verstehe?** Wende Verständnisstrategien an: • Wie klingt das Wort? Hast Du es schon einmal gehört? • Lies weiter.	**Wie kann ich die Verständnisfragen nach einem Abschnitt beantworten?** Verwende eine Strategie wie z. B. die 3H-Strategie. Die Antworten sind entweder HERE (explizit), HIDDEN (implizit) oder IN MY HEAD (Hintergrundwissen).
Welche Art von grafischer Lernhilfe würde auf diesen Text passen? Konzeptplan, Matrix, Ursache-und-Wirkung-Diagramm, Aufzählung etc.	• Lies den Abschnitt, der Dich verwirrt, noch einmal. • Verändere Deine Lesegeschwindigkeit, um den Text besser zu verstehen (langsamer lesen) oder die Wortflüssigkeit zu verbessern (schneller lesen) • Bitte jemanden um Hilfe.	**Wie kann ich Informationen aus diesem Abschnitt behalten?** Vervollständige den grafischen Überblick.

7

durchführen, wie sie es für richtig halten, d. h., so schnell oder langsam lesen, wie sie möchten, oder bestimmte Textabschnitte sogar überspringen. Wenn Schüler jedoch lesen, um zu lernen, müssen sie wirksame Strategien einsetzen, die je nach dem, ob es sich um einen Erzähl- oder um einen Sachtext handelt, variieren. Strategische Leser beginnen im Allgemeinen damit, sich über den Text, den sie lesen werden, Gedanken zu machen und anschließend stellen sie sich Fragen und wenden Verständnisstrategien an, wie sie bereits in Tabelle 7.2 dargestellt worden sind.

Der Einfachheit halber diskutieren wir die Strategien, die für das Verständnis von Erzähl- und Sachtextstrukturen geeignet sind, getrennt voneinander; tatsächlich sind aber viele Instruktionsverfahren, die dem verbesserten Verständnis von Erzähltexten dienen, auch für die Interpretation von Sachtexten geeignet, und umgekehrt. Einige spezielle Merkmale der beiden Textarten müssen jedoch getrennt betrachtet werden. Laut Graesser et al. (1991) sind Erzähltexte aufgrund bestimmter Charakteristika leichter zu verstehen als Sachtexte, was vor allem daran liegt, dass die Themen und die Organisationsstrategien von narrativen Texten dem Leser vertrauter sind als die, die beispielsweise in Schulbüchern verwendet werden. Tabelle 7.3 enthält eine Reihe von Strategien, die speziell auf ein besseres Verständnis von Erzähltexten ausgerichtet sind.

Zwei Verständnisstrategien, die allgemein auf Erzähltexte angewandt werden können, sind Frage-Antwort-Beziehungen (Question-Answer Relationship, QAR) und reziprokes Lehren (reciprocal teaching). Strategische Leser versuchen, sich die Handlung der Geschichte bildlich vorzustellen und sie stellen sich selbst Fragen über einzelne Erzählelemente (z. B. Schauplatz, handelnde Personen und ihre Beweggründe, die wichtigsten Ereignisse der Handlung, das Problem, das in der Geschichte dargestellt wird und seine Lösung); Schüler mit Lernstörungen sind insgesamt weniger aktiv, was die Textverarbeitung angeht. Frage-Antwort-Beziehungen (QARs) sind hilfreich, weil sie Lehrer und Schüler an die vielen verschiedenen Fragen erinnern, die zu einem Text gestellt werden können. QARs konzentrieren sich auf drei bestimmte Arten von Verständnisfragen, die nach der Lektüre gestellt werden können. Dabei handelt es sich um (1) textexplizite Fragen, die anhand von wörtlichen Informationen aus einem Satz der betreffenden Textpassage beantwortet werden; (2) textimplizite Fragen bzw. Inferenzfragen und (3) skriptimplizite Fragen, deren Beantwortung vom Hintergrundwissen des Schülers abhängt. Die in Abb. 7.1 dargestellte 3H-Strategie ist ein Beispiel für eine QAR-Strategie. Das QAR-Strategietraining setzt neben der Zusammenarbeit von Schülern und Lehrer voraus, dass die Lehrperson die Vorgehensweise ausführlich modelliert, damit die Schüler verschiedene Fragetypen und ihre Bedeutung für ein wirksames Textverständnis erkennen.

Eine weitere Strategie, die Schüler dazu animieren soll, „Informationen im Text mit ihren eigenen Erfahrungen in Verbindung zu bringen" (Au, 1999), ist das reziproke Lehren. Bei dieser Strategie nehmen Erwachsener und Schüler abwechselnd die Rolle des Lehrers ein (Palincsar, 1986). Das reziproke Lehrkonzept sieht vor, dass Lehrer und Schüler beim Vorhersagen, Fragenstellen, Zusammenfassen und Klären von Textinformationen interagieren. Wenn Schüler vorhersagen, was als nächstes geschieht oder welche Informationen der Autor vermitteln möchte, aktivieren sie ihr Hintergrundwissen. Sie lernen außerdem, die Textstruktur zu nutzen, um haltbare Vorhersagen zu treffen. Reziproke Unterrichtsaktivitäten sorgen also

Tab. 7.3 Strategien, die das Verständnis narrativer Texte fördern.

Textarten	Strategien

• Geschichten
• Theaterstücke
• Gedichte
• Märchen
• Mythen
• Fabeln
• Legenden
	• Konzentriere Dich auf deskriptive Passagen mit Substantivgruppen, Adjektiven und Adverbien, die handelnde Personen und Schauplätze beschreiben.
	• Versuche, die „Grammatik" der Geschichte zu verstehen. Erläutere, wie Erzählungen normalerweise strukturiert sind (Orientierung, Verwicklung und Lösung).
	• Entwickle passende grafische Lern- bzw. Organisationshilfen, z. B.:
	  – Soziogramme zum Verständnis von Handlung, Protagonisten und Beziehungen.
	  – Diagramme zur Klärung von Ereignissequenzen.
	• Suche nach Nuancen, nach Hinweisen auf zukünftige Ereignisse und nach Implikationen von bisherigen Geschehnissen. Diese sind oft Anhaltspunkte für das, was in der Erzählung passieren wird.
	• Identifiziere Haupt- und Nebenpersonen; überlege, welche Rollen sie spielen und untersuche ihre Beziehungen untereinander.
	• Was fällt Dir zum Schauplatz der Geschichte ein? Versuche, ihn Dir vorzustellen; stelle eine Verbindung zwischen Schauplatz und handelnden Personen her.
	• Versuche, der bildlichen Sprache Sinn zu entnehmen; deute Gleichnisse, Metaphern und Beschreibungen.
	• Verleihe dem „Film in Deinem Kopf" Ausdruck und mache Dir Gedanken dazu; wie und warum verändern sich Deine Vorstellungen während des Lesens?
	• Identifiziere Zeitwörter, die eine Beziehung zwischen den Abläufen herstellen, um die Ereignissequenz zu verdeutlichen.
	• Erzähle den Text nach; verwende dazu die fünf W-Fragen (wer, was, wann, wo, warum).

dafür, dass die Schüler ihr Wissen über die Struktur des Textes anwenden und konsolidieren.

Der Frageteil der reziproken Strategie des Lehrens, der auch in die 3H-Strategie integriert werden kann, bietet Schülern Gelegenheit, diejenigen Informationen zu identifizieren, die für sinnvolle Fragestellungen geeignet sind, ihre eigenen Fragen einzuordnen (ob explizit, implizit oder Teil des Hintergrundwissens), und daraufhin entweder sich selbst oder ihre Peers nach möglichen Antworten zu fragen. Durch reziprokes Lehren werden die Schüler dazu ermächtigt, selbst zu entscheiden, wie und was sie lernen möchten. Darüber hinaus bietet diese Strategie den Schülern die Gelegenheit, die Identifikation wichtiger Textinformationen in einer Passage zu üben.

Reziprokes Lehren fördert auch die Fertigkeiten des Zusammenfassens. Für Schüler mit Lernstörungen ist das Zusammenfassen eine schwierige Aufgabe. Es fällt ihnen schwer, Informationen zu verdichten und zu bestimmen, welche Teile des Textes wichtig sind und welche man weglassen kann, ohne dabei Kernpunkte der Erzählung zu übergehen. Das Vermitteln von Zusammenfassen erfordert ein hohes Maß an Modeling und Übung, bevor Schüler mit Lernstörungen unabhängige Erfolge verzeichnen können.

7

Ein letzter Aspekt der reziproken Lehrstrategie ist das Klären schwieriger Textstellen. Die Schüler werden dazu angeregt, im Vorfeld nach schwierigen oder unbekannten Wörtern zu suchen und Verständnisstrategien zu implementieren. Dieser strategische Ansatz, das eigene Verständnis zu kontrollieren, ist für Schüler mit Lernstörungen, die meist schon mit einer Vorgeschichte von Verständnisproblemen belastet sind, besonders wichtig. Wenn den Schülern erst einmal auf strukturierte und direkte Weise vermittelt wurde, wie sie ihr Textverständnis verbessern können, indem sie bestimmte Textstellen noch einmal lesen, vorauslesen, Vorstellungsbilder und strukturelle Signale verwenden und um Hilfe bitten, sind die Voraussetzungen für ein sinnbildendes Lesen und für die gründliche Auseinandersetzung sowohl mit Erzähl- als auch mit Sachtexten geschaffen.

7.3.2 Das Verständnis von Sachtexten verbessern

Im Vergleich zu Erzähltexten werden Sachtexte von vielen Schülern als fremd und weniger spannend empfunden (Gersten et al., 2001). Da Sachtexte in erster Linie dazu dienen, Informationen zu vermitteln, besitzen sie zumeist eine größere Vielfalt an Textstrukturen (z. B. Analyse, Ursache und Wirkung, Kategorisierung, Vergleich und Kontrast, Definition, Beschreibung, Aufzählung, Identifizierung, Veranschaulichung, Problem und Problemlösung, Sequenz etc.) und erfordern daher die Verwendung vieler verschiedener Verständnisstrategien. In Tabelle 7.4 werden verschiedene Strategien aufgeführt, die speziell das Verständnis von Sachtexten fördern. Im Folgenden werden wir insbesondere auf die Nützlichkeit von grafischen Lernhilfen, die KWL-Strategie und die SQ3R-Methode eingehen, die Schüler beim Verständnis von Sachtexten unterstützen.

Die Verwendung von grafischen Lernhilfen ist ein strategischer Ansatz, der besonders für Sachtexte geeignet ist, da er die Schüler auf die Organisation einer Textstelle, die Kernkonzepte und die Beziehungen zwischen den einzelnen Ideen im Text aufmerksam macht. Graphische Lernhilfen werden auch als semantische Pläne, semantische Netze, Konzeptpläne, Frames oder thematische Pläne bezeichnet. Grafische Lernhilfen sind im Grunde Repräsentationen des Gelesenen. Man kann sie in unterschiedlichen Formen erstellen, z. B. als Venn-Diagramm, in dem Ähnlichkeiten und Unterschiede zweier Länder, die in einem Zeitschriftenartikel beschrieben werden, als Teilmengen dargestellt werden; als Matrix, die die Merkmale verschiedener Mineralien in zwei oder mehr Kategorien unterteilt; oder auch als Flussdiagramm, in dem die Ereignisse einer bedeutsamen historischen Zeitperiode angeführt werden. Grafische Lernhilfen tragen nicht nur dazu bei, Texte verständlicher zu machen, sondern sie fördern auch die Analyse von Informationen und deren Speicherung im Gedächtnis. Darüber hinaus animieren sie die Schüler zum kritischen Denken und verbessern den Abruf von Fakten. Grafische Lernhilfen sind vor allem für Schüler mit begrenztem Wortschatz hilfreich, da sie als geistige Landkarten dienen, die es den Schülern ermöglichen, die komplexen Beziehungen zwischen den Konzepten eines jeden Themengebiets zu veranschaulichen.

Eine andere Strategie, die häufig zum Verständnis von Sachtexten eingesetzt wird, ist die K-W-L-Methode. Diese Strategie basiert auf Forschungen, die die Aktivierung

Tab. 7.4 Strategien, die das Verständnis von Sachtexten fördern.

Textarten	Strategien
• Berichte • Argumente • Verfahren • Beschreibungen • Erklärung • Reaktion • Diskussion • Nacherzählung • Persönliche Reaktionen	• Erwirb Kenntnisse über die unterschiedlichen Textarten, damit Du die sozialen Absichten eines Textes erkennst und wichtige Organisationsstrukturen und -merkmale identifizieren kannst. • Konzentriere Dich auf Schlüsselwörter, Fachbegriffe und ihre Synonyme. Diese Schlüsselstrategie setzt die Entwicklung eines Wortschatzes voraus. • „Lies" Diagramme, Schaubilder, Bilder, Überschriften und andere grafische Darstellungen. • Verwende grafische Lernhilfen: Konzeptpläne, Definitionspläne, Flussdiagramme und strukturierte Überblicke sind nützliche Lernhilfen für Sachtexte. • Versuche Urteile zu fällen und kritisch zu sein. Zum Beispiel: Ist das ein Argument oder ein Informationsbericht? Ist dieses Verfahren realistisch? Wie konkret sind diese „Fakten"? • Entwickle Fertigkeiten im Überfliegen, Prüfen und Zusammenfassen von Texten, um ihre Organisation zu verstehen und wichtige Informationen zu identifizieren. • Verwende Inhaltsverzeichnisse, Glossare, Sachwortregister, Wörterbücher und andere Hilfsmittel, um Informationen zu sammeln und Wortbedeutungen zu klären.

des Hintergrundwissen der Schüler betonen; ihr Hintergrundwissen soll den Schülern helfen, durch zweckgerichtetes Lesen Bedeutung zu konstruieren (z. B. Anderson, 1977; Slater, 1989; Steffensen, 1978). Bei dieser Strategie wird eine Tabelle verwendet, die in drei Spalten bzw. Kategorien unterteilt ist:

Was wir bereits wissen (**K**now) – Was wir lernen wollen (**W**ant) – Was wir gelernt haben (**L**earned)

Nachdem der Lehrer das Thema ganz allgemein vorgestellt hat, werden die Schüler aufgefordert, die erste Spalte der Tabelle auszufüllen. Daraufhin regt der Lehrer eine Diskussion an, bei der die Schüler mitteilen, was sie bereits über das Thema zu wissen meinen; jeder Schülerbeitrag wird an die Tafel geschrieben. Zu diesem Zeitpunkt wird noch nicht beurteilt, ob die Beiträge valide sind. Im Anschluss an das Brainstorming sollen die Schüler erläutern, was sie über die zuvor genannten Themen herausfinden wollen. Zum Abschluss dieser Unterrichtsaktivität können die Schüler den Lehrer auffordern, jene Beiträge auszustreichen, von denen sie ursprünglich dachten, sie wüssten etwas darüber, was sich bei näherem Hinsehen jedoch als falsch erwiesen hatte. In der Zeit, in der die Schüler dokumentieren sollen, was sie gelernt haben, können sie Wortbedeutungen klären, neues Wissen kategorisieren und sich darüber Gedanken machen, ob sie viel oder wenig gelernt haben (Ogle, 1989).

Bei der SQ3R- Methode (S = Survey [Überblick], Q = Question [Fragen] und 3 x R: R = Reading [Lesen], R = Record [Berichten], R = Review [Zusammenfassen]) handelt es sich um eine bekannte Methode (Robinson, 1961) zur effektiven Erarbeitung von Sachtextinhalten. Die Schüler orientieren sich an einem systematischen Lesefor-

7

mat, das sie bei ihrer Interaktion mit dem Text unterstützt, indem sie Fragen stellen und diese dann zu beantworten suchen. Die Schritte dieser Strategie sind:

- *Überblick.* Die Schüler setzen sich mit Titel, Überschriften, Zwischenüberschriften, Bildunterschriften, Tabellen und Diagrammen auseinander, um sich ein Gesamtbild zu machen.
- *Fragen.* Zu jedem Titel, Überschrift, Zwischenüberschrift, Bildunterschrift, Tabelle und Diagramm werden Fragen formuliert.
- *Lesen.* Die Schüler lesen den Text und machen sich dabei über jeden Abschnitt Notizen, um später die zuvor formulierten Fragen beantworten zu können.
- *Berichten.* Nachdem sie einen Textabschnitt gelesen haben, versuchen die Schüler, die zuvor formulierten Fragen zu beantworten, ohne sich den Text noch einmal anzuschauen.
- *Zusammenfassen.* Die Schüler lesen den Textabschnitt noch einmal durch, um sicherzustellen, dass ihre Antworten richtig sind und sie die wichtigsten Punkte des Textes verstanden haben.

Je geübter die Schüler im Umgang mit der SQ3R-Methode werden, desto leichter wird es ihnen fallen, Fragen zu formulieren und sich selbständig mit dem Text auseinander zu setzen. Wichtig ist, dass den Schülern zum Erlernen und Üben dieser Strategie genügend Zeit eingeräumt wird, damit sie sie später selbständig anwenden können. Carlisle und Rice (2002) weisen jedoch darauf hin, dass „SQ3R zwar oft als nützliche Verständnisstrategie für schwache Leser gepriesen wird; Untersuchungen dieser Methode über mehrere Jahre hinweg (vor allem mit College-Studenten) haben jedoch gemischte Ergebnisse erbracht" (S. 197). Allerdings waren die Studienteilnehmer überwiegend Schüler mit normalen Schulleistungen, nicht Schüler mit Lernstörungen. Aus aktuellen Forschungen zum Verständnisstrategietraining geht jedoch hervor, dass Schüler mit Lernstörungen Modeling und eine explizite Instruktion benötigen, um die Voraussetzungen für ein strategisches Lesen zu erfüllen und zu wissen, wie man gute Fragen formuliert oder den Kerngedanken einer Textstelle ermittelt. Ein solcher Unterricht sollte Strategien wie SQ3R verwenden, damit er Schülern mit Leseverständnisproblemen nutzen kann.

Wissenschaftler der Universität Kansas haben in den 1980er Jahren auf der Grundlage von SQ3R eine Strategie entwickelt, die sich MULTIPASS nennt, und die speziell auf die Bedürfnisse von Schülern mit Lernstörungen ausgerichtet ist (Schumaker et al., 1982). Bei dieser Strategie wird den Schülern beigebracht, eine Textstelle in mehreren Lesedurchgängen („passes", daher Multipass) zu erarbeiten. Das Neue an dieser von Deshler, Schumaker und anderen entwickelten Strategie war weniger die Technik an sich, sondern die Lehrmethode, die dabei verwendet wurde. Der Unterricht war äußerst explizit und intensiv, und die Schüler übten mit Lernmaterial, dessen Schwierigkeitsgrad stets kontrolliert wurde, bevor sie die Strategie auf Schulbuchtexte anwandten, die ihrem Klassenniveau entsprachen. Unter diesen Bedingungen verbesserte sich das Leseverständnis der Jugendlichen mit Lernstörungen merklich. Diese Ergebnisse zeigen, dass das Strategietraining bei Schülern mit Lernstörungen systematisch und über einen längeren Zeitraum hinweg durchgeführt werden muss und den Schülern ausreichend Gelegenheiten zum Üben und zur Ausweitung des Strategiegebrauchs auf unterschiedliche Lesesituationen bieten sollte.

7

Zusammenfassend lässt sich feststellen, dass eine explizite Instruktion bei Schülern mit Lernstörungen wesentlich zur Verbesserung des Leseverständnisses von Erzähl- und Sachtexten beitragen kann. Die Komponenten der jeweiligen Strategie sollten identifiziert und den Schülern durch Modeling und interaktiven Dialog vermittelt werden. Wichtig dabei ist, dass die Lehrer formatives Feedback erteilen und die Schüler beim Üben und Gebrauch der Verständnisstrategien unterstützen.

7.4 Zukünftige Forschungsrichtungen

Obgleich sich das Strategietraining zur Verbesserung des Leseverständnisses bei Schülern mit Lernstörungen zweifellos als erfolgreich erwiesen hat, muss noch viel unternommen werden, um festzustellen, wie diese Schüler die Strategien, die sie gelernt haben, mit der Zeit verinnerlichen und modifizieren können. Es ist wichtig, dass sich zukünftige Untersuchungen mit der Frage befassen, wie man das Strategietraining in den Schulunterricht integrieren kann, um Schüler mit Lernstörungen besser zu unterstützen. Solange es uns nicht gelingt, die Verständnisstrategieforschung wirksam in die Praxis umzusetzen, wird die Situation weiterhin so sein, wie sie Trent et al. (1998, S. 303) beschrieben haben: „Jene Kinder, die trotz Paradigmenwechsel, Strukturreformen und politischen Veränderungen gut gelernt haben, werden auch weiterhin gut lernen, während jene Kinder, die schon immer Schwierigkeiten mit dem Lernen hatten, auch weiterhin Schwierigkeiten damit haben werden. Wir müssen versuchen, die Dinge zu verändern, besser zu machen.“

Da das schulische Leistungsniveau von Schülern mit Lernstörungen beträchtlich unter dem ihrer Peers liegt, muss wertvolle Unterrichtszeit unbedingt dazu genutzt werden, lernschwachen Schülern Verständnisstrategien zu vermitteln. Allerdings wissen wir noch zu wenig darüber, wie wir die Schüler dazu bringen können, ihre Strategien zu „verinnerlichen", sie zu personifizieren und spontan auf neue Kontexte anzuwenden. Weitere Studien zu diesem Thema sind notwendig, weil – wie Garner (1986) zurecht bemerkt – die Art und Weise, wie die Schüler diese Strategien nach Beendigung einer Intervention oft verändern, nicht immer zu ihrem Vorteil ist. Das bedeutet, dass auch die Modifikationen und die Wege, wie Schüler Strategien personalisieren, beobachtet werden müssen, um sicherzustellen, dass die strategischen Pläne der Schüler effektiv bleiben.

Der Leseverständnisunterricht für Schüler mit Lernstörungen scheint dann am wirksamsten zu sein, wenn er explizit und intensiv ist und einige der grundlegenden schulischen Fertigkeiten, wie z. B. Lesegeschwindigkeit und die Dekodierung von Wörtern, berücksichtigt (Chard et al., 2002). Wenn man verstehen will, wie Schüler Leseverständnisstrategien verwenden, muss man auch Faktoren wie den Schwierigkeitsgrad der Aufgabenanforderung und die Persistenz und Motivation der Schüler in Betracht ziehen. Die verschiedenen Lernhilfen und Strategien, die Schülern mit Lernstörungen helfen, ein aktives Verständnis von Erzähl- und Sachtexten zu entwickeln, können ihnen auch vor Augen führen, wie wichtig Leseverständnis und kritisches Lesen im Zusammenhang mit ihren eigenen Lebenszielen und ihrer Handlungsfähigkeit in dieser Welt ist. Schüler mit Lernstörungen müssen zu Ausdauer motiviert werden, um die schwierige Aufgabe des Leseverständnisses zu bewältigen, aber sie

7

werden vermutlich mehr Ausdauer entwickeln, wenn sie beim Lernen eine aktive Rolle übernehmen können.

Die Unterrichtsanpassungen, die vorgenommen werden müssen, um den Bedürfnissen von Schülern mit Lernstörungen gerecht zu werden, können auch ihren Mitschülern im Regelunterricht zugute kommen; allerdings stellt die Unterrichtsintensität, die Schüler mit Lernstörungen benötigen, nach wie vor ein Dilemma dar. Aktuelle Metaanalysen haben gezeigt, dass eine explizite Instruktion in kleinen Gruppen den Bedürfnissen von Schülern mit Lernstörungen am meisten gerecht wird, was im Widerspruch steht zu der Tendenz, alle Schüler in den regulären Unterricht zu integrieren. Die Ergebnisse von Schumm et al. (2000), wonach angemessene und erfolgreiche Interventionen ein wirksames Mittel sind, um das Selbstkonzept von Grundschülern zu verbessern, lassen ebenfalls erkennen, wie wichtig der Unterricht in Kleingruppen ist. Zweifellos können alle Lernenden von den Verständnisstrategien profitieren, die speziell für Schüler mit Lernstörungen entwickelt wurden; die Frage ist nur, ob diese Strategien im Regelunterricht mit der notwendigen Intensität geübt werden können, ohne die sich keine langfristigen Veränderungen beim Leseverständnis der Schüler mit Lernstörungen erzielen lassen.

Die Implementierung von wirksamen Verfahren und die Verbreitung von Informationen über Leseverständnisstrategien setzt ein hohes Maß an Koordination und Kooperation zwischen Wissenschaftlern, Kultusbehörden, Schuldirektoren, Lehrern und Eltern voraus. Der Einfluss von Unterrichtsfaktoren auf den Strategiegebrauch – beispielsweise Unterrichtsziele, Einstellungen von Lehrern und Schülern gegenüber Wissen und Intelligenz oder Attributionsmuster der Schüler gegenüber Strategiegebrauch – muss stärker in Betracht gezogen werden (Borkowski et al., 1989; Garner, 1987). Palinscar und David (1992) haben zurecht darauf hingewiesen, dass erfolgreiche Unterrichtsinterventionen „(1) die Unterrichtskultur; (2) den Stellenwert der Intervention im Gesamtlehrplan; und (3) die Übereinstimmung zwischen theoretischen Unterrichtszielen und praktischen Resultaten" (S. 77) berücksichtigen müssen. Die Wirksamkeit des Strategietrainings hängt demnach von vielen verschiedenen Unterrichtsfaktoren ab und muss darüber hinaus auch mit aktuellen Modellen sozialpädagogischer Fördermaßnahmen übereinstimmen.

Solange es uns nicht gelingt, das Strategietraining wirksam in das Schulsystem zu integrieren, werden wir uns auch weiterhin mit einer Situation abfinden müssen, in der „viele Unterrichtspraktiken, die für Schüler mit Lernstörungen und andere schwache Lerner potenziell am meisten bewegen und positiv verändern können, nur selten eingesetzt werden" (Carlisle & Rice, 2002). Ein undifferenzierter Unterricht, der allen Schülern gleichermaßen dieselben Inhalte vermittelt, scheint sowohl im Regelunterricht (Schumm et al., 2000) als auch im Förderunterricht (Moody et al., 2000) noch immer die Norm zu sein. Gersten et al. (1997) sind zu dem Schluss gekommen, dass selbst wenn Strategietraining in Schulen eingesetzt wird, der Unterricht trotzdem schlecht und die Implementierung fehlerhaft sein kann, wenn essentielle Bestandteile, wie etwa die Förderung der aktiven Teilnahme von Schülern mit Lernstörungen, fehlen. Zweifellos muss hier noch vieles verbessert werden. Kinder brauchen einen gut konzipierten Leseverständnisunterricht, damit sie das Leseniveau erreichen, das sie brauchen, um den Lebensanforderungen in unserer zunehmend technologisch orientierten Gesellschaft gerecht werden zu können. Forschende und Lehrer müssen zusammenarbeiten, um bei allen Schülern kritisches Denken, Motivation und Leseverständniskompetenz zu fördern.

Wer könnte die Möglichkeiten eines effektiven Strategietrainings wohl besser beurteilen als eine Schülerin mit Lernstörungen, die während einer erfolgreichen Intervention eine Leseverständnisstrategie gelernt hat:

> *Vorher konnte ich fast keine Frage beantworten. Höchstens „Wie lautet der Titel?" oder so. Mit den anderen Fragen konnte ich überhaupt nichts anfangen. Ich hab' sie einfach nicht verstanden, wusste nicht, was ich eigentlich tun sollte. Ich hatte Angst davor. Jetzt weiß ich, was ich tun muss!*

Literatur

Anderson, R. C. (1977). *Schema-directed processes in language comprehension*. Urbana-Champaign, IL: University of Illinois, Centre for the Study of Reading.

Anderson, T. H. & Armbruster, B. B. (1984). Content area textbooks. In R. C. Anderson, J. Osborne & R. J. Tierney (Hg.), *Learning to read in American schools* (S. 193–226). Hillsdale, NJ: Erlbaum.

Au, K. H. (1999). A multicultural perspective on policies for improving literacy achievement: Equity and excellence. In M. L. Kamil, P. B. Mosenthal, P. D. Pearson & R. Barr (Hg.), *Handbook of reading research*, Bd. 111 (S. 835–851). Mahwah, NJ: Erlbaum.

Birsh, J. R. (1999). *Multisensory teaching of basic language skills*. Baltimore, MD: Paul H. Brookes.

Borkowski, J. G., Estrada, M. M. & Hale, C. A. (1989). General problem-solving skills: Relations between metacognition and strategic processing. *Learning Disability Quarterly*, **12**, 57–70.

Borkowski, J. G., Weyhing, R. S. & Carr, M. (1988). Effects of attributional retraining on strategy-based reading comprehension in learning disabled students. *Journal of Educational Psychology*, **80**, 46–53.

Bowers, P. G. & Wolf, M. (1999). Theoretical links between naming speed, precise timing mechanisms, and orthographic skill in dyslexia. *Reading and Writing: An Interdisciplinary Journal*, **5**, 69–85.

Brown, A. L. & Palincsar, A. S. (1987). Reciprocal teaching of comprehension strategies: A natural history of one program for enhancing learning. In J. Borkowski & J. D. Day (Hg.), *Intelligence and cognition in special children: Comparative studies of giftedness, mental retardation, and learning disabilities*. New York: Ablex.

Brown, A. L. & Smiley, S. S. (1977). Rating the importance of structural units of pose passages: A problem of metacognitive development. *Child Development*, **48**, 1–8.

Brownell, M. T. & Walther-Thomas, C. (1999). An interview with Dr. Marilyn Friend. *Intervention in School and Clinic*, **37**(4), 223–228.

Carlisle, J. F. (1999). Free recall as a test of reading comprehension for students with learning disabilities. *Learning Disabilities Quarterly*, **22**, 11–22.

Carlisle, J. F. & Rice, M. S. (2002). *Improving reading comprehension: Research-based principles and practices*. Baltimore, MD: York Press.

Chan, L. K. S. & Cole, P. G. (1986). The effects of comprehension monitoring training on the reading competence of learning disabled and regular class students. *Remedial and Special Education*, **7**, 33–40.

Chard, D. J., Vaughn, S. & Tyler, B. (2002). A synthesis of research on effective interventions for building reading fluency with elementary students with learning disabilities. *Journal of Learning Disabilities*, **35**(5), 386–406.

7

Englert, C. S. & Hiebert, E. H. (1984). Children's developing awareness of text structures in expository materials. *Journal of Educational Psychology*, **76**, 65–75.

Englert, C. S. & Thomas, C. C. (1987). Sensitivity to text structure in reading and writing: A comparison between learning disabled and non-learning disabled students. *Learning Disability Quarterly*, **10**(2), 93–105.

Forness, S. (1997). Mega-analysis of meta-analyses: What works in special education services. *Teaching Exceptional Children*, **29**(6), 4–9.

Fuchs, L. S. & Fuchs, D. (1998). Treatment validity: A unifying concept for reconceptualizing the identification of learning disabilities. *Learning Disabilities Research and Practice*, **13**, 204–219.

Garner, R. (1986). Children's knowledge of structural properties of expository text. *Journal of Educational Psychology*, **78**(6), 411–416.

Garner, R. (1987). *Metacognition and reading comprehension*. Norwood, NJ: Ablex.

Gersten, R. (1998). Recent advances in instructional research for students with learning disabilities: An overview. *Learning Disabilities Research and Practice*, **13**, 162–170.

Gersten, R., Fuchs, L. S., Williams, J. P. & Baker, S. (2001). Teaching reading comprehension strategies to students with learning disabilities: A review of research. *Review of Educational Research*, **71**(2), 279–320.

Gersten, R., Vaughn, S., Deshler, D. & Schiller, E. (1997). What we know about using research findings: Implications for improving special education practice. *Journal of Learning Disabilities*, **30**, 466–476.

Graesser, A. C., Golding, G. T. & Long, V. B. (1991). *Advances in discourse processes: Structures and procedures of implicit knowledge*. Norwood, NJ: Ablex.

Graham, L., Bellert, A. M. & Pegg, J. E. (2001). *Enhancing the automaticity of basic academic skills for middle school students*. Vortrag anlässlich des Jahrestreffens der Australian Association of Special Education, Oktober 2001, Melbourne.

Graham, L. & Wong, B. Y. L. (1993). Comparing two modes in teaching a question-answering strategy for enhancing reading comprehension: Didactic and self-instructional training. *Journal of Learning Disabilities*, **26**(4), 270–279.

Graves, A. W. (1986). Effects of direct instruction and metacomprehension training on finding main ideas. *Learning Disabilities Research*, **1**(2), 90–100.

Jitendra, A. K., Hoppes, M. K. & Xin, Y. P. (2000). Enhancing main idea comprehension for students with learning problems: The role of summarization strategy and self-monitoring instruction. *Journal of Special Education*, **34**, 127–139.

Kamenui, E. J. & Simmons, D. C. (2001). Introduction to this special issue: The DNA of reading fluency. *Scientific Studies of Reading*, **5**, 203–210.

Kintsch, W. & Kennan, J. M. (1973). Reading rate and retention as a function of the number of propositions in the base structure of sentences. *Cognitive Psychology*, **5**, 257–279.

Malone, L. D. & Mastropieri, M. A. (1992). Reading comprehension instruction: Summarization and self-monitoring training for students with learning disabilities. *Exceptional Children*, **58**, 270–279.

Manzo, A. V. & Manzo, U. C. (1993). *Literacy disorders: Holistic diagnosis and remediation*. Fort Worth, TX: Harcourt Brace Jovanovich.

Mastropieri, M. A., Scruggs, T. E., Bakken, J. P. & Whedon, C. (1996). Reading comprehension: A synthesis of research in learning disabilities. In T. E. Scruggs & M. A. Mastropieri (Hg.), *Advances in learning and behavioural disabilities*, Bd. 10 (S. 201–223). Greenwich, CT: JAI Press.

McCormick, S. (1999*). Instructing students who have literacy problems*. New Jersey: Prentice-Hall.

Meyer, M. S. & Felton, R. H. (1999). Repeated reading to enhance fluency: Approaches and new directions. *Annals of Dyslexia*, **49**, 283–306.

Montague, M., Maddux, C. D. & Dereshiwsky, M. I. (1990). Story grammar and comprehension and production of narrative prose by students with learning disabilities. *Journal of Learning Disabilities*, **23**, 190–197.

Moody, S. W., Vaughn, S., Hughes, M. T. & Fischer, M. (2000). Reading instruction in the resource room: Set up for failure. *Exceptional Children*, **66**, 305–316.

Ogle, D. M. (1989). K-W-L: A teaching model that develops active reading of expository text. *The Reading Teacher*, **39**, 564–570.

Palincsar, A. M. & Brown, A. L. (1984). Reciprocal teaching of comprehension-fostering and comprehension-monitoring activities. *Cognition & Instruction*, **1**, 117–175.

Palincsar, A. M. & Brown, A. L. (1986). Interactive teaching to promote independent learning from text. *Reading Teacher*, **39**(8), 771–777.

Palincsar, A. S. & David, Y. M. (1992). Classroom-based literacy instruction: The development of one program of intervention research. In B. Y. L. Wong (Hg.), *Contemporary intervention research in learning disabilities: An international perspective* (S. 65–80). New York: Springer.

Paris, S. G., Lipson, M. Y. & Wixson, K. K. (1983). Becoming a strategic reader. *Contemporary Educational Psychology*, **8**, 293–316.

Pegg, J. E., Graham, L. J. & Bellert, A. M. (2002). *An analysis of long-term effects of an intervention program designed for low-achieving middle-school students*. Vortrag anlässlich des Jahrestreffens der International Psychology in Mathematics Association, Juli 2002, Honolulu/Hawaii.

Perfetti, C. A. (1977). Language comprehension and fast decoding: Some psycholinguistic prerequisites for skilled reading comprehension. In J. T. Guthries (Hg.), *Cognition, curriculum, and comprehension* (S. 20–41). Newark, DE: International Reading Association.

Perfetti, C. A. (1984). Some reflections on learning and not learning to read. *Remedial and Special Education*, **5**(3), 34–38.

Perfetti, C. A. (1985). *Reading ability.* New York: Oxford University Press.

Pressley, M., Goodchild, F., Fleet, J., Zajchowski, R. & Evans, E. D. (1989). The challenges of classroom strategy instruction. *Elementary School Journal*, **89**, 301–342.

Raben, K., Darch, C. & Eaves, R. C. (1999). The differential effects of two systematic reading comprehension approaches with students with learning disabilities. *Journal of Learning Disabilities*, **32**(1), 36–47.

Robinson, H. M. (1961). The major aspects of reading. In H. A. Robinson (Hg.), *Reading: Seventy-five years of progress.* Chicago: University of Chicago Press.

Rumelhart, D. E. (1976). Toward an interactive model of reading. In S. Dornic (Hg.), *Attention and performance*, Bd. 6 (S. 573–603). Hillsdale, NJ: Erlbaum.

Rumelhart, D. E. (1980). Schemata: The building blocks of cognition. In R. J. Spiro, B. C. Bruce & W. F. Brewer (Hg.), *Theoretical issues in reading comprehension* (S. 33–58). New Jersey: Lawrence Erlbaum.

Schumaker, J. B., Deshler, D., Alley, G. Warner, L. & Denton, T. (1982). Multipass: A learning strategy for improving reading comprehension. *Learning Disabilities Quarterly*, **5**(3), 295–304.

Schumm, J. S., Moody, S. W. & Vaughan, S. (2000). Grouping for reading instruction. Does one size fit all? *Journal of Learning Disabilities*, **33**(5), 477–488.

Schunk, D. H. & Rice, J. M. (1992). Verbalization of comprehension strategies: Effects on children's achievement outcomes. *Human Learning*, **4**(1), 1–10.

Seigel, L. S. (1992). An evaluation of the discrepancy definition of dyslexia. *Journal of Learning Disabilities*, **25**, 618–629.

Seigel, L. S. (1993). The cognitive basis of dyslexia. In M. Howe & R. Pasnak (Hg.), *Emerging themes in cognitive development* (S. 33–52). New York: Springer.

Shaywitz, B. A., Stuebing, J. M. Shaywitz, S. E. & Fletcher, J. (1996). Intelligent testing and the discrepancy model for students with learning disabilities. *Learning Disabilities Research and Practice*, **13**(4), 295–304.

Slater, M. D. (1989). *Messages as experimental stimuli: Design, analysis, and inference.* Vortrag anlässlich des Jahrestreffens der Association for Education in Journalism and Mass Communication, August 1989, Washington, DC.

Stanovich, K. E. (1980). Toward an interactive-compensatory model of individual differences in the development of reading fluency. *Reading Research Quarterly*, **16**, 32–71.

Stanovich, K. E. (1986). Cognitive processes and the reading problems of learning disabled children: Evaluating the assumption of specificity. In J. K. Torgesen & B. Y. L. Wong (Hg.), *Psychological and educational perspectives on learning disabilities* (S. 87–131). Orlando, FL: Academic Press.

Stanovich, K. E. (1986). Matthew effects on reading: Some consequences of individual differences in the acquisition of literacy. *Reading Research Quarterly*, **21**, 360–407.

Stanovich, K. E. & Seigel, L. S. (1994). Phenotypic performance profile of children with reading disabilities: A regression-based test of the phonological-core variable difference model. *Journal of Educational Psychology*, **86**, 24–53.

Steffensen, M. S. (1978). Satisfying inquisitive adults: Some simple methods of answering yes/no questions. *Journal of Child Language*, **5**(2), 221–236.

Swanson, H. L. (1999). Reading research for students with LD: A meta-analysis of intervention outcomes. *Journal of Learning Disabilities*, **32**(6), 503–534.

Swanson, H. L. & Hoskyn, M. (1998). Experimental intervention research on students with learning disabilities: A meta-analysis of treatment outcomes. *Review of Educational Research*, **68**, 277–321.

Taylor, B. M. & Beach, R. W. (1984). The effects of text structure instruction on middle grade students' comprehension and production of expository text. *Reading Research Quarterly*, **19**, 134–146.

Taylor, B. M. & Samuels, S. J. (1983). Children's use of text structure in recall of expository material. *American Educational Research Journal*, **20**, 517–528.

Taylor, M. B. & Williams, J. P. (1983). Comprehension of learning-disabled readers: Task and text variations. *Journal of Educational Psychology*, **75**, 743–751.

Tractenberg, R. E. (2002). Exploring hypotheses about phonological awareness, memory, and reading achievement. *Journal of Learning Disabilities*, **35**(5), 407–424.

Trent, S. C., Artiles, A. J. & Englert, C. S. (1998). From deficit thinking to social constructivism: A review of theory, research, and practice in special education. *Review of Educational Research*, **23**, 277–307.

Vaughn, S., Gersten, R. & Chard, D. J. (2000). The underlying message in LD intervention research: Findings from research syntheses. *Exceptional Children*, **67**(1), 99–114.

Weisberg, R. & Balajthy, E. (1989). Improving disabled readers' summarization and recognition of expository text structure. In N. D. Padak, T. V. Rasinski & J. Logan (Hg.), *Challenges in reading* (S. 141–151). Provo, UT: College Reading Association.

Westwood, P. (2001). *Reading and literacy difficulties: Approaches to teaching and assessment.* Victoria, Australia: ACER.

Westwood, P. & Graham, L. (2000). How many children with special needs in regular classes: Official predictions vs teachers' perceptions in South Australia and New South Wales. *Australian Journal of Learning Disabilities*, **5**(3), 24–35.

Wolf, M. (1996). *The double-deficit hypothesis for the developmental dyslexia.* Vortrag anlässlich des Jahrestreffens der Orton Dyslexia Society, Boston, MA.

Wolf, M. (2002). The second deficit: An investigation of the independence of phonological and naming speed deficits in developmental dyslexia. *Reading and Writing: An Interdisciplinary Journal*, **15**(2), 43–72.

Wolf, M. & Bowers, P. (2000). "The double-deficit hypothesis" for the developmental dyslexia. *Journal of Educational Psychology*, **91**(3), 1–24.

Wong, B. Y. L. & Jones, W. (1982). Increasing meta-comprehension in learning disabled and normally achieving students through self-questioning training. *Learning Disability Quarterly*, **5**(2), 228–238.

Wong, B. Y. L. & Wilson, M. (1984). Investigating awareness of and teaching passage organization in learning disabled children. *Journal of Learning Disabilities*, **17**, 477–482.

7

8 Schreibunterricht

Steve Graham,* Karen R. Harris* und Charles MacArthur**
*University of Maryland, **University of Delaware

Einleitung

Dieses Kapitel stellt überblicksartig den aktuellen Erkenntnisstand zum Thema Schreibunterricht bei Schülern mit Lernstörungen dar. Zunächst werden wir erläutern, warum ein wirksamer Schriftspracherwerb für diese Schüler so wichtig ist. Anschließend werden wir die Prozesse untersuchen, die am effektiven Schreiben beteiligt sind, und darlegen, wie Schüler mit Lernstörungen schreiben. Abschließend werden wir spezifische Empfehlungen für den Schreibunterricht bei Schülern mit Lernstörungen aussprechen. Diese Empfehlungen gründen sich auf unserem gegenwärtigen Wissen über den Schreibprozess und den Bedarf von Schülern mit Lernstörungen. Sie basieren weitgehend auf empirisch validierten Verfahren. Wir beschränken uns jedoch nicht auf die Diskussion evidenzbasierter Ansätze. Vielversprechende Vorgehensweisen werden ebenfalls berücksichtigt.

8.1 Schreiben ist nicht nur für den schulischen Erfolg des Kindes entscheidend, sondern für sein ganzes Leben

Vor mehr als 5000 Jahren entwickelten die Sumerer das erste bekannte Schriftsystem der Menschheitsgeschichte,[1] das als Keilschrift bezeichnet wird (Diamond, 1999). Mithilfe eines keilförmigen Schreibgriffels wurden Eindrücke in die noch weichen Tontafeln eingebracht. Auf diese Weise wurde z. B. über Getreide- oder Viehbestände Buch geführt, aber auch Rezepturen und Verfahrensweisen – etwa die des Bierbrauens – wurden so überliefert. Seit diesen bescheidenen Anfängen hat die Schrift als eine der wichtigsten Erfindungen in der Geschichte der Menschheit eine atemberaubende Entwicklung durchlaufen.

---

[1] Obgleich die Schrift zu unterschiedlichen Zeitpunkten und von verschiedenen Völkern erfunden wurde, ist für Europa die sumerische Keilschrift von zentraler Bedeutung. Die Keilschrift – zunächst eine reine Bilderschrift – gilt als Vorläufer vieler Schriftarten (Anmerkung der Übersetzerin).

8

Ein zentraler Aspekt des Schreibens ist, dass es uns ermöglicht, über räumliche und zeitliche Distanzen hinweg mit anderen Menschen zu kommunizieren. Auf diese Weise können wir auch dann mit unserer Familie, unseren Freunden und Kollegen in Kontakt bleiben, wenn wir persönlich nicht bei ihnen sein können. Schreiben verbindet uns aber nicht nur mit unserem engsten Familien- und Freundeskreis oder mit dem beruflichen Umfeld. Auch das kulturelle Erbe einer größeren Gruppe von Menschen kann zu bestimmten Zwecken in schriftlicher Form überliefert werden. So wurde beispielsweise in China im dritten Jahrhundert v. Chr. ein Standardschriftsystem eingeführt, das ein Gefühl nationaler Einheit fördern sollte (Swedlow, 1999).

Ein weiterer wichtiger Aspekt des Schreibens ist, dass es als ein flexibles Werkzeug verwendet werden kann, um andere von etwas zu überzeugen. Eine Angestellte hat dies auf eindrückliche Weise demonstriert, als sie ein irritierendes Problem am Arbeitsplatz löste (Hines, 2000). Um die Mitarbeiter davon abzuhalten, immer den Notausgang zu benutzen, ersetzte sie das unwirksame Schild mit der Aufschrift „Beim Öffnen der Tür wird ein Alarm ausgelöst" durch den wirksameren Hinweis „Frisch gestrichen".

Die Macht des Schreibens liegt auch darin begründet, dass man Wissen und Vorstellungen vermitteln kann (Diamond, 1999). Detaillierte Informationen lassen sich schriftlich sammeln, festhalten und an einen großen Personenkreis weiterleiten. Das bedeutet, dass die Schriftsprache in nahezu allen Bereichen unserer Gesellschaft von Bedeutung ist. Die öffentliche Ordnung wird durch eine Reihe von geschriebenen und kodifizierten Gesetzen geregelt. Arbeitssuchende müssen z. B. Stellenanzeigen lesen und schriftliche Bewerbungen einreichen. Wissenschaftler verbreiten ihre Forschungsergebnisse in Fachzeitschriften oder im Internet. Selbst alltägliche Aufgaben wie das Kochen einer Mahlzeit in der Mikrowelle oder das Bezahlen einer Rechnung setzen voraus, dass man schriftlichen Anweisungen folgen kann.

Früher war Schreiben ein Privileg, das nur einer kleinen gesellschaftlichen Führungsschicht und dem Klerus vorbehalten war. Heute sind mehr als fünf Milliarden Menschen, 85 % der Weltbevölkerung, des Schreibens mächtig (Swerdlow, 1999). Wer nicht schreiben kann, hat in der heutigen Welt erhebliche Nachteile, was Kommunikation, Lernen, Arbeit, Weiterbildung und den Ausdruck der eigenen Persönlichkeit betrifft. Mangelnde Schreibfertigkeiten stellen ein großes Hindernis auf dem Arbeitsmarkt dar und grenzen die Betroffenen gesellschaftlich aus.

Schreiben ist auch für den schulischen Erfolg von großer Bedeutung. Das beginnt mit den schriftlichen Evaluationen, die Schüler und Studierende bis zum Hochschulexamen begleiten (Graham, 1982). Schulische Inhalte werden in erster Linie in schriftlicher Form vermittelt und wiedergegeben, und die Lehrer beurteilen die Leistung ihrer Schüler anhand von schriftlichen Klassenarbeiten.

Schreiben ist ein Mittel, um Informationen zu sammeln, zu erinnern und anderen mitzuteilen (Durst & Newell, 1989). So besteht beispielsweise der Zweck des Notizenmachens vor allem darin, den Schülern dabei zu helfen, die wichtigsten Informationen eines Vortrages oder Textes festzuhalten und zu organisieren, damit sie ihnen zum anschließenden Lernen zur Verfügung stehen. Das Schreiben einer Zusammenfassung dient einem ähnlichen Zweck. Der Schüler muss die Informationen, die ihm zur Verfügung stehen, verdichten und das Wesentliche herausarbeiten (Hidi

& Anderson, 1986). Dieser Prozess, bei dem der Schüler entscheidet, welche Informationen wichtig und welche unwichtig sind und ob eine Umstrukturierung notwendig ist, trägt letztendlich dazu bei, dass sich der Schüler besser an die zusammengefassten Informationen erinnern kann.

Ein weiterer wichtiger Aspekt des Schreibens kommt in einer Beobachtung von E. M. Forster zum Ausdruck: „Wie kann ich wissen, was ich denke, bevor ich sehe, was ich sage" (Burnham, 1994). Dieses Zitat unterstreicht, dass Schreiben ein nützliches Werkzeug ist, das Kindern dabei hilft, ihre Ideen zu erforschen, zu organisieren und zu verbessern (Applebee, 1984). Man nehme z. B. das Verfassen von Analysen oder Erörterungen, beides gängige Unterrichtsaktivitäten, die Schüler dazu veranlassen, über die verfügbaren Informationen hinauszugehen, um ihre eigenen Interpretationen des Themas zu konstruieren und darzustellen. Dieses Umformulieren kann zu neuen Einsichten und zu einem vertieften Verständnis der Informationen führen.

Ein weiteres Ziel des Schreibens in der Schule besteht darin, den Schülern eine Gelegenheit zur Selbstexploration zu geben. Die Kinder werden dazu animiert, ihre Interessen, Gefühle und Erfahrungen durch Schreiben zu erforschen. Aktivitäten wie das Schreiben von Tagebüchern, Autobiografien oder persönlichen Erzählungen sollen diese Art der Selbstreflexion fördern.

Schließlich sei noch erwähnt, dass Stephen King, unübertroffener Meister des Horrorgenres, seinen Fans erzählt, er schreibe „solch verrücktes Zeug", weil „ich das Herz eines kleinen Jungen habe – und ich bewahre es in einem Gefäß auf meinem Schreibtisch auf" (Brodie, 1997). Für King ist Schreiben nicht nur ein Beruf, sondern eine persönliche Ausdrucksmöglichkeit. Auch in der Schule werden die künstlerisch-kreativen Aspekte des Schreibens betont. Kinder schreiben Theaterstücke, Gedichte und Geschichten, und greifen dabei auf ihre Fantasie und ihre persönlichen Erfahrungen zurück, um eine virtuelle Erfahrung für ihre Zielleserschaft zu schaffen (Durst & Newell, 1989).

8.2 Was Schreiben(lernen) ausmacht

Die umfangreiche Forschungsliteratur zum Expertiseerwerb und zum Schreiben (Alexander et al., 1998; Hayes & Flower, 1986; Scardamalia & Bereiter, 1986) deutet darauf hin, dass die Schreibentwicklung von Veränderungen des Wissens, der Strategien, der Fertigkeiten und des Willens eines Schülers abhängt. Dazu gehören Kenntnisse über Schreiben und Schreibthemen; Fertigkeiten, die zum Erstellen und Gestalten eines Textes notwendig sind; Prozesse, die Gedanken und Handlungen anspornen und anleiten; und Strategien, um Schreibziele zu erreichen und Hindernisse zu überwinden. Alle diese Faktoren – Wissen, Fertigkeiten, Wille und Selbstregulation – machen kompetentes Schreiben aus.

Nehmen wir z. B. das Wissen über Schreibthemen. Versierte Schreiber haben in der Regel viel mehr Einfälle, als sie eigentlich verwerten können, d. h., während des Schreibens verwerfen sie die weniger produktiven Ideen wieder. Der berühmte Mystery-Autor Raymond Carver strich beim Überarbeiten der ersten Entwürfe seiner Geschichten die Hälfte des Textes wieder aus (Burnham, 1994). Wichtiger noch, wenn geübte Autoren auf einem bestimmten Themengebiet nicht so gut Be-

8

scheid wissen, setzen sie wirksame und bisweilen erfinderische Methoden ein, um Informationen zu sammeln. Die Kinderbuchautorin Sue Hubble, die Bücher über Insekten schreibt, berichtet beispielsweise, dass sie zu Beginn eines neuen Buchprojekts mehrere Wochen in der Library of Congress in Washington, D. C. verbringt und alles liest, was sie zu ihrem Thema finden kann. Anschließend spricht sie mit verschiedenen Entomologen (Insektenkundlern), die Experten auf diesem Gebiet sind, oder beobachtet und untersucht die Insekten selbst, um Informationen über sie zu sammeln (Hubble, 1996).

Versierte Schreiber sind auch mit den Basisfertigkeiten zur Übertragung von gesprochener in geschriebene Sprache, wie z. B. handschriftliches Schreiben und Orthografie, vertraut. Den meisten geübten Autoren bereiten diese Fertigkeiten keinerlei Schwierigkeiten, so dass sie wenig oder keinen Einfluss auf den Schreibprozess haben (Scardamalia & Bereiter, 1986). Allerdings reichen diese Fertigkeiten nicht aus, um einen Text zu produzieren. Autoren müssen Entscheidungen über Wortwahl, Textfolge, Syntax, Verständlichkeit usw. treffen. Der Schreibprozess kann daher selbst für erfahrene Autoren anstrengend und zeitaufwendig sein. Theodore Geisel (Dr. Seuss) hat einmal darauf hingewiesen, dass „jeder Satz wie eine Geburtswehe ist. *The Cat in the Hat* hat letztlich mehr als ein Jahr in Anspruch genommen" (Brodie, 1997).

Viele geübte Autoren entwickeln bestimmte Gewohnheiten, Rituale, Belohnungen oder Zielsetzungen, um sich selbst zum Schreiben zu motivieren. Jack Kerouac, Autor von *On the Road* (dt. *Unterwegs*), verwendete eine Reihe von Ritualen, die ihm beim Schreiben helfen sollten. Er kniete z. B. nieder und betete, bevor er zu schreiben begann, oder er zündete eine Kerze an und schrieb im Schein dieser Kerze (Plimpton, 1967). Sophie Burnham, Autorin von *For Writers Only* berichtet, dass sie sich als Anreiz eine Belohnungen verspricht – etwa ein Eis oder ein Telefongespräch mit einer guten Freundin –, um sich selbst zum Fertigstellen eines Textabschnitts zu motivieren. Der berühmte Science-Fiction-Autor Philip Dick steuerte sein Schreibpensum, indem er sich das Ziel setzte, jedes Jahr zwei Bücher zu veröffentlichen (Sutlin, 1989).

Erfahrene Autoren verwenden verschiedene Strategien, die ihnen helfen, ihre Schreibziele zu erreichen und die Schwierigkeiten zu überwinden, die während des Schreibens auftreten. Dazu gehören Strategien zur Planung, zum Sammeln von Informationen, zur Bewertung, Überarbeitung, Strukturierung etc. R. L. Stine, Erfinder der beliebten Kinderserie *Goosebumps* (dt. *Gänsehaut*), plant jedes seiner Bücher bis ins Detail, bevor er mit dem Schreiben beginnt (Associated Press, 1995). Auch J. K. Rowling, Erfolgsautorin der *Harry Potter* Serie, verbringt mehrere Monate mit der Planung eines neuen Bandes, wobei sie zahlreiche Ordner mit Notizen und Ideen füllt (Shapiro, 2000).

8.3 Wie Schüler mit Lernstörungen schreiben

Vor wenigen Jahren erschien ein Buch, *Snoopy's Guide to the Writing Life* (Conrad & Schultz, 2002), in dem eine der beliebtesten Comic-Figuren aller Zeiten – Charlie Browns quirliger Hund Snoopy – die Schwierigkeiten darstellt, die das Schreiben so mit sich bringt. Snoopy wird uns auch im Folgenden begleiten, wenn wir uns genauer mit dem Schreiben von Kindern mit Lernstörungen befassen.

Obgleich sich Snoopy eines reichen Fantasielebens erfreut, in dem er mit vielen schrägen Figuren – vom prozessfreudigen Anwalt bis zum unglücklichen Golfspieler – zu tun hat, treffen wir ihn in vielen der *Peanuts*-Folgen auf dem Dach seiner Hundehütte an, die Pfoten auf der Schreibmaschine, und ins Schreiben vertieft. Einmal beginnt er sein literarisches Meisterwerk mit dem berühmten Satz „Es war eine dunkle und stürmische Nacht." Er schreibt weiter: „Plötzlich fiel ein Schuss!" Und weiter, „Dann noch einer! Und noch einer! Und dann noch welche." Er endet mit „Lauter Schüsse eben."

Die Art und Weise, wie Snoopy an das Schreiben herangeht, ähnelt dem Ansatz vieler Schüler mit Lernstörungen. Im Gegensatz zu Schülern mit guten Schreibfertigkeiten reduzieren sie das Planen, Überarbeiten und den Gebrauch anderer Strategien der Selbstregulation auf ein Minimum (Graham, 1997; Graham & Harris, 1994). Ähnlich wie Snoopy neigen Kinder mit Lernstörungen dazu, Schreibaufgaben in eine Art Erzählung umzuwandeln, bei der alles, was sie wissen, einfach heruntergeschrieben wird, ohne vorher zu planen oder während des Schreibens vorauszudenken (Graham, 1990; McCutchen, 1988). Sämtliche Informationen, die in irgendeiner Form etwas mit dem Thema zu tun haben, werden aus dem Gedächtnis zusammengesucht und niedergeschrieben, wobei sich aus jeder Idee die nächste entwickelt, ohne dass dabei an das Gesamtbild gedacht wird. Die Nachvollziehbarkeit für den Leser, die Textorganisation, die Entwicklung rhetorischer Ziele oder die Vorgaben durch das Thema spielen kaum eine Rolle.

In einer anderen Folge der *Peanuts* starrt Snoopy erwartungsvoll seine Schreibmaschine an und erklärt nach einigen Minuten des Nachdenkens: „Wenn man ein großer Schriftsteller ist, kommen die Worte manchmal so schnell, dass man es kaum schafft, sie zu Papier zu bringen." Er starrt weiterhin die Schreibmaschine an und seufzt schließlich „MANCHMAL."

Genau wie Snoopy fällt es Schülern mit Lernstörungen oft schwer, etwas zu Papier zu bringen, weil ihnen einfach nichts einfällt. Ihre Aufsätze sind äußerst kurz und beinhalten kaum Einzelheiten oder ausgearbeitete Ideen; wenn sie erst einmal eine Idee hervorgebracht haben, führen sie diese nicht weiter aus, sondern kommen gleich wieder davon ab (Graham et al., 1991).

Es gibt mehrere mögliche Ursachen dafür, warum Schüler mit Lernstörungen beim Schreiben so wenig Inhalt zu Papier bringen. Möglicherweise wissen sie über die Themen nicht gut Bescheid oder interessieren sich nicht dafür. Oder sie beenden den Schreibprozess vorzeitig, noch bevor ihnen alles eingefallen ist, was sie wissen. In einer Studie (Graham, 1990) verwendeten Kinder mit Lernstörungen zunächst nur sechs oder sieben Minuten darauf, eine Erörterung zu schreiben; als man sie dazu aufforderte, mehr zu schreiben, produzierten sie zwei- bis viermal so viel Text, von dem mindestens die Hälfte neue und nützliche Inhalte enthielt. Eine weitere mögliche Ursache für diese Unfähigkeit, Inhalte hervorzubringen, könnte in den schlecht entwickelten Textproduktionsfertigkeiten begründet liegen. Im Gegensatz zu routinierten Schreibern haben Schüler mit Lernstörungen große Schwierigkeiten mit der Schreibmechanik und produzieren Aufsätze, die voller Rechtschreib-, Flüchtigkeits- und Zeichensetzungsfehler sind (Graham et al., 1991).

Inzwischen ist Snoopy auf das Dach seiner Hundehütte zurückgekehrt und liest Lucy – seiner schärfsten Kritikerin – ein fertiges Manuskript vor. Sie sagt ihm ohne Umschweife, dass seine Geschichten dumm sind, und dass er überhaupt kein Talent

8 zum Schreiben hat. Nie um eine Antwort verlegen, erwidert Snoopy darauf: „Aber meine Randbemerkungen sind nett."

Genau wie Snoopy haben Schüler mit Lernstörungen oft sehr unklare Vorstellungen davon, was gutes Schreiben eigentlich ausmacht. Sie haben weniger Kenntnisse über das Schreiben und den Schreibprozess als ihre Peers mit normalen Schulleistungen (Englert et al., 1988) und achten beim Schreiben mehr auf Form als auf Inhalte (Graham et al., 1993b). Ein Schüler mit Lernstörungen, der Schwierigkeiten mit dem Schreiben hatte, erklärte uns z. B., dass gute Schreiber „alle Wörter richtig schreiben, alle Buchstaben gleich hoch machen und eine schöne Handschrift haben." Dagegen definierte eine Schülerin aus derselben Klasse, die selbst gut schreiben konnte, gute Schreiber folgendermaßen: „Sie sammeln alles, was ihnen zu dem Thema einfällt, (...) denken dann darüber nach und schreiben es auf. (...) Dann gehen sie das, was sie geschrieben haben, noch mal durch, um zu sehen, wie das alles am besten zusammenpassen könnte. (...) Dann schreiben sie die endgültige Fassung und lesen sie noch mal durch; wenn diese Version dann immer noch nicht gut ist, schreiben sie alles noch mal."

Schließlich begegnen wir Snoopy, wie er gerade einen Brief von einem Verlag öffnet, der seine neueste Geschichte begutachtet hat. Der Verlag informiert ihn darüber, dass er ihm seine völlig wertlose Geschichte zurückschickt, und bittet ihn, „niemals wieder eine einzureichen. Bitte, bitte, bitte!" Snoopy lächelt zufrieden, denn er „liebt es, wenn ein Verleger bettelt."

Snoopy lässt die wiederholte Ablehnung seiner Werke völlig unbeeindruckt. Eigentlich müsste sein Selbstvertrauen im Mark erschüttert sein – weit gefehlt. Sein Motto lautet: „Höre nie auf die Kritiker." Auch Schüler mit Lernstörungen zeigen im Hinblick auf ihre Schreibleistung ein unangemessen hohes Selbstvertrauen. Unsere Erfassung der Selbstwirksamkeit bei 10- bis 14-jährigen Schülern mit Lernstörungen ergab, dass sie von ihren Schreibfähigkeiten ebenso überzeugt waren wie ihre Peers mit guten Schreibleistungen (Graham et al., 1993b). Sie erinnerten uns an einen anderen Schüler, der im Brustton der Überzeugung behauptete: „Ich bin der *am Beste* in Englisch" (Linkletter, 1962). Obwohl eine unrealistisch hohe Einschätzung der eigenen Fähigkeiten dazu beitragen kann, trotz schlechter Leistungen die Beharrlichkeit aufrechtzuerhalten (Sawyer et al., 1992), gibt es auch eine problematische Seite. Schüler, die die eigenen Fähigkeiten überschätzen, sind möglicherweise nicht dazu bereit, die notwendigen Anstrengungen zu unternehmen, um ihre Leistung zu verbessern, weil sie überhaupt keine Veranlassung dazu sehen.

Daher besteht ein wichtiges Ziel des Schreibunterrichts für Schüler mit Lernstörungen darin, sie dabei zu unterstützen, das Wissen, die Fertigkeiten und die Strategien zu entwickeln, die versierte Schreiber anwenden. Wichtig sind auch Methoden, um die Motivation zum Schreiben und die Selbstwirksamkeit zu steigern, da Kinder, die dem Schreiben keinen Wert beimessen oder ihre Fähigkeiten überschätzen, nicht dazu neigen, sich auf mentale Aktivitäten einzulassen, die Voraussetzung für kompetentes Schreiben sind (Graham & Harris, 1994). Beeindruckende Veränderungen der Schreibleistung von Schülern mit Lernstörungen wurden dann berichtet, wenn die Förderung dieser Faktoren im Mittelpunkt des Unterrichts standen (Berninger et al., 1995; Englert et al., 1995, 1991; Graham et al., 1991; MacArthur et al., 1995).

Im Folgenden werden wir untersuchen, wie der Schulunterricht dazu beitragen kann, dass Schüler mit Lernstörungen kompetente Schreiber werden. Die Konzeption

8

von Programmen, die eine solche Entwicklung unterstützen, stellt eine große Herausforderung dar, zumal diese Programme nicht auf eine Klassenstufe oder einen einzelnen Lehrer beschränkt sein können. Da Schreibschwierigkeiten kein vorübergehendes Problem sind, das sich leicht beheben lässt, sind kohärente, gut koordinierte und langfristige Programme notwendig (Graham & Harris, 2001). Obgleich die Schreibentwicklung ein komplexer und in gewisser Weise unbestimmter Prozess ist, hängt die Entwicklung mit Veränderungen des Schreibwissens, der Motivation, des strategischen Verhaltens und der Schreibfertigkeiten zusammen (Alexander et al., 1998). Ein effizientes Unterrichtsprogramm muss daher Fördermaßnahmen bzw. Katalysatoren beinhalten, die das Wissen, die Fertigkeiten, die Bereitschaft und die Selbstregulation der Schüler verbessern. Der Schreibunterricht für Schüler mit Lernstörungen muss außerdem sowohl die Prävention als auch die Intervention in den Mittelpunkt stellen. Er muss dem spezifischen Bedarf jedes einzelnen Kindes gerecht werden, eine gesunde Balance zwischen Bedeutung, Prozess und Form finden, und sowohl formelle als auch informelle Lernmethoden einsetzen (Graham & Harris, 1997). Im folgenden Abschnitt werden wir uns den Prinzipien zuwenden, die zur Umsetzung dieser Empfehlungen grundlegend sind.

8.4 Prinzipien des Schreibunterrichts

8.4.1 Einen qualitativ hochwertigen Schreibunterricht erteilen

Um Schreibschwierigkeiten vorzubeugen, ist es wichtig, Schülern von der ersten Klasse an einen qualitativ hochwertigen Schreibunterricht zu erteilen, der die gesamte Schulzeit über fortgesetzt werden sollte. Ein konstanter, guter Unterricht im Schreiben ist aus drei Gründen vorteilhaft: Erstens wird dadurch die Schreibentwicklung der Schüler insgesamt gefördert; zweitens verringert sich die Zahl der Kinder, die aufgrund eines schlechten Schreibunterrichts Schreibprobleme entwickeln; drittens lassen sich dadurch schwere Schreibschwierigkeiten von Kindern reduzieren, deren Probleme nicht in erster Linie unterrichtsbedingt sind, z. B. Kinder mit Lernstörungen.

Obgleich ein qualitativ hochwertiger Schreibunterricht je nach Klassenstufe unterschiedlich gestaltet werden muss, sollten die Prozesse, die das Schreibwissen der Schüler, ihre Fertigkeiten, Motivation und Selbstregulation formen und weiterentwickeln, in allen Klassenstufen im Mittelpunkt stehen. Darüber hinaus sollte der Unterricht auf der empirischen Analyse wirksamer Schreibpraktiken beruhen. Dazu gehören Studien über die Praktiken hochwirksamer Schreiblehrer (z. B. Wray et al., 2000) sowie die Resultate experimenteller Treatmentstudien, an denen sowohl gute Schreiber (z. B. Hillocks, 1986) als auch schlechte Schreiber (z. B. Graham & Harris, 1998a) teilnehmen. Schließlich sollte dieses empirische Wissen mit klinischer und praktischer Erfahrung (z. B. Scott, 1989) verknüpft werden. Vor wenigen Jahren haben wir eine solche Analyse (Graham & Harris, 2001) durchgeführt und eine Liste mit Merkmalen entwickelt, die ein gutes Schreibprogramm ausmachen. Diese Liste stellen wir in Tabelle 8.1 in Form einer Checkliste vor, an der sich Lehrer orientieren können, um die Qualität ihres Schreibunterrichts zu beurteilen.

8

Tab. 8.1 Checkliste für den Schreibunterricht in der Schule.

Meine Schüler ...

- schreiben täglich (auch zu Hause) und decken dabei ein breites Spektrum an Schreibaufgaben mit unterschiedlicher Zielleserschaft ab.
- helfen einander beim Planen, Entwerfen, Korrigieren, Redigieren und öffentlichen Vortragen ihrer schriftlichen Arbeiten.
- lassen die anderen an ihren schriftlichen Arbeiten teilhaben und erhalten so Lob bzw. kritische Rückmeldungen für ihre Bemühungen.
- verstehen das Schreiben als ein Mittel, um ihre Gedanken zu erforschen, zu organisieren und auszudrücken.
- beurteilen ihre Fortschritte beim Schreiben.

Ich lege Wert darauf, ...

- ein literarisches Klassenumfeld zu entwickeln, in dem die schriftlichen Arbeiten der Schüler für alle leicht zugänglich sind und das Klassenzimmer voll mit Schreib- und Lesematerial ist.
- eine Schreibroutine aufzubauen, die meine Schüler zum Nachdenken und zum Überprüfen ihrer Texte animiert.
- mit meinen Schülern persönlich über ihre aktuellen Schreibbemühungen zu sprechen und ihnen dabei zu helfen, Ziele bzw. Kriterien aufzustellen, die das Schreiben und Überarbeiten ihrer Texte anleiten.
- meine Schüler zum Schreiben zu motivieren, indem ich eine spannende Stimmung aufbaue, eine risikofreie Umgebung schaffe, die Schüler ihre eigenen Schreibthemen auswählen bzw. vom Lehrer vorgegebene Themen modifizieren lasse, damit die Schreibthemen mit den Interessen der Schüler vereinbar sind und die Schüler für ihre Leistungen verstärke.
- für jede Unterrichtsstunde ein Ziel festzulegen und eine „Ich-schaffe-das"-Stimmung zu verbreiten.
- den Schülern ausreichend Gelegenheit zu geben, ihr Verhalten während des Schreibens selbst zu regulieren; dazu gehört, dass sie unabhängig arbeiten, eine positive Arbeitsumgebung schaffen und andere um Hilfe bitten.
- regelmäßig mit den Eltern zu sprechen, sie zu beraten, ihnen die Ziele des Programms zu vermitteln und ihnen die Fortschritte ihres Kindes beim Schreiben mitzuteilen.

Damit meine Schüler Fortschritte beim Schreiben erzielen, stelle ich sicher, dass ich ...

- den Prozess des Schreibens modelliere und eine positive Einstellung zum Schreiben vermittle.
- ein breites Spektrum an Fertigkeiten, Wissen und Strategien vermittle, darunter phonologische Bewusstheit, Schreibtechnik und Rechtschreibung, Schreibkonventionen, Fertigkeiten auf Satzebene, Textstruktur sowie die Funktionen des Planens, Schreibens und Überarbeitens.
- im Unterricht immer wieder auf bestimmte Inhalte zurückkomme, um zu gewährleisten, dass die Schüler über das erforderliche Wissen verfügen und die angestrebten Fertigkeiten und Strategien beherrschen.

- die Fortschritte, die meine Schüler beim Schreiben erzielen, ebenso beobachte wie ihre Stärken, Schwächen und ihren Lernbedarf.
- meinen Unterrichtsstil und die Lerngeschwindigkeit an die Bedürfnisse der Schüler anpasse und – je nach Bedarf – Intensivunterricht erteile und individuelle Unterstützung bei den Schreibaufgaben leiste.

Anmerkung: Sie können nach jedem Item ein Kontrollzeichen (beispielsweise ein Häkchen) setzen. Beurteilen Sie, ob es von Vorteil wäre, wenn Sie die **nicht abgehakten Items** in Zukunft in den Schreibunterricht einbringen würden. Quelle: Graham und Harris (2002).

Ein Beispiel für ein Unterrichtsprogramm, das viele der in Tabelle 8.1 aufgeführten Prinzipien beinhaltet, ist das Early Literacy Project (ELP), das von Englert und ihren Kollegen entwickelt wurde (Englert et al., 1995). Dieses Programm konzipiert den Lese- und Schreibunterricht als Teil einer thematischen Einheit. Bei einer thematischen Einheit über Wölfe lesen die Schüler z. B. Erzählungen und Informationstexte über diese Tiere, um anschließend mithilfe des Schreibens auf die Texte zu reagieren oder weitere Informationen über Wölfe zu sammeln. Die Vermittlung von spezifischen Schreibfertigkeiten (z. B. Rechtschreibung) und Strategien zur Planung und Überarbeitung von Texten erfolgt im Zusammenhang mit der thematischen Einheit und wird durch Modeling der Lehrperson, Diskussion und angeleitetes Üben unterstützt. Es gibt für die Schüler zahlreiche Gelegenheiten, sich in inhaltsreichem Schreiben zu üben, etwa indem sie schriftlich auf ihren Lesestoff reagieren, persönliche Erfahrungsgeschichten schreiben, ein Tagebuch führen, in dem sie ihre Beobachtungen und Gedanken festhalten, oder Berichte schreiben. Die Lehrkräfte unterstützen die Schüler in ihren Lese- und Schreiberfahrungen durch expertengeleitete Hilfsmaßnahmen (Scaffolding). So werden z. B. oft Wortbanken, sogenannte Pictionaries (bebilderte Thesauri) und Planungsformulare vorübergehend als Hilfsmittel verwendet, um die Schreibbemühungen der Schüler zu unterstützen. Es wird eine positive Lernumgebung geschaffen, indem die Kinder dazu animiert werden, die Mitschüler an ihren schriftlichen Arbeiten teilhaben zu lassen und mit ihnen zusammenzuarbeiten. Z. B. arbeiten die Schüler gemeinsam an der Anwendung von Strategien, die ihnen der Lehrer vermittelt hat, sprechen über diese Aufgabe und teilen den anderen die Resultate ihrer Schreibbemühungen mit. Das ELP-Programm wird außerdem durch konventionelle Unterrichtsmaßnahmen ergänzt, bei denen den Schülern explizit und systematisch Fertigkeiten wie phonemische Bewusstheit, phonische Fertigkeiten und Rechtschreibung vermittelt werden.

Systematische Evaluationen des ELP-Programms zeigen, dass diese Art von Unterricht selbst bei einigen Kindern mit großen Lernschwierigkeiten einen positiven Einfluss auf die Schreibleistung haben kann. Englert et al. (1995) haben ein Jahr lang untersucht, ob das Programm zu einer Verbesserung der Schreibleistung von Grundschülern mit spezifischem Förderbedarf bis zur vierten Klasse führte. Im Vergleich zu einer Gruppe von Kindern, die im Rahmen eines literaturbasierten Lese-Schreib-Programms unterrichtet wurde, machte die andere Schülergruppe, die von erfahrenen ELP-Lehrern unterrichtet wurde, größere Fortschritte beim Schreiben: die Aufsätze dieser Kinder wiesen weniger Rechtschreibfehler auf, waren länger und besser organisiert. Weiterhin fand Mariage (1993), dass zwei bis drei Jahre eines solchen Unterrichts, beginnend mit der Grundschule, dazu ausreichen, um die Leistung einiger Schüler mit spezifischem Förderbedarf auf ein normales, der Klassenstufe entsprechendes Niveau zu bringen.

8.4.2 Den Schreibunterricht auf den Bedarf von Schülern mit Schreibproblemen zuschneiden

Ein effektiver Schreibunterricht für Schüler mit Lernstörungen muss auf den Bedarf dieser Schüler zugeschnitten werden. Gute Lehrer nehmen daher als regulären Teil ihres Unterrichts Anpassungen vor, um lernschwache Schüler bei ihrer Schreibentwick-

8

lung gezielt zu fördern. So kamen z. B. Pressley et al. (1996) zu dem Ergebnis, dass gute Lese- und Schreiblehrer allen Schülern einen qualitativ ähnlichen Unterricht erteilten, den Kindern mit Lernschwierigkeiten jedoch zusätzliche Unterstützung boten. Dazu gehörte u. a. die gezielte Hilfe beim Lernen grundlegender Fertigkeiten, mehr explizite Instruktion und das verstärkte Eingehen auf den individuellen Bedarf der einzelnen Schüler.

Eine nationale Umfrage von Graham et al. (2003) ergab, dass Lehrer eine Vielzahl an Unterrichtsanpassungen vornehmen, um dem Bedarf schwacher Schreiber gerecht zu werden. Die häufigste Anpassung bestand in einer zusätzlichen Eins-zu-eins-Hilfe durch die Lehrkraft, erwachsene Tutoren oder ältere Schüler bzw. gleichaltrige Peers, die beim Planen, Schreiben und Überarbeiten von Texten halfen. Darüber hinaus sind Anpassungen zur gezielten Verbesserung von Schreibtechnik und Rechtschreibung sehr verbreitet. Im Zusammenhang mit der Rechtschreibung entwickeln Lehrer oft Wortlisten, die speziell auf den Bedarf der schlechten Schreiber ausgerichtet sind, oder sie helfen ihnen direkt beim Schreiben unbekannter oder schwieriger Wörter, oder aber sie verwenden Wortbanken und andere Hilfsmittel zur Verbesserung der Rechtschreibung. Die Umfrage ergab auch, dass einige Lehrer versuchen, die schreib-technischen Schwierigkeiten ihrer Schüler zu umgehen, indem sie ihnen erlauben, ihre Aufsätze zu diktieren oder mit einer Tastatur (z. B. Alpha Smart) zu schreiben. Weitere Anpassungen konzentrieren sich auf die Unterstützung der kreativen Denkprozesse, die am Schreiben beteiligt sind. Um die Textplanung von schwachen Schreibern zu unterstützen, lassen einige Lehrer die Schüler Zeichnungen anfertigen, in denen sie das, was sie schreiben wollen, darstellen; andere Lehrer veranlassen die Schüler dazu, während des Schreibprozesses über ihre Ideen zu sprechen, oder sie animieren sie zur Verwendung von Netzen oder grafischen Organisationshilfen, um Ideen zu generieren und sie in eine Abfolge zu bringen. Die Überarbeitung der Texte wird häufig durch eigens dafür entwickelte Checklisten unterstützt, oder der Lehrer bzw. ein Mitschüler hilft dem Schüler direkt bei der Überarbeitung. Weitere Anpas-sungen sehen die Unterstützung bei der Themenwahl vor, gewähren Erleichterungen durch kürzere oder leichtere Schreibaufgaben, oder die Schüler sollen zu Hause zu-sätzliche Schreibaufgaben ausführen.

Die befragten Lehrer wiesen auch darauf hin, dass sie bei schlechten Schreibern stärker auf die Vermittlung von schreibtechnischen Fertigkeiten, Rechtschreibung oder Zeichensetzung und Groß- und Kleinschreibung achteten als bei durchschnittlichen Schreibern. Außerdem wiederholten sie einzelne Unterrichtsinhalte häufiger, erteilten zusätzlichen Unterricht oder sprachen mit den Kindern über ihre Schreibleistungen.

Bedauerlicherweise gaben fast 20 % der befragten Lehrer an, dass sie keinerlei Unterrichtsanpassungen für schlechte Schreiber vornahmen. Weitere 24 % nahmen maximal eine oder zwei Anpassungen vor. Es wurde auch über Anpassungen be-richtet, die nicht unbedingt nützlich sind. Beispielsweise legten Lehrer weniger Wert darauf, dass die schwachen Schreiber ihre Arbeiten mit den Peers teilten, ihren Mit-schülern halfen, ihre Schreibthemen selbst wählten oder sich für Schreibaufgaben die notwendige Zeit nehmen konnten. Wenn der Lehrer jedoch keine oder die falschen Anpassungen vornimmt oder die aktive Teilnahme schlechter Schreiber am Schreib-unterricht beeinträchtigt, sinkt die Wahrscheinlichkeit, dass Schüler mit Lernstörun-gen und andere schwache Schreiber Fortschritte beim Schreiben machen.

8.4.3 Explizite und systematische Vermittlung von Strategien zur Planung und Überarbeitung von Texten

Schüler mit Lernstörungen sind beim Planen oder Überarbeiten ihrer Texte eher zurückhaltend (Graham et al., 1991). Der Großteil ihrer Planungsanstrengungen besteht darin, während des Schreibens Ideen zu generieren. Die Überarbeitung eines Textes beschränkt sich in erster Linie darauf, das ein oder andere Wort auszutauschen und Flüchtigkeitsfehler zu verbessern. Gute Schreiber gehen dagegen ganz anders vor. Sie verbringen mindestens die Hälfte der Zeit damit, ihren Text zu planen und zu überarbeiten (Gould, 1980; Kellogg, 1987). Schüler mit Lernstörungen müssen also dahingehend unterstützt werden, dass sie ihre vorhandenen Schreibstrategien verbessern oder durch anspruchsvollere ersetzen, und zwar solche, die die gleichen Selbstregulationsverfahren voraussetzen, wie sie auch von guten Schreibern eingesetzt werden.

Ein bekanntes Beispiel für ein Programm, das Schülern mit Lernstörungen gezielt Schreibstrategien vermittelt, ist das Cognitive Strategies Instruction in Writing Program (CSIW) (Englert et al., 1991). Bei CSIW werden Blätter (sogenannte „Think Sheets") verwendet, die Aufforderungen (Prompts) zur Durchführung bestimmter Aktivitäten enthalten, und die die Handlungen der Schüler während der folgenden Schreibprozesse anleiten sollen: einen Text planen, Informationen organisieren, schreiben, korrigieren und überarbeiten. Bei der Schreibaufgabe „Anleitungen geben für die Durchführung einer Aktivität" enthält das Blatt für die Organisation von Informationen beispielsweise Aufforderungen, zu identifizieren, wo die Aktivität stattfindet, welches Material erforderlich ist, und welche Schritte stattfinden. Um den Schülern dabei zu helfen, die Strategien und die Grundlagen der Think Sheets zu verinnerlichen, werden die Komponenten eines effektiven Strategietrainings genutzt, darunter das Modeling eines inneren Dialogs durch den Lehrer, wie die Think Sheets zu verwenden sind, sowie eine Anleitung beim Strategiegebrauch, bis die Schüler die Strategien selbstständig gebrauchen können. Darüber hinaus werden die Schüler angeleitet, zu verstehen, was sie lernen, warum es wichtig ist und wann es verwendet werden kann. In einer Studie mit Viert- und Fünftklässlern mit und ohne Lernstörungen schrieben die Teilnehmer, die auf CSIW-Basis unterrichtet wurden, qualitativ hochwertigere Aufsätze, die mehr Ideen beinhalteten und stärker auf die Bedürfnisse der Leser eingingen als die Aufsätze von den Kindern, die an einem Schreibworkshop teilnahmen (Graves, 1983).

Auch die Arbeiten von Wong und Kollegen (Wong, 1997; Wong et al., 1994) befassen sich mit der Vermittlung von Schreibstrategien. In einer Studie (Wong et al., 1994) wurden Jugendliche mit Lernstörungen darin unterrichtet, wie sie beim Schreiben von Erlebnisberichten verschiedene Planungs- und Überarbeitungsstrategien anwenden können (z. B. relevante Themen und Ideen aus dem Gedächtnis abrufen, sich Ereignisse erneut vor Augen führen, Gefühle wieder aufleben lassen, Schreibprobleme identifizieren und die Klarheit des zentralen Themas des Aufsatzes bewerten). Um diese Strategien zu vermitteln, machte die Lehrperson ihren Gebrauch zunächst vor und half den Schülern anschließend durch kooperative Unterstützung dabei, zu lernen, wie sie die Strategien anwenden konnten. Die erfolgreiche Vermittlung dieser Strategien bewirkte, dass die Aufsätze der Schüler besser formuliert waren und besser entwickelte Themen enthielten.

8

Auch Deshler und Kollegen (Deshler & Schumaker, 1986) unterrichteten Jugendliche mit Lernstörungen im Gebrauch von Schreibstrategien. Sie entwickelten Strategien, um verschiedene Arten von Sätzen und Abschnitten zu generieren, sowie eine Strategie, um einen Aufsatz mit genau fünf Abschnitten zu schreiben. Ihre am häufigsten verwendete Schreibstrategie war jedoch eine selbstgesteuerte Routinehandlung zur Korrektur eines Aufsatzes im Hinblick auf Fehler bei Groß-/Kleinschreibung, Textorganisation, Zeichensetzung und Rechtschreibung. Nachdem den Schülern mit Lernstörungen vermittelt worden war, wie sie diese Strategie einsetzen konnten, waren sie in der Lage, sowohl in ihren eigenen Texten als auch in denen von anderen mehr Flüchtigkeitsfehler zu entdecken und zu korrigieren.

8.4.3.1 Selbstregulierte Strategieentwicklung

Auch wir haben Schülern mit Lernstörungen Schreibstrategietraining erteilt und dazu einen Ansatz gewählt, den wir als selbstregulierte Strategieentwicklung (Self-Regulated Strategy Development, SRSD) bezeichnen. Dieser Ansatz soll den Schülern dabei helfen, die kognitiven Prozesse höherer Ebene zu bewältigen, die am Schreiben beteiligt sind; einen unabhängigen, überlegten, selbstregulierten Gebrauch effektiver Schreibstrategien zu entwickeln; Wissen über die Merkmale guten Schreibens zu erwerben und eine positive Einstellung gegenüber dem Schreiben und den eigenen Fähigkeiten als Autor zu entwickeln (Harris & Graham, 1996).

Gemäß dem SRSD-Modell werden diese Ziele durch verschiedene Arten der Unterstützung erreicht.[2] Eine Form der Unterstützung ist bereits in den Schreibstrategien enthalten, die den Schülern vermittelt werden. Eine Strategie stellt eine Struktur zur Verfügung, die dabei hilft, das eigene Verhalten zu organisieren und Handlungssequenzen zu bilden. Die zweite Form der Unterstützung besteht darin, den Schülern beim Erwerb von Selbstregulationsfertigkeiten behilflich zu sein; diese Fertigkeiten sind notwendig, um Schreibstrategien erfolgreich anzuwenden, den Schreibprozess zu lenken und unproduktive Verhaltensweisen durch produktive zu ersetzen. Dazu werden den Schülern Selbstregulationsverfahren wie Zielsetzung, Selbstbeurteilung und Selbstinstruktion vermittelt.

Zusätzliche Unterstützung wird durch die Lehrmethoden gegeben, die zur Vermittlung der Schreibstrategien und der dazugehörigen Selbstregulationsverfahren verwendet werden. Der Lehrer unterstützt die Schüler durch Modeling und wiederholtes Erklären und hilft ihnen dabei, die Strategien anzuwenden. Diese Unterstützung wird allmählich ausgeblendet, sobald die Schüler dazu in der Lage sind, die Strategien und Verfahren eigenständig zu gebrauchen. Die Schreibfähigkeiten werden weiter gestärkt, indem die Schüler mehr über sich selbst, das Schreiben und den Schreibprozess lernen. Modellaufsätze können herangezogen werden, um die Merkmale guten Schreibens zu veranschaulichen. Setzen von Zielen, Selbstüber-

---

[2] Viele Formen der Unterstützung werden auch bei den anderen Ansätzen der Strategievermittlung verwendet, die in diesem Kapitel diskutiert werden.

wachung und Rückmeldung durch den Lehrer helfen den Schülern dabei, Wissen über die eigenen Schreibfähigkeiten und über die Regulation des Schreibprozesses zu erwerben.

8.4.3.2 Unterrichtsstadien

Das SRSD-Modell sieht sechs Unterrichtsstadien vor (Harris & Graham, 1996). Diese Stadien stellen ein „Metaskript" bzw. allgemeine Richtlinien dar, die je nach Bedarf neu geordnet, kombiniert oder modifiziert werden können. Es gibt Fälle, in denen ein bestimmtes Stadium übersprungen werden kann, etwa wenn die Schüler bereits das nötige Hintergrundwissen (Stadium 1) erworben haben, das sie zur Verwendung der Schreibstrategien und Selbstregulationsprozesse brauchen. Welche Selbstregulationsverfahren (Setzen von Zielen, Selbstüberwachung, Selbstinstruktion etc.) vermittelt werden sollen, hängt ebenfalls vom individuellen Bedarf der Schüler ab.

Das erste Unterrichtsstadium (Hintergrundwissen entwickeln) soll den Schülern helfen, Grundfertigkeiten zu entwickeln. Dazu müssen sie die Kriterien kennen, die gutes Schreiben ausmachen; dieses Wissen ist nötig, um die angestrebten Schreibstrategien zu verstehen, zu erwerben und anzuwenden. Im zweiten Stadium (Diskutieren) untersuchen und diskutieren die Schüler ihre gegenwärtige Schreibleistung und die Strategien, die sie verwenden, um bestimmte Schreibaufgaben auszuführen. In diesem Stadium werden die Zielstrategien eingeführt. Die Schüler untersuchen ihren Zweck und Nutzen und wie und wann sie verwendet werden. Zu diesem Zeitpunkt werden die Schüler verpflichtet, die Strategien zu lernen und bei diesem Unterfangen kooperative Partner zu sein. An diesem Punkt könnte der Lehrer auch gemeinsam mit den Schülern mögliche negative oder ineffektive Selbstaussagen oder Überzeugungen untersuchen, die die aktuelle Schreibleistung der Schüler beeinträchtigen.

Im dritten Stadium (Modeling) macht der Lehrer durch lautes Denken vor, wie die Schreibstrategien angewandt werden; dazu verwendet er die passenden Selbstinstruktionen, einschließlich Problemdefinition, Planung, Strategiegebrauch, Selbstevaluation, Berichtigung von Übertragungs- und Rechtschreibfehlern sowie selbst verstärkende Aussagen. Anschließend wird die Ausführung des Lehrers analysiert, und Schüler und Lehrer können die Strategien gemeinsam verändern, so dass sie effektiver werden. Die Schüler entwickeln und dokumentieren daraufhin persönliche Selbstaussagen, die sie während des Schreibens anwenden wollen.

Im vierten Stadium (Memorieren) werden die einzelnen Schritte der Schreibstrategien, mögliche Mnemotechniken, um sie im Gedächtnis zu behalten, sowie die personalisierten Selbstaussagen memoriert. Obwohl die Schüler die Schritte paraphrasieren, um sie zu behalten, muss darauf geachtet werden, dass ihre ursprüngliche Bedeutung dabei nicht verloren geht. Dieses Stadium ist nicht bei allen Schülern notwendig, sondern nur bei Kindern, die schwere Gedächtnisprobleme haben.

Im fünften Stadium (angeleitete Anwendung) wenden Lehrer und Schüler die Strategien und Selbstinstruktionen gemeinsam auf eine bestimmte Schreibaufgabe an. Dies ist der passende Zeitpunkt, um Selbstregulationsverfahren, einschließlich Setzen von Zielen und Selbstbeurteilung, einzuführen. Die Schüler setzen sich Ziele, um be-

8

stimmte Bereiche ihrer Schreibleistung zu verbessern, und wenden die Strategien und Selbstinstruktionen an, um ihre Leistung zu verändern. Anschließend beurteilen die Schüler, ob sie ihre Ziele erreicht haben, indem sie die geschriebenen Texte und das, was sie tun, bewerten. Im sechsten und letzten Stadium (selbstständige Anwendung) wenden die Schüler die Strategien ohne die Unterstützung des Lehrers an. Wenn die Schüler zu diesem Zeitpunkt noch Setzen von Zielen oder Selbstbeurteilung anwenden, können sie nun damit beginnen, diese Selbstregulation stufenweise einzustellen. Die Schüler werden außerdem dazu animiert, ihre Selbstaussagen jetzt verdeckt, also „im Kopf" zu tätigen.

In sämtlichen Unterrichtsstadien werden Verfahren integriert, die die Aufrechterhaltung und Generalisierung des Strategiegebrauchs fördern sollen (siehe Harris & Graham, 1999). Dazu gehört, passende Gelegenheiten für die Verwendung der Schreibstrategien und Selbstregulationsverfahren zu identifizieren; festzustellen, wie diese Prozesse bei anderen Aufgaben und in neuen Lernsituationen verändert werden müssen; und beurteilen, wie erfolgreich diese Prozesse während des Unterrichts und bei der anschließenden Anwendung waren.

Bis heute wurden 24 Studien durchgeführt, in denen SRSD zur Vermittlung von Schreibstrategien angewandt wurde (Graham & Harris, 2003). Das Modell wurde zur Vermittlung der verschiedensten Planungs- und Überarbeitungsstrategien verwendet, einschließlich Brainstorming (siehe Harris & Graham, 1985), Selbstüberwachung der Produktivität (siehe Harris et al., 1994), informationsorientiertes Lesen und semantische Vernetzung (siehe MacArthur et al., 1996), Generierung und Organisation von Schreibinhalten anhand von Textstruktur (siehe Graham & Harris, 1989; Sawyer et al., 1992), Setzen von Zielen (siehe Graham et al., 1995, 1992), Überarbeitung mithilfe von Peer-Feedback (siehe MacArthur et al., 1991) sowie inhaltliche und orthografische Korrektur (siehe Graham & MacArthur, 1988). SRSD hat die Schreibleistung der Schüler im Hinblick auf vier Aspekte verändert und verbessert: Qualität des Schreibresultats, Wissen über den Schreibprozess, Herangehensweise an das Schreiben und Selbstwirksamkeit (vgl. Graham et al., 1991; Graham & Harris, 2003; Harris & Graham, 1996). Schüler wie Lehrer haben SRSD positiv bewertet. In Tabelle 8.2 werden Beispiele für zwei Schreibstrategien vorgestellt, die mithilfe von SRSD-Verfahren vermittelt werden.

8.4.3.3 Weitere Überlegungen

Obwohl Strategietraining als eine unabhängige Lehrplanoption konzipiert worden ist (Deshler & Schumaker, 1986), glauben wir, dass ein solches Training viel wirksamer ist, wenn man es in das reguläre Unterrichtsprogramm integriert. Im Bereich des Schreibens kann z. B. die Vermittlung einer Strategie, bei der die Peers gegenseitig ihre Texte überarbeiten, als integraler Bestandteil des Schreibprozesses verwendet werden. Eine solche Strategie ist ein wirksames Mittel, um die Zusammenarbeit zu fördern und gleichzeitig die Planungsfertigkeiten der Schüler zu verbessern (siehe MacArthur et al., 1991).

Es sollte auch darauf hingewiesen werden, dass Schreibstrategien – auch wenn sie gut vermittelt und gelernt werden – von Schülern mit Lernstörungen nicht immer richtig und effektiv angewandt werden (Graham & Harris, 1998b). Selbst wenn diese

Tab. 8.2 Schreibstrategien für Erörterungen und Geschichten.

Schreibstrategie für Erörterungen (De La Paz & Graham, 1997)

ÜBERLEGE
- An welche Leser wendet sich dieser Text?
- Warum schreibe ich diesen Text?

STOP
- Stelle dein eigenes Urteil zurück (finde Ideen und Argumente für beide Seiten)
- Treffe eine Entscheidung (beziehe Stellung)
- Organisiere deine Ideen und Argumente (wähle die besten Ideen aus und ordne sie)
- Plane mehr als du schreibst (fahre mit der Planung des Textes fort, während du schreibst)

DENKE DARAN, ...
- einen Leitsatz zu entwickeln
- gute Argumente für deinen Standpunkt zu finden
- Argumente der Gegenseite zu widerlegen
- die Erörterung mit einer Schlussfolgerung zu beenden

Schreibstrategie für Geschichten (Graham & Harris, 1989)

1. Denke dir eine Geschichte aus, die du anderen gerne erzählen würdest.
2. Lass' deinen Gedanken freien Lauf.
3. Schreibe den Bauplan für die Komponenten der Geschichte auf:

WER-WANN-WO-2WAS-2WIE: Der Plan soll dich daran erinnern, die folgenden Fragen zu stellen und dazu Notizen zu machen:

WER ist der Protagonist (die Hauptperson) der Geschichte? Welche Personen kommen sonst noch darin vor?

WANN spielt die Geschichte?

WO spielt die Geschichte?

WAS beabsichtigt der Protagonist zu tun? Was wollen die anderen Personen tun?

WAS passiert, wenn der Protagonist versucht, seine Absicht wahr zu machen? Was passiert mit den anderen Personen?

WIE endet die Geschichte?

WIE geht es dem Protagonisten? Wie geht es den anderen Personen?

4. Schreibe zu jeder Frage deine Ideen auf.
5. Schreibe deine Geschichte auf – verwende gute Teile und setze sie sinnvoll zusammen; füge Neues hinzu, arbeite einzelne Ideen aus und überarbeite den Text während und nach dem Schreiben.

Schüler über das nötige Know-how verfügen, bedeutet das noch nicht, dass sie auch bereit sind, diese Strategien zu gebrauchen, oder sie verwenden sie eher nachlässig und unbesonnen (Wong, 1994). Daher sollten Lehrer bei der Entwicklung und Durchführung des Strategietrainings die Zielorientierung und Einstellungsdispositionen der Schüler berücksichtigen und Unterrichtsverfahren einsetzen, die den bedachtsamen

8

Gebrauch der gelernten Strategien unterstützen (siehe Graham & Harris, 1998b; Wong, 1994). Ebenso wichtig ist es, zu beobachten, ob die Schüler diese Strategien im weiteren Verlauf gebrauchen und ob sie den Gebrauch an neue Situationen anpassen. Vorkehrungen für die Beibehaltung und Generalisierung der Strategien gehören zu einem guten Strategietraining dazu. Eventuell ist es erforderlich, Auffrischungssitzungen einzuplanen, um einen dauerhaften und adaptiven Strategiegebrauch zu fördern (Harris & Graham, 1996).

8.4.4 Explizite und systematische Vermittlung grundlegender Schreibfertigkeiten für die Textproduktion

Es besteht ein klarer Zusammenhang zwischen Schreibflüssigkeit/Schreibqualität und Fertigkeiten der Textproduktion, wie z. B. Schreibtechnik und Rechtschreibung (Graham, 1990; Graham et al., 1997). Die Verbesserung dieser grundlegenden Fertigkeiten kann zu einer Verbesserung der Schreibleistung insgesamt führen (Berninger et al., 1998, 1997; Graham et al., 2002, 2000; Jones & Christensen, 1999). Daher empfehlen wir Lehrern, die Unterrichtszeit dazu zu nutzen, Schülern mit Lernstörungen Textproduktionsfertigkeiten wie Schreibtechnik und Rechtschreibung zu vermitteln (Graham, 1999). Die Vermittlung dieser Fertigkeiten sollte jedoch das Schreibprogramm nicht dominieren und sich auf solche Fertigkeiten konzentrieren, die am ehesten zu einer positiven Veränderung führen.

8.4.4.1 Schreibtechnik

Die grundlegenden Ziele des Schreibtechnikunterrichts bestehen darin, Schülern bei der Entwicklung einer Handschrift zu unterstützen, die zum einen lesbar ist, und zum anderen möglichst wenig bewusste Aufmerksamkeit erfordert. Dazu muss den Schülern ein wirksames Muster für das Schreiben einzelner Buchstaben vermittelt werden; sie müssen lernen, wie sie ihren Bleistift oder Füller halten oder das Papier, auf das sie schreiben, positionieren sollen (Graham, 1999). Das bedeutet aber nicht, dass man stundenlang einzelne Buchstaben üben muss. Vielmehr sollten die Schüler – zunächst mit Unterstützung des Lehrers – einen neu eingeführten Buchstaben kurze Zeit sorgfältig üben und ihre eigenen Bemühungen beurteilen. Eine flüssige Handschrift entwickelt sich mit der Zeit und wird am besten durch häufiges Schreiben gefördert (Graham & Weintraub, 1996).

In Tabelle 8.3 wird eine Checkliste vorgestellt, mit deren Hilfe man die Qualität des Schreibtechnikunterrichts beurteilen kann. Diese Checkliste basiert auf den Ergebnissen umfassender Forschungsüberblicke der empirischen Literatur (Graham, 1999; Graham & Weintraub, 1996). Sie beinhaltet sowohl effektive Unterrichtsverfahren als auch produktive Unterrichtsanpassungen für Schüler mit Schreibproblemen.

Wir möchten außerdem darauf hinweisen, dass es sinnvoll sein kann, jüngeren Kindern mit schreibtechnischen Schwierigkeiten zusätzlichen Unterricht zu erteilen, um zukünftigen Schreibproblemen vorzubeugen. So führten z. B. Graham et al. (2000) einen siebenstündigen Zusatzunterricht in Schreibtechnik durch, an dem Erstklässler teilnahmen, die langsam schrieben und allgemein schlechte Schreib-

Tab. 8.3 Checkliste für den Schreibtechnikunterricht.

Ich bringe den Kindern bei, wie jeder Buchstabe geschrieben wird, indem ich ...

- ihnen zeige, wie der Buchstabe gebildet wird
- beschreibe, wie der Buchstabe anderen Buchstaben ähnelt bzw. sich von ihnen unterscheidet
- visuelle Hinweisreize – z. B. nummerierte Pfeile – verwende, um die Buchstabenbildung anzuleiten
- sie das Nachfahren, das Abschreiben und das freie Schreiben des Buchstabens aus dem Gedächtnis üben lasse
- die einzelnen Unterrichtseinheiten kurz halte, Unterrichtsinhalte häufig wiederhole und üben lasse
- die Kinder auffordere, die Buchstaben, die ihnen am besten gelungen sind, zu kennzeichnen
- sie dazu ermutige, schlecht geschriebene Buchstaben zu korrigieren oder neu zu schreiben
- ihr Üben beobachte, um mich zu vergewissern, dass die Buchstaben korrekt geschrieben werden
- die erfolgreichen Bemühungen der Kinder verstärke und bei Bedarf korrigierendes Feedback erteile

Ich unterstütze die Kinder dabei, eine flüssigere Schreibtechnik zu entwickeln, indem ich ...

- ihnen reichlich Gelegenheit zum Schreiben gebe
- hinderliche Gewohnheiten, die ihre Schreibflüssigkeit beeinträchtigen könnten, eliminiere
- sie eine kurze Textstelle mehrere Male abschreiben lasse, wobei sie versuchen sollen, jedes Mal ein bisschen schneller zu schreiben

Ich fördere die schreibtechnische Entwicklung der Kinder, indem ich ...

- sicherstelle, dass jedes Kind eine bequeme und gute Haltung des Schreibinstruments (Bleistift, Füller etc.) entwickelt
- ihnen Gelegenheit gebe, verschiedene Schreibinstrumente und Papierarten auszuprobieren
- sie auffordere, aufrecht zu sitzen und sich beim Schreiben leicht nach vorne zu beugen
- ihnen zeige, wie sie das Papier beim Schreiben am besten positionieren
- sie darin unterrichte, die Buchstaben des Alphabets zu identifizieren und zu benennen
- sie darin unterrichte, wie Groß- und Kleinbuchstaben geschrieben werden
- wöchentlich 75 bis 100 Minuten für den Schreibtechnikunterricht aufwende (Klassen 1 bis 4)
- sie auffordere, sich Ziele zu setzen, um spezifische Aspekte ihrer Schreibtechnik zu verbessern
- geeignete Verfahren für Linkshänder implementiere, z. B. die richtige Positionierung des Schreibpapiers
- ihre Schreibtechnik beobachte und dabei auf zusätzlichen Lehr- bzw. Übungsbedarf bei der Buchstabenbildung, bei Wortabstand, Schriftschräge, Schriftgröße, Zeilenführung und Zeilenqualität achte
- ihre Fortschritte beim Schreiben durch Kurven, Diagramme, Lob etc. in Szene setze und gut gelungene Schreibarbeiten ausstelle

▼

8

Ich unterstütze Schüler, die schreibtechnische Schwierigkeiten haben, indem ich ...

- meinen Unterricht so organisiere, dass ich einzelnen Kindern bei Bedarf zusätzlichen Unterricht erteilen kann
- meinen Schreibunterricht mit anderen Fachleuten – z. B. Beschäftigungstherapeuten – koordiniere
- besonders viel Zeit auf die Vermittlung schwieriger Buchstaben (z. B. *a, j, k, n, q, u* und *z*) und Spiegelbuchstaben verwende (siehe Graham et al., 2001)
- sichergehe, dass sie einen Schreibstil (z. B. Druckschrift) auch wirklich beherrschen, bevor ich den nächsten (z. B. Schreibschrift) einführe
- Alternativen zur Handschreibung in Betracht ziehe, z. B. eine Alpha-Smart®-Tastatur
- ihnen dabei helfe, eine positive Einstellung zur Handschreibung zu entwickeln
- mit ihren Eltern über mein Schreibtechnikprogramm spreche und sie berate

Ich lege Wert darauf, ...

- dass meine Schüler die Endversion ihrer Schreibarbeiten sauber und lesbar anfertigen
- dass ich die Funktion des Handschreibens für das Schreibenlernen insgesamt einzuordnen weiß

Anmerkung: Sie können nach jedem Item ein Kontrollzeichen (beispielsweise ein Häkchen) setzen. Beurteilen Sie, ob es von Vorteil wäre, wenn Sie die **nicht abgehakten Items** in Zukunft in den Schreibtechnikunterricht einbringen würden. Quelle: Graham und Harris (2002).

fertigkeiten besaßen. Dreimal pro Woche traf sich jedes Kind 15 Minuten lang mit einem Tutor; jede dieser 15-minütigen Unterrichtseinheiten umfasste vier Aktivitäten: bei der ersten Aktivität – „Alphabet zum Aufwärmen" – lernten die Schüler die Bezeichnung und Identifizierung bestimmter Buchstaben des Alphabets. Bei der zweiten Aktivität – „Alphabet-Üben" – wurden drei Kleinbuchstaben mit gemeinsamen Bildungsmerkmalen (z. B. l, i und t) eingeführt und geübt. Der Tutor machte vor, wie die Buchstaben gebildet werden, woraufhin der Schüler jeden Buchstaben einzeln übte, indem er ihn zunächst dreimal mit einem Stift nachfuhr, dann dreimal innerhalb der Linie des bereits geschriebenen Buchstabens entlangfuhr, und den Buchstaben schließlich dreimal selbstständig schrieb. Zum Schluss wählte das Kind den Buchstaben aus, der ihm seiner Meinung nach am besten gelungen war, und kreiste ihn ein. Drei Unterrichtseinheiten wurden darauf verwendet, verschiedene Buchstabengruppen zu lernen, wobei die zweite und dritte Unterrichtseinheit in erster Linie dazu diente, den Zusammenhang der Buchstaben im Einzelwort (z. B. glitzern) oder in Reimwörtern (z. B. Glitter-Flitter) zu üben. Bei der dritten Aktivität – „Alphabet-Rakete" – sollte das Kind innerhalb von drei Minuten einen kurzen Satz rasch und genau abschreiben. Der Satz enthielt mehrfach die Buchstaben, die gerade gelernt wurden (z. B. Kleine Kinder gleiten im Winter auf Schlittschuhen den Fluss entlang). Anschließend wurde dokumentiert, wie viele Buchstaben das Kind geschrieben hatte, so dass es in den nächsten beiden Übungsstunden die Gelegenheit hatte, das Ergebnis zu verbessern und in dem festgelegten zeitlichen Rahmen mindesten drei Buchstaben mehr zu schreiben. Bei der vierten Aktivität – „Alphabet-Spaß" – sollte der Schüler einen der Buchstaben, die gerade geübt wurden, auf ungewöhnliche Weise schreiben

8

(z. B. besonders lang oder kurz oder fett) oder ihn in ein Bild integrieren (z. B. das **i** als einen Schmetterling oder das **s** als Schlange darstellen). Die Schüler, die auf diese Weise unterrichtet wurden, entwickelten eine raschere und bessere Schreibtechnik als ihre Peers in der Kontrollgruppe, die in phonologischer Bewusstheit unterrichtet wurden. Beim Geschichtenschreiben zeigten sie außerdem verbesserte Satz- und Textbildungsfähigkeiten.

8.4.4.2 Rechtschreibung

Das Ziel des Rechtschreibunterrichts besteht im Wesentlichen darin, die Schüler dabei zu unterstützen, diejenigen Wörter flüssig und kompetent buchstabieren und schreiben zu können, die sie bei ihren Schreibübungen wahrscheinlich verwenden. Dazu gehört, dass sie die Gesetzmäßigkeiten und Muster lernen, die der Orthografie zugrunde liegen; dass sie Wörter, die sie häufig verwenden, richtig schreiben; dass sie Strategien lernen, um neue Wörter zu üben; und dass sie ihr Wissen über Rechtschreibung (z. B. Analogiebildung) und Korrekturlesen anwenden (Graham et al., 1996). Häufiges Lesen und Schreiben wirken sich positiv auf die Rechtschreibentwicklung aus. Als zusätzliche Lernquelle bieten sie einen Kontext, in dem neu gelernte Wörter geübt werden können; außerdem werden die Schüler daran erinnert, wie wichtig korrektes Schreiben in der Praxis und in sozialen Situationen ist. Die Kinder müssen auch mit externen Rechtschreibhilfen – z. B. Wörterbüchern, Thesauri, Software zur Rechtschreib- und Grammatikprüfung – vertraut werden und lernen, andere um Hilfe zu bitten.

In Tabelle 8.4 wird eine Checkliste vorgestellt, mit deren Hilfe man die Qualität des Rechtschreibunterrichts bewerten kann. Diese Checkliste basiert auf den Ergebnissen umfassender Forschungsüberblicke der empirischen Literatur (Graham, 1999, 1983; Graham & Miller, 1979). Sie umfasst wirksame Unterrichtsverfahren und produktive Unterrichtsanpassungen für Schüler mit Rechtschreibproblemen.

Ebenso wie bei der Schreibtechnik ist es sinnvoll, jüngeren Kindern mit Rechtschreibproblemen zusätzlichen Unterricht in der Rechtschreibfertigkeit zu erteilen, um späteren Schreibschwierigkeiten vorzubeugen. Bei einem von Graham et al. (2002) entwickelten Förderprogramm wurde Zweitklässlern mit Rechtschreib- und allgemeinen Schreibproblemen ca. 12 Stunden Zusatzunterricht in Rechtschreibung erteilt. Die Schüler trafen sich dreimal pro Woche in Zweiergruppen mit einem Tutor. Der Zusatzunterricht umfasste sechs Einheiten mit jeweils sechs 20-minütigen Treffen, bei denen jeweils fünf verschiedene Unterrichtsaktivitäten durchgeführt wurden.

Zu Beginn einer jeden Unterrichtsstunde sollten die Kinder Wörter sortieren (erste Aktivität), die jeweils mit dem Rechtschreibmuster zusammenhingen, das gerade durchgenommen wurde (die Unterrichtseinheiten konzentrierten sich im Wesentlichen auf lange und kurze Vokale). Mithilfe des Tutors wurden zunächst Rechtschreibkategorien gebildet, denen die Schüler Wortkarten zuordnen sollten. Jede Kategorie wurde durch ein Leitwort repräsentiert: Worte wie z. B. „Schaf", „Sahne" und „Saal" dienten z. B. als Leitworte für lange /a/-Laute. Die Aufgabe der Kinder bestand darin, die Wortkarten einer der drei Kategorien zuzuordnen. Wenn eine Wortkarte der falschen Kategorie zugeordnet wurde, korrigierte der Tutor den Fehler und führte das Kind durch Modeling zur richtigen Zuordnung. Sobald alle Wortkarten

8

Tab. 8.4 Checkliste für den Rechtschreibunterricht.

Ich helfe den Kindern beim Lernen neuer Wörter, indem ich ...

- ihnen vermittle, wie die Wörter geschrieben werden, die sie häufig beim Schreiben verwenden
- sie dazu animiere, Rechtschreibprüfungssoftware, Wörterbücher, Thesauri usw. zu verwenden, damit sie selbst herausfinden können, wie unbekannte Wörter korrekt geschrieben werden
- die korrekte Rechtschreibung modelliere, wenn ich selbst schreibe
- sie Wörter aus Buchstaben oder Buchstaben und Phonogrammen bilden lasse (z. B. H–ut)

Ich unterstütze die Kinder beim Lernen ihrer Wortlisten, indem ich...

- einen Vortest durchführe, um festzustellen, welche Wörter geübt werden müssen
- ihnen eine wirksame Strategie zum Lernen und Üben von Wörtern vermittle
- sie gemeinsam Wörter üben lasse
- die einzelnen Unterrichtseinheiten kurz halte, Unterrichtsinhalte häufig wiederhole und üben lasse
- einen Nachtest durchführe, um festzustellen, welche Wörter sie inzwischen beherrschen
- sie auffordere, die Wörter, die sie beim Test falsch geschrieben haben, zu korrigieren
- beobachte, ob sie Wörter, die sie beherrschen, auch weiterhin richtig schreiben
- die Wörter, die sie noch nicht oder nicht mehr beherrschen, zusätzlich üben lasse
- das korrekte Schreiben von geübten Wörtern verstärke

Ich fördere die Rechtschreibentwicklung der Kinder, indem ich ...

- mich vergewissere, dass jedes Kind in der Lage ist, Worte in Laute zu zerlegen und Laute zu ergänzen, zu streichen und zu ersetzen
- ihnen zeige, wie die Laute eines Wortes mit seiner Schreibweise zusammenhängen
- ihnen gängige Laut-/Symbolverbindungen, Rechtschreibmuster und nützliche Rechtschreibregeln beibringe
- ihnen Strategien vermittle, mit deren Hilfe sie die Schreibweise unbekannter Wörter herausfinden können
- sie im Korrekturlesen unterrichte und ihnen genügend Übungsgelegenheit gebe
- wöchentlich 75 bis 100 Minuten für den Rechtschreibunterricht aufwende

---

Ich unterstütze Schüler, die Schwierigkeiten mit der Rechtschreibung haben, indem ich...

- meinen Unterricht so organisiere, dass ich einzelnen Kindern bei Bedarf zusätzlichen Rechtschreibunterricht erteilen kann
- eine sinnvolle Zahl an Wörtern festlege, die sie pro Woche lernen sollen
- ihnen eine personalisierte Liste mit Lernwörtern zur Verfügung stelle
- sie dazu auffordere, festzulegen, wie viele neue Wörter sie pro Woche lernen werden
- ihnen genügend Zeit einräume, um die Wörter in der Schule zu üben
- darauf achte, dass sie nur wenige Wörter auf einmal lernen
- ihre täglichen Fortschritte kontrolliere
- sie dazu animiere, ihr Lernverhalten und ihre Schreibleistung zu überwachen
- Rechtschreibspiele und Computerprogramme verwende, um ihre Rechtschreibfertigkeiten und das Wörterlernen zu verstärken
- ihnen beibringe, bei schwer erlernbaren Wörtern Mnemotechniken einzusetzen
- ihnen ein personalisiertes Wörterbuch zur Verfügung stelle, in dem die Wörter aufgeführt sind, die sie häufig falsch schreiben

▼

8

- Rechtschreibteufel und andere schwierige Schreibwörter gut sichtbar an der Wand aufhänge
- ihre Fortschritte bei der Rechtschreibung durch Kurven, Diagramme, Lob etc. in Szene setze
- Fertigkeiten und Strategien, die sie noch nicht beherrschen, im Unterricht wiederhole
- ihnen dabei helfe, eine positive Einstellung zur Rechtschreibung zu entwickeln
- mit ihren Eltern über mein Rechtschreibprogramm spreche und sie berate

Ich lege Wert darauf, ...
- dass die Schüler in all ihren Schreibarbeiten die Rechtschreibfehler korrigieren
- dass ich die Funktion der Rechtschreibung für das Schreibenlernen insgesamt einzuordnen weiß

Anmerkung: Sie können nach jedem Item ein Kontrollzeichen (beispielsweise ein Häkchen) setzen. Beurteilen Sie, ob es von Vorteil wäre, wenn Sie die **nicht abgehakten Items** in Zukunft in den Rechtschreibunterricht einbringen würden. Quelle: Graham und Harris (2002).

richtig zugeordnet waren, half der Tutor den Schülern dabei, Rechtschreibregeln für die jeweilige Wortgruppe zu formulieren (z. B.: lang gesprochene Vokale erscheinen in geschriebener Form einfach, verdoppelt oder mit darauf folgendem Dehnungs-h; nach „i" ist auch ein Dehnungs-e [„**Sieb**"] möglich; auf kurze Vokale folgen dagegen oft Doppelkonsonanten [**Aff**e, **Kass**e etc.]). Daraufhin wurden die Wortkarten neu gemischt, und die Schüler ordneten sie erneut den jeweiligen Kategorien zu, wobei sie bei Bedarf um Hilfe bitten konnten und Rückmeldung bekamen. Am Ende eines jeden Treffens wurden die Schüler aufgefordert, selbst Wörter zu finden, die in die einzelnen Kategorien passten (zweite Aktivität).

Ab dem zweiten bis zum fünften Treffen übten die Schüler jedes Mal acht neue Lernwörter (dritte Aktivität). Dabei handelte es sich um Wörter, die sie zuvor falsch geschrieben hatten; jedes Wort ließ sich einem der Rechtschreibmuster zuordnen, die im Mittelpunkt der jeweiligen Unterrichtseinheit standen. Um diese Wörter zu üben, verwendeten die Schüler zwei grundlegende Verfahren. Das eine Verfahren, „Graph Buster", gab den Kindern Gelegenheit, aufzuschreiben, wie oft sie die betreffenden Wörter in einer Unterrichtsstunde mithilfe einer traditionellen Lernstrategie korrekt geschrieben hatten. Beim zweiten Verfahren übten die Kinder gemeinsam mit einem Peer-Partner spielerisch neue Lernwörter. Eines der Spiele war „Spelling Road Race". Das Spielbrett ist in dreißig Segmente unterteilt und wird von einer „Rennstrecke" durchzogen. Wenn eines der Wörter korrekt geschrieben wird, rückt der Spieler um so viele Felder vor, wie das Wort Buchstaben hat.

In der zweiten Unterrichtsstunde begannen die Schüler außerdem damit, Laut-/Buchstaben-Verbindungen von Konsonanten, Mischlauten (stimmhafte Kombination von zwei Konsonanten, z.B. bl, pr), Diagrafen (stimmlose Kombination von zwei Konsonanten, z. B. st) und kurzen Vokalen zu üben (vierte Aktivität). Dazu verwendeten sie Wortkärtchen, die auf der einen Seite bebildert waren (z. B. die Abbildung einer Katze), während auf der anderen Seite ein Buchstabe („K") stand. In jeder Unterrichtsstunde übten die Kinder neun bis 16 solcher Verbindungen.

Vom zweiten bis zum fünften Treffen führten die Schüler außerdem eine Wortbildungsaktivität durch (fünfte Aktivität), bei der sie Reimwörter bilden sollten, die

8

zu dem Rechtschreibmuster passten, das gerade behandelt wurde. Dazu wurden den Schülern ein Reimlaut (z. B. „ei"), 18 verschiedene Konsonanten, Mischlaute und Diagrafen vorgegeben, aus denen sie möglichst viele reale Wörter bilden sollten.

Am Ende der Unterrichtseinheiten machten die Schüler drei kurze Tests. Im ersten Test wurden die acht Wörter geprüft, die sie zuletzt gelernt hatten, der zweite prüfte Wörter, die sie in den vorangegangenen zwei Einheiten gelernt hatten, und der dritte testete Wörter, die zu den Reimen der Wortbildungsaktivität passten. Die Schüler lernten und behielten fast alle Wörter, die ihnen im Laufe des Programms vermittelt worden waren, und ihre Leistung bei zwei Standard-Rechtschreibtests verbesserte sich ebenfalls beträchtlich. Wichtiger noch, parallel dazu kam es zu einer deutlichen Verbesserung ihrer Schreib- und Lesefertigkeiten.

8.4.4.3 Satzbildungsfertigkeiten

Schüler mit Lernstörungen müssen nicht nur eine flüssige Handschrift und Rechtschreibfertigkeiten entwickeln, sondern auch lernen, ihre Gedanken in verschiedenen mehr oder weniger komplexen Satzformaten auszudrücken. Eine wirksame Technik, um diese Fertigkeiten zu fördern, besteht darin, aus einfachen Sätzen komplexere Sätze zu bilden (Hillocks, 1986; Saddler, 2002). Zu den traditionellen Verfahren, mit deren Hilfe die Satzbildungsfertigkeiten von Schülern verbessert werden können, gehören das Ordnen von Wortkarten, so dass vollständige Sätze entstehen, und das Ergänzen von Sätzen, in denen bestimmte Wörter oder Satzteile fehlen (Lückentexte). Darüber hinaus werden die Schüler dazu animiert, die Muster von Beispielsätzen nachzuahmen. Schumaker und Sheldon (1985) haben eine Strategie entwickelt, mit deren Hilfe die Schüler 14 verschiedene Satzarten bilden können. Für jede Satzart verwenden die Schüler eine bestimmte Formel, die den Prozess der Satzbildung und der Wortwahl anleitet. Die Schüler werden außerdem darin unterrichtet, viele verschiedene grammatische Strukturen, die für die einzelnen Formeln relevant sind, zu identifizieren und zu definieren.

8.4.5 Den Schülern helfen, ihr Wissen über das Schreiben und die unterschiedlichen Schreibgenres zu vertiefen

Wissen über das Schreiben wird am ehesten durch die Auseinandersetzung mit verschiedenen literarischen Beispielen erworben. Dies geschieht entweder beim Lesen oder durch Textmodelle, die ein bestimmtes Schreibmuster repräsentieren. Obgleich das Imitieren von Textmodellen durchaus einen positiven Einfluss auf die eigene Schreibleistung haben kann, sollte diese Praxis nur mit Vorsicht eingesetzt werden, da die Erfolge insgesamt recht bescheiden sind (Hillocks, 1984). Schüler erwerben auch gewisse rhetorische Kenntnisse durch Lesen, allerdings ist unklar, wie wirksam dieses Lernen tatsächlich ist (Bereiter & Scardamalia, 1982). Lehrer sollten daher eine aktive Rolle spielen, indem sie den Prozess des rhetorischen Wissenserwerbs durch das Lesen anleiten. Wenn die Schüler im Unterricht ein bestimmtes Buch lesen, kann der Lehrer eine Diskussion anregen und die Aufmerksamkeit der Schüler auf bestimmte Textmerkmale lenken, z. B. Dialoge, Handlungsentwicklung, Vorahnung etc. (Bos, 1988).

Wissen über das Schreiben lässt sich auch durch explizite Instruktion erweitern (siehe den Abschnitt über Lehrplanung und Überarbeitungsstrategien). Fitzgerald und Teasley (1986) berichten z. B. darüber, dass Kinder, die in Erzählstrukturen (spezifische Elemente der Geschichte und ihr Zusammenwirken) unterrichtet wurden, die Organisation und Qualität ihrer Aufsätze verbesserten. Fitzgerald und Markham (1987) kamen im Hinblick auf die Textüberarbeitung zu ähnlichen Ergebnissen, die darauf hinwiesen, dass Schüler ihre Texte sehr viel wirksamer überarbeiteten, wenn sie zuvor in dieser Fertigkeit unterrichtet worden waren.

8.4.6 Die Schreibmotivation der Schüler steigern

In Tabelle 8.1 wurden einige Vorschläge unterbreitet, wie die Schreibmotivation von Schülern erhöht werden kann, z. B. eine spannende Stimmung erzeugen; eine risikofreie Umgebung schaffen; die Schüler ihre Schreibthemen selbst auswählen bzw. vom Lehrer vorgegebene Themen modifizieren lassen; Schreibthemen entwickeln, die mit den Interessen der Schüler vereinbar sind; für jede Unterrichtsstunde ein Ziel festlegen und die Fortschritte der Schüler verstärken.

Ein weiterer wichtiger Aspekt der Förderung der Schreibmotivation bezieht sich auf das Gefühl der Leistungsfähigkeit, das sich (zumindest teilweise) dadurch fördern lässt, dass die Schüler als fähige Lerner behandelt werden. In anderen Worten, jeder Schüler sollte als eine Person betrachtet werden, die produktives und unabhängiges Arbeiten im Unterricht lernen kann.

Nicht nur die Schüler mit Lernstörungen müssen davon überzeugt sein, dass sie fähige Schreiber sind, sondern auch ihre Lehrer. Nur allzu oft haben Lehrer ein negatives Bild von Schülern mit Lernstörungen. Sie erwarten keine gute Leistung von ihnen und interagieren weniger mit ihnen (Graham & Harris, 2001). Eine solch negative Einstellung der Lehrperson kann sich z. B. darin äußern, dass Schüler mit Lernstörungen häufiger kritisiert werden, weniger Aufmerksamkeit bekommen, weniger gelobt werden und weniger Rückmeldung bzw. weniger informatives Feedback bekommen (Johnston & Winograd, 1985). Manche Lehrer betrachten Kinder mit Schreibschwierigkeiten als eine solche Herausforderung, dass bei ihnen eine Art pädagogische Lähmung eintritt. Sie sind unsicher, wie sie diesen Schülern begegnen sollen, oder sie zweifeln an ihren Fähigkeiten, diese Kinder angemessen unterrichten zu können (Kameenui, 1993). Wie die bereits erwähnte Studie von Englert et al. (1995) zeigt, sind Lehrer jedoch nicht machtlos. Kindern mit Lernstörungen kann man gutes Schreiben sehr wohl beibringen.

8.4.7 Technologische Schreibwerkzeuge nutzen

Computer sind flexible Schreibwerkzeuge, die Schülern mit Lernstörungen auf vielerlei Weise dabei helfen können, ihr Schreiben zu verbessern. Die Textverarbeitungstechnologie kann die grundlegenden Fertigkeiten fördern, die zur Produktion von lesbaren, orthografisch korrekten Texten notwendig sind, und darüber hinaus kom-

8

plexere kognitive Prozesse wie das Planen, Abfassen und Überarbeiten von Texten unterstützen. Dies gilt auch für die sozialen Prozesse der Kooperation und Kommunikation mit der Leserschaft.

8.4.7.1 Textverarbeitung

Die Verwendung von elektronischer Textverarbeitung im Regelunterricht ist relativ gut erforscht; eine Metaanalyse dieser Studien (Bangert-Drowns, 1993) ergab einen positiven, wenngleich moderaten Einfluss auf die Schreibleistung von Schülern. Eine aktuellere Untersuchung zur Verwendung von Textverarbeitung im Zusammenhang mit vergleichenden Accountability-Leistungsmessungen[3] auf bundesstaatlicher Ebene (Russell, 1999) ergab, dass Schüler ohne Lernstörungen, die mit elektronischer Textverarbeitung vertraut sind, bei schriftlichen Vergleichstests besser abschneiden, wenn sie einen Computer verwenden, als wenn sie von Hand schreiben. Über die Auswirkungen von elektronischer Textverarbeitung auf die Schreibleistung von Schülern mit Lernstörungen gibt es weniger Studien. Einige Untersuchungen haben jedoch gezeigt, dass Textverarbeitung in Verbindung mit einem effektiven Schreibunterricht die Schreibleistung dieser Schüler verbessern kann (MacArthur et al., 1996, 1995).

Computer bieten zahlreiche Möglichkeiten, den Schreibprozess zu beeinflussen. Erstens erleichtern sie den Überarbeitungsprozess, da der Text nicht komplett neu geschrieben werden muss bzw. die korrigierte Version nicht durch Radieren oder Durchstreichen unübersichtlich oder unleserlich wird. Einzelne Textteile lassen sich bequem löschen, ergänzen oder ersetzen. Die Überarbeitungsmöglichkeiten der elektronischen Textverarbeitung können für den Schreiber sehr hilfreich sein, wenn er sie zu nutzen weiß. Es hat sich allerdings gezeigt, dass dieser Vorteil kaum Auswirkungen auf das Korrekturverhalten von Schülern mit Lernstörungen hat, weil das Überarbeiten eines Textes aus ihrer Sicht primär im Korrigieren von Schreibfehlern besteht. Eine Studie von MacArthur und Graham (1987) zum Korrekturverhalten von Schülern mit Lernstörungen ergab keinerlei Unterschiede zwischen der Überarbeitung von handgeschriebenen und am Computer verfassten Texten.

Um die Korrekturmöglichkeiten der elektronischen Textverarbeitung nutzen zu können, benötigen Schüler mit Lernstörungen Unterstützung und Instruktion, um zu lernen, einen Text sowohl inhaltlich als auch auf Schreibfehler zu korrigieren. Die Überarbeitungsfertigkeiten von Schülern mit Lernstörungen lassen sich verbessern, indem man ihnen Strategien vermittelt, mit deren Hilfe sie ihre Texte beurteilen und überarbeiten können. Mehrere Studien haben bei der Vermittlung von Überarbeitungsfertigkeiten Textverarbeitung und Strategietraining miteinander kombiniert, wodurch die inhaltliche und orthografische Überarbeitung der Schüler mit Lernstörungen intensiviert und die Qualität ihrer Texte verbessert werden konnte (Graham & MacArthur,

---

[3] Um die Qualität schulischer Bildung zu verbessern, wird in den USA – und mit den PISA-Studien auch verstärkt in Europa – auf standardisierte Leistungsvergleiche gesetzt. Eine Vielzahl von Strategien, die von der Evaluation bis hin zum zielorientierten Schulmanagement reichen, sollen Qualitätssicherung und Verantwortlichkeit im Bereich der Schulorganisation gewährleisten. Diese Maßnahmen werden unter dem Begriff der „Accountability" zusammengefasst (Anmerkung der Übersetzerin).

Tab. 8.5 Peer-Überarbeitungsstrategien: Richtlinien für den Peer-Korrektor (MacArthur et al., 1991).

1. HÖRE ZU und LIES MIT, während der Autor seinen Text vorliest.
2. ERZÄHLE, worum es in dem Text geht und was dir daran am besten gefallen hat.
3. LIES den Text noch einmal selbst durch und mache dir NOTIZEN über: A. KLARHEIT? Gibt es etwas, das du nicht verstehst? B. DETAILS? Welche Informationen/Details könnte man ergänzen?
4. DISKUTIERE deine Vorschläge mit dem Autor.
5. Autor: Verändere den Text am Computer.

Anmerkung: Die Evaluationsfragen beim dritten Schritt können den Fähigkeiten der Schüler und dem aktuellen Unterrichtschwerpunkt angepasst werden.

1988; MacArthur et al., 1991; Stoddard & MacArthur, 1993). Bei der von MacArthur et al. (1991) entwickelten kooperativen Überarbeitungsstrategie arbeiten die Schüler zu zweit an einem Text und verwenden die in Tabelle 8.5 angeführten Schritte.

Die elektronische Textverarbeitung erleichtert nicht nur den Überarbeitungsprozess, sondern unterstützt auch die Verbreitung der Texte, die in einer Vielzahl von professionellen Formaten – Zeitungsartikel, illustrierte Bücher, Geschäftsbriefe, Schilder oder Poster – sauber und gut lesbar gedruckt werden können. Die Option, die eigenen Texte zu drucken und zu verbreiten, kann sich positiv auf die Motivation der Schüler auswirken, was gerade für Schüler mit Lernstörungen wichtig ist, da sie häufig große Schwierigkeiten mit dem handschriftlichen Abfassen von Texten haben. Wenn einer Klasse nur ein oder zwei Computer zur Verfügung stehen, können diese zur Veröffentlichung von Schreibprojekten genutzt werden. Die Schüler können z. B. gemeinsam an einem Rundbrief oder an einem anderen Projekt arbeiten oder einen gelungenen Beitrag in der Schülerzeitung veröffentlichen.

Die Verwendung von elektronischer Textverarbeitung setzt voraus, dass die Schüler eine gewisse Kompetenz beim Tippen entwickeln und lernen, mit der Software umzugehen. Obwohl es Schülern wesentlich leichter fallen kann, einen Text zu tippen als ihn von Hand zu schreiben, ist kaum zu erwarten, dass Schüler mit Lernstörungen ohne Unterricht und Übung gute Tippfertigkeiten entwickeln. Um diese Fertigkeiten zu üben, stehen verschiedene Software-Programme zur Verfügung.

8.4.7.2 Grundlegende Schreibfertigkeiten

Die Schwierigkeiten, die Schüler mit Lernstörungen mit grundlegenden Schreibfertigkeiten, Schreibtechnik und Rechtschreibung, Groß-/Kleinschreibung, Zeichensetzung etc. haben, sind gut dokumentiert. Computerprogramme wie Rechtschreib- und Grammatikprüfung, Sprachsynthese, Wortvorhersage und Spracherkennung können Probleme in diesen Bereichen potenziell ausgleichen.

Am weitesten verbreitet ist die Rechtschreibprüfung; fast alle aktuellen Textverarbeitungsprogramme verfügen über eine integrierte Rechtschreibprüfung, die das Dokument auf Fehler kontrolliert und Korrekturvorschläge unterbreitet. Die Recht-

8

schreibprüfung führt jedoch nicht automatisch zu fehlerfreien Dokumenten. MacArthur et al. (1996) fanden in einer Studie, dass Schüler mit Lernstörungen nur etwa ein Drittel ihrer Rechtschreibfehler mithilfe der programminternen Rechtschreibprüfung korrigieren konnten. Wichtigstes Manko der automatischen Rechtschreibprüfung war, dass sie ca. ein Drittel der Fehler gar nicht identifizierte, weil es sich um reale Wörter handelte (z. B. Homonyme), die zwar korrekt geschrieben, im Kontext jedoch falsch waren (z. B. „Gram" statt „Kram"). Darüber hinaus bot die Rechtschreibprüfung nur für die Hälfte bis zwei Drittel aller Rechtschreibfehler Korrekturvorschläge an, und oft gelang es den Schülern mit Lernstörungen in dieser Studie nicht, die korrekte Schreibweise aus der Liste mit Korrekturvorschlägen auszuwählen, wenngleich dieses Problem vergleichsweise seltener auftrat. Ein Strategietraining, das den effektiven Gebrauch der programminternen Rechtschreibprüfung vermittelt (z. B. alternative Schreibweisen ausprobieren und die Kontextstimmigkeit von realen Wörtern überprüfen) hat sich in diesem Zusammenhang als wirksam erwiesen und zu einer Verbesserung der Schreibleistung geführt (McNaughton et al., 1997). Trotz aller Mängel sind Rechtschreibprüfungen für Schüler mit Lernstörungen wichtige Hilfsmittel.

Ein weiteres Instrument, das die Schreibfertigkeiten verbessern kann, ist die Sprachsynthese (auch Vorleseautomat oder Text-to-speech-System genannt). Mithilfe entsprechender Hard- und Software wird Text in gesprochene Sprache übersetzt. Diese klingt zwar nicht so natürlich wie digitalisierte Sprache, die aufgezeichnet wurde, hat aber den Vorteil, dass sämtliche Textarten nachgesprochen werden können. Textverarbeitungssysteme, die mit Sprachsynthese-Software ausgestattet sind, ermöglichen es den Schülern, sich das, was sie geschrieben haben, anzuhören bzw. die Texte anderer vorzulesen. Sprachsynthese kann den Schülern dabei helfen, die Angemessenheit ihrer Texte – einschließlich Rechtschreibung und Grammatik – zu kontrollieren. Allerdings gibt es nur wenige Studien über die Wirksamkeit von Sprachsynthese bei Schülern mit und ohne Lernstörungen. Borgh und Dickson (1995) verglichen Textverarbeitung mit und ohne Sprachsynthese bei Fünftklässlern ohne Lernstörungen. Eine Studie von Raskind und Higgins (1995) ergab, dass College-Studenten mit Lernstörungen mithilfe von Sprachsynthese mehr Fehler in ihren Texten fanden als ohne diese Hilfe. Eine vielversprechende Möglichkeit ist die Verwendung von Sprachsynthese im Anschluss an die Rechtschreibprüfung, um diejenigen realen Wörter zu identifizieren, die von der Rechtschreibprüfung nicht als Fehler erfasst wurden.

Ein drittes Software-Werkzeug, die Wortvorhersage, kann die grundlegenden Schreibfertigkeiten von Schülern mit schweren Rechtschreibproblemen fördern. Wortvorhersage wurde ursprünglich für körperbehinderte Menschen entwickelt, um die Zahl der Anschläge auf der Tastatur zu verringern. Der Benutzer muss nur den Anfang eines Wortes schreiben, woraufhin die Software das gemeinte Wort vorhersagt und eine Liste mit möglichen Wörtern präsentiert, aus der der Benutzer das gewünschte Wort auswählen kann. Je nachdem, wie differenziert die Software ist, basieren die Vorhersagen auf Rechtschreibung, allgemeiner Worthäufigkeit, individueller Worthäufigkeit und Syntax. Darüber hinaus besteht die Möglichkeit, die Wortliste durch Sprachsynthese vorlesen zu lassen. MacArthur (1999, 1998) kam zu dem Schluss, dass die Verwendung der Wortvorhersage zu substantiellen Verbesserungen der Lesbarkeit und Rechtschreibung von Texten führt, insbesondere bei Schülern mit Lernstörungen, die schwere Rechtschreibprobleme haben. Beim Kauf der Software ist es wichtig, dar-

8

auf zu achten, dass das Programm unterschiedlich große interne Wörterbücher enthält, so dass es dem individuellen Bedarf verschiedener Benutzer angepasst werden kann.

Ein weiteres Computer-Instrument, das häufig als Hilfsmittel für Schüler mit Lernstörungen eingesetzt wird, ist eine Grammatik- bzw. Stilprüfung. Schüler mit Lernstörungen können von dieser multifunktionellen Software profitieren, die Grammatik, Groß-/Kleinschreibung, Zeichensetzung und Wortgebrauch überprüft. Leider ist die Software, die derzeit auf dem Markt ist, nur für ältere Schreiber geeignet; grundlegende Grammatik- und Schreibfehler werden oft übersehen, und die Rückmeldung ist häufig nur schwer zu verstehen.

Ein fünftes Computer-Instrument, die automatische Spracherkennung, ist inzwischen so ausgereift, dass es für viele Schüler mit Lernstörungen von beträchtlichem Nutzen sein kann. Die Spracherkennungssoftware ermöglicht es dem Benutzer, dem Computer einen Text zu diktieren. In einer aktuellen Studie unterrichteten MacArthur und Cavalier (2004) 35 Zehntklässler (davon 25 mit Lernstörungen) in der Verwendung von Spracherkennung. Die Schüler sollten sie zum Diktieren von Aufsätzen verwenden, wie sie bei den Accountability-Tests verlangt werden. Nur einer der 35 Schüler lernte es nicht, das Programm so anzuwenden, dass er damit lesbare Aufsätze produzieren konnte. Die Schüler verfassten außerdem handschriftliche Aufsätze oder diktierten ihren Text einer anderen Person. Die Aufsätze, die mithilfe der Spracherkennung verfasst wurden, waren qualitativ deutlich besser als jene, die von Hand geschrieben wurden. Noch besser waren die Aufsätze, die die Schüler einem Schreiber diktierten. Higgins und Raskind (1995), die noch mit einer älteren Generation von Spracherkennungssoftware arbeiteten, gelangten zu ähnlichen Ergebnissen.

Sprecherabhängige Spracherkennungssoftware muss vom Benutzer auf die eigene Aussprache trainiert werden.[4] Die wirksame Anwendung von Spracherkennung setzt voraus, dass die Schüler lernen, deutlich zu sprechen, damit sich das System auf die Besonderheiten ihrer Sprechweise einstellen kann. Darüber hinaus müssen die Schüler darin unterrichtet werden, Fehler zu überwachen und zu korrigieren. Auch Planungsstrategien sind wichtig, da ein gut geplanter Text den reibungslosen Diktiervorgang unterstützt. Ein praktisches Problem bei der Verwendung von Spracherkennung ist der Einsatz im Unterricht, da es hier in der Regel zu viele Hintergrundgeräusche gibt. Das bedeutet, dass Schulen geeignete Räumlichkeiten zur Verfügung stellen oder die Verwendung zu Hause unterstützen müssen.

8.4.7.3 Planungsprozesse

Schüler mit Lernstörungen haben oft Probleme mit Planungsprozessen; es fällt ihnen schwer, Ziele zu setzen, Inhalte zu generieren und ihre Ideen zu organisieren. Computerprogramme, die das Strukturieren und das Erstellen semantischer Landkarten (Mapping) unterstützen und den Schülern beim Planen helfen, sowie Multimedia-Software können die Planungsprozesse der Schüler verbessern.

---

[4] Es gibt auch sprecherunabhängige Spracherkennungsanwendungen, ihr Wortschatz ist jedoch auf wenige tausend Wörter begrenzt (Anmerkung der Übersetzerin).

8

Strukturieren und semantisches Mapping sind sowohl in der Schule als auch unter versierten Autoren gängige Praktiken, um Ideen im Vorfeld des Schreibens zu organisieren. Wie bereits angesprochen, sind Planungsstrategien, die auf Textstruktur und semantischen Landkarten basieren, effiziente Möglichkeiten, das Schreiben von Schülern mit Lernstörungen zu verbessern. Viele Textverarbeitungsprogramme verfügen über Strukturierungshilfen, und es gibt jetzt auch Software für semantisches Mapping. Strukturieren und semantisches Mapping sind am Computer flexibler durchführbar und leichter revidierbar als auf dem Papier. Trotz der vielversprechenden Ergebnisse von computergestütztem semantischen Mapping gibt es bislang kaum Forschungen in diesem Bereich.

Die interaktiven Fähigkeiten des Computers können zur Entwicklung von Programmen genutzt werden, die den Schreiber bei der Durchführung von Planungsprozessen unterstützen. Bei den gängigen Programmen werden dem Schüler mehrere Fragen gestellt, die sich auf die Textstruktur beziehen und ihm dabei helfen sollen, im Vorfeld des Schreibens Ideen zu entwickeln. Obwohl uns keine Studien bekannt sind, die den Einfluss dieser Programme speziell auf das Schreiben von Schülern mit Lernstörungen untersucht haben, deuten Forschungen darauf hin, dass sich einfache Textstruktur-Prompts positiv auf die Schreibleistung dieser Schüler auswirken können (Montague et al., 1991).

Angesichts der rasanten Entwicklung immer neuer Computerprogramme lässt sich noch nicht abschätzen, wie groß das Potenzial der Multimedia-Software tatsächlich ist. Für jüngere Kinder beginnt das Schreiben meist mit Malen. Eine Software, mit der Kinder Bilder malen und über sie schreiben können, könnte Schüler zum Schreiben motivieren und ihnen dabei helfen, Ideen für Geschichten zu entwickeln. Die neuen „Bücher" auf CD-ROM stellen eine Verbindung zwischen Lese- und Schreibaktivitäten her. Die Kinder lesen die Bücher oder lassen sie sich vom Computer vorlesen und schreiben dann ihre eigenen Geschichten, für die sie Bilder und Wörter von der CD verwenden. Ältere Schüler können differenziertere Multimedia-Software nutzen, mit der sie Bilder, Laute und Schrift in neue Kommunikationsformen integrieren können. Multimedia-Software kann auch Hintergrundwissen zur Verfügung stellen und als Recherchequelle für Schreibprojekte genutzt werden.

8.4.7.4 Kooperation und Kommunikation in Netzwerken

Computer-Netzwerke, seien es lokale Klassen- oder Schulnetzwerkumgebungen oder das Internet, eröffnen weitläufige Gelegenheiten zum kooperativen Schreiben und zur Kommunikation mit einem breit gefächerten Publikum. Die Möglichkeiten, die das Arbeiten mit Netzwerken bietet, möchten wir kurz anhand von zwei Beispielen erläutern. Batson (1993) verwendete im Schreibunterricht für gehörlose Schüler im Klassenzimmer ein lokales Netzwerk, innerhalb dessen sämtliche Diskussionen und Interaktionen über Schreibprozesse liefen. Für die gehörlosen Schüler bot das Netzwerk eine Umgebung, in die sie eintauchen konnten und die sie bei der Bewältigung von Sprache unterstützte. Der Vorteil solcher Netzwerke besteht darin, dass sie dem Nutzer eine realistische Verbindung zwischen Gespräch und formellem Schreiben bieten; sie sind daher auch für den Schreibunterricht für Schüler mit Lernstörungen geeignet. Beispielsweise lässt sich eine Klassendiskussion festhalten, auf die man

8

später beim Schreiben zurückgreifen kann. Riel (1985) ließ Schüler unterschiedlicher Kulturen mittels E-Mail-Kontakt gemeinsam eine Zeitung erstellen. Angesichts ihres unterschiedlichen kulturellen Hintergrunds und Wissens fiel es den Teilnehmern aus so unterschiedlichen Bundesstaaten wie Alaska und Kalifornien z. T. sehr schwer, sich zu verständigen, wodurch sich zahlreiche Gelegenheiten boten, etwas über das Schreiben und Überarbeiten eines Textes zu lernen. Die rasche Entwicklung von Internetressourcen hat ebenfalls neue Gelegenheiten zur Kommunikation und Kooperation bei Schreibprojekten eröffnet.

Sonderpädagogen sind gefordert, Hilfstechnologien als ein Anpassungsmittel für Schüler mit Störungen in Erwägung zu ziehen. In den vergangenen Jahren sind zahlreiche äußerst vielversprechende technologische Instrumente zur Schreibförderung entwickelt worden, und die Forschung hat begonnen, zu zeigen, dass diese Instrumente positive Auswirkungen auf das Lernen und die Leistung von Schülern mit Lernstörungen haben können. Insbesondere Anwendungen wie Textverarbeitung, Wortvorhersage oder Spracherkennung können sich positiv auf die Leistung der Schüler bei Accountability-Tests auswirken. Sonderpädagogen müssen sich dafür einsetzen, dass die Verwendung technologischer Hilfsmittel im Unterricht und bei Tests auf größere Akzeptanz stoßen, als das bislang der Fall ist. Sie müssen außerdem sicherstellen, dass sie ihre Schüler richtig einschätzen können und ihnen die Technologie zur Verfügung stellen, die sie gezielt unterstützen kann. Darüber hinaus muss das Feld auch weiterhin effektive Unterrichtsmethoden entwickeln, die es behinderten und lernschwachen Schülern ermöglichen, das Potenzial dieser Instrumente voll auszuschöpfen.

8.5 Schlussbemerkung

Der Erfolg des Schreibunterrichts sollte nicht nur daran gemessen werden, ob die Fertigkeiten der Schüler gut genug entwickelt sind, um den schulischen und später den beruflichen Anforderungen zu entsprechen; ein wichtiges Kriterium ist auch der Wunsch und die Fähigkeit der Schüler, Schriftsprache zur sozialen Kommunikation und zum eigenen Vergnügen zu verwenden. Bei unseren Bemühungen, den Schriftspracherwerb von Schülern mit Lernstörungen zu fördern, sollten wir nicht vergessen, wie wichtig es ist, dass die Schüler lernen, den Wert des Schreibens zu schätzen und dass sie Spaß daran haben. In diesem Kapitel haben wir eine Vielzahl von Verfahren vorgestellt, die alle zusammen dazu beitragen können, dass die Schüler diese Ziele erreichen.

Wenn wir den Schriftspracherwerb von Schülern mit Lernstörungen auf sinnvolle Weise verbessern wollen, müssen wir auch die Bedeutung des Schreibens betonen. Zu oft haben Sonderpädagogen das Schreiben gegenüber dem Lesen und Rechnen als ein Stiefkind angesehen. Häufig wird ein Großteil der Unterrichtszeit auf den Leseunterricht verwendet, der Schreibunterricht dagegen vernachlässigt (Leinhart et al., 1980). Unsere eigenen Erfahrungen mit Schulen und Lehrern haben gezeigt, dass sie oft zögern und sich manchmal geradezu weigern, dem Schreibunterricht genügend Zeit einzuräumen; sie haben häufig regelrecht Angst davor, dass ein solches Engagement negative Folgen haben könnte, weil die „wirklich wichtigen" Fächer, wie z. B. Lesen,

8

darunter leiden könnten. Wir sind aber der Meinung, dass Schreiben ebenso wichtig ist wie Lesen. Daher möchten wir die Lehrer ermutigen, an mindestens vier Tagen pro Woche Schreibunterricht zu erteilen, Schreiben verstärkt über den gesamten Lehrplan zu verteilen und zu versuchen, den Schülern Gelegenheit für sinnvolle und zielorientierte Schreibaktivitäten zu bieten.

Literatur

Alexander, P., Graham, S. & Harris, K. R. (1998). A perspective on strategy research: Progress and prospect. *Educational Psychology Review*, **10**, 129–154.

Applebee, A. (1984). Writing and reasoning. *Review of Educational Research*, **54**, 577–596.

Associated Press. (1995). This man gives children „Goosebumps" and „Fear Street." *Valdosta Daily Times*, 27. Dez., 1995, B 1.

Bangert-Drowns, R. L. (1993). The word processor as an instructional tool: A meta-analysis of word processing in writing instruction. *Review of Educational Research*, **63**, 69–93.

Batson, T. (1993). The origins of ENFI. In B. C. Bruce, J. K. Peyton & T. Batson (Hg.), *Network-based classrooms: Promises and realities*. New York: Cambridge University Press.

Bereiter, C. & Scardamalia, M. (1982). From conversation to composition: The role of instruction in a developmental process. In R. Glaser (Hg.), *Advances in instructional psychology*, Bd. 2 (S. 1–64). Hillsdale, NJ: Lawrence Erlbaum.

Berninger, V., Abbott, R., Whitaker, D., Sylvester, L. & Nolen, S. (1995). Integrating low- and high-level skills in instructional protocols for writing disabilities. *Learning Disability Quarterly*, **18**, 293–310.

Berninger, V., Vaughn, K., Abbott, R., Abbott, S., Rogan, L., Brooks, A., Reed, E. & Graham, S. (1997). Treatment of handwriting problems in beginning writers: Transfer from handwriting to composition. *Journal of Educational Psychology*, **89**, 652–666.

Berninger, V., Vaughn, K., Abbott, R., Brooks, A., Abbott, S., Rogan, L., Reed, E. & Graham, S. (1998). Early intervention for spelling problems: Teaching functional spelling units of varying size with a multiple-connections framework. *Journal of Educational Psychology*, **90**, 587–605.

Borgh, K. & Dickson, W. P. (1992). The effects on children's writing of adding speech synthesis to a word processor. *Journal of Research on Computing in Education*, **24**, 533–544.

Bos, C. (1988). Process-oriented writing: Instructional implications for mildly handicapped students. *Exceptional Children*, **54**, 521–527.

Brodie, D. (1997). *Writing changes everything: The 627 best things anyone ever said about writing*. New York: St. Martin Press.

Burnham, S. (1994). *For writers only*. New York: Ballantine.

Conrad, B. & Schultz, M. (2002). *Snoopy's guide to the writing life*. Cincinnati, OH: Writer's Digest.

De La Paz, S. & Graham, S. (1997). Effects of dictation and advanced planning instruction on the composing of students with writing and learning problems. *Journal of Educational Psychology*, **89**, 203–222.

Deshler, D. D. & Schumaker, J. B. (1986). Learning strategies: An instructional alternative for low-achieving adolescents. *Exceptional Children*, **52**, 583–590.

Diamond, J. (1999). *Guns, germs, and steel: The fates of human societies*. New York: Norton.

Durst, R. & Newell, G. (1989). The uses of function: James Britton's category system and research on writing. *Review of Educational Research*, **59**, 375–394.

Englert, C., Garmon, A., Mariage, T., Rozendal, M., Tarrant, K. & Urba, J. (1995). The early literacy project: Connecting across the literacy curriculum. *Learning Disability Quarterly*, **18**, 253–277.

Englert, C., Raphael, T., Anderson, L., Anthony, H. & Stevens, D. (1991). Making strategies and self-talk visible: Writing instruction in regular and special education classrooms. *American Educational Research Journal*. **28,** 337–372.

Englert, C., Raphael, T., Fear, K. & Anderson, L. (1988). Students' metacognitive knowledge about how to write informational text. *Learning Disability Quarterly*, **11,** 18–46.

Fitzgerald, J. & Markham, L. (1987). Teaching children about revision in writing. *Cognition and Instruction*, **4,** 3–24.

Fitzgerald, J. & Teasley, A. (1986). Effects of instruction in narrative structure on children's writing. *Journal of Educational Psychology*, **78,** 424–432.

Gould, J. (1980). Experiments on composing letters: Some facts, some myths, and some observations. In L. Gregg & E. Steinberg (Hg.), *Cognitive processes in writing* (S. 97–127). Hillsdale, NJ: Erlbaum.

Graham, S. (1982). Composition research and practice: A unified approach. *Focus on Exceptional Children*, **14,** 1–16.

Graham, S. (1983). Effective spelling instruction. *Elementary School Journal*, **83,** 560–568.

Graham, S. (1990). The role of production factors in learning disabled students' compositions. *Journal of Educational Psychology*, **82,** 781–791.

Graham, S. (1997). Executive control in the revising of students with learning and writing difficulties. *Journal of Educational Psychology*, **89,** 223–234.

Graham, S. (1999). Handwriting and spelling instruction for students with learning disabilities: A review. *Learning Disability Quarterly*, **22,** 78–98.

Graham, S., Berninger, V., Abbott, R., Abbott, S. & Whitaker, D. (1997). The role of mechanics in the composing of elementary school students: A new methodological approach. *Journal of Educational Psychology*, **89,** 170–182.

Graham, S. & Harris, K. R. (1989). A component analysis of cognitive strategy instruction: Effects on learning disabled students' compositions and self-efficacy. *Journal of Educational Psychology*, **81,** 353–361.

Graham, S. & Harris, K. R. (1994). The role and development of self-regulation in the writing process. In D. Schunk & B. Zimmerman (Hg.), *Self-regulation of learning and performance: Issues and educational applications* (S. 203–228). New York: Lawrence Erlbaum.

Graham, S. & Harris, K. R. (1997). It can be taught, but it does not develop naturally: Myths and realities in writing instruction. *School Psychology Review*, **26,** 414–424.

Graham, S. & Harris, K. R. (1998a). Writing instruction. In B. Wong (Hg.), *Learning about learning disabilities, 2. Aufl. (S.* 391–423). San Diego, CA: Academic Press.

Graham, S. & Harris, K. R. (1998b). Writing and self-regulation: Cases from the self-regulated strategy development model. In D. Schunk & B. Zimmerman (Hg.), *Self-regulated learning: From teaching to self-reflective practices* (S. 20–41). New York: Guilford.

Graham, S. & Harris, K. R. (2001). Prevention and intervention of writing difficulties for students with learning disabilities. *Learning Disabilities Research & Practice*, **16,** 74–84.

Graham, S. & Harris, K. R. (2002). Prevention and intervention for struggling writers. In M. Shinn, H. Walker & G. Stoner (Hg.), *Interventions for academic and behavior problems II: Preventive and remedial approaches* (S. 589–610). Bethesda, MD: NASP Publications.

Graham, S. & Harris, K. R. (2003). Students with learning disabilities and the process of writing: A meta-analysis of SRSD studies. In L. Swanson, K. R. Harris & S. Graham (Hg.), *Handbook of research on learning disabilities* (S. 383–402). New York: Guilford.

Graham, S., Harris, K. R. & Fink, B. (2000). Is handwriting causally related to learning to write? Treatment of handwriting problems in beginning writers. *Journal of Educational Psychology*, **92,** 620–633.

Graham, S., Harris, K. R. & Fink, B. (2002). Contributions of spelling instruction to the spelling, writing, and reading of poor spellers. *Journal of Educational Psychology*, **94,** 669–686.

Graham, S., Harris, K. R., Fink, B. & MacArthur, C. (2003). Primary grade teachers' instructional adaptations for struggling writers: A national survey. *Journal of Educational Psychology*, **95**, 279–293.

Graham, S., Harris, K. R. & Loynachan, C. (1993a). The basic spelling vocabulary list. *Journal of Educational Research*, **86**, 363–368.

Graham, S., Harris, K.R. & Loynachan, C. (1996). The directed spelling thinking activity: Application with high frequency words. *Learning Disabilities Research & Practice*, **11**, 34–40.

Graham, S., Harris, K. R., MacArthur, C. & Schwartz, S. (1991). Writing and writing instruction with students with learning disabilities: A review of a program of research. *Learning Disability Quarterly*, **14**, 89–114.

Graham, S. & MacArthur, C. (1988). Improving learning disabled students' skills at revising essays produced on a word processor: Self-instructional strategy training. *Journal of Special Education*, **22**, 133–152.

Graham, S., MacArthur, C. & Schwartz, S. (1995). Effects of goal setting and procedural facilitation on the revising behavior and writing performance of students with writing and learning problems. *Journal of Educational Psychology*, **87**, 230–240.

Graham, S., MacArthur, C., Schwartz, S. & Page-Voth, V. (1992). Improving the compositions of students with learning disabilities using a strategy involving product and process goal setting. *Exceptional Children*, **58**, 322–334.

Graham, S., Schwartz, S. & MacArthur, C. (1993b). Knowledge of writing and the composing process, attitude toward writing, and self-efficacy for students with and without learning disabilities. *Journal of Learning Disabilities*, **26**, 237–249.

Graham, S. & Miller, L. (1979). Spelling research and practice: A unified approach. *Focus on Exceptional Children*, **12**, 1–16.

Graham, S. & Weintraub, N. (1996). A review of handwriting research: Progress and prospects from 1980 to 1994. *Educational Psychology Review*, **8**, 7–88.

Graham, S., Weintraub, N. & Berninger, V. (2001). Which manuscript letters do primary grade children write legibly. *Journal of Educational Psychology*, **93**, 488–497.

Graves, D. (1983). *Writing: Teachers and children at work*. Exeter, NH: Heinemann.

Harris, K. R. & Graham, S. (1985). Improving learning disabled students' composition skills: Self-control strategy training. *Learning Disability Quarterly*, **8**, 27–36.

Harris, K. R. & Graham, S. (1996). *Making the writing process work: Strategies for composition and self-regulation*. Cambridge, MA: Brookline.

Harris, K. R. & Graham, S. (1999). Programmatic intervention research: Illustrations from the evolution of self-regulated strategy development. *Learning Disability Quarterly*, **22**, 251–262.

Harris, K. R., Graham, S., Reid, R., McElroy, K. & Hamby, R. (1994). Self-monitoring of attention versus self-monitoring of performance: Replication and cross-task comparison studies. *Learning Disability Quarterly*, **17**, 121–139.

Hayes, J. & Flower, L. (1986). Writing research and the writer. *American Psychologist*, **41**, 1106–1113.

Hidi, S. & Anderson, V. (1986). Producing written summaries: Task demands, cognitive operations, and implications for instruction. *Review of Educational Research*, **56**, 473–494.

Higgins, E. L. & Raskind, M. H. (1995). Compensatory effectiveness of speech recognition on the written composition performance of postsecondary students with learning disabilities. *Learning Disability Quarterly*, **18**, 159–174.

Hillocks, G. (1986). *Research on written composition: New directions for teaching*. Urbana, IL: National Conference on Research in English.

Hines, L. (2000). *Reader's Digest*, S. 54.

Hubble, S. (1996). News from an uncharted world. *Washington Post Bookworld*, S. 1.

Johnston, P. & Winograd, P. (1985). Passive failure in reading. *Journal of Reading Behavior,* **17,** 279–301.

Jones, D. & Christensen, C. (1999). The relationship between automaticity in handwriting and students' ability to generate written text. *Journal of Educational Psychology,* **91,** 44–49.

Kameenui, E. (1993). Diverse learners and the tyranny of time: Don't fix blame; fix the leaky roof. *The Reading Teacher,* **46,** 376–383.

Kellogg, R. (1987). Effects of topic knowledge on the allocation of processing time and cognitive effort to writing processes. *Memory & Cognition,* **15,** 256–266.

Leinhart, G., Zigmond, N. & Cooley, W. (1980). *Reading instruction and its effects.* Vortrag anlässlich des Jahrestreffens der American Educational Research Association, April 1980, Boston.

Linkletter, A. (1962). *Kids sure rite funny! A child's garden of misinformation.* New York: Random House.

MacArthur, C. A. (1996). Using technology to enhance and support the writing processes of students with learning disabilities. *Journal of Learning Disabilities,* **29,** 344–354.

MacArthur, C. A. (1998). Word processing with speech synthesis and word prediction: Effects on the dialogue journal writing of students with learning disabilities. *Learning Disability Quarterly,* **21,** 1–16.

MacArthur, C. A. (1999). Word prediction for students with severe spelling problems. *Learning Disability Quarterly,* **22,** 158–172.

MacArthur, C. & Cavalier, A. (2004). Dictation and speech recognition technology as accommodations in assessments for students with learning disabilities. *Exceptional Children,* **70,** 17–30.

MacArthur, C. A. & Graham, S. (1987). Learning disabled students composing under three methods of text production: Handwriting, word processing, and dictation. *Journal of Special Education,* **21,** 22–42.

MacArthur, C. A., Graham, S., Haynes, J. A. & De La Paz, S. (1996). Spelling checkers and students with learning disabilities: Performance comparisons and impact on spelling. *Journal of Special Education,* **30,** 35–57.

MacArthur, C., Graham, S., Schwartz, S. & Schafer, W. (1995). Evaluation of a writing instruction model that integrated a process approach, strategy instruction, and word processing. *Learning Disability Quarterly,* **18,** 276–291.

MacArthur, C., Schwartz, S. & Graham, S. (1991). Effects of a reciprocal peer revision strategy in special education classrooms. *Learning Disability Research & Practice,* **6,** 201–210.

MacArthur, C., Schwartz, S., Graham, S., Molloy, D. & Harris, K. R. (1996). Integration of strategy instruction into a whole language classroom: A case study. *Learning Disabilities Research & Practice,* **11,** 168–176.

Mariage, T. (1993). *The systemic influence of the Early Literacy Project curriculum: A four-year longitudinal study of student achievement from first to fourth grade.* Vortrag anlässlich des Jahrestreffens der National Reading Conference, Dezember 1993, Charleston, SC.

McCutchen, D. (1988). „Functional automaticity" in children's writing: A problem of metacognitive control. *Written Communication,* **5,** 306–324.

McNaughton, D., Hughes, C. & Ofiesh, N. (1997). Proofreading for students with learning disabilities: Integrating computer use and strategy use. *Learning Disabilities Research and Practice,* **12,** 16–28.

Montague, M., Graves, A. & Leavell, A. (1991). Planning, procedural facilitation, and narrative composition of junior high students with learning disabilities. *Learning Disabilities Research and Practice,* **6,** 219–224.

Plimpton, G. (Hg.) (1967). *Writers at work: The Paris Review interviews.* New York: Viking Press.

8

Pressley, M., Wharton-McDonald, R., Rankin, J., Mistretta, J. & Yokoi, L. (1996). The nature of outstanding primary-grades literacy instruction. In E. McIntyre & M. Pressley (Hg.), *Balanced instruction: Strategies and skills in whole language* (S. 251–276). Norwood, MA: Christopher-Gordon.

Raskind, M. H. & Higgins, E. (1995). Effects of speech synthesis on the proofreading efficiency of postsecondary students with learning disabilities. *Learning Disability Quarterly*, **18**, 141–158.

Riel, M. M. (1985). The computer chronicles newswire: A functional learning environment for acquiring literacy skills. *Journal of Educational Computing Research*, **1**, 317–337.

Russell, M. (1999). Testing writing on computers: A follow-up study comparing performance on computer and on paper. *Educational Policy Analysis Archives*, **7**(20), 545–561.

Saddler, B. (2002). *An analysis of the effects of sentence combining practices on the writing of students with average and above-average sentence-combining skills.* Unveröffentlichte Dissertation, University of Maryland.

Sawyer, R., Graham, S. & Harris, K. R. (1992). Direct teaching, strategy instruction, and strategy instruction with explicit self-regulation: Effects on the composition skills and self-efficacy of students with learning disabilities. *Journal of Educational Psychology*, **84**, 340–352.

Scardamalia, M. & Bereiter, C. (1986). Written composition. In M. Wittrock (Hg.). *Handbook of research on teaching, 3. Aufl.* (S. 778–803). New York: MacMillan.

Schumaker, J., Deshler, D., Alley, G., Warner, M., Clark, F. & Nolan, S. (1982). Error monitoring: A learning strategy for improving adolescent performance. In W. M. Cruickshank & J. Lerner (Hg.), *Best of ACLD*, Bd. 3 (S. 179–183).

Scott, C. (1989). Problem writers: Nature, assessment, and intervention. In A. Kamhi & H. Catts (Hg.), *Reading disabilities: A developmental language perspective* (S. 303–344). Boston: Allyn & Bacon.

Shapiro, M. (2000). *J. R. Rowling: The wizard behind Harry Potter.* New York: St Martin's Griffin.

Stoddard, B. & MacArthur, C. A. (1993). A peer editor strategy: Guiding learning disabled students in response and revision. *Research in the Teaching of English*, **27**, 76–103.

Sutlin, L. (1989). *Divine invasions: A life of Philip K. Dick.* New York: Harmony.

Swedlow, J. (1999). The power of writing. *National Geographic*, **196**, 110–132.

Syracuse, NY: Syracuse University Press. Schumaker, J. & Sheldon, J. (1985). *The sentence writing strategy.* Lawrence, KS: University of Kansas.

Wong, B. (1997). Research on genre-specific strategies in enhancing writing in adolescents with learning disabilities. *Learning Disability Quarterly*, **20**, 140–159.

Wong, B. (1994). Instructional parameters promoting transfer of learned strategies in students with learning disabilities. *Learning Disability Quarterly*, **17**, 100–119.

Wong, B., Butler, D., Ficzere, S., Kuperis, S., Corden, M. & Zelmer, J. (1994). Teaching problem learners revision skills and sensitivity to audience through two instructional modes: Student–teacher versus student–student interactive dialogues. *Learning Disabilities Research and Practice*, **9**, 78–90.

Wray, D., Medwell, J., Fox, R. & Poulson, L. (2000). The teaching practices of effective teachers of literacy. *Educational Review*, **52**, 75–84.

9 Unterrichtsinterventionen in Mathematik für Schüler mit Lernstörungen

Margo A. Mastropieri, Thomas E. Scruggs, Tracy Davidson und Ritu K. Rana
George Mason University

9.1 Einleitung

Im 19. und 20. Jahrhundert wurde Mathematik vorwiegend in Form von Fakten, Regeln und Verfahrensweisen unterrichtet, die zur Lösung von Mengenproblemen verwendet wurden. Im Jahre 1989 leitete der US-amerikanische Verband der Mathematiklehrer (National Council of Teachers of Mathematics, NCTM) Reformen des Mathematikunterrichts ein, die in den „Lehrplan- und Evaluationsstandards für den Mathematikunterricht in der Schule" mündeten (Curriculum and Evaluation Standards for School Mathematics; NCTM, 1989; siehe auch NCTM, 1995, 1991; Rivera, 1997). Diese Standards wurden im Jahre 2000 revidiert und unter der Bezeichnung „Prinzipien und Standards für den Mathematikunterricht in der Schule" (Principles and Standards for School Mathematics; NCTM, 2000) zusammengefasst. Diese Unterrichtsstandards umfassten sechs Kernprinzipien, die die Merkmale einer qualitativ hochwertigen Mathematikdidaktik beschrieben: Gleichheit, Lehrplan, Unterricht, Lernen, Beurteilung und Technologie. Die Standards wurden für Schüler aller Klassenstufen in den folgenden Bereichen aufgestellt:

* Zahlen und Operationen
* Algebra
* Geometrie
* Messung
* Datenanalyse und Wahrscheinlichkeit
* Problemlösen
* Logisches Denken und Beweis
* Kommunikation
* Verknüpfungen
* Repräsentationen

Im Hinblick auf Zahlen und Operationen spezifizieren die NCTM-Standards beispielsweise, dass alle Schüler *Zahlen verstehen, Bedeutungen verstehen und flüssig*

9

rechnen können. Selbstverständlich sind die Anforderungen, denen diese Standards zugrunde liegen, je nach Klassenstufe verschieden. Für Schüler der dritten bis fünften Klasse beinhalten die Anforderungen an das Verstehen von Bedeutungen u. a., dass sie „verschiedene Bedeutungen von Multiplikation und Division verstehen", „die Effekte des Multiplizierens und Dividierens ganzer Zahlen verstehen" sowie „die Merkmale von Operationen, wie z. B. die Distributivität der Multiplikation über Addition, verstehen und gebrauchen" (NCTM, 2000, S. 148; siehe auch Mastropieri & Scruggs, 2004).

In den letzten Jahren hat sich gezeigt, dass die NCTM-Standards die schulischen Mathematikprogramme erheblich beeinflusst haben (Pressley & McCormick, 1995). Ein Hauptproblem der Standards von 1989 bestand darin, dass sie nicht explizit auf Schüler mit Lernstörungen eingingen und folglich auch keine Empfehlungen zum Umgang mit dem individuellen Förderbedarf dieser Schüler aussprachen (Rivera, 1998).

Viele sonderpädagogischen Fachleute äußerten sich skeptisch über die Anwendung der ersten NCTM-Standards auf Schüler mit Lernstörungen (z. B. Hofmeister, 1993; Kameenui et al., 1996; Montague, 1996c; Rivera, 1997, 1993). Grund dafür war u. a. die Sorge, dass konstruktivistische Methoden (z. B. „entdeckendes" oder „erforschendes" Lernen), die ein erhebliches Maß an Unabhängigkeit und Einsicht seitens des Lernenden voraussetzen, für Schüler mit Lernstörungen ineffizient seien, da Einsicht oder deduktives Schließen für diese Schüler Schwachpunkte darstellen könnten (Mastropieri et al., 2001). Ein weiterer Kritikpunkt der Standards von 1989 war, dass sich ihre Unterrichtsempfehlungen offenbar mehr auf Theorie als auf Forschungsliteratur stützten. Bishop (1990) bemerkte dazu:

> *Überraschend ist, dass auf die Forschungsliteratur zum Lehren und Lernen von Mathematik kaum Bezug genommen wird. Es ist, als ob dieses umfangreiche Forschungskorpus überhaupt nicht existiere, und man fragt sich daher, worauf die Unterrichtsempfehlungen dieser Standards eigentlich basieren (S. 366).*

In der neueren Version der Unterrichtsstandards (NCTM, 2000) wird der Bereich der Störungen im Zusammenhang mit dem Gleichheitsprinzip angesprochen:

> *Alle Schüler, ungeachtet ihrer persönlichen Eigenschaften, ihres Hintergrunds oder ihrer physischen Voraussetzungen, müssen die Gelegenheit erhalten, Mathematik zu lernen und dabei unterstützt zu werden. Gleichheit bedeutet nicht, dass alle Schüler exakt den gleichen Unterricht bekommen; sie setzt vielmehr voraus, dass je nach Bedarf angemessene und sinnvolle Anpassungen vorgenommen werden, um für alle Schüler den Zugang zur Mathematik zu ermöglichen und ihre Leistungen zu fördern (NCTM, 2000, S. 11).*

Der NCTM wies darauf hin, dass Schüler mit Lernstörungen und speziellem Förderbedarf möglicherweise auf Anpassungen in Form von sprachlicher Unterstützung, höherem Zeitaufwand, mündlichen statt schriftlichen Aufgaben, Peer-Mentoren und älteren Tutoren angewiesen sind (NCTM, 2000). Allerdings wurden ebenso wie in der Version von 1989 kaum Forschungsbelege herangezogen, um die Empfehlungen zu untermauern. In diesem Kapitel beschreiben wir die Ergebnisse aktueller Interventionsforschungen, die auf die Verbesserung der Rechenleistung von Schülern mit Lernstörungen hinzielen.

9.2 Lernstörungen und Mathematikleistung

Die Ergebnisse aus bisherigen Forschungen zeigen, dass Schüler mit Lernstörungen im Lernbereich Mathematik sehr weit hinter ihren Mitschülern zurückliegen können. Scruggs und Mastropieri (1986) berichteten, dass die Durchschnittswerte von 619 Erstklässlern mit Lernstörungen beim Rechen-Subtest des Stanford-Leistungstests zwischen dem 18. und 34. Perzentil lagen. Parmar et al. (1996) gelangten zu dem Ergebnis, dass das Leistungsniveau einer Stichprobe von 197 Schülern mit Lernstörungen und Verhaltensauffälligkeiten aus den Klassen drei bis acht beim Lösen von Rechenaufgaben bis zu vier Jahre hinter denen der Peers ohne Lernstörungen zurücklag. McLeskey und Waldron (1990) berichteten, dass die Rechenleistung bei 64 % von insgesamt 906 Schülern (zwischen fünf und 19 Jahren) im US-Bundesstaat Indiana unterhalb des Klassenstufenniveaus lag.

Dass Schüler mit Lernstörungen im Rechnen häufig schlechtere Leistungen zeigen als ihre Mitschüler, erklärt allerdings noch nicht, warum das so ist. Montague (1996b) hat zusammengefasst, welche Arten von Schwierigkeiten Schüler mit Lernstörungen im Lernbereich Mathematik zeigen können (siehe auch Miller & Mercer, 1997):

- Gedächtnisdefizite und strategische Defizite können die Mathematikleistung auf unterschiedliche Weise beeinträchtigen, was dazu führt, dass einige Schüler Schwierigkeiten beim Konzeptualisieren von mathematischen Operationen, bei der Repräsentation und beim automatischen Abruf von mathematischen Fakten, beim Konzeptualisieren und Lernen von Algorithmen und mathematischen Formeln oder beim Lösen von mathematischen Textaufgaben haben.
- Sprach- und Kommunikationsstörungen können das Funktionsvermögen der Schüler beeinträchtigen, wenn sie aufgefordert werden, mathematische Ideen zu lesen, zu schreiben oder zu diskutieren.
- Defizitäre Prozesse und Strategien im Zusammenhang mit dem Lösen von mathematischen Textproblemen können bei Schülern das konzeptuelle Verständnis von Problemsituationen und die mathematische Herangehensweise an solche Situationen ebenfalls beeinträchtigen.
- Ein Mangel an Motivation, ein geringes Selbstwertgefühl und eine Vorgeschichte mit Schulversagen kann einen Schüler daran hindern, Mathematik wertzuschätzen und Vertrauen in die eigene Fähigkeit zu entwickeln, mathematische Fertigkeiten zu erwerben (Montague, 1996b, S. 85).

Montague und Applegate (2000) haben die Problemlösungsleistung von lerngestörten, durchschnittlichen und begabten Schülern verglichen. Die Ergebnisse zeigten, dass die Schüler mit Lernstörungen die Rechenaufgaben vergleichsweise als signifikant schwerer einstuften und signifikant niedrigere Werte erzielten als die durchschnittlichen und begabten Schüler. Die Schüler mit Lernstörungen wandten deutlich weniger Problemlösungsstrategien an als die anderen Schüler.

9

Cawley et al. (1979) haben verschiedene Faktoren beschrieben, die zu schlechten Mathematikleistungen von Schülern mit Lernstörungen beitragen, darunter (a) Probleme, die auf andere Defizite – z. B. Leseschwäche – zurückgehen (siehe auch Englert et al., 1987); (b) ein unwirksamer oder unangemessener Unterricht und (c) defizitäre psychologische Prozesse, z. B. Gedächtnis, Aufmerksamkeit, Enkodierung oder Organisationsfertigkeiten. De Bettencourt et al. (1993) kamen zu dem Schluss, dass Schüler mit Lernstörungen Defizite beim Verständnis von hergeleiteten Strategien für grundlegende Fakten aufweisen. Wissenschaftler wie Montague (1996a, b, c) und Lucangeli et al. (1998a, b) haben Forschungsbelege dafür geliefert, dass Schüler mit Lernstörungen im Vergleich zu Schülern mit normalen Schulleistungen ein geringeres Maß an metakognitivem Bewusstsein in der Mathematik haben.

Welche Interventionsstrategien haben sich bisher für Schüler mit Lernstörungen als wirksam erwiesen? Mastropieri et al. (1991) erstellten einen Forschungsüberblick über Studien, die zwischen 1975 und 1989 (dem Jahr, in dem die ersten NCTM-Standards erschienen) durchgeführt worden waren. Sie ermittelten 30 Studien im Bereich der Interventionsforschung, die wirksame Behandlungen dokumentierten, darunter Verstärkung und Setzen von Zielen, spezifische Strategien zum Rechnen und Problemlösen, Mnemotechniken, Peer-Mediation sowie computergestützter Unterricht. Die meisten Interventionsstrategien konzentrierten sich auf das Rechnen und verwendeten direkte Instruktion oder verhaltensorientierte Interventionen. Aus Überblicken zur Forschung, die seit 1989 durchgeführt wurden, lassen sich dagegen kaum Schlussfolgerungen ziehen. Jitendra und Xin (1997) gaben einen Überblick über Mathematikinterventionen für lerngestörte Schüler, die zwischen 1986 und 1995 durchgeführt worden waren. Obgleich einige signifikante Fortschritte beim Mathematikunterricht erkennbar waren, war dieser Forschungsüberblick nicht umfassend. Er konzentrierte sich auf 14 Einzelstudien, die Wortproblemlösung untersuchten; Studienteilnehmer waren Schüler mit Lernstörungen, Schüler mit anderen Behinderungen, „Risiko“-Schüler sowie Förderschüler. Maccini und Hughes (1997) erstellten ebenfalls einen Forschungsüberblick über Mathematikinterventionen für Schüler mit Lernstörungen, der die Jahre 1988 bis 1995 abdeckte; die Autoren beschränkten sich jedoch auf 20 Studien, die sich alle speziell mit Jugendlichen befassten. Eine aktuellere Metaanalyse von Kroesbergen und Van Luit (2003) zu Mathematikinterventionen für Schüler mit speziellem Förderbedarf berücksichtigte sowohl Schüler mit Lernstörungen als auch andere Risiko-Populationen.

In einer früheren Ausgabe dieses Buches haben Mastropieri et al. (1998) einen Forschungsüberblick vorgestellt, der 38 Studien zu Mathematikinterventionen speziell für Schüler mit Lernstörungen aus den Jahren 1988 bis 1996 berücksichtigte. Die Autoren kamen zu dem Schluss, dass eine ganze Reihe von kognitiven, metakognitiven und verhaltensorientierten Ansätzen als wirksam befunden worden waren, die Mathematikleistung von Schülern mit Lernstörungen zu verbessern. Bemerkenswert waren Studien, die die Wirksamkeit von metakognitivem Strategietraining über ein breites Aufgabenspektrum und mehrere Arten von Training demonstrierten. Daneben fielen einige neue Studien über Peer-Mediation auf, insbesondere was das Setzen von Zielen und die erfolgreiche Erledigung von Hausaufgaben betraf. Einige Untersuchungen zu computergestütztem Unterricht (computer-assisted instruction, CAI) waren ebenfalls bemerkenswert, wenngleich die Ergebnisse dieser Studien eher widersprüchlich waren. Insgesamt wurde allerdings vor dem Hintergrund der neuen NCTM-Standards, in denen die konzeptuelle Entwicklung betont wird, als eine relative Schwäche bemängelt, dass Studien zum Rechnen überrepräsentiert waren, während nur wenige Studien zur höheren Mathematik, beispielsweise Algebra, berücksichtigt worden waren.

Ziel dieses Kapitels ist es, die Interventionsforschungen zur Mathematikleistung von Schülern mit Lernstörungen verschiedener Klassenstufen zusammenzufassen, welche seit unserem letzten Forschungsüberblick (Mastropieri et al., 1998) erschienen sind. Ein solcher Überblick kann wichtige Informationen über den aktuellen Wissensstand im Bereich Mathematikinterventionen für Schüler mit Lernstörungen liefern und erläutern, wie diese Informationen die bisherige Forschung und die neuen NCTM-Standards beeinflusst haben. Darüber hinaus kann ein solcher Überblick für zukünftige Forschungsbemühungen auf diesem Gebiet wegweisend sein.

9.2.1 Suchverfahren

Mithilfe zweier Computer-Datenbasen – Education Resources Information Center (ERIC) und PsycINFO – wurde eine systematische Literatursuche durchgeführt, um Forschungsberichte zu lokalisieren, die zwischen 1997 und 2002 veröffentlicht worden waren (allerdings haben wir auch einige frühere Untersuchungen mit einbezogen, die wir in unserem letzten Überblick von 1998 noch nicht berücksichtigt hatten). Bei diesem Suchverfahren wurden die folgenden Deskriptoren verwendet: Forschung oder Intervention in Mathematik, Arithmetik, Rechnen, Problemlösen und Text-/Geschichtenproblemen bei Personen mit Lernstörungen oder leicht behinderten Personen. Anschließend wurden die Literaturangaben aller ermittelten Artikel auf weitere Quellen hin untersucht. Frühere Forschungsüberblicke (z. B. Gersten et al., 2004) wurden ebenfalls auf relevante Quellen hin geprüft. Schließlich wurde eine systematische Recherche in den relevanten Fachzeitschriften (z. B. *Journal of Learning Disabilities*, *Learning Disabilities Research & Practice*, *Exceptional Children*) durchgeführt.

Berücksichtigt wurden alle Artikel, die den folgenden Kriterien entsprachen: (1) die Zielpopulation waren Schüler mit Lernstörungen der Klassen 1 bis 12; (2) die Studie untersuchte die Wirkungen von Interventionen auf die mathematischen Leistungen der Schüler und verwendete ein experimentelles oder quasi-experimentelles Studiendesign; (3) der Forschungsbericht wurde zwischen Januar 1997 und Dezember 2002 veröffentlicht. Auf diese Weise wurde der Anschluss an einen früheren Forschungsüberblick hergestellt, der jene Studien berücksichtigte, die vor Dezember 1996 veröffentlicht worden waren (Mastropieri et al., 1998). Es wurden jedoch auch einzelne Studien aus dem Jahre 1996 mit einbezogen, die für den früheren Forschungsüberblick noch nicht zur Verfügung gestanden hatten. Mithilfe des beschriebenen Suchverfahrens wurden 18 Studien aus 17 Artikeln identifiziert, die allen Einschlusskriterien entsprachen. Die Forschungsberichte wurden in folgende Themengebiete eingeteilt: Unterricht in Übereinstimmung mit den NCTM-Standards; Interventionen im Zusammenhang mit Rechenfertigkeiten; kognitives Strategietraining; Verwendung von Veranschaulichungsmitteln sowie Peer-Mediation, einschließlich Peer-Tutoring und kooperatives Lernen.

9 9.3 Mathematikunterricht in Übereinstimmung mit den NCTM-Standards

9.3.1 Lehrplanvergleiche

Mehrere aktuelle Studien haben Lehrpraktiken untersucht, die mit den NCTM-Standards übereinstimmen. Einige dieser Studien reflektieren eine Abkehr von den herkömmlichen Unterrichtsmodellen der Sonderpädagogik, in deren Mittelpunkt vor allem verhaltensorientierte und fertigkeitsbasierte Ansätze standen. Woodward und Baxter (1997) haben Instruktionen in Mathematik bewertet, darunter das *Everyday-Mathematics*-Programm (Bell et al., 1993) das in vielerlei Hinsicht mit den NCTM-Standards vergleichbar ist. Drittklässler aus zwei Schulen, die am Integrationsunterricht teilnahmen, verwendeten das *Everyday-Mathematics*-Programm, während die Drittklässler der Vergleichsgruppe, die eine andere Schule besuchten, einen herkömmlichen Unterrichtsansatz verwendeten. Da die Zahl der Schüler mit Lernstörungen in beiden Gruppen gering war, bezogen Woodward und Baxter auch Schüler mit schlechten schulischen Leistungen mit ein, so dass die Teilnehmerzahl lerngestörter und schwacher Schüler insgesamt bei 22 Schülern lag.

Im Mittelpunkt von *Everyday Mathematics* stehen Konzepterwerb und innovatives Problemlösen, dagegen werden Rechnen und Prozeduren deutlich weniger gewichtet. Die Probleme nehmen entweder auf den Alltag der Schüler oder auf andere Lehrplanbereiche – z. B. Geografie oder Sachkunde – Bezug. Nur wenige Probleme werden in den herkömmlichen Ein- oder Zwei-Schritt-Formaten dargeboten, wie sie bei traditionellen förderpädagogischen Ansätzen üblich sind. In Einklang mit den NCTM-Standards verbringen die Schüler viel Zeit damit, Muster zu identifizieren, Mengen abzuschätzen und ein Gefühl für Zahlen zu entwickeln. Der zu Vergleichszwecken durchgeführte herkömmliche Grundunterricht verwendete dagegen hauptsächlich verfahrensbasierte Beispiele, wobei der Schwerpunkt auf Fakten und Algorithmen lag und der Problemlösungsteil getrennt unterrichtet wurde.

Die Programme wurden das ganze Schuljahr hindurch durchgeführt, und die Schüler wurden zweimal – im Oktober und im Mai – getestet. Die Nachtests am Schuljahresende ergaben, dass die Schüler der *Everyday-Mathematics*-Gruppe beim Konzept-Subtest des Iowa-Tests grundlegender Fertigkeiten (Iowa Test of Basic Skills) statistisch besser abschnitten als die Schüler der Vergleichsgruppe, die mit dem herkömmlichen Ansatz unterrichtet worden waren. Die Punktwerte im Rechnen und Problemlösen sowie die Gesamtpunktzahl waren dagegen unter beiden Bedingungen statistisch gleich. Die Resultate waren bei Schülern mit besseren Leistungen eindeutiger. Gute Schüler schnitten bei den Konzept- und Problemlösungssubtests unter *Everyday-Mathematics*-Bedingungen deutlich besser ab als unter der Kontrollbedingung. Bei den schlechten Schülern und den Schülern mit Lernstörungen ergaben sich dagegen bei keinem der Subtests statistisch signifikante Unterschiede zwischen den beiden Bedingungen. Die Schüler der *Everyday-Mathematics*-Gruppe schnitten bei den Problemlösungstests insgesamt besser ab, aber die Unterschiede bei den schlechten Schülern waren weniger ausgeprägt. Trotz dieser Ergebnisse kamen Woodward und Baxter (1997) allerdings nicht zu dem Schluss, dass die Zweifel der Sonderpädagogen an der Wirksamkeit der NCTM-Standards berechtigt seien. Schüler mit Lernstörungen und andere schwache Schüler erbrachten unter beiden Bedingungen (*Everyday Mathematics* und herkömmliches Grundprogramm) eine ähnliche Leistung. Tatsächlich hatten die Lehrer in beiden Programmen größere Schwierigkeiten, die Schüler mit den schwächsten Leistungen zu erreichen. Obgleich Lehrplanstruktur und -inhalte des *Everyday-Mathematics*-Programms den NCTM-Standards entsprachen, brachten die begrenzten Bildungsressourcen die üblichen zeitlichen, personellen und unterrichtstechnischen Probleme mit sich, die generell im Integrationsunterricht auftreten.

9.3.2 Videobasiertes Lernen

Bottge et al. (2001) integrierten verschiedene Prinzipien der NCTM-Standards in einen viedeobasierten Unterricht für Achtklässler mit Lernstörungen und für andere Schüler mit schlechten Mathematikleistungen. Die Autoren verwendeten das *Kim's-Komet*-Programm (Cognition and Technology Group, Vanderbilt University, 1997), um die Schüler bei der Entwicklung eines informellen Verständnisses von voralgebra-ischen Konzepten – darunter nichtlineare Funktionen, unabhängige und abhängige Variablen, Änderungsrate ausgedrückt als Steigung, Messfehler – zu unterstützen. All diese Konzepte werden von den NCTM-Standards empfohlen.

Im „Anker" von *Kim's Komet* treten zwei Mädchen, Kim und Darlene, in einem fiktiven Seifenkisten-Wettbewerb an. Die Schüler werden aufgefordert, Kim beim An-fertigen eines Graphen zu helfen, um zu ermitteln, an welchem Punkt der Rampe sie ihre Seifenkiste loslassen sollte, um am Ende einer Geraden erfolgreich einige Kunst-stücke auszuführen, darunter einen langen Sprung, ein Looping und eine überhöhte Kurve. Das Video präsentiert mehrere Aufgaben für die Schüler, u. a. die Berechnung relativer Geschwindigkeitsraten und die Anfertigung eines Schaubildes, um die Ge-schwindigkeit von Kims Auto vorherzusagen. In dieser Studie baute der Lehrer die Rampe und die Bahn für die Schüler nach, um ihre Vorhersagen zu überprüfen. In der Vergleichsgruppe mussten die Schüler verschiedene Aufgaben lösen, bei denen sie Entfernung, Geschwindigkeit und Dauer berechneten. Die Schüler einer Mathema-tikförderklasse und eines Voralgebra-Kurses arbeiteten mit dem Video und bekamen in erweiterter Form eine sogenannte verankerte Instruktion (anchored instruction, EAI) erteilt; zwei Voralgebra-Kurse bekamen eine herkömmliche Probleminstruktion (*traditional problem instruction*, TPI) erteilt. In allen Gruppen waren Schüler mit Lernstörungen vertreten. Allerdings waren die Gruppen insgesamt nicht vergleichbar, weil die EAI-Bedingung eine Förderklasse umfasste, deren Leistungsvermögen unter dem der TPI-Gruppen lag.

Die Ergebnisse zeigten, dass die Schüler der Förderklasse im Vortest beim Pro-blemlösen schlechter abschnitten als die Schüler der Voralgebra-Kurse, wohingegen beim Nachtest keine signifikanten Unterschiede mehr erkennbar waren. Allerdings unterschied sich die Leistung der Voralgebra-EAI-Gruppe nicht von denen der Vor-algebra-TPI-Gruppen. Der Rechentest ließ insgesamt keinen Einfluss des jeweiligen Lehrverfahrens erkennen.

9

Daraufhin evaluierten Bottge et al. (2002) nochmals die Effektivität der EAI-/ TPI-Verfahren, diesmal bei Siebtklässlern mit und ohne Lernstörungen. Die Schüler wurden per Zufall der EAI- bzw. TPI-Gruppe zugeordnet. Die Stichprobe umfasste sieben Schüler mit Lernstörungen. In dieser Studie wurde die EAI „Kostengliederung" genannt; drei Schüler diskutierten den materiellen Aufwand für den Bau einer Skateboard-Rampe. Sie überlegten, welche Materialien und welche Ausrüstung sie dazu brauchen, und ob das Geld, das ihnen zur Verfügung steht, ausreicht. Die Studienteilnehmer verbrachten daraufhin sechs Tage im Werkraum der Schule. Sie planten und bauten Holzbänke für eine neue Schule. Die Schüler der TPI-Gruppe befassten sich mit den gleichen Inhalten, die Problemlösung erfolgte jedoch in Form von mehreren Textaufgaben, die im Einzel- bzw. Mehrschrittverfahren gelöst werden sollten. In dieser Studie schnitten die Schüler der EAI-Gruppe bei einer kontextbezogenen Textaufgabe und einem Transfertest besser ab als die Schüler der TPI-Gruppe. Bei den Rechen- und Textaufgaben ergaben sich dagegen keine Unterschiede. Die Daten der Schüler mit Lernstörungen wurden nicht getrennt analysiert, möglicherweise wegen der kleinen Stichprobengröße. Die deskriptive Analyse deutet jedoch darauf hin, dass die Effekte – zumindest was den kontextbezogenen Test betrifft – bei den Schülern mit Lernstörungen weniger ausgeprägt waren.

9.4 Interventionen im Zusammenhang mit Rechenfertigkeiten

9.4.1 Cover-Copy-Compare: Behandeln, Abschreiben und Vergleichen

Stading und Williams (1996) haben die Effekte des Cover-Copy-Compare-Verfahrens auf das Lernen von Multiplikationsfakten bei einem achtjährigen Mädchen mit Rechenstörung untersucht. Das Verfahren wurde mithilfe einer multiplen Baseline-Methode mit Rechentafeln evaluiert und zu Hause von den Eltern implementiert. Nachdem die Baseline-Daten gesammelt worden waren, ging die Schülerin mithilfe von Wortkarten einzelne Rechenfakten durch und löste anschließend auf einem Arbeitsblatt 16 Multiplikationsaufgaben. Die Schülerin wurde instruiert, sich die Multiplikationsaufgaben anzuschauen, sie laut vorzulesen, sie anschließend auf ihr eigenes Papier zu übertragen und dabei einen Lösungsvorschlag zu formulieren. Die Schülerin bedeckte Problem und Antwort, schrieb sie ein zweites Mal und verglich die schriftliche Lösung mit dem vorgegebenen Lösungsbeispiel. Am Ende der Übungsphase wurde der Schülerin ein Arbeitsblatt mit 16 Multiplikationsfakten ausgehändigt. Nach fünf bis 14 Tagen Ausgangsdatenerhebung und fünf bis 15 Tagen Intervention zeigte die Schülerin bei sämtlichen Aufgabengruppen eine deutliche Verbesserung. Wurden bei den Ausgangsdaten noch 0 bis 35 % korrekte Lösungen erzielt, stieg der Anteil während des Verfahrens auf 75 bis 100 % an.

9.4.2 Kognitives Reflexionstraining

9

Naglieri und Kollegen haben ein Trainingsverfahren entwickelt, das auf einer modernen Sichtweise von Intelligenz basiert und den Analysen der Gehirnstruktur von Luria (z. B. 1966) folgt. Diese Strukturen, so die Annahme, umfassen drei strukturelle Einheiten: „(a) kortikale Erregung und Aufmerksamkeit; (b) simultane und sukzessive Informationsverarbeitung und (c) Planung, Selbstüberwachung und Strukturierung von kognitiven Aktivitäten" (Naglieri & Gottling, 1997, S. 513). Diese Einheiten (**P**lanung, **A**ufmerksamkeit, **s**imultane und **s**ukzessive Informationsverarbeitung) bildeten die Grundlage der sogenannten PASS-Theorie, auf der sich ihre Untersuchungen gründen.

Naglieri und Gottling gingen davon aus, dass Planungsprozesse „für die Programmierung, Regulation und Verifizierung von Verhalten sorgen und für Verhaltensweisen wie Fragenstellen, Problemlösen und Selbstbeobachten verantwortlich sind" (S. 514). Sie vermuteten, dass eine auf planvolles Vorgehen ausgerichtete Unterrichtsmethode differenzielle Auswirkungen auf Schüler mit schlechten und guten Planungsfertigkeiten haben würde. Diese Studie sollte eine frühere Untersuchung (Naglieri & Gottling, 1995) replizieren, wobei das Training diesmal vom Klassenlehrer und über einen längeren Zeitraum hinweg durchgeführt werden sollte. Nachdem Grundschüler mit Lernstörungen mithilfe des Kognitiven Beurteilungssystems (Cognitive Assessment System, CAS; Naglieri & Das, 1997) als gute bzw. schlechte Planer identifiziert worden waren, nahmen alle Schüler an 21 Interventionssitzungen teil, in denen sie versuchten, in jeweils zehn Minuten insgesamt 54 Matheaufgaben zu lösen, die ihnen auf einem Arbeitsblatt dargeboten wurden.

Selbstreflexionssitzungen sollten die Schüler beim Lösen von Matheaufgaben an die Notwendigkeit von planvollem Vorgehen und an den Gebrauch wirksamer Strategien erinnern. Die Schüler sollten sich bewusst machen, wie sie ihre Aufgaben zu lösen versuchten; sie sollten ihre Ideen diskutieren, die Wirksamkeit ihrer Methoden überdenken und selbstreflexiv sein. Um die Selbstreflexion zu fördern, stellten die Lehrer Fragen wie diese:
- Kann mir jemand etwas über diese Aufgaben sagen?
- Warum hast du sie so und nicht anders gelöst?
- Wie hättest du sie noch besser lösen können?
- Was hast du daraus gelernt? (Naglieri & Gottling, 1997, S. 516)

Die Schüler antworteten darauf z. B. Folgendes:
- Wenn ich abgelenkt werde, rutsche ich mit dem Stuhl hin und her.
- Ich mache zuerst die einfachen Aufgaben.
- Ich darf nicht vergessen, die Zahlen nach dem Multiplizieren zusammenzuzählen.
- Ich muss aufpassen, dass ich die Zahlen genau untereinander schreibe.
- Wichtig ist nicht, dass man sie irgendwie zu Ende bringt, sondern dass man sie richtig macht (Naglieri & Gottling, 1997, S. 516).

Naglieri und Gottling identifizierten vier Schüler mit schlechten und vier Schüler mit guten Planungsfertigkeiten. Die Datenanalyse im Anschluss an die Unterrichtsintervention zeigte, dass alle Schüler ihre Leistung verbessern konnten. Die Schüler mit

9

schlechten Planungsfertigkeiten machten infolge des Trainings jedoch differenzielle Fortschritte.

Drei Jahre später führten Naglieri und Johnson (2000) eine ähnliche Studie durch. Die Autoren wollten herausfinden, ob ein Unterricht, der das Planen fördert, je nach kognitiven Eigenschaften der Schüler – einschließlich ihrer PASS-Eigenschaften – differenzielle Wirkungen hat. Die 19 Teilnehmer waren Schüler im Alter von 12 bis 14 Jahren, die in speziellen Fördereinrichtungen Mathematikunterricht erhielten. Mithilfe des Kognitiven Beurteilungssystems (CAS) wurden die Schüler in folgende Gruppen eingeteilt: (1) schlechte Planungsfertigkeiten (Zielbedingung); (2) geringe Aufmerksamkeit; (3) schlechte simultane oder sukzessive Informationsverarbeitung und (4) normale PASS-Werte. Bei allen Schülern wurden Baseline-Daten erhoben, und anschließend wurde eine Intervention durchgeführt, bei der sie Arbeitsblätter ausfüllen und danach die Strategien diskutieren sollten, die ihrer Ansicht nach am wirksamsten waren. Danach füllten die Schüler ein weiteres Arbeitsblatt aus. Im Anschluss an die Intervention wurde die Leistung der Schüler im Hinblick auf die PASS-Werte evaluiert. Es stellte sich heraus, dass sich die Schüler mit schlechten Planungsfertigkeiten um 63 bis 338 % der Ausgangswerte verbessern konnten. Insgesamt steigerte sich diese Gruppe um 167 %. Bei Schülern, die kognitive Schwächen in anderen Bereichen bzw. überhaupt keine PASS-Schwächen (z. B. geringe Aufmerksamkeit, schlechte simultane oder sukzessive Informationsverarbeitung) hatten, fielen die Verbesserungen allerdings viel geringer aus. Die Schüler mit niedrigen Ausgangswerten bei der simultanen Informationsverarbeitung verschlechterten sich sogar leicht (–10 %). Die Ergebnisse untermauern die Auffassung, wonach Unterrichtsstrategien auf die kognitiven Eigenschaften von Schülern zugeschnitten werden sollten.

9.5 Kognitives Strategietraining

9.5.1 Schemabasierte Instruktion

Jitendra und Hoff (1996) haben die Effektivität einer schemabasierten, direkten Instruktionsstrategie auf die Textproblemlösungsleistung von drei Dritt- und Viertklässlern mit Lernstörungen untersucht. Die Studie basierte auf einem früheren Forschungsbericht von Jitendra und Hoff (1995). Nachdem die Ausgangsleistung der Schüler anhand von einfachen Textaufgaben beurteilt worden war, wurden die Schüler in einer Strategie unterrichtet, mit deren Hilfe sie diese Aufgaben lösen konnten. Zunächst wurden die Schüler darin unterrichtet, die Merkmale der semantischen Beziehungen in der Aufgabe zu erkennen und unterschiedliche Problemtypen zu identifizieren, darunter Veränderungs-, Gruppen- und Vergleichsprobleme. Bei Veränderungsproblemen kann z. B. eine Person vorkommen, die anfangs eine bestimmte Menge an Objekten (z. B. Murmeln) hat, und am Ende eine andere Menge. Gruppenprobleme bezeichnen jenen Problemtyp, bei dem mehrere Personen eine bestimmte Menge an Objekten haben. Bei Vergleichsproblemen kommen mehrere Personen vor, die unterschiedliche Mengen an gleichen Objekten haben. Nachdem die Schüler darin unterrichtet worden waren, die unterschiedlichen Problemtypen zu identifizieren, brachte man ihnen bei, wie man schematische Repräsentationen eines Problems bilden kann. Bei einem Veränderungsproblem kann man z. B. ein Diagramm (einen Zahlenstrahl) zeichnen, auf dem die Anfangsmenge, die veränderte Menge und die Endmenge dargestellt werden. Anschließend wurden die Schüler darin unterrichtet, wichtige Problemelemente in die Schemadiagramme einzutragen und das fehlende Element mit einem Fragezeichen zu markieren. Danach wurde den Schülern beigebracht, im Aufgabentext das spezifische Veränderungswort zu identifizieren, das darauf hinwies, ob die Anfangsmenge größer oder kleiner wurde. Wenn die Veränderung eine Vergrößerung der Anfangsmenge bewirkte, wurde im Schemadiagramm unter die Endmenge das Wort *Gesamtsumme* geschrieben; wenn die Veränderung eine Verkleinerung der Anfangsmenge bewirkte, wurde das Wort *Gesamtsumme* unter die Anfangsmenge geschrieben. Anschließend wurde den Schülern eine einfache Entscheidungsregel beigebracht, ob sie addieren oder subtrahieren sollten: wenn die Gesamtsumme unbekannt war, mussten die anderen Zahlen addiert werden; wenn die Gesamtsumme und eine der anderen Zahlen bekannt waren, musste subtrahiert werden. Die Studienergebnisse deuten darauf hin, dass die Intervention zu einer größeren Genauigkeit beim Lösen von Textaufgaben führte. Außerdem stellte sich heraus, dass die Problemlösungsfertigkeiten auch noch zwei bis drei Wochen nach Beendigung der Studie aufrechterhalten wurden. Die Interviews, die im Anschluss an die letzte Probe durchgeführt wurden, ergaben, dass die Schüler die Strategie zum Lösen von Textproblemen hilfreich fanden.

Zu den potenziellen Schwächen dieser Studie zählen die geringe Teilnehmerzahl und das Fehlen einer alternativen Behandlungsbedingung. Jitendra et al. (1998) haben die Effektivität der expliziten schemabasierten Strategie im Hinblick auf Erwerb, Aufrechterhaltung und Generalisierung der mathematischen Textproblemlösung mit einer herkömmlichen Grundstrategie verglichen. 25 Schüler aus den Klassen zwei bis fünf mit leichten Lern-, Entwicklungs- oder Affektstörungen und neun Schüler mit erhöhtem Risiko für ein Mathematikversagen wurden per Zufallsverfahren der schemabasierten bzw. der herkömmlichen Grundunterrichtsgruppe zugeteilt. Die Schüler der herkömmlichen Grundunterrichtsgruppe wurden unter Verwendung eines fünfstufigen Checklistenverfahrens, das aus einem Mathematik-Grundprogramm stammte, im Problemlösen unterrichtet. Beide Teilnehmergruppen wurden in allen drei Problemtypen unterrichtet. Nach 17 bis 20 Tagen Intervention hatten sich die Leistungen beider Gruppen verbessert. Die Generalisierungs- und Beibehaltungstests zeigten, dass die Schüler ihre Textproblemlösungsfertigkeiten aufrechterhalten und die Strategien auf neue Textaufgaben generalisieren konnten. Die Schüler der schemabasierten Unterrichtsgruppe schnitten jedoch beim unmittelbaren Nachtest, beim verzögerten Nachtest und beim Generalisierungstest besser ab. Beim unmittelbaren und verzögerten Nachtest waren ihre Leistungen sogar mit denen von Peers mit normalen Schulleistungen vergleichbar. Die Interviews ergaben, dass die Schüler der schemabasierten Gruppe die Nützlichkeit des Verfahrens zur Lösung von Textaufgaben zu schätzen wussten und es besser bewerteten als die Schüler der Vergleichsgruppe ihren herkömmlichen Grundunterricht.

9.5.2 Strategien zum Lernen von Algebra

9.5.2.1 Die STAR-Strategie

Maccini und Kollegen (Maccini & Hughes, 2000; Maccini & Ruhl, 2000) haben in zwei Studien ähnliche Verfahren implementiert, um Sekundarschülern mit Lernstörungen das Lösen von Algebraproblemen zu vermitteln. Beide Studien verwendeten Einzelfall-Designs mit drei und sechs Studienteilnehmern. Beide Studien vermittelten den Schülern eine kognitive Strategie – STAR – und verwendeten eine Unterrichtssequenz, die von konkretem über semikonkretem bis zu abstraktem Unterricht reichte. Die konkreten Anwendungen verwendeten Algebraplatten, die semikonkreten Anwendungen verwendeten zweidimensionale Repräsentationen von Algebraplatten auf Papier. STAR stand für die folgenden Schritte: (1) **S**earch: Identifiziere das Problem; (2) **T**ranslate: Übersetze das Problem in Worte oder Bilder; (3) **A**nswer: Löse das Problem und (4) **R**eview: Überprüfe Problem und Problemlösung. In der Untersuchung von Maccini und Hughes (2000) lernten sechs Schüler mit Lernstörungen diese Strategie, was mithilfe eines Mehrfach-Baseline-Forschungsdesigns bewertet wurde. Über einen Zeitraum von ein bis zwei Monaten hinweg – je nach dem, wie viel Zeit sie benötigten, um bei jeder Beurteilung 80 % richtige Lösungen zu erzielen – erhielten die Schüler täglich 40 Minuten Training. Vor dem Training lagen die Werte aller Schüler unter 80 %. Den Schülern wurde die Verwendung der strategischen Rechenfolge (STAR) vermittelt, die aus folgenden Komponenten bestand:

1. Der Lehrer stellt eine organisierende Lernhilfe (Advance Organizer) zur Verfügung, identifiziert neue Fertigkeiten und begründet, warum diese wichtig sind.
2. Der Lehrer beschreibt die Schritte des STAR-Verfahrens und macht sie durch lautes Denken vor: (a) Identifiziere das Wortproblem (lies die Aufgabe und überlege, welche Fakten bekannt sind und welche nicht; schreibe die Fakten auf); (b) übersetze die Worte in eine bildliche Gleichung (wähle eine Variable, identifiziere die Operation, stelle das Problem dar, zeichne ein Bild und schreibe eine algebraische Gleichung auf); (c) löse das Problem und (d) überprüfe die Lösung (lies die Aufgabe noch einmal durch und kontrolliere die Lösung; stelle dir dann die Frage „Ist die Lösung plausibel – warum?").

Die Schüler erhielten außerdem die Gelegenheit zum angeleiteten und selbstständigen Üben. Anschließend wurde ein Nachtest durchgeführt, auf dessen Grundlage eine positive bzw. korrigierende Rückmeldung erteilt wurde.

Sobald die Schüler ein gewisses Kompetenzniveau erreicht hatten, erhielten sie zehn komplexere Textaufgaben zur Bearbeitung. Die Ergebnisse zeigten, dass fünf der sechs Teilnehmer nach der Instruktionsphase im Vergleich zur Baseline mehr korrekte Problemdarstellungen, mehr korrekte Lösungen und Antworten und einen verbesserten Strategiegebrauch aufwiesen. Der sechste Schüler fehlte häufig und konnte daher viele der Zielsetzungen nicht erreichen. Im Vergleich zur Baseline hatten die Teilnehmer im verzögerten Nachtest eine größere Genauigkeit bei der Problemdarstellung. Zu ähnlichen Ergebnissen gelangten auch Maccini und Ruhl (2000); allerdings konnte in dieser Studie nur einer von drei Schülern eine erfolgreiche Transferleistung aufweisen.

9.5.2.2 Selbstinstruktionstraining

Lang et al. (2004) haben eine Studie durchgeführt, um die Effekte von Selbstinstruktionstraining auf die Algebra-Problemlösungsleistung von drei Schülergruppen zu untersuchen: (1) Schüler mit Lernstörungen, (2) Schüler mit Englisch als Zweitsprache und (3) Schüler, bei denen ein erhöhtes Risiko für ein Schulversagen in Algebra bestand. Die insgesamt 74 Studienteilnehmer aus vier Klassen – 17 Schüler mit Lernstörungen, 37 mit Englisch als Zweitsprache und 20 mit Risiko eines Schulversagens in Mathematik – wurden per Zufallsverfahren auf zwei Gruppen verteilt: (1) Selbstinstruktionstrainingsbedingung und (2) herkömmliche Unterrichtsbedingung. Alle Schüler wurden einem Vortest, einem unmittelbaren und einem verzögerten Nachtest im Lösen von Algebra-Aufgaben unterzogen; darüber hinaus wurden sie vor und nach der Intervention mittels Fragebogen zu ihrem Strategiegebrauch und zu ihren Einstellungen befragt. Das Training fand täglich über einen Zeitraum von zwei Wochen statt.

In der herkömmlichen Unterrichtsgruppe wurden Problemlösungsverfahren verwendet, wie sie normalerweise in Algebra-Schulbüchern zu finden sind. Den Schülern wurde kein spezifisches Selbstinstruktions-Strategietraining erteilt. In der anderen Trainingsgruppe wurden den Schülern zwei Arbeitsblätter zu den einzelnen Schritten eines Selbstinstruktions-Strategietrainings ausgehändigt. Auf dem ersten Arbeitsblatt sollten die Schüler jeden Strategieschritt aufschreiben. Dieses Arbeitsblatt wurde in den ersten vier Tagen des Trainings verwendet. Das zweite Arbeitsblatt war eine einfache Checkliste, die den Schülern ausgehändigt wurde, sobald sie mit den Strategieschritten vertraut waren. Folgende Schritte wurden formuliert:

- Wenn ich diese Strategie verwende, werde ich erfolgreich sein.
- Lies die Aufgabe.
- Was ist bekannt?
- Was ist nicht bekannt?
- Stelle dar, was bekannt ist.
- Stelle dar, was nicht bekannt ist.
- Brauche ich mehr als eine Gleichung?
- Wie lautet die Gleichung?
- Übertrage die bekannten Elemente in die Gleichung.
- Löse die Gleichung und
- überprüfe die Lösung (Lang et al., 2004, Appendix A).

Die Ergebnisanalyse zeigte, dass die Leistung beider Gruppen vom Vortest zum unmittelbaren und zum verzögerten Posttest signifikant zunahm, es konnte jedoch kein statistisch signifikanter Unterschied zwischen den beiden Gruppen festgestellt werden. Die Selbstinstruktionsgruppe berichtete jedoch einen signifikant höheren unabhängigen Strategiegebrauch als die herkömmliche Unterrichtsgruppe. Darüber hinaus ergab sich eine signifikante Korrelation zwischen Strategiegebrauch und den Werten des unmittelbaren und verzögerten Nachtests, was darauf hindeutet, dass diejenigen Schüler, die die Strategie erfolgreich lernten, bei den Rechentests eine bessere Leistung erzielten. Was die Einstellungsveränderung betrifft, konnten keine signifikanten Unterschiede zwischen den Gruppen festgestellt werden.

9 9.6 Die Verwendung von Veranschaulichungs-mitteln

Cass et al. (2002) haben die Wirkung von Veranschaulichungsmaterial auf den Erwerb und die Beibehaltung von Problemlösungsfertigkeiten im Bereich Umfang und Fläche bei Schülern mit Rechenstörung untersucht. Drei Schüler der Sekundarstufe wurden im Problemlösen unterrichtet, wobei man Geobretter als Hilfsmittel einsetzte. Der Lehrer erklärte zunächst, was Umfang bedeutet, und veranschaulichte seine Erläuterungen durch konkrete Beispiele am Geobrett. Der Lehrer demonstrierte, wie man am Geobrett Formen bildet und ihren Umfang bestimmt. Außerdem wurden Rechenaufgaben dargeboten, zunächst mit Hinweisen, dann ohne Hinweise. Problemlösen zum Flächeninhalt begann damit, dass der Lehrer den Begriff des Flächeninhalts definierte und am Geobrett den Flächeninhalt verschiedener Formen ermittelte. Anschließend sollten die Schüler Rechenaufgaben lösen, zunächst mit erforderlichen Hinweisen, um den Schülern beim Problemlösen zu helfen, und dann ohne Hinweise. Jeden Tag wurden Tests durchgeführt; im Anschluss an die Intervention wurden drei Wochen lang zweimal wöchentlich Nachtests durchgeführt, um die Beibehaltung der Problemlösungsfertigkeiten zu überprüfen. Als Studiendesign wurde ein multiples Baseline-Design verwendet. Die Baseline-Daten zeigten, dass zunächst keiner der Schüler in der Lage war, die Flächeninhalts- bzw. Umfangsprobleme zu lösen. Innerhalb von sieben Tagen erreichten alle drei Schüler 80 % oder mehr korrekt gelöste Aufgaben an drei aufeinanderfolgenden Tagen. Die Nachkontrolle ergab, dass das Verhalten drei Wochen nach der Intervention beibehalten wurde. Die Autoren folgerten daraus, dass konkretes Veranschaulichungsmaterial den Erwerb von Rechenfertigkeiten fördert.

9.7 Studien zur Peer-Mediation

9.7.1 Peer-Tutoring

9.7.1.1 Aufgabenfokussierte Ziele

Fuchs et al. (1997) haben untersucht, wie sich die Integration aufgabenfokussierter Ziele (task-focused goals, TFG) auf die Mathematikleistung von schlechten Schülern und Schülern mit Lernstörungen auswirkt. Alle Teilnehmer besuchten die dritte Klasse und waren in den Regelunterricht integriert. Das Studiendesign sah eine Kontrollgruppe vor, die im Rahmen eines Grundunterrichts die gleichen Themen behandelte wie zwei Experimentalgruppen. Beide Experimentalbedingungen verwendeten peergestützte Lernstrategien, die zweimal wöchentlich eingesetzt wurden, sowie lehrplanbasierte Messungen, um die Fortschritte der Schüler zu überwachen. In beiden experimentellen Bedingungen wurde zweimal wöchentlich ein computerisiertes Feedback zu den Fortschritten der Teilnehmer gegeben. In der TFG-Gruppe dokumentierten die Schüler ihre Fortschritte selbst und setzten sich Ziele für die nächsten zwei Wochen. Nach ca. 20 Wochen wurden Nachtests durchgeführt. Die Ergebnisse zeigten, dass die schlechten Schüler von der TFG-Bedingung differenziell profitiert hatten, während die Schüler mit Lernstörungen von beiden Bedingungen gleichermaßen profitiert hatten. Alle Schüler der TFG-Gruppe zeigten gegenüber den Vergleichsgruppen eine Steigerung ihrer Anstrengung; bei den Schülern mit Lernstörungen führte diese Steigerung jedoch nicht zu besseren Leistungen. Auf die Schülermotivation hatte keine der Bedingungen einen Effekt. Die Schüler der TFG-Gruppe gaben an, sie hätten von den aufgabenfokussierten Zielen profitiert und Spaß am Training gehabt.

9.7.1.2 Peer-Tutoring und Rechenstrategien

Owen und Fuchs (2002) haben untersucht, wie sich Strategietraining auf die Problemlösungsfertigkeiten von Drittklässlern mit Lernstörungen auswirkt. 24 Schüler nahmen teil, deren Lehrer per Zufallsverfahren vier Gruppen zugeteilt wurden. Die vier Bedingungen waren: (1) Kontrolle; (2) Training im Strategieerwerb; (3) wenig Training im Strategieerwerb plus Transfer sowie (4) viel Training im Strategieerwerb plus Transfer. Die Schüler in den drei Experimentalgruppen erhielten eine explizite Strategieinstruktion zum Lösen von Wortproblemen, die u. a. die Fertigkeit des Bestimmens von Hälften beinhaltete. Den Schülern wurde eine sechs Schritte umfassende Strategie vermittelt, die der zuvor beschriebenen schemabasierten Strategie (vgl. Jitendra & Hoff, 1996) glich und folgende Schritte umfasste:

- Lies die Aufgabe.
- Zeichne kleine Kreise. Sie stehen für die Zahl, von der du die Hälfte herausfinden sollst.
- Zeichne ein Rechteck, und teile es in zwei Hälften. So entstehen zwei Kästen.
- Streiche einen Kreis nach dem anderen durch und übertrage jeden durchgestrichenen Kreis abwechselnd in die beiden Kästen.
- Zähle die Kreise, um sicherzustellen, dass in beiden Kästen gleich viele Kreise vorhanden sind.
- Zähle die Kreise in einem der Kästen und schreibe die Zahl zusammen mit dem richtigen Begriff (z. B. Äpfel, Murmeln etc.) als Lösung auf.

Die Schüler der Strategieerwerbsgruppe nahmen an vier Unterrichtsstunden teil, in denen sie Instruktion, Modeling und Rückmeldung zum Strategiegebrauch erhielten. Die Schüler der Gruppe mit wenig Training im Strategieerwerb plus Transfer wurden in der dritten und vierten Sitzung darin unterrichtet, wie sie die Fertigkeit auf andere Probleme übertragen können. Die Gruppe mit viel Training im Strategieerwerb plus Transfer erhielt vier Erwerbs- und zwei Transfer-Unterrichtsstunden. Das Training fand in Integrationsklassen mit jeweils ca. 20 Schülern statt. Die Schüler mit Lernstörungen aus den Experimentalgruppen bildeten Paare mit guten Schülern, um die Fertigkeiten während des Unterrichts zu üben. Die Schüler der Kontrollgruppe erhielten einen Mathematik-Grundunterricht, in dem Halbierungsprobleme behandelt wurden. Die Ergebnisse zeigten, dass die Schüler der Gruppe mit viel Training plus Transfer besser abschnitten als die Schüler der Gruppe mit wenig Training plus Transfer oder die Schüler der Kontrollgruppe. Was die Zahl der

9

Arbeitsschritte betrifft, die vermittelt worden waren, schnitten die beiden Transfer-Gruppen besser ab als die Kontrollgruppe. Schüler wie Lehrer zeigten gegenüber der Partnerarbeit und der Strategie eine positive Einstellung. Die Autoren folgerten, dass sich Strategietraining auf produktive Weise in Peer-Tutoring-Konstellationen integrieren lässt, um die Rechenfertigkeiten von Schülern mit Lernstörungen zu verbessern.

9.7.1.3 Transfertraining mit Tutoring und Computern

Fuchs et al. (2002) haben bei Viertklässlern mit Rechenstörungen die Effektivität von Tutoring beim Problemlösen untersucht. Die Intervention umfasste einen expliziten Unterricht in Problemlösungsregeln und in Transfer. Die Schüler wurden per Zufallsverfahren auf vier Gruppen verteilt: (1) Problemlösen plus Tutoring, (2) computergestütztes Üben, (3) Problemlösen plus Tutoring *und* computergestütztes Üben, (4) Kontrollgruppe. Alle Gruppen erhielten dasselbe Curriculum. In den Problemlöse-Gruppen wurden den Schülern Problemlösungskonzepte für die folgenden vier Problemstrukturen vermittelt: (1) Probleme im Zusammenhang mit Einkaufslisten, (2) Probleme im Zusammenhang mit Hälften (siehe Owen & Fuchs, 2002), (3) sogenannte „Taschen"-Probleme, bei denen sich eine bestimmte Menge an Gegenständen in einer Tasche befindet, und (4) Piktogramm-Probleme, bei denen jedes Bild eine spezifische Menge darstellt. Bei der Lösung dieser Aufgaben arbeiteten die Schüler paarweise zusammen. Die Schüler dieser Gruppen erhielten außerdem einen expliziten Transferunterricht. Dabei wurde Transfer erklärt und den Schülern wurde gezeigt, wie man ein Problem auf unterschiedliche Art und Weise darstellen kann, ohne dass sich dabei seine Struktur oder die Lösung verändert. Die Schüler übten diese Probleme paarweise in einer Tutoring-Konstellation. Die Gruppe mit dem computergestützten Üben erhielt Problemsituationen, die dem Alltag entnommen waren, jedoch die vier genannten Problemstrukturen widerspiegelten. Der Computer las den Text vor, zeigte anschließend ein Video, das die Lösung des Problems darstellte und stellte ein Item-Verzeichnis mit Wörtern, Zahlen, Symbolen und Werkzeugen für Antworten der Schüler zur Verfügung, um die Aufgaben zu lösen. Die Schüler konnten die Lösungen auch mit der Tastatur schreiben. Die Gruppen mit Peer-Tutoring und die Gruppe mit computergestütztem Üben erhielten 12 Wochen lang zwei Unterrichtsstunden pro Woche. Die Gruppe, in der sowohl Peer-Tutoring als auch computergestütztes Üben praktiziert wurde, erhielt im gleichen Zeitraum vier Unterrichtsstunden pro Woche. Nach Abschluss des Trainings wurden alle Schüler im Lösen von Textaufgaben, Transfer von Textproblemen und im Lösen von Problemsituationen aus dem Alltag getestet. Beim Lösen von Textaufgaben und beim Transfer von Textproblemen schnitten die Schüler der Tutoring-Gruppe und der Tutoring-plus-Computer-Gruppe besser ab als die Schüler der Computer- und der Kontrollgruppe. Beim Transfer von Textproblemen waren die Leistungen der Computergruppe besser als die der Kontrollgruppe. Beim Lösen von Problemsituationen aus dem Alltag ergaben sich dagegen keine bedingungsspezifischen Unterschiede. Außerdem waren die Schüler der computergestützten Unterrichtsgruppe auf deskriptiver Ebene beträchtlich besser als die Schüler der Kontrollgruppe; statistisch gesehen waren die Unterschiede jedoch nicht signifikant.

9.7.1.4 Peer-Tutoring in Algebra

Alsopp (1997) führte eine Untersuchung durch, in der die Wirkungen von Peer-Tutoring in der Klasse und von unabhängigem Üben auf das Algebra-Lernen verglichen wurden. An dieser Studie nahmen 262 Achtklässler in 14 verschiedenen Mathematikkursen teil. Die Teilnehmer wurden auf zwei Gruppen (Peer-Tutoring in der Klasse oder unabhängiges Üben im Anschluss an den Algebra-Unterricht) verteilt. Zu den Teilnehmern gehörten 99 „gefährdete" Schüler, davon zehn Schüler mit Störungen, die nicht weiter spezifiziert wurden. Wahrscheinlich handelte es sich jedoch zumeist um Lernstörungen. Die Klassen wurden per Zufallsverfahren den jeweiligen Unterrichtsbedingung zugeordnet. Nach einer Intervention von fünf Wochen wies die schulische Leistung der beiden Gruppen keine Unterschiede auf. Weder die gefährdeten Schüler noch die Schüler mit Störungen, die nicht separat beurteilt wurden, profitierten differenziell von der experimentellen Behandlung.

9.7.1.5 Kooperatives Lernen

Xin (1996) hat die Wirkungen von kooperativem Lernen – einschließlich computergestütztem Training – im Integrationsunterricht untersucht. In der ersten Studie wurden 118 Drittklässler, davon 25 mit Lernstörungen, per Zufallsverfahren auf zwei Gruppen verteilt: (1) kooperatives Lernen in Kleingruppen, (2) Unterricht mit der Gesamtgruppe. Bei der kooperativen Lernbedingung wurden die Schüler in Viererteams eingeteilt; die Schüler eines Teams arbeiteten paarweise zusammen am Computer und verwendeten kommerzielle Rechen-Software, die auf das Klassenniveau der dritten Klasse zugeschnitten war. Wenn die Paare ein Arbeitsblatt am Computer fertiggestellt hatten, traf das Team zusammen, um die Lösungen zu überprüfen und sich gegenseitig zu helfen. Am Ende der Sitzung nahmen die Schüler an einem Quiz teil; bei den Schülern mit Lernstörungen wurde das Quizniveau an ihr Leistungsniveau angepasst. Am Ende der Woche wurden Teamzeugnisse ausgestellt, die auf den erreichten Quiz-Punktwerten basierten und die Teams als „Spitzenteam", „Großartiges Team" oder „Gutes Team" identifizierten. In der Kontrollgruppe fand ein Gesamtgruppen-Unterricht statt, in dem die gleichen Inhalte vermittelt wurden. Die Schüler arbeiteten am Computer und füllten die Arbeitsblätter alleine aus. Unter beiden Bedingungen wurde gleich viel Zeit für die Lernaktivitäten aufgewandt und gleiches Unterrichtsmaterial verwendet. Die Analyse der Resultate ergab, dass die Schüler in der kooperativen Lerngruppe statistisch besser abschnitten als die Schüler in der Gesamtgruppen-Unterrichtsbedingung. In der allgemeinen Einstellung gegenüber dem Rechnen und in der Schülerakzeptanz gegenüber Schülern mit Lernstörungen konnten keine signifikanten Unterschiede beobachtet werden. Interviews mit den lerngestörten Schülern ergaben, dass die Schüler in der kooperativen Bedingung positivere Antworten zugunsten von Integrationsunterricht gaben als die lerngestörten Schüler im Gesamtgruppen-Unterricht.

In der zweiten Studie wurden 92 Viertklässler – 16 davon mit Lernstörungen – per Zufallsverfahren kooperativen bzw. individuellen Lernbedingungen zugeteilt. Die kooperativen Klassen verwendeten die gleichen Verfahren wie in der ersten Studie, während die individuelle Lerngruppe neben der Einzelarbeit am Computer auch

9

Kleingruppenarbeit und Unterricht im Klassenverband durchführte. In dieser Studie wurden jedoch keine signifikanten Unterschiede bei der Leistungsmessung beobachtet; in der individuellen Lerngruppe war sogar ein größerer deskriptiver Leistungszuwachs zu erkennen. Die Messung von Einstellung und sozialer Akzeptanz ergab nur wenige bedeutsame Unterschiede. Die Interviews mit den Förderschülern ergaben unter beiden Bedingungen negative Reaktionen der Mitschüler auf ihre Integration in den Regelunterricht.

Xin lieferte nur wenige Erklärungen für den Mangel an positiven Ergebnissen des kooperativen Lernens in der zweiten Studie. Ein Erklärungsansatz war, dass die Schüler in der zweiten Studie älter waren (vierte Klasse) als die Schüler der ersten Studie (dritte Klasse); inwiefern dieser Altersunterschied derart unterschiedliche Ergebnisse hervorrufen konnte, wurde aber nicht näher erläutert. Ein weiterer Erklärungsansatz war die kleinere Stichprobengröße der zweiten Studie. Allerdings erschien diese Stichprobengröße für die Untersuchung ausreichend, und die beobachteten deskriptiven Unterschiede sprachen für die individuelle Lernbedingung, was darauf hindeutet, dass der Mangel an positiven kooperativen Lernergebnissen nicht auf einen Mangel an statistischer Power zurückzuführen war. Weitere Forschungen sind notwendig, um zu klären, wie es zu so uneinheitlichen Ergebnissen kommen kann.

9.8 Diskussion

Im Jahre 1998 erstellten Mastropieri et al. einen Forschungsüberblick über aktuelle Studien zum Mathematikunterricht für Schüler mit Lernstörungen. Sie gelangten zu dem Schluss, dass verhaltensorientierte, kognitive und metakognitive Interventionen wirksam waren. Sie registrierten den neuartigen Einsatz von Peer-Mediation (etwa bei der Setzung von Zielen und bei Hausaufgaben) und von computergestütztem Unterricht.

Allerdings konzentrierten sich damals 65 % der Studien auf grundlegende Rechenfertigkeiten. Eine Vielzahl an Interventionen wurde untersucht, darunter Verstärkung, Darbietungsvariablen, Peer-Tutoring, Selbstüberwachung, schulische Strategien und computergestützter Unterricht. Diese Fokussierung stand in krassem Gegensatz zu den NCTM-Empfehlungen, die das Rechnen gegenüber realitätsbezogenem Problemlösen weniger stark gewichteten. Wenn Interventionen mit Problemlösungsstrategien durchgeführt wurden, so verwendeten diese meist verhältnismäßig einfache Probleme, wie sie in Mathematik-Schulbüchern zu finden sind. Diese Art von Problemen korrespondierte jedoch nicht mit den NCTM-Standards (1989), die „Textaufgaben mit unterschiedlichen Strukturen" (S. 20) empfahlen, wie z. B. Aufgaben, die die Analyse unbekannter Situationen erfordern, unzureichende oder falsche Daten liefern, und Probleme, die auf verschiedene Weise gelöst werden können oder die mehr als eine Antwort haben können. Mastropieri et al. (1998) kamen zu dem Schluss, dass weitere Forschungen zum Lösen unterschiedlicher Problemtypen notwendig sind, eventuell unter Verwendung von Rechnern zur Unterstützung von Rechenvorgängen, zumal Schüler mit Lernstörungen nun verstärkt in den Regelunterricht integriert werden.

Die Resultate des vorliegenden Forschungsüberblicks unterscheiden sich von den Ergebnissen des früheren Überblicks von 1998. Obgleich der erste Überblick einen fast gleich langen Zeitraum abdeckte, konnten beim zweiten Überblick beträchtlich weniger Studien identifiziert werden. Der Grund dafür ist unklar. Eine mögliche Erklärung ist, dass die Aufmerksamkeit bei der Identifizierung und Behandlung von Lernstörungen in den letzten Jahren stärker auf das Lesen und auf phonologische Prozesse gerichtet war (z. B. Bradley et al., 2002; Snow et al., 1998). Falls dies zutrifft, ist es bedauerlich, da ein beträchtlicher Teil der Schüler mit Lernstörungen große Schwierigkeiten in Mathematik hat, und es ist unwahrscheinlich, dass diese Probleme grundsätzlich eine Folge von defizitären Lese-Subfertigkeiten sind (siehe Scruggs & Mastropieri, 2003). Auf jeden Fall müssen dringend weitere Untersuchungen zu allen Aspekten des Mathematiklernens bei Schülern mit Lernstörungen durchgeführt werden.

Ein weiterer wichtiger Unterschied zu dem früheren Forschungsüberblick ist der Forschungsschwerpunkt der neueren Studien. Nur wenige Untersuchungen, die für diesen zweiten Überblick identifiziert wurden, konzentrierten sich ausschließlich auf das Rechnen, und selbst wenn sie es taten, so verwendeten sie eher Strategien höherer Ordnung wie z. B. selbstreflexives Denken anstelle von strengem „Einpauken", Übung und Verstärkung. Eine ganze Reihe der neueren Studien befasste sich mit dem Algebra-Lernen von Schülern mit Lernstörungen – ein Bereich, der bis vor Kurzem kaum Beachtung fand. Einige der Untersuchungen zum Problemlösen verwendeten Veranschaulichungsmaterial, andere konzentrierten sich auf Lernansätze, die im Einklang mit den NCTM-Standards standen. Die Tatsache, dass die letzteren Untersuchungen – trotz kompatibler Lehrplan- und Technologiekomponenten – bei Schülern mit Lernstörungen keine differenziell positiven Resultate bewirkten, macht deutlich, dass in diesem Bereich noch weitere Studien erforderlich sind. Da viele Sonderpädagogen gegenüber konstruktivistischen Ansätzen oder entdeckendem Lernen skeptisch eingestellt sind (vgl. Mastropieri et al., 1997), wären weitere empirische Forschungsbelege hilfreich.

Verglichen mit dem ersten Forschungsüberblick war diese aktuelle Analyse auch sehr viel komplexer. Es war tatsächlich schwierig, die unterschiedlichen Forschungsberichte einfachen Kategorien zuzuordnen. Eine Intervention wie z. B. Peer-Tutoring beinhaltete auch Setzung von Zielen oder Strategietraining. Kooperative Lerninterventionen schlossen auch computergestützten Unterricht ein und konstruktivistische Verfahren bedienten sich der Videotechnologie. Recheninterventionen umfassten selbstreflexives Strategietraining und zum Training von Algebrafertigkeiten und -konzepten wurden Veranschaulichungsmittel und Strategietraining eingesetzt. Solche Untersuchungen zeigen, dass ein großes Interesse an der Evaluation von breit angelegten Verfahren besteht, die Computer, Veranschaulichungsmittel und Strategietraining mit einbeziehen.

Schließlich fällt auf, dass viele der Untersuchungen in diesem Forschungsüberblick widersprüchliche Ergebnisse hervorgebracht haben (siehe auch Gersten et al., 2004). Spezifische Lernstrategien wie z. B. Cover-Copy-Compare oder schemabasierte Strategien führten ebenso wie im früheren Forschungsüberblick zu positiven Ergebnissen. Dagegen erzielten aktuelle NCTM-basierte Mathematikcurricula oder die „erweiterte verankerte Instruktion" (*enhanced anchored instruction*, EAI) keine besseren Resultate als herkömmlicher Unterricht. Tutoring, das aufgabenzentrierte Ziele einschloss, schnitt nicht besser ab als Vergleichsbedingungen; und die Schüler,

9 die an Interventionen mit Peer-Tutoring und/oder computergestütztem Unterricht teilnahmen, erzielten bei alltagsnahen Problemlösungstests keine besseren Ergebnisse als die Schüler der Kontrollgruppe. Und doch waren die Leistungen der experimentellen Zielgruppen nie schlechter als die der Kontrollgruppen, und alle Untersuchungen lieferten interessante Informationen.

Was das Algebra-Lernen betrifft, so konnten einige interessante Gegensätze beobachtet werden. In zwei Einzelfall-Untersuchungen mit wenigen Teilnehmern waren die Interventionen zur Verbesserung der Algebrafertigkeiten erfolgreich. Dagegen führten ein Strategietraining und ein die ganze Klasse umfassendes Peer-Tutoring in zwei Gruppen-Design-Studien mit größeren Teilnehmerzahlen im Vergleich zu den Kontrollbedingungen zu keiner reliablen Leistungssteigerung. Eine mögliche Erklärung ist, dass Einzelfall-Untersuchungen intensiver einen individualisierten Unterricht beschreiben können und mit größerer Wahrscheinlichkeit zu Gewinnen im Vergleich zu Baseline-Daten führen. Ein anderer Erklärungsansatz könnte sein, dass die Gruppen-Design-Studien die Zielinterventionen mit alternativen Interventionen und nicht mit Baseline-Daten verglichen, d. h., die Interventionen wurden sehr viel strenger getestet. Wie dem auch sei, die Resultate aller Untersuchungen sind vielversprechend und richtungsweisend für zukünftige Studien.

Insgesamt ist festzustellen, dass die Forschung zur Mathematikdidaktik für Schüler mit Lernstörungen stetig Fortschritte erzielt, obgleich noch viele wichtige Untersuchungen durchgeführt werden müssen. Die Studien unseres Forschungsüberblicks zeugen von anspruchsvollen, komplexen Behandlungen, die oftmals auch gezielt im Hinblick auf den Integrationsunterricht durchgeführt werden. Zukünftige Experten in Forschung und Praxis werden von den Erkenntnissen der gegenwärtigen Forschung profitieren, wenn sie neue Untersuchungen planen, die dazu beitragen werden, wichtige Fragen – etwa im Zusammenhang mit konstruktivistischem Lernen, Integrationsunterricht und Unterrichtselementen wie Computer, Videos und Peer-Mediation – zu klären. Diese Erkenntnisse können das Mathematiklernen von Schülern mit Lernstörungen positiv verändern.

Literatur

Allsopp, D. H. (1997). Using classwide peer tutoring to teach beginning algebra problem-solving skills in heterogeneous classrooms. *Remedial and Special Education, 18*, 367–379.

Bell, M., Bell, M. & Hartfield, R. (1993). *Everyday mathematics.* Evanston, IL: Everyday Learning Corporation.

Bentz, J. L. & Fuchs, L. S. (1996). Improving peers' helping behavior to students with learning disabilities during mathematics peer tutoring. *Learning Disability Quarterly, 19*(4), 202–215.

Bishop, A. J. (1990). Mathematical power to the people. *Harvard Educational Review, 60,* 357–369.

Bottge, B. A., Heinrichs, M., Chan, S. & Serlin, R. C. (2001). Anchoring adolescents' understanding of math concepts in rich problem-solving environments. *Remedial and Special Education, 22*(5), 299–314.

Bottge, B. A., Heinrichs, M., Mehta, Z. D. & Hung, Y. (2002). Weighing the benefits of anchored math instruction for students with disabilities in general education classes. *The Journal of Special Education, 35*(4), 186–200.

Bradley, R., Danielson, L. & Hallahan, D. P. (2002). *Identification of learning disabilities: Research to practice.* Mahwah, NJ: Lawrence Erlbaum Associates.

Cass, M., Cates, D., Jackson, C. W. & Smith, M. (2002). *Facilitating adolescents with disabilities understanding of area and perimeter concepts via manipulative instruction.* (ERIC Document Reproduction Service No. ED461238).

Cawley, J. F., Fitzmaurice, A. M., Shaw, R. A., Kahn, H. & Bates, H. (1979). LD youth and mathematics: A review of characteristics. *Learning Disability Quarterly,* **2,** 29–44.

Chard, D. & Gersten, R. (1999). Number sense: Rethinking arithmetic instruction for students with mathematical disabilities. *Journal of Special Education,* **33**(1), 18–28.

Cognition and Technology Group at Vanderbilt University (1997). *The Jasper project: Lessons in curriculum, instruction, assessment, and professional development.* Mahwah, NJ: Lawrence Erlbaum Associates.

deBettencourt, L. U., Putnam, R. T. & Leinhardt, G. (1993). Learning disabled students' understanding of derived fact strategies in addition and subtraction. *Focus on Learning Problems in Mathematics,* **15**(4), 27–43.

Englert, C. S., Culatta, B. E. & Horn, D. G. (1987). Influence of irrelevant information in addition word problems on problem solving. *Learning Disability Quarterly,* **10,** 29–36.

Fuchs, D., Roberts, H., Fuchs, L. S. & Bowers, J. (1996). Reintegrating students with learning disabilities into the mainstream: A two-year study. *Learning Disabilities Research & Practice,* **11,** 214–229.

Fuchs, L. S., Fuchs, D., Hamlett, C. L. & Appleton, A. C. (2002). Explicitly teaching for transfer: Effects on the mathematical problem-solving performance of students with mathematics disabilities. *Learning Disabilities Research and Practice,* **17,** 90–106.

Fuchs, L. S., Fuchs, D., Karns, K., Hamlett, C. L., Katzaroff, M. & Dutka, S. (1997). Effects of task-focused goals on low-achieving students with and without learning disabilities. *American Educational Research Journal,* **34,** 513–543.

Funkhouser, C. (1995). Developing number sense and basic computational skills in students with special needs. *School Science and Mathematics,* **95,** 236–239.

Gersten, R., Chard, D. J., Baker, S. & Lee, D. S. (2004). Experimental and quasi-experimental research on instructional approaches for teaching mathematics to students with learning disabilities: A research synthesis. *Review of Educational Research,* **74,** 525–556.

Hofmeister, A. M. (1993). Elitism and reform in school mathematics. *Remedial and Special Education,* **14,** 8–13.

Jitendra, A. K., Griffin, C. C., McGoey, K., Gardill, M. C., Bhat, P. & Riley, T. (1998). Effects of mathematical word problem solving by students at risk or with mild disabilities. *The Journal of Educational Research,* **91,** 345–354.

Jitendra, A. K. & Hoff, K. E. (1995). *Schema-based instruction on word problem solving performance of students with learning disabilities.* East Lansing, MI: National Center for Research on Teacher Training. (ERIC Document Reproduction Service No. ED 381 990).

Jitendra, A. K. & Hoff, K. (1996). The effects of schema-based instruction on the mathematical word problem-solving performance of students with learning disabilities. *Journal of Learning Disabilities,* **29,** 422–431.

Jitendra, A. K. & Xin, Y. P. (1997). Mathematical word problem-solving instruction for students with mild disabilities and students at risk for math failure: A research synthesis. *Journal of Special Education,* **30,** 412–438.

Kameenui, E. J., Chard, D. J. & Carnine, D. W. (1996). The new school mathematics and the age-old dilemma of diversity: Cutting or untying the Gordian knot. In M. C. Pugach & C. L. Warger (Hg.), *Curriculum trends, special education, and reform: Refocusing the conversation* (S. 94–105). New York: Teachers College Press.

9

Kroesbergen, E. & Van Luitt, J. E. H. (2003). Mathematics interventions for children with special needs: A meta-analysis. *Remedial and Special Education*, **24**, 97–114.

Lang, C. R., Mastropieri, M. A. & Scruggs, T. E. (2004). In T.E. Scruggs & M. A. Mastropieri (Hg.). *Advances in learning and behavioral disabilities: Research in secondary settings*. Oxford, UK: Elsevier Science/JAI Press

Lucangeli, D., Coi, G. & Bosco, P. (1998a). Metacognitive awareness in good and poor math problem solvers. *Learning Disabilities Research & Practice*, **12**, 219–244.

Lucangeli, D., Cornoldi, C. & Tellarini, M. (1998b). Metacognition and learning disabilities in mathematics. In T. E. Scruggs & M. A. Mastropieri (Hg.), *Advances in learning and behavioral disabilities*, Bd. 12 (S. 219–244). Oxford, UK: Elsevier Science/JAI Press.

Luria, A. R. (1966). *Human brain and psychological processes*. New York: Harper & Row.

Maccini, P. & Hughes, C. A. (1997). Mathematics interventions for adolescents with learning disabilities. *Learning Disabilities Research & Practice*, **12**, 165–176.

Maccini, P. & Hughes, C. (2000). Effects of a problem-solving strategy on the introductory algebra performance of secondary students with learning disabilities. *Learning Disabilities Research & Practice*, **15**, 10–21.

Maccini, P. & Ruhl, K. L. (2000). Effects of a graduated instructional sequence on the algebraic subtraction of integers by secondary students with learning disabilities. *Education & Treatment of Children*, **23**, 465–470.

Mastropieri, M. A. & Scruggs, T. E. (2004). *The inclusive classroom: Strategies for effective teaching* (2. Aufl.). Columbus, OH: Prentice Hall.

Mastropieri, M. A., Scruggs, T. E., Boon, R. T. & Carter, K. (2001). Correlates of inquiry learning in science: Constructing density and buoyancy concepts. *Remedial and Special Education*, **22**, 130–137.

Mastropieri, M. A., Scruggs, T. E. & Butcher, K. (1997). How effective is inquiry learning for students with mild disabilities? *Journal of Special Education*, **31**, 199–211.

Mastropieri, M. A., Scruggs, T. E. & Chung, S. (1998). Instructional interventions for students with mathematics learning disabilities. In B. Y. L. Wong (Hg.), *Learning about learning disabilities*, 2. Aufl. (S. 425–451). New York: Academic Press.

Mastropieri, M. A., Scruggs, T. E. & Shiah, S. (1991). Mathematics instruction with learning disabled students: A review of research. *Learning Disabilities Research & Practice*, **6**, 89–98.

McLeskey, J. & Waldron, N. L. (1990). The identification and characteristics of students with learning disabilities in Indiana. *Learning Disabilities Research*, **5**, 72–78.

Miller, S. P. & Mercer, C. D. (1997). Educational aspects of mathematics disabilities. *Journal of Learning Disabilities*, **30**, 47–56.

Montague, M. (1996a). Assessing mathematical problem solving. *Learning Disabilities Research & Practice*, **11**, 238–248.

Montague, M. (1996b). Student perception, mathematical problem solving, and learning disabilities. *Remedial and Special Education*, **18**(1), 46–53.

Montague, M. (1996c). What does the „New View" of school mathematics mean for students with mild disabilities? In M. C. Pugach & C. L. Warger (Hg.), *Curriculum trends, special education, and reform: Refocusing the conversation* (S. 84–93). New York: Teachers College Press.

Montague, M. & Applegate, B. (2000). Middle school students' perceptions, persistence, and performance in mathematical problem solving. *Learning Disability Quarterly*, **23**, 215–227.

Naglieri, J. A. & Das, J. P. (1997). *Cognitive assessment system*. Chicago: Riverside.

Naglieri, J. A. & Gottling, S. H. (1995). A study of planning and mathematics instruction for students with learning disabilities. *Psychological Reports*, **76**, 1343–1354.

Naglieri, J. A. & Gottling, S. H. (1997). Mathematics instruction and PASS cognitive processes: An intervention study. *Journal of Learning Disabilities*, **30**(5), 513–520.

Naglieri, J. A. & Johnson, D. (2000). Effectiveness of a cognitive strategy intervention in improving arithmetic computation based on the PASS theory. *Journal of Learning Disabilities*, **33**, 591–597.

National Council of Teachers of Mathematics (1989). *Curriculum and evaluation standards for school mathematics*. Reston, VA: Author. (ERIC Document Reproduction Service No. ED 304 336).

National Council of Teachers of Mathematics (1991). *Professional standards for teaching mathematics*. Reston, VA: Author.

National Council of Teachers of Mathematics (1995). *Assessment standards for school mathematics*. Reston, VA: Author.

National Council of Teachers of Mathematics (2000). *Principles and standards for school mathematics*. Reston, VA: Author.

Owen, R. L. & Fuchs, L. S. (2002). Mathematical problem-solving strategy instruction for third-grade students with learning disabilities. *Remedial and Special Education*, **23**, 268–279.

Parmar, R. S., Cawley, J. F. & Frazita, R. R. (1996). Word problem-solving by students with and without mild disabilities. *Exceptional Children*, **62**, 415–429.

Pressley, M. & McCormick, C. (1995). Advanced educational psychology for educator, researchers, and policy makers. New York: HarperCollins.

Rivera, D. (1993). Examining mathematics reform and the implications for students with mathematics disabilities. *Remedial and Special Education*, **14**, 24–27.

Rivera, D. P. (1997). Mathematics education and students with learning disabilities: Introduction to the special series. *Journal of Learning Disabilities*, **30**, 2–19.

Rivera, D. P. (1998). Mathematics education and students with learning disabilities. In D. Rivera (Hg.), *Mathematics education for students with learning disabilities* (S. 1–31). Austin, TX: Pro-Ed.

Scruggs, T. E. & Mastropieri, M. A. (1986). Academic characteristics of behaviorally disordered and learning disabled children. *Behavioral Disorders*, **11**, 184–190.

Scruggs, T. E. & Mastropieri, M. A. (2003). Issues in the identification of learning disabilities. In T. E. Scruggs & M. A. Mastropieri (Hg.), *Identification and assessment of learning disorders: Advances in learning and behavioral disabilities* (Bd. 16). Oxford, UK: Elsevier Science/JAI Press.

Snow, C. E., Burns, M. S. & Griffin, P. (Hg.) (1998). *Preventing reading difficulties in young children*. Washington, DC: National Academy Press.

Stading, M. & Williams, R. L. (1996). Effects of a copy, cover, and compare procedure on multiplication facts mastery with a third grade girl with learning disabilities in a home setting. *Education & Treatment of Children*, **19**, 425–434.

Swanson, H. L., O'Shaughnessy, T. E, McMahon, C. M., Hoskyn, M. & Sachse-Lee, C. M. (1998). A selective synthesis of single subject intervention research on students with learning disabilities. In T. E. Scruggs & M. A. Mastropieri (Hg.), *Advances in learning and behavioral disabilities*, Bd. 12 (S. 79–126). Oxford, UK: Elsevier Science/JAI Press.

Wilson, R., Majsterek, D. & Simmons, D. (1996). The effects of computer-assisted versus teacher-directed instruction on the multiplication performance of elementary students with learning disabilities. *Journal of Learning Disabilities*, **29**, 382–390.

Woodward, J. & Baxter, J. (1997). The effects of an innovative approach to mathematics on academically low-achieving students in inclusive settings. *Exceptional Children*, **63**, 373–388.

Xin, F. (1996). *The effects of computer-assisted cooperative learning in mathematics in integrated classrooms for students with and without disabilities. Final Report*. Report for the U. S. Department of Education, Office of Special Education Programs. Rowan College of New Jersey, Glassboro. (ERIC Document Reproduction Service No. ED412696).

10 Soziale Kompetenz und soziale Fertigkeiten von Schülern mit Lernstörungen: Interventionen und Überlegungen

Sharon Vaughn,* Jane Sinagub,** und Ae-Hwa Kim***
*University of Texas at Austin, **University of Miami, ***Dankook University

10.1 Gegenstand und Zielsetzungen

Schüler mit Lernstörungen haben per definitionem Probleme mit dem Lernen, und diese Probleme beeinträchtigen in erheblichem Maße ihren schulischen Erfolg. Viele dieser Schüler haben jedoch auch beträchtliche Schwierigkeiten mit der sozialen Kompetenz (Gresham et al., 2001). Mehrere Wissenschaftler haben den Blick darauf gelenkt, wie folgenschwer die Beeinträchtigung der sozialen Kompetenz bei Schülern mit Lernstörungen ist (Gresham, 1992; Gresham & Elliot, 1990, 1989; La Greca & Stone, 1990).

Dieses Kapitel bietet einen Überblick über das Konstrukt der sozialen Kompetenz und behandelt Unterrichtsmethoden, die zur Förderung der sozialen Kompetenz bei Schülern mit Lernstörungen geeignet sind. Es werden spezifische Interventionen beschrieben, die eigens für Schüler mit Lernstörungen entwickelt und evaluiert wurden. Darüber hinaus werden wir Interventionen im Zusammenhang mit sozialen Fertigkeiten vorstellen, die auch für Schüler anderer Populationen geeignet sind. Außerdem werden die Resultate von Forschungsüberblicken vorgestellt, in denen Studien zu sozialen Interventionen bei Vorschülern mit Störungen zusammengefasst wurden. Das Kapitel befasst sich außerdem mit Themen, die für die Vermittlung sozialer Fertigkeiten an Schüler und Jugendliche mit Lernstörungen wichtig sind. Abschließend wollen wir zukünftige Forschungsrichtungen im Bereich der sozialen Fertigkeiten und Interventionen für Schüler mit Lernstörungen und anderen Störungen aufzeigen.

Nach der Lektüre dieses Kapitels wird der Leser in der Lage sein, die folgenden Zielsetzungen zu erfüllen:

10

1. „Soziale Kompetenz" und „soziale Fertigkeiten" definieren.
2. Erläutern, warum viele Schüler mit Lernstörungen in sozialen Fertigkeiten unterrichtet werden müssen, und warum Lehrer die Vermittlung sozialer Fertigkeiten in ihren Lehrplänen für Schüler mit Lernstörungen oft vernachlässigen.
3. Verfahren und kritische Kommentare im Zusammenhang mit empirisch fundierten Interventionen zu sozialen Fertigkeiten für Schüler mit Lernstörungen zusammenfassen. Zu diesen Interventionen gehören ein Programm (ASSET), das die sozialen Fertigkeiten von Jugendlichen fördern soll, eine interpersonelle Problemlösungsintervention, kooperatives Lernen und die Entdeckung gegenseitiger Interessen.
4. Die Ergebnisse einer Metaanalyse zusammenfassen, in deren Mittelpunkt schulische Interventionen zur Förderung des Selbstkonzepts von Schülern mit Lernstörungen stehen.
5. Verfahren und kritische Kommentare im Zusammenhang mit empirisch fundierten Interventionen zur Verbesserung der sozialen Fertigkeiten bei anderen Populationen zusammenfassen. Zu diesen Interventionen gehören strukturiertes Lernen, soziale Entscheidungsfindung und soziale Initiationen durch Peers.
6. Die Ergebnisse von Forschungsüberblicken zusammenfassen, in denen Studien zu sozialen Interventionen bei Vorschülern mit Störungen zusammengefasst wurden, darunter (a) Interventionen im Zusammenhang mit sozialen Fertigkeiten und (b) Spielsachen und Zusammensetzung von Gruppen.
7. Die Hauptprobleme im Zusammenhang mit der Vermittlung von sozialen Fertigkeiten an Schülern mit Lernstörungen erläutern.
8. Zukünftige Forschungsrichtungen im Bereich der sozialen Kompetenz von Schülern mit Lernstörungen und anderen Störungen diskutieren.

10.2 Soziale Kompetenz und soziale Fertigkeiten: ein Überblick

10.2.1 Was versteht man unter sozialer Kompetenz und sozialen Fertigkeiten?

Viele Wissenschaftler haben versucht, soziale Kompetenz und soziale Fertigkeiten zu definieren – und dabei handelt es sich keineswegs um eine einfache Aufgabe. Es gibt verschiedene Modelle, die dieses Konstrukt konzeptualisieren. Vaughn und Hogan (1990) haben darauf hingewiesen, dass soziale Kompetenz verschiedene Facetten und mehrere individuelle Komponenten umfasst. Obwohl diese Komponenten separat beschrieben werden, lässt sich soziale Kompetenz am besten als eine Kombination dieser Komponenten begreifen. Die vier Komponenten aus Vaughn und Hogans (1990) Modell sind: (a) soziale Fertigkeiten (z. B. die Fähigkeit, mit anderen Menschen Kontakt aufzunehmen und angemessen auf sie zu reagieren); (b) Beziehungen zu anderen (z. B. Freundschaften, Peerakzeptanz); (c) altersgerechte soziale Kognition (z. B. die Fähigkeit, Probleme zu lösen und soziale Situationen zu erkennen und zu überwachen), und (d) das Fehlen von Verhaltensweisen, die mit sozialer Fehlanpassung assoziiert sind (z. B. das Fehlen von aggressivem Verhalten, Aufmerksamkeitsproblemen, Ausagieren, sozialem Rückzug). In ihrem Modell betonen Vaughn und Hogan (1990), dass soziale Fertigkeiten als Teil eines übergeordneten Konstrukts – der sozialen Kompetenz – betrachtet werden müssen.

Ein weiteres Modell zur sozialen Kompetenz – ein Modell der sozialen Validität – unterscheidet zwischen sozialer Kompetenz (Persönlichkeitsmerkmal) und sozialen Fertigkeiten (Verhalten) (Bruck, 1986; Curran, 1979; Gresham, 1998, 1983; Wolf, 1978). Soziale Kompetenz als Persönlichkeitsmerkmal repräsentiert die Bewertung individuellen sozialen Verhaltens, die sich daraus ergibt, wie kompetent eine Person in einer beliebigen Situation auf soziale Anforderungen reagiert (McFall, 1982). Soziale Fertigkeiten als Verhaltensweisen entsprechen dagegen den spezifischen beobachtbaren Verhaltensweisen, die ein Individuum zeigt, um spezifische soziale Anforderungen kompetent zu meistern (McFall, 1982). Soziale Fertigkeiten werden als spezifische Verhaltensweisen betrachtet und soziale Kompetenz als eine Bewertung dieser Verhaltensweisen.

Schließlich wird soziale Kompetenz nach einem Modell des sozialen Austauschs (Dodge, 1986; Dodge et al., 1986) als Ausdruck dessen angesehen, wie ein Schüler Reize aus der sozialen Umwelt verarbeitet. Nach diesem Modell besteht das Konstrukt der sozialen Kompetenz aus drei Komponenten: (a) Umgebungsreize wahrnehmen, dekodieren und interpretieren; (b) eine angemessene Reaktion wählen und (c) die soziale Reaktion angemessen implementieren.

Wenngleich es keine umfassende Konzeptualisierung von sozialer Kompetenz gibt, stimmen die meisten Wissenschaftler darin überein, dass sich das Konstrukt soziale Kompetenz von einem globalen Konzept, das sich auf die allgemeine Angemessenheit des sozialen Verhaltens einer Person bezieht (Kratochwill & French, 1984), hin zu einem multidimensionalen Konstrukt verändert hat, das sich aus mehreren interagierenden Komponenten zusammensetzt (z. B. soziale Fertigkeiten, Selbstkonzept; Vaughn & Hogan, 1990).

10.2.2 Warum muss man Schülern mit Lernstörungen soziale Fertigkeiten vermitteln?

Die Begründung lautet, dass soziale Fertigkeiten ein Mittel sind, um den sozialen und auch schulischen Erfolg der Schüler zu verbessern. Viele Forscher haben erkannt, wie wichtig soziale Kompetenz für die schulische und soziale Entwicklung aller Schüler ist. Eine Metaanalyse von Kavale und Forness (1996) hat ergeben, dass 75 % der Schüler mit Lernstörungen soziale Inkompetenz zeigen, die sie von Schülern mit normaler Entwicklung unterscheidet. Soziale Inkompetenz ist zumindest teilweise dafür verantwortlich, dass Schüler mit Lernstörungen weniger akzeptiert und von ihren Mitschülern häufiger abgelehnt werden als ihre Peers ohne Lernstörungen (d. h. Schüler mit durchschnittlichen oder überdurchschnittlichen Leistungen) (Haager & Vaughn, 1995; Stone & La Greca, 1990; Swanson & Malone, 1992; Vaughn et al., 1998, 1993a; Wiener, 1987; Wiener & Harris, 1997).

10

Obgleich es eine positive Korrelation zwischen schwachen Schulleistungen und der Ablehnung durch die Peers gibt (Vaughn et al., 1991), werden Schüler mit Lernstörungen nicht nur aufgrund ihrer Schulprobleme abgelehnt, wie die folgenden Studien zeigen. In den Studien von Bryan et al. (1979, 1980) wurden Schüler auf Video aufgenommen und dann wenige Minuten lang von Außenstehenden beobachtet. Obwohl die Beobachter nicht wussten, welche Schüler Lernstörungen hatten und welche nicht, waren sie geneigt, die Schüler mit Lernstörungen negativer wahrzunehmen als die Schüler ohne Lernstörungen. In einer anderen Studie wurden soziale Fertigkeiten, Peer-Akzeptanz und die Selbstwahrnehmung von lerngestörten Schülern in der Zeit vor ihrer Einstufung als lerngestört mit denen von Peers ohne Lernstörungen verglichen (Vaughn et al., 1990). Die Ergebnisse zeigten, dass sich gefährdete Schüler, bei denen später Lernstörungen diagnostiziert wurden, bereits acht Wochen nach Eintritt in den Kindergarten signifikant von ihren Peers ohne Lernstörungen unterschieden, was soziale Variablen und Verhaltensprobleme betraf (z. B. soziale Fertigkeiten, Selbstwahrnehmung der sozialen Akzeptanz, Beurteilung der Akzeptanz durch die Peers, Beurteilung von Verhaltensproblemen durch die Betreuer).

Es ist wichtig, sich mit der sozialen Inkompetenz von Schülern mit Lernstörungen auseinanderzusetzen, weil Schüler, die von ihren Peers abgelehnt werden, ein größeres Risiko für eine Fülle von negativen Folgen tragen, darunter Anpassungsschwierigkeiten im späteren Leben, Schulabbruch, Einsamkeit und Jugendkriminalität (siehe den Überblick von Kupersmidt et al., 1990; Parker & Asher, 1987; Roff et al., 1972). Obwohl viele Schüler mit Lernstörungen soziale Inkompetenz zeigen, die sich in Form von geringer Peer-Akzeptanz und Beliebtheit äußert, wird die Vermittlung sozialer Fertigkeiten in den Lehrplänen meist nicht besonders hoch geschrieben (Baum et al., 1988). Und obwohl die Lehrer glauben, dass viele ihrer Schüler dringend in sozialen Fertigkeiten unterrichtet werden müssten, unternehmen sie meistens nichts, um diesen Bedarf in individualisierten Unterrichtsprogrammen zu decken (Baum et al., 1988).

Angesichts dessen, dass Peerbeziehungen in unserer Gesellschaft einen hohen Stellenwert haben und mit vielen positiven Folgeerscheinungen assoziiert sind, stellt sich die Frage, warum so wenige Lehrer Wert darauf legen, soziale Fertigkeiten zu unterrichten. Möglicherweise sind sich die Lehrer durchaus bewusst, dass Schüler mit Lernstörungen soziale Inkompetenz zeigen, aber sie betrachten soziale Fertigkeiten nicht als einen wichtigen Bestandteil des Lehrplans. Mit anderen Worten, sie befürchten, dass durch die Vermittlung sozialer Fertigkeiten wertvolle Unterrichtszeit für die „eigentlich wichtigen" Lehrplaninhalte verloren gehen könnte. Auf der anderen Seite gibt es aber auch Lehrer, die gerne mehr Zeit in die Vermittlung sozialer Fertigkeiten investieren würden, jedoch feststellen müssen, dass weder das Schulsystem noch die Eltern großen Wert auf soziale Fertigkeiten legen, und sie deswegen nicht unterrichten.

Möglicherweise sind auch einige Lehrer davon überzeugt, dass soziale Fertigkeiten wichtig sind und würden sich mehr prosoziale Verhaltensweisen bei ihren Schülern wünschen, glauben aber nicht, dass es in den Verantwortungsbereich der Schule fällt, soziale Fertigkeiten zu vermitteln. Diese Lehrer sind der Meinung, dass ein positives Sozialverhalten zu Hause gelernt werden sollte und dass es Pflicht der Eltern bzw.

der Familie ist, für den Erwerb sozial kompetenten Verhaltens zu sorgen. Einige Pädagogen vertreten auch die Ansicht, dass soziale Fertigkeiten im Verlauf des Entwicklungsprozesses mehr oder weniger automatisch erworben werden. Für sie sind soziale Fertigkeiten eher eine „Charaktereigenschaft" des Jugendlichen und keine Verhaltensweise, die in irgendeiner Form beeinflusst werden könnte. Glücklicherweise erlernen viele Kinder und Jugendliche auch ohne direkte, systematische Instruktion angemessene soziale Verhaltensweisen. Soziale Fertigkeiten werden aber am besten durch strukturierte Interventionsprogramme gestärkt.

Warum soziale Fertigkeiten nicht unterrichtet werden, würden die meisten Pädagogen möglicherweise damit begründen, dass Lehrer nicht wissen, wie man sie unterrichtet. Lehrer lernen in erster Linie, Sprachen, Mathematik oder Lesen zu unterrichten und sie besuchen eventuell sogar Kurse, in denen sie lernen, wie Verhaltensweisen im Unterricht strukturiert und gelenkt werden. Aber nur ganz wenige Lehrer nehmen an Weiterbildungskursen teil, in denen sie gezielt lernen, wie sie Kindern und Jugendlichen soziale Fertigkeiten vermitteln können. Die Vermittlung sozialer Verhaltensweisen setzt voraus, dass der Lehrer die Entwicklung und den Erwerb von sozialem Verhalten versteht. Nur wenige Lehrer vertrauen darauf, dass sie den Ablauf dieser Entwicklung verstehen oder dass sie in der Lage sind, notwendige soziale Fertigkeiten zu identifizieren und ihren Schülern zu vermitteln. Um Schülern mit Lernstörungen einen adäquaten Unterricht in sozialen Fertigkeiten erteilen zu können und ihre soziale Kompetenz zu fördern, müssen Lehrer daher zunächst Wissen und Fertigkeiten erwerben, die sich auf forschungsbasierte Interventionsmethoden beziehen.

10.3 Unterrichtsmethode

Schüler mit Lernstörungen werden von ihren Peers unverhältnismäßig oft abgelehnt und sind in der Gruppe der beliebten Schüler deutlich unterrepräsentiert (Vaughn et al., 1990; Wiener & Harris, 1997). Die Anzahl der Schüler mit Lernstörungen, die von ihren Peers abgelehnt wird, ist im Vergleich zu Schülern ohne Lernstörungen beträchtlich größer. Etwa 50 % der Schüler mit Lernstörungen werden von ihren Mitschülern schlecht akzeptiert (Stone & La Greca, 1990; Vaughn et al., 1991). Vaughn et al. (1990) fanden, dass 60 % der Schüler mit Lernstörungen von ihren Peers abgelehnt werden.

Die Förderung einer positiven Peer-Interaktion und Peer-Akzeptanz von Schülern mit Lernstörungen erfordert die sorgfältige Planung von Interventionen, die für eine systematische Instruktion in sozialen Fertigkeiten sorgen und Schülern mit und ohne Lernstörungen die Gelegenheit bieten, strukturierte Zeit miteinander zu verbringen und sich besser kennenzulernen. Versuche, Kinder und Jugendliche mit und ohne Lernstörungen einfach miteinander in Gruppen in Kontakt zu bringen, führten zu keiner Verbesserung der Peer-Akzeptanz. In manchen Fällen sank die Peer-Akzeptanz nach der Gruppenintervention sogar (für einen Überblick siehe McIntosh et al., 1991). Im Folgenden werden empirisch fundierte Interventionen beschrieben, die unter den Teilnehmern zu einer Steigerung der Peer-Akzeptanz geführt haben.

10   10.3.1 Empirisch fundierte Interventionen für Schüler mit Lernstörungen

In diesem Abschnitt werden wir drei Interventionen diskutieren: (a) ein Programm zur Verbesserung sozialer Fertigkeiten von Jugendlichen; (b) eine interpersonale Problemlösungsintervention und (c) kooperatives Lernen. Jede Intervention wird kurz vorgestellt, und Implementierungsverfahren werden beschrieben. Den Abschluss bilden jeweils bewertende Kommentare.

10.3.1.1 Ein Programm zur Verbesserung der sozialen Fertigkeiten von Jugendlichen (ASSET)

Das ASSET-Programm ist ein Unterrichtsprogramm, das Jugendlichen die sozialen Fertigkeiten vermitteln soll, die sie im Umgang mit Gleichaltrigen und Erwachsenen brauchen. Studien haben gezeigt, dass sich ASSET positiv auf die sozialen Fertigkeiten von Jugendlichen mit Lernstörungen und jugendlichen Straftätern auswirkt (Hazel et al., 1981). ASSET basiert auf acht sozialen Fertigkeiten, die grundlegend sind, um Beziehungen zu anderen Menschen aufzubauen und aufrechtzuerhalten: (a) positives Feedback erteilen, (b) negatives Feedback erteilen, (c) negatives Feedback annehmen, (d) dem Druck oder Drängen von Peers widerstehen, (e) Problemlösen, (f) Kompromisse aushandeln, (g) Anweisungen folgen und (h) ein Gespräch beginnen und aufrechterhalten. Dahinter steht die Annahme, dass viele Jugendliche die gewünschten Verhaltensweisen nicht etwa aus einem Mangel an Motivation unterlassen, sondern weil sie nicht wissen, wie sie sie ausführen sollen. Die Unterrichtsverfahren des Programms gründen sich auf Erfolg, sukzessive Approximationen, Bewältigung und zahlreiche Musterbeispiele. Zu den Unterrichtsmaterialien gehören Videos von acht Unterrichtssitzungen, Fertigkeitsbögen (skill sheets), Aufzeichnungen, die die Schüler zu Hause anfertigen, und Checklisten.

Jede ASSET-Unterrichtseinheit wird in Kleingruppen durchgeführt und umfasst neun grundlegende Schritte. Im ersten Schritt werden die zuvor gelernten Fertigkeiten wiederholt und die Hausaufgaben kontrolliert. Im zweiten Schritt werden die Fertigkeiten erläutert, die in der aktuellen Sitzung vermittelt werden sollen. Im dritten Schritt wird versucht, die Schüler zum Lernen der neuen Fertigkeit zu motivieren, indem ihnen überzeugend dargelegt wird, wie wichtig diese Fertigkeit ist. Im vierten Schritt werden Beispielsituationen diskutiert, in denen die Zielfertigkeit nützlich sein kann. Die Situationen müssen konkret und glaubwürdig sein und Bezug zum Alltag der Jugendlichen nehmen. Die Schüler können auch selbst Beispiele einbringen. Im fünften Schritt werden die Schritte bzw. Subfertigkeiten analysiert, die zur Ausführung der Zielfertigkeit erforderlich sind. Auf einem Fertigkeitsbogen wird Schritt für Schritt die Abfolge der Subfertigkeiten aufgeführt, die für eine effektive Implementierung einer jeden Zielfertigkeit notwendig sind. Der sechste Schritt sieht das Modeling der Zielfertigkeit vor. Videos zeigen, wie ein Schüler bestimmte Fertigkeiten umsetzen kann. Darüber hinaus werden Aktivitäten durchgeführt, bei denen die Schüler selbst spezifische Fertigkeiten demonstrieren. Im siebten Schritt werden die bisherigen Schritte mithilfe von verbalem Rehearsal memoriert. Die Schüler sollen die Abfolge der Schritte, die mit der Zielfertigkeit assoziiert sind, verinnerlichen. Im achten Schritt folgt eine Verhaltensprobe. Die Schüler erhalten Gelegenheit, die Fertigkeiten zu üben und zu zeigen, dass die Voraussetzungen für den Einsatz einer bestimmten Fertigkeit gegeben sind. Im neunten und letzten Schritt werden die Hausaufgaben für die nächste Sitzung erteilt. Sie können die Aufgabe beinhalten, zu dokumentieren, wie ein Schüler die Fertigkeiten außerhalb der Unterrichtsumgebung, insbesondere zu Hause, umsetzt. Durch die Implementierung dieser neun Schritte wird jede der acht Zielfertigkeiten unterrichtet.

Anmerkungen. In einer Studie von Hazel et al. (1982) wurden acht Schüler mit Lernstörungen in sechs der acht Fertigkeiten des ASSET-Programms unterrichtet: positives Feedback erteilen, negatives Feedback erteilen, negatives Feedback annehmen, Peer-Druck widerstehen, Kompromisse aushandeln und persönliche Probleme lösen. Nach Durchführung des Programms wurden die Schüler mithilfe von Rollenspielen auf jede der sechs Fertigkeiten getestet. Die Schüler mit Lernstörungen, die an der Studie teilnahmen, zeigten in den Rollenspielsituationen einen verbesserten Gebrauch sozialer Fertigkeiten. Im Vergleich zu zwei anderen Gruppen – Jugendliche ohne Lernstörungen und jugendliche Straftäter – machten die Schüler mit Lernstörungen beim kognitiven Problemlösen jedoch nur geringe Fortschritte.

Die Beschreibung von Subfertigkeiten, die jeder Zielfertigkeit innewohnen, macht das ASSET zu einem nützlichen Programm für Lehrer, die für das Unterrichten von sozialen Fertigkeiten einen strukturierten Lehrplan suchen. Wenn sie Jugendliche mit Lernstörungen in sozialen Fertigkeiten unterrichten, wird Lehrern geraten, „die gleichen sorgfältig konzipierten und systematischen Verfahren wie beim Unterrichten schulischer Fertigkeiten anzuwenden" (Zigmond & Brownlee, 1980, S. 82). Das ASSET-Programm stellt Richtlinien und einen Lehrplan zur Verfügung, um solch systematische Verfahren anzuwenden.

Allerdings sind weitere Untersuchungen zum ASSET-Programm notwendig, um festzustellen, inwieweit sich der Erwerb von Fertigkeiten, wie er in strukturierten Situationen (z. B. in Rollenspielen) stattfindet, auf nicht strukturierte Situationen generalisiert. Die Frage lautet, ob Schüler, die in einem Rollenspiel – also in einer „Testsituation" – verbesserte soziale Fertigkeiten zeigen, dieselben sozialen Fertigkeiten auch in einer realen Lebenssituation anwenden. Es werden auch weitere Informationen darüber benötigt, was die Zielschüler selbst vom ASSET-Training halten. Wenn z. B. Schüler von der Wirksamkeit einer Intervention überzeugt sind, steigt die Wahrscheinlichkeit, dass sie die gelernten Fertigkeiten generalisieren und im wirklichen Leben anwenden.

10.3.1.2 Eine interpersonale Problemlösungsintervention

Soziale Fertigkeiten müssen im Hinblick auf viele verschiedene Kontexte betrachtet werden, darunter Familie, Schule und Peers. Dieser Auffassung liegt die Annahme zugrunde, dass die isolierte Vermittlung sozialer Fertigkeiten wahrscheinlich nicht zu signifikanten und dauerhaften Veränderungen führen wird. Vaughn und Kollegen (McIntosh et al., 1995; Vaughn & Lancelotta, 1990; Vaughn et al., 1991, 1988) haben ein soziales Strategietrainingsprogramm entwickelt und evaluiert, das sich diese Sicht-

10

weise zu eigen macht und einen Problemlösungsansatz beinhaltet. Folgende Verfahren kennzeichnen das Modell:

1. Das Trainingsprogramm beginnt mit einer schulweiten soziometrischen Erhebung, bei der jede(r) Schüler(in) die gleichgeschlechtlichen Klassenkamerad(inn)en dahingehend beurteilt, wie sehr sie/er mit ihnen befreundet sein möchte.

2. Diejenigen Schüler, die nur wenige „Freundschaftsangebote" und viele ausdrückliche „Ablehnungen" erhalten haben, bilden die „Gruppe der Abgelehnten" (d. h. Schüler, die beim Schließen von Freundschaften Unterstützung brauchen); Schüler mit vielen „Freundschaftsangeboten" und wenigen „Ablehnungen" bilden die „Gruppe der Beliebten" (d. h. Schüler, die beim Schließen von Freundschaften weniger Unterstützung benötigen).

3. Aus jeder teilnehmenden Klasse werden zwei „Trainer von sozialen Fertigkeiten" ausgewählt, von denen einer abgelehnter Schüler mit Lernstörungen ist und der andere ein beliebter Schüler ohne Lernstörungen.

4. Diese Trainer werden zwei- bis dreimal pro Woche für ca. 30 Minuten aus der Klasse geholt, um spezifische Strategien im Zusammenhang mit sozialen Fertigkeiten zu lernen.

5. Die erste Strategie, die unterrichtet wird, ist die *FAST*-Strategie (McIntosh et al., 1995). Sie umfasst vier Schritte:

   a. Freeze and think – Halte inne und denke nach. Handle nicht überstürzt. Überlege, was das Problem ist.

   b. Alternatives? – Gibt es Alternativen? Welche möglichen Lösungen gibt es?

   c. Solution evaluation – Lösungen und Konsequenzen beurteilen. Welche möglichen Folgen ergeben sich aus jeder Lösung? Stelle dir die Frage „Wenn ich ... tun würde – was würde dann passieren?" Wähle die beste kurzfristige und langfristige Lösung aus.

   d. Try it! – Versuch's mal! Was musst du tun, um die Lösung umzusetzen? Wenn das nicht funktioniert, was kannst du sonst noch tun?

6. Zusätzlich zu der *FAST*-Strategie lernen die Trainer, Lösungen auf ihre kurz- und langfristigen Folgen zu überprüfen und negatives Feedback zu akzeptieren. Dazu lernen sie die sog. *SLAM*-Strategie (McIntosh et al., 1995). Bei dieser Strategie werden Coaching und Rollenspiel eingesetzt, um das Verstehen der Unterrichtseinheiten zu fördern und den Schülern Gelegenheit zum Üben zu geben. Die vier Komponenten der *SLAM*-Strategie sind:

   a. STOP! Was auch immer du gerade tust – halte einen Augenblick inne.

   b. LOOK! Schau' deinem Gegenüber direkt in die Augen.

   c. ASK! Stelle deinem Gegenüber eine Frage, um zu klären, was er/sie meint.

   d. MAKE! Gib deinem Gegenüber eine angemessene Antwort.

7. Jede Klasse erhält eine eigene Problemlösungsschachtel (z. B. eine dekorierte Schuhschachtel), und gemeinsam mit dem Lehrer erklären die Trainer den Schülern den Zweck der Problemlösungsschachtel. Während die Trainer die sozialen Strategien außerhalb des Klassenverbands lernen, schreiben die anderen Schüler Probleme auf, die sie mit anderen Kindern – in der Schule, zu Hause oder auf dem Spielplatz – haben. Die Zettel mit den Problemen werden in der Schachtel gesammelt. Die beiden Trainer und die ganze Klasse verwenden diese Probleme, um Problemlösungsfertigkeiten zu üben und zu diskutieren.

8. Nachdem die beiden Trainer eine Strategie (z. B. die *FAST*-Strategie) gelernt und sie anhand von realen Alltagsproblemen geübt haben, stellen sie die Strategie ihren Mitschülern vor, wobei der Lehrer sie unterstützt.

9. In den darauffolgenden Wochen verlassen die Trainer die Klasse nur einmal pro Woche. Mindestens einmal pro Woche gehen sie gemeinsam mit den Klassenkameraden die Strategien durch, die sie gelernt haben. Die Strategien werden zunächst im Klassenverband erklärt. Anschließend werden die Probleme aus der Problemlösungsschachtel in Kleingruppen behandelt und Lösungsstrategien werden geübt.

10. Am Ende des Trainingsprogramms werden die Trainer vor der Klasse bzw. vor der ganzen Schule vom Rektor gewürdigt. Die Trainer tragen bestimmte Abzeichen, die sie als Trainer dieser Schule kenntlich machen. Die anderen Schüler werden aufgefordert, die Trainer um Rat zu fragen, wenn interpersonelle Schwierigkeiten auftreten.

Anmerkungen. Dieses von Vaughn und Kollegen entwickelte soziale Strategietrainingsprogramm wurde mit einer Schülerin mit Lernstörungen in einem Einzelfalldesign (Vaughn et al., 1988) sowie mit einer Gruppe von Schülern mit Lernstörungen, die von ihren Peers als sozial abgelehnt identifiziert wurden (Vaughn et al., 1991), erfolgreich durchgeführt. Viele der Teilnehmer zeigten im Anschluss an die Intervention einen Zuwachs an Peer-Akzeptanz. In der Einzelfallstudie wurde die Schülerin mit Lernstörungen im Vortest als „abgelehnt" eingestuft, während sie im Nachtest als „beliebt" identifiziert wurde. Bei der Gruppenintervention wurden alle zehn Schüler mit Lernstörungen im Vortest als „abgelehnt" eingestuft, während beim Nachtest und in der Nachkontrolle nur fünf von ihnen als „abgelehnt" identifiziert wurden. Diejenigen Schüler, die an der Intervention teilgenommen hatten, erhielten beim Nachtest signifikant mehr positive Nennungen als beim Vortest. Zukünftige Studien müssen die Eigenschaften der Schüler untersuchen, für die diese Intervention erfolgreich bzw. nicht erfolgreich sind. Eine zusätzliche Forschungsrichtung könnte dieses Modell erweitern und auf ältere Kinder anwenden, da bislang nur Versuche mit Grundschülern mit Lernstörungen durchgeführt wurden.

10.3.1.3 Kooperatives Lernen

Kooperatives Lernen ist ein Unterrichtsansatz, bei dem Schüler mit unterschiedlichen Fähigkeitsniveaus in Kleingruppen zusammenarbeiten und dabei eine Vielzahl an Lernaktivitäten einsetzen, um ihr Verständnis von einem bestimmten Thema zu verbessern (Cohen, 1994). Da Schüler in kooperativen Lerngruppen gemeinsame Ziele verfolgen, ist jedes Gruppenmitglied nicht nur dafür verantwortlich, dass es selbst die Aufgabe erfüllt, sondern auch dafür, den anderen zu helfen, die Aufgabe zu bewältigen (Cohen, 1994; Johnson & Johnson, 1989). Das kooperative Lernen beruht auf vier Schlüsselkomponenten: (a) heterogene Gruppen (Slavin, 1990); (b) positive Interdependenz durch gemeinsame Ziele und Gruppenerfolg (Johnson & Johnson, 1989; Slavin, 1983); (c) Verantwortung für das eigene Lernen (Mainzer et al., 1993) sowie (d) kooperative und interpersonelle Fertigkeiten (Bryant & Bryant, 1998).

10

Obgleich diese Intervention in erster Linie eine Verbesserung der schulischen Fertigkeiten bewirken soll, werden sie auch dazu eingesetzt, Schüler mit und ohne Lernstörungen zu integrieren und die soziale Akzeptanz der Kinder in einer Gruppe zu verbessern. Die kooperative Atmosphäre ebenso wie der intensive Kontakt der Schüler in der Klasse sollen die Peerakzeptanz erhöhen. Johnson und Johnson (1986) schlagen vor, den Unterricht so zu gestalten, dass Schüler paarweise oder in Kleingruppen zusammenarbeiten können, wobei sie aufgefordert werden, einander zu helfen und Lernziele gemeinsam zu erreichen. Kooperatives Lernen umfasst folgende Vorgehensweisen:

1. Schüler mit guten, durchschnittlichen und schlechten Schulleistungen werden in Vierer- oder Fünfer-Teams eingeteilt. Schüler, die sonderpädagogische Maßnahmen oder Fördermaßnahmen erhalten, werden diesen Teams per Zufallsverfahren zugeteilt.
2. Die Schüler nehmen an einem Vortest teil, mit dessen Hilfe ihre Leistung in dem jeweiligen schulischen Bereich ermittelt werden soll. Ihr individualisiertes Programm wird auf die Testergebnisse abgestimmt.
3. Im Rahmen ihres individualisierten Programms durchlaufen die Schüler folgende Schritte:
   a. Die Schüler bringen ihre Fertigkeitsbögen und Antwortblätter mit und bilden innerhalb ihrer Teams Zweier- oder Dreiergruppen.
   b. Die Schüler tauschen ihre Antwortblätter mit den Partnern aus.
   c. Die Schüler lesen die Anweisungen und beginnen damit, an ihrem eigenen Fertigkeitsbogen zu arbeiten.
   d. Wenn die Schüler die ersten vier Aufgaben erledigt haben, tauschen sie die Lösungsblätter aus, überprüfen die Antworten und helfen sich gegenseitig bei jeder Aufgabe. Sind die ersten vier Aufgaben richtig beantwortet, gehen die Schüler zum nächsten Fertigkeitsbogen über. Ist eine Aufgabe falsch gelöst, fährt der Schüler mit den nächsten Aufgaben fort.
   e. Wenn die Schüler sämtliche Fertigkeitsbögen erledigt haben, machen sie eine Prüfung, die später von einem Teammitglied bewertet wird. Besteht der Schüler die Prüfung, wendet er sich dem nächsten, schwierigeren Aufgabenteil zu. Besteht der Schüler die Prüfung nicht, schaltet sich der Lehrer ein, um den entsprechenden Unterricht zu erteilen.
4. Diejenigen Teams, die die Anforderungen erfüllen, werden am Ende der Woche mit Auszeichnungen belohnt.
5. Während des gesamten Programmverlaufs arbeitet der Lehrer mit einzelnen Schülern oder kleinen Gruppen an bestimmten Fertigkeiten.

Anmerkungen. Die positiven Effekte von kooperativem Lernen auf die schulische und soziale Leistung von Schülern ohne Störungen sind gut dokumentiert (Newmann & Thompson, 1987; Sharan, 1980; Slavin, 1991). Dagegen wurden die Effekte von kooperativem Lernen auf die soziale Kompetenz von Schülern mit Lernstörungen nicht sehr gründlich erforscht. Einige Autoren haben solche Untersuchungen durchgeführt und positive Effekte kooperativen Lernens auf das soziale Verhalten von Schülern mit Lernstörungen gefunden. Johnson et al. (1986) haben untersucht, wie sich verschiedene Kooperationsniveaus auf die Interaktionen von Schülern der

Mittelstufe, unter ihnen auch Schüler mit Lernstörungen, auswirkten. Die Ergebnisse zeigten, dass reine Kooperation zu häufigeren Interaktionen führte als eine Mischung aus Kooperation und Wettbewerb. Außerdem waren die Interaktionen bei reiner Kooperation konstruktiver als bei einem individualisierten Ansatz. Prater et al. (1998) haben drei Lehransätze verglichen (lehrergelenkte Instruktion, strukturierter naturalistischer Ansatz und schülergenerierte, kooperative Gruppenregel), um Schüler mit Störungen – einschließlich Lernstörungen – in sozialen Fertigkeiten zu unterrichten. Während die Schüler in der Gruppe der lehrergelenkten Instruktion ihre sozialen Fertigkeiten in allen drei verwendeten Maßen verbessern konnten, war bei den Schülern der anderen beiden Gruppen (strukturierter natürlicher Lehransatz und schülergenerierte, kooperative Gruppenregel) nur ein minimaler bzw. überhaupt kein Zuwachs zu verzeichnen. Diese Ergebnisse legen nahe, dass Schüler mit Lernstörungen möglicherweise eine Instruktion benötigen, die ihnen erforderliche soziale Fertigkeiten für eine erfolgreiche Integration vermittelt, bevor sie in kooperative Lerngruppen eingliedert werden. Goodwin (1999) war ebenfalls der Ansicht, dass Schüler zuerst die erforderlichen sozialen Fertigkeiten lernen müssen, bevor sie erfolgreich in kooperativen Lerngruppen zusammenarbeiten können.

10.3.2 Schulweite Interventionen zur Förderung des Selbstkonzepts bei Schülern mit Lernstörungen

Das Selbstkonzept kann als Bestandteil der sozialen Kompetenz betrachtet werden (Vaughn & Hogan, 1990). Die Begriffe „Selbstkonzept", „Selbstwahrnehmung" und „Selbstwertgefühl" beziehen sich darauf, wie eine Person sich selbst wahrnimmt und beurteilt (Elbaum & Vaughn, 2001). Zwei häufig verwendete Modelle zur Konzeptualisierung des Selbstkonzepts sind das Modell von Harter (Harter, 1996, 1985) und das Modell von Marsh (Marsh, 1992; Marsh & Hattie, 1996). Nach Harters Modell umfasst das Selbstkonzept spezifische Domänen wie z. B. schulische Kompetenz, soziale Akzeptanz, physisches Erscheinungsbild, Verhaltensführung sowie eine globale Domäne. Nach Marshs Modell besteht das Selbstkonzept aus schulischer Kompetenz (unterteilt in verschiedene Sachgebiete) und nicht schulischer Kompetenz (darunter soziale, persönliche/emotionale und körperliche Selbstkonzepte).

Wie Schüler sich selbst wahrnehmen, ist nicht nur für ihre schulische/soziale Entwicklung wichtig, sondern auch für ihr psychologisches Wohlbefinden (Bednar et al., 1989; Harter, 1993; Parker & Asher, 1993; Swann, 1996). Schüler mit negativem Selbstkonzept sind für eine Vielzahl von emotionalen und sozialen Problemen sowie Verhaltens- und Lernproblemen anfällig (Brendtro et al., 1990). Außerdem ist ein negatives Selbstkonzept gegenüber Veränderungen resistent (Swann, 1996). Leider ist die Gefahr eines negativen Selbstkonzepts bei Schülern mit Lernstörungen besonders groß, insbesondere im schulischen Bereich (Chapman, 1988; Kavale & Forness, 1996; Prout et al., 1992; Serafica & Harway, 1979; Thurlow, 1980).

Da es äußerst wichtig ist, im Laufe der Schulzeit ein positives Selbstkonzept zu entwickeln, und da Schüler mit Lernstörungen gerade in dieser Hinsicht große

10

Schwierigkeiten haben, sind validere Interventionen erforderlich, die das Selbstkonzept dieser Population verbessern.

Elbaum und Vaughn (2001) haben eine Metaanalyse zu 64 Studien aus dem Bereich der Interventionsforschung durchgeführt, die sich auf Schüler mit Lernstörungen (Grundschule, Mittelstufe, Oberstufe) konzentrierten und eine Messung des Selbstkonzepts vornahmen. Die schulischen Interventionen, die in dieser Metaanalyse berücksichtigt wurden, wurden den folgenden Kategorien zugeordnet: (a) beratende Intervention, (b) schulische Intervention, (c) mittelbare Intervention (d. h., die Intervention wurde für Lehrer oder Eltern der Schüler durchgeführt), (d) körperliche Intervention (z. B. Fitness-Programm, körperliche Erholung), (e) sensorisch-perzeptive Intervention (z. B. sensorische Integration, perzeptiv-motorische Therapie) oder (f) eine „andere" Intervention, die keiner dieser Kategorien zugeordnet werden konnte. Die Selbstkonzept-Domänen, die in diesen Interventionsstudien erfasst wurden, waren: (a) allgemein (z. B. global), (b) akademisch (z. B. schulisch, intellektuell), (c) sozial (z. B. Zugehörigkeit, Eltern, Peers, Beliebtheit, soziale Reife), (d) persönlich/emotional (z. B. Gefühle, Ängstlichkeit, Zufriedenheit, Verhalten, Kompetenz) sowie (e) körperlich (z. B. Sportlichkeit, Erscheinungsbild).

Über die 82 Stichproben von Schülern mit Lernstörungen hinweg, die diese Metaanalyse umfasste, betrug die durchschnittliche gewichtete Effektstärke 0,19. Obwohl die durchschnittliche gewichtete Effektstärke verhältnismäßig klein war, war sie dennoch reliabel von null verschieden. Dieses Ergebnis deutet darauf hin, dass schulische Interventionen das Selbstkonzept von Schülern mit Lernstörungen verbessern können. Darüber hinaus hat diese Metaanalyse gezeigt, dass die Interventionseffekte durch verschiedene Variablen moderiert wurden. Vor allem die Klassenstufe war ein wichtiger Moderator der Interventionsresultate. Schüler der Mittelstufe profitierten von den Interventionen mehr als Grund- und Oberstufenschüler. Die Effektivität der verschiedenen Interventionsarten variierte je nach Klassenstufe. Während beratende Interventionen am wirksamsten bei Schülern mit Lernstörungen der Mittel- und Oberstufe waren, profitierten Grundschüler mit Lernstörungen am meisten von solchen Interventionen, die auf eine Verbesserung ihrer schulischen Fertigkeiten abzielten. Dieses Ergebnis sollte Sekundarschulen dazu anregen, ihren Schülern beratende Maßnahmen anzubieten. Grundschullehrer können das Selbstkonzept ihrer Schüler verbessern, indem sie ihnen eine angemessene Instruktion zukommen lassen und ihnen zu schulischen Erfolgserlebnissen verhelfen.

Ein weiterer wichtiger Moderator der Interventionsresultate war die Domäne Selbstkonzept. Die Interventionen hatten eine größere Wirkung auf das schulische Selbstkonzept der Schüler (d = 0,28) als auf andere Selbstkonzept-Domänen. Das mag daran liegen, dass das schulische Selbstkonzept leichter zu verändern ist als andere Selbstkonzept-Domänen.

Es gab außerdem Belege für eine gemeinsame Ausrichtung von Interventionsarten und Interventionsresultaten. So beeinflussten beispielsweise körperliche Interventionen das körperliche Selbstkonzept, und schulische Interventionen hatten eine signifikante Wirkung auf das schulische Selbstkonzept. Dieses Ergebnis unterstreicht Marshs Empfehlung, wonach die Maße, mit denen die Wirkung einer Intervention gemessen wird, auf die Ziele dieser Intervention zugeschnitten werden sollten.

10.3.3 Empirisch fundierte Interventionen bei anderen Populationen

10.3.3.1 Strukturiertes Lernen

Strukturiertes Lernen, auch als Skillstreaming bezeichnet, zählt zu den ersten an Fertigkeiten orientierten Trainingsmethoden, um Kindern (McGinnis & Goldstein, 2000, 1990) und Jugendlichen (Goldstein & McGinnis, 1997) prosoziale Fertigkeiten zu vermitteln. Lehrer, Sozialarbeiter, Psychologen oder Schulberater können Schülern mit und ohne Lernstörungen mit dieser Methode helfen, mit anderen Personen auf sozial angemessene Weise zu interagieren.

Das psychodidaktische, behaviorale Format des strukturierten Lernens umfasst vier Komponenten: (a) Modeling, (b) Rollenspiel, (c) Rückmeldung und (d) Lerntransfer (Goldstein, 1993). Jede einzelne dieser Komponenten ist für die Vermittlung prosozialer Fertigkeiten notwendig, aber nicht hinreichend. Nur die Kombination aller vier Komponenten führt tatsächlich zu einer Verbesserung der prosozialen Fertigkeiten (Goldstein et al., 1994). Die Komponenten lassen sich folgendermaßen beschreiben:

1. *Modeling.* Der Trainer beschreibt die Fertigkeit, erläutert die einzelnen Schritte, aus denen sich die Fertigkeit zusammensetzt, und spielt diese Schritte im Rollenspiel vor. Bei späterem Modeling wird die Umsetzung der Zielfertigkeit als Ganzes vorgemacht.
2. *Rollenspiel.* Der Trainer animiert die Schüler dazu, die Fertigkeit, die er zuvor demonstriert hat, auf ihr eigenes Leben zu beziehen. Die Anwendung der Fertigkeit in spezifischen (aktuellen und zukünftigen) Situationen wird diskutiert. Daraufhin nehmen die Schüler an Rollenspielen teil, wobei der Trainer sie unterstützt und ihnen Hinweise gibt. Beobachter (z. B. andere Schüler) werden ebenfalls aufgefordert, auf bestimmte Verhaltensweisen zu achten.
3. *Rückmeldung.* Nach jedem Rollenspiel wird Feedback erteilt. Die effektiven Aspekte des Rollenspiels werden vom Trainer durch eine positive Rückmeldung verstärkt, weniger effektive Aspekte werden aufgegriffen und durch Modeling korrigiert.
4. *Lerntransfer.* Die Schüler erhalten die Gelegenheit, die Schritte und Fertigkeiten in Situationen des realen Lebens zu üben. Eine Möglichkeit, um den Lerntransfer zu fördern, ist ein Bericht, den die Schüler zu Hause schreiben sollen und der detailliert über die Implementierung einer Fertigkeitssequenz außerhalb der Unterrichtssituation Auskunft gibt.

Die Programmversion des strukturierten Lernens für Grundschüler umfasst 60 prosoziale Fertigkeiten, die in fünf Gruppen eingeteilt sind: (a) Fertigkeiten, um in der Klasse zu „überleben"; (b) Fertigkeiten, um Freundschaften zu schließen; (c) Fertigkeiten, um mit Gefühlen umzugehen; (d) Fertigkeiten, die Alternativen zur Aggression aufzeigen und (e) Fertigkeiten, um Stress zu bewältigen. Die Programmversion für Jugendliche umfasst ebenfalls 60 Fertigkeiten, die in sechs Gruppen eingeteilt sind: (a) soziale Fertigkeiten für den Anfang (z. B. zuhören, „Danke" sagen, ein Kompliment machen); (b) fortgeschrittene soziale Fertigkeiten (z. B. um Hilfe bitten, Anweisungen folgen, andere

10

überzeugen); (c) Fertigkeiten zum Umgang mit Gefühlen (z. B. die eigenen Gefühle erkennen, mit Zorn oder Angst umgehen); (d) Fertigkeiten, die Alternativen zur Aggression aufzeigen (z. B. um Erlaubnis bitten, Kompromisse aushandeln, Selbstkontrolle, sich aus Streitereien heraushalten); (e) Fertigkeiten, um mit Stress umzugehen (z. B. eine Beschwerde vorbringen, für einen Freund Partei ergreifen, auf ein Versagen reagieren, sich auf ein schwieriges Gespräch vorbereiten); (f) Planungsfertigkeiten (z. B. ein Ziel setzen, eine Entscheidung treffen, sich auf eine Aufgabe konzentrieren).

Die Schritte, die bei der Vermittlung der 60 Fertigkeiten vorgenommen werden, werden in einem Unterrichtsplan aufgeführt, der auch Anmerkungen zur Diskussion eines jeden Schritts, Vorschläge für Rollenspielsituationen sowie Anmerkungen zur Zielfertigkeit enthält. Der Unterrichtsplan kann für jede soziale Fertigkeit problemlos von Lehrern und anderen Fachleuten, die an der Vermittlung sozialer Fertigkeiten interessiert sind, übernommen werden.

Anmerkungen. Positive Effekte des strukturierten Lernens auf soziales Verhalten wurden bei Schülern mit Verhaltensstörungen (Sasso et al., 1990; Miller et al., 1992) und mentaler Retardierung (Fleming & Fleming, 1982; Kiburz et al., 1984) sowie bei Schülern ohne Störungen (Farmer-Dougan et al., 1999) nachgewiesen. Die Probanden konnten ihr prosoziales Verhalten im Allgemeinen steigern und ihre negativen Verhaltensweisen verringern. Darüber hinaus wurden die erworbenen sozialen Fertigkeiten häufig beibehalten und auf andere Settings generalisiert (Kiburz et al., 1984; Sasso et al., 1990). Ende der 1990er-Jahre haben Farmer-Dougan et al. (1999) untersucht, wie sich unterschiedliche Ansätze der Lehrerberatung auf die Wirksamkeit eines Fertigkeitstrainings auswirken können. Die Autoren verglichen zwei Arten der Lehrerberatung: (a) eine angeleitete und spezifische Beratung hinsichtlich der Verwendung des Fertigkeitstrainings und (b) eine Beratung, die nicht direkt auf das Fertigkeitstraining einging, sondern lediglich Material zur Verfügung stellte. Es stellte sich heraus, dass Schüler, deren Lehrer eine direkte und spezifische Beratung erhalten hatten, einen stärkeren Zuwachs an prosozialen Verhaltensweisen zeigten als Schüler, deren Lehrer lediglich Material ausgehändigt bekommen hatten. Dieses Ergebnis lässt erkennen, wie wichtig ein explizites Lehrertraining und eine kontinuierliche Unterstützung im Unterricht für die erfolgreiche Implementierung eines Fertigkeitstrainings und den Zuwachs an prosozialen Verhaltensweisen bei Schülern sind. Angesichts des Erfolgs, den die Methode bei Schülern mit Verhaltensstörungen und mentaler Retardierung sowie bei Schülern ohne Störungen erzielt hat, ist es gerechtfertigt, dass die Effektivität des strukturierten Lernens auch im Hinblick auf Schüler mit Lernstörungen untersucht wird.

10.3.3.2 Soziale Entscheidungsfindung

Der Ansatz der sozialen Entscheidungsfindung ist eine unterrichtsbasierte Intervention, die entwickelt wurde, um Kindern und Jugendlichen Entscheidungsfindungs- und interpersonelle Problemlösungsfertigkeiten zu vermitteln (Elias & Clabby, 1992, 1989; Elias & Kress, 1994). Im Mittelpunkt der Intervention stehen drei Fertigkeitsbereiche (Selbstkontrolle, Gruppenpartizipation und soziales Bewusstsein) sowie acht Schritte zur sozialen Entscheidungsfindung und zum Problemlösen. Die Grundstruktur des Ansatzes der sozialen Entscheidungsfindung wird in Abb. 10.1 dargestellt. Zu dem Leitfaden gehören auch Beispiele für Arbeitsblätter, Richtlinien für das Rollenspiel und viele weitere nützliche Tipps für den Unterricht.

Anmerkungen. Der Ansatz der sozialen Entscheidungsfindung wurde in Grundschulen und in der Mittelstufe verwendet, und die entsprechenden Fertigkeiten wurden auch Eltern vermittelt (Churney, 2001; Clabby & Elias, 1986; Elias et al., 1986; Elias & Kress, 1994). Insgesamt führte der Ansatz bei den teilnehmenden Schülern zu positiven Resultaten. Z. B. identifizierten Schüler der Mittelstufe, die nicht am Problemlösungstraining teilgenommen hatten, Schulstressoren wie Peer-Druck, schulische Anforderungen, Umgang mit Autoritätspersonen und Verstrickung in Drogenkonsum und -missbrauch als signifikant größere Probleme als Schüler, die an dem Problemlösungstraining teilgenommen hatten (Elias et al., 1986). Eine neue Studie von Churney (2001) ergab, dass eine Gruppe, die in sozialer Entscheidungsfindung unterrichtet worden war, mehr Selbstsicherheit und mehr Coping- und Problemlösungsstrategien zeigte als eine Vergleichsgruppe. Forschungsbelege sprechen für die Verwendung des sozialen Entscheidungsfindungsansatzes bei Schülern ohne Störungen. Bislang gibt es aber nur wenige Belege für die Wirksamkeit dieses Ansatzes bei Schülern mit Lernstörungen.

Wenn Kinder oder Jugendliche ihre sozialen Entscheidungsfindungsfertigkeiten einsetzen, verwenden sie:

A. Fertigkeiten der Selbstkontrolle
   1. aufmerksam und genau zuhören
   2. Anweisungen folgen
   3. sich selbst beruhigen bei Wut oder Stress
   4. auf sozial angemessene Weise auf andere zugehen und mit ihnen sprechen

B. Soziales Bewusstsein und Fertigkeiten der Gruppenpartizipation
   1. anderen Vertrauen, Hilfe und Lob abgewinnen und entsprechend würdigen
   2. die Sichtweisen von anderen verstehen
   3. Freunde sorgfältig aussuchen
   4. sich in Gruppen angemessen verhalten
   5. Hilfe und Kritik geben und annehmen

C. Kritische Denkfertigkeiten zur Entscheidungsfindung und zum Problemlösen
   1. Gefühlszeichen anderer wahrnehmen
   2. Probleme identifizieren
   3. Ziele wählen
   4. alternative Lösungen in Gedanken durchspielen
   5. mögliche Folgen antizipieren
   6. die beste Lösung wählen
   7. mögliche Hindernisse bedenken und entsprechend planen
   8. sich bewusst machen, was geschehen ist, und die Informationen für zukünftige Entscheidungsfindungen und Problemlösungen verwerten.

Abb. 10.1 Grundstruktur des Ansatzes der sozialen Entscheidungsfindung. Aus: M. J. Elias & J. S. Kress (1994). Social decision-making and life skills development: A critical thinking approach to health promotion in the middle school. *Journal of School Health*, 64(2), 62–66. Wiedergabe mit freundlicher Genehmigung.

10

10.3.3.3 Soziale Initiationen bei Peers

Bei sozialen Peer-Initiationen handelt es sich um einen empirisch validierten Ansatz, um kleinen Kindern mit Störungen soziale Fertigkeiten zu vermitteln (für einen Forschungsüberblick, siehe Odom et al., 1992; Strain & Odom, 1986). Das Programm für soziale Fertigkeiten in der frühen Kindheit (Early Childhood Social Skills Program) verwendet die Prinzipien und Verfahrensweisen der sozialen Peer-Initiation, um die Entwicklung positiver Interaktionsfertigkeiten bei Vorschülern mit und ohne sozialen Entwicklungsverzögerungen zu fördern (Kohler & Strain, 1993). Die erfolgreiche Implementierung der sozialen Peer-Initiation umfasst vier Komponenten:

1. Spezifische Peer-Initiationen auswählen, die mit großer Wahrscheinlichkeit eine positive Reaktion bei Peers hervorrufen, z. B. mit anderen teilen, Zuneigung zeigen oder anderen helfen (Strain, 1983).
2. Eine physikalische Umgebung schaffen, die Interaktionen fördert. Dazu gehört, dass interaktionsfreundliche Materialien zur Verfügung stehen, bei Vorschülern z. B. Spielzeugautos oder Bauklötze. Puzzlespiele oder Malsachen führen dagegen eher dazu, dass die Kinder für sich spielen.
3. Schüler (Verbündete) auswählen, von denen man annimmt, dass sie gute Spielkameraden sind, und ihnen zeigen, wie sie die Intervention umsetzen sollen. Bevor die Initiationsfertigkeiten bei einer Zielperson eingesetzt werden, üben und wiederholen die Verbündeten die Fertigkeiten in mehreren Rollenspielen, damit sie wissen, wie sie bei anderen eine Reaktion auslösen können und wie sie mit Kindern umgehen sollen, die nicht reagieren. Abb. 10.2 ist ein Beispiel für das gezielte Training von Verbündeten.
4. Interaktionen strukturieren zwischen dem Zielschüler und dem Verbündeten durch einen Schritt-für-Schritt-Prozess in täglichen Interventionssitzungen. In einer Kleingruppe, bestehend aus Verbündetem und Zielperson, beschreibt der Lehrer die Aktivität und die Materialien, die verwendet werden. Die Zielperson leitet die Aktivität ein, während der Lehrer den Verbündeten zur Seite nimmt und ihn auf soziale Initiationen vorbereitet, die im Verlauf der Aktivität mit der Zielperson umgesetzt werden sollen. Während der Aktivität greift der Lehrer in die Interaktionen ein und leistet Verstärkung.

Anmerkungen. Die Intervention sozialer Peer-Initiationen wurde systematisch in verschiedenen Settings und mit unterschiedlichen Populationen implementiert. Sowohl für Verbündete als auch für Zielpersonen konnten positive Wirkungen nachgewiesen werden. Zu den Populationen, die erfolgreich an der Intervention teilnahmen, gehören Kinder im Vorschulalter mit Störungen sowie Grundschüler mit mentaler Retardierung, Verhaltensstörungen oder Störung des Sehvermögens. Zu den positiven Resultaten gehörten ein Zuwachs an positiven sozialen Reaktionen, ein Zuwachs an Reaktionen auf die Initiationen, eine längere Dauer der sozialen Interaktionen sowie eine Generalisierung der Reaktionen auf verschiedene Settings (Odom et al., 1992; Strain & Odom, 1986).

Negativ zu verzeichnen ist die begrenzte Generalisierung und Beibehaltung der Behandlungseffekte. Eine mögliche Erklärung dafür ist, dass es in den normalen Umgebungen der Schüler keine sozial aufgeschlossenen Peers gab, mit denen sie das

Lehrer:	„Heute lernst Du, ein guter Lehrer zu sein. Manchmal wissen Deine Freunde in der Klasse nicht, wie sie mit anderen Kindern spielen sollen. Du wirst jetzt lernen, wie Du ihnen das Spielen beibringen kannst. Was wirst Du tun?"
Kind:	„Ihnen das Spielen beibringen."
Lehrer:	„Eine Möglichkeit, wie Du einen Freund dazu bringen kannst, mit Dir zu spielen, ist zu teilen. Wie bringst Du Deine Freunde dazu, mit Dir zu spielen?"
Kind:	„Teilen."
Lehrer:	„Genau! Du teilst. Du schaust Deinen Freund an und sagst, ‚Hier, nimm', und gibst ihm ein Spielzeug. Also, was machst Du?" [Diese Übung wird wiederholt, bis das Kind diese drei Schritte beherrscht].
Kind:	„Ich schaue meinen Freund an und sage ‚Hier, nimm', und gebe ihm ein Spielzeug."
Lehrer:	„Jetzt schau' mir mal zu. Ich teile jetzt mit _____. Sag' mir, ob ich das richtig mache." [Der Lehrer macht die Handlung vor]. „Habe ich mit _____ geteilt? Was habe ich gemacht?"
Kind:	„Ja! Sie haben _____ angeschaut und gesagt, ‚Hier, _____', und haben ihm ein Spielzeug gegeben."
Lehrer:	„Genau. Ich habe _____ angeschaut und gesagt, ‚Hier, nimm'_____', und habe ihm ein Spielzeug gegeben. Jetzt sieh mir zu, ob ich mit _____ teile." [Der Lehrer geht zur nächsten Aktivität über. Dieses Mal gibt er ein negatives Beispiel des Teilens, indem er die „Geben"-Komponente auslässt. Er legt das Spielzeug neben den Rollenspieler]. „Habe ich geteilt?" [Die Antwort des Kindes wird bei Bedarf korrigiert]. „Warum nicht?"
Kind:	„Nein, Sie haben _____ nicht das Spielzeug gegeben."
Lehrer:	„Stimmt. Ich habe _____ nicht das Spielzeug gegeben. Ich soll _____ doch anschauen und sagen, ‚Hier, nimm', und ihm das Spielzeug geben." [Der Lehrer gibt dem Kind noch zwei positive und zwei negative Beispiele des Teilens. Bei den negativen Beispielen werden abwechselnd verschiedene Komponenten, Anschauen, in die Hand geben, ausgelassen].
Lehrer:	„Und jetzt möchte ich, dass Du mit ____ teilst. ____, was machst Du, wenn Du teilst?"
Kind:	„Ich schaue _____ an und sage, ‚Hier, nimm', und gebe ihm das Spielzeug."
Lehrer:	„Jetzt hole _____, damit er mit Dir spielt." [Bei diesen Übungsbeispielen sollte das Rollenspiel auf das Teilen des Kindes eingehen]. (Zu den anderen Teilnehmern:) „Hat _____ mit _____ geteilt? Was hat er gemacht?"
Kind:	„Ja/Nein. _____ hat _____ angeschaut und gesagt ‚Hier, nimm', und hat ihm das Spielzeug gegeben."
Lehrer:	[Geht zur nächsten Aktivität über]. „Jetzt, _____, möchte ich, dass Du mit _____ teilst." [Persistenz wird eingeführt].
Lehrer:	„Manchmal, wenn ich mit einem Freund spiele, macht der nicht richtig mit – ich muss es also weiter versuchen. Was muss ich tun?"
Kind:	„Es weiter versuchen."
Lehrer:	„Genau, ich muss es weiter versuchen. Schau mir zu. Ich teile jetzt mit _____. Mal sehen, ob ich es schaffe, es weiter zu versuchen." [Der Rollenspieler reagiert nicht. Der Lehrer sollte so lange weitermachen, bis das Kind schließlich reagiert]. „Habe ich geschafft, dass _____ mit mir spielt?"
Kind:	„Ja."
Lehrer:	„Wollte er denn spielen?"
Kind:	„Nein."
Lehrer:	„Und was habe ich gemacht?"
Kind:	„Es weiter versucht."
Lehrer:	„Genau, ich hab's weiter versucht. Schau her. Mal sehen, ob ich _____ dazu bewegen kann, diesmal mit mir zu spielen." [Der Rollenspieler sollte zuerst wieder nicht reagieren. Die o. g. Fragen werden wiederholt und bei Bedarf korrigiert. Das Beispiel wird so lange wiederholt, bis das Kind richtig reagiert].

Abb. 10.2 Erste Sitzung: Einführung in die Initiation – Teilen und Persistenz. Aus: P. S. Strain & S. L. Odom (1986). Peer social initiations: Effective interventions for skills development of exceptional children. *Exceptional Children*, 52, 543–551. Copyright (1986): The Council for Exceptional Children.

10

Zielverhalten initiieren und aufrechterhalten konnten. Wenn aufgeschlossene Peers gegenwärtig waren, wurden größere Generalisierungs- und Aufrechterhaltungseffekte gefunden (Shafer et al., 1984).

Insgesamt hat sich diese Intervention in einem breiten Spektrum an Settings als wirksam und leicht durchführbar erwiesen. Sie erfordert keinen speziellen Lehrplan oder einen Lehrerleitfaden. Da diese Intervention jedoch noch nicht systematisch bei Schülern mit Lernstörungen getestet wurde, müssen weitere Untersuchungen erfolgen, bevor die Wirksamkeit auch für diese Population nachgewiesen werden kann. Mehr Informationen im Zusammenhang mit Interventionen zur Verbesserung sozialer Fertigkeiten bei Vorschülern mit Störungen finden sich im nächsten Abschnitt.

10.3.4 Synthese von Interventionen zur Verbesserung der sozialen Kompetenz bei Vorschülern mit Störungen

10.3.4.1 Soziale Fertigkeiten: Interventionen für Vorschüler mit Störungen

In den vergangenen zwei Jahrzehnten ist das Interesse an der sozialen Kompetenz von Schülern mit Störungen deutlich gestiegen. Die umfangreichen Forschungen zum sozialen Verhalten dieser Schüler wurden in verschiedenen Überblicken zusammengefasst, in denen die Resultate von Interventionen im Zusammenhang mit sozialen Fertigkeiten untersucht wurden. Im Mittelpunkt dieser Forschungsüberblicke standen jedoch in erster Linie Interventionen für Kinder im Schulalter. Da sich soziales Verhalten aber je nach Entwicklungsphase unterschiedlich manifestiert (Guralnick & Neville, 1997), können Interventionen, die sich positiv auf die sozialen Fertigkeiten von Schulkindern auswirken, bei Vorschülern unwirksam sein. Daher haben Vaughn und ihre Kollegen (Vaughn et al., 2003) eine Zusammenfassung von Studien erstellt, die sich mit der sozialen Kompetenz von Vorschülern (im Alter zwischen drei und fünf Jahren) mit unterschiedlichen Störungen befasst haben.

Eine ausführliche Literaturrecherche führte zu insgesamt 23 Interventionsstudien mit Gruppendesign, die den Einschlusskriterien der Synthese entsprachen (siehe Vaughn et al., 2003). Soziale-Kompetenz-Interventionen für Vorschüler werden häufig in Form von Interventionspaketen durchgeführt, wobei jedes Paket eine Kombination von unterschiedlichen Interventionsmerkmalen enthält, die sich als wirksam erwiesen haben, um spezifische Verhaltensweisen zu fördern. Die Forschungssynthese ergab, dass Soziale-Kompetenz-Interventionspakete für Vorschüler mit Störungen häufig die folgenden Interventionsmerkmale umfassen:

1. *Prompting.* Der Lehrer erinnert die Schüler entweder verbal oder durch Körpereinsatz (z. B. Gestik, Pantomime) daran, die sozialen Fertigkeiten zu verwenden, die sie gelernt haben.
2. *Rehearsal bzw. Übung.* Die Kinder üben die sozialen Fertigkeiten, die sie gelernt haben.
3. *Spielerische Aktivitäten bzw. spielbezogene Schwerpunkte.* Sie werden konzipiert, um verzögerte oder fehlende soziale Verhaltensweisen herbeizuführen.

4. *Generalisierung im Zusammenhang mit freiem Spielen.* Im Nachtest oder in einem Follow-up-Test spielen die Kinder mit neuen Spielsachen oder mit Peers, die nicht an dem Training teilgenommen haben. Auf diese Weise lässt sich feststellen, ob die gelernten sozialen Verhaltensweisen auf andere Settings generalisiert werden.

5. *Verstärkung von angemessenen sozialen Fertigkeiten.* Wenn das Kind angemessene soziale Verhaltensweisen zeigt, reagiert die Lehrperson positiv (Umarmung, Lächeln, freundliche Worte), und das Kind wird belohnt (z. B. mit Aufklebern, Keksen etc.).

6. *Modeling von sozialen Fertigkeiten.* Die Lehrperson macht angemessene soziale Fertigkeiten vor (z. B. das Teilen von Spielsachen).

7. *Geschichtenerzählen im Zusammenhang mit sozialen Fertigkeiten.* Die Lehrperson, die das Treatment implementiert, liest den Kindern Geschichten vor, die soziales Verhalten thematisieren.

8. *Direkte Instruktion.* Die Lehrperson unterrichtet angemessene soziale Fertigkeiten wie Spielsachen mit anderen teilen oder den Gefühlsausdruck eines anderen verstehen.

9. *Nachahmung.* Ein Elternteil oder Peer zeigt exakt das gleiche Verhalten wie das Zielkind und umgekehrt.

10. *Time-out* (kurzfristiger Ausschluss aus der Gruppenaktivität). Ein Kind, das ein unangemessenes Verhalten zeigt, muss eine Minute lang auf einem eigens dafür vorgesehenen Stuhl sitzen bleiben.

Die Analyse der Effektstärken für die kritischen Merkmale der Primärstudien ergab, dass positive Resultate mit verschiedenen Interventionen verbunden waren, darunter Modeling, spielerische Aktivitäten, Rehearsal und Übung sowie Prompting (Antia et al., 1993; Dawson & Galpert, 1990; Ferentino, 1991; Fewell & Vadasy, 1989; Jenkins et al., 1989; Koenigs & Oppenheimer, 1985; LeBlanc & Matson, 1995; Matson et al., 1991; Rogers et al., 1986). Das breite Spektrum an Interventionen, die diese Merkmale umfassen, macht deutlich, wie viele Möglichkeiten zur Verfügung stehen, um die soziale Kompetenz von Vorschülern mit Störungen zu fördern. Zu diesem Spektrum gehören: (a) die Verwendung von Programmen zur Förderung sozialer Fertigkeiten, die in den Regelunterricht integriert werden (Antia et al., 1993; Ferentino, 1991; Fewell & Vadasy, 1989; Jenkins et al., 1989; Koenigs & Oppenheimer, 1985); (b) Interventionen, die die Unterweisung in sozialen Fertigkeiten mit Verhaltenskontingenzen verbinden (LeBlanc & Matson, 1995; Matson et al., 1991); (c) Programme, die integrierte/soziale Interaktionsgruppen für Kinder mit und ohne Störungen vorsehen (Jenkins et al., 1989); (d) Interventionen, die Eltern oder Peers als Modelle einsetzen, um angemessene soziale Verhaltensweisen zu fördern (Dawson & Galpert, 1990; Strain, 1985); und (e) ein intensives Programm zur Förderung von sozialen Fertigkeiten (Rogers et al., 1986).

10.3.4.2 Manipulation von Spielsachen und/oder Auswirkungen der Gruppenkonstellation auf die soziale Kompetenz von Vorschülern mit Störungen

Die soziale Kompetenz von Vorschülern manifestiert sich häufig bei spielerischen Aktivitäten, die zugleich die Entwicklung von sozialen, kognitiven, affektiven, physischen und sprachlichen Fähigkeiten fördern (McCabe et al., 1999; Torrey, 1987).

10

Das Spiel von Kindern mit Störungen unterscheidet sich jedoch von dem der normal entwickelten Peers. Im Vergleich zu ihren Peers zeigen Kinder mit Störungen oft ein einzelgängerisches und wenig kooperatives Spiel- und Nichtspiel-Verhalten. Außerdem fällt es ihnen schwerer, spontan mit anderen Kindern zu interagieren (Devoney et al., 1974; Federlein, 1979; Guralnick & Groom, 1987; Mindes, 1982). Darüber hinaus ist das Spiel von Kindern mit Störungen eher auf einer niedrigen kognitiven Ebene (funktionales Spielen) als auf einer höheren kognitiven Ebene (konstruktives und kreatives Spielen) angesiedelt (Guralnick et al., 1995; Johnson & Ershler, 1985). Diese Unterschiede im sozialen Verhalten können so signifikant sein, dass sie einen normal entwickelten Gleichaltrigen davon abhalten können, sich ein Kind mit einer Störung als Spielpartner auszusuchen (Dunn, 1991; Peck & Cooke, 1983).

Angesichts des unangemessenen Spielverhaltens von Vorschulkindern mit Störungen wurde in den letzten Jahren versucht, Faktoren zu identifizieren, die das Spielverhalten dieser Kinder verbessern. Die meisten Studien, die sich mit dem Spielen als Mittel zur Förderung sozialer Kompetenz bei Kindern mit Störungen befasst haben, konzentrierten sich auf die sozialen Interaktionen und die kognitive Ebene des Spiels (Beckman & Kohl, 1984; Dunn, 1991; McCabe et al., 1999; Torrey, 1987; Villarruel, 1990). Da Kinder mit Störungen häufig Schwierigkeiten mit spontanen sozialen Interaktionen haben und sich ihr Spiel auf einer niedrigeren kognitiven Ebene bewegt, gab es Bemühungen, Strategien zu entwickeln, um den Kindern dabei zu helfen, diese Schwierigkeiten zu überwinden. Eine Möglichkeit, ein angemesseneres Spielverhalten zu fördern, ist die Manipulation von Umweltvariablen (z. B. die Manipulation von Spielsachen und/oder von Gruppenkonstellationen). Um Schlüsse aus der Forschungsliteratur ziehen zu können, haben Kim et al. (2003) eine Synthese erstellt, in deren Mittelpunkt die Effekte der Manipulation zweier Umweltvariablen (Spielsachen und/oder Gruppenkonstellation) auf das Spielverhalten und das soziale Verhalten von Vorschülern mit Störungen standen.

Eine ausführliche Literaturrecherche von Beiträgen, die zwischen 1975 und 1999 (Juni) veröffentlicht worden waren, ergab insgesamt 13 Interventionsstudien, die den Einschlusskriterien der Synthese entsprachen (siehe Kim et al., 2003). Die Studienergebnisse wurden im Hinblick auf drei Effekte analysiert: (a) Spielzeugeffekt, (b) Gruppenkonstellationseffekt und (c) Spielzeugeffekt in Verbindung mit Gruppenkonstellationseffekt.

1. *Spielzeugeffekt.* Die in der Analyse berücksichtigten Studien verglichen: (a) die Wirkungen des Spielens mit „sozialen" Spielsachen (z. B. Bauklötze, Bälle) vs. die Wirkungen des Spielens mit „einzelgängerischen" Spielsachen (z. B. Bücher, Malsachen) auf das soziale Verhalten (Kallam & Rettig, 1991; Rettig et al., 1993); (b) die Wirkungen des Spielens mit unterschiedlichen Arten von Spielzeug (z. B. Computerprogramme, Puzzle, freies Bauen, Modellbau) auf das soziale Verhalten (Villarruel, 1990).

2. *Gruppenkonstellationseffekt.* Die in der Analyse berücksichtigten Studien verglichen: (a) die Wirkungen von nicht gemischten Gruppen (d. h. Gruppen, in denen nur Kinder mit Störungen waren) auf das soziale Verhalten (Guralnick, 1981; Guralnick & Groom, 1988); (b) die Wirkungen der paarweisen Gruppierung gleichaltriger Kinder ohne Störungen mit Kindern mit Störungen auf das soziale Verhalten (Guralnick & Groom, 1987).

3. *Spielzeugeffekt in Verbindung mit Gruppenkonstellationseffekt.* Die in der Analyse berücksichtigten Studien verglichen: (a) die Wirkungen des Spielens mit „sozialen" Spielsachen und „einzelgängerischen" Spielsachen in gemischten und ungemischten Gruppen auf das soziale Verhalten; (b) die Wirkungen des Spielens mit „sozialen" und „einzelgängerischen" Spielsachen in ausgewogenen Gruppen (gleiche Anzahl an Kindern mit und ohne Störungen) und in nicht ausgewogenen Gruppen (ein Kind mit Störungen, drei Kinder ohne Störungen) auf das soziale Verhalten (Dunn, 1991); (c) die Wirkungen des Spielens mit drei verschiedenen Arten von Spielzeug (funktional, konstruktiv, kreativ) in gemischten und ungemischten Gruppen auf das soziale Verhalten (McCabe et al., 1999).

Insgesamt zeigten die Ergebnisse dieser Synthese, dass (a) das Spielen mit sozialen Spielsachen bei Kindern mit Störungen zu einem stärkeren Zuwachs an sozialem Verhalten führte als das Spielen mit einzelgängerischem Spielzeug, und dass (b) gemischte Spielgruppen, in denen Kinder mit und ohne Störungen waren, bei den Kindern mit Störungen zu positiven Ergebnissen im Hinblick auf das soziale Verhalten führten.

Obwohl das Spielen mit sozialem Spielzeug und in gemischten Gruppen das soziale Verhalten von Kindern mit Störungen positiv beeinflusste, trat unter diesen Bedingungen dennoch weiterhin isoliertes/paralleles Spielen auf (Dunn, 1991), und beim Spielen mit einzelgängerischen Spielsachen und in ungemischten Gruppen waren in moderatem Ausmaß soziale Interaktionen vorhanden (Beckman & Kohl, 1984; Martin et al., 1991). Diese Ergebnisse deuten darauf hin, dass die Vorgabe von Spielsachen und Gruppenkonstellation möglicherweise nicht ausreicht, um bei allen Kindern mit Störungen positive soziale Verhaltensweisen zu fördern. Daher kann man davon ausgehen, dass weitere Interventionen notwendig sind, um die sozialen Fertigkeiten von bestimmten Kindern mit Störungen zu verbessern, insbesondere von Kindern mit umfassenderen Verzögerungen.

10.4 Weitere Überlegungen

Die wirksamsten Programme werden auf den spezifischen Bedarf der jeweiligen Population abgestimmt (Coie, 1985). Diese Auffassung sollte im Hinblick auf Schüler mit Lernstörungen, deren soziale Kompetenz mit verschiedenen Bereichen assoziiert ist, die auf den ersten Blick gar nicht mit sozialer Kompetenz zusammenzuhängen scheinen (z. B. die schulische Kompetenz), weiter untersucht werden. Wenn das Ziel die Verbesserung der sozialen Akzeptanz von Schülern ist, ist ein Modell, das ausschließlich auf die Vermittlung sozialer Fertigkeiten zielt, wahrscheinlich unzureichend. Erforderlich sind Modelle, die darüber hinaus Tutoring, Peerbeteiligung, Instruktion in sozialen Fertigkeiten und möglicherweise auch ein Lehrer-Training mit einschließen. Außerdem müssen möglicherweise spezifische Interventionen für Kinder und Jugendliche entwickelt werden, die Verhaltensprobleme zeigen. Jugendliche mit externalisierenden Verhaltensproblemen (z. B. Aggression) brauchen möglicherweise Interventionen, die neben der Instruktion in sozialen Fertigkeiten auch Verbote vorsehen.

10

Ein wichtiger Punkt bei Interventionen für Schüler mit Lernstörungen ist die Einbeziehung von Peers ohne Lernstörungen. Sancilio (1987) hat einen Literaturüberblick über Studien erstellt, die sich mit Peerinteraktionen als therapeutische Intervention für Kinder befasst haben, und kam dabei zu dem Schluss, dass Peers wirksame Veränderungsmotoren sein können. Allerdings reicht es für eine erfolgreiche Intervention wahrscheinlich nicht aus, lediglich mehr Gelegenheiten für Peerinteraktionen zu schaffen, wenn nicht gleichzeitig versucht wird, die sozialen Fertigkeiten des Zielkindes zu verbessern (Sancilio, 1987). Die Interventionen müssen gut strukturiert sein und darauf abzielen, die sozialen Fertigkeiten des Zielkindes zu verbessern. Strukturierte Peerinteraktionen finden normalerweise in zwei Formen statt, in denen Peers entweder als soziale Verstärker oder als instruierte Initiatoren eingesetzt werden. Als soziale Verstärker können Peers dem Zielkind positive Verstärkung wie „Das machst du gut" oder „Ich spiele gern mit dir, wenn du teilst" bieten. Peers können dahingehend instruiert werden, negative Verhaltensweisen zu ignorieren und die positiven zu verstärken (Solomon & Wahler, 1973). Als trainierte Initiatoren können Peers versuchen, Zielkinder dazu bringen, mit ihnen zu spielen, und sie können soziale Interaktionen mit ihnen initiieren.

Eine zweite Überlegung ist, dass Interventionen im Zusammenhang mit sozialen Fertigkeiten Teil des Lehrplans sein müssen und nicht in kurzen Einzelepisoden stattfinden dürfen. La Greca und Mesibov (1981), die eine sechswöchige Intervention für Schüler mit Lernstörungen mit schwachen sozialen Fertigkeiten durchgeführt haben, warnen vor „Schnellschüssen" dieser Art:

Es macht keinen Sinn, zu glauben, dass soziale Probleme, die seit geraumer Zeit bestehen, innerhalb von sechs Wochen vollständig aus der Welt geräumt werden können – wenngleich sich wichtige Weichenstellungen erzielen lassen. Wir möchten daher zukünftige Forscher ausdrücklich dazu auffordern, die Effekte von längerfristigen und umfassenderen Interventionsprogrammen zu untersuchen und die Möglichkeit zu eruieren, das Training sozialer Fertigkeiten in den Lehrplan zu integrieren, so dass es auf regulärer und kontinuierlicher Basis stattfinden kann (S. 238).

10.5 Interventionsforschung zu sozialen Fertigkeiten: zukünftige Forschungsrichtungen

Insgesamt lässt sich feststellen, dass weitere empirische Belege für die Wirksamkeit von Interventionen im Zusammenhang mit sozialen Fertigkeiten erbracht werden müssen, um herauszufinden, ob diese Interventionen die soziale Kompetenz von Schülern mit Lernstörungen verbessern und dazu beitragen können, die Akzeptanz und die positiven Wahrnehmungen dieser Schüler seitens ihrer Bezugspersonen (Peers, Lehrer, Eltern) zu steigern. Metaanalysen haben ergeben, dass die durchschnittlichen Effektstärken, die bei Interventionen für Schüler mit Lernstörungen gefunden wurden, geringe bis mittelgroße Ausprägung hatten (Elbaum & Vaughn, 2001; Forness & Kavale, 1996). Wissenschaftler haben versucht, plausible Erklärungen für diese verhältnismäßig kleinen durchschnittlichen Effektstärken zu finden. Kleine Effektstärken lassen sich möglicherweise darauf zurückführen, dass es verschiedene Arten von Schwierigkeiten mit sozialen Fertigkeiten gibt, z. B. Schwierigkeiten mit dem Erwerb von sozialen Fertigkeiten, Schwierigkeiten mit der Ausführung von sozialen Fertigkeiten oder Schwierigkeiten mit der Flüssigkeit sozialer Fertigkeiten (Gresham, 1981a, b), und dass jede dieser Schwierigkeiten spezifische Interventionsstrategien erfordert. Schwierigkeiten beim Erwerb sozialer Fertigkeiten bedeuten, dass der Betroffene nicht über das Wissen verfügt, das er braucht, um eine angemessene soziale Fertigkeit unter den gegebenen Bedingungen auszuführen, oder nicht erkennt, welche soziale Fertigkeit in einer bestimmten Situation angemessen ist. Schwierigkeiten bei der Ausführung von sozialen Fertigkeiten bedeuten, dass der Betroffene zwar weiß, welche sozialen Fertigkeiten in einer bestimmten Situation angemessen sind, es jedoch nicht schafft, diese Fertigkeiten auch tatsächlich einzusetzen. Schwierigkeiten bei der Flüssigkeit sozialer Fertigkeiten bedeuten den ungeschickten Einsatz von sozialen Fertigkeiten. Gresham (1998) ist der Auffassung, dass Interventionen, die auf eine Verbesserung des Erwerbs sozialer Fertigkeiten hinzielen, anders konzipiert werden müssen als Interventionen, in deren Mittelpunkt Schwierigkeiten bei der Ausführung oder Flüssigkeit sozialer Fertigkeiten stehen. Bis heute werden diese unterschiedlichen Schwierigkeiten in vielen Interventionen jedoch nicht berücksichtigt (Gresham et al., 2001). Die daraus entstehenden Missverhältnisse zwischen den spezifischen Schwierigkeiten der Schüler und den Interventionen können sich in kleinen bis mittleren Effektstärken niederschlagen, wie das in den Interventionsforschungen der Fall war.

Ein zweiter Grund für die kleinen bis mittelgroßen Effektstärken könnte damit zusammenhängen, dass viele der Interventionsstudien keine Fidelität (Exaktheit) der Implementierungsdaten nachweisen konnten. Fidelität der Implementierungsdaten bezeichnet die Genauigkeit und Konsistenz, mit der Interventionen entsprechend der Planung umgesetzt werden. Ohne eine Fidelität der Implementierungsdaten kann man nicht mit letzter Sicherheit sagen, ob eine Intervention an sich unwirksam ist, oder ob sie nur unwirksam erscheint, weil in Wirklichkeit die Implementierung schlecht war. Wenn die Fidelität der Implementierungsdaten fehlt, ist es kaum möglich, Schlussfolgerungen über Interventionseffekte auf die soziale Kompetenz bei Schülern mit Lernschwierigkeiten zu ziehen. Darüber hinaus gibt es kaum valide und reliable Instrumente, mit denen die soziale Kompetenz von Schülern mit Lernstörungen gemessen werden kann (Gresham et al., 2001; Vaughn & Sinagub, 1997).

Ein weiterer Grund für die geringe Ausprägung der Effektstärken könnte sein, dass sich die meisten Interventionen im Zusammenhang mit sozialen Fertigkeiten auf die Entwicklung einzelner sozialer Fertigkeiten konzentrierten, ohne dabei die sozialen Systeme/Umgebungen der Schüler zu berücksichtigen (z. B. Interaktionen zwischen dem Schüler und anderen Personen, Unterrichtskontexte, aufgabenabhängige Variablen; Gresham et al., 2001). Unterstützung für dieses Argument kommt von Smith und Travis (2001), die der Auffassung sind, dass der Mangel an schlüssigen Forschungsbelegen in diesem Bereich auf einen unvollständigen konzeptuellen Rahmen zurück-

10

zuführen sein könnte, in dem Kontexte ausgeblendet werden. Möglicherweise reicht es nicht aus, Schülern mit Lernstörungen – insbesondere solchen mit beträchtlichen sozialen Problemen – einzelne soziale Fertigkeiten zu vermitteln. Um ihre soziale Kompetenz zu verbessern, sind wahrscheinlich umfassende Interventionen notwendig, die das soziale System bzw. die soziale Umgebung dieser Schüler berücksichtigen. Da weiterhin die Schwierigkeiten, die diese Schüler mit sozialen Fertigkeiten haben, oft schon lange Zeit bestehen und gegenüber Veränderungen resistent sind, sind die Intensität und Dauer der meisten Interventionen nicht ausreichend, um den Schülern beim Umgang mit diesen Schwierigkeiten zu helfen.

Diese plausiblen Erklärungsansätze sind für zukünftige Interventionsforschungen in diesem Bereich richtungsweisend. Erstens sollten Untersuchungen in Zukunft die Interventionen auf die spezifischen Schwierigkeiten der Schüler abstimmen. Zweitens sollten die Interventionsstudien die Exaktheit der Implementierung sorgfältig überwachen und dokumentieren. Drittens sollten mehr adäquate Maße entwickelt werden, um die soziale Kompetenz (z. B. Selbstkonzept, Peer-Akzeptanz, soziale Fertigkeiten, Verhaltensanpassung) von Schülern mit Lernstörungen zu messen. Viertens sollten künftige Interventionen die sozialen Systeme der Schüler berücksichtigen und deren Wirksamkeit für Schüler mit Lernstörungen untersuchen. Fünftens sollten Studien in Zukunft systematisch untersuchen, wie sich unterschiedliche Intensitätsniveaus und die Dauer der Interventionen auf die soziale Kompetenz von Schülern mit Lernstörungen auswirken. Schließlich sollten auch die langfristigen Auswirkungen der Interventionen auf die soziale Kompetenz untersucht und ihre Wirksamkeit in natürlichen Settings (z. B. außerhalb der Schule oder Klinik) beurteilt werden.

10.6 Zusammenfassung

Gegenstand dieses Kapitels waren Interventionen zur Förderung der sozialen Kompetenz von Schülern mit Lernstörungen (z. B. soziale Fertigkeiten, Peer-Akzeptanz, Selbstkonzept). Begriffe wie soziale Kompetenz und soziale Fertigkeiten wurden definiert, und es wurde erläutert, warum Schüler mit Lernstörungen Interventionen im Zusammenhang mit sozialen Fertigkeiten benötigen und auf welche Hindernisse die Vermittlung sozialer Fertigkeiten in der Schule stößt.

Wir haben verschiedene Interventionsstudien beschrieben, an denen Schüler mit Lernstörungen teilgenommen haben. Verfahren zur Implementierung der Interventionen wurden beschrieben und durch Kommentare ergänzt, die Lehrern und allen, die an diesen Programmen interessiert sind, eine Orientierung bieten, wann und mit wem sie diese Interventionen einsetzen können. Außerdem haben wir Ergebnisse von schulischen Interventionen vorgestellt, die auf eine Verbesserung des Selbstkonzepts von Schülern mit Lernstörungen zielten. Darüber hinaus wurden soziale Interventionen erläutert, die mit anderen Populationen evaluiert worden sind. Unsere Diskussion beinhaltete außerdem eine Beurteilung von sozialen Interventionen, die speziell für Vorschüler mit Störungen konzipiert waren. Schließlich haben wir Überlegungen zur Vermittlung sozialer Fertigkeiten an Schüler mit Lernstörungen angestellt und auf zukünftige Forschungsrichtungen für Interventionsstudien im Bereich der sozialen Fertigkeiten hingewiesen.

Literatur

Antia, S. D., Kreimeyer, K. H. & Eldredge, N. (1993). Promoting social interaction between young children with hearing impairments and their peers. *Exceptional Children*, **60**(3), 262–275.

Baum, D., Duffelmeyer, F. & Geelan, M. (1988). Resource teacher perceptions of the prevalence of social dysfunction among students with learning disabilities. *Journal of Learning Disabilities*, **21**(6), 380–381.

Beckman, P. J. & Kohl, F. L. (1984). The effects of social and isolate toys on the interactions and play of integrated and nonintegrated groups of preschoolers. *Education & Training of the Mentally Retarded*, **19**(3), 169–174.

Bednar, R. L., Wells, M. G. & Peterson, S. R. (1989). *Self-esteem: Paradoxes and innovations in clinical theory and practice*. Washington, DC: American Psychological Association.

Brendtro, L. K., Brokenleg, M. & Van Bockern, S. (1990). *Reclaiming youth at risk: Our hope for the future*. Bloomington, IN: National Education Service.

Bruck, M. (1986). Social and emotional adjustments of learning disabled children: A review of the issues. In S. J. Ceci (Hg.), *Handbook of cognitive, social, and neuropsychological aspects of learning disabilities* (S. 361–380). Hillsdale, NJ: Erlbaum.

Bryan, T. & Perlmutter, B. (1979). Female adults' immediate impressions of learning disabled children. *Learning Disabilities Quarterly*, **2**, 80–88.

Byan, T. & Sherman, R. (1980). Immediate impressions of nonverbal ingratiation attempts by learning disabled boys. *Learning Disability Quarterly*, **3**, 19–28.

Bryant, D. P. & Bryant, B. R. (1998). Using assistive technology adaptations to include students with learning disabilities in cooperative learning activities. *Journal of Learning Disabilities*, **31**(1), 41–54.

Chapman, J. W. (1988). Learning disabled children's self-concepts. *Review of Educational Research*, **58**(3), 347–371.

Churney, A. H. (2001). Promoting children's social and emotional development: A follow-up evaluation of an elementary school-based program in social decision-making/social problem-solving. *Dissertation Abstracts International*, **62**(1-A), 75.

Clabby, J. F. & Elias, M. J. (1986). *Teach your child decision making*. New York: Doubleday.

Cohen, E. G. (1994). Restructuring the classroom: Conditions for productive small groups. *Review of Educational Research*, **64**(1), 1–35.

Coie, J. D. (1985). Fitting social skills intervention to the target group. In B. H. Schneider, K. H. Rubin & J. E. Ledingham (Hg.), *Children's peer relations: Issues in assessment and intervention* (S. 141–156). New York: Springer.

Curran, J. C. (1979). Social skills: Methodological issues and future directions. In A. Bellack & M. Hersen (Hg.), *Research and practice in social skills training* (S. 319–354). New York: Plenum Press.

Dawson, G. & Galpert, L. (1990). Mothers' use of imitative play for facilitating social responsiveness and toy play in young autistic children. *Development and Psychopathology*, **2**, 151–162.

Devoney, C., Guralnick, M. J. & Rubin, H. (1974). Integrating handicapped and non handicapped preschool children: Effects on social play. *Childhood Education*, **50**(6), 360–364.

Dodge, K. A. (1986). A social information processing model of social competence in children. In M. Perlmutter (Hg.), *Cognitive perspectives on children's social and behavioral development* (S. 77–125). Hillsdale, NJ: Erlbaum.

Dodge, K. A., Pettit, G. S., McClaskey, C. L. & Brown, J. (1986). Social competence in children. *Monographs of the Society for Research in Child Development*, **44**(2), Nr. 213.

Dunn, L. B. (1991). Effects of toy and group composition on the social play of young children with and without handicaps. *Master's Abstracts International*, **31**(02), 552.

10

Elbaum, B. & Vaughn, S. (2001). School-based interventions to enhance the self-concept of students with learning disabilities: A meta-analysis. *Elementary School Journal,* **101**(3), 303–329.

Elias, M. J. & Clabby, J. F, (1989). *Social decision-making skills: A curriculum guide for the elementary grades.* Rockville, MD: Aspen.

Elias, M. J. & Clabby, J. F. (1992). *Building social problem-solving skills: Guidelines from a school-based program.* San Francisco: Jossey-Bass.

Elias, M. J., Gara, M., Ubriaco, M., Rothbaum, P., Clabby, J. & Schuyler, T. (1986). Impact of a preventive school problem-solving intervention on children's coping with middle-school stressors. *American Journal of Community Psychology,* **14**(3), 259–275.

Elias, M. J. & Kress, J. S. (1994). Social decision-making and life skills development: A critical thinking approach to health promotion in the middle school. *Journal of School Health,* **64**(2), 62–66.

Farmer-Dougan, V., Viechtbauer, W. & French, T. (1999). Peer-prompted social skills: The role of teacher consultation in student success. *Educational Psychology,* **19**(2), 207–219.

Federlein, A. C. (1979). A study of play behaviors and interactions of preschool handicapped children in mainstreamed and segregated settings. *Dissertation Abstracts International,* **40**(02), 642.

Ferentino, S. C. (1991). Teaching social skills to preschool children in a special education program. (Dissertation, Hofstra University, 1991). *Dissertation Abstracts International,* **52,** 4490.

Fewell, R. & Vadasy, P. (1989). Play as an intervention strategy with young children with deaf–blindness. In M. Bullis (Hg.), *Research on the communication development of young children with deaf–blindness* (S. 105–122). (ERIC Document Reproduction Service No. ED 328007).

Fleming, E. R. & Fleming, D. C. (1982). Social skill training for educable mentally retarded children. *Education and Training of the Mentally Retarded,* **17**(1), 44–50.

Forness, S. R. & Kavale, K. (1996). Treating social skill deficits in children with learning disabilities: A meta-analysis of the research. *Learning Disability Quarterly,* **19,** 2–13.

Goldstein, A. P, (1993). Interpersonal skills training interventions. In A. P. Goldstein & C. R. Huff (Hg.), *The gang intervention handbook* (S. 87–157). Champaign, IL: Research Press.

Goldstein, A. P., Harootunian, B. & Conoley, J. C. (1994). *Student aggression: Prevention, management, and replacement training.* New York: Guilford.

Goldstein, A. P. & McGinnis, E. (1997). *Skillstreaming the adolescent: New strategies and perspectives for teaching prosocial skills* (überarbeitete Aufl.). Champaign, IL: Research Press.

Goodwin, M. (1999). Cooperative learning and social skills: What skills to teach and how to teach them. *Intervention in School and Clinic,* **35**(1), 29–33.

Gresham, F. M. (1981a). Assessment of children's social skills. *Journal of School Psychology,* **19,** 120–134.

Gresham, F. M. (1981b). Social skills training with handicapped children: A review. *Review of Educational Research,* **51,** 139–176.

Gresham, F. M. (1983). Social validity in the assessment of children's social skills: Establishing standards for social competency. *Journal of Psycho-educational Assessment,* **1,** 297–307.

Gresham, F. M. (1984). Social skills and self-efficacy for exceptional children. *Exceptional Children,* **51**(3), 253–261.

Gresham, F. M. (1998). Social skills training: Should we raze, remodel, or rebuild? *Behavioral Disorders,* **24,** 19–25.

Gresham, F. M. (1992). Social skills and learning disabilities: Causal, concomitant, or correlational. *School Psychology Review,* **21,** 348–360.

Gresham, F. M. & Elliott, S. N. (1989). Social skills as a primary learning disability. *Journal of Learning Disabilities,* **22,** 120–124.

Gresham, F. M. & Elliott, S. N. (1990). *Social skills rating system.* Circle Pines, MN: American Guidance Service.

Gresham, F. M., Sugai, G. & Horner, R. H. (2001). Interpreting outcomes of social skills training for students with high-incidence disabilities. *Exceptional Children, 67*(3), 331–344.

Guralnick, M. J. (1981). The social behavior of preschool children at different developmental levels: Effects of group composition. *Journal of Experimental Child Psychology, 31,* 115–130.

Guralnick, M. J., Connor, R. T., Hammond, M., Gottman, J. M. & Kinnish, K. (1995). Immediate effects of mainstreamed settings on the social interactions and social integration of preschool children. *American Journal on Mental Retardation, 100*(4), 359–377.

Guralnick, M. J. & Groom, J. M. (1987). The peer relations of mildly delayed and non handicapped preschool children in mainstreamed playgroups. *Child Development, 58,* 1556–1572.

Guralnick, M. J. & Groom, J. M. (1988). Peer interactions in mainstreamed and specialized classrooms: A comparative analysis. *Exceptional Children, 54*(5), 415–425.

Guralnick, M. J. & Neville, B. (1997). Designing early intervention programs to promote children's social competence. In M. J. Guralnick (Hg.), *The effectiveness of early intervention* (S. 579–610). Baltimore, MD: Paul H. Brookes.

Haager, D. & Vaughn, S. (1995). Parent, teacher, peer, and self-reports of the social competence of students with learning disabilities. *Journal of Learning Disabilities, 28*(4), 205–215.

Haager, D. & Vaughn, S. (1997). Assessment of social competence in students with learning disabilities. In J. Lloyd, E. Kameenui & D. Chard (Hg.), *Issues in educating students with disabilities* (S. 129–152). Mahwah, NJ: Erlbaum.

Harter, S. (1985). *Manual for the Self-Perception Profile for Children.* Denver: University of Denver.

Harter, S. (1993). Causes and consequences of low self-esteem in children and adolescents. In R. Baumeister (Hg.), *Self-esteem: The puzzle of low self-regard* (S. 18–37). New York: Plenum.

Harter, S. (1996). Historical roots of contemporary issues involving self-concept. In B. Bracken (Hg.), *Handbook of self-concept: Developmental, social, and clinical considerations* (S. 1–37). New York: Wiley.

Hattie, J. (1992). *Self-concept.* Hillsdale, NJ: Erlbaum.

Hazel, J. S., Schumaker, J. B., Sherman, J. A. & Sheldon, J. (1981). *ASSET: A social skills program for adolescents.* Champaign, IL: Research Press.

Hazel, J. S., Schumaker, J. B., Sherman, J. A. & Sheldon, J. (1982). Application of a group training program in social skills and problem solving to learning disabled and non-learning disabled youth. *Learning Disability Quarterly, 5,* 398–408.

Interagency Committee on Learning Disabilities. (1987). *Learning disabilities: A report to Congress.* Washington, DC: Department of Health and Human Services.

Jenkins, J., Odom, S. & Speltz, M. (1989). Effects of social integration on preschool children with handicaps. *Exceptional Children, 55*(5), 420–428.

Johnson, J. E. & Ershler, J. L. (1985). Social and cognitive play forms and toy use by non handicapped and handicapped preschoolers. *Topics in Early Childhood Special Education, 5,* 69–82.

Johnson, D. W. & Johnson, R. T. (1986). Mainstreaming and cooperative learning strategies. *Exceptional Children, 52,* 553–561.

Johnson, D. & Johnson, R. (1989). Cooperative learning: What special education teachers need to know. *Pointer, 33*(2), 5–10.

Johnson, D. W., Johnson, R. T., Warring, D. & Maruyama, G. (1986). Different cooperative learning procedures and cross-handicap relationships. *Exceptional Children, 53*(3), 247–252.

Kallam, M. & Rettig, M. (1991). *The effect of social and isolate toys on the social interaction of preschool-aged children in a naturalistic setting* (ERIC Document Reproduction Service No. ED 349 118).

10

Kavale, K. A. & Forness, S. R. (1996). Social skill deficits and learning disabilities: A meta-analysis. *Journal of Learning Disabilities*, **29**(3), 226–237.

Kiburz, C. S., Miller, S. R. & Morrow, L. W. (1984). Structured learning using self-monitoring to promote maintenance and generalization of social skills across settings for a behaviorally disordered adolescent. *Behavioral Disorders*, **10**(1), 47–55.

Kim, A., Vaughn, S., Elbaum, B., Hughes, M. T., Sloan, C. V. M. & Sridhar, D. (2003). Effects of toys and/or group composition on social behaviors of preschool children with disabilities: A synthesis. *Journal of Early Intervention* **25**(3), 189–205.

Koenigs, A. & Oppenheimer, L. (1985). Development and training of role-taking abilities with emotionally disturbed preschoolers: A pilot study. *Journal of Applied Developmental Psychology*, **6**(4), 313–320.

Kohler, F. W. & Strain, P. S. (1993). The early childhood social skills program. *Teaching Exceptional Children*, **25**(2), 41–42.

Kratochwill, T. R. & French, D. C. (1984). Social skills training for withdrawn children. *School Psychology Review*, **13**(3), 331–338.

Kupersmidt, J. B., Coie, J. D. & Dodge, K. A. (1990). The role of poor peer relationships in the development of disorder. In S. R. Asher & J. D. Coie (Hg.), *Peer rejection in childhood* (S. 274–308). Cambridge, UK: Cambridge University Press.

La Greca, A. M. & Mesibov, G. B. (1981). Facilitating interpersonal functioning with peers in learning-disabled children. *Journal of Learning Disabilities*, **14**, 197–199, 238.

La Greca, A. M. & Stone, W. (1990). Children with learning disabilities: The role of achievement in social, personal, and behavioral functioning. In H. L. Swanson, & B. Keogh (Hg.), *Learning disabilities: Theoretical and research issues* (S. 333–352). Hillsdale, NJ: Erlbaum.

LeBlanc, L. A. & Matson, J. L. (1995). A social skills training program for preschoolers with developmental delays: Generalization and social validity. *Behavior Modification*, **19**(2), 234–246.

Mainzer, R. W., Mainzer, L. K., Slavin, R. E. & Lowry, E. (1993). What special education teachers should know about cooperative. *Teacher Education and Special Education*, **16**(1), 42–50.

Marsh, H. W. (1992). Content specificity of relations between academic achievement and academic self-concept, *Journal of Educational Psychology*, **84**(1), 35–42.

Marsh, H. W. & Hattie, J. (1996). Theoretical perspectives on the structure of selfconcept. In B. Bracken (Hg.), *Handbook of self-concept: Developmental, social, and clinical considerations* (S. 38–90). New York: Wiley.

Marsh, H. W. & Yeung, A. S. (1998). Top-down, bottom-up, and horizontal models: The direction of causality in multidimensional, hierarchical self-concept models. *Journal of Personality and Social Psychology*, **75**(2), 509–527.

Martin, S. S., Brady, M. P. & Williams, R. E. (1991). Effects of toys on the social behavior of preschool children in integrated and non integrated groups: Investigation of a setting event. *Journal of Early Intervention*, **15**(2), 153–161.

Matson, J. L., Fee, V., Coe, D. A. & Smith, D. (1991). A social skills training program for developmentally delayed preschoolers. *Journal of Clinical Child Psychology*, **20**(4), 428–433.

McCabe, J. R., Jenkins, J. R., Mills, P. E., Dale, P. S. & Cole, K. N. (1999). Effects of group composition, materials, and developmental level on play in preschool children with disabilities. *Journal of Early Intervention*, **22**(2), 164–178.

McFall, R. M. (1982). A review and reformulation of the concept of social skills. *Behavioral Assessment*, **4**, 1–33.

McGinnis, E. & Goldstein, A. P. (1990). *Skillstreaming in early childhood: Teaching prosocial skills to the preschool and kindergarten child*. Champaign, IL: Research Press.

McGinnis, E. & Goldstein, A. P. (2000). *Skillstreaming the elementary school child: New strategies and perspectives for teaching prosocial skills* (überarbeitete Aufl.). Champaign, IL: Research Press.

McIntosh, R., Vaughn, S. & Bennerson, D. (1995). FAST social skills with a SLAM and a RAP: Providing social skills training for students with learning disabilities. *Teaching Exceptional Children*, **28**(1), 37–41.

McIntosh, R., Vaughn, S. & Zaragoza, N. (1991). A review of social interventions for students with learning disabilities. *Journal of Learning Disabilities*, **24**(8), 451–458.

Miller, M. G., Midgett, J. & Wicks, M. L. (1992). Student and teacher perceptions related to behavior change after skillstreaming training. *Behavioral Disorders*, **17**(4), 291–295.

Mindes, G. (1982). Social and cognitive aspects of play in young handicapped children. *Topics in Early Childhood Special Education*, **2**(3), 39–52.

Newmann, F. M. & Thompson, J. A. (1987). *Effects of cooperative learning on achievement in secondary schools: A summary of research.* (ERIC Document Reproduction Service No. ED 288 853).

Odom, S. L., McConnell, S. R. & McEvoy, M. A. (1992). *Social competence of young children with disabilities: Issues and strategies for intervention.* Baltimore: Brookes.

Parker, J. G. & Asher, S. R. (1987). Peer relations and later personal adjustment: Are low accepted children at risk? *Psychological Bulletin*, **102**(3), 357–389.

Parker, J. G. & Asher, S. R. (1993). Friendship and friendship quality in middle childhood: Links with peer group acceptance and feelings of loneliness and social dissatisfaction. *Developmental Psychology*, **29**, 611–621.

Peck, C. A. & Cooke, T. P. (1983). Benefits of mainstreaming at the early childhood level: How much can we expect? *Analysis & Intervention in Developmental Disabilities*, **3**(1), 1–22.

Prater, M. A., Bruhl, S. & Serna, L. A. (1998). Acquiring social skills through cooperative learning and directed teacher instruction. *Remedial & Special Education*, **19**(3), 160–172.

Prout, H. T., Marcal, S. D. & Marcal, D. C. (1992). A meta-analysis of self-reported personality characteristics of children and adolescents with learning disabilities. *Journal of Psychoeducational Assessment*, **10**(1), 59–64.

Rettig, M., Kallam, M. & McCarthy-Salm, K. (1993). The effect of social and isolate toys on the social interactions of preschool children. *Education and Training in Mental Retardation*, **29**(3), 252–256.

Roff, M., Sells, S. & Golden, M. (1972). *Social adjustment personality development in children.* Minneapolis: University of Minnesota Press.

Rogers, S. J., Herbison, J. M., Lewis, H. C., Pantone, J. & Reiss, K. (1986). An approach for enhancing the symbolic, communicative, and interpersonal functioning of young children with autism or severe emotional handicaps. *Journal of the Division for Early Childhood*, **10**(2), 135–145.

Sancilio, M. F. M. (1987). Peer interaction as a method of therapeutic intervention with children. *Clinical Psychology Review*, **7**, 475–500.

Sasso, G. M., Melloy, K. J. & Kavale, K. (1990). Generalization, maintenance, and behavioral co-variation associated with social skills training through structured learning. *Behavioral Disorders*, **16**, 9–22.

Serafica, F. C. & Harway, N. I. (1979). Social relations and self-esteem of children with learning disabilities. *Journal of Clinical Child Psychology*, **8**(3), 227–233.

Shafer, H. S., Egel, A. L. & Neef, N. A. (1984). Training mildly handicapped peers to facilitate changes in the social interaction skills of autistic children. *Journal of Applied Behavior Analysis*, **17**, 461–476.

Sharan, S. (1980). Cooperative learning in small groups: Recent methods and effects on achievement, attitudes, and ethnic relations. *Review of Educational Research*, **50**, 241–271.

Slavin, R. (1983). When does cooperative learning increase student achievement? *Psychological Bulletin*, **94**, 429–445.

Slavin, R. (1990). *Cooperative learning: Theory, research, and practice.* Englewood Cliffs, NJ: Prentice-Hall.

10

Slavin, R. (1991). Synthesis of research of cooperative learning. *Educational Leadership*, **48**(5), 71–82.

Smith, S. W. & Travis, P. C. (2001). Conducting social competence research considering conceptual frameworks. *Behavioral Disorders*, **26**(4), 360–369.

Solomon, R. W. & Wahler, R. G. (1973). Peer reinforcement control of classroom problem behavior. *Journal of Applied Behavior Analysis*, **17**, 461–476.

Stone, W. L. & La Greca, A. M. (1990). The social status of children with learning disabilities: A reexamination. *Journal of Learning Disabilities*, **23**, 32–37.

Strain, P. S. (1983). Identification of peer social skills for preschool mentally retarded children in mainstreamed classes. *Applied Research in Mental Retardation*, **4**, 543–551.

Strain, P. S. (1985). Programmatic research on peers as intervention agents for socially isolate classmates. *Pointer*, **29**(4), 22–29.

Strain, P. S. & Odom, S. L. (1986). Peer social initiations: Effective intervention for social skills development of exceptional children. *Exceptional Children*, **52**, 543–551.

Swann, W. B. (1996). *Self-traps: The elusive quest for higher self-esteem*. New York: Freeman.

Swanson, H. L. & Malone, S. (1992). Social skills and learning disabilities: A metaanalysis of the literature. *School Psychology Review*, **21**, 427–443.

Thurlow, M. L. (1980). *Preliminary evidence on information considered useful in instructional planning* (Report No. IRLD-RR-27). Minneapolis: Institute for Research on Learning Disabilities. (ERIC Document Reproduction Services No. ED 131 716).

Torrey, C. C. (1987). Environmental effects on the social play behavior of handicapped and non handicapped preschoolers. *Dissertation Abstracts International*, **48**(10), 2534.

Vaughn, S., Elbaum, B. E., Schumm, J. S. & Hughes, M. T. (1998). Social outcomes for students with and without learning disabilities in inclusive classrooms. *Journal of Learning Disabilities*, **31**(5), 428–436.

Vaughn, S. & Hogan, A. (1990). Social competence and learning disabilities: A prospective study. In H. L. Swanson & B. K. Keogh (Hg.), *Learning disabilities: Theoretical and research issues* (S. 175–191). Hillsdale, NJ: Erlbaum.

Vaughn, S. & Hogan, A. (1994). Social competence of students with LD over time: A within-individual examination. *Journal of Learning Disabilities*, **27**(5), 292–303.

Vaughn, S., Hogan, A., Kouzekanani, K. & Shapiro, S. (1990). Peer acceptance, self-perceptions, and social skills of LD students prior to identification. *Journal of Educational Psychology*, **82**, 101–106.

Vaughn, S., Kim, A., Sloan, C. V. M., Hughes, M. T., Elbaum, B. & Sridhar, D. (2003). Social skills interventions for young children with disabilities: A synthesis of group design studies. *Remedial and Special Education*, **24**(1), 2–15.

Vaughn, S. & Lancelotta, G. X. (1990). Teaching interpersonal social skills to low accepted students: Peer-pairing versus no peer-pairing. *Journal of School Psychology*, **28**(3), 181–188.

Vaughn, S. R., Lancelotta, G. X. & Minnis, S. (1988). Social strategy training and peer involvement: Increasing peer acceptance of a female LD student. *Learning Disabilities Focus*, **4**, 32–37.

Vaughn, S., McIntosh, R., Schumm, J. S., Haager, D. & Callwood, D. (1993a). Social status and peer acceptance revisited. *Learning Disabilities Research and Practice*, **8**(2), 82–88.

Vaughn, S., McIntosh, R. & Spencer-Rowe, J. (1991). Peer rejection is a stubborn thing: Increasing peer acceptance of rejected students with learning disabilities. *Learning Disabilities Research and Practice*, **6**(2), 83–88.

Vaughn, S. R., McIntosh, R. & Zaragoza, N. (1992). Social interventions for students with learning disabilities: Towards a broader perspective. In S. Vogel (Hg.), *Educational alternatives for students with learning disabilities* (S. 183–198). New York, NY: Springer.

Vaughn, S. & Sinagub, J. M. (1997). Social assessment of at-risk populations: Implications for students with learning disabilities. In S. M. Clancy Dollinger & L. DiLalla (Hg.), *Assessment and intervention issues across the lifespan* (S. 159–180). Hillsdale, NJ: Erlbaum.

Vaughn, S., Zaragoza, N., Hogan, A. & Walker, J. (1993b). A four-year longitudinal investigation of the social skills and behavior problems of students with learning disabilities. *Journal of Learning Disabilities*, **26**(6), 404–412.

Villarruel, F. (1990). Talking and playing: An examination of the effects of computers on the social interactions of handicapped and non handicapped preschoolers. *Dissertation Abstracts International*, **51**(11), 3630.

Wiener, J. (1987). Peer status of learning disabled children and adolescents: A review of the literature. *Learning Disabilities Research*, **2**(2), 62–79.

Wiener, J. & Harris, P. J. (1997). Evaluation of an individualized, context-based social skills training program for children with learning disabilities. *Learning Disabilities Research*, **12**, 40–53.

Wolf, M. M. (1978). Social validity: The case for subjective measurement or how applied behavior analysis is finding its heart. *Journal of Applied Behavior Analysis*, **11**, 203–214.

Zigmond, N. & Brownlee, J. (1980). Social skills training for adolescents with learning disabilities. *Exceptional Education Quarterly*, **12**, 77–83.

11 Strategische schulische Interventionen für Jugendliche mit Lernstörungen

Martha J. Larkin* und Edwin S. Ellis**
*State University of West Georgia, **University of Alabama

11.1 Einleitung

Wichtigstes Ziel bei der Arbeit mit Jugendlichen mit Lernstörungen ist es, dafür zu sorgen, dass sie selbstsichere, kompetente, gut angepasste Erwachsene werden, die im Allgemeinen glückliche und produktive Bürger sind. Der Weg zu einer solchen Lebensqualität stellt jedoch oft eine nicht zu unterschätzende Herausforderung dar, sowohl für die Betroffenen selbst als auch für jene, die versuchen, sie bei diesem Erfolg zu unterstützen. Für Menschen mit Lernstörungen beginnt diese Herausforderung lange vor der Pubertät, und in der Regel verändern sie sich beim Übergang von der frühen Kindheit zur Pubertät und schließlich zum Erwachsenenleben beträchtlich. Da Lernstörungen normalerweise ein chronischer Zustand sind, werden aus den meisten Kindern mit Lernstörungen auch Erwachsene mit Lernstörungen. Ein Leben mit Lernstörungen kann schwierig sein, schließt jedoch nicht aus, dass die Betroffenen Selbstvertrauen und ein gewisses Maß an Unabhängigkeit erreichen.

Eine Anzahl von wissenschaftlichen Untersuchungen konzentriert sich auf Erwachsene mit Lernstörungen, die sehr erfolgreich sind; Schwerpunkt dieser Untersuchungen sind die Eigenschaften, die zu diesem Erfolg beitragen (siehe Gerber et al., 1992; Kershner et al., 1995; Reiff et al., 1996; Spekman et al., 1992). Eine Untersuchung dieser Eigenschaften kann Pädagogen wichtige Anhaltspunkte dafür liefern, was sie tun sollten, um Jugendlichen mit Lernstörungen zu ähnlichen Erfolgen zu verhelfen (Polloway et al., 1992, Reiff et al., 1995). Gerber et al. (1992) haben Interviews mit 71 Erwachsenen mit Lernstörungen in den USA und in Kanada durchgeführt, um festzustellen, wie sie ihren beruflichen Erfolg erreicht haben; 46 Befragte konnten einen großen und 25 Befragte einen mittleren beruflichen Erfolg verzeichnen. Die Studie zeigte, dass viele Erwachsene mit Lernstörungen Jahre des Misserfolgs erlebt hatten, bis sie *bewusste Entscheidungen trafen, um die Kontrolle über ihr Leben zu übernehmen* (innere Entscheidungen) und *sich anpassten und an sich arbeiteten, um voranzukommen* (externe Manifestationen) (siehe Tabelle 11.1). Vielleicht interessieren Sie die Autobiografien einiger der vielen erfolgreichen Er-

11 wachsenen mit Lernstörungen, wie z. B. Christopher Lee (Lee & Jackson, 1992) oder Rob Langston (Langston, 2002), die ihren Weg vom Misserfolg zum Erfolg beschreiben.

Die idealen Eigenschaften von erfolgreichen Erwachsenen mit Lernstörungen sind erwartungsgemäß oft ganz andere als die von Jugendlichen mit Lernstörungen. Um wirksame Interventionen für Jugendliche mit Lernstörungen zur Verfügung zu stellen, muss man verstehen, wer sie sind und in welcher Umgebung sie sich bewähren müssen; gleichzeitig muss man die langfristigen Ziele der Selbstwirksamkeit und Unabhängigkeit im Auge behalten. Larkin und Ellis (1998) unterschieden schulische, kognitive, motivationale und soziale Bereiche, um die Eigenschaften von Jugendlichen mit Lernstörungen und die entsprechenden Erwartungen im schulischen Umfeld zu veranschaulichen. Dabei wird deutlich, wie sehr die Eigenschaften von Jugendlichen mit Lernstörungen und die Erwartungen traditioneller schulischer Umgebungen auseinanderdriften (siehe Tabelle 11.2). Das nachfolgende Kapitel konzentriert sich auf die schulischen und kognitiven Bereiche, wobei teilweise auch auf die Motivation eingegangen wird. Dass in Tabelle 11.2 alle vier Bereiche aufgeführt sind, soll deutlich machen, wie komplex die Existenz eines Jugendlichen mit Lernstörungen ist.

Um erfolgreiche strategische schulische Interventionen für Jugendliche mit Lernstörungen zur Verfügung zu stellen, müssen Pädagogen sowohl die Eigenschaften der Betroffenen als auch die ihrer Umgebung berücksichtigen. Jugendliche mit Lernstörungen können im außerschulischen Umfeld sehr erfolgreich sein. Peers können in diesen Jugendlichen talentierte Sportler, Musiker oder sogar Bandenmitglieder sehen. Eltern oder Erziehungsberechtigte können diese Jugendlichen zu Hause, wo Lesen und schulische Inhalte nicht im Mittelpunkt stehen, als gut funktionierende Individuen wahrnehmen. Sobald diese Individuen mit Lernstörungen aber die Schule betreten, beginnt der Kreislauf des Scheiterns. Vielleicht haben Sie auch schon Grundschüler getroffen, die angesichts ihrer bisherigen Schulgeschichte nicht glauben, dass

Tab. 11.1 Eigenschaften von beruflich erfolgreichen Erwachsenen mit Lernstörungen.

Interne Entscheidungen
1. Haben den Wunsch, sich und andere zu übertreffen
2. Setzen sich bewusst explizite Ziele
3. Interpretieren die Erfahrung der Lernstörung in positiver und produktiver Weise um

Externe Manifestationen – Anpassungsfähigkeit
1. Sind hartnäckig bzw. arbeiten viel, weil es eine Art zu leben ist
2. Versuchen, sich in einer Umgebung zu etablieren, in der sie ihre Fertigkeiten und Fähigkeiten optimieren können
3. Zeigen gelernte Kreativität (Strategien, Techniken), um ihre Leistungsfähigkeit zu steigern
4. Umgeben sich mit unterstützenden und hilfsbereiten Menschen; entwickeln ihre Fertigkeiten, indem sie persönliche Verbesserungsprogramme aufstellen

Adaptiert aus Gerber et al. (1992).

Tab. 11.2 Eigenschaften von Jugendlichen mit Lernstörungen und schulische Erwartungen.

Bereich	Eigenschaften von Schülern mit Lernstörungen	Schulische Erwartungen
Schulisch	• Es mangelt ihnen an grundlegenden schulischen Fertigkeiten (z. B. lesen, zuhören, sich Notizen machen, schreiben, Prüfungssituationen bewältigen, Probleme lösen) • Scheitern beim systematischen Einsatz von Fertigkeiten • Verwenden ineffiziente Lernstrategien • Verfügen nicht über erforderliches Vorwissen • Verwenden keine Lernhilfen	• Lesen, um Informationen zu gewinnen • Zuhören und sich Notizen machen • Schreiben • Tests bestehen • Probleme lösen • Effektive/effiziente Lernstrategien anwenden • Inhaltliches Wissen mitbringen • Lernhilfen verwenden
Kognitiv	• Haben geringe Sprachfertigkeiten • Es fehlt ihnen an Wissen über Denkstrategien • Haben oft Gedächtnisprobleme • Sind sich ihres eigenen Denkens nicht bewusst	• Hintergrundinformationen nutzen • Effektive/effiziente Denkstrategien anwenden • Informationen im Gedächtnis behalten • Sich seines eigenen Denkens bewusst sein und Denkweisen höherer Ordnung verwenden
Motivational	• Leiden unter großem Stress • Sehen keinen Zusammenhang zwischen angemessener Anstrengung und Erfolg • Es fällt ihnen schwer, sich auf eine Lern- oder Leistungsverpflichtung einzulassen • Vermeiden herausfordernde Aufgaben und geben nach anfänglichen Rückschlägen leicht auf	• Die für Erfolg notwendige Anstrengung auf sich nehmen • Bemühungen und Leistung wertschätzen • Unabhängiges Arbeiten • Effektive und effiziente Arbeitspläne entwerfen
Sozial	• Ihnen fehlen soziale Basisfertigkeiten • nonverbale Kommunikation wird fehlinterpretiert • Nehmen weniger an sozialen Aktivitäten teil als ihre Peers • Es mangelt ihnen an Verständnis für die moralischen Prinzipien einer Kultur • Es fällt ihnen schwer, soziale Probleme zu lösen	• Autorität respektieren und Regeln einhalten • Kritik und Hilfe annehmen • Mit anderen kooperativ zusammenarbeiten • An sozialen Aktivitäten und Unterhaltungen teilnehmen • Unangemessenem Peer-Druck standhalten • Ein adäquates Sozialverhalten beibehalten • Aktive Mitarbeit im Unterricht

Adaptiert aus Larkin und Ellis (1998).

11

sie erfolgreich sein können. Wenn Individuen mit Lernstörungen keine Anleitung oder Interventionen erhalten, die sowohl ihren Eigenschaften als auch ihrer Umgebung gerecht werden, wird der Kreislauf des Scheiterns voraussichtlich bis in die Adoleszenz und das Erwachsenenalter fortdauern. Daher liegt der Schlüssel zu einem erfolgreichen Unterricht und wirksamen Interventionen für Jugendliche mit Lernstörungen in folgender Formel:

$$\text{Erfolg } f \text{ Individuum x Umgebung}$$
$$(\text{E } f \text{ I x U})$$

Diese Formel, „Erfolg (**E**) ist eine Funktion (*f*) von Individuum (**I**) mal (x) Umgebung (**U**)", beinhaltet eine wichtige Botschaft. Pädagogen sollten nie vergessen, dass sie die Eigenschaften der Individuen (z. B. Schüler), mit denen sie arbeiten, möglicherweise nicht ändern können – aber sie können diese Eigenschaften berücksichtigen und die Umgebung entsprechend verändern bzw. Anpassungen vornehmen, um ihren Schülern dabei zu helfen, auch im schulischen Bereich erfolgreich zu sein.

11.2 Befähigungsstrategien für schulischen Erfolg und Unabhängigkeit

Eine der obersten Prioritäten von Lehrern, die Schüler mit Lernstörungen unterrichten, sollte sein, eine schulische Umgebung zu schaffen, die bei diesen Schülern die Vorstellung verstärkt, Verantwortung für ihr Leben zu übernehmen, unabhängig zu werden und ihr eigenes Schicksal zu kontrollieren. Zu den spezifischen Strategien, die zur Schaffung eines solchen Umfelds beitragen, gehören: (a) klären, wer die Kontrolle hat, (b) das Setzen von Zielen und Selbstverstärkung fördern, (c) Zuversicht kommunizieren und vermitteln und (d) persönlichen Einsatz und die Verwendung effektiver und effizienter Strategien betonen.

11.2.1 Selbstkontrolle und Selbstüberwachung

Viele Schüler mit Lernstörungen nehmen sich selbst in einer passiven Rolle wahr. Sie fühlen sich dem, „was das Leben so mit sich bringt", mehr oder weniger hilflos ausgeliefert und sehen sich als Menschen, die wenig Kontrolle über ihr eigenes Schicksal haben. Effektive Lehrer nehmen diese schwächenden Überzeugungen in Angriff, indem sie viel Zeit investieren, um ihren Schülern klarzumachen, dass sie selbst die Kontrolle über ihr Leben haben. Sie helfen ihnen dabei, zu verstehen, dass sie schon jetzt Entscheidungen für ihr Erwachsenenleben treffen und dass sie daraus Kapital schlagen und noch aktiver die Kontrolle übernehmen können. Dieses Konzept der eigenen Kontrolle durchdringt tagtäglich die Lernatmosphäre. Effektive Lehrer von Schülern mit Lernstörungen verwenden eine Sprache, die dieses Konzept konsequent vermittelt, und die Art und Weise, wie sie den Unterricht durchführen, verstärkt es noch.

Schüler mit Lernstörungen sind häufig abhängig von ihren Lehrern, die ihren Erfolg vermitteln sollen. Sie erwarten von den Lehrern, dass sie sich bei der Durchführung von Aufgaben um sie kümmern und ihnen die Informationen „vorkauen", die sie für ihre Aufgaben brauchen. Die Beurteilung, ob die Aufgaben erfolgreich und rechtzeitig abgeschlossen wurden, überlassen sie dem Lehrer. Solche Überzeugungen sind kontraproduktiv und tragen nicht dazu bei, das Setzen von Zielen und die Unabhängigkeit der Schüler zu fördern. Um diese Überzeugungen zu ändern, greifen effektive Lehrer auf die Prinzipien der Sozialpädagogik zurück (siehe Field, 1996), wonach die langfristige Förderung von Unabhängigkeit (z. B. die Vermittlung von Fertigkeiten, die jetzt und in Zukunft auf breiter Basis genutzt werden können) der Gewährleistung kurzlebiger Erfolge (z. B. einem Schüler Nachhilfe geben, nur damit er einen Test besteht) vorzuziehen ist. Effektive Lehrer beziehen Lerninhalte immer darauf, wie ihren Schülern mit Lernstörungen zu mehr Unabhängigkeit verholfen werden kann.

Eine Möglichkeit, um Schülern zu mehr Unabhängigkeit zu verhelfen, ist der Einsatz von selbstüberwachenden Verhaltensweisen im Unterricht und die Ermutigung, solche Verhaltensweisen zu generalisieren und auch in anderen Settings und Situationen einzusetzen. Selbstüberwachung hilft den Schülern dabei, zu entscheiden, ob ein spezifisches Verhalten stattgefunden hat oder nicht, und dann die Ergebnisse zu dokumentieren. Diese Methode ist für Jugendliche mit Lernstörungen besonders hilfreich, da sie die Vorstellung verstärkt, dass sie selbst die Kontrolle über ihr Verhalten haben (King-Sears & Cummings, 1996) und dass positives Verhalten zu positiven Ergebnissen führen kann (Rankin & Reid, 1995). King-Sears und Cummings empfehlen die Verwendung von Selbstmanagement-Techniken, wie z. B. Selbstüberwachung, (a) um Problemverhalten im Regelunterricht zu mindern, (b) zur Unterstützung von weitreichenden Verhaltensmanagement-Systemen, (c) um Schülern dabei zu helfen, die Aufmerksamkeit auf spezifische schulische und soziale Verhaltensweisen zu richten, (d) um den Schülern mehr Verantwortung für ihr Verhalten und somit mehr Kontrolle zu übertragen, (e) um ihnen Gelegenheit zur Generalisierung von angemessenem Verhalten zur Verfügung zu stellen.

Verfahren der Selbstüberwachung sind besonders für Schüler der Sekundarstufe geeignet (Carter, 1993), weil ein Lehrer dort mehr Schüler zu betreuen hat und die Anforderungen an die Produktivität der Schüler steigen (Prater et al., 1991). Wenn Sekundarschülern in sonderpädagogischen Einrichtungen beigebracht wird, ihr Verhalten selbst zu überwachen, steigen ihre Chancen auf eine Integration in den Regelunterricht. In fünf Einzelstudien mit Jugendlichen mit Lernstörungen gelangten Prater et al. (1991) zu dem Schluss, dass diese Jugendlichen selbstüberwachende Verfahren sowohl in sonderpädagogischen als auch in normalen schulischen Settings erfolgreich implementieren und so ihr On-Task-Verhalten verbessern können. Die Autoren fanden außerdem, dass Selbstüberwachung gut in solchen Settings funktioniert, in denen viel Zeit mit selbstständigem Arbeiten verbracht wird. In einigen dieser Studien wurde Verstärkung an Selbstüberwachung gekoppelt. Die Ergebnisse zeigten jedoch, dass beides wirksam abgeschwächt und schließlich ganz weggelassen werden konnte, ohne dass das On-Task-Verhalten der Schüler dadurch beeinträchtigt wurde.

Reid (1996) berichtete, dass die Forschung zu Selbstüberwachung nicht nur im Hinblick auf On-Task-Verhalten positive Ergebnisse hervorgebracht hat, sondern

11

auch im Zusammenhang mit schulischer Produktivität (Menge oder Häufigkeit schulischer Reaktionen) sowie Genauigkeit. Trammel et al. (1994) fanden, dass Jugendliche mit Lernstörungen in den Klassenstufen sieben bis zehn vermittelt werden konnte, Verfahren der Selbstüberwachung zu nutzen, um die Anzahl der täglich fertiggestellten Hausaufgaben (d. h. die schulische Produktivität) zu steigern und die relevanten Daten grafisch darzustellen. Die Schüler begannen zu verstehen, wie wichtig Hausaufgaben sind, und sie erzielten bessere Zensuren. In einer Studie mit männlichen Schülern der Mittelstufe, die Lern- und Verhaltensprobleme hatten, fanden Martin und Manno (1995), dass die Aufsätze dieser Schüler vollständiger (d. h. genauer) waren, wenn ihnen beigebracht wurde, wie sie Checklisten-Systeme nutzen konnten, um sicherzustellen, dass wichtige Bestandteile in ihren Erzählungen enthalten waren.

Dunlap et al. (1991) haben die folgenden Schritte für Verfahren der Selbstüberwachung skizziert, die zu einer gesteigerten Unabhängigkeit der Schüler führen sollen: (a) das Zielverhalten so definieren, dass der Schüler es klar versteht, (b) funktionale Verstärker identifizieren und es dem Schüler ermöglichen, sie auszuwählen, (c) die Selbstüberwachungsmethode/das Selbstüberwachungsmittel entwerfen, (d) den Schüler in der Verwendung dieser Methode unterrichten (z. B. durch Modeling des Lehrers und/oder des Schülers) und (e) die Verwendung des Selbstüberwachungsmittels langsam ausblenden. Carter (1993) hat weitere Schritte vorgeschlagen, die eingesetzt werden sollen, wenn der Schüler bereits gelernt hat, wie er das Selbstüberwachungsmittel (Protokollführung) anwenden soll: (a) eine Strategie wählen, um Genauigkeit zu gewährleisten (der Schüler erhält z. B. die Gelegenheit, sein Protokoll mit dem des Lehrers abzugleichen), (b) Lehrer und Schüler wählen Ziele und Kontingenzen aus und (c) überprüfen gemeinsam das Ziel und die Leistung des Schülers. Wenn damit begonnen wird, die Verwendung des Selbstüberwachungsmittels auszublenden, sollte ein Plan zur Generalisierung und Beibehaltung des Zielverhaltens vorliegen.

11.2.2 Setzen von Zielen und Selbstverstärkung fördern

Luckner (1994) hat darauf hingewiesen, dass verantwortliche Menschen Ziele setzen und Schritte festlegen, um diese zu erreichen. Lehrer können Schülern dabei helfen, diese wichtige Fertigkeit zu lernen, indem sie über Ziele sprechen und die Schüler dabei unterstützen, sich erreichbare persönliche Ziele zu setzen und diese zu verfolgen. Spekman et al. (1992) empfahlen, Interventionen zusammen mit dem schulischen Lehrplan auf das Setzen von Zielen und Selbststeuerung zu fokussieren.

> *Wir müssen den Betroffenen helfen, sich mit ihrer Lernstörung auseinander-
> zusetzen, ihre Ziele damit in Einklang zu bringen, die Verantwortung für ihre
> Handlungen zu übernehmen und sich auf geeignete Berufe vorzubereiten.
> Erfahrungen müssen bedeutsam sein, und es muss eine sichere Umgebung zur
> Verfügung gestellt werden, in der Scheitern und Rückschläge offen diskutiert
> werden. Ausdauer und proaktives Verhalten können in einem solchen Kontext
> gedeihen (S. 169).*

Bender (1994) wies darauf hin, dass Schüler durch entsprechendes Training dazu gebracht werden können, ihren Erfolg positiv zu attribuieren. Duchardt et al. (1995) haben die BELIEF-Strategie evaluiert. Dabei handelt es sich um eine aufgabenspezifische Strategie, die entwickelt wurde, um Schülern mit Lernstörungen beizubringen, wie sie unwirksame Überzeugungen verstehen, identifizieren, diskutieren und verändern können. Schüler sind dazu in der Lage, die Komponenten vorhandener Überzeugungen zu untersuchen und sie selbstständig zu verändern, wenn die Überzeugungen als nicht kompatibel mit persönlichen Bedürfnissen und Zielen empfunden werden.

Jugendliche mit Lernstörungen benutzen oftmals keine wirksamen Strategien der Selbstmotivation wie z. B. Selbst-Coping und affirmative Aussagen, Setzen eigener Ziele und Selbstverstärkung, d. h., man muss ihnen diese Strategien explizit beibringen. Der Hauptzweck von Selbstmotivationstraining besteht darin, bei den Schülern die Wahrnehmung von Selbstwirksamkeit und persönlicher Kontrolle zu fördern (McCombs, 1984). Auf diesen Wahrnehmungen gründet sich die Fähigkeit der Schüler, positive Selbstkontrolle auszuüben und negative Einstellungen und Orientierungen gegenüber Lernen zu verändern.

Viele Lehrer unterrichten Setzen von Zielen nicht nur als Fertigkeit, sondern auch als Philosophie. Sie bringen ihren Schülern beispielsweise bei, wie sie sich jährliche Lernziele setzen können und wie sie diese Ziele bei den Konferenzen zur individuellen Unterrichtsplanung (Individual Education Planning, IEP) so vorstellen können, dass sie in ihre formalen Unterrichtspläne aufgenommen werden (Van Reusen et al., 1987; Van Reusen & Bos, 1990). Es wird viel Zeit darauf verwendet, mit Schülern Ziele zu diskutieren und ihnen beizubringen, wie sie langfristige (d. h. auf die Zeit nach dem Schulabschluss bezogene, jährliche, halbjährliche), wöchentliche und sogar tägliche Leistungsziele festlegen können und wie diese Ziele miteinander zusammenhängen. So werden z. B. mögliche Strategien, die unterrichtet werden sollen, als ein Mittel vorgestellt, „um persönliche Ziele zu erreichen" (Lenz, 1991, S. 17), und die Schüler haben ein Mitspracherecht bei der Entscheidung, welche Strategien gelernt werden sollen. Wenn Schüler den Wunsch äußern, eine bestimmte Strategie zu lernen, engagieren sie sich anschließend stärker und nachhaltiger für die Aufgabe.

Effektive Lehrer helfen dem Schüler dabei, diese Verpflichtungen in Form von Zielaussagen zu formulieren, die Auskunft darüber geben, wie er die zu lernende Strategie in Zukunft im realen Leben anzuwenden beabsichtigt (Ellis et al., 1993). Darüber hinaus spiegeln Gespräche zwischen Lehrern und Schülern mit Lernstörungen stets die Orientierung an der Setzung von Zielen wider. Die Schüler werden dazu ermutigt, gemeinsam mit dem Lehrer zu beurteilen, wie wirksam eine Strategie ist und ob sie ihnen hilft, den spezifischen Anforderungen ihres Settings gerecht zu werden. Jede Woche wird ausreichend Zeit eingeplant, um die langfristigen Ziele und Fortschritte der Schüler zu diskutieren. Die Schüler werden täglich dazu animiert, sich Leistungsziele zu setzen, und die Lehrer sollten am Ende einer Unterrichtsstunde genügend Zeit einplanen, damit die Schüler beurteilen können, ob sie ihre Ziele erreicht haben. Lenz et al. (1991) propagierten, dass es sinnvoller sei, mit der Umsetzung von Zielen auf einer täglichen Basis zu beginnen, da langfristige Zielsetzungen und deren Umsetzung über Wochen, Monate oder gar Jahre

11

hinweg zu abstrakt seien. Ein Training in Zielerreichung bewirkte, dass Jugendliche deutlich mehr Projekte zu Ende führten. Kurzum, die Atmosphäre eines effektiven Förderunterrichts sollte von den Zielen der Schüler durchdrungen sein (Lenz et al., 1996).

Effektive Lehrer unterrichten Schüler mit Lernstörungen nicht nur in Zielsetzungsstrategien, sondern sie bringen ihnen auch bei, positive Affirmationen und Selbst-Coping-Aussagen zu machen, um sich bei der Durchführung einer Aufgabe selbst zu motivieren, ihre eigenen Leistungen zu bewerten, Verfahren der Selbstverstärkung und Selbstkorrektur einzusetzen und Fortschritte auf dem Weg zum Ziel zu überwachen (Seabaugh & Schumaker, 1981). Bei hochwirksamen sonderpädagogischen Programmen wird der Instruktionsprozess durch die Ziele der Schüler und *nicht* durch die der Lehrer gesteuert. Beispielsweise bereitete Ellis (1989) die Schüler vor Beginn einer inhaltsorientierten Unterrichtsstunde darauf vor, sich inhaltliche Lernziele zu setzen, indem die Schüler (a) eine Frage zum Inhalt notierten, von der sie hofften, dass sie im nachfolgenden Unterricht beantwortet werden wird, und (b) Ziele zur eigenen Mitarbeit im Unterricht formulierten. Am Ende der Unterrichtsstunde sollten die Schüler mit Lernstörungen bestimmen, ob ihre Frage beantwortet wurde und ob sie ihre Ziele in Bezug auf die Mitarbeit im Unterricht erreicht hatten. Ellis berichtete, dass die Mitarbeit beträchtlich zunahm und dass die Schüler mit Lernstörungen laut Aussage der Lehrer mehr Interesse am Unterrichtsthema zeigten.

11.2.3 Zuversicht vermitteln

Viele Schüler mit Lernstörungen, die auf eine Vorgeschichte mit Versagenserfahrungen zurückblicken, haben wenig Vertrauen in die eigenen Fähigkeiten (siehe Licht & Kistner, 1986). Ihre Erfolge führen sie meist auf Variablen zurück, die sie nicht beeinflussen können (z. B. schreiben sie eine gute Note in einer Klassenarbeit dem puren Glück zu: „Der Lehrer hat die Klassenarbeit diesmal leichter gemacht"). Ihre Misserfolge führen sie auf ihre – von ihnen selbst als solche wahrgenommene – Unfähigkeit zurück (z. B. „Ich habe versagt, weil ich bei Klassenarbeiten nicht gut bin"). Viele Schüler quälen sich auch mit negativen Selbstaussagen (z. B. „Ich bin zu dumm dafür"). In einer Studie, in der Motivationstechniken untersucht wurden, die erfahrene Lehrer im Umgang mit lernschwachen Schülern einsetzten, stellte sich heraus, dass effektive Lehrer ihren Schülern Zuversicht vermittelten, indem sie häufig Aussagen verwendeten wie z. B. „Ich weiß, dass du es kannst", oder „Jetzt kannst du eine schwierigere Aufgabe angehen, weil du in der Lage bist, sie zu lösen". Erfahrene Lehrer bringen ihren Schülern auch bei, ihre Zuversicht an Peers weiterzugeben. Wenn z. B. bei Gruppenaktivitäten kooperative Lerntechniken verwendet werden, wird in jeder Gruppe ein Schüler zum „Mutmacher" ernannt. Die Rolle des Mutmachers besteht darin, die anderen zu bestärken, ihnen Mut zu machen und ihnen in schwierigen oder frustrierenden Situationen Zuversicht zu vermitteln.

11.2.4 Persönliche Anstrengung und die Anwendung effektiver und effizienter Strategien betonen

Da viele Schüler mit Lernstörungen offenbar davon überzeugt sind, dass ihre Erfolge von Faktoren abhängen, die außerhalb ihrer persönlichen Kontrolle liegen (z. B. „Ich habe eine gute Note bekommen, weil die Klassenarbeit einfach war"), sollte beim Unterrichten dieser Schüler stets betont werden, dass persönliche Anstrengung ein Schlüsselfaktor jeder Erfolgsformel ist. Erfolgreiches Problemlösen hängt zum einen mit der Wahl einer geeigneten Strategie zusammen, die den Anforderungen des jeweiligen Settings gerecht wird, zum anderen mit einer konzertierten Anstrengung, diese Strategie effektiv anzuwenden. Ellis und Lenz (1996) propagierten, dass man Schülern mit Lernstörungen die Schlüsselelemente der Formel für erfolgreiches Problemlösen im schulischen Umfeld beibringen sollte:

> Wahl einer geeigneten Lernstrategie + persönliche Anstrengung =
> erfolgreiches Problemlösen

Der häufige Bezug auf diese Formel, wenn Fortschritte diskutiert werden und wenn Feedback erteilt wird, fördert das Verständnis der Schüler, dass persönliche Anstrengung erforderlich ist, um einen Zuwachs an Erfolg zu gewährleisten, und gleichzeitig wird das Verständnis des Lernprozesses gefördert. Die Schüler lernen außerdem, Versagenserfahrungen darauf zurückzuführen, dass sie weniger effektive und/oder effiziente Strategien verwendet haben. Die Schüler werden ermutigt, sich mehr darum zu bemühen, die *beste* Strategie (d. h. die effektivste und effizienteste Strategie) für die Aufgabe zu verwenden.

Scruggs und Mastropieri (1992) sowie Fulk (1994) haben auf die Bedeutung von „Attributionstraining" hingewiesen und betont, wie wichtig Anstrengung in Verbindung mit effektiven Strategien für den Erfolg von Schülern ist. Zahlreiche Studien haben untersucht, wie sich die Betonung von persönlicher Anstrengung und ein gezieltes Training zur Veränderung von Attributionsmustern (Reattributionstraining) auf Schüler auswirken, die eine Vorgeschichte mit Schulversagen haben. Jedoch haben sich nur wenige Studien speziell mit Schülern befasst, bei denen Lernstörungen diagnostiziert worden waren (siehe Anderson & Jennings, 1980; Licht & Kistner, 1986). Wenn Schüler häufig dazu ermutigt werden, positive Attributionen und affirmative Aussagen zu machen, kann dies mit der Zeit bewirken, dass die Schüler effektivere Motivationsstrategien anwenden.

Um positivere Überzeugungen zu fördern, können Lehrer eine Form von Reattributionstraining einsetzen, bei dem die Schüler lernen, die positiven Attributionen anzuerkennen (z. B. „Du hast eine 2 in der Klassenarbeit. Ein Grund, warum du eine 2 und keine schlechtere Note bekommen hast ist, dass du dich wirklich bemüht hast, zur Vorbereitung der Klassenarbeit eine gute Strategie zu verwenden, richtig?") oder sich bei der Wahl zwischen negativen und positiven Attributionen für die positiven zu entscheiden (z. B. „Du hast eine 2 in der Klassenarbeit. Liegt das daran, dass der Lehrer die Arbeit so leicht gemacht hat, oder kam dir die Arbeit nur so leicht vor, weil du so intensiv gelernt hast?"). Da einige Schüler mit Lernstörungen häufig kontraproduktive, negative Selbstgespräche führen (z. B. „Ich kann das nicht, ich bin zu dumm"), können Lehrer ihnen beibringen, vor und während schwieriger Aufgaben

11

positive Affirmationsaussagen zu machen. Beispielsweise können die Schüler, bevor sie mit der Klassenarbeit beginnen, oben auf der ersten Seite eine positive Affirmationsaussage schreiben (z. B. „Diese Klassenarbeit werde ich gut bewältigen") (Hughes et al., 1993).

11.3 Strategische Unterrichtspraktiken

Schüler zu schulischem Erfolg und Unabhängigkeit zu befähigen, ist nur ein Aspekt, der den Unterricht von Jugendlichen mit Lernstörungen kennzeichnen sollte. Effektive Lehrer von Schülern mit Lernstörungen müssen kontinuierlich strategische Unterrichtspraktiken anwenden, z. B.: (a) den Unterricht mit Leistungsbewertung verbinden, (b) die Unterrichtsstunde systematisch strukturieren, (c) eine explizite Instruktion anwenden und (d) unterstützende Interventionen (Scaffolding) einsetzen.

11.3.1 Den Unterricht mit Leistungsbewertung verbinden

Mertler (2003) hat darauf hingewiesen, wie wichtig eine genaue und konsistente Beurteilung und Evaluation der Leistung von Schülern ist. Beim Beurteilungsprozess werden Informationen gesammelt, zusammengefasst und interpretiert, um die erzieherische Entscheidungsfindung zu unterstützen (Airasian, 2000). Hierzu können Tests, Klassenarbeiten, Hausaufgaben, Unterrichtsaktivitäten, Gruppenprojekte und/oder informelle Beobachtungen gehören (Mertler, 2003). Bei der Evaluation werden Werturteile über die Fähigkeiten und Leistungen der Schüler gefällt. Die professionelle Entscheidungsfindung, die Teil des Evaluationsprozesses ist, kann weittragende Folgen haben; daher sollte die Evaluation erst erfolgen, wenn genügend Informationen gesammelt, analysiert und zusammengefasst wurden.

Der Unterrichtsprozess besteht aus drei grundlegenden Komponenten: (a) den Unterricht planen, (b) den Unterricht halten und (c) den Unterricht beurteilen (Airasian, 2000). Mertler (2003) hat darauf hingewiesen, dass die Schritte in diesem Prozess auf den ersten Blick zwar zirkulär erscheinen, in Wirklichkeit aber den gesamten Prozess über integriert werden. D. h., der effektive Lehrer hat bei der Planung des Unterrichts nicht nur die Ausführung, sondern auch die Beurteilung vor Augen. Ebenso beeinflusst die Ausführung des Unterrichts die Planung künftiger Unterrichtsstunden sowie die aktuelle und zukünftige Beurteilung der Unterrichtsstunden. Der effektive Lehrer berücksichtigt außerdem die Informationen, auf die er seine Beurteilungen stützt, um künftige Unterrichtsstunden zu planen und auszuführen.

Die Erstautorin dieses Kapitels (Martha J. Larkin) fand, dass einige Lehreranfänger, die Schüler mit Lernstörungen unterrichten, zwar schöne Unterrichtspläne entwerfen, die besonders die Ausführung des Unterrichts betonen, dabei aber die Beurteilung kaum berücksichtigen. „Ach, ich werde meine Schüler bitten, ihre Arbeitsblätter zur Notengebung einzureichen, oder ich werde sie am Ende der Stunde einen Test machen lassen" mag sich manch ein Lehreranfänger sagen. Als Larkin den Unterrichtsplan eines Lehreranfängers weiter prüfte, stellte sie fest, dass der Test am Ende der Schulstunde oder das Arbeitsblatt in keinerlei Zusammenhang mit den vor-

11

gegebenen Zielsetzungen des Unterrichts standen. Diese Episode zeigt, wie wichtig es ist, dass alle Lehrer, einschließlich Lehrer von Jugendlichen mit Lernstörungen, alle Komponenten des Unterrichtsprozesses (d. h. Planung, Durchführung und Beurteilung) integrieren und gewährleisten, dass die Beurteilung in unmittelbarem Bezug zum Unterricht steht.

Effektive Lehrer legen genau fest, was die Schüler über ein Thema wissen sollen, indem sie nationale, bundesstaatliche und lokale Standards ebenso wie die Ziele der individuellen Unterrichtsplanung (Individualized Education Program, IEP) prüfen. Daraufhin müssen die Lehrer beurteilen, was ihre Schüler bereits über das Thema wissen. Für Schüler, die bereits über die erforderlichen Informationen verfügen, reicht möglicherweise ein kurzer Überblick, bevor zu neuen und/oder schwierigeren Informationen übergegangen wird. Schüler, die nur ein begrenztes oder gar kein Wissen über ein Thema haben, benötigen einen intensiveren Unterricht und natürlich eine Beurteilung, die auf diesen Unterricht zugeschnitten ist. Die Beurteilung sollte sich stets an die Vermittlung neuer Informationen anschließen, damit der Lehrer feststellen kann, was die Schüler zum gegenwärtigen Zeitpunkt wissen. Der weitere Unterricht sollte dann auf den Ergebnissen dieser Beurteilung aufbauen.

11.3.2 Die Unterrichtsstunde systematisch strukturieren

Lehreranfänger neigen ebenso wie einige erfahrenere Lehrer dazu, rasch zum eigentlichen Thema der Unterrichtsstunde zu kommen, ohne daran zu denken, die Schüler auf den Unterricht vorzubereiten. Die Unterrichtsstunde endet eventuell mit dem Klingeln (Zeit, das Klassenzimmer zu wechseln) oder damit, dass die Schüler noch an ihren Aufgaben arbeiten, und es wird kaum ein Versuch unternommen, die Stunde zu einem sinnvollen Abschluss zu bringen. Eine Unterrichtsstunde sollte einen Anfang, eine Mitte und einen Schluss haben. Von dieser Strukturierung können alle Schüler profitieren, besonders aber Schüler mit Lernstörungen, die zusätzliche Unterstützung benötigen, um zwischen neuen Informationen Verbindungen herzustellen und die zentralen Aspekte von neuen Informationen mit bereits bekannten Informationen auf sinnvolle und nachhaltige Weise zu verbinden.

Silbey (2001) ist der Ansicht, dass eine Unterrichtsstunde (60 Minuten) vier klar erkennbare Merkmale haben sollte: (a) eine 5- bis 10-minütige *Brücke,* um bereits Gelerntes mit den neu gelernten Informationen zu verbinden, (b) eine 3- bis 5-minütige *Einführung mit Zielsetzung,* um die Ziele der Unterrichtsstunde vorzustellen und die Aufmerksamkeit der Schüler auf die Lernergebnisse zu lenken, (c) einen 30- bis 40-minütigen *Hauptteil,* in dem die Arbeit gemacht wird, die zum Erreichen der Lernziele erforderlich ist, (d) einen 5- bis 10-minütigen *Schlussteil mit Ausblick,* in dem das Gelernte und seine künftige Anwendung reflektiert wird. Im Schlussteil sollten die in der Einführung festgelegten Ziele wiederholt werden, um festzustellen, ob sie erreicht wurden. Wenn ja, kann eine Brücke zur nächsten Stunde geschlagen werden.

Andere beliebte Methoden für den Unterrichtseinstieg sind „organisierende Lernhilfen" (Advance Organizers) und „nachbereitende Lernhilfen" (Post Organizers) für den Schlussteil. Deshler *et al.* (1996) haben darauf hingewiesen, dass ein Advance Organizer aus mündlichen oder schriftlichen Informationen (oder beiden) besteht,

11

die den Schülern vor dem Hauptteil der Unterrichtsstunde dargeboten werden. Der Zweck eines Advance Organizers besteht darin, den Schülern dabei zu helfen, ein erstes Verständnis vom Unterrichtsinhalt zu gewinnen und sich mit der Organisation der Unterrichtsstunde und den Lernzielen vertraut zu machen. Nach Lenz *et al.* (1987) sind die Schlüsselkomponenten eines Advance Organizers: (a) Informationen über die Themen und Subthemen der Unterrichtsstunde, (b) Hintergrundinformationen und Konzepte, die gelernt werden sollen, und (c) sinnvolle Lernergebnisse, die erwartet werden. Jugendliche mit Lernstörungen verfügen in der Regel nicht über denselben Umfang an Hintergrundwissen wie ihre Peers mit normalen Schulleistungen, oder sie wissen nicht, wann und wie sie ihr Hintergrundwissen aktivieren können. Daher kann die Verwendung von organisierenden Lernhilfen im Unterricht für alle Schüler nützlich sein, insbesondere aber für Schüler mit Lernstörungen.

Nachbereitende Lernhilfen können ebenfalls für alle Schüler hilfreich sein, insbesondere aber für Schüler mit Lernstörungen. Schulbücher der Mittel- und Oberstufe sind mit 500 oder mehr Seiten oft sehr umfangreich. Es ist eine erstaunliche Leistung von Schülern ohne Lernstörungen, sich an viele Informationen in diesen Texten zu erinnern – wie viel schwieriger muss es erst für Schüler mit Lernstörungen sein, diese Informationen zu lesen, sie zu verstehen und sie sich zu merken! Nachbereitende Lernhilfen können kurz sein (5–10 Minuten), den Schülern jedoch ungemein nutzen, indem sie ihnen helfen, sich auf Schlüsselideen und ihre Zusammenhänge zu konzentrieren und sie sich zu merken. Darüber hinaus können die Schüler die wesentlichen neuen Informationen (ohne verwirrende Details) mit zuvor gelernten Informationen verbinden, damit der Lernprozess bedeutungsvoll bleibt. Bedeutungsvolles Lernen kann vor dem schützen, was Edwin S. Ellis (der andere Autor dieses Kapitels) als „intellektuelle Bulimie" bezeichnet (d. h. für die Prüfung büffeln, die Informationen in der Prüfung ausspeien und sie dann innerhalb kürzester Zeit vergessen). Eine gute nachbereitende Lernhilfe sorgt dafür, dass die Schüler die gelernten Informationen und/oder ihre Auffassungen zu dem Gelernten aktiv miteinander teilen. So kann z. B. ein „Ticket-Out-of-class" (Aufgabe, bevor der Unterricht verlassen wird) darin bestehen, einen Aspekt dessen, was in der Unterrichtsstunde gelernt wurde, mit anderen zu teilen. Eine andere Möglichkeit wäre, die Schüler aus dem Gelernten ein Netz von Schlüsselideen entwickeln zu lassen. Die Nachbereitung kann auch darin bestehen, die Schüler zu animieren, über eine Schlüsselidee der Unterrichtsstunde nachzudenken, mit einem Peer ein Paar zu bilden und sich über die ausgewählten Schlüsselideen auszutauschen: NACHDENKEN, EIN PAAR BILDEN, MITTEILEN.

Bis hierher haben wir den Unterrichtsbeginn und die Verwendung einer organisierenden Lernhilfe sowie den Unterrichtsabschluss und die Verwendung einer nachbereitenden Lernhilfe betont. Obwohl erfahrene Lehrer sich möglicherweise mit der Vorbereitung des Hauptteils der Unterrichtsstunde leichter tun, sollten sie dennoch einige wichtige Prinzipien beachten. Schumm et al. (1994) entwickelten ein Unterrichtsplanungskonzept, das die grafische Darstellung einer in drei Abschnitte unterteilten Pyramide verwendet. Der unterste und größte Abschnitt enthält das, was alle Schüler lernen sollten. Der mittlere Abschnitt ist kleiner als der unterste und enthält das, was die meisten Schüler lernen werden. Der oberste und kleinste Abschnitt der Pyramide enthält das, was nur wenige Schüler lernen werden. Schüler mit Lernstörungen haben eine durchschnittliche bis überdurchschnittliche Intelligenz, aber große

Schwierigkeiten mit dem Lernen. Daher wird ihr Lernen wahrscheinlich am besten in den unteren oder mittleren Abschnitt der Pyramide passen. Mit anderen Worten, bei Schülern mit Lernstörungen sollte sich der Hauptteil der Unterrichtsstunde darauf konzentrieren, was alle oder vielleicht die meisten Schüler lernen werden.

Das Verfahren zur Planung von Unterrichtsstunden, das am Zentrum für Lernforschung an der Universität Kansas entwickelt wurde, unterstützt Lehrer bei der Planung von Unterrichtsstunden für unterschiedliche Gruppen von Lernenden, einschließlich Schüler mit Lernstörungen (Lenz et al., 1993). Dieses Verfahren verwendet einen grafisch aufbereiteten Plan, der „Lesson Organizer" genannt wird und folgende Gesichtspunkte beinhaltet: (a) Inhalt der Unterrichtsstunde, (b) Erwartungen der Schüler, (c) Beziehung der gegenwärtigen Unterrichtsstunde zur Unterrichtseinheit, (d) die einzelnen Teile der Unterrichtsstunde und ihre Beziehungen, (e) nützliches Hintergrundwissen oder Vokabular und (f) Selbsttest-Fragen zur Überprüfung.

11.3.3 Explizite Instruktion zur Verfügung stellen

Obwohl es eine ganze Reihe von Unterrichtsmodellen gibt, die sich zunehmender Beliebtheit erfreuen, und die im Hinblick auf Jugendliche mit Lernstörungen effektiv sein können (z. B. holistischer Unterricht, entdeckendes Lernen, thematischer Unterricht, reziprokes Lernen), sind jene Unterrichtsmodelle am gründlichsten erforscht und in ihrer Effektivität für den Einsatz mit lerngestörten Jugendlichen mit Abstand am besten empirisch fundiert, deren Ziel es ist, den Unterricht so explizit wie möglich zu gestalten. Während über die relative Wirksamkeit von weniger expliziten Unterrichtsmodellen nur wenig bekannt ist, weil auf diesem Gebiet bislang nur begrenzt geforscht wurde, ist die Wirksamkeit der expliziten Instruktion gut dokumentiert. Wer sich dafür entschließt, weniger explizite Unterrichtsmethoden anzuwenden, sollte dies angesichts unzureichender Forschungsbelege, die ihren Nutzen bestätigen, sorgfältig abwägen. Lehrer, die eine weniger explizite Methode wählen, sollten sorgfältig überwachen und messen, inwieweit die Schüler das, was sie lernen sollen, auch tatsächlich lernen. Weniger explizite Unterrichtsansätze schaffen oft die *Illusion, dass Schüler lernen*, obwohl sie de facto gar nicht lernen.

Explizite Instruktion bedeutet, dass der Lehrer sicherstellt, dass die Schüler gut darüber Bescheid wissen, was erwartet wird, was gelernt wird, warum es gelernt wird und wie es genutzt und angewendet werden kann. Die Schüler werden auch darüber informiert, welche Unterrichtstechniken verwendet werden und warum diese Techniken ihnen dabei helfen, die Unterrichtsinhalte zu bewältigen. Wenn der Lehrer den Schülern z. B. eine Strategie zum Lesen von Schulbüchern vermittelt, wird er ihnen explizit erklären, worin der Zweck dieser Strategie besteht, wann und wo sie diese Strategie verwenden können, worin das Grundprinzip und die Funktion eines jeden Strategieschritts besteht und welche Verhaltensweisen nach der Durchführung des Schrittes erwartet werden. Die mentalen Aktionen, die bei der Durchführung eines jeden Strategieschritts stattfinden müssen, werden ausführlich erläutert. Den Schülern wird nicht nur die Anwendung der Strategie beigebracht, sondern auch, wie sie bei der Durchführung die Kontrolle über kognitive Schlüsselprozesse behalten. Um die Anwendung explizit zu modellieren, denken die Lehrer laut, während sie

11

den Strategiegebrauch vormachen, so dass die Schüler eine effektive Anwendung von Selbstregulationsprozessen beobachten können. Außerdem werden die Schüler darüber informiert, was sie während jeder Phase ihres Lernprozesses tun werden und wie diese Aktivitäten ihnen bei der Bewältigung der Strategie und bei ihrer Anwendung im Regelunterricht helfen.

11.3.3.1 Verdeckte Informationsverarbeitung expliziter machen

Um spezifischen Aufgabenanforderungen gerecht zu werden (z. B. einen Aufsatz schreiben, ein Kapitel aus einem Schulbuch lesen), müssen Schüler systematisch problemlösende Prozesse anwenden. Obwohl die Ergebnisse einiger dieser Prozesse direkt beobachtet werden können, sind die Prozesse selbst oft verdeckt und daher nicht direkt beobachtbar. Viele Prozesse beinhalten *kognitive Strategien* wie z. B. Vorstellungsbilder verwenden, Prioritäten setzen, Hypothesen aufstellen, neue Informationen mit bereits vorhandenem Wissen verbinden oder Paraphrasieren. Die Prozesse können auch *metakognitive Strategien* beinhalten, z. B. Problemanalyse, Entscheidungsfindung, Setzen von Zielen, Aufgabenanalyse und Selbstüberwachung (Ellis & Lenz, 1996). Ein Unterrichtsaspekt, der in der Regel am wenigsten explizit gemacht wird, ist die Vermittlung von verdeckten Prozessen, die bei der Durchführung von Aufgaben stattfinden. Der Lehrer kann z. B. direkt beobachtbare Prozesse, die mit dem Schreiben eines kurzen Aufsatzes assoziiert werden, modellieren und remodellieren und die Schüler dann dazu veranlassen, ihre eigenen Aufsätze zu schreiben. Oft wird von den Schülern verlangt, dass sie *die mentalen Prozesse, die bei der Durchführung einer Aufgabe stattfinden, erschließen.* Sie müssen erschließen, (a) woran sie vor Beginn einer Aufgabe denken müssen (z. B. Aufgabenanforderungen analysieren; über frühere Erfahrungen mit ähnlichen Aufgaben nachdenken; überlegen, wie man die Aufgabe am besten angeht; Strategien der Selbstmotivation verwenden); (b) woran sie während der Durchführung einer Aufgabe denken müssen (z. B. die Wirksamkeit der Strategie, die sie verwenden, überwachen; Stressniveau überwachen etc.) und (c) woran sie nach Beendigung einer Aufgabe denken müssen (die Wirksamkeit der verwendeten Strategie prüfen; Selbstverstärkung anwenden etc.). Forschungen haben gezeigt, dass der Unterricht für Jugendliche mit Lernstörungen sehr viel effektiver ist, wenn verdeckte Prozesse expliziter gemacht werden (Ellis et al., 1993). Bei der Vermittlung einer Leseverständnisstrategie z. B., bei der es darum geht, die wichtigsten Ideen eines Abschnitts zu paraphrasieren, wird ein effektiver Lehrer die kognitiven Prozesse, die man zur Identifikation und Formulierung einer Kernidee verwenden kann, erläutern und demonstrieren. Ein effektiver Lehrer wird die Schüler außerdem dahingehend coachen, dass sie diese kognitiven Prozesse effektiv und effizient durchführen können. Roehler und Duffy (1984) bezeichneten einen Unterricht, der verdeckte Verarbeitung betont, als „direkte Erklärung" (S. 265). Sie plädierten dafür, dass erfolgreiche Lehrer sich nicht nur auf die mechanischen Aspekte von Lernen und Leistung konzentrieren, sondern die Schüler auch direkt darin unterrichten, die verdeckten Prozesse, die in der Aufgabe verwendet werden, zu verstehen und anzuwenden. Ein weniger effektiver Lehrer würde die Schüler stattdessen einfach instruieren, das verdeckte Verhalten auszuführen, *ohne* es zu erklären oder vorzumachen, und dann Rückmeldung geben, ob das gewünschte Resultat erreicht wurde. Insgesamt scheinen Jugendliche mit Lernstörungen offenbar am besten zu lernen, wenn der Unterricht explizit ist. Aus diesem Grund müssen die verdeckten Prozesse, die sie bewältigen sollen, auch explizit erklärt werden.

11.3.3.2 Verfahren und Prozesse modellieren

Das Modellieren wichtiger Verfahren und Prozesse sollte als „Herzstück des Unterrichts" betrachtet werden (Schumaker, 1989). Leider neigen Lehrer dazu, direkt beobachtbare Prozesse zu modellieren und den Schülern dabei zu *erzählen*, was sie gerade tun (z. B. „Ich werde jetzt die Kernidee dieses Abschnitts suchen. Mal sehen ... die Kernidee ist ... mit leichtem Gepäck reisen – beim Rucksackreisen ist es wichtig, möglichst wenig Gepäck dabei zu haben.") anstatt während der direkt beobachtbaren Prozesse „laut zu denken", um die eher verdeckten Prozesse zu modellieren (Brown, 1978; Duffy & Bursuck, 1994; Fulk, 1994; Palincsar & Brown, 1984).

Durch das Modellieren verdeckter Prozesse können Schüler mit Lernstörungen miterleben, wie erfolgreiche Problemlöser denken. Das bedeutet, dass effektive Lehrer die verdeckten Prozesse nicht nur gründlich erklären, sondern sie auch explizit modellieren müssen. Schumaker (1989) identifizierte drei Hauptphasen modellierenden Unterrichtens. In der ersten Phase stellen die Lehrer einen Plan für die Unterrichtsstunde vor, der die Schüler unter anderem darauf hinweist, dass Modelle zur Verfügung gestellt werden. Die Schüler werden aufgefordert, darauf zu achten, wie der Lehrer geschlossene Prozesse durch lautes Denken vormacht, die sie anschließend nachahmen sollen. In der zweiten Phase macht der Lehrer die Verfahren und Prozesse vor, indem er laut denkt und dabei die beteiligten kognitiven Prozesse betont. Während er die Aufgabe ausführt, demonstriert der Lehrer Selbstinstruktions- und Selbstüberwachungsprozesse. In der dritten Phase werden die Schüler aufgefordert, die notwendigen Denkprozesse und physischen Handlungen allmählich selbst auszuführen, d. h., sie werden selbst zu Vorführenden. Anfangs werden die Schüler durch Hinweise dazu veranlasst, den nächsten Schritt der Aufgabe zu benennen. Wenn sie dies beherrschen, werden sie aufgefordert mitzuteilen, was sie sagen würden, während sie: (a) ihre Fortschritte kontrollieren, (b) ihre Leistung beurteilen, (c) Anpassungen vornehmen und (d) Probleme lösen. Indem der Lehrer die Schüler mit einbezieht, kann er überprüfen, ob sie die Verfahren und Prozesse, die an der Ausführung ihrer Aufgaben beteiligt sind, verstanden haben. Ellis et al. (1993) haben darauf hingewiesen, dass es den Unterricht zum Stocken bringen und die Aufgabe erschweren würde, wenn die Schüler dazu gezwungen würden, laut zu denken, bevor sie so weit sind. Die Schüler sollten in einer Weise am Modellieren beteiligt werden, die sie zu höchstem Engagement veranlasst und den Erfolg nicht gefährdet.

11.3.4 Stützunterricht – Scaffolding

Scaffolding oder vermitteltes Scaffolding bezeichnet die „ vorübergehende Unterstützung von Schülern beim Lernen neuer Inhalte" (Kameenui et al., 2002). Scaffolding optimiert das Lernen durch „die systematische Sequenzierung von Inhalten, Materialien und Aufgaben sowie durch die Unterstützung durch Lehrer und Peers" (Dickson et al., 1993, S. 12). Das Scaffolding-Konzept (Bruner, 1975) geht auf die Arbeiten von

11

Vygotsky zurück, der fand, dass Kinder, die von Erwachsenen unterstützt wurden, Aufgaben ausführen konnten, die sie ansonsten nicht selbstständig hätten bewältigen können. In einem schulischen Umfeld werden die Schüler so lange unterstützt, bis sie die neuen Fähigkeiten und Strategien, die sie lernen, selbstständig anwenden können (Rosenshine & Meister, 1992). Schüler brauchen mehr Unterstützung, wenn sie neue oder schwierige Aufgaben oder Informationen lernen. Scaffolding erfordert die „routinemäßige Anwendung von kalibrierter Unterstützung" (Wong, 1998, S. 340), d. h., die Schüler bekommen genau die Menge und Art von Unterstützung, die sie brauchen. Der Schlüssel zu erfolgreichem Scaffolding liegt darin begründet, die Unterstützung allmählich zu entziehen, sobald die Schüler zeigen, dass sie die Aufgaben bewältigen können. Auf diese Weise wird die Verantwortung für das Lernen vom Lehrer auf die Schüler verlagert (Larkin, 2002).

11.3.4.1 Scaffolding-Modell

Mehrere Forscher haben Modelle für Scaffolding-Unterricht beschrieben, in denen die Schüler allmählich von mehr zu weniger Unterstützung geführt werden, um Unabhängigkeit zu erreichen (siehe Beed et al., 1991; Ellis, 2000, 1993; Kameenui & Carnine, 1998; Mercer et al., 1996). Der Prozess ist bei all diesen Modellen im Wesentlichen derselbe. Unterschiede gibt es in der Terminologie, die verwendet wird, und in der Anzahl von Schritten, die zum Erreichen der Unabhängigkeit notwendig sind. Der Scaffolding-Prozess, der von Ellis (2000, 1993) vorgeschlagen wird, besteht aus vier Stadien und hat sich für Jugendliche mit Lernstörungen im schulischen Umfeld als wirksam erwiesen (siehe Abb. 11.1).

Im *Lehrer*-Stadium zu Beginn des Scaffolding-Prozesses stellt der Lehrer den Schülern die Aufgabe vor und modelliert sie (die einzelnen Schritte einer Lernstrategie durcharbeiten, eine grafische Organisationshilfe verwenden, den Vergaser eines kleinen Motors einstellen usw.). Der Lehrer kann z. B. eine noch unvollständige grafische Organisationshilfe in Form einer Overheadvorlage verwenden, die er gemeinsam mit den Schülern vervollständigt. Dazu beschreibt er durch „lautes Nachdenken" die Information und macht deutlich, wie die Beziehungen der einzelnen Items in der grafischen Organisationshilfe dargestellt sind.

Im zweiten Stadium, *Klasse*, konstruieren der Lehrer und die Klasse die Aufgabe gemeinsam und führen sie zusammen aus, weil die Aufgabe noch zu neu oder zu schwierig ist und der Lehrer davon ausgeht, dass die Schüler viel Unterstützung benötigen. Um an das Beispiel der grafischen Organisationshilfe anzuknüpfen: Der Lehrer kann eine noch unvollständige Organisationshilfe auf einer Overheadfolie zeigen, während die Schüler Kopien dieser Organisationshilfe vor sich auf ihren Tischen ha-

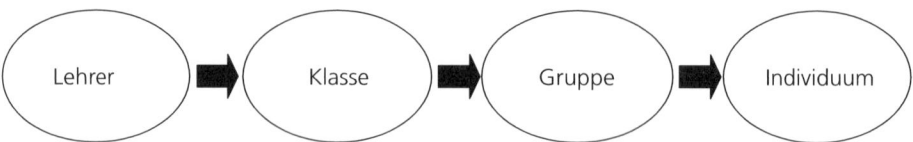

Abb. 11.1 Vier-Stadien-Prozess für den Scaffolding-Unterricht (aus Ellis, 2000, 1993).

ben. Der Lehrer fördert eine Diskussion über die Informationen und leitet die Schüler an. Die Schüler füllen die Leerstellen in ihren Organisationshilfen aus, während der Lehrer die Organisationshilfe auf der Folie vervollständigt. Um das Denken der Schüler zu lenken und Verbindungen zum Hintergrundwissen zu vermitteln, kann der Lehrer die Fragen der Schüler aufgreifen und sie bei der Suche nach Antworten dazu ermutigen, unabhängiger vom Lehrer zu werden.

Im dritten Stadium, *Gruppe*, arbeiten die Schüler mit einem Partner bzw. in einer kooperativen Kleingruppe (vier bis sechs Schüler) zusammen, um die Aufgabe aus dem zweiten Stadium in abgeänderter Form durchzuführen. Beispielsweise teilt der Lehrer den Schülergruppen eine unvollständige oder leere grafische Organisationshilfe zu einem neuen Thema aus und gibt den Schülern Anweisungen für die Durchführung der Aufgabe. Während dieser Unterrichtsaktivität geht der Lehrer von Gruppe zu Gruppe, um die Fortschritte der Schüler zu überwachen und bei Bedarf zu helfen oder Feedback zu erteilen. Sowohl die *Klassen-* wie auch die *Gruppen*-Stadien sind eine Form von gelenkter Praxis, wenngleich das *Klassen*-Stadium lehrervermittelte Praxis und das *Gruppen*-Stadium peervermittelte Praxis ist. Die peervermittelte Praxis ist ebenso wichtig wie die lehrervermittelte Praxis. Wenn es um Verfahrensweisen geht, können Schüler mit Lernstörungen ebenso viel von ihren Peers lernen wie von ihren Lehrern. Daher ist es wichtig, den Schülern die Gelegenheit zur Interaktion zu geben, damit sie untereinander die Ausführung der Aufgabe diskutieren können. Schüler, die an peervermittelten Aktivitäten teilnehmen, sind weniger auf die Vermittlung und Rückmeldung des Lehrers angewiesen, sie benötigen aber mehr Gelegenheiten, die Aufgabe zu üben und flüssig zu bearbeiten.

Im letzten Stadium, *Individuum*, arbeiten die Schüler unabhängig an der Aufgabe. Diese Form der schülervermittelten Praxis bietet den Schülern die Gelegenheit, die Aufgabe und deren flüssige Durchführung zu üben, so dass sowohl die direkt beobachtbaren wie auch die verdeckten Verhaltensweisen, die mit der Aufgabe verbunden sind, automatisch und rasch ausgeführt werden können. Dies kann im Unterricht selbst geschehen, wo Schüler bei Bedarf noch Unterstützung oder Feedback vom Lehrer erhalten können. Beispielsweise üben die Schüler im Unterricht selbstständig die Vervollständigung von Organisationshilfen, die ähnlich wie diejenigen aus den drei vorangegangenen Stadien. Später erhalten sie diese Aufgabe als Hausaufgabe.

11.3.4.2 Scaffolding: Richtlinien und Werkzeuge

Scaffolding ist geeignet, den individuellen Erfordernissen von Schülern gerecht zu werden (Kameenui *et al.*, 2002). In einem Literaturüberblick haben Hogan und Pressley (1997) acht grundlegende Komponenten des Scaffolding-Unterrichts beschrieben, die von Lehrern als Leitfaden verwendet werden können. Die Komponenten müssen nicht in dieser Reihenfolge auftreten:

- Bei der Wahl der Aufgaben sollten sowohl die Ziele des Lehrplans als auch die Erfordernisse des Schülers berücksichtigt werden.
- Es werden gemeinsame Ziele mit dem Schüler vereinbart, um Lernmotivation und -engagement zu fördern.
- Eine angemessene Unterrichtsplanung setzt die aktive Diagnose dessen voraus, was der Schüler versteht und welcher Lernbedarf besteht.

11

- Die Unterstützung sollte auf die Erfordernisse des Schülers zugeschnitten sein.
- Der Schüler wird dabei unterstützt, an der Verfolgung seiner Ziele festzuhalten.
- Durch Feedback lernt der Schüler, seine Fortschritte zu überwachen und zu erkennen, welche Verhaltensweisen zum Erfolg beitragen.
- Frustration und das Risiko, zu scheitern, lassen sich in einer angstfreien Lernumgebung kontrollieren, in der der Schüler Lernrisiken eingehen kann.
- Der Schüler wird dabei unterstützt, sein Lernen zu generalisieren und ein selbstständiger Lerner zu werden, indem er Aufgaben in vielen verschiedenen Kontexten übt.

Larkin (1999, 2001) hat die folgenden Richtlinien für ein erfolgreiches Scaffolding beschrieben:

- Mit etwas beginnen, was die Schüler können – sie müssen ihre Stärken kennen und eine positive Einstellung gegenüber dem entwickeln, was sie selbstständig tun können.
- Den Schülern zu einem raschen Erfolg verhelfen, damit sie nicht allzu frustriert werden und abschalten.
- Den Schülern dabei helfen, ähnliche schulische und soziale Eigenschaften zu zeigen wie ihre Peers, um ihr Selbstwertgefühl und ihre Lernmotivation zu fördern.
- Wissen, wann es Zeit ist, aufzuhören, weil Schüler mit Lernstörungen durch extrem lange Übungsstunden entmutigt werden und mehr Fehler machen.
- Wenn die Schüler eine Aufgabe beherrschen, sollten sie in ihrer Unabhängigkeit unterstützt werden, weil sie mit weniger Unterstützung auskommen müssen, wenn sie von der Grundschule auf die weiterführende Schule wechseln und von dort an die Universität oder ins Berufsleben.

Larkin (2001, 1999) fand außerdem, dass alle Lehrer, die an ihrer Studie teilnahmen, während des Unterrichts verschiedene Scaffolding-Werkzeuge einsetzten (Abb. 11.2) und bei der Wahl dieser Werkzeuge darauf achteten, den Bedürfnissen einzelner Schüler gerecht zu werden.

Scaffolding-Werkzeuge

- Modeling und lautes Denken
- Die Schüler zum Mitmachen animieren
- Die Häufigkeit richtiger Antworten maximieren
- Hinweisreize und Stichwörter bieten
- Kritische Gesichtspunkte analysieren
- Fragen stellen
- Erklären und elaborieren
- Das Verständnis der Schüler verifizieren
- Zusammenfassen und Synthesen erstellen

Abb. 11.2 Scaffolding-Werkzeuge (aus Larkin, 2001, 1999).

11.4 Hochwirksame Strategien unterrichten   11

Ein idealer pädagogischer Programmentwurf führt letztlich dazu, dass Schüler mit Lernstörungen Selbstvertrauen und Kompetenz entwickeln, was sie benötigen, um in der Welt der Erwachsenen autonom zu bestehen und ein Gefühl der Zugehörigkeit zu entwickeln. Den typischen Schüler mit Lernstörungen gibt es nicht (Mercer, 1997; Reiff et al., 1996), und ebenso wenig gibt es eine einzelne Methode, die den besonderen Lernstilen oder den Bedürfnissen vieler oder all dieser Schüler gerecht wird. Obwohl Jugendliche mit Lernstörungen eine heterogene Gruppe bilden, wurde in den letzten Jahrzehnten viel darüber gelernt, wie die Effektivität der Interventionen für diese Schüler gesteigert werden kann.

Wie bereits erwähnt, ist *Erfolg eine Funktion des Individuums, das mit der Umwelt interagiert.* Damit Schüler in einer schulischen Umgebung erfolgreich sein können, müssen effektive Lehrer nicht nur die individuellen Bedürfnisse der Schüler kennen, sondern auch die Anforderungen der Umgebung und des Settings. Diese Informationen helfen Lehrern dabei, eine effektive Lernstrategieinstruktion für ihre Schüler zu planen. Eine Strategie ist *„die Herangehensweise eines Individuum an eine Aufgabe (...) wenn darin eingeschlossen ist, wie eine Person denkt und handelt bei der Planung, Ausführung und Bewertung einer Aufgabenbearbeitung und deren Ergebnisse"* (Lenz et al., 1996, S. 5). Sowohl Fertigkeiten als auch Strategien bestehen aus einer Reihe von Schritten bzw. Verfahrensweisen, aber nur Strategien berücksichtigen die Art und Weise, wie Individuen planen, über ihre beobachtbaren und verdeckten Verhaltensweisen denken oder ihre Prozesse evaluieren.

Es ist wichtig, zwischen *Lehrstrategien* und *Lernstrategien* zu unterscheiden. Als Lehrer verwenden Sie eine ganze Reihe von Strategien, die Ihnen bei der Ausübung Ihres Berufes helfen. Sie haben bestimmte Ansätze für die Planung, Durchführung und Beurteilung Ihres Unterrichts. Sie verwenden Lehrstrategien, die Ihnen helfen, Ihren Beruf auszuüben. Dagegen sind Lernstrategien das, was Sie den Schülern beibringen, damit sie lernen, bestimmte Aufgaben zu erledigen. Sie hoffen, dass die Schüler die Strategien gut genug lernen und sie hilfreich genug finden, sie auch zu einem anderen Zeitpunkt und in anderen Settings zu erinnern und zu nutzen.

Ziel der Lernstrategieinstruktion ist es, Strategien effektiv (d. h., der Schüler lernt und generalisiert die Strategie) und effizient (d. h., der Schüler lernt die Strategie mit möglichst geringem Aufwand für Lehrer und Schüler und mit möglichst großem Nutzen für den Schüler) zu vermitteln (Lenz et al., 1996). Schüler mit Lernproblemen brauchen Strategien, die ihnen helfen, ihre Leistung zu verbessern. Wenn ein Schüler bereits weiß, wie er eine Aufgabe effektiv und effizient bearbeiten kann, besteht kein Grund, für diese Aufgabe eine Strategie zu lernen. Dagegen könnte ein Schüler, der ohne Erfolg viel Zeit in den Versuch investiert, eine Aufgabe zu bearbeiten, von einer Strategie profitieren, die seinen Bedürfnissen bei der Durchführung dieser Aufgabe gerecht wird. Obwohl eine Strategieinstruktion Schülern grundsätzlich nicht schadet, gibt es keine Garantie dafür, dass eine einzelne Strategie dem Bedarf aller Schüler gerecht wird. Man sollte also bei der Strategieinstruktion nicht davon ausgehen, dass *eine Strategie für alle* geeignet ist, sondern stattdessen differenzieren. Gregory und Chapman (2002) sind der Ansicht, dass eine differenzierte Instruktion eine Philosophie ist, auf die Lehrer zurückgreifen, um dem individuellen Bedarf jedes Lernenden gerecht

11

zu werden. Sie unterstützt die Lernenden auf ihrem jeweiligen Niveau, bietet aber dennoch anspruchsvolle, geeignete Optionen, um ihnen zum Erfolg zu verhelfen.

Am Zentrum für Lernforschung der Universität Kansas wurden zahlreiche durch Forschung validierte Lernstrategien entwickelt, die für Jugendliche mit Lernstörungen geeignet sind. Einige dieser Strategien werden in diesem Kapitel hervorgehoben, aber um mehr Informationen über diese und weitere Lernstrategien zu bekommen, empfehlen wir dem Leser, die Internetseite http://www.ku-crl.org zu besuchen. Einige der Kansas-Strategien setzen voraus, dass der Anwender vor dem Kauf der Handbücher ein Training absolviert, andere setzen kein Training voraus. In diesem Abschnitt werden wir einige Lernstrategien für die folgenden Bereiche vorstellen: (a) Leseverständnis, (b) Erinnern, (c) Schriftlicher Ausdruck, (d) Kompetenz und (e) Mathematik.

11.4.1 Leseverständnis

Um einen Text zu verstehen, muss ein Individuum das Gelesene aktiv auf sein Hintergrundwissen zum Thema beziehen. Das National Reading Panel hat darauf hingewiesen, dass die Unterweisung in Lesestrategien schwachen Lesern dabei hilft, „strategisch zu denken", wenn sie auf Verständnisbarrieren treffen (NICHD, 2000, S. 14). Schüler der Mittel- und Oberstufe werden mit so vielen Informationen bombardiert, dass es Jugendlichen mit Lernstörungen Schwierigkeiten bereitet, all das, was sie gelesen haben, zu lernen und im Gedächtnis zu behalten. Paraphrasieren, Zusammenfassen, Fragen beantworten und Selbstbefragung sind nützliche Strategien, die man diesen Schülern beibringen kann, wenn sie die Strategien noch nicht anwenden.

11.4.1.1 Paraphrasieren und Zusammenfassen

Die Strategie des Paraphrasierens (Schumaker et al., 1993) wurde am Zentrum für Lernforschung der Universität Kansas entwickelt, um Schülern dabei zu helfen, sich die Hauptideen und wichtige Details des Gelesenen zu merken. Die Strategie basiert auf der Initialwort-Gedächtnisstütze RAP:

Read a paragraph – Lies einen Abschnitt.
Ask a question to identify the main idea and details – Stelle eine Frage, um die Hauptidee und wichtige Details zu identifizieren.
Put the main idea and details into your own words – Fasse die Hauptidee und Details in deine eigenen Worte.

Im ersten Schritt lesen die Schüler den Abschnitt leise (Bos & Vaughn, 2002). Im zweiten Schritt stellen sie sich selbst eine Frage, um die Hauptidee und wichtige Details des Gelesenen zu identifizieren. Im dritten Schritt fassen sie die Hauptidee und Details in eigene Worte, damit sie sich die Informationen besser merken können. Der Lehrer könnte seine Schüler beispielsweise dazu ermutigen, im Zusammenhang mit jeder wichtigen Idee mindestens zwei Details zu nennen. Schumaker et al. (1984) haben darauf hingewiesen, dass gute Umschreibungen folgende Kriterien erfüllen müssen: (a) Sie müssen einen vollständigen Gedanken mit einem Subjekt und einem

11

Verb enthalten, (b) sie müssen genau sein, (c) sie müssen Sinn machen, (d) sie müssen brauchbare Informationen enthalten und (e) sie müssen mit eigenen Worten des Schülers wiedergegeben werden. Schüler mit Lernstörungen, die die Strategie des Paraphrasierens lernten und anwendeten, verbesserten ihr Verständnis von Lernmaterial, das ihrer Klassenstufe entsprach, von 48 % auf 84 % (Schumaker et al., 1984).

Ebenso wie die Strategie des Paraphrasierens kann eine Zusammenfassung von wesentlichen Informationen den Schülern helfen, die Kernpunkte aus einem einzelnen Absatz herauszufiltern. Die Herausforderung dieser Zusammenfassungen besteht darin, die Informationen in einem einzigen Satz zusammenzufassen (Swanson & DeLaPaz, 1998). Durch Modellieren kann der Lehrer den Schülern zeigen, wie gelesene Informationen mit so wenigen Wörtern wie möglich wiedergegeben werden können. Eine Möglichkeit wäre, die Schüler zunächst zwei Sätze eines Absatzes mit maximal 15 Wörtern zusammenfassen zu lassen. Anschließend könnte der Lehrer sie auffordern, den ganzen Absatz mit maximal 15 Wörtern zusammenzufassen. Schüler mit Lernstörungen werden die Rückmeldung des Lehrers brauchen, um festzustellen, welches die wichtigsten Informationen eines Absatzes sind. Zusammenfassen des Wesentlichen kann Schülern auch Gelegenheit geben, das Setzen von Zielen zu üben (z. B. die maximale Anzahl von Wörtern festzulegen, die ein Satz haben darf, um einen Abschnitt zusammenzufassen).

11.4.1.2 Fragen beantworten und Selbstbefragung

Wenn man Schülern Fragen über das Gelesene stellt, müssen sie erkennen, wo und wie sie die erforderlichen Informationen finden, um die Fragen zu beantworten. Raphael (1982) identifizierte die folgenden Fragestrategien: (a) genau dort, (b) nachdenken und suchen, (c) der Autor und du und (d) auf mich selbst gestellt (S. 378). Casteel et al. (2000) erweiterten diese Strategien, indem sie eine Aussage hinzufügten, um die Schüler noch besser dabei zu unterstützen, die passenden Informationen zur Beantwortung der Fragen ausfindig zu machen:

Genau dort – Ich kann die Antwort an einer bestimmten Stelle im Buch finden.
Nachdenken und suchen – Ich kann die Antwort im Buch finden, aber die ganze Antwort wird nicht an derselben Stelle zu finden sein.
Der Autor und ich – Ich muss das verwenden, was der Autor geschrieben hat und was ich weiß, um die Frage zu beantworten. Ich muss „zwischen den Zeilen lesen".
Auf mich selbst gestellt – Ich kann die Fragen beantworten, indem ich auf das zurückgreife, was ich bereits über das Thema weiß.

Eine weitere wichtige Verständnisstrategie ist die Selbstbefragung. Vacca und Vacca (2002) haben darauf hingewiesen, dass die ReQuest-Strategie ursprünglich für den Einzelunterricht gedacht war, aber leicht an eine Gruppe oder Klasse angepasst werden kann, um Schülern dabei zu helfen, während des Lesens zu denken. Bei der ReQuest-Strategie lesen Lehrer und Schüler leise dieselbe Textpassage. Der Lehrer sollte darauf achten, kurze Passagen auszuwählen, besonders für Schüler, die Verständnisschwierigkeiten haben. Als Nächstes stellen die Schüler dem Lehrer Fragen, nachdem der Lehrer das Buch geschlossen hat. Der Lehrer kann bei den Schülern zur Klärung ihrer Fragen nachhaken und durch Modeling zu verstehen geben, dass er nicht immer die

11

Antwort weiß. Ebenso können die Schüler dem Lehrer abwechselnd Fragen stellen oder Teams bilden und den Lehrer gemeinsam befragen. Im dritten Schritt tauschen Lehrer und Schüler die Rollen, d. h., jetzt stellt der Lehrer den Schülern Fragen zur gelesenen Textpassage. Die Schüler können darauf verweisen, dass sie auf eine Frage keine Antwort haben, aber sie müssen erklären, warum sie die Antwort nicht wissen. Bei diesem Schritt kann der Lehrer verschiedene Arten von Fragen stellen, damit die Schüler lernen, gute Fragen zu stellen. Diese drei Schritte können bei jedem gelesenen Textabschnitt wiederholt werden. Als Nächstes treffen die Schüler Voraussagen über das restliche Lesematerial und erklären, warum sie genau diese Voraussagen getroffen haben. Das ist der richtige Zeitpunkt, um die Schüler zu ermutigen, bei ihren Voraussagen ein Risiko einzugehen. Nach den Voraussagen lesen die Schüler für sich das restliche Lesematerial, gefolgt von einer lehrerunterstützten Klassendiskussion (Vacca & Vacca, 2002). Die ReQuest-Strategie ist eine gute Möglichkeit, um die Schüler auch mit dem Konzept der Selbstbefragung vertraut zu machen. Der Lehrer kann den Schülern zeigen, wie sie sich selbst Fragen stellen können, wenn sie Textauszüge lesen und sie ermutigen, diese Verständnisstrategie anzuwenden (siehe McKenna & Robinson, 2002).

11.4.2 Erinnern

In der Sekundarschule wird vorausgesetzt, dass die Schüler Bedeutung und Schreibweise zahlreicher Wörter kennen. Darüber hinaus wird von den Schülern verlangt, dass sie ihr Verständnis der Wortbedeutungen beim Aufsatzschreiben, in Übungen, Experimenten und Projekten etc. demonstrieren. Schülern mit Lernstörungen können diese Anforderungen große Schwierigkeiten bereiten. Die Schüler sind möglicherweise in der Lage, die Bedeutungen von Wörtern im Kurzzeitgedächtnis (d. h. für 20 Sekunden) aufzunehmen, aber nur allzu oft sind die Informationen sehr schnell wieder vergessen (Hughes, 1996). Das liegt u. a. daran, dass die Schüler beim Versuch, sich die Wortbedeutungen einzuprägen, Strategien anwenden wie z. B. Wiederholung oder verbales Rehearsal (bei dem die Informationen immer wieder von Neuem wiederholt werden), die weniger effizient und effektiv sind. Verbales Rehearsal ist geeignet, sich kurzfristig die Telefonnummer eines Bekannten zu merken, den man anrufen möchte, es ist aber in der Regel eine sehr schlechte Langzeitgedächtnisstrategie.

Viele Jugendliche mit Lernstörungen profitieren von einer effizienteren und effektiveren Strategie zum Lernen von Wörtern. Sie müssen lernen, die Wortinformationen im Arbeitsgedächtnis zu verwenden (d. h., sie zu behalten) und zum späteren Abruf im Langzeitgedächtnis zu speichern (Hughes, 1996). Vielen Jugendlichen mit Lernstörungen fällt der Abruf von Informationen aus dem Langzeitgedächtnis ebenso schwer wie das Lernen der Informationen. Eine geeignete Wortschatz-Strategie hilft den Schülern nicht nur beim Lernen, sondern auch beim Abruf von Informationen.

Mnemotechniken sind Behaltenstechniken, mit deren Hilfe Informationen organisiert werden, indem zwischen anscheinend unzusammenhängenden Informationen bedeutungsvolle Verbindungen hergestellt werden. Solche Verbindungen erleichtern die Speicherung im Gedächtnis und den späteren Abruf (Hughes, 1996). Obwohl es verschiedene Arten von Mnemotechniken gibt, wird häufig die Schlüsselwortmethode zum Lernen neuer Wörter eingesetzt. Schlüsselwörter sind vertraute konkrete Wörter, die einem Teil des unbekannten Wortes visuell oder akustisch ähneln (Bulgren & Lenz, 1996). Brigham et al. (1995) gelangten zu dem Ergebnis, dass Schüler mit Lernstörungen sich die Besonderheiten von Kriegsschauplätzen im amerikanischen Revolutionskrieg sehr viel besser merken konnten, wenn sie Schlüsselwörter und bildliche Mnemotechniken einsetzten als Schüler, denen nur Zeichnungen von den Besonderheiten der Schauplätze gegeben wurden. Die Autoren wiesen außerdem darauf hin, dass eine stärkere Konkretheit positive Effekte bei Schülern mit Lernstörungen hat. Mastropieri et al. (1997) berichteten, dass Schüler mit Lernstörungen Informationen über die US-Präsidenten besser lernten, nachdem sie eine Instruktion in Mnemotechniken erhalten hatten. Bulgren et al. (1995) fanden, dass Schüler mit Lernstörungen, die in Mnemotechniken unterrichtet worden waren, substanzielle Fortschritte bei der Erstellung von Karteikarten machten und eine bessere Prüfungsleistung erbrachten. (Siehe Green [1994] für eine Diskussion, wie sich Mnemotechniken auf verschiedene Inhaltsbereiche anwenden lassen.) Evers und Bursuck (1995) sahen in Mnemotechniken eine Möglichkeit für Schüler mit Lernstörungen, die eine technische Ausbildung absolvierten, sich Maschinenteile, die Schritte zur Erfüllung einer Aufgabe oder die Abläufe in einer Werkstatt zu merken.

11.4.2.1 LINCS-Wortschatz

Die LINCS-Wortschatz-Strategie (Ellis, 1995) ist eine der Strategien, die an der Universität Kansas entwickelt wurden. Es handelt sich dabei um eine wirksame Methode zur Verbesserung der Gedächtnisleistung, die Schülern hilft, die Bedeutung neuer Wörter zu lernen. Die Schritte der LINCS-Strategie sollen die Schüler dabei unterstützen, sich auf wesentliche Konzeptelemente zu konzentrieren, Vorstellungsbilder einzusetzen, Verbindungen zum Vorwissen herzustellen und Schlüsselwort-Gedächtnisstützen auszuprobieren, die sie zur Erstellung von Karteikarten verwenden können. Danach werden die Schüler instruiert, wie sie mit den Karteikarten üben können, ihr Verständnis zu verbessern und Konzepte besser zu merken.

LINCS (Ellis, 1995) (wörtlich „Verbindungen") basiert auf der Schlüsselwortmethode (Abb. 11.3). Jeder Buchstabe des Wortes „LINCS" bezeichnet einen Schritt, der den Schülern beim Lernen neuer Wörter helfen soll. Um z. B. den ersten Schritt – *List the parts* (Erstelle eine Liste der wichtigsten Definitionskomponenten) – auszuführen, ermitteln die Schüler wichtige Wörter und Informationen über die Lernwörter, die sie auf eine Karteikarte schreiben. Das Lernwort selbst wird auf die Vorderseite der Karteikarte geschrieben und (farbig) eingekreist, und auf der Rückseite der Karteikarte wird eine kurze Definition geschrieben. Das Wort *Lehen* wird z. B. als ein Stück Land definiert, das der König dem Soldaten als Lohn für seinen Kriegsdienst überlässt.

Beim zweiten Schritt – *Imagine a picture* (Stell dir ein Bild vor) – beginnen die Schüler damit, Gedächtnisstützen zu verwenden und sich den Begriff und seine Bedeutung bildlich vorzustellen. Sie beschreiben dieses Bild entweder sich selbst oder jemand anderem. Ein Schüler könnte sich z. B. das Bild eines Königs vorstellen, der einem Ritter ein Stück Land gibt, um ihn für seine Bereitschaft zu belohnen, für den König in den Krieg zu ziehen.

11

Beim dritten Schritt – *Note a familiar reminding word* (Suche ein Merkwort aus, das dir vertraut ist, und das so ähnlich klingt wie das neue Wort oder wie Teile des neuen Worts) – identifizieren die Schüler ein Wort aus ihrem Wortschatz, das dem neuen Wort akustisch ähnelt. Das Wort *Lehen* könnte sich ein Schüler mithilfe eines vertrauten Reimwortes (z. B. *säen*) merken. Das Merkwort wird unterhalb des eigentlichen Lernwortes (und etwas kleiner) auf die Vorderseite der Karteikarte geschrieben.

Beim vierten Schritt – *Construct a LINCing story* (Denke dir eine passende Geschichte aus) – sollen die Schüler eine Verbindung zwischen dem Lernwort Lehen und dem Merkwort säen herstellen, indem sie sich eine kurze Geschichte ausdenken, z. B.:

Die einzelnen Schritte der LINCS-Strategie

Schritt 1: List the parts – **Erstelle eine Liste der wichtigsten Definitionskomponenten.**
- Schreibe das Wort auf eine Karteikarte.
- Schreibe die wichtigsten Komponenten der Definition auf die Rückseite der Karteikarte.

Schritt 2: Imagine a picture – **Stell dir ein Bild vor.**
- Stell dir ein Bild vor, das die Bedeutung des Wortes erfasst.
- Beschreibe das Bild.

Schritt 3: Note a „Reminding Word" – **Suche ein „Merkwort" aus.**
- Suche ein Wort aus, das dir vertraut ist und das so ähnlich klingt wie das neue Wort oder wie Teile des neuen Worts.

Schritt 4: Construct a LINCing story – **Denke dir eine passende Geschichte aus.**
- Denke dir eine kurze Geschichte über das neue Wort aus, in der auch das Merkwort vorkommt.
- Erweitere dein Vorstellungsbild so, dass die Geschichte zu ihm passt.

Schritt 5: Selbsttest.
- Selbsttest „vorwärts".
  1. Sag das neue Wort.
  2. Sag das Merkwort.
  3. Denke an die Geschichte.
  4. Denke an das Bild.
  5. Sag, was das neue Wort bedeutet.
  6. Überprüfe, ob das stimmt.
- Selbsttest „rückwärts".
  1. Sag, was das neue Wort bedeutet.
  2. Denke an das Bild.
  3. Denke an die Geschichte.
  4. Sag das Merkwort.
  5. Sag das neue Wort.
  6. Überprüfe, ob das stimmt.

Abb. 11.3 LINCS: eine Wortschatz-Lernstrategie (aus Ellis, 1995).

„Wenn der Ritter aus dem Krieg zurückkehrt, wird er das Land, das ihm der König überlassen hat, bestellen und Getreide säen."

Der fünfte und letzte Schritt der LINCS-Strategie ist ein **S**elbsttest, in dem die Schüler vorwärtsgerichtete (d. h., das Lernwort wird an das Merkwort, das Merkwort an die Geschichte und die Geschichte an die Definition geknüpft) und rückwärtsgerichtete (d. h., die Definition wird an die Geschichte, die Geschichte an das Merkwort und das Merkwort an das Lernwort geknüpft) Abrufmethoden einsetzen. Die Schüler werden an die Kettenanalogie (Anfangsbuchstaben des Wortes LINCS) erinnert und aufgefordert, starke Verbindungen herzustellen. In anderen Worten, eine Kette ist nur so stark wie ihr schwächstes Glied. Gute Wörter und Geschichten tragen zum Erfolg dieser Strategie bei.

Die LINCS-Strategie wurde bei Schülern mit Lernstörungen im Sozialkundeunterricht der sechsten Klasse angewandt. Nachdem sie die Strategie gelernt hatten, zeigten die Schüler mit Lernstörungen beim Abruf von Wortbedeutungen einen Zuwachs von 24 % (Wedel et al., 1992). Die Ergebnisse zeigen, dass Schüler mit Lernstörungen in der Lage sind, eine Wortschatz-Gedächtnisstrategie zu lernen, und dass einige den Gebrauch dieser Strategie auf andere Schulfächer und Settings generalisieren können. Diese Studie hat ergeben, dass Lernhilfen, die vom Lehrer selbst entworfen wurden, offenbar effizienter und effektiver waren als die, die von den Schülern entworfen wurden – die Gründe dafür sind unklar. Weitere Forschungen sind notwendig, um zu klären, wie Schüler dahingehend instruiert werden können, diese Technik konsequent und kompetent zu generalisieren (Hughes, 1996).

11.4.2.2 FIRST-Buchstaben-Gedächtnisstrategie

Die FIRST-Buchstaben-Gedächtnisstrategie (Nagel et al., 1994) ist eine weitere an der Universität Kansas entwickelte Lernstrategie, die Schülern dabei helfen soll, sich Informationslisten zu merken. Bei dieser Strategie werden die Schüler instruiert, Mnemotechniken oder Gedächtnisstützen zu entwerfen, wenn sie wichtige Informationen finden und zusammenfassen. Die Strategie besteht aus der Hauptstrategie LISTS und der Substrategie FIRST, die zur Bildung eines Merkworts bzw. eines Akronyms (Initialwort) verwendet wird. Die Schritte der LISTS-Strategie sind:

Look for cues – Suche nach Stichwörtern.
Investigate the items – Untersuche die Items.
Select a mnemonic device, using FIRST – Wähle ein Merkwort (verwende dazu die Substrategie FIRST).
Transfer the information to a card – Übertrage die Informationen auf eine Karteikarte.
Self-test – Selbsttest.

Im ersten Schritt der LISTS-Strategie suchen die Schüler in ihren Unterrichtsaufzeichnungen und Schulbüchern nach Stichwörtern, um Listen mit wichtigen Informationen zusammenzustellen. Dann denken sie sich für jede Liste eine Überschrift aus. Beim Untersuchen der Items (zweiter Schritt), entscheiden die Schüler, welche Items sie in die Liste aufnehmen. Im dritten Schritt wählen die Schüler mithilfe der FIRST-

11

Substrategie (siehe unten) ein Merkwort bzw. ein Akronym aus, mit dessen Hilfe sie eine Mnemotechnik konstruieren. Im vierten Schritt werden die Informationen auf eine Karteikarte übertragen: Die Schüler schreiben die Mnemotechnik und die Liste mit den Informationen auf die Rückseite der Karteikarte und die Überschrift auf die Vorderseite. Zum Schluss führen die Schüler einen Selbsttest durch, d. h., sie schauen sich die Überschrift an und setzen ihre Mnemotechnik ein, um die Items der Liste abzurufen, ohne sich dabei die Liste anzuschauen.

Die Substrategie FIRST besteht aus folgenden Schritten:

Form a word – Bilde ein Wort.
Insert (a) letter(s) – Füge (einen) Buchstaben ein.
Rearrange the letters – Ordne die Buchstaben neu.
Shape a sentence – Bilde einen Satz.
Try combinations – Teste verschiedene Kombinationsmöglichkeiten.

Im ersten Schritt der Substrategie verwenden die Schüler Großbuchstaben und schreiben den ersten Buchstaben eines jeden Wortes in der Liste. Daraufhin testen sie, ob sich ein Akronym oder ein erkennbares Wort bzw. Pseudowort bilden lässt. Im zweiten Schritt fügen die Schüler einen oder mehrere Buchstaben ein, um festzustellen, ob sich auf diese Weise ein Wort bilden lässt. Kleinbuchstaben werden eingefügt, um darauf hinzuweisen, dass diese Buchstaben kein Item auf der Liste repräsentieren (z. B. CaRT). Im dritten Schritt werden die Buchstaben neu geordnet, um festzustellen, ob auf diese Weise ein Wort entsteht. Im vierten Schritt bilden die Schüler einen Satz, wozu sie den Anfangsbuchstaben eines jeden Wortes auf der Liste verwenden (d. h. ein Akrostichon). Schließlich probieren die Schüler verschiedene Kombinationen der soeben genannten Schritte aus, um die Mnemotechnik zu bilden.

11.4.3 Schriftlicher Ausdruck

Wong et al. (1989) fanden, dass Jugendliche mit Lernstörungen beim Aufsatzschreiben Leistungen erbrachten, die eher mit denen jüngerer Kinder als mit denen gleichaltriger Mitschüler vergleichbar waren. Die Aufsätze der Schüler mit Lernstörungen waren weniger interessant und kürzer, es war weniger klar zu erkennen, worauf sie hinaus wollten, die Wortwahl war schlechter, und die Zahl der Rechtschreibfehler war größer. Viele Schüler mit leichten Lernstörungen produzieren möglichst wenig Text, um den Anforderungen der Aufgabe gerecht zu werden. Schüler, deren Texte einen unorganisierten Ideenstrom und eine schlechte Strukturierung (z. B. durch Absätze) aufweisen, können von einer expliziten Instruktion im Aufsatzschreiben profitieren. Eine Instruktion in Schreibstrategien ermöglicht es den Schülern, „während des Planungs- und Überarbeitungsprozesses einen effizienten und effektiven Ansatz des expositorischen Schreibens sowie Selbstregulationsstrategien – Selbstmotivation, Selbstverstärkung und zielgerichtetes Selbstgespräch – zu verwenden" (Ellis & Colvert, 1996, S. 173). Schreiben heißt, auf dem Papier denken, d. h., Schüler müssen logische Organisationsmethoden anwenden, damit das, was sie schreiben, für andere verständlich ist.

11

Zipprich (1995) berichtete, dass Schüler mit Lernstörungen von einer Strategie profitierten, die ihnen dabei half, ihr Schreiben zu planen und zu organisieren. Sie fand, dass Schüler, die keine Planungsstrategie hatten, schlechter geschriebene Geschichten produzierten und meist nicht auf die einzelnen Komponenten einer Geschichte achteten. Wong et al. (1997) fanden, dass Jugendliche mit Lernstörungen, denen man eine Schreibstrategie für vergleichende und kontrastierende Erörterungen beibrachte, die Qualität ihrer Aufsätze nach dem Training erheblich verbessern konnten. Diese qualitative Verbesserung ließ sich vor allem im Hinblick auf Klarheit, Angemessenheit und Organisation der Ideen feststellen. Hallenbeck (1996) bestätigte, dass Jugendliche mit Lernstörungen von einem Schreibansatz profitieren, der kognitives Strategietraining im Rahmen des sogenannten prozessorientierten Schreibens (*process writing*) beinhaltet. Er fand, dass Mittel- und Oberstufenschüler mit Lernstörungen nach einem Schreibstrategietraining und einer einjährigen Übungsphase eine Verbesserung zeigten, was die Strukturierung durch Absätze, die Gliederung in Einleitung, Hauptteil und Schluss sowie die Entwicklung der Autorenstimme betraf.

Das Modellieren des prozessorientierten Schreibens bewirkte, dass Jugendliche mit Lernstörungen ihre schriftlichen Arbeiten bereitwilliger anderen Personen zeigten (Milem & Garcia, 1996). Auch das Setzen von Zielen ließ sich mit einer Strategie verbinden, um das Schreiben der Schüler zu verbessern (Voth & Graham, 1993). MacArthur (1994) fand, dass Schreibstrategien, Textverarbeitung und Peers wesentlich zu einer Veränderung des Schreibens beitragen konnten. Bergen (1994) fand, dass elektronische Rechtschreibhilfen für jüngere Schüler hilfreich waren, um bei der Überarbeitung des Geschriebenen die korrekte Schreibweise eines Wortes festzustellen. Ein Gebiet, das für Schüler mit Lernstörungen offenbar ein größeres Problem darstellte, war die Entwicklung einer adäquaten Metakognition gegenüber den Bedürfnissen des Lesers. Wong et al. (1991) fanden, dass interaktives Unterrichten (d. h. instruktionale Schüler-Lehrer-Dialoge im Unterricht) zu einer Verbesserung der expositorischen Aufsätze führte, die klarer strukturiert und thematisch ansprechender waren, aber die Schüler mussten noch viel lernen über die adäquate Überarbeitung des Geschriebenen.

11.4.3.1 Sätze und Absätze schreiben

Die Satzschreibstrategie der Universität Kansas (Schumaker & Sheldon, 1985) hilft Schülern dabei, die grundlegenden Prinzipien von Satzkonstruktion und Ausdruck zu lernen. Die *Grundlagen der Satzschreibstrategie* beginnen mit den Konzepten Subjekt, Verb, Infinitiv und Präposition. Die *Kompetente Anwendung der Satzschreibstrategie* lehrt die Schüler, vier Satzarten zu erkennen und selbst zu generieren: einfache, zusammengesetzte, komplexe und zusammengesetzt-komplexe Sätze.
Die Mnemotechnik PENS hilft den Schülern, sich die Schritte beim Satzschreiben zu merken.

Pick a sentence type and formula – Wähle eine Satzart und ein Satzschema.
Explore words to fit the formula – Finde Wörter, die zu dem Schema passen.
Note the words – Merke dir die Wörter.
Search for verbs and subjects and check – Überprüfe den Satz auf Verben und Subjekte.

11

PENS wird auch bei der Strategie des Schreibens von Absätzen der Universität Kansas (Schumaker & Lyerla, 1991) verwendet, die Schülern dabei hilft, einen Absatz zu bilden, indem sie einen Eröffnungssatz schreiben, der in das Thema einführt, gefolgt von mehreren Detailsätzen, die ausführlicher auf das Thema eingehen, und einem abschließenden Satz mit dem entscheidenden Argument. Mithilfe dieser Strategie lernen die Schüler, gut organisierte, vollständige Absätze zu schreiben, indem sie zuerst ihre Ideen umreißen, eine Erzählperspektive und die Erzählzeit wählen, ihre Ideen ordnen und die Strukturierung des Absatzes planen, bevor sie mit dem Schreiben beginnen. Die Schüler lernen, verschiedene Arten von Absätzen zu schreiben einschließlich sequenzielle, deskriptive, expositorische und vergleichend-gegenüberstellende.

11.4.3.2 Fehlerüberwachung

Die Fehlerüberwachungsstrategie (Schumaker et al., 1994) wurde ebenfalls am Zentrum für Lernforschung der Universität Kansas entwickelt. Diese Strategie soll Schülern einen Prozess lehren, um Rechtschreibfehler zu entdecken und zu korrigieren, und ihnen dabei helfen, insgesamt einen übersichtlicheren Text zu produzieren. Mithilfe dieser Strategie lernen die Schüler, wie sie Fehler bei der Organisation von Absätzen, der Satzstruktur, der Groß- und Kleinschreibung, der Zeichensetzung und der Rechtschreibung lokalisieren und das Erscheinungsbild des Textes insgesamt (Übersichtlichkeit, Korrekturen etc.) verbessern können. Das Entdecken von Fehlern erfolgt durch eine Reihe von Fragen, die sich die Schüler stellen sollen. Anschließend korrigieren die Schüler ihre Fehler und schreiben den Absatz neu. Die Fehlerüberwachungsstrategie verwendet die Mnemotechnik COPS:

C wie **C**apitalization (Großschreibung): Habe ich das erste Wort im Satz, Substantive und Eigennamen groß geschrieben?

O wie **O**verall appearance (Erscheinungsbild): Wie ist das allgemeine Erscheinungsbild des Textes (Wort- und Zeilenabstand, Lesbarkeit, klar erkennbare Absätze, Übersichtlichkeit, vollständige Sätze)?

P wie **P**unctuation (Zeichensetzung): Habe ich alle Kommas, Strichpunkte, Punkte etc. richtig gesetzt?

S wie **S**pelling (Rechtschreibung): Habe ich alle Wörter richtig geschrieben?

Mercer (1997) plädierte dafür, dass Lehrer die COPS-Strategie regelmäßig wiederholen und die Schüler dazu animieren sollten, sie täglich anzuwenden, so dass ihr Gebrauch zur Gewohnheit wird. Denkbar wäre auch, dass Lehrer von ihren Schülern verlangen, bei allen Aufsätzen die COPS-Strategie anzuwenden, bevor sie zur Notengebung eingereicht werden.

11.4.4 Kompetenz

Jugendliche mit Lernstörungen lassen sich oft entmutigen und verhalten sich so, dass die Lehrer ein schlechtes Bild von ihnen haben, weil sie ihre Aufgaben nicht zu Ende führen oder bei Prüfungen schlecht abschneiden. In Wirklichkeit wissen diese Schüler oft nicht, wie sie eine Aufgabe angehen oder sie rechtzeitig fertigstellen sollen. Bei Prüfungen schneiden sie oft auch deswegen schlecht ab, weil sie in Anbetracht früheren Prüfungsversagens unter Prüfungsangst leiden. Diese Jugendlichen können daher davon profitieren, wenn ihnen Kompetenzstrategien vermittelt werden, die ihnen dabei helfen, Aufgaben zu Ende zu führen und Prüfungssituationen zu bewältigen.

11.4.4.1 Aufgaben zu Ende führen

Mithilfe der Strategie zur Fertigstellung von Aufgaben (Hughes et al., 1995), die ebenfalls vom Zentrum für Lernforschung der Universität Kansas entwickelt wurde, lernen Schüler, die Ausführung von Aufgaben vom Moment der Aufgabenstellung an zu überwachen, bis sie fertiggestellt sind und dem Lehrer übergeben werden können. Die Schüler lernen, Aufgaben aufzuschreiben und zu analysieren, Unteraufgaben zu planen und durchzuführen, und die fertiggestellte Aufgabe einzureichen.

Hughes et al. (2002) verwendeten ein Studiendesign, das mehrere Tests mit verschiedenen Schülern vorsah, um bei Schülern mit Lernstörungen die Effekte der Vermittlung einer umfassenden, unabhängigen Strategie zur Fertigstellung von Aufgaben zu evaluieren. Die Autoren wollten herausfinden, ob die Schüler im Regelunterricht die Strategie bewältigen würden und ob sie die Fertigstellungsquote bei der Durchführung von Aufgaben, die Qualität der Endprodukte, ihre Noten und die Zufriedenheit des Lehrers mit ihrer Leistung verbessern konnten. Außerdem wollten die Forschenden untersuchen, ob die Veränderungen dauerhaft beibehalten wurden. Neun Schüler der Mittelstufe wurden in einer Strategie zur Fertigstellung von Aufgaben – der sogenannten PROJECT-Strategie – unterrichtet. Diese Gedächtnisstütze umfasste die folgenden Schritte:

Prepare your forms – Bereite deine Aufgabenblätter vor.
Record and ask – Schreibe die Aufgabe auf und stelle Fragen.
Organize – Organisiere.
Break the assignment into parts – Unterteile die Aufgabe in einzelne Teile.
Estimate the number of study sessions – Versuche abzuschätzen, wie viel Zeit du dafür brauchen wirst.
Schedule the session – Teile deine Zeit gut ein.
Take your materials home – Nimm dein Material mit nach Hause.
Jump to it – Mach dich an die Arbeit.
Engage in the work – Gib dir Mühe.
Check your work – Überprüfe deine Arbeit.
Turn in your work – Gib deine Arbeit ab (Hughes et al., 2002, S. 4).

Hughes et al. fanden, dass acht der neun Studienteilnehmer den Gebrauch der Strategie bewältigten. Die Fertigstellungsquote ihrer Hausaufgaben und die Qualität ihrer Produkte, die sie als Teil der Aufgaben im Regelunterricht fertiggestellt hatten, verbesserten sich. Auch die Noten der Schüler wurden besser, und die Lehrer stuften die Qualität ihrer Arbeiten höher ein. Die Autoren kamen zu dem Schluss, dass es erforderlich sei, den Schülern angemessene Aufgaben zu geben und sie zu motivieren, die Aufgaben fertigzustellen. Außerdem müssen die Schüler dazu in der Lage sein, die erforderlichen Fertigkeiten zu bewältigen.

11.4.4.2 Prüfungssituationen bewältigen

Schüler mit Lernstörungen erbringen bei Prüfungen oft keine gute Leistung, weil sie nicht wissen, wie sie Prüfungssituation effektiv bewältigen sollen. Häufig gehen sie davon aus, dass sie nur eines tun können, um eine gute Note zu bekommen, nämlich möglichst viel auf eine Prüfung lernen. Eine Vorgeschichte mit schlechten Prüfungsleistungen führt natürlich zu Prüfungsangst und zu einer „Ist mir doch egal"-Copingstrategie. Strategien zur Bewältigung von Prüfungssituationen können Schülern vermittelt werden und dabei helfen, bei Prüfungen besser abzuschneiden und Angst zu überwinden. Allerdings müssen die Schüler gewarnt werden, dass das Lernen einer Strategie zur Prüfungsvorbereitung nicht das Lernen auf die Prüfung ersetzt (Hughes, 1996). Eine Prüfungsstrategie in Kombination mit guten Lerngewohnheiten ist eher die Erfolgsformel für Prüfungssituationen.

PIRATES (Hughes, Schumaker et al., 1993) ist eine Strategie, die an der Universität Kansas entwickelt wurde und Schülern dabei hilft, ihre Zeit einzuteilen und Arbeitsanweisungen und Prüfungsfragen sorgfältig zu lesen (Abb. 11.4). Die Schüler lernen, Fragen entweder sofort zu beantworten oder sie zurückzustellen und später zu bearbeiten. Die Strategie lehrt die Schüler, offensichtlich falsche Antworten auszustreichen und sinnvolle Vermutungen zu den verbliebenen Antwortalternativen anzustellen. Den Schülern wird beigebracht, sicherzustellen, dass sie den gesamten Test noch einmal auf unbeantwortete Fragen überprüfen.

Jugendliche mit Lernstörungen und Jugendliche mit Verhaltensstörungen haben die Strategie erfolgreich angewandt (Hughes, Ruhl et al., 1993; Hughes & Schumaker, 1991a, b). Der erste Schritt – **P**repare to succeed (Bereite die erfolgreiche Durchführung des Tests vor) – hilft den Schülern, eine proaktive Stimmung aufzubauen (Hughes, 1996). Die Schüler, die ihren Namen und die PIRATES-Strategie auf das Arbeitsblatt schreiben, bestimmen die Reihenfolge, in der sie die einzelnen Test-Items bearbeiten möchten, sie legen fest, wie viel Zeit sie jedem Item einräumen, sie machen sich mit Affirmationen Mut, und sie beginnen mit dem Test innerhalb von zwei Minuten (Hughes, 1996). Die Reihenfolge, in der die Items bearbeitet werden, bleibt den Schülern überlassen. Manche Schüler ziehen es vor, zuerst die schwierigeren zu bearbeiten, andere beginnen lieber mit den einfachen.

Im zweiten Schritt – **I**nspect the instructions (Prüfe die Arbeitsanweisungen) – werden Schüler mit Lernstörungen daran erinnert, sich auf die Arbeitsanweisungen zu konzentrieren, was sie andernfalls möglicherweise vergessen (Hughes, 1996). Dieser Schritt umfasst einen Subschritt RUN, der die Schüler dazu veranlasst, die Anweisungen sorgfältig durchzulesen, das Wesentliche zu unterstreichen und auf besondere Erfordernisse zu achten. Den Schülern wird vermittelt, wie wichtig es ist, die Anweisungen zu lesen und wie sie zu lesen sind. Dann stellen die Schüler fest, ob sie die Antwortbuchstaben bei Multiple-Choice-Fragen umkreisen oder unterstreichen sollen und ob sie die richtige oder die falsche Antwort kennzeichnen sollen.

Im dritten Schritt – **R**ead, remember, reduce (Lesen, Erinnern, Einschränken) – werden die Schüler ermutigt, eine Frage von Anfang bis Ende durchzulesen, bevor sie antworten, und nicht wie ein eifriger Kandidat in einer Spielshow mit der Antwort herauszuplatzen, noch bevor die Frage beendet ist. Die Schüler werden außerdem instruiert, alle Antwortmöglichkeiten zu lesen, bevor sie eine auswählen. Das Stichwort *Erinnern* gibt den Schülern den Hinweis, an das zu denken, was

11

Prepare to succeed – Bereite die erfolgreiche Durchführung des Tests vor.

    Put name on test – Schreibe deinen Namen auf das Arbeitsblatt.

    Allot time & order sections – Teile die Zeit und die Aufgabenbereiche ein.

    Say something positive – Sage etwas Positives.

    Start within 2 minutes – Beginne innerhalb von zwei Minuten.

Inspect instructions – Prüfe die Arbeitsanweisungen.

    Read whole questions – Lese alle Fragen ganz durch.

    Underline how and where to respond – Unterstreiche die wichtigsten Teile der Frage, auf die du antworten sollst.

    Notice special requirements – Achte auf besondere Erfordernisse.

Read, remember, reduce – Lesen, Erinnern, Einschränken.

    Read whole questions – Lese alle Fragen ganz durch.

    Remember with memory strategy – Erinnere Dich mithilfe einer Gedächtnisstrategie an das, was du gelernt hast.

    Reduce choices – Schränke die Zahl der möglichen Antworten ein.

Answer or abandon – Beantworte eine Frage oder gehe zur nächsten weiter.

Turn back – Komme später auf die Frage zurück.

Estimate – Rate.

    Avoid absolutes – Vermeide Absolutaussagen (spezifische Bestimmungswörter).

    Choose longest or most detailed answer – Wähle die längste bzw. detaillierteste Antwort aus.

    Eliminate choices – Verwerfe die anderen Antwortmöglichkeiten.

Survey to ensure all questions are answered – Kontrolliere, ob du alle Fragen beantwortet hast.

Abb. 11.4 PIRATES: eine Strategie zur Bewältigung von Prüfungssituationen (aus Hughes, Schumaker et al., 1993).

sie gelernt haben, und das ihnen helfen kann, das Item zu beantworten. Die Schüler schränken die Zahl möglicher Antworten ein, indem sie offensichtlich falsche ausstreichen.

Im vierten Schritt – **A**nswer or abandon (Beantworte eine Frage oder gehe zur nächsten weiter) – werden die Schüler daran erinnert, eine Frage zu beantworten, wenn sie sich der Antwort relativ sicher sind, oder zur nächsten Frage überzugehen, wenn sie sich nicht sicher sind. Fragen, die übergangen wurden, sollten so gekennzeichnet werden, dass sie nicht irrtümlich als Antwort verstanden werden, aber später leicht wiedererkannt werden können. Die Schritte zwei bis vier werden bei jedem Testabschnitt wiederholt, bis alle Testabschnitte bearbeitet sind.

Im fünften Schritt – **T**urn back – kommen die Schüler auf die Items zurück, die sie zuvor übersprungen haben, und versuchen, sich an irgend etwas zu erinnern, das ihnen helfen könnte, die Fragen zu beantworten. Möglicherweise sind sie bei einem an-

11

deren Item auf relevantes Wissen gestoßen. Wenn sie die Antwort noch nicht wissen, können sie im sechsten Schritt – Estimate (Rate) – drei Ratestrategien anwenden, die sie mithilfe des Initialwortes ACE erinnern können: (a) Absolutaussagen (spezifische Bestimmungswörter) vermeiden; (b) die längste und detaillierteste Antwort wählen und (c) ähnliche Antwortmöglichkeiten verwerfen und ausstreichen.

Im siebten Schritt – Survey (Kontrolliere) – vergewissern sich die Schüler, dass sie alle Items beantwortet und so beantwortet haben, wie sie es beabsichtigt hatten. Die Schüler werden darauf hingewiesen, dass es nur dann sinnvoll ist, eine Antwort auszutauschen, wenn sie sicher sind, dass die Wahl korrekt ist. Wenn sie unsicher sind, ist es besser, bei ihrer ersten Antwort zu bleiben (Hughes, 1996).

11.4.5 Mathematik

Schüler, die Schwierigkeiten in Mathematik haben, mögen das Fach in der Regel nicht und finden die Prozesse mühsam, weil sie die involvierten Konzepte nicht verstehen. Daher trifft man in der Mittel- und Oberstufe nicht selten auf Schüler mit Lernstörungen, die ihre mathematischen Fakten nicht kennen oder nicht wissen, wie sie Textaufgaben lösen sollen. Bos und Vaughn (2002) haben angemerkt, dass Lehrer nicht davon ausgehen können, Schüler hätten keine Schwierigkeiten mehr mit anderen mathematischen Operationen und Problemen, wenn sie grundlegende mathematische Fakten lernen. Das Lernen von mathematischen Fakten hilft Schülern nicht dabei, die Anwendung von mathematischen Operationen zu analysieren oder zu verstehen, es kann ihnen aber helfen, mathematische Operationen flüssig und genau auszuführen. Schüler, die ihre mathematischen Fakten nicht kennen, brauchen für die Berechnung kleiner Aufgabensegmente so viel Zeit, dass sie wahrscheinlich viel langsamer und weniger genau arbeiten als ihre Peers, die ihre mathematischen Fakten kennen. Obgleich es wichtig ist, mathematische Fakten zu lernen, sollten nach Bos und Vaughn Schüler mit Lernstörungen vor allem in Problemlösen unterrichtet werden, das möglicherweise die wichtigste Fertigkeit darstellt. Schülern mit Lernstörungen fehlt das metakognitive Wissen über Strategien zum mathematischen Problemlösen, wohingegen andere Schüler mathematische Operationen auch auf Probleme des realen Lebens anwenden können.

11.4.5.1 Mathematische Fakten

Die Reihe Strategische Mathematik (Strategic Math Series) ist Teil des strategischen Unterrichtsmodells (Strategic Instruction Model, SIM), das vom Zentrum für Lernforschung der Universität Kansas entwickelt wurde. Mercer und Miller (1998) haben darauf hingewiesen, dass diese Reihe den Schülern hilft, mathematische Konzepte zu verstehen, indem sie systematisch und explizit die Unterrichtssequenz konkret-repräsentational-abstrakt anwendet. Auf konkreter Ebene wird Anschauungsmaterial (d. h. dreidimensionale Objekte) eingesetzt, z. B. Klötze, Zählmarken etc. Auf repräsentationaler Ebene werden Zeichnungen und Markierungen zum Zählen (z. B. Striche) verwendet, um Mengen darzustellen. Auf abstrakter Ebene werden Zahlensymbole ohne Objekte oder Zeichnungen verwendet. Gedächtnishilfen wie FIND (für den Wert einer Stelle), DRAW (zum Rechnen) und FAST DRAW (für Textaufgaben) liefern den Schülern Stichwörter, mit deren Hilfe sie schwierige Aufgaben angehen und Textaufgaben lösen können. DRAW (Mercer & Mille, 1992) umfasst folgende Schritte:

Discover the sign – Stelle das Rechenzeichen fest.
Read the problem – Lies die Aufgabe.
Answer, or draw and check – Löse die Aufgabe oder zeichne und kontrolliere.
Write the Answer – Schreibe die Lösung auf.

Im ersten Schritt – **D**iscover the sign (Stelle das Rechenzeichen fest) – überprüft der Schüler das Rechenzeichen und legt fest, ob er addieren, subtrahieren, multiplizieren oder dividieren soll. Im zweiten Schritt – **R**ead the problem (Lies die Aufgabe) – liest der Schüler die Aufgabe laut vor (z. B. „drei mal vier gleich _____"). Im dritten Schritt – **A**nswer, or draw and check (Löse die Aufgabe oder zeichne und kontrolliere) – gibt der Schüler die Antwort, wenn er die Lösung weiß. Wenn er die Antwort nicht weiß, kann er in diesem Fall drei horizontale Linien, die Gruppen repräsentieren, zeichnen und zusätzlich vier vertikale Zählmarkierungen, um die Objekte in jeder Gruppe zu repräsentieren. Danach werden alle Zählmarkierungen gezählt, und wegen der Genauigkeit wird die Zählung wiederholt.

1___1___1___1
1___1___1___1
1___1___1___1

Im vierten Schritt schreibt der Schüler die Lösung der Aufgabe in die dafür vorgesehene Leerstelle (z. B., 3 x 4 = 12).

11.4.5.2 Textaufgaben lösen

Die FAST-DRAW-Strategie zum Lösen von Textaufgaben gehört ebenfalls zur Reihe Strategische Mathematik der Universität Kansas. FAST DRAW (Mercer & Miller, 1992) umfasst folgende Schritte:

Find what you're solving for – Finde heraus, was du lösen sollst.
Ask yourself, "What are the parts of the problem?" – Frage dich, welches die einzelnen Aufgabenteile sind.
Set up the numbers – Schreibe die Zahlen auf.
Tie down the sign – Füge das Rechenzeichen hinzu.
Discover the sign – Stelle das Rechenzeichen fest.
Read the problem – Lies die Aufgabe.
Answer, or draw and check – Löse die Aufgabe oder zeichne und kontrolliere.
Write the Answer – Schreibe die Lösung auf.

Im ersten Schritt der FAST-DRAW-Strategie sucht der Schüler nach zu beantwortenden Fragen in der Textaufgabe. Als Nächstes stellt er eine Frage, um die einzelnen Teile der Aufgabe herauszufinden.

11

Beispiel-Aufgabe: Ted hat vier Behälter mit drei Tennisbällen in jedem Behälter. Sandy hat zwei Tennisschläger. Wie viele Bälle gibt es insgesamt?

Der Schüler muss die Behälter als „Gruppe" identifizieren, weil sie etwas gemeinsam haben. Anschließend müssen die Tennisbälle als „Objekte pro Gruppe" erkannt werden, weil sich in jedem Behälter bzw. in jeder Gruppe drei Tennisbälle befinden. Der Schüler multipliziert daraufhin „Gruppe" (4) mal „Objekte pro Gruppe" (3), um die Gesamtsumme (12) zu bestimmen. Im dritten Schritt schreibt der Schüler die Zahlen auf:

$$\begin{array}{r} \text{4 Behälter} \\ \underline{\text{mit jeweils 3 Tennisbällen}} \\ \underline{}\text{Tennisbälle} \end{array}$$

Im vierten Schritt schreibt der Schüler die Aufgabe mit dem Rechenzeichen:

$$\begin{array}{r} \text{4 Behälter} \\ \underline{\text{x 3 Tennisbälle}} \\ \underline{}\text{Tennisbälle} \end{array}$$

Daraufhin kann der Schüler die Aufgabe entweder aus dem Gedächtnis lösen oder die bereits beschriebene DRAW-Strategie verwenden.

11.5 Schlussbetrachtung

Der Abschluss dieses Kapitels ist bittersüß. Er ist bitter in dem Sinne, dass wir gerade erst damit begonnen haben, die Fülle an forschungsvalidierten, strategischen schulischen Interventionen zu vermitteln, die sich bei Jugendlichen mit Lernstörungen als erfolgreich erwiesen haben. Wir hätten gerne noch viel mehr Interventionen beschrieben, aber Zeit und Raum waren dafür zu knapp. So gibt es z. B. weitere Literatur zu grafischen Organisationshilfen, von denen viele hilfreiche Ergänzungen zu einigen Lernstrategien darstellen. Grafische Organisationshilfen unterstützen die Schüler beim Zusammenfassen wichtiger Informationen, indem sie das Erkennen von Beziehungen zwischen Konzepten und Ideen erleichtern. Diese grafischen Organisationshilfen helfen den Schülern, neue Konzepte und Sequenzen zu erkennen oder auch Textstrukturen wie z. B. hierarchische Ebenen (z. B. wichtigste Idee(n) und Details) oder vergleichende – kontrastierende Strukturen etc. Eine Internetrecherche zu grafischen Organisationshilfen kann auf verschiedene gute Webseiten führen, auf denen reproduzierbare Vorlagen und Beispiele zu finden sind. Auf der Webseite von Ellis findet der Leser weitere Informationen zu grafischen Organisationshilfen und Lernstrategien, die in diesem Kapitel nicht erwähnt werden konnten: www.graphicorganizers.com. Der süße Teil beim Abschluss dieses Kapitels ist die Genugtuung, dass wir in den letzten vergangenen Jahrzehnten so viel darüber gelernt haben, wie man Schülern mit Lernstörungen dabei helfen kann, in schulischen Settings erfolgreich zu werden. Es gibt so viele Strategien, die angewandt werden können und die sich bei Jugendlichen mit Lernstörungen als wirksam erwiesen haben. Das Schöne an diesen Strategien ist, dass viele von ihnen auf individuelle Bedürfnisse dieser Schüler zugeschnitten und von den Lehrern relativ leicht implementiert werden können.

Literatur

Airasian, P. W. (2000). *Assessment in the classroom: A concise approach* (2. Aufl.). Boston: McGraw-Hill.

Anderson, C. A. & Jennings, D. L. (1980). When experiences of failure promote expectations of success: The impact of attributing failure to ineffective strategies. *Journal of Personality*, **48**, 393–407.

Beed, P. L., Hawkins, E. M. & Roller, C. M. (1991). Moving learners toward independence: The power of scaffolded instruction. *The Reading Teacher*, **44**, 648–655.

Bender, W. N. (1994). Social-emotional development: The task and the challenge. *Learning Disability Quarterly*, **17**, 250–252.

Bergen, R. (1994). Improving the writing performance of students with learning disabilities through the use of electronic reference devices. *LD Forum*, **19**(2), 26–27.

Bos, C. S. & Vaughn, S. (2002). *Strategies for teaching students with learning and behavior problems* (5. Aufl.). Boston: Allyn and Bacon.

Brigham, F. J., Scruggs, R. E. & Mastropieri, M. A. (1995). Elaborative maps for enhanced learning of historical information: Uniting spatial, verbal, and imaginal information. *The Journal of Special Education*, **28**(3), 440–460.

Brown, A. L. (1978). Knowing when, where, and how to remember: A problem of metacognition. In R. Glaser (Hg.), *Advances in instructional psychology*, Bd. 7 (S. 55–113). Hillsdale, NJ: Erlbaum.

Bruner, J. S. (1975). The ontogenesis of speech acts. *Journal of Child Language*, **2**, 1–40.

Bulgren, J. A., Hock, M. F., Schumaker, J. B. & Deshler, D. D. (1995). The effects of instruction in a paired associated strategy on the information mastery performance of students with learning disabilities. *Learning Disabilities Research & Practice*, **10**(1), 22–27.

Bulgren, J. & Lenz, K. (1996). Strategic instruction in the content areas. In D. D. Deshler, E. S. Ellis & B. K. Lenz (Hg.), *Teaching adolescents with learning disabilities: Strategies and methods*, 2. Aufl. (S. 409–473). Denver, CO: Love.

Carter, J. F. (1993). Self-management: Education's ultimate goal. *Teaching Exceptional Children*, **25**(3), 28–32.

Casteel, C. P., Isom, B. A. & Jordan, K. F. (2000). Creating confident and competent readers: Transactional strategies instruction. *Intervention in School and Clinic*, **36**(2), 67–74.

Deshler, D. D., Ellis, E. S. & Lenz, B. K. (1996). *Teaching adolescents with learning disabilities: Strategies & methods*. Denver: Love.

Dickson, S. V., Chard, D. J. & Simmons, D. C. (1993). An integrated reading/writing curriculum: A focus on scaffolding. *LD Forum*, **18**(4), 12–16.

Duchardt, B. A., Deshler, D. D. & Schumaker, J. B. (1995). A strategic intervention for enabling students with learning disabilities to identify and change their ineffective beliefs. *Learning Disability Quarterly*, **18**, 186–201.

Duffy, M. L. & Bursuck, W. D. (1994). Adapting the secondary curriculum: Considerations for teachers. *LD Forum*, **19**(2), 18–21.

Dunlap, L. K., Dunlap, G., Koegel, L. K. & Koegel, R. L. (1991). Using self-monitoring to increase independence. *Teaching Exceptional Children*, **23**(3), 17–22.

Ellis, E. S. (1989). A metacognitive intervention for increasing class participation. *Learning Disabilities Focus*, **5**(1), 36–46.

11

Ellis, E. S. (1993). Integrative strategy instruction: A potential model for teaching content-area subjects to learning disabled adolescents. *Journal of Learning Disabilities*, **26**(6), 358–383.

Ellis, E. S. (1995). *LINCS: The vocabulary strategy* (2. Aufl.). Lawrence, KS: Edge Enterprises.

Ellis, E. S. (2000). *Strategic graphic organizer instruction*. Tuscaloosa, AL: Masterminds, LLC.

Ellis, E. S. & Colvert, G. (1996). *Writing strategy* instruction, 2. Aufl. (S. 127–207). Denver, CO: Love.

Ellis, E. S., Deshler, D. D., Schumaker, J. B., Lenz, B. K. & Clark, F. L. (1993). An instructional model for teaching learning strategies. In E. Meyen, G. A. Vergason & R. Whelen (Hg.), *Educating students with mild disabilities* (S. 151–187). Denver, CO: Love.

Ellis, E. S. & Lenz, B. K. (1996). Perspectives on instruction in learning strategies. In D. D. Deshler, E. S. Ellis & B. K. Lenz (Hg.), *Teaching adolescents with learning disabilities: Strategies and methods*, 2. Aufl. (S. 9–60). Denver, CO: Love.

Evers, R. B. & Bursuck, W. D. (1995). Helping students succeed in technical classes: Using learning strategies and study skills. *Teaching Exceptional Children*, **28**(3), 22–27.

Field, S. (1996). Self-determination instructional strategies for youth with learning disabilities. *Journal of Learning Disabilities*, **29**(1), 40–52.

Fulk, B. M. (1994). Mnemonic keyword strategy training for students with learning disabilities. *Learning Disabilities Research & Practice*, **9**(3), 179–185.

Gerber, P. J., Ginsberg, R. & Reiff, H. B. (1992). Identifying alterable patterns in employment success for highly successful adults with learning disabilities. *Journal of Learning Disabilities*, **25**(8), 475–487.

Greene, G. (1994). The magic of mnemonics. *LD Forum*, **19**(3), 34–37.

Gregory, G. H. & Chapman, C. (2002). *Differentiated instructional strategies: One size doesn't fit all*. Thousand Oaks, CA: Corwin Press, Inc.

Hallenbeck, M. J. (1996). The cognitive strategy in writing: Welcome relief for adolescents with learning disabilities. *Learning Disabilities Research & Practice*, **11**(2), 107–119.

Hogan, K. & Pressley, M. (Hg.) (1997). *Scaffolding student learning: Instructional approaches & issues*. Cambridge, MA: Brookline Books.

Hughes, C. A. (1996). Memory and test-taking strategies. In D. D. Deshler, E. S. Ellis & B. K. Lenz (Hg.), *Teaching adolescents with learning disabilities: Strategies and* methods, 2. Aufl. (S. 209–266). Denver, CO: Love.

Hughes, C. A., Ruhl, K. L., Deshler, D. D. & Schumaker, J. B. (1993). Test-taking strategy instruction for adolescents with emotional and behavior disorders. *Journal of Emotional and Behavior Disorders*, **1**, 189–198.

Hughes, C. A., Ruhl, K. L., Deshler, D. D. & Schumaker, J. B. (1995). *The assignment completion strategy*. Lawrence, KS: Edge Enterprises.

Hughes, C. A., Ruhl, K. L., Schumaker, J. B. & Deshler, D. D. (2002). Effects of instruction in an assignment completion strategy on the homework performance of students with learning disabilities in general education classes. *Learning Disabilities Research & Practice*, **17**(1), 1–18.

Hughes, C. A. & Schumaker, J. B. (1991a). Reflections on test-taking strategy instruction for adolescents with learning disabilities. *Exceptionality*, **2**, 237–242.

Hughes, C. A. & Schumaker, J. B. (1991b). Test-taking strategy instruction for adolescents with learning disabilities. *Exceptionality*, **2**, 205–221.

Hughes, C. A., Schumaker, J. B., Deshler, D. D. & Mercer, C. D. (1993). *The test-taking strategy*. Lawrence, KS: Edge Enterprises.

Kameenui, E. J. & Carnine, D. W. (1998). *Effective teaching strategies that accommodate diverse learners*. Upper Saddle River, NJ: Merrill.

Kameenui, E. J., Carnine, D. W., Dixon, R. C., Simmons, D. C. & Coyne, M. D. (2002). *Effective teaching strategies that accommodate diverse learners* (2. Aufl.). Upper Saddle River, NJ: Merrill Prentice Hall.

Kershner, J., Kirkpatrick, T. & McLaren, D. (1995). The career success of an adult with a learning disability: A psychosocial study of amnesic-semantic aphasia. *Journal of Learning Disabilities*, **28**(2), 121–126.

King-Sears, M. E. & Cummings, C. S. (1996). Inclusive practices of classroom teachers. *Remedial and special education*, **17**, 217–225.

Langston, R. (2002). *For the children: Redefining success in school and success in life*. Austin, TX: Turnkey Press.

Larkin, M. J. (1999). Teachers' perspectives of learning disabilities pedagogy (Dissertation, University of Alabama, 1999). *Dissertation Abstracts International*, **60**, 1981.

Larkin, M. J. (2001). Providing support for student independence through scaffolded instruction. *Teaching Exceptional Children*, **34**(1), 30–34.

Larkin, M. J. (2002). *Using scaffolded instruction to optimize learning*. (ERIC Digest Nr. 639). Arlington, VA: ERIC Clearinghouse on Disabilities and Gifted Education. (ERIC Document Reproduction Service No. EDO EC 02 17).

Larkin, M. J., & Ellis, E. S. (1998). Adolescents with learning disabilities. In B. Y. L. Wong (Hg.), *Learning about learning disabilities* (2. Aufl.). San Diego: Academic Press.

Lee, C. & Jackson, R. (1992). *Faking it: A look into the mind of a creative learner*. Portsmouth, NH: Boynton/Cook.

Lenz, B. K. (1991). In the spirit of strategies instruction: Cognitive and metacognitive aspects of the Strategies Intervention Model. In S. Vogel (Hg.), *Proceedings of the Second Annual Conference of the National Institute of Dyslexia*. White Plains, NY: Longman.

Lenz, B. K., Alley, G. R. & Schumaker, G. R. (1987). Activating the inactive learner: Advance organizers in the secondary content classroom. *Learning Disability Quarterly*, **10**(1), 53–67.

Lenz, B. K., Boudah, D. J., Schumaker, J. B. & Deshler, D. D. (1993). *The lesson planning routine: A guide for inclusive lesson planning (Tech. Rep. Nr. 124)*. Lawrence, KS: University of Kansas Center for Research on Learning.

Lenz, B. K., Ehren, B. J. & Smiley, L. R. (1991). A goal attainment approach to improve completion of project-type assignments by adolescents with learning disabilities. *Learning Disabilities Research & Practice*, **6**, 166–176.

Lenz, B. K., Ellis, E. S. & Scanlon, D. (1996). *Teaching learning strategies to adolescents and adults with learning disabilities*. Austin, TX: Pro-Ed. Learning Strategies.

Licht, B. C. & Kistner, J. A. (1986). Motivational problems of learning disabled children: Individual differences and their implications for treatment. In J. K. Torgesen & B. Y. L. Wong (Hg.), *Psychological and educational perspectives on learning disabilities*. New York: Academic Press.

Luckner, J. (1994). Developing independent and responsible behaviors in students who are deaf or hard of hearing. *Teaching Exceptional Children*, **26**(2), 13–17.

MacArthur, C. (1994). Peers + word processing + strategies = A powerful combination for revising student writing. *Teaching Exceptional Children*, **27**(1), 24–29.

Martin, K. F. & Manno, C. (1995). Use of a check-off system to improve middle school students' story compositions. *Journal of Learning Disabilities*, **28**(3), 137–149.

Masterminds. www.graphicorganizers.com

Mastropieri, M. A., Scruggs, T. E. & Whedon, C. (1997). Using mnemonic strategies to teach information about U.S. presidents: A classroom-based investigation. *Learning Disability Quarterly*, **20**, 13–21.

McCombs, B. L. (1984). Processes and skills underlying continuing intrinsic motivation to learn: Toward a definition of motivational skills training interventions. *Educational Psychologist*, **19**(4), 199–218.

McKenna, M. C. & Robinson, R. D. (2002). *Teaching through text: Reading and writing in the content areas* (3. Aufl.). Boston: Allyn and Bacon.

Mercer, C. D. (1997). *Students with learning disabilities* (5. Aufl.). Upper Saddle River, NJ: Merrill.

11

Mercer, C. D., Lane, H. B., Jordan, L., Allsopp, D. H. & Eisle, M. R. (1996). Empowering teachers and students with instructional choices in inclusive settings. *Remedial and Special Education*, **17**(4), 226–236.

Mercer, C. D. & Miller, S. P. (1992). Strategic math series: Instructional procedures and field test results. *Strategram*, **4**(3), 1–3.

Mercer, C. D. & Miller, S. P. (1998). Teaching students with learning problems in math to acquire, understand, and apply basic math facts. In E. L. Meyen, G. A. Verguson & R. J. Whelen (Hg.), *Educating students with mild disabilities* (S. 177–205). Denver CO: Love.

Mertler, C. A. (2003). *Classroom assessment: A practical guide for educators.* Los Angeles, CA: Pyrczak Publishing.

Milem, M. & Garcia, M. (1996). Student critics, teacher models: Introducing process writing to high school students with learning disabilities. *Teaching Exceptional Children*, **28**(3), 47–48.

Nagel, B. R., Schumaker, J. B. & Deshler, D. D. (1994). *The FIRST-letter mnemonic strategy* (überarbeitete Aufl.). Lawrence, KS: Edge Enterprises.

National Institute of Child Health and Development. (2000). *Report of the National Reading Panel. Teaching children to read: An evidence-based assessment of the scientific research literature on reading and its implications for reading instruction.* http://www.nichd.nih.gov/publications/nrp/smallbook.htm (23. Mai 2002).

Palincsar, A. M. & Brown, A. L. (1984). Reciprocal teaching of comprehension fostering and monitoring activities. *Cognition and Instruction*, **1**, 117–175.

Polloway, E. A., Schewel, R. & Patton, J. R. (1992). Learning disabilities in adulthood: Personal perspectives. *Journal of Learning Disabilities*, **25**(8), 520–522.

Prater, M. A., Joy, R., Chilman, B., Temple, J. & Miller, S. R. (1991). Self-monitoring of on-task behavior by adolescents with learning disabilities. *Learning Disability Quarterly*, **14**, 164–167.

Rankin, J. L. & Reid, R. (1995). The SM rap. Or, here's the rap on self-monitoring. *Intervention in School and Clinic*, **30**(3), 181–188.

Raphael, T. (1982). Questioning–answering strategies for children. *The Reading Teacher*, **37**, 377–382.

Reid, R. (1996). Research in self-monitoring with students with learning disabilities: The present, the prospects, the pitfalls. *Journal of Learning Disabilities*, **29**(3), 317–331.

Reiff, H. B., Gerber, P. J. & Ginsberg, R. (1996). What successful adults with learning disabilities can tell us about teaching children. *Teaching Exceptional Children*, **29**(2), 10–16.

Reiff, H. B., Ginsberg, R. & Gerber, P. J. (1995). New perspectives on teaching from successful adults with learning disabilities. *Remedial and Special Education*, **16**(1), 29–37.

Roehler, L. R. & Duffy, G. G. (1984). Direct explanation of comprehension processes. In G. G. Duffy, L. R. Roehler, & J. Mason (Hg.) *Comprehension instruction: Perspectives and suggestions* (S. 265–280). New York: Longman.

Rosenshine, B. & Meister, C. (1992). The use of scaffolds for teaching higher-level cognitive strategies. *Educational Leadership*, **49**(7), 26–33.

Schumaker, J. B. (1989). The heart of strategies instruction: Effective modeling. *Strategram*, **1**(4), 1–5.

Schumaker, J. B., Denton, P. H. & Deshler, D. D. (1993). *The paraphrasing strategy* (überarbeitete Aufl.). Lawrence, KS: University of Kansas.

Schumaker, J. B. & Lyerla, K. D. (1991). *The paragraph writing strategy.* Lawrence, KS: University of Kansas Center for Research on Learning.

Schumaker, J. B., Nolan, S. M. & Deshler, D. D. (1994). *The error monitoring strategy.* Lawrence, KS: University of Kansas Center for Research on Learning.

Schumaker, J. B. & Sheldon, J. (1985). *The sentence writing strategy.* Lawrence, KS: University of Kansas Center for Research on Learning.

Schumm, J. S., Vaughn, S. & Leavell, A. G. (1994). Planning pyramid: A framework for planning for diverse student needs during content area instruction. *The Reading Teacher*, **47**(8), 608–615.

Scruggs, T. E. & Mastropieri, M. A. (1992). Classroom applications of mnemonic instruction: Acquisition, maintenance, and generalization. *Exceptional Children*, **58**(3), 219–229.

Seabaugh, G. O. & Schumaker, J. B. (1981). *The effects of self-regulation training on the academic productivity of LD and non-LD adolescents* (Forschungsbericht Nr. 37). Lawrence, KS: The University of Kansas Institute for Research in Learning Disabilities.

Silbey, R. (2001). Putting it all together: Lesson plans that do the job of linking past, present, and future learning. *Instructor*, **111**(1), 39–40, 72.

Spekman, N. J., Goldberg, R. J. & Herman, K. L. (1992). Learning disabled children grow up: A search for factors related to success in the young adult years. *Learning Disabilities Research & Practice*, **7**, 161–170.

Swanson, P. N. & DeLaPaz, S. (1998). Teaching effective comprehension strategies to students with learning and reading disabilities. *Intervention in School and Clinic*, **33**(4), 209–218.

Trammel, D. L., Schloss, P. J. & Alper, S. (1994). Using self-recording, evaluation, and graphing to increase completion of homework assignments. *Journal of Learning Disabilities*, **27**(2), 75–81.

University of Kansas Center for Research on Learning. http://www.ku-crl.org

Vacca, R. T. & Vacca, J. L. (2002). *Content area reading: Literacy and learning across the curriculum* (7. Aufl.). Boston: Allyn and Bacon.

Van Reusen, A. K. & Bos, C. S. (1990). I-PLAN: Helping students communicate in planning conferences. *Teaching Exceptional Children*, **22**, 30–32.

Van Reusen, A., Bos, C., Deshler, D. & Schumaker, J. (1987). *The educational planning strategy (I-PLAN)*. Lawrence, KS: Edge Enterprises.

Voth, V. P. & Graham, S. (1993). The application of goal setting to writing. *LD Forum*, **18**(3), 14–17.

Wedel, M., Deshler, D. D., Schumaker, J. B. & Ellis, E. S. (1992). *Effects of instruction of a vocabulary strategy in a mainstream class*. Lawrence, KS: Institute for Research in Learning Disabilities.

Wong, B. Y. L. (1998). Analyses of intrinsic and extrinsic problems in the use of the scaffolding metaphor in learning disabilities intervention research: An introduction. *Journal of Learning Disabilities*, **31**, 340–343.

Wong, B. Y. L., Butler, D. L., Ficzere, S. A. & Kuperis, S. (1997). Teaching adolescents with learning disabilities and low achievers to plan, write, and review compare-and-contrast essays. *Learning Disabilities Research & Practice*, **12**(1), 2–15.

Wong, B. Y. L., Wong, R. & Blenkinsop, J. (1989). Cognitive and metacognitive aspects of learning disabled adolescents' composing problems. *Learning Disability Quarterly*, **12**, 300–322.

Wong, B. Y. L., Wong, R., Darlington, D. & Jones, W. (1991). Interactive teaching: An effective way to teach revision skills to adolescents with learning disabilities. *Learning Disabilities Research & Practice*, **6**, 117–127.

Zipprich, M. A. (1995). Teaching web making as a guided planning tool to improve student narrative writing. *Remedial and Special Education*, **16**(1), 3–15.

12 Soziale Kompetenz von Jugendlichen mit Lernstörungen: Themen und Interventionen

Nancy L. Hutchinson, John G. Freeman und Derek H. Berg
Queen's University

12.1 Einleitung

In den letzten 30 Jahren ist das Interesse daran gestiegen, die soziale Kompetenz von Kindern und Jugendlichen mit Lernstörungen zu verbessern. Insbesondere in der Adoleszenz ist die soziale Kompetenz komplex und facettenreich und umfasst sehr viel mehr als nur soziale Fertigkeiten. Wie wir in diesem Kapitel zeigen werden, setzt sich soziale Kompetenz aus verschiedenen Komponenten zusammen, die in Beziehung zueinander stehen und die für eine uneingeschränkte Teilnahme und Freude am Leben von zentraler Bedeutung sind. Zu diesen Komponenten zählen (a) positive Peerbeziehungen, (b) altersgerechte soziale Kognition und (c) effektive soziale Fertigkeiten (Vaughn & Hogan, 1990; Wong & Donahue, 2002). Forschungen haben gezeigt, dass viele Jugendliche mit Lernstörungen von Interventionen profitieren, die speziell auf ihre Bedürfnisse zugeschnitten sind und spezifische Komponenten sozialer Kompetenz wirksam verbessern (z. B. Hutchinson et al., 2002).

Der Mangel an sozialer Kompetenz kann dazu führen, dass sich Jugendliche isoliert fühlen und es ihnen an Gelegenheiten fehlt, sozial, kognitiv und physisch zu wachsen, indem sie Zeit mit Freunden verbringen, in kollaborativen Lerngruppen zusammenarbeiten und gemeinsam mit Gleichaltrigen ihren Interessen nachgehen. Die entwicklungsbedingten Herausforderungen des Jugendalters sind beträchtlich (Buhrmester, 1996), und es wird zunehmend deutlich, dass soziale Interventionen für Jugendliche diese Entwicklungsthematik nicht einfach ignorieren dürfen, sondern sie gezielt mit einbeziehen müssen (Inderbitzen-Pisaruk & Foster, 1990). Soziale Kompetenz ist sehr stark kontextabhängig und kommt vor allem in Situationen zum Tragen, in denen es um gemeinsame Interessen geht (Prenzel, 1992). Sozial kompetente Jugendliche erkennen die Gelegenheiten und nutzen sie zu einer sozial angemessenen Teilnahme an diesen Kontexten (Hartup & Stevens, 1997). Dies deutet darauf hin, dass eine kontextualistische Sichtweise für die Entwicklung effektiver Interventio-

12

nen zur Verbesserung der sozialen Kompetenz von Jugendlichen mit Lernstörungen äußerst wichtig sein könnte. Das nachfolgende Kapitel bietet einen Überblick über Forschungen zur Entwicklung solcher Interventionen und gibt Empfehlungen für Lehrer und Forschende.

12.1.1 Historische Perspektive

Seit geraumer Zeit ist bekannt, dass soziale Faktoren Ereignisse in der Schule und zu Hause beeinflussen und dass Lehren, Lernen und Leben im Wesentlichen soziale Prozesse sind. Pioniere wie Orton (1937), Kirk (1963) und Johnson und Myklebust (1967) hatten schon früh erkannt, dass soziale Kompetenz für viele Personen mit Lernstörungen ein Problem darstellt. Aber erst die Veröffentlichung zweier bahnbrechender Studien im Jahre 1974 sorgte dafür, dass soziale Kompetenz auf die Forschungsagenda zu Lernstörungen gesetzt wurde. Bryan (1974a) berichtete über Unterrichtsbeobachtungen, die zeigten, dass das Klassenzimmer für Kinder mit Lernstörungen ein weniger positives und ansprechendes Umfeld war als für Peers ohne Lernstörungen. Im gleichen Jahr fand Bryan (1974b), dass Peers Kindern mit Lernstörungen häufiger negative und seltener positive soziale Eigenschaften zuschrieben als ihren Mitschülern ohne Lernstörungen. Bryan verglich bei 84 Kindern mit Lernstörungen in 62 Klassen der Stufen vier bis sechs und bei nicht lerngestörten Kindern gleichen Geschlechts und gleicher Rasse in denselben Klassen soziometrische Peer-Ratings. Die Ergebnisse wurden ein Jahr später mit denselben lerngestörten Kindern in anderen Klassen repliziert (Bryan, 1976). Bryan schlussfolgerte, dass „welcher Faktor auch immer zu einer Lernstörung führt, er beeinträchtigt auch das soziale Lernen des Kindes" und „hindert das Kind daran, kritische Hinweisreize wahrzunehmen oder Inferenzen über andere Menschen zu ziehen" (1974b, S. 311). Im Jahre 1976 war Bryan die Erste, die postulierte, dass sich Interventionen für Schüler mit Lernstörungen nicht nur auf kognitive Ziele und Leistungsziele konzentrieren sollten, sondern auch auf soziale und affektive Kompetenz. Am Forschungsinstitut für Lernstörungen in Chicago führte Bryan eine Gruppe von Forschenden an, die sich auf viele Facetten sozialer Kompetenz bei Kindern und Jugendlichen mit Lernstörungen konzentrierten. Sie entwickelten einen interaktionistischen Ansatz, der von der Annahme ausging, dass „Eigenschaften von Kindern mit Lernstörungen auf signifikante Weise mit Eigenschaften von Lehrern, Klassen und Familien interagieren" (Bryan, 1983, S. 1). Zwar wurden die bahnbrechenden Forschungen zu sozialer Kompetenz und Lernstörungen mit Kindern durchgeführt (Bryan, 1974a, b), aber Entwicklungsstudien mit normal entwickelten und mit lerngestörten Jugendlichen haben gezeigt, dass soziale Kompetenz in der Adoleszenz noch weitaus kritischer ist (Buhrmester, 1996; Cosden et al., 2002).

Bei den seit 1974 veröffentlichten Studien über soziale Kompetenz von Kindern und Jugendlichen mit Lernstörungen handelt es sich überwiegend um quantitative Studien, in denen Lehrer, Peers oder die Schüler selbst Faktoren wie sozialen Status oder soziale Fertigkeiten beurteilten (Chan, 2000). Allerdings haben diese Ratings des sozialen Status unser Verständnis der sozialen Kompetenz von Jugendlichen mit Lernstörungen im Vergleich zu Bryans Untersuchungen aus dem Jahre 1974 kaum erweitert, und ebenso wenig verfügen wir inzwischen über einen breiteren Interventionsfundus, auf den wir zurückgreifen könnten, um die soziale Kompetenz von lerngestörten Jugendlichen konsequent zu verbessern (Vaughn & Sinagub, 1998). Das nachfolgende Kapitel wird auf einige Themen, die in diesem Abschnitt angesprochen wurden, näher eingehen.

12.1.2 Kapitelübersicht

Dieses Kapitel ist in fünf Abschnitte gegliedert. Der nachfolgende zweite Abschnitt bietet einen Forschungsüberblick zur sozialen Kompetenz von Jugendlichen mit Lernstörungen. Im dritten Abschnitt folgen eine Beschreibung und ein kritischer Überblick über ausgewählte Interventionen zur Verbesserung der sozialen Kompetenz von Jugendlichen mit Lernstörungen. Während viele Autoren die Auffassung vertreten, dass sich die Forschung von einer Defizit-Sichtweise und einem interaktionistischen Ansatz hin zu einer kontextualistischen Sichtweise bewegt, sind wir der Ansicht, dass eine solche Veränderung nicht einmal in der gegenwärtigen Interventionsforschung zu erkennen ist. Unsere Suche nach Alternativen zum gegenwärtigen Ansatz, die soziale Kompetenz von lerngestörten Jugendlichen zu verstehen und zu verbessern, wird im vierten Abschnitt die Komplexität eines solchen Unterfangens aufzeigen. Wir werden eine Sammlung von Fällen zur sozialen Kompetenz lerngestörter Jugendlicher aus unserem qualitativen Forschungsprogramm beschreiben. Außerdem werden wir relevante theoretische und empirische Arbeiten zum Interesse und zur sozialen Kompetenz von normalen Jugendlichen sowie zu kontextualistischen Ansätzen diskutieren. In dieser Diskussion kristallisieren sich Themen heraus, die für die Planung und Methodik von Forschungen zu sozialer Kompetenz und für die Entwicklung von Interventionen zur Verbesserung der sozialen Kompetenz von Jugendlichen mit Lernstörungen von Bedeutung sind. Diese Implikationen werden im fünften Abschnitt diskutiert, gefolgt von einer kurzen Zusammenfassung und Schlussfolgerung.

12.2 Überblick über deskriptive Studien zur sozialen Kompetenz von Jugendlichen mit Lernstörungen

In diesem Abschnitt befassen wir uns mit Studien zur sozialen Kompetenz von Jugendlichen mit Lernstörungen. Die deskriptiven Studien werden in drei Gruppen unterteilt, die jeweils eine Komponente von sozialer Kompetenz widerspiegeln: (a) Peerbeziehungen, (b) soziale Kognition und (c) soziale Fertigkeiten.

12.2.1 Peerbeziehungen

Die Forschung zu Peerbeziehungen von Jugendlichen mit Lernstörungen konzentriert sich auf zwei unterschiedliche Themen. Das erste Thema ist der soziale Status bzw.

12

die Beliebtheit der Jugendlichen, „ein unilaterales Konstrukt, das sich auf die Sicht der Gruppe auf das Individuum bezieht" (Bukowski et al., 1993, S. 25). Das zweite Thema sind die Freundschaften von Jugendlichen mit Lernstörungen. Freundschaft ist „ein bilaterales Konstrukt, das sich auf die Beziehung von zwei Personen bezieht" (Bukowski et al., 1993, S. 25), auf eine reziproke Beziehung, in der die Kameradschaft wechselseitig geschätzt wird.

12.2.1.1 Der soziale Status von Jugendlichen mit Lernstörungen

Viele Studien berichten, dass Kinder mit Lernstörungen von ihren Peers weniger akzeptiert werden als Mitschüler mit normalen schulischen Leistungen (z. B. LaGreca & Stone, 1990; Wiener et al., 1990). Häufig wird davon ausgegangen, dass dies auch für Jugendliche mit Lernstörungen gilt. Allerdings liegen viel weniger Untersuchungen zu Jugendlichen mit Lernstörungen vor, und die Ergebnisse dieser Studien sind nicht konsistent. So lassen vier der am häufigsten zitierten Studien zum sozialen Status von Jugendlichen mit Lernstörungen erkennen, dass der soziale Status dieser Jugendlichen sehr stark variiert. Zwei der Studien ergaben einen niedrigeren sozialen Status (Conderman, 1995; Perlmutter et al., 1983), während die anderen beiden keine Gruppenunterschiede zwischen Peers mit und ohne Lernstörungen feststellten (Sabornie & Kauffman, 1986; Vaughn et al., 1993).

Mithilfe von Soziogrammen, die von 905 Schülern ausgefüllt wurden, verglichen Conderman (1995) 74 Jugendliche mit Lernstörungen und 74 Peers ohne Lernstörungen, die zufällig aus Gemeinschaftskundekursen der sechsten und siebten Klasse ausgewählt worden waren. Das Soziogramm beinhaltete Nennungen von Mädchen und Jungen, (a) mit denen die Befragten am liebsten zusammen an einem Schulprojekt arbeiten würden, (b) mit denen die Befragten am wenigsten gerne zusammen an einem Schulprojekt arbeiten würden, (c) die von den Befragten physisch am attraktivsten wahrgenommen wurden und (d) von denen die Befragten fanden, sie seien die Besten im Sport. Die Schüler mit Lernstörungen erhielten weniger positive Nennungen, mehr negative Nennungen und weniger Nennungen im Zusammenhang mit Attraktivität und Sportlichkeit. Dieses Muster war in der Mädchen-Stichprobe mit Lernstörungen besonders offensichtlich. Sie erhielten die wenigsten positiven Nennungen und die meisten negativen Nennungen. Aus den Ergebnissen leiteten die Forscher Kategorien ab (Asher & Wheeler, 1985; Coie & Kupersmidt, 1983), die zeigten, dass etwa 60 % der Jungen mit Lernstörungen und mehr als 50 % der Mädchen mit Lernstörungen entweder in die Klassifikation „akzeptiert" oder „beliebt" fielen. Die Ergebnisse dieser Studie zeigen, dass Jugendliche mit Lernstörungen als Gruppe einen niedrigeren sozialen Status haben, dass aber mindestens die Hälfte von ihnen einen akzeptablen sozialen Status hat.

In einer früheren Studie berichteten Perlmutter et al. (1983) ähnliche Ergebnisse. Sie verglichen 55 lerngestörte Jugendliche mit 107 Jugendlichen ohne Lernstörungen und verwendeten dazu ein soziometrisches Maß, bei dem die Befragten auf einer Fünf-Punkte-Skala beurteilen sollten, wie sehr sie jeden ihrer Klassenkameraden mochten bzw. nicht mochten. Zu diesem Zeitpunkt waren alle Probanden in der zehnten Klasse. Peers ohne Lernstörungen mochten Mitschüler ohne Lernstörungen lieber als Mitschüler mit Lernstörungen. Aber wiederum gab es eine Subgruppe von

Jugendlichen mit Lernstörungen, die ebenso beliebt war wie die beliebtesten Schüler ohne Lernstörungen. Eine weitere peerbezogene Beurteilung, die zur selben Zeit durchgeführt wurde, zeigte, dass die beliebten Schüler mit Lernstörungen als zurückhaltend und reserviert beurteilt wurden, während die weniger beliebten als laut und ungestüm beurteilt wurden.

In einer anderen frühen Studie fanden Sabornie und Kauffman (1986) keine Unterschiede bei einem Vergleich der soziometrischen Beurteilungen von 46 lerngestörten Jugendlichen mit 46 Mitschülern ohne Lernstörungen auf einer Fünf-Punkte-Skala von „allerbeste Freunde" bis „ich mag sie nicht". Die Autoren dokumentierten außerdem das Maß, in dem die Probanden von ihren Peers als „nicht bekannt" eingeordnet wurden. Bei keinem der Maße war ein signifikanter Unterschied zwischen den beiden Gruppen erkennbar. Die Jugendlichen besuchten die Klassen 9 bis 12, und sämtliche Daten wurden in Sportkursen erhoben. In einer viel zitierten Studie von Vaughn et al. (1993) führten 202 Schüler der dritten bis zehnten Klasse Beurteilungen auf einer Vier-Punkte-Skala durch. Die Schüler sollten angeben, in welchem Maß sie ihre Mitschüler mochten und kannten. Die Schüler mit Lernstörungen unterschieden sich weder beim „Mögen" noch beim „Kennen" von ihren Mitschülern ohne Lernstörungen (hochbegabte, durchschnittliche und unterdurchschnittliche Schüler). Jedoch hatten nur 18 der 202 Schüler Lernstörungen, und davon waren wiederum nur 10 in höheren Klassenstufen vertreten.

Mehrere Literaturüberblicke und Metaanalysen fanden, dass Schüler mit Lernstörungen im Vergleich zu ihren Mitschülern ohne Lernstörungen bei Peerbeurteilungen einen niedrigeren sozialen Status aufwiesen (z. B. Kavale & Forness, 1996; Ochoa & Olivarez, 1995). Allerdings berücksichtigten Kavale und Forness (1996) nur Studien zum sozialen Status von Kindern, und ihre Referenzliste enthielt keine der hier diskutierten vier Studien über Jugendliche. Ähnlich befassten sich nur zwei der insgesamt 17 Studien in Ochoa und Olivarez' (1995) Metaanalyse mit Jugendlichen (Perlmutter et al., 1983; Sabornie & Kauffman, 1986). Wir kommen daher zu dem Schluss, dass es erhebliche Variationen gibt und dass einigen Jugendlichen mit Lernstörungen von ihren Peers ein niedriger sozialer Status zugeschrieben wird, während etwa die Hälfte von ihnen akzeptiert wird.

12.2.1.2 Freundschaften von Jugendlichen mit Lernstörungen

Freundschaften sind ein integraler Bestandteil der sozialen Entwicklung von Jugendlichen mit Lernstörungen, und sie lassen sich konzeptuell und empirisch von sozialem Status oder Peerakzeptanz unterscheiden (Asher et al., 1996). Freundschaften sind Ausdruck gegenseitiger Kameradschaft und Zuneigung (Furman & Buhrmester, 1985). Über die Freundschaften von Jugendlichen mit Lernstörungen gibt es nur wenige Studien. In der bereits beschriebenen Studie von Vaughn et al. (1993), an der nur 18 Schüler mit Lernstörungen und davon nur zehn aus höheren Klassen teilnahmen, berichteten die Autoren, dass sich die Schüler mit Lernstörungen im Hinblick auf die angegebene Zahl von reziproken Freundschaften nicht signifikant von anderen Leistungsgruppen unterschieden. Vaughn und Elbaum (1999) haben eine Studie zu den Freundschaften von mehr als 4000 Schülern mit Lernstörungen von der Grundschule bis zur Oberschule durchgeführt. Altersübergreifend gaben 96 % der Schüler mit

12

Lernstörungen zumindest einen besten Freund an, während ungefähr 67 % sechs oder mehr Freunde angaben. Eine Studie zu Freundschaften von Kindern mit Lernstörungen ergab, dass selbst ein einziger Freund (bei reziproker positiver Nennung) als Puffer gegen den zugeschriebenen Status diente und mit besserer Selbstwahrnehmung von sozialer Akzeptanz einherging (Bear et al., 1993).

Obgleich offenbar viele Jugendliche mit Lernstörungen Freunde haben, ist über die Qualität dieser Freundschaften nichts bekannt. Berndt (1999) hat überzeugend dargelegt, dass die Qualität einer Freundschaft entscheidend ist. Zetlin und Murtaugh (1988) führten Beobachtungen und Interviews mit 32 leicht lernbeinträchtigten Jugendlichen (die meisten von ihnen hatten Lernstörungen) und 32 Jugendlichen ohne Beeinträchtigungen in Sekundarschulen durch. Sie verwendeten Feldnotizen, aber keine Tonaufzeichnungen. Im Mittelpunkt der Studie stand der Vertrautheits-, Empathie- und Stabilitätsgrad der Beziehungen. Die Jugendlichen mit Beeinträchtigungen hatten weniger Freundschaften und verbrachten außerhalb der Schule weniger Zeit mit ihren Freunden, obgleich sie ebenso häufig wie Jugendliche ohne Beeinträchtigungen telefonierten. Die Autoren folgerten, dass die Beziehungen der beeinträchtigten Jugendlichen weniger Vertrautheit, Empathie und Stabilität und mehr Konflikte aufwiesen als die Beziehungen der nicht beeinträchtigten Jugendlichen. Außerdem nannten 38 % der lernbeinträchtigten Schüler Cousins/Cousinen oder Geschwister als beste Freunde, während die Jugendlichen ohne Lernbeeinträchtigung Verwandte nie als Freunde angaben. Vaughn und Elbaum (1999) berichteten, dass sich die wahrgenommene Qualität der Freundschaften bei Schülern mit Lernstörungen von der Grundschule bis in die Oberstufe nicht veränderte, während sie bei Schülern ohne Lernstörungen dazu tendierte, mit zunehmendem Alter anzusteigen, und in jeder Altersstufe war sie für die Schüler ohne Lernstörungen höher.

Wiener und Sunohara (1995) haben Kinder und Jugendliche (10 bis 14 Jahre) interviewt, um Selbstberichte über die Qualität von Freundschaften zu erhalten. Die Autoren berichteten, dass die 16 Jugendlichen mit Lernstörungen häufig andere außergewöhnliche Schüler, jüngere Schüler oder Schüler aus anderen Schulen als Freunde wählten. Insbesondere im Hinblick auf Vertrautheit und Konfliktlösung war die Qualität der Freundschaften niedriger als die der Vergleichsgruppe ohne Lernstörungen. Im Jahre 1998 veröffentlichten Wiener und Sunohara eine qualitative Studie, die auf Interviews mit den Eltern dieser 16 Jugendlichen mit Lernstörungen basierte. Die Eltern wurden dazu befragt, wie sie die Qualität der Freundschaften ihrer 10- bis 14-jährigen Sprösslinge wahrnahmen. Die Befragten gaben an, dass sieben der 16 Jugendlichen eine enge, stabile Freundschaft mit einem etwa Gleichaltrigen aus der Klasse oder Nachbarschaft hatten. Sieben Jugendliche hatten Freundschaften, die nicht reziprok, nicht stabil oder kaum kameradschaftlich waren (manchmal Freundschaften mit sehr viel jüngeren Kindern). Zwei der Jugendlichen hatten den Eltern zufolge idiosynkratische Freundschaften zu Personen, mit denen sie wenig gemein hatten. Die Eltern charakterisierten viele der Beziehungen ihrer Kinder als Bekanntschaften und nicht als Freundschaften. Trotz der wenigen Studien zu Freundschaften sowohl von Kindern als auch von Jugendlichen mit Lernstörungen lässt die vorhandene Literatur vermuten, dass die Qualität der Freundschaften insbesondere bei Jugendlichen mit Lernstörungen gering ist.

12.2.2 Soziale Kognition

Ein weiterer Aspekt der sozialen Kompetenz ist die soziale Kognition. Dazu zählen soziale Wahrnehmung (z. B. Stiliadis & Wiener, 1989), soziales Problemlösen (z. B. Larson & Gerber, 1987) und weitere Aspekte im Zusammenhang mit der Verarbeitung sozialer (verbaler und nonverbaler) Informationen.

Zur sozialen Wahrnehmung gehören das Lesen und Interpretieren von verbalen und nonverbalen Hinweisreizen während der Interaktion mit anderen Personen. So zeigte z. B. Axelrod (1982) in einer frühen Studie, dass die soziale Wahrnehmung nonverbaler Emotionen, die auf Filmclips dargeboten wurden, bei Acht- und Neuntklässlern mit Lernstörungen signifikant niedriger war als die einer Vergleichsgruppe ohne Lernstörungen. Eine Entwicklungsstudie, in der die gleichen Maße verwendet wurden (Profile of Nonverbal Sensitivity, PONS, und Four Factor Test of Social Intelligence) fand, dass Schüler mit und ohne Lernstörungen, je älter sie wurden (11, 14 und 17 Jahre), eine bessere Wahrnehmung nonverbaler Emotionen zeigten. Allerdings war die Wahrnehmung der Jugendlichen mit Lernstörungen in jedem Alter schwächer als die der Vergleichsgruppe (Jackson et al., 1987). Sisterhen und Gerber (1989) verwendeten PONS bei Jugendlichen im Alter von 14, 16 und 18 Jahren und bestätigten frühere Ergebnisse, dass Jugendliche mit Lernstörungen nonverbale soziale Informationen schlechter verstanden, unabhängig davon, ob diese Informationen visuell oder multisensorisch dargeboten wurden. In einer weiteren Studie wurden Schüler und Studierende mit und ohne Lernstörungen (aus Mittel- und Oberstufe sowie College) in 30-minütigen Interviews getestet, wie genau sie in Geschichten, die auf Tonband aufgezeichnet wurden, Gedanken und Gefühle von Schauspielern interpretierten, die Erwachsene in fröhlichen, wütenden, ängstlichen und traurigen sozialen Interaktionen mimten (Jarvis & Justice, 1992). Die Daten zeigten, dass die Schüler mit Lernstörungen in jedem Alter die sozialen Situationen signifikant weniger genau interpretierten als ihre nicht lerngestörten Peers.

Eine Reihe von stärker kontextualistischen deskriptiven Studien erweitert die Validität und Relevanz dieser Ergebnisse zu sozialer Wahrnehmung. Ein Beitrag aus den 1980er-Jahren (Bryan et al., 1981) und eine spätere Replikation (Bryan et al., 1989) zeigten, dass Schüler mit Lernstörungen, die gedrängt wurden, sich an prosozialen und antisozialen Handlungen zu beteiligen, im Vergleich zu ihren nicht lerngestörten Mitschülern eine größere Bereitschaft zeigten, sich an antisozialen Handlungen zu beteiligen. Obwohl diese Studien nur zum Ausdruck gebrachte Dispositionen beurteilten und nicht konkretes Verhalten, deuten sie darauf hin, dass Jugendliche mit Lernstörungen ein schwaches soziales Urteilsvermögen haben und dem Druck Gleichaltriger weniger gut widerstehen können. Weitere Indikatoren für das schwache Urteilsvermögen von Jugendlichen mit Lernstörungen waren zum einen die geringe Wahrscheinlichkeit, dass sie in Geschichten, die auf Tonband aufgezeichnet worden waren, ein gezielt täuschendes Verhalten von Personen erkannten (Pearl et al., 1991), zum anderen ihre Vorstellung, dass Aufforderungen zur Beteiligung an Fehlverhalten direkt erfolgen würden (Pearl & Bryan, 1992). Wenn sie zu bestimmten Szenarien befragt und vor die Wahl gestellt wurden, in einem hypothetischen Fall die Konsequenzen ihres Fehlverhalten zu akzeptieren oder sie zu vermeiden, gaben die Jugendlichen mit Lernstörungen im Vergleich zu ihren nicht lerngestörten Peers häufiger an, dass

12

sie in einem solchen Fall versuchen würden, den Konsequenzen auszuweichen und keine Verantwortung für ihr Fehlverhalten zu übernehmen (Pearl & Bryan, 1994). Die Autoren gelangten zu dem Schluss, dass lerngestörte Jugendliche, wenn sie analog zu den simulierten Testsituationen mit realen Situationen konfrontiert werden, in denen weniger Zeit zum Nachdenken bleibt, aufgrund solcher sozial-kognitiven Defizite anfälliger für schwache soziale Entscheidungen seien.

Soziales Problemlösen stand im Mittelpunkt mehrerer deskriptiver Studien zu Jugendlichen mit Lernstörungen. So fanden beispielsweise Schneider und Yoshida (1988), dass Siebt- und Achtklässler mit Lernstörungen im Vergleich zu Peers ohne Lernstörungen signifikant schlechter abschnitten, wenn es darum ging, ein soziales Problem zu erkennen, alternative Lösungen für interpersonelle Probleme zu finden, Ursachen für soziale Probleme zu nennen oder „Mittel-zum-Zweck"-Problemlösungen für bestimmte Szenarien zu finden. Die Daten wurden in Einzelinterviews mit einem Maß für interpersonelle kognitive Problemlösungsfertigkeiten (Interpersonal Cognitive Problem-Solving Skills Measure) (Platt & Spivack, 1977) erhoben. In einer späteren Studie nahmen Hartas und Donahue (1997) Jugendliche auf Tonband auf, während sie im Rollenspiel einen Anrufer und einen Berater in einem simulierten Telefongespräch mimten. Die Dyaden (Zweiergruppen) bestanden aus Jugendlichen mit Lernstörungen, Jugendlichen ohne Lernstörungen, oder sie waren gemischt (alle Teilnehmer besuchten die Klassen sieben und acht). Die Diskursanalyse ergab, dass die Jugendlichen mit Lernstörungen in beiden Dyaden Schwierigkeiten hatten, Lösungen für interpersonelle Probleme zu finden, obwohl sie ebenso oft wie die nicht lerngestörten Peers Ignorier-/Vermeidungs-Ratschläge sowie Ratschläge in der dritten Person gaben, die weniger selbstsicher sind als direkte Handlungsratschläge. Es gab keine Unterschiede zwischen den Mädchengruppen, aber die Jungen mit Lernstörungen produzierten weniger Aussagen, die Aufforderungen zu antisozialen Maßnahmen waren (z. B. „Zeig's ihm"), und weniger Aussagen, die Ausdruck von Vermittlungsversuchen waren (z. B. „Sprich mit Deinen Freunden darüber") als die Jungen ohne Lernstörungen.

Ganz gleich, welches Maß verwendet wird – ob Papier und Bleistift, hypothetische Szenarien oder Simulationen authentischer Aufgaben –, die Forschung zu sozialer Kognition kommt zu dem Ergebnis, dass wann immer Unterschiede zwischen Jugendlichen mit Lernstörungen und Jugendlichen ohne Lernstörungen auftreten, favorisieren die Unterschiede die Jugendlichen ohne Lernstörungen. Und in sämtlichen Studien werden Unterschiede deutlich, die zwar nicht in allen, aber in den meisten Maßen auftreten. Anders als die Forschung zum sozialen Status bringt die Forschung zur sozialen Kognition konsistente Ergebnisse hervor, die zeigen, dass die soziale Kompetenz von Jugendlichen mit Lernstörungen niedriger ist.

12.2.3 Soziale Fertigkeiten

Es wird angenommen, dass soziale Interaktionen von der Adoleszenz bis zum Erwachsenenalter komplexer und intensiver werden (Harter, 1993). Wir verwenden soziale Fertigkeiten, um auf Verhaltensweisen zu verweisen, die für eine effektive Teilnahme an diesen komplexen und intensiven Interaktionen erforderlich sind.

Trotz der konzeptuellen Arbeiten von Vaughn und Hogan (1990) und vielen anderen (z. B. Bukowski et al., 1993) wird der Begriff der sozialen Fertigkeiten in Beiträgen zu Jugendlichen mit Lernstörungen allerdings noch immer so verwendet, als stünde er für alle Aspekte von sozialer Kompetenz (z. B. Kavale & Forness, 1996; Swanson & Malone, 1992).

Personen, denen es an interaktiven Fertigkeiten mangelt, sind im alltäglichen Umgang mit Peers und anderen auf vielerlei Weise benachteiligt. Einige Studien fokussierten auf Konversationsfertigkeiten. So verwendeten Hartas und Donahue (1997) in einer bereits beschriebenen Studie Diskursanalyse, um die Konversationsfertigkeiten von Jugendlichen (Klassen sieben und acht) zu untersuchen. Sie fanden, dass Jugendliche mit und ohne Lernstörungen bei einer simulierten Telefon-Hotline die gleichen Fertigkeiten aufwiesen und gleich gut um Rat fragen konnten. Tur-Kaspa und Bryan (1994) berichteten dagegen, dass sowohl Kinder als auch Jugendliche mit Lernstörungen (bis zur neunten Klasse) im Gesprächsformat weniger kompetente Lösungen für soziale Probleme zeigten. Andere Studien haben gezeigt, dass Jugendliche mit Lernstörungen seltener mit anderen über ihre Probleme sprachen und häufiger bei Personen Hilfe suchten, die nicht als gute Informationsquellen galten (z. B. Morrison et al., 1992). Schüler mit Lernstörungen (Mittelstufe), die mit schulischen oder interpersonellen Problemen konfrontiert wurden, konnten im Vergleich zu ihren Peers ohne Lernstörungen auf eine kleinere Gruppe von Peers zurückgreifen, die sie sozial unterstützte, und setzten häufiger Vermeidungsstrategien ein, um schulischen Stress zu bewältigen. In einer anderen Studie mit 40 Schülern der Mittelstufe zeigten Wenz-Gross und Siperstein (1997), wie wichtig soziale Unterstützung ist. Die 40 Schüler mit leichten Beeinträchtigungen (Lernstörungen oder leichte mentale Behinderungen), die mit 396 Schülern ohne Lernprobleme verglichen wurden, hatten mehr Stress, weniger Unterstützung durch Peers, mehr Unterstützung durch Erwachsene und eine schwächere Anpassungsfähigkeit. Defizite in sozialen Fertigkeiten – etwa die Schwierigkeit, sich mit Peers zu unterhalten – könnten bedeuten, dass Jugendliche mit Lernstörungen weniger in der Lage sind, soziale Unterstützung von Peers zu suchen oder zu bekommen, die zu einer verbesserten Anpassung und zu einer Verringerung von Stress beitragen könnte.

12.2.4 Zusammenfassung der deskriptiven Studien

Die deskriptiven Studien lassen vermuten, dass viele Jugendliche mit Lernstörungen im Hinblick auf soziale Kompetenz nicht die gleichen Fertigkeiten besitzen wie ihre Mitschüler. Obgleich manche von ihnen keine Probleme mit dem sozialen Status haben, ist bei vielen die Qualität der Freundschaften geringer, die meisten zeigen eine schwächere soziale Kognition, und viele zeigen schwächere soziale Fertigkeiten, insbesondere was die Konversationsfertigkeiten betrifft. Eine Studie von Kolb und Hanley-Maxwell (2003), in der Eltern von außergewöhnlichen Jugendlichen (überwiegend Schüler mit Lernstörungen) interviewt wurden, ergab, dass die Eltern die Schule in der Pflicht sahen, ihren Kindern bei der Entwicklung sozialer Kompetenz zu helfen. In den Interviews wiesen die Eltern darauf hin, dass die Schule intervenieren und für eine Verbesserung von sozialem Status, Peerbeziehungen, sozialer Kognition und sozialen Fertigkeiten sorgen sollte. Die Eltern waren sich der Probleme bewusst, die ihre Kinder im Zusammenhang mit sämtlichen Aspekten sozialer Kompetenz hatten, und sie sprachen zahlreiche Empfehlungen aus, wie die Schule effektiv intervenieren könnte, etwa indem sie den Lehrplan ändert, die individuellen Bedürfnisse der Schüler berücksichtigt und die Eltern mit einbezieht. Die Interventionsforschung im Zusammenhang mit sozialer Kompetenz ist Gegenstand des folgenden Abschnitts.

12.3 Überblick über die Interventionsforschung zur Verbesserung der sozialen Kompetenz von Jugendlichen mit Lernstörungen

12.3.1 Einführung

Da soziale Kompetenz für viele junge Menschen mit Lernstörungen ein Problem darstellt (Wong & Donahue, 2002), wird der Ruf nach Interventionen lauter, die sich auf soziale Kompetenz beziehen (Bryan, 1999; Omizo et al., 1986). Bislang wurden auf diesem Gebiet jedoch nur wenige systematische Studien durchgeführt, die untersucht haben, wie solche Interventionen beschaffen sein sollten.

Ein umfassendes Forschungsprogramm, das von Sharon Vaughn und ihren Kollegen durchgeführt wurde, hat die soziale Kompetenz – insbesondere die sozialen Fertigkeiten – von Kindern mit Lernstörungen und mögliche Interventionen untersucht (vgl. Vaughn & Sinagub, 1998; McIntosh et al., 1995; Vaughn et al., 1991). Im Allgemeinen sahen diese Interventionen die Paarbildung von Kindern mit Lernstörungen und beliebten Peers ohne Lernstörungen vor. Beide Schüler wurden über einen längeren Zeitraum hinweg wiederholt aus dem Regelunterricht herausgenommen und in Gedächtnisstrategien instruiert, die ihnen helfen sollten, mit sozialen Situationen umzugehen. Anschließend fungierten die beiden Schüler als Trainer für andere Schüler (wodurch dem Schüler mit Lernstörungen ein höherer Status verschafft wurde). Der Erfolg der Intervention wurde im Hinblick auf eine größere Peerakzeptanz der Schüler mit Lernstörungen gemessen.

Während sich diese Interventionen bei Kindern mit Lernstörungen als effektiv erwiesen haben, sind sie für Jugendliche aus mindestens vier Gründen nur begrenzt geeignet, um die soziale Kompetenz zu erhöhen. Erstens entsprechen die sozialen Fertigkeiten, die vermittelt werden, nicht den entwicklungsbedingten Bedürfnissen von Jugendlichen. Jugendliche verlassen sich zunehmend auf soziale Kognition, um die Menschen um sie herum zu verstehen, und sie müssen Mechanismen entwickeln, um subtile soziale Hinweisreize zu interpretieren (McDevitt & Ormrod, 2002). Zweitens gestatten es die kontextuellen Faktoren der Sekundarschule nicht, dass Jugendliche über einen längeren Zeitraum hinweg aus dem Regelunterricht herausgenommen werden. Drittens würde der Status des „Informanten", der seinen Mitschülern Strategien vermitteln soll, in der jugendlichen Subkultur eher auf Ablehnung stoßen. Insbesondere im frühen Jugendalter wird dort ein gewisses Maß an Anonymität vorgezogen (McDevitt & Ormond, 2002). Und viertens ist eine verbesserte Peerakzeptanz für Jugendliche weniger wichtig als das damit zusammenhängende, aber dennoch verschiedene Konzept der Freundschaft (Bukowski et al., 1987).

Ausgehend von der Prämisse, dass das umfassendste Forschungsprogramm zu sozialen Interventionen für Kinder mit Lernstörungen nur begrenzt für Jugendliche geeignet ist, haben wir nach Interventionen gesucht, die speziell auf die sozialen Bedürfnisse dieser Zielgruppe und die kontextuellen Anforderungen der Sekundarschule zugeschnitten sind. Eine ausführliche Recherche in den relevanten Datenbanken (vor allem ERIC und PSYCINFO) ergab nur wenige leicht zugängliche Interventionen. In dieser kleinen Gruppe von Studien stießen wir auf wenige empirisch fundierte Informationen darüber, wie die soziale Kompetenz von Jugendlichen mit Lernstörungen verbessert werden könnte.

In einem vorläufigen Forschungsbericht beschrieben z. B. Stevens und Shenker (1991) individualisierte Interventionsprogramme für Jugendliche mit Lernstörungen. Jede dieser Interventionen wurde mithilfe einer Bedarfsdatei entworfen, die das Ergebnis umfangreicher Vortests war. Mittels Nachtests wurde die Wirksamkeit der Intervention im Hinblick auf schulisches und kognitives Funktionsvermögen sowie soziale und persönliche Anpassung gemessen. Im Vergleich zur Kontrollgruppe verbesserten sich bei der Treatment-Gruppe mehrere Indikatoren. Allerdings wurde dieser vorläufige Bericht (der am Ende des zweiten Jahres einer insgesamt drei Jahre dauernden Studie erschien) später in der Forschungsliteratur nicht aktualisiert. Außerdem enthielt das veröffentlichte Material nur wenige Details zur Beschaffenheit der Interventionen.

In einem Artikel, der in erster Linie an Schulberater gerichtet war, beschrieb Kish (1991) ausführlich die notwendigen Komponenten einer erfolgreichen Intervention für Jugendliche mit Lernstörungen zur Unterstützung der emotionalen und sozialen Entwicklung. Kish plädierte dafür, das Setzen von Zielen in den Mittelpunkt sozialer Interventionen mit diesen Jugendlichen zu stellen. Allerdings stützte er seine Empfehlung auf einen Literaturüberblick und auf seine Erfahrungen als Sonderpädagoge und nicht auf eigene empirische Forschung.

Anderson (2000) erläuterte in einem Artikel, wie soziale Kognition zum festen Bestandteil des Englischunterrichts in der Mittel- und Oberstufe werden könnte. Im Mittelpunkt des Unterrichts stand ein strukturiertes Arbeitsblatt, auf dem die Schüler die Ereignisse einer ausgewählten Literaturpassage (z. B. eine Szene aus einem Shakespeare-Stück) und die Gefühle der handelnden Personen interpretieren und einen alternativen Ausgang erfinden sollten. Auf dem Arbeitsblatt war Platz für eine Gegenkontrolle der Ideen durch den Lehrer oder durch einen Peer. Anderson lieferte keine Belege für die Wirksamkeit seines Programms, beschrieb jedoch eine mögliche Implementierung im Unterricht zu „Romeo und Julia".

12.3.2 Soziale Interventionen für Jugendliche mit Lernstörungen

Obgleich es nur wenige Untersuchungen zu diesem Thema gibt, haben wir drei Forschungsprogramme mit Schwerpunkt auf soziale Interventionen für Jugendliche mit Lernstörungen gefunden, auf die wir in diesem Kapitel genauer eingehen werden.

12

Diese drei Interventionen eröffnen Möglichkeiten für die Zukunft. Jedes dieser Programme hat Stärken und Schwächen, die wir im Folgenden beschreiben werden.

12.3.2.1 Ein Programm zur Verbesserung der sozialen Fertigkeiten von Jugendlichen (ASSET)

a. Beschreibung des Programms. Das früheste umfassende Programm, das wir finden konnten, war ein Programm zur Verbesserung der sozialen Fertigkeiten von Jugendlichen (ASSET; Hazel et al., 1981, 1982, 1996). Dieses Programm vermittelt sechs soziale Fertigkeiten: (a) positives Feedback erteilen, (b) negatives Feedback erteilen, (c) negatives Feedback annehmen, (d) dem Druck oder Drängen von Peers widerstehen, (e) Kompromisse aushandeln und (f) persönliche Probleme lösen (Shumaker & Hazel, 1984). Das ursprüngliche Modell (Vaughn & Sinagub, 1998) enthielt noch zwei weitere Fertigkeiten: Anweisungen folgen und ein Gespräch beginnen/aufrechterhalten. Die Lehrperson beschrieb zunächst zu jeder Fertigkeit angemessenes Verhalten, indem sie die Fertigkeit erklärte, Begründungen und Beispiele zur Verfügung stellte, die einzelnen Schritte analysierte und schließlich ein Modell für das Verhalten zur Verfügung stellte. Anschließend gab die Lehrperson den Schülern Gelegenheit, das Verhalten im Unterricht zu üben (erst verbal und dann im Rollenspiel), und schließlich konnten die neuen Fertigkeiten außerhalb des Unterrichts angewandt werden (Schumaker & Hazel, 1984).

Eine Studie (Hazel et al., 1982) berichtete über die Effektivität von ASSET. In dieser Studie waren die Schüler mit Lernstörungen nach der Intervention in der Lage, die Fertigkeiten in neuen Rollenspielsituationen anzuwenden. Ihr Rollenspielverhalten beim Nachtest war von dem ihrer Peers ohne Lernstörungen (die nicht an der Intervention teilgenommen hatten) nicht zu unterscheiden. Eine spätere Studie von Prater et al. (1999) untersuchte ASSET in Verbindung mit einem Peertutoring-Modell, beschränkte sich dabei jedoch auf drei Fertigkeiten (positives Feedback erteilen, negatives Feedback annehmen und an Diskussionen teilnehmen). Bei zwei dieser Fertigkeiten (positives Feedback und Teilnahme an Diskussionen) wurde eine anhaltende Verbesserung erzielt.

b. Stärken und Schwächen. Die Hauptstärke des Programms liegt in der Isolation und in seinem Verständnis von wichtigen Komponenten sozialer Kompetenz. Jugendliche müssen diese grundlegenden Fertigkeiten bewältigen, wenn sie bei sozialen Interaktionen erfolgreich sein wollen. Durch den Einsatz verschiedener Lehr- und Lernmechanismen, einschließlich Videoaufzeichnungen, bietet das Programm Verstärkung für die Fertigkeitsentwicklung der Jugendlichen. Darüber hinaus sind die beschriebenen Verfahrensweisen umfassend und enthalten eine Feedbackschleife, da die Jugendlichen die gelernten Fertigkeiten auch in außerschulischen Kontexten üben. Das bedeutet, dass das Programm explizit die Notwendigkeit der Generalisierbarkeit berücksichtigt.

Die größte Stärke des Programms – die Isolation von sozialen Fertigkeiten – ist zugleich seine größte Schwäche. In Kontexten des realen Lebens können Jugendliche die sozialen Fertigkeiten nicht so sorgfältig trennen, sondern müssen sie kombiniert anwenden und soziale Kognition einsetzen, um zu verstehen, in welchen Situationen sie welche soziale(n) Fertigkeit(en) anwenden müssen. Abgesehen davon wären explizite Versuche, die Jugendlichen vom Nutzen sozialer Fertigkeiten zu überzeugen, gar nicht notwendig, wenn die Intervention mit den Interessen der Jugendlichen selbst beginnen würde. Schließlich sei darauf hingewiesen, dass das Programm – obwohl es seit mehr als 20 Jahren zur Verfügung steht – anscheinend eine verhältnismäßig geringe Langzeitwirkung erzielt hat.

12.3.2.2 Pathways

a. *Beschreibung des Programms.* In den frühen 1990er-Jahren haben wir das *Pathways*-Programm entwickelt (Hutchinson & Freeman, 1994b). Es besteht aus fünf Unterrichtsmodulen, die Jugendlichen – insbesondere Jugendlichen mit Lernstörungen – helfen, Zugang zum Beruf zu finden, zu verstehen, worauf es beim beruflichen Werdegang ankommt, und ein Beschäftigungsverhältnis aufrechtzuerhalten. Zwei der Module sind speziell auf soziale Kompetenz im beruflichen Setting ausgerichtet: *Problemlösen am Arbeitsplatz* (Hutchinson & Freeman, 1994c) und *Ärgermanagement am Arbeitsplatz* (Hutchinson & Freeman, 1994a). Dieses Programm ist eine Reaktion auf den Ruf nach einer stärkeren Berücksichtigung von Interventionen, die soziale Kompetenz für das Berufsleben vermitteln (Elksnin & Elksnin, 2001). Obwohl *Pathways* nicht das einzige Programm ist, das berufliche soziale Kompetenz anzielt (siehe z. B. CONNECTIONS von Bullis et al., 2001), können wir es hier besser als andere Programme beschreiben, weil wir es selbst entwickelt haben.

In den sieben „Unterrichtseinheiten" des Problemlösungsmoduls (Hutchinson & Freeman, 1994c) diskutierten die Schüler zunächst soziale Probleme am Arbeitsplatz und gingen dann zu einstudierten und später nicht einstudierten Rollenspielen über, in denen sie den Umgang mit solchen Problemen übten. Dazu verwendeten sie ein strukturiertes Arbeitsblatt, das ihnen half, die Probleme zu analysieren und mögliche Lösungen dafür zu finden. Die Aktivitäten waren so angelegt, dass die Beteiligung des Lehrers und der Gebrauch des Arbeitsblatts nach und nach reduziert wurden, sobald die Schüler kompetentere Problemlöser wurden. Die Szenarien, die den Schülern vorgegeben wurden, orientierten sich an realistischen Situationen, wie sie den Jugendlichen am Arbeitsplatz begegnen können. Bei vielen Problemen mussten die Jugendlichen konkurrierende Anforderungen (Arbeit vs. Personal) ausbalancieren, mit unvorhersehbaren Krisen (z. B. kaputte Geräte) umgehen und soziale Situationen meistern (z. B. Beziehungen am Arbeitsplatz aufbauen). Die Unterrichtseinheiten konnten je nach Lerntempo der Gruppe über einen längeren Zeitraum verteilt werden.

Das Format des Ärgermanagement-Moduls (Hutchinson & Freeman, 1994a), das aus acht Unterrichtseinheiten bestand, ähnelte im Format dem des Problemlösungsmoduls bis auf zwei wichtige Ausnahmen. Anstelle der strukturierten Arbeitsblätter setzten die Schüler eine Mnemotechnik („CALMER") ein, die sie bei ihrem Ärgermanagement unterstützen sollte. Außerdem waren die Problemsituationen nicht auf einer Liste angegeben, sondern konnten von den Schülern auf der Grundlage eigener Erfahrungen eingebracht werden.

Die fünf Module wurden während einer intensiven dreijährigen Forschungs- und Entwicklungsphase evaluiert (siehe Freeman & Hutchinson, 1994; Freeman et al., 1991; Hutchinson & Freeman, 1994b). Papier-und-Bleistift-Evaluationen zeigten, dass die Schüler, die an den Interventionen teilgenommen hatten, eingehender über soziale Situationen und Lösungen nachdenken konnten, in denen Problemlösung und Ärgermanagement erforderlich waren.

12

b. Stärken/Schwächen. Das *Pathways*-Programm als soziale Intervention hat drei Hauptstärken. Erstens ist es kontextspezifisch, da es die sozialen Interaktionen im beruflichen Bereich verankert und den Schülern somit hilft, komplexe soziale Kognitionen zu entwickeln, von denen sie am Arbeitsplatz profitieren können. Zweitens ist das Programm so angelegt, dass es den Anforderungen des Regelunterrichts gerecht wird. Sein explizites Ziel besteht darin, Interventionen zu entwickeln, von denen alle Schüler (mit und ohne Lernstörungen) profitieren können. Drittens wurde das Programm in einem kooperativen Prozess von Lehrern, Forschenden und Schülern entwickelt, die gemeinsam eine Instruktion entwarfen, die von größtmöglichem Nutzen für die Schüler sein sollte.

Die Schwächen des *Pathways*-Programms liegen ebenfalls in drei Bereichen. Erstens täuscht die kontextspezifische Ausrichtung, auf der die Nützlichkeit des Programms im beruflichen Umfeld beruht, darüber hinweg, dass es sich auch auf andere Kontexte anwenden lässt, in denen Jugendliche sozial agieren. Zweitens, obgleich das Programm bei zahlreichen Gelegenheiten evaluiert wurde, stützten sich die Beurteilungen der sozialen Kompetenz ausschließlich auf Papier-und-Bleistift-Evaluationen, die möglicherweise Situationen des realen Lebens nicht angemessen repräsentieren. Drittens, obwohl der Versuch unternommen wurde, das Programm auf die Interessen der Schüler abzustimmen (vor allem im Ärgermanagement-Modul), wurde zu wenig berücksichtigt, welch wichtige Rolle das Interesse beim Aufbau von Freundschaften und sozialem Austausch spielt.

12.3.2.3 Das STAR-Projekt

a. Beschreibung des Programms. Goldsworthy et al. (2000) haben eine Reihe von interaktiven, multimedialen Vignetten entworfen, mit deren Hilfe Schüler soziale Problemlösungskompetenz entwickeln können. Die Plattform für das Programm war eine Raumfahrtschule, um das Interesse der Schüler zu wecken, aber die Szenarien selbst betrafen Probleme, denen Jugendliche im alltäglichen Leben häufig begegnen. Um Schülern zu helfen, Probleme besser in Angriff zu nehmen, wurde ihnen eine Gedächtnisstütze (STAR: Stop, Think, Act, Reflect – Halte inne, überlege, handle, reflektiere) vermittelt.

Ein Prototyp dieser Methode wurde an jüngeren Jugendlichen mit Aufmerksamkeitsdefizit-/Hyperaktivitätsstörung (ADHS) getestet, um zu sehen, wie sich das Programm auf die Problemlösungsfähigkeit der Schüler (bei text- und videobasierten Problemen) auswirkte. Die Autoren wollten außerdem herausfinden, ob aus der Sicht von Lehrern, Eltern und Schülern nach der Intervention merkliche Unterschiede im Verhalten festzustellen waren. Die Schüler wurden per Zufallsverfahren einer der folgenden drei Gruppen zugeteilt: STAR-Intervention, Therapie-Intervention und Aufmerksamkeitskontrolle. Die Interventionen umfassten bei allen drei Gruppen jeweils acht Sitzungen (wobei die erste Sitzung für den Vortest, die letzte Sitzung für den Nachtest reserviert war). Bei den videobasierten Problemen zeigte die STAR-Gruppe einen größeren Vortest-Nachtest-Zuwachs als die Aufmerksamkeitskontrollgruppe. Abgesehen davon wurden keine signifikanten Unterschiede festgestellt, was möglicherweise an der kleinen Stichprobengröße lag (am Posttest nahmen insgesamt 40 Schüler teil, die auf die drei Gruppen verteilt waren).

b. Stärken/Schwächen. Angesichts der hohen Komorbidität zwischen ADHS und Lernstörungen (Cantwell & Baker, 1991) lässt sich eine soziale Intervention, die ursprünglich für ADHS entworfen wurde, mit großer Wahrscheinlichkeit auch bei einer Zielgruppe mit Lernstörungen anwenden. Diese Intervention ist insofern spannend, als sie versucht, die Szenarien in einen ansprechenden Kontext einzubauen. Das Software-Programm ist leicht zu handhaben und für den Integrationsunterricht geeignet. Die Situationen und die Gedächtnisstütze sind so angelegt, dass sie das Interesse der Schüler wecken.

Aufgrund eines einzelnen Artikels lässt sich nur schwer einschätzen, ob dieses Multimedia-Paket tatsächlich eine Verbesserung der sozialen Kompetenz von Jugendlichen mit Lernstörungen bewirkt. Die Intervention war kurz (nur sechs Sitzungen), und die positiven Resultate waren begrenzt. Außerdem haben die Autoren erkannt, dass ein interaktives Multimedia-Programm nicht ausreichen kann, um soziale Kompetenz nachhaltig zu verändern. Es muss ergänzend bzw. als Komponente eines größeren Programms eingesetzt werden.

12.3.3 Zusammenfassung

Aktuelle Metaanalysen haben zwar Interventionen für Schüler mit Lernstörungen (z. B. Swanson, 1999; Swanson & Sachse-Lee, 2000) und soziale Interventionen für Kinder mit Lernstörungen (z. B. Forness & Kavale, 1996) untersucht, es wurden jedoch keine vergleichbaren Forschungen zu sozialen Interventionen für Jugendliche mit Lernstörungen durchgeführt. Allerdings gibt es einige nützliche Vorschläge für die Entwicklung sozialer Interventionen für Jugendliche mit Lernstörungen (z. B. Anderson, 2000; Kish, 1991; Stevens & Shenker, 1991) und einige vielversprechende Interventionsprogramme (z. B. ASSET, Pathways und das STAR-Projekt). Nichtsdestotrotz sind weitere Forschungen notwendig, um besser zu verstehen, wie eine effektive soziale Intervention für Jugendliche mit Lernstörungen beschaffen sein muss. Wir können nicht einfach Interventionen für Kinder auf Jugendliche übertragen, so verlockend eine solche Aussicht auch sein mag, weil Kinder und Jugendliche aufgrund ihrer Entwicklung unterschiedliche Bedürfnisse haben. Darüber hinaus bietet eine Sekundarschule einen ganz anderen Kontext für soziale Interventionen als eine Grundschule. Um effektivere soziale Interventionen entwickeln zu können, müssen wir unser Wissen über Jugendliche mit Lernstörungen einsetzen und an Interventionselementen anknüpfen, die sich in der Vergangenheit für diese Population als wirksam erwiesen haben. Darüber hinaus müssen wir unseren Horizont erweitern, indem wir die relevante Forschungsliteratur zur sozialen Kompetenz von Jugendlichen im Allgemeinen hinzuziehen.

12.4 Auf der Suche nach alternativen Ansätzen

In diesem Abschnitt bieten wir einen Überblick über Forschungsliteratur, die zur Entwicklung alternativer Ansätze zu sozialen Interventionen für Jugendliche mit Lernstörungen herangezogen werden kann. Zunächst werden wir einige Ergebnisse aus

12

unserem Forschungsprogramm vorstellen, in dem wir eine Sammlung von Fällen sozialer Integration von lerngestörten Jugendlichen in den Regelunterricht entwickeln. Es folgt ein Überblick über Theorie und Forschung in drei Bereichen: (a) Interesse, gelegentlich auch als Engagement bezeichnet, (b) soziale Kompetenz (insbesondere Freundschaft) bei Jugendlichen ohne Lernstörungen und (c) die kontextualistische bzw. sozial-konstruktivistische Sichtweise, in der die Rolle des Lehrers mit einbezogen wird. Die Literatur aus diesen Bereichen kann uns auf unserer Suche nach effektiven Ansätzen im Zusammenhang mit sozialen Interventionen für Jugendliche mit Lernstörungen nützliches Wissen bieten.

12.4.1 Unser Forschungsprogramm

Eine Sammlung von Fällen – wie sie in den Untersuchungen von John Freeman, Nancy Hutchinson und ihren Studierenden im Hauptstudium an der Queen's Universität entwickelt wird – bietet einen Ausgangspunkt für Interventionen zur Förderung sozialer Kompetenz von Jugendlichen mit Lernstörungen im Integrationsunterricht (siehe Hutchinson et al., 2002). Dazu gehören strukturierte Aktivitäten, die auf gemeinsamen Interessen von Schülern basieren, das Verständnis von Freundschaften bei der allgemeinen Population von Jugendlichen und die Rolle von Kontext und Lehrer. Kurze Beispiele aus unseren Fallstudien machen deutlich, warum wir davon ausgehen, dass diese Faktoren bei der Entwicklung von sozialen Interventionen berücksichtigt werden müssen.

12.4.1.1 Gemeinsame Interessen

Die Rolle, die gemeinsame Interessen bei Freundschaften von Jugendlichen mit Lernstörungen spielen, wird im Fall von Lynn deutlich. Lévesque (1997) hat Lynn in der Schule beobachtet und interviewt. Lynn beschrieb, wie sie ihre Lernstörung vor ihren Mitschülern verheimlichte. Ihre schriftlichen Arbeiten waren kaum entzifferbar; ein Peer-Tutor half ihr dabei, schriftliche Aufgaben zu überarbeiten, bevor sie sie abgab. Dennoch war Lynn Mitglied der Cheerleader-Gruppe ihrer High School und hatte enge Freundinnen in der Gruppe, mit denen sie jeden Abend telefonierte. Lynn beschrieb, wie wichtig ihre Cheerleader-Freundinnen für sie sind: „Die Schule schaffe ich nur, weil meine Freundinnen immer für mich da sind und mich unterstützen."

Matt besuchte dieselbe Förderklasse. Seine Lernstörung und seine Aufmerksamkeitsdefizitstörung beeinträchtigten seine mündliche und schriftliche Kommunikation (Lévesque, 1997). Beobachtungen und Befragungen zeigten, dass Matt keine Freunde hatte, mit denen er in der Mittagspause reden konnte. Für gewöhnlich saß er beim Mittagessen allein, und gelegentlich „unterhielt" er sich mit einem Mitschüler über das Computerspiel „Quake", das offenbar das Einzige war, was ihn interessierte. Der Mitschüler, der sich sehr gut mit Computeranwendungen auskannte, teilte Matts Interesse an „Quake" nicht, und er lief davon, wenn Matt die Unterhaltung dominierte. Matt begann sogar für kurze Zeit mit dem Rauchen, damit er „bei den Rauchern stehen konnte", und demonstrierte damit implizit sein Bedürfnis nach einem gemeinsamen Interesse.

Gemeinsame Interessen mit Peers spielen auch in den rückblickenden Berichten von Erwachsenen mit Lernstörungen, die ohne zeitliche Verzögerungen ihr Abitur gemacht hatten, eine große Rolle (Freeman et al., 2004). Sie beschrieben, dass sie an strukturierten, außerlehrplanmäßigen Aktivitäten teilnahmen, darunter Musikbands, Schulchöre, Theatergruppen oder Sportmannschaften. Sie beschrieben außerdem, dass sie Freunde bei außerschulischen Aktivitäten trafen (z. B. bei den Pfadfindern, in Kampfsportgruppen oder in kirchlichen Vereinen). Im Vergleich dazu berichteten Erwachsene mit Lernstörungen, die zunächst die Schule abgebrochen und ihren Abschluss später nachgeholt hatten, dass sie sich mit Freunden, die schon vor ihnen die Schule abgebrochen hatten, zu informellen Aktivitäten wie „Schuleschwänzen", Billardspielen oder Drogenkonsum trafen. Strukturierte Aktivitäten, die auf gemeinsamen Interessen beruhen, sind für Jugendliche offenbar besonders wichtig, um Freundschaften in der Schule aufzubauen und aufrechtzuerhalten.

12.4.1.2 Freundschaften in der allgemeinen Population von Jugendlichen

Unsere Fälle deuten außerdem darauf hin, wie wichtig es ist, die typische Entwicklung von Jugendfreundschaften in ihrer Bedeutung für die soziale Kompetenz von Jugendlichen mit Lernstörungen zu verstehen. So hat z. B. Lévesque (1997) durch die Analyse der sozialen Kompetenz und der Peerbeziehungen von Lynn und Matt die Anwendbarkeit der vier interpersonellen Kompetenzen von Buhrmester (1994) demonstriert, die für Zweierbeziehungen in der frühen Jugend notwendig sind: (a) eine Unterhaltung beginnen und aufrechterhalten; (b) Pläne für die gemeinsame Freizeit schmieden; (c) persönliche Gedanken von sich selbst preisgeben und emotionale Unterstützung leisten; (d) Konflikte bewältigen. Lévesque zeigte außerdem, dass weitere Faktoren in der Literatur über die allgemeine Population der Jugendlichen hilfreich sind, um diese Fallstudien besser zu verstehen: Voreingenommenheit durch eine bestimmte Reputation (Hymel et al., 1990) und soziale Normen von Jugendlichen (Evans & Eder, 1989).

12.4.1.3 Die Rolle des Kontexts

Wie wichtig der Kontext für das Verständnis der sozialen Kompetenz von Jugendlichen mit Lernstörungen ist, zeigt der Fall von Zak (Stoch, 2000). Unter Bezugnahme auf ausführliche Interviews beschreibt Stoch, dass dieser junge Mann im Integrationsunterricht so viele soziale Konflikte mit seinen Mitschülern hatte, dass seine Mutter fast jeden Tag in die Schule zitiert wurde. Aber im Camp, wo es viele (aber nicht nur) Jugendliche mit Lernstörungen gab, und wo Stoch den Jugendlichen zum ersten Mal getroffen hatte, beschrieben die Betreuer Zak als einen Anführer mit vielen Freunden, der für seine Wasserski-Künste Preise gewann und dafür sorgte, dass die anderen Camper Spaß hatten. Zu Hause wurde er von seiner alleinerziehenden Mutter überbehütet, die ihm sportliche Aktivitäten – wie die im Camp – untersagte. Im häuslichen Umfeld zeigte Zak kaum eine der sozialen Kompetenzen, für die er im Camp bekannt war. Stoch beschrieb Zak in diesen unterschiedlichen sozialen Kontexten als einen „beinahe anderen Menschen".

Einige unserer Fälle machten außerdem deutlich, dass der Lehrer im Hinblick auf die soziale Kompetenz von Jugendlichen eine Schlüsselrolle im schulischen Kontext

12 einnimmt. Edwards (2000) z. B. hat Beobachtungen und Befragungen mit High-School-Lehrern durchgeführt, die bei der Integration von Jugendlichen mit Lernstörungen vorbildlich sind. Eine Lehrerin, Lauren, berichtete über ihre Unterrichtsanpassungen für einen Schüler: „Was ihn betrifft, sollten wir meiner Meinung nach vor allem an sozialen Aspekten arbeiten. (...) Er kommt mit anderen Menschen nicht gut zurecht". Lauren berichtete weiter, dass sie „darauf bestand, dass der Schüler mit seinem Laborpartner zusammenarbeitete. (...) Er muss Interaktion und Teamarbeit von Grund auf lernen". Ein anderer Lehrer in Edwards Studie, Gary, berichtete, dass er Unterrichtsaktivitäten einsetzte, bei denen die Schüler selbst aktiv werden mussten, damit sie etwas „taten" und nicht einfach nur zuhörten, weil bei dieser Art des Unterrichts die Jugendlichen sowohl sozial als auch kognitiv engagiert sind. Edwards beobachtete, wie Gary eine sichere, unterstützende Lernumgebung schuf, in der Schüler mit Lernstörungen vollwertig an allen Aktivitäten in kooperativen Lerngruppen oder in Gruppendiskussionen teilnahmen. Lévesque (1997) hat einen Klassenlehrer beschrieben, der einen sozialen Kontext schuf, an dem auch Matt (den wir oben beschrieben haben) teilnehmen konnte. Der Lehrer übersetzte Matts schlecht artikulierte, aber durchaus nachdenkliche Diskussionsbeiträge für den Rest der Klasse. In diesem einen Kurs hörte Matt den anderen Diskussionsteilnehmern zu, kommentierte ihre Beiträge und war ein vollwertiger sozialer Teilnehmer. In allen anderen Kursen, die Lévesque beobachtete, las Matt sein Science-Fiction-Buch, ignorierte den Lehrer und seine Mitschüler und fühlte sich vom Kontext isoliert. Fälle wie dieser legen nahe, dass Lehrer innerhalb des Kontexts, in dem sich soziale Kompetenz entwickeln kann, eine wichtige Rolle spielen.

Unsere Fallstudien haben uns demonstriert, wie wichtig es ist, Interessen, Freundschaften und Kontexte – einschließlich Lehrer – zu verstehen, um soziale Interventionen für Jugendliche mit Lernstörungen zu entwickeln. Im Folgenden werden wir untersuchen, was jeder dieser Faktoren zu unserem Verständnis von solchen Interventionen beitragen kann.

12.4.2 Theorien und Forschung zu Interesse

Interesse ist eine motivationale Schlüsselvariable, die uns hilft zu verstehen, wie und warum Jugendliche bestimmte soziale Beziehungen aufrechterhalten wollen (Freeman et al., 2002; Hidi & Harackiewicz, 2000). Während es dem Normalbürger wohl kaum Schwierigkeiten bereitet, Interesse zu definieren, hat sich diese Definition für Wissenschaftler als schwierig erwiesen (z. B. Gardner, 1998; Prenzel, 1992). Sie sind sich aber darin einig, dass Interesse im Zusammentreffen von einer einzelnen Person und einem Objekt begründet liegt (Rathunde, 1998, 1993). Darüber hinaus ist dem Interesse eine Wertkomponente eingeschrieben (z. B. Renninger, 1998; Schiefele, 1998). Daher sehen wir das Objekt von Interesse stets im Zusammenhang mit der Person, die dieses Interesse hat und das Objekt wertschätzt. Wenn ich z. B. zu verstehen gebe, dass ich mich für klassische Musik interessiere, wohnt das Interesse weder mir selbst noch der klassischen Musik inne, sondern einem Raum dazwischen. Außerdem bedeutet mein Interesse an klassischer Musik, dass ich sie schätze.

Interesse wird im Allgemeinen in zwei Bereiche unterteilt: situationales und individuelles Interesse (Hidi, 1990). Situationales Interesse bezieht sich auf ein Objekt, das viele Individuen anspricht. Beispielsweise wäre eine chemische Explosion, die einen Vulkan darstellen soll, für die meisten Schüler einer neunten Klasse von situationalem Interesse. Individuelles Interesse bezeichnet eine relativ lang anhaltende Anziehung zwischen einer Person und einem Objekt. Ein Jugendlicher könnte sich z. B. für Pferde oder Videospiele oder seine Familiengeschichte interessieren. Ainley et al. (2002) haben eine dritte Art von Interesse vorgeschlagen: das Themeninteresse. Ihrer Meinung nach unterscheidet sich diese Art von Interesse vom situationalen und vom individuellen Interesse. Es bezeichnet das Interesse, das bei Lesern durch ein Wort oder einen Absatz geweckt wird, in dem ein Thema präsentiert wird.

Im Zusammenhang mit der sozialen Kompetenz von Jugendlichen erfüllt das Interesse mindestens drei Funktionen. Erstens: In seinem fruchtbaren Werk *Interest and Effort in Education* (1913) postulierte John Dewey vier Arten von erzieherischem Interesse: körperliches, entdeckendes, intellektuelles und soziales. Diese Interessen entwickeln sich, während sich der Mensch entwickelt und unterschiedlichen Situationen begegnet. Das körperliche Interesse wird als Erstes bei Säuglingen und Kleinkindern beobachtet, die ihren eigenen Körper erforschen. Mit zunehmendem Alter werden sie sich der Werkzeuge um sie herum gewahr, die sie manipulieren können und die ihnen dabei helfen, ihre Umwelt zu entdecken. Obgleich zu jedem Interesse ein gewisses Maß an Denken gehört, ist das intellektuelle Interesse spezifisch am Streben nach Wissen durch Fragenstellen beteiligt. Kleine Kinder sind besonders wissbegierig und stellen den Erwachsenen unentwegt Fragen über ihre Umgebung. Soziales Interesse tritt in dem Moment in den Vordergrund, in dem Kinder mit anderen Menschen umgehen und sie besser verstehen möchten. Im Jugendalter ist das soziale Interesse für die meisten Individuen das wichtigste erzieherische Interesse. Daher muss soziales Interesse als Grundlage für sämtliche Formen des Lernens bei Jugendlichen betrachtet werden.

Zweitens: Individuelles Interesse stellt einen Kontext für interpersonelle Beziehungen zur Verfügung (Buhrmester, 1996). Wenn Menschen sich begegnen, sprechen sie in der Regel über gemeinsame Interessen. Freundschaften zwischen Jugendlichen entwickeln sich vielfach durch gemeinsame Interessen, wie z. B. die Cheerleader-Gruppe (Lévesque, 1997). Jugendliche, die nur wenige Interessen haben, über diese Interessen nicht gut Bescheid wissen oder ihre Interessen nicht vermitteln können, sind bei der Entwicklung von sozialen Interaktionen und beim Aufbau von Freundschaften mit Peers benachteiligt.

Drittens: Interesse ist ein wichtiger Faktor bei der Wahl von außerlehrplanmäßigen Aktivitäten. Diese Aktivitäten, ob in der Schule oder außerhalb, können die soziale Kompetenz von Jugendlichen verbessern und dazu beitragen, dass sie sich auch in der Schule stärker engagieren (Freeman, Stoch et al., 2002). Darüber hinaus wirken sich strukturierte außerlehrplanmäßige Aktivitäten – Sport, Theater, religiös motivierte Aktivitäten, Aktivitäten im Freien etc. – positiv auf die Entwicklung im sozialen Bereich aus (Eccles & Templeton, 2002). Einer der wichtigsten sozialen Vorteile im Zusammenhang mit außerlehrplanmäßigen bzw. außerschulischen Aktivitäten ist der Zuwachs an Führungsfähigkeiten. Außerlehrplanmäßige Aktivitäten werden außerdem mit dem Erwerb angemessener sozialer Normen assoziiert (Eccles & Templeton, 2002). Wenn Jugendliche keine klare Vorstellung von ihren Interessen haben oder nicht wissen, wie sie sie nutzen können, wird ihnen der Zugang zu passenden

12

außerlehrplanmäßigen Aktivitäten verbaut, und damit auch die Möglichkeit, ihre soziale Kompetenz zu verbessern und aufrechtzuerhalten.

Erfolgreiche Interventionen zur Verbesserung der sozialen Kompetenz von Jugendlichen setzen die Erkenntnis voraus, dass soziales Interesse bei Jugendlichen eine wichtige Rolle spielt. Die Interventionen müssen außerdem dafür sorgen, dass die Jugendlichen lernen, ihre Interessen zu identifizieren und zu artikulieren, damit sie in sozialen Situationen erfolgreich interagieren und reziproke Freundschaften mit Peers aufbauen können, mit denen sie gerne zusammen sind. Und schließlich müssen erfolgreiche Interventionen den Jugendlichen dabei helfen, ihre Interessen so zu nutzen, dass sie ihnen den Zugang zu entwicklungsgerechten, sozial förderlichen außerlehrplanmäßigen Aktivitäten ermöglichen.

12.4.3 Theorien und Forschung zur sozialen Kompetenz von Jugendlichen ohne Lernstörungen

Wir dürfen nicht vergessen, dass Jugendliche mit Lernstörungen in erster Linie Jugendliche sind – Jugendliche, die auch eine Lernstörung haben. Jedoch sorgen wir zu selten dafür, Theorien und Forschungen zu Jugendlichen ohne Lernstörungen in unsere eigenen Arbeiten zu integrieren. In diesem Abschnitt werden wir genau das tun – prüfen, was wir aus Theorien und Forschungen zur sozialen Kompetenz von Jugendlichen aus der Allgemeinbevölkerung lernen können. Ein Großteil der Literatur zur allgemeinen Population der Jugendlichen hat sich auf einen bestimmten Aspekt von sozialer Kompetenz konzentriert: Peerbeziehungen (die, wie bereits erwähnt, in erster Linie aus sozialem Status und Freundschaften bestehen). Um 1990 hatten Forschende große Fortschritte im Verständnis darüber erzielt, wie der soziale Status von Kindern und Jugendlichen in der allgemeinen Population entsteht und aufrechterhalten wird und welche Folgen er mit sich bringt (Asher & Coie, 1990). Um das Jahr 2000 konnte das Gleiche für den sozialen Status von Kindern und Jugendlichen mit Lernstörungen festgestellt werden (Vaughn & Elbaum, 1999). Allerdings haben sich Studien zum sozialen Status als wenig hilfreich erwiesen, was die Entwicklung von Interventionen betrifft, die dazu beitragen, die Anpassung von Jugendlichen mit und ohne Lernstörungen an ihre Peers zu verbessern. Die Fähigkeit bzw. die Unfähigkeit von Jugendlichen, befriedigende und unterstützende Zweierfreundschaften aufzubauen und aufrechtzuerhalten, sollte in diesem Zusammenhang stärker berücksichtigt werden.

Was ist Freundschaft? Freundschaft hat sowohl eine Tiefen- als auch eine Oberflächenstruktur (Hartup & Stevens, 1997). Die Tiefenstruktur bezieht sich auf ihr Wesen und ihre Bedeutung – Freundschaft ist stets durch Reziprozität und Gegenseitigkeit, d. h. durch eine symmetrische Beziehung charakterisiert. Freundschaft erfüllt das Bedürfnis nach Kameradschaft. Die Oberflächenstruktur bezieht sich auf die Art bzw. die Ausrichtung des sozialen Austauschs innerhalb der reziproken, kameradschaftlichen Beziehung. Entwicklungstheoretiker vertreten die Ansicht, dass sich der Mensch in jedem Alter mit entwicklungsbedingten Sorgen und Problemen beschäftigt. So ist z. B. die Adoleszenz, die durch kognitive Veränderungen, durch die Pubertät und durch den soziokulturellen Kontext beeinflusst wird, durch zunehmende Probleme mit Selbstklärung, Selbstbewertung und dem Erlangen von Coping-Unterstützung geprägt

(Buhrmester & Prager, 1995; Sullivan, 1953). Diese Probleme formen die Oberflächenstruktur der Freundschaft – ihren sozialen Austausch. Das für Jugendliche typische „mit Freunden herumziehen", die Selbstoffenbarungen, das Interesse an unterstützendem Problemlösen und die Suche nach selbstdefinierenden Aktivitäten mit Freunden hängen mit diesen gemeinsamen Problemen zusammen (Buhrmester, 1996). Wie bereits erwähnt, geht Buhrmester davon aus, dass aus diesen entwicklungsbedingten Problemen vier interpersonelle Kompetenzen hervorgehen, die für Zweierbeziehungen in der Jugend besonders wichtig sind: (a) eine Unterhaltung beginnen und aufrechterhalten; (b) Pläne für die gemeinsame Freizeit schmieden; (c) persönliche Gedanken preisgeben und emotionale Unterstützung leisten; (d) Konflikte bewältigen.

Da sich Freunde in der Regel mit ähnlichen entwicklungsbedingten Themen beschäftigen, bieten Freundschaften einzigartige Gelegenheiten, um sich gemeinsam mit Problemen auseinanderzusetzen, die für beide Freunde von zentraler Bedeutung sind. Das bedeutet, dass Jugendliche mindestens einen unterstützenden Peer brauchen (d. h. einen Peer, der zuverlässig und verständnisvoll ist und den anderen akzeptiert), dem sie sich anvertrauen können, um die Probleme, die sie beschäftigen, bewältigen zu können. Forschungsergebnisse deuten darauf hin, dass zwischen der Erfahrung von Vertrautheit in Jugendfreundschaften und der Entwicklung von Anpassungsfähigkeit und interpersoneller Kompetenz eine wechselseitige Beziehung besteht (ein Maß für die vier Kompetenzen, die für dyadische Freundschaften erforderlich sind, wie sie in Buhrmester, 1996, beschrieben werden). In einer Studie mit 172 Jugendlichen im Alter zwischen zehn und 16 Jahren sammelte Buhrmester (1990) Selbstberichte und Berichte von reziproken Freunden über Vertrautheit in der Freundschaft und korrelierte diese mit Selbst- und Freundesberichten über interpersonelle Kompetenz sowie Selbstberichten über Anpassung. Bei den 13- bis 16-Jährigen waren die Korrelationen – besonders die der Beziehung zwischen Vertrautheit und reziproker Freundschaft und interpersoneller Kompetenz – höher als bei den 10- bis 13-Jährigen. Diese Studie liefert weitere Evidenz, dass hochwertige Freundschaften in der Jugend generell für die Entwicklung sozialer Kompetenz entscheidend sind.

Es wird allerdings angenommen, dass in männlichen und weiblichen Peerbeziehungen unterschiedliche „Kulturen" bzw. Kontexte manifest werden (Tannen, 1990). Die Interaktionen zwischen weiblichen Jugendlichen sind primär auf die Herstellung interpersoneller Verbindungen ausgerichtet und weniger auf einwirkende (agentic) Angelegenheiten. Weibliche Jugendliche berichten häufiger über vertraute bzw. unterstützende Interaktionen mit Freundinnen als dies männliche Jugendliche mit männlichen Freunden tun (Maccoby, 1990). Auf der anderen Seite konzentrieren sich die Interaktionen zwischen männlichen Jugendlichen stärker auf einwirkende und weniger auf gemeinschaftsbezogene Angelegenheiten. Sie werden als „Seite-an-Seite"-Interaktionen beschrieben, d. h., im Mittelpunkt stehen Dinge, die man zusammen mit anderen tun kann, vor allem Sport treiben und Wettkämpfe ausfechten (Wright, 1982). Die unterstützenden Diskussionen unter männlichen Jugendlichen drehen sich oft um die Leistung einer Fußballmannschaft oder eines einzelnen Sportlers. Möglicherweise werden diese Interaktionen dem Bedürfnis nach Leistung, Anerkennung und Macht gerecht.

Einige Daten stützen die Annahme, dass sich die Sozialisationskontexte von Jugendlichen je nach Geschlecht unterscheiden. Buhrmester und Carbery (1992) haben 200 Jugendliche im Alter zwischen 12 und 15 Jahren fünf Abende lang telefonisch

12

befragt. Die Jugendlichen wurden aufgefordert, die sozialen Ereignisse der letzten 24 Stunden zu rekonstruieren. Bei jeder Interaktion, die länger als zehn Minuten gedauert hatte, registrierten die Interviewer die Partner, die an dieser Interaktion beteiligt waren (z. B. Freunde des gleichen Geschlechts, Eltern, Geschwister etc.). Anschließend sollten die Befragten auf einer Sieben-Punkte-Skala den Grad an Selbstoffenbarung und emotionaler Unterstützung bei dieser Interaktion angeben. Die weiblichen Jugendlichen berichteten über mehr Interaktionen mit Freundinnen als die männlichen Jugendlichen mit Freunden, und sie gaben beträchtlich höhere Selbstoffenbarungs- und Unterstützungswerte an als die männlichen Befragten. Dabei handelt es sich nicht unbedingt um inhärente Unterschiede, sondern die Jugendlichen suchen sich möglicherweise einfach gesellschaftliche und geschlechtsspezifische Rollenvorbilder, denen sie folgen (Buhrmester, 1996). Daher müssen Interventionen im Zusammenhang mit sozialer Kompetenz nicht nur die Rolle von Freundschaft berücksichtigen, sondern auch die geschlechtsspezifischen Unterschiede, die darin zum Ausdruck kommen.

12.4.4 Kontextualistische Sichtweise

Einer der Gründe, warum sich Pädagogen intensiv mit der sozialen Kompetenz von Jugendlichen mit Lernstörungen befassen, ist die weitverbreitete Integrationspraxis. Eine Erwartung der Integrationspraxis ist, dass Schüler mit Behinderungen kognitiv und sozial davon profitieren, mit ihren nicht behinderten Peers im Regelunterricht zu interagieren. Eine solche Erwartung wird durch kontextualistische Sichtweisen (z. B. Bredo, 1994) und sozial-konstruktivistische Theorien (siehe Trent et al., 1998) unterstützt, die annehmen, dass Lernen im Klassenverband stattfindet, wo Peer-Interaktionen die treibende Kraft sind. Tatsächlich beinhalten Empfehlungen für soziale Interventionen häufig Vorschläge zur Implementierung von kooperativen Lernstrategien, altersübergreifendem Tutoring sowie strukturierten Gruppenaktivitäten (z. B. Farmer et al., 1999; Hamre-Nietupski et al., 1994).

Bredo (1994) ist der Ansicht, dass Wissen aus kontextualistischer bzw. situierter Sicht untrennbar mit dem Kontext und den Aktivitäten verbunden ist, zu denen es gehört. Defizite liegen nicht im Individuum begründet, sondern in der Schnittstelle zwischen dem Individuum und den kontextuellen Gegebenheiten. Aus diesem Grund kann ein Jugendlicher mit Lernstörungen wie z. B. Zak in verschiedenen sozialen Kontexten wie ein anderer Mensch wirken (Stoch, 2000). Lernen wird durch die unmittelbare Situation vermittelt, und die Handlungen des Lernenden haben Auswirkungen auf die Situation. Diese Sichtweise ist besonders relevant, wenn Lernen von sozialer Kompetenz in hoch sozialen Kontexten wie der Sekundarschule betrachtet wird, wo „Interpretation und Bedeutung je nach Kontext variieren" (Bredo, 1994, S. 32).

Trent et al. (1998) plädierten dafür, bestehende Paradigmen durch kontextualistische Sichtweisen zu ergänzen. Ihrer Ansicht nach könnten vier Implikationen aus Vygotskys soziokultureller Theorie (1978) die Interventionen für Schüler mit leichten Behinderungen verbessern. Erstens wird soziale Kompetenz am besten in bedeutungsvollen, zweckgerichteten Kontexten aufgebaut. Zweitens ist es notwendig, diesen Schülern Strategien auf Metaebene, die an der Schule (von Mitschülern und Erwachsenen) geschätzt werden, explizit darzulegen (O'Connor, 1996). Dazu gehört auch die soziale

Kognition, die andere ohne große Anstrengung zu entwickeln scheinen. Drittens müssen Peers und Lehrer bei diesen sozialen Interaktionen nach und nach die Regulation von Kognition und Handlungen auf die Lernenden übertragen. Viertens entfalten sich Lernen und Entwicklung in Alltagsaktivitäten innerhalb von Gemeinschaften, die ein gemeinsames Verständnis besitzen. Wenn Forschung und Praxis eine kontextualistische Sichtweise annehmen würden, wären sie gezwungen, individuelle Entwicklungsprozesse anzuerkennen, die Rolle von Lehrern und Peers in der Entwicklung von sozialer Kompetenz stärker zu berücksichtigen und ein breiteres Verständnis davon zu entwickeln, was es heißt, anders und doch sozial kompetent zu sein.

Aktuelle Ansichten über den Nutzen von kontextualistischen Ansätzen sind wahrscheinlich etwas naiv. O'Connor (1996) warnte davor zu glauben, dass Diskussionen und Kooperation unter Peers einen „unproblematischen Weg zu Denkpraktiken höherer Ordnung" darstellen (S. 496). Dem würden wir hinzufügen, dass Diskussion und Kooperation keinen unproblematischen Weg zu mehr sozialer Kompetenz bedeuten. Unsere eigenen Fallstudien zeigen, dass die Sichtweisen von Jugendlichen mit Lernstörungen von ihren Peers nicht immer geschätzt werden, und dass Erwachsene ein großes Maß an Einsicht und Verständnis mitbringen müssen, um bedeutungsvolle soziale Kontexte zu identifizieren und für Interventionen nutzbar zu machen. O'Connor erinnert uns daran, dass Erwachsene von ihren eigenen sozialen und aufgabenbezogenen Interaktionen nicht erwarten, dass sie „frei von versteckten Prozessen und den Nachwirkungen früherer interpersoneller Erfahrungen" sind (S. 507). Kontextualistische Ansätze legen Wert darauf, dass Lehrer und Schüler ihr Denken in sozialen Situationen und kooperativen Aktivitäten mit Peers offen legen. Jugendliche mit Lernstörungen, die von ihren Peers nicht akzeptiert werden oder denen die Erfahrung von Sicherheit (und andere Entwicklungsaspekte, die in engen Freundschaften gefördert werden) fehlen, werden allerdings Schwierigkeiten damit haben, voll an diesen Kontexten teilzunehmen, wenn die Aktivitäten nicht sorgfältig von Erwachsenen koordiniert werden.

Die Forschung zur sozialen Kompetenz von Jugendlichen mit Lernstörungen ist nicht einheitlich und legt nahe, dass viele dieser Jugendlichen von ihren Peers nicht akzeptiert werden. Gleichzeitig zeigt sich, dass viele von ihnen Freundschaften haben (z. B. Lévesque, 1997; Vaughn et al., 1993), wenngleich einige dieser Freundschaften schwach oder atypisch sind (z. B. Wiener & Sunohara, 1998). Untersuchungen zu Kontexten, in denen diese Freundschaften vorhanden sind und in denen sie gefördert werden, könnten wichtige Informationen darüber liefern, wie diese Kontexte und die Stärken der Jugendlichen mit Lernstörungen zur Förderung von sozialer Kompetenz genutzt werden könnten. Das ist besonders für einen kontextualistischen Ansatz wichtig, der darauf zielt, Stärken und kontextuelle Gegebenheiten als Grundlage für Interventionen zu verwenden (Trent et al., 1998).

Einige aktuelle Forschungen zum Selbstwertgefühl von Jugendlichen mit Lernstörungen deuten darauf hin, dass gleichaltrige Freunde möglicherweise nicht die einzige Quelle von Selbstbestätigung sind (Vaughn & Elbaum, 1999). Auch Eltern, andere Erwachsene, Geschwister oder Lehrer können unterstützende Quellen sein. Im Unterricht wird der Kontext durch die Lehrkraft geformt, die die Voraussetzungen schafft, unter denen Peerbeziehungen stattfinden. Daher sollte den Eigenschaften und Handlungen von Lehrern, die Freundschaften zwischen Jugendlichen mit Lernstörungen und ihren nicht lerngestörten Peers fördern, mehr Aufmerksamkeit

12

geschenkt werden. Die Lehrkraft definiert, welche Peer-Behandlung akzeptabel ist, und oft bildet sie die Gruppen, die im Unterricht zusammensitzen und gemeinsam lernen. In diesem Sinne tragen Lehrkräfte zur Entwicklung von Peerbeziehungen und von sozialer Kompetenz im Unterricht bei.

Forschende auf dem Gebiet von Lernstörungen und sozialer Kompetenz, darunter Tanis Bryan (1991) und Sharon Vaughn (Vaughn & Sinagub, 1998) haben dazu aufgerufen, soziale Interventionen nicht mit interaktionistischen, sondern mit kontextualistischen Ansätzen anzugehen. Die Kontexte, in denen Jugendliche soziale Kompetenz entwickeln und anwenden oder in denen sie ihnen sogar fehlt, sind unterschiedlich und komplex. Der neue, kontextualistische Ansatz ist für Forscher und Praktiker herausfordernd. Allerdings legt der Überblick über die vorhandene Literatur zu sozialen Interventionen nahe, dass ein solcher Perspektivenwechsel unumgänglich ist.

12.5 Interventionen im Zusammenhang mit sozialer Kompetenz: Implikationen für Forschung und Praxis

12.5.1 Implikationen für die Praxis

Aus unserem Überblick über die soziale Kompetenz von Jugendlichen mit Lernstörungen, über Interventionen für diese Zielgruppe und über ähnliche Forschungen mit anderen Jugendlichen haben wir fünf Prinzipien abgeleitet, die in Zukunft bei der Entwicklung sozialer Interventionen für Jugendliche mit Lernstörungen berücksichtigt werden sollten.

12.5.1.1 Prinzip 1

Die Interessen, Bedürfnisse und Stärken der einzelnen Jugendlichen müssen beim Entwurf von Interventionen für Jugendliche mit Lernstörungen an oberster Stelle stehen. Interessen bilden das Fundament für befriedigende Freundschaften, sie eröffnen den Zugang zu wünschenswerten außerlehrplanmäßigen Aktivitäten, in deren Rahmen die Jugendlichen ihre sozialen Fertigkeiten üben können, und sie ermöglichen es den jungen Leuten, sich zu reiferen sozialen Wesen zu entwickeln. Solange Jugendliche den Zweck und die Bedeutung einer Intervention nicht erkennen, d. h., solange sie kein Interesse daran haben, werden sie kaum die erforderliche Anstrengung aufbringen, die Voraussetzung dafür ist, dass die Intervention erfolgreich sein kann.

Das Verständnis der Interessen, ohne die eine Intervention keine Bedeutsamkeit erlangt, wird durch das Verständnis der individuellen Bedürfnisse und Stärken unterstützt. Nicht alle Jugendlichen mit Lernstörungen haben soziale Defizite, und diejenigen, bei denen ein entsprechender Förderbedarf besteht, haben unterschiedliche soziale Beziehungen, soziale Fertigkeiten und soziale Kognitionen. Wenn die einzigartigen Eigenschaften von Jugendlichen mit Lernstörungen nicht erkannt werden, ist zu erwarten, dass die Ergebnisse der Interventionen alles andere als wünschenswert sein werden.

Selbst wenn diese Schüler regelmäßig an den Interventionen teilnehmen – wenn die Intervention ihren Bedürfnissen nicht gerecht wird und auf ihren Stärken aufbaut, wird sich die soziale Kompetenz dieser Schüler wahrscheinlich nicht verbessern.

12.5.1.2 Prinzip 2

Der Aufbau von Freundschaften muss ein grundlegender Bestandteil aller sozialen Interventionen sein. Freundschaften sind ein essenzieller Teil des sozialen Lebens von Jugendlichen. Auf der Suche nach der eigenen Identität stellen sie eine wichtige Quelle der Unterstützung und einen Puffer gegenüber negativen Lebenserfahrungen dar. Die Entwicklung von Freundschaften kann jedoch ein komplexer Prozess sein, für den die soziale Kompetenz von Jugendlichen mit Lernstörungen nicht ausreicht. Daher müssen Strategien für den Aufbau und die Aufrechterhaltung von Freundschaften Teil der sozialen Interventionen für Jugendliche mit Lernstörungen sein.

12.5.1.3 Prinzip 3

Im Zusammenhang mit sozialen Interventionen muss man sich stets der kontextuellen Faktoren bewusst sein. Es gibt zwei Arten von Kontexten, die berücksichtigt werden müssen. Erstens gibt es den Kontext, in dem die Instruktion durchgeführt wird. Interventionen, die sich in der Mittelstufe als erfolgreich erwiesen haben, sind möglicherweise in der Oberstufe mit ihren hohen Lehrplananforderungen und dem rotierenden Lehrersystem kaum umsetzbar. Außerdem besucht heute ein größeres Spektrum an Schülern den Integrationsunterricht, und die Integration breit gefächerter Schülergruppen beeinflusst eventuell die Möglichkeit, soziale Interventionen speziell für einzelne Populationen anzubieten.

Der zweite Kontext bezieht sich auf den Ort, an dem soziale Kompetenzen angewandt werden. Da eine bestimmte Kompetenz, die in einem Setting erforderlich ist, möglicherweise in einem anderen Setting nicht benötigt wird, und da Schüler den Kontext lernen, wenn sie eine Kompetenz erwerben, ist es erforderlich, eine große Bandbreite an bedeutungsvollen Kontexten in die Intervention einzubeziehen.

12.5.1.4 Prinzip 4

Die Rolle des Lehrers muss in der sozialen Intervention berücksichtigt werden. Lehrer stellen eine wichtige Ressource für Schüler mit Lernstörungen dar. Sie können eine erfolgreiche soziale Integration fördern oder auch unbewusst Praktiken einsetzen, die außergewöhnliche Schüler isolieren und stigmatisieren. Daher müssen alle Lehrer, die mit Schülern mit Lernstörungen arbeiten, über die Intervention Bescheid wissen – auch wenn sie die Intervention nicht selbst unterrichten – und sich als kluge Lernförderer an dem koordinierten Unterfangen beteiligen, Veränderungen herbeizuführen.

12.5.1.5 Prinzip 5

Soziale Interventionen müssen auf einzelne soziale Fertigkeiten und die Integration dieser Fertigkeiten zielen und die soziale Kognition fördern, wann diese

12

Fertigkeiten eingesetzt werden. Es genügt nicht, wie beim ASSET-Programm geschehen, Schüler bei der Ausführung einzelner sozialer Fertigkeiten zu unterstützen, oder (wie beim Pathways-Programm) einzelne Fertigkeiten zugunsten holistischer Ansätze sozialer Kompetenz zu ignorieren. Soziale Interventionen müssen beide Ansätze kombinieren und den Schülern das Verständnis vermitteln, wann und wie die Fertigkeiten angewandt werden sollten.

Wir sind davon überzeugt, dass mithilfe dieser fünf Prinzipien bessere soziale Interventionen entwickelt werden können, von denen die Jugendlichen, die sie am meisten benötigen, auch tatsächlich profitieren. Der Erfolg dieser Prinzipien lässt sich allerdings nur durch systematische Forschung verifizieren, die von vielen unabhängigen Forschenden durchgeführt wird.

12.5.2 Implikationen für die Forschung

Wir wissen, wie schwierig es ist, den Erfolg von sozialen Interventionen, die für Jugendliche mit Lernstörungen entworfen wurden, zu untersuchen. Der Erfolg dieser Interventionen lässt sich nur durch die verbesserte Fähigkeit dieser Schüler bemessen, in vielen verschiedenen Kontexten, innerhalb und außerhalb der Schule, zu interagieren. Den meisten Forschenden bleibt der Zugang zu diesen multiplen Kontexten jedoch verwehrt. Anstatt wie üblich zur Durchführung von mehr Längsschnittstudien aufzurufen, um die Effekte von Interventionen zu untersuchen, möchten wir im Folgenden vier praktische (weniger zeit- und kostenintensive) Vorschläge unterbreiten, die in diesem Forschungsfeld implementiert werden sollten.

12.5.2.1 Vorschlag 1

Die Effekte sozialer Interventionen sollten nach Geschlecht getrennt analysiert werden. Studienergebnisse werden nur selten nach Geschlecht getrennt beschrieben, was möglicherweise damit zu tun hat, dass die Teilnehmerzahlen bei den meisten Interventionen für Jugendliche mit Lernstörungen sehr gering sind. Da weibliche und männliche Jugendliche weitgehend unterschiedliche soziale Kontexte erleben, kann es sein, dass ein und dieselbe Intervention bei Jungen und Mädchen nicht gleichermaßen erfolgreich ist.

12.5.2.2 Vorschlag 2

Um die Effektivität des Programms zu überwachen, sollten Indikatoren verwendet werden, mit deren Hilfe man Veränderungen beim Verhalten der Schüler zurückverfolgen kann. Wenn eine soziale Intervention erfolgreich war, sollte man entsprechende Verhaltensveränderungen beim Schüler feststellen können. So ist z. B. anzunehmen, dass sozial kompetente Jugendliche seltener wegen Fehlverhalten zum Rektor gerufen werden. Wenn sie an der Schule Freunde haben, werden sie wahrscheinlich seltener die Schule schwänzen. Wenn die Jugendlichen erfolgreiche soziale Beziehungen haben, ist die Aussicht auf schulischen Erfolg größer, was über den Schulabschluss oder den Abschluss von Kursen erfasst werden kann. Schulische Indikatoren zurückzuverfolgen bietet ein kostengünstiges Stellvertretermaß zur Messung von sozialer Kompetenz, das die üblichen Maße ergänzen kann.

12.5.2.3 Vorschlag 3

Es sollten verschiedene Methoden verwendet werden, um Daten über soziale Kompetenz zu sammeln. Abgesehen von den schulischen Indikatoren gibt es drei Möglichkeiten, um Informationen relativ einfach zu erheben: Selbstbericht/Papier-und-Bleistift-Maße, Rollenspiel-Szenarien und Bewertungen durch den Lehrer. Papier-und-Bleistift-Maße können soziale Kognition erfassen und Auskunft darüber geben, wie soziale Beziehungen wahrgenommen werden, lassen aber keine Rückschlüsse darüber zu, wie die Jugendlichen soziale Fertigkeiten in Situationen des wirklichen Lebens einsetzen. Rollenspiele sind Annäherungen an reale Situationen, aber sie entsprechen nicht der Vielzahl an Kontexten, denen Jugendliche im wirklichen Leben begegnen und die sowohl soziale Beziehungen als auch soziale Kognition und soziale Fertigkeiten erfordern. Bewertungen durch Lehrer, die auf der Grundlage von Beobachtungen erfolgen, können im Hinblick auf alle Aspekte von sozialer Kompetenz hilfreich sein, sie können aber auch durch eine Voreingenommenheit des Lehrers gegenüber den Schülern beeinflusst werden. Durch die Verwendung mehrerer Methoden lassen sich die Schwächen der einzelnen Methoden kompensieren und ihre Stärken kombinieren.

12.5.2.4 Vorschlag 4

Es sollten mehr qualitative Forschungsmethoden verwendet werden. Fallstudien zu einzelnen Jugendlichen oder zu Kollektiven von Jugendlichen mit Lernstörungen liefern wertvolle Informationen, mit deren Hilfe passende Interventionen entworfen werden können, die den individuellen Unterschieden von sozialer Kompetenz und Kontext gerecht werden. Eine Sammlung solcher Fälle würde dazu beitragen, die Beziehungen zwischen sozialen Bedürfnissen, Stärken, Kontexten und erfolgreichen Interventionselementen besser zu verstehen. In Verbindung mit traditionellen quantitativen Forschungsergebnissen können uns qualitative Studien besser begreifbar machen, was in bedeutungsvollen sozialen Kontexten funktioniert und was nicht.

Die Umsetzung all dieser Vorschläge würde das Feld einen Schritt voranbringen und dafür sorgen, dass wir die komplexen Auswirkungen, die soziale Interventionen auf Jugendliche mit Lernstörungen haben können, besser verstehen.

12.6 Zusammenfassung und Schluss

In diesem Kapitel haben wir die Forschung zu sozialer Kompetenz und Lernstörungen unter besonderer Berücksichtigung von Interventionen und wichtigen Themen zusammengefasst. Drei Komponenten von sozialer Kompetenz wurden hervorgehoben: Peerbeziehungen (sozialer Status und Freundschaft), soziale Kognition und soziale Fertigkeiten. Die inkonsistenten Ergebnisse der Studien, die den sozialen Status von Jugendlichen mit Lernstörungen beschreiben, zeigen, dass manchen dieser Jugendli-

12

chen von ihren Peers ein niedriger sozialer Status zugeschrieben wird, während eine kleinere Zahl ebenso gut akzeptiert wird wie die beliebtesten Peers ohne Lernstörungen. Auf der anderen Seite lassen die wenigen Studien zu den Freundschaften von Jugendlichen mit Lernstörungen erkennen, dass diese Freundschaften insgesamt von geringer Qualität geprägt sind. Ähnlich zeigen die meisten Studien zu sozialer Kognition und sozialen Fertigkeiten (insbesondere Gesprächsfertigkeiten), dass Jugendliche mit Lernstörungen schlechter abschneiden als ihre nicht lerngestörten Peers. Es gibt nur wenige validierte Interventionen zur Verbesserung von sozialer Kompetenz, die Forschende Praktikern empfehlen können. Unser Literaturüberblick im Zusammenhang mit Interventionen zu sozialer Kompetenz hat eine Reihe von Prinzipien ergeben. Diese Prinzipien fokussieren auf Interesse, Freundschaft, eine kontextualistische Sichtweise (mit Betonung der Rolle des Lehrers) und auf die Notwendigkeit von sozialer Kognition darüber, wann bestimmte Aspekte sozialer Kompetenz angewandt werden sollen. Forschende würden davon profitieren, wenn sie die Rolle des Geschlechts, Schulindikatoren, multiple Datenquellen und qualitative Forschung bei der Entwicklung und Bewertung von Interventionen zur Verbesserung der sozialen Kompetenz von Jugendlichen mit Lernstörungen stärker berücksichtigen würden.

Danksagung

Diese Studie mit dem Titel „Das schulische Engagement von Jugendlichen mit Lernstörungen verbessern: Interesse und Peerbeziehungen" („Enhancing the school engagement of adolescents with learning disabilities: Interest and peer relations") von John Freeman und Nancy Hutchinson wurde mit Fördergeldern des Social Sciences and Humanities Research Council, Kanada, unterstützt. Unser Dank gilt Michelle Levac, Elsa Mihotic und Karen Burkett.

Literatur

Ainley, M., Hidi, S. & Berndorff, D. (2002). Interest, learning, and the psychological processes that mediate their relationship. *Journal of Educational Psychology*, **94**, 545–561.

Anderson, P. (2000). Using literature to teach social skills to adolescents with LD. *Intervention in School and Clinic*, **35**, 271–279.

Asher, S. R. & Coie, J. D. (Hg.). (1990). *Peer rejection in childhood*. Cambridge, MA: Cambridge University Press.

Asher, S. R., Parker, J. G. & Walker, D. L. (1996). Distinguishing friendship from acceptance: Implications for intervention. In W. M. Bukowski, A. F. Newcomb & W. W. Hartup (Hg.), *The company they keep: Friendship in childhood and adolescence* (S. 366–405). New York: Cambridge University Press.

Asher, S. & Wheeler, V. (1985). Children's loneliness: A comparison of rejected and neglected peer status. *Journal of Consulting and Clinical Psychology*, **53**, 500–505.

Axelrod, L. (1982). Social perception in learning disabled adolescents. *Journal of Learning Disabilities*, **15**, 610–613.

Bear, G. G., Juvonen, J. & McInerney, F. (1993). Self-perceptions and peer relations of boys with and boys without learning disabilities in an integrated setting: A longitudinal study. *Learning Disability Quarterly*, **16**, 127–136.

Berndt, T. J. (1999). Friends' influence on students' adjustment to school. *Educational Psychologist*, **34**, 15–28.

Bredo, E. (1994). Reconstructing educational psychology: Situated cognition and Deweyian pragmatism. *Educational Psychologist*, **29**(1), 23–35.

Bryan, T. (1974a). An observational analysis of classroom behaviors of children with learning disabilities. *Journal of Learning Disabilities*, **7**, 26–34.

Bryan, T. (1974b). Peer popularity of learning disabled children. *Journal of Learning Disabilities*, **7**, 621–625.

Bryan, T. (1976). Peer popularity of learning disabled children: A replication. *Journal of Learning Disabilities*, **9**, 307–311.

Bryan, T. (1983). Learning disabled children and youth's social competence. *Thalamus*, **2**, 125.

Bryan, T. (1991). Assessment of social cognition: Review of research in learning disabilities. In H. L. Swanson (Hg.), *Handbook on the assessment of learning disabilities: Theory, research, and practice* (S. 285–311). Austin, TX: Pro-Ed.

Bryan, T. (1999). Reflections on a research career: It ain't over till it's over. *Exceptional Children*, **65**, 438–447.

Bryan, T., Donahue, M. & Pearl, R. (1981). Learning disabled children's peer interaction during a small group problem-solving task. *Learning Disability Quarterly*, **4**, 13–22.

Bryan, T., Pearl, R. & Fallon, P. (1989). Conformity to peer pressure by students with learning disabilities: A replication. *Journal of Learning Disabilities*, **22**, 458–459.

Buhrmester, D. (1990). Intimacy of friendship, interpersonal competence, and adjustment during preadolescence and adolescence. *Child Development*, **61**, 1101–1111.

Buhrmester, D. (1996). Need fulfillment, interpersonal competence, and the developmental contexts of early adolescent friendship. In W. M. Bukowski, A. F. Newcomb & W. W. Hartup (Hg.), *The company they keep: Friendship in childhood and adolescence* (S. 158–185). New York: Cambridge University Press.

Buhrmester, D. & Carbery, J. (1992, March). *Daily patterns of self-disclosure and adolescent adjustment*. Paper presented at the biennial meeting of the Society for Research on Adolescence, Washington, DC.

Buhrmester, D. & Prager, K. (1995). Patterns and functions of self-disclosure during childhood and adolescence. In K. J. Rotenberg (Hg.), *Disclosure processes in children and adolescents*. New York: Cambridge University Press.

Bukowski, W. M., Hoza, B. & Boivin, M. (1993). Popularity, friendship, and emotional adjustment during early adolescence. In B. Laursen (Hg.), *Disclosure processes in children and adolescents* (S. 10–56). New York: Cambridge University Press.

Bukowski, W. M., Newcomb, A. F. & Hoza, B. (1987). Friendship conceptions among early adolescents: A longitudinal study of stability and change. *Journal of Early Adolescence*, **72**, 143–152.

Bullis, M., Walker, H. M. & Sprague, J. R. (2001). A promise unfulfilled: Social skills training with at-risk and antisocial children and youth. *Exceptionality*, **9**, 67–90.

Cantwell, D. P. & Baker, L. (1991). Association between attention deficit hyperactivity disorder and learning disorders. *Journal of Learning Disabilities*, **24**, 88–95.

Chan, J. S. (2000). *The social skills of two elementary students with learning disabilities: A participant observational study across seven contexts*. Unveröffentlichte Magisterarbeit, Queen's University, Kingston/Ontario, Kanada.

Coie, J. D. & Kupersmidt, J. (1983). A behavioral analysis of emerging social status in boys' groups. *Child Development*, **54**, 1400–1416.

Conderman, G. (1995). Social status of sixth and seventh grade students with learning disabilities. *Learning Disability Quarterly*, **18**, 13–24.

Cosden, M., Brown, C. & Elliott, K. (2002). Development of self-understanding and self-esteem in children and adults with learning disabilities. In B. Y. L. Wong & M. Donahue (Hg.), *The*

12

social dimensions of learning disabilities (S. 33–51). Mahwah, NJ: Lawrence Erlbaum Associates.

Dewey, J. (1913). *Interest and effort in education.* Cambridge, MA: Riverside.

Dewey, J. (1974). Psychologische Grundlagen der Erziehung, Teil 2: Erfahrung und Erziehung. München/Basel: Uni-Taschenbücher.

Eccles, J. S. & Templeton, J. (2002). Extracurricular and other after-school activities for youth. *Review of Research in Education,* **26,** 113–180.

Edwards, K. L. (2000). *They can be successful too!: Inclusive practices of secondary science teachers.* Unveröffentlichte Magisterarbeit, Queen's University, Kingston/Ontario, Kanada.

Elksnin, N. & Elksnin, L. K. (2001). Adolescents with disabilities: The need for occupational social skills training. *Exceptionality,* **9,** 91–105.

Elliott, S. N., Malecki, C. K. & Demaray, M. K. (2001). New directions in social skills assessment and intervention for elementary and middle school students. *Exceptionality,* **9,** 19–32.

Evans, C. & Eder, D. (1989). *"No exit": Processes of social isolation in the middle school.* Vortrag anlässlich des Jahrestreffens der American Sociology Association, August 1989, San Francisco.

Farmer, T. W., van Acker, R. M., Pearl, R. & Rodkin, P. C. (1999). Social networks and peer-assessed problem behavior in elementary classrooms: Students with and without learning disabilities. *Remedial and Special Education,* **20,** 244–256.

Forness, S. R. & Kavale, K. A. (1996). Treating social skill deficits in children with learning disabilities: A meta-analysis of the research. *Learning Disability Quarterly,* **19,** 2–13.

Freeman, J. G. & Hutchinson, N. L. (1994). An adolescent with learning disabilities. Eric: The perspective of a potential dropout. *Canadian Journal of Special Education,* **9**(4), 131–147.

Freeman, J. G., Hutchinson, N. L. & Porter, B. (1991). Improving problem solving on the job: Strategy instruction for youth with learning disabilities. *Exceptionality Education Canada,* **1,** 45–65.

Freeman, J. G., McPhail, J. C. & Berndt, J. A. (2002). Sixth graders' views of activities that do and do not help them learn. *Elementary School Journal,* **102,** 335–347.

Freeman, J. G., Stoch, S. A., Chan, J. S. N. & Hutchinson, N. L. (2004). Staying in school: A retrospective study of adults with learning disabilities. *Alberta Journal of Educational Research,* **50**(1), 5–21.

Furman, W. & Buhrmester, D. (1985). Children's perceptions of the personal relationships in their social networks. *Developmental Psychology,* **20,** 925–933.

Gardner, P. L. (1998). The development of males' and females' interests in science and technology. In L. Hoffmann, A. Krapp, K. A. Renninger & J. Baumert (Hg.), *Interest and learning* (S. 41–57). Kiel: Institut für die Pädagogik der Naturwissenschaften an der Universität Kiel.

Goldsworthy, R. C., Barab, S. A. & Goldsworthy, E. L. (2000). The STAR Project: Enhancing adolescents' social understanding through video-based, multimedia scenarios. *Journal of Special Education Technology,* **15**(2), 13–26.

Hamre-Nietupski, S., Hendrickson, J., Nietupski, J. & Shokoohi-Yekta, M. (1994). Regular educators' perceptions of facilitating friendships of students with moderate, severe, or profound disabilities and non disabled peers. *Education and Training in Mental Retardation and Developmental Disabilities,* **29,** 102–117.

Hartas, D. & Donahue, M. L. (1997). Conversational and social problem-solving skills in adolescents with learning disabilities. *Learning Disabilities Research and Practice,* **12,** 213–220.

Harter, S. (1993). Causes and consequences of low self-esteem in children and adolescents. In R. F. Baumeister (Hg.), *Self-esteem: The puzzle of low self-regard* (S. 87–116). New York: Plenum Press.

Hartup, W. W. & Stevens, N. (1997). Friendship and adaptation in the life course. *Psychological Bulletin,* **121,** 355–370.

Hazel, J. S., Schumaker, J. B., Sherman, J. A. & Sheldon, J. (1982). Application of a group training program in social skills and problem solving skills to learning disabled and non-learning disabled youth. *Learning Disability Quarterly*, **5,** 398–408.

Hazel, J. S., Schumaker, J. B., Sherman, J. A. & Sheldon, J. (1996). *ASSET: A social skills program for adolescents*. Champaign, IL: Research Press.

Hazel, J. S., Schumaker, J. B., Sherman, J. A. & Sheldon-Widgen, J. (1981). *ASSET: A social skills program for adolescents*. Champaign, IL: Research Press.

Hidi, S. (1990). Interest and its contribution as a mental resource for learning. *Review of Educational Research*, **60,** 549–571.

Hidi, S. & Harackiewicz, J. M. (2000). Motivating the academically unmotivated: A critical issue for the 21st century. *Review of Educational Research*, **70,** 151–179.

Hutchinson, N. L. & Freeman, J. G. (1994a). *Pathways: Anger management on the job*. Toronto, ON: Nelson Canada.

Hutchinson, N. L. & Freeman, J. G. (1994b). *Pathways: Program overview*. Toronto, ON: Nelson Canada.

Hutchinson, N. L. & Freeman, J. G. (1994c). *Pathways: Solving problems on the job*. Toronto, ON: Nelson Canada.

Hutchinson, N. L., Freeman, J. G. & Steiner Bell, K. (2002). Children and adolescents with learning disabilities: Case studies of social relations in inclusive classrooms. In B. Y. L. Wong & M. Donahue (Hg.), *The social dimensions of learning disabilities* (S. 189–214). Mahwah, NJ: Lawrence Erlbaum Associates.

Hymel, S., Wagner, E. & Butler, L. J. (1990). Reputational bias: View from the peer group. In S. R. Asher & D. J. Coie (Hg.), *Peer rejection in childhood* (S. 156–186). Cambridge, MA: Cambridge University Press.

Inderbitzen-Pisaruk, H. & Foster, S. L. (1990). Adolescent friendships and peer acceptance: Implications for social skills training. *Clinical Psychology Review*, **10,** 425–439.

Jackson, S. C., Enright, R. D. & Murdock, J. Y. (1987). Social perception problems in learning disabled youth: Developmental lag versus perceptual deficit. *Journal of Learning Disabilities*, **20,** 361–364.

Jarvis, P. A. & Justice, E. M. (1992). Social sensitivity in adolescents and adults with learning disabilities. *Adolescence*, **27,** 977–988.

Johnson, D. & Myklebust, H. (1967). *Learning disabilities: Educational principles and practices*. New York: Grune & Stratton.

Kavale, K. A. & Forness, S. R. (1996). Social skill deficits and learning disabilities: A meta-analysis. *Journal of Learning Disabilities*, **29,** 226–237.

Kirk, S. A. (1963). Behavioral diagnosis and remediation of learning disabilities. *Proceedings of the Conference Exploring the Problems of Perceptually Handicapped Children*, **1,** 1–23.

Kish, M. (1991). Counseling adolescents with LD. *Intervention in School and Clinic*, **27,** 20–24.

Kolb, S. M. & Hanley-Maxwell, C. (2003). Critical social skills for adolescents with high incidence disabilities: Parental perspectives. *Exceptional Children*, **69,** 163–179.

LaGreca, A. M. & Stone, W. L. (1990). Children with learning disabilities: The role of achievement in their social, personal, and behavioral functioning. In H. L. Swanson & B. Keogh (Hg.), *Learning disabilities: Theoretical and research issues* (S. 333–352). Hillsdale, NJ: Lawrence Erlbaum.

Larson, K. A. & Gerber, M. M. (1987). Effects of social cognitive training for enhancing overt behavior in learning disabled and low achieving delinquents. *Exceptional Children*, **54,** 201–211.

Lévesque, N. (1997). *Perceptions of friendships and peer groups: The school experiences of two adolescents with learning disabilities*. Unveröffentlichte Magisterarbeit, Queen's University, Kingston/Ontario, Kanada.

Maccoby, E. E. (1990). Gender and relationships: A developmental account. *American Psychologist*, **45,** 513–520.

12

McDevitt, T. M. & Ormrod, J. E. (2002). *Child development and education*. Upper Saddle River, NJ: Pearson Education.

McIntosh, R., Vaughn, S. & Bennerson, D. (1995). Fast social skills with a slam and a rap. *Teaching Exceptional Children*, **28**(1), 37–41.

Morrison, G. M., Laughlin, J., Smith, D., Ollansky, E. & Moore, B. (1992). Preferences for sources of social support of Hispanic male adolescents with mild learning handicaps. *Education and Training in Mental Retardation and Developmental Disabilities*, **27**, 132–144.

O'Connor, M. C. (1996). Managing the intermental: Classroom group discussion and the social context of learning. In D. I. Slobin, J. Gerhardt, A. Kyratzis & J. Guo (Hg.), *Social interaction, social context, and language: Essays in honour of Susan Ervin-Tripp* (S. 495–512). Mahwah, NJ: Lawrence Erlbaum Associates.

Ochoa, S. H. & Olivarez, A. (1995). A meta-analysis of peer rating sociometric studies of pupils with learning disabilities. *The Journal of Special Education*, **29**, 1–19.

Omizo, M. M., Lo, F. G. & Williams, R. E. (1986). Rational–emotive education, self-concept, and locus of control among learning-disabled students. *Journal of Humanistic Counseling, Education, & Development*, **25**(2), 58–69.

Orton, S. (1937). *Reading, writing, and speech problems in children*. New York: Norton & Co.

Pearl, R. & Bryan, T. (1992). Students' expectations about peer pressure to engage in misconduct. *Journal of Learning Disabilities*, **25**, 582–585, 597.

Pearl, R. & Bryan, T. (1994). Getting caught in misconduct: Conceptions of adolescents with and without learning disabilities. *Journal of Learning Disabilities*, **27**, 193–197.

Pearl, R., Bryan, T., Fallon, P. & Herzog, A. (1991). Learning disabled students' detection of deception. *Learning Disabilities Research and Practice*, **6**, 12–16.

Perlmutter, B. F., Crocker, J., Cordray, D. & Garstecki, D. (1983). Sociometric status and related personality characteristics of mainstreamed learning disabled adolescents. *Learning Disability Quarterly*, **6**, 20–30.

Platt, J. & Spivack, G. (1977). *Measures of interpersonal cognitive problem-solving: A manual*. Philadelphia: Hahnemann Community Mental Health/Mental Retardation Center, Department of Mental Health Sciences.

Prater, M. A., Serna, L. & Nakamura, K. K. (1999). Impact of peer teaching on the acquisition of social skills by adolescents with learning disabilities. *Education and Treatment of Children*, **22**(1), 19–35.

Prenzel, M. (1992). The selective persistence of interest. In K. A. Renninger, S. Hidi & A. Krapp (Hg.), *The role of interest in learning and development* (S. 71–98). Hillsdale, NJ: Lawrence Erlbaum Associates.

Rathunde, K. (1993). The experience of interest: A theoretical and empirical look in its role in adolescent talent development. *Advances in Motivation and Achievement*, **8**, 59–98.

Rathunde, K. (1998). Undivided and abiding interest: Comparisons across studies of talented adolescents and creative adults. In L. Hoffmann, A. Krapp, K. A. Renninger & J. Baumert (Hg.), *Interest and learning* (S. 367–376). Kiel: Institut für die Pädagogik der Naturwissenschaften an der Universität Kiel.

Renninger, K. A. (1998). What are the roles of individual interest, task difficulty, and gender in student comprehension? In L. Hoffmann, A. Krapp, K. A. Renninger & J. Baumert (Hg.), *Interest and learning* (S. 228–238). Kiel: Institut für die Pädagogik der Naturwissenschaften an der Universität Kiel.

Sabornie, E. J. & Kauffman, J. M. (1986). Social acceptance of learning disabled adolescents. *Learning Disability Quarterly*, **9**, 55–60.

Schiefele, U. (1998). Individual interest and learning: What we know and what we don't know. In L. Hoffmann, A. Krapp, K. A. Renninger & J. Baumert (Hg.), *Interest and learning* (S. 91–104). Kiel: Institut für die Pädagogik der Naturwissenschaften an der Universität Kiel.

Schneider, M. & Yoshida, R. K. (1988). Interpersonal problem-solving skills and classroom be-havioral adjustment in learning-disabled adolescents and comparison peers. *Journal of School Psychology*, **26**, 25–34.

Schumaker, J. B. H. & Hazel, J. S. (1984). Social skills assessment and training for the learning disabled: Who's on first and what's on second? Part II. *Journal of Learning Disabilities*, **17**, 492–499.

Sisterhen, D. H. & Gerber, P. J. (1989). Auditory, visual, and multisensory nonverbal social per-ception in adolescents with and without learning disabilities. *Journal of Learning Disabilities*, **22**, 245–249, 257.

Stevens, R. S. & Shenker, L. (1991). A multidimensional treatment program for learning disabled adolescents: A preliminary report. *Canadian Journal of Special Education*, **7**(1), 60–66.

Stiliadis, K. & Wiener, J. (1989). Relationship between social status and peer status in children with learning disabilities. *Journal of Learning Disabilities*, **22**, 624–629.

Stoch, S. A. (2000). *Zak: An adolescent with learning disabilities at home, at camp, and at school*. Unveröffentlichte Magisterarbeit, Queen's University, Kingston/Ontario, Kanada.

Sullivan, H. S. (1953). *The interpersonal theory of psychiatry*. New York: Norton.

Swanson, H. L. (1999). *Interventions for students with learning disabilities: A meta-analysis of treatment outcomes*. New York: Guilford Press.

Swanson, H. L. & Malone, S. (1992). Social skills and learning disabilities: A metaanalysis of the literature. *School Psychology Review*, **21**, 427–443.

Swanson, H. L. & Sachse-Lee, C. (2000). A meta-analysis of single-subject-design intervention research for students with LD. *Journal of Learning Disabilities*, **33**, 114–136.

Tannen, D. (1990). Gender differences in topical coherence: Creating involvement in best friends' talk. *Discourse Processes*, **13**, 73–90.

Trent, S. C., Artiles, A. J. & Englert, C. S. (1998). From deficit thinking to social constructivism: A review of theory, research, and practice in special education. *Review of Research in Educa-tion*, **23**, 277–307.

Tur-Kaspa, H. & Bryan, T. (1994). Social information-processing skills of students with learning disabilities. *Learning Disabilities Research and Practice*, **9**, 12–23.

Vaughn, S. & Elbaum, B. E. (1999). The self-concept and friendships of students with learning disabilities: A developmental perspective. In R. Gallimore, L. Bernheimer, D. L. MacMillan, D. L. Speece & S. Vaughn (Hg.), *Developmental perspectives on children with high incidence disabilities* (S. 81–110). Mahwah, NJ: Lawrence Erlbaum Associates.

Vaughn, S., Elbaum, B. E. & Boardman, A. G. (2001). The social functioning of students with learning disabilities: Implications for inclusion. *Exceptionality*, **9**, 47–65.

Vaughn, S., Elbaum, B. E., Schumm, J. S. & Hughes, M. T. (1998). Social outcomes for students with and without learning disabilities in inclusive classrooms. *Journal of Learning Disabilities*, **31**, 428–436.

Vaughn, S. & Hogan, A. (1990). Social competence and LD: A prospective study. In H. L. Swan-son & B. K. Keogh (Hg.), *Learning disabilities: Theoretical and research issues* (S. 175–191). Hillsdale, NJ: Lawrence Erlbaum.

Vaughn, S., McIntosh, R., Schumm, J. S., Haager, D. & Callwood, D. (1993). Social status, peer acceptance, and reciprocal friendships revisited. *Learning Disabilities Research and Practice*, **8**, 82–88.

Vaughn, S., McIntosh, R. & Spencer-Rowe, J. (1991). Peer rejection is a stubborn thing: Increas-ing peer acceptance of rejected students with learning disabilities. *Learning Disabilities Re-search and Practice*, **6**(2), 83–88.

Vaughn, S. & Sinagub, J. (1998). Social competence of students with learning disabilities: Inter-ventions and issues. In B. Y. L. Wong (Hg.), *Learning about learning disabilities*, 2. Aufl. (S. 453–487). San Diego, CA: Academic Press.

12

Vygotsky, L. S. (1978). *Mind in society*. Cambridge, MA: Harvard University Press.

Wenz-Gross, M. & Siperstein, G. N. (1997). Importance of social support in the adjustment of children with learning problems. *Exceptional Children*, **63**, 183–193.

Wiener, J., Harris, P. J. & Shirer, C. (1990). Achievement and social-behavioral correlates of peer status in LD children. *Learning Disability Quarterly*, **13**, 114–127.

Wiener, J. & Sunohara, G. (1995). *Friendship selection and quality in children with and without learning disabilities*. Vortrag anlässlich des Jahrestreffens der Society for Research in Child Development, März 1995, Indianapolis, IN.

Wiener, J. & Sunohara, G. (1998). Parents' perceptions of the quality of friendship of their children with learning disabilities. *Learning Disabilities Research and Practice*, **13**, 242–257.

Wong, B. Y. L. & Donahue, M. (eds.). (2002). *The social dimensions of learning disabilities*. Mahwah, NJ: Lawrence Erlbaum.

Wright, P. H. (1982). Men's friendships, women's friendships, and the alleged inferiority of the latter. *Sex Roles*, **8**, 1–20.

Zetlin, A. G. & Murtaugh, M. (1988). Friendship patterns of mildly learning handicapped and non handicapped high school students. *American Journal on Mental Retardation*, **92**, 447–454.

13 Jugendliche mit Lernstörungen: Auf den Spuren von The Educator's Enigma[1]

B. Keith Lenz und Donald D. Deshler[2]
University of Kansas

13.1 Einleitung

Wer an Lernstörungen leidet, begegnet in jedem Alter quälenden Kontroversen und Mutmaßungen über die Natur dieser Störung. Jugendliche mit Lernstörungen sind zusätzlich durch die Turbulenzen des Jugendalters belastet. Ihre Erfahrungen finden nicht das Interesse und die Aufmerksamkeit der Mehrheit der Forscher auf diesem Gebiet, die eher an beginnender Sprache, an Lese- und Rechenentwicklung und an sozialer Entwicklung interessiert sind. Auch sind die Jugendlichen noch nicht unabhängig genug, um das Interesse der wachsenden Zahl an Arbeitgebern, Behörden und Anbietern von Lese- und Schreibkursen für Erwachsene zu gewinnen, die sich damit befassen, wie Erwachsene mit Lernstörungen am Arbeitsplatz, in der Familie und in der Gemeinschaft zurechtkommen.

Früher waren Fachliteratur, Programmentwicklung, Forschungsinitiativen, ja selbst staatliche Fördermittel größtenteils auf jüngere Schüler mit Lernstörungen ausgerichtet. Die herrschende Meinung (oder Hoffnung) war, dass viele Symptome von Lernstörungen im Jugendalter durch frühzeitige Interventionen abgeschwächt oder ganz vermieden werden konnten (Kirk & Elkins, 1975). Inzwischen wurde erkannt, dass Jugendliche und Erwachsene mit Lernstörungen dauerhafte und einzigartige Charakteristika haben, die je nach Entwicklungsstand und Setting unterschiedliche Erscheinungsformen annehmen (z. B. Brinckerhoff et al., 1992; Mellard & Deshler, 1991; Schumaker & Deshler, 1987, 1984).

---

[1] C. Strother et al. (1971). *The educator's enigma: The adolescent with learning disabilities*. San Rafael, CA: Academic Therapy Publications. Eines der ersten Bücher über Jugendliche mit Lernstörungen.

[2] Die Autoren danken der Kollegin Dr. Jean Schumaker vom Zentrum für Lernforschung an der Universität Kansas für ihre Unterstützung bei der Fertigstellung des Manuskripts.

13

In der Adoleszenz sind Personen mit Lernstörungen deshalb einzigartig, weil sie aufgrund anhaltender und häufig unerkannter Lernstörungen Schichten von Sekundäreigenschaften entwickeln, und das zum Zeitpunkt der Identitätsbildung. Wiederholte und erfolglose Versuche, einem Menschen das Lesen beizubringen, führen zu mehr als einer anhaltenden Lese- bzw. Lernstörung. Da Jugendliche mit Lernstörungen in eine Umgebung hineinwachsen, in der Lesen und andere Fertigkeiten als selbstverständlich vorausgesetzt werden, gelten die Betroffenen mit größerer Wahrscheinlichkeit als faul oder organisationsschwach, oder sie werden als Personen wahrgenommen, die einen unzureichenden Wortschatz und mangelndes Hintergrundwissen mitbringen, Schwierigkeiten bei der Interaktion mit anderen haben oder sich der falschen Peergruppe anschließen. Zur gleichen Zeit entwickeln diese Jugendlichen Überzeugungssysteme und Selbstbilder als Arbeitnehmer, Schüler/Studenten, Familien- und Gemeinschaftsmitglieder.

Das Nationale Institut für Gesundheit des Kindes und menschliche Entwicklung (National Institute of Child Health and Human Development, NICHD) hat in den vergangenen 15 Jahren zahlreiche Studien zum Lesen und zu Lernstörungen gesponsert, die eine beeindruckende Fülle an Forschungsdaten hervorgebracht haben (z. B. Lyon und Fletcher, 2001), welche eine frühe Identifikation und Intervention erleichtern. Obwohl diese Konzentration auf jüngere Kinder lobenswert und wichtig ist, besteht die potenzielle Gefahr, dass frühe Interventionen *auf Kosten* einer Behandlung zu späteren Zeitpunkten überbetont werden. D. h., der Aufruf zu frühen Interventionen kann dahingehend missverstanden werden, dass die meisten Probleme von Schülern mit Lernstörungen durch frühe Interventionen behoben werden können. Das wäre sicherlich ein wünschenswertes Ergebnis, aber es ist sehr viel wahrscheinlicher, dass zwar altersspezifische Lernanforderungen angesprochen werden, die eigentlichen Probleme jedoch fortbestehen und sich weiterhin in neuer Weise und in unterschiedlichen Lernaufgaben manifestieren, wenn die Schüler älter werden und die Lernanforderungen wachsen. Deshler (2002) nennt zwei wesentliche Gründe, warum nicht ausschließlich auf frühe Identifikation und Intervention fokussiert werden sollte:

> *Erstens, obwohl eine beachtliche Zahl an Leseinterventionen für jüngere Schüler entwickelt wurde (z. B. Forman et al., 1991; Torgesen et al., 1992), ist es eher unwahrscheinlich, dass diese Methoden erfolgreich implementiert und auf nationaler Ebene ins Gewicht fallen werden, wenn man bedenkt, dass sich unsere Schulen keineswegs als implementierfreudig erwiesen haben, was pädagogische Innovationen angeht (z. B. Elmore, 1996; Fullan, 1993; Knight, 1998). Das Problem sind nicht die Interventionen selbst, die sich weitgehend als effektiv erwiesen haben, sondern die Exaktheit (Fidelität) einer flächendeckenden Implementierung von Innovationen (Cuban, 1984). Aufgrund der enormen Schwierigkeiten, die eine flächendeckende Implementierung mit sich bringt, werden viele Schüler nicht in den Genuss der Intervention kommen und weiter in höhere Klassen aufsteigen, ohne dass ihre beträchtlichen Defizite behandelt werden. Zweitens, selbst wenn Kinder mit Lernstörungen bereits früh qualitativ hochwertige Interventionen erhalten, wird ihre Störung aller Wahrscheinlichkeit nach trotzdem bis in die Adoleszenz und das Erwachsenenalter hinein fortbestehen. Der Bedarf an effektiven Interventionsstrategien für diese älteren Individuen ist ebenso groß wie*

13

der Interventionsbedarf bei jüngeren Kinder, wenn nicht sogar noch größer, in Anbetracht der emotionalen Überlagerungen, die sich in der Regel herausbilden, wenn Individuen heranwachsen und kontinuierlich bedeutsame Erfahrungen des Versagens machen (Shaw et al., 1994). Es ist daher sehr wichtig, dass auf dem Gebiet der Lernstörungen eine Forschungs- und Interventionsagenda vorhanden ist, die sich mit unterschiedlichen Aspekten von Lernstörungen über verschiedene Altersstufen hinweg befasst. Wie zwingend frühe Interventionen auch sein mögen, wenn sie auf Kosten der Auseinandersetzung mit den ebenso problematischen und einzigartigen Problemen älterer Individuen mit Lernstörungen erfolgen, werden die Langzeitfolgen einer solchen Herangehensweise für Tausende von Betroffenen verheerend sein (S. 112).

Obwohl im Bereich der Lernstörungen nach wie vor viele zu der Annahme neigen, dass die Eigenschaften von Jugendlichen mit Lernstörungen dieselben sind wie die von jüngeren Kindern mit Lernstörungen und dass sich die Bedingungen in Grundschulen kaum von denen in Sekundarschulen unterscheiden, sprechen doch immer mehr Forschungsergebnisse dafür, dass es in der Tat erhebliche Unterschiede gibt, was (a) die Eigenschaften jugendlicher Lerner, (b) die Unterrichtsbedingungen, unter denen sie lernen und Leistung erbringen müssen, und (c) die Art der Interventionen betrifft, die erforderlich sind, um ihre Leistung nachhaltig zu beeinflussen. In allen drei Bereichen wurden in den letzten 25 Jahren beträchtliche Fortschritte erzielt. Die Entscheidungsfindung im Zusammenhang mit Programmen und politischen Richtlinien sollte sich an diesen Erkenntnissen orientieren und nicht fälschlicherweise von der Annahme ausgehen, eine fundierte Praxis für Jugendliche mit Lernstörungen knüpfe einfach nur an die Charakteristika jüngerer Schüler an und daran, wie sie unterrichtet werden.

Ziel dieses Kapitels ist es, (a) einen historischen Kontext herzustellen und darin die aktuelle Praxis, die gegenwärtigen Herausforderungen und Themen einzuordnen, die im Hinblick auf Jugendliche mit Lernstörungen und ihre Bedürfnisse relevant sind; (b) einige wichtige Forschungsergebnisse vorzustellen, die aus Studien zu älteren Schülern mit Lernstörungen hervorgegangen sind; (c) eine Reihe von Instruktionsprinzipien vorzustellen, die bei Jugendlichen mit Lernstörungen signifikante Resultate erzielt haben, und (d) wichtige Forschungs- und Verfahrensfragen zu diskutieren, die angegangen werden sollten, damit das Feld den Bedürfnissen dieser Schüler besser gerecht werden kann.

13.2 Historischer Kontext

Um zu verstehen, wie Jugendliche mit Lernstörungen in den vergangenen 25 Jahren wahrgenommen, untersucht und ausgebildet wurden, wird im Folgenden ein kurzer Überblick über einige wichtige Gesetzesinitiativen und staatliche Förderprogramme erstellt, der über den gegenwärtigen Stand des Bereichs der Lernstörungen und über die Qualität der Maßnahmen, die älteren Schülern geboten werden könnten, Aufschluss gibt.

Ein historischer Meilenstein war die Verabschiedung des schulischen Ausbildungsgesetzes für behinderte Menschen (PL 94-142) im Jahre 1975, das weitreichende

13

Veränderungen mit sich brachte. Für die Schulen bedeutete dieses Gesetz allerdings, dass sie praktisch von heute auf morgen verpflichtet waren, einer bis dahin weitgehend vernachlässigten Schülergruppe Fördermaßnahmen anzubieten – den Jugendlichen mit Lernstörungen. Bevor dieses Gesetz verabschiedet wurde, waren es fast ausschließlich Grundschulen, die Fördermaßnahmen für Schüler mit Lernstörungen zur Verfügung stellten. In der Sekundarstufe waren diese speziellen Interventionen nicht vorgesehen.

In den späten 1970er-Jahren wurden durch das Ausbildungsgesetz zwei wichtige Förderinitiativen ins Leben gerufen, die staatliche Fördermittel an Projekte verteilten, in deren Mittelpunkt Jugendliche mit Lernstörungen standen. Als Erstes wurden die Child Service Demonstration Centers (CSDCs) gegründet, deren Aufgabe es war, Projekte zu fördern, die innovative Ansätze zur Identifikation und Durchführung von Fördermaßnahmen für Schüler mit Lernstörungen in schulischen Settings entwickelten. Obgleich die Mehrzahl der geförderten Projekte auf Schüler im Grundschulalter ausgerichtet war, gab es auch einige Projekte, in deren Mittelpunkt Schüler der Sekundarstufe standen. Diese Projekte reichten von alternativen Parallellehrplänen, die den Lernstoff der Kernfächer in alternativen Formaten darboten, über ein fertigkeitsbasiertes Intensivtraining, das den Schülern die Gelegenheit bieten sollte, eine Reihe kritischer Fertigkeiten zu lernen, bis hin zu einem Training in Lernstrategien, bei dem die Schüler „Lernen lernen" sollten (Deshler, 1978). Beim Aufbau dieser Programme wurden im ganzen Land professionelle Netzwerke aufgezogen. Formelle Treffen und informelle Gesprächsrunden bildeten fortan ein Forum für zahlreiche Fachleute und Aktivitäten rund um Jugendliche mit Lernstörungen. Es wurde deutlich, dass die Herausforderungen und Fragen, denen diese Fachleute bei der Durchführung von Fördermaßnahmen an Sekundarschulen begegneten, nicht nur hoch komplex waren, sondern oft auch völlig andere Probleme mit sich brachten, als das bei jüngeren Schülern der Fall war.

Obgleich die CSDC-Initiative wertvolle Erkenntnisse hervorbrachte, konnte sie dem Feld nicht die notwendige Forschungsbasis bieten, um grundlegende Fragen im Zusammenhang mit der Identifikation und Behandlung von Lernstörungen anzugehen. Daher rief das Büro für die Ausbildung behinderter Menschen (Bureau of Education for the Handicapped, später umbenannt in Büro für sonderpädagogische Programme [Office of Special Education Programs, OSEP]) eine zweite Förderinitiative ins Leben, die zur Gründung von fünf Instituten für Forschung zu Lernstörungen (Institutes for Research in Learning Disabilities, IRLDs) führte. Die Aufgabe dieser Institute bestand darin, durch Grundlagenforschung und angewandte Forschung erfolgreiche Interventionen zu entwickeln und zu validieren. Das Institut für Forschung zu Lernstörungen der Universität Kansas war das erste nationale Forschungszentrum, das ausschließlich Forschungen zu Jugendlichen mit Lernstörungen durchführte. Zum ersten Mal in der Geschichte des Feldes gab es mehrere programmatische Forschungsunternehmungen, deren Ziel es war, die einzigartigen Charakteristika von Jugendlichen mit Lernstörungen zu verstehen und Interventionspakete zu entwerfen, die ihre Leistung in schulischen und außerschulischen Settings beeinflussen sollten (siehe Alley et al., 1983; Deshler et al., 1982; Schumaker et al., 1983). Aus den IRLDs ging ein beachtlicher Kader an promovierten Nachwuchswissenschaftlern hervor, die entscheidend zur wissenschaftlichen Kapazität des Bereichs beitrugen und eine große

13

Gruppe kritischen Führungspersonals stellten, das dazu ausgebildet war, Forschungen zu Populationen mit Lernstörungen durchzuführen.

Allerdings waren die konzertierten Bemühungen der IRLDs, eine aggressive Forschungsagenda zu Populationen mit Lernstörungen voranzubringen, nur von kurzer Dauer. Mitte bis Ende der 1980er-Jahre setzten die staatlichen Förderprogramme andere Prioritäten, darunter die Modellprojekte behinderter Kinder (Handicapped Children's Model Projects, HCMPs), die einen ähnlichen Zweck wie die CSDCs verfolgten, allerdings im Hinblick auf Schüler mit *allen* Arten von Störungen, nicht nur mit Lernstörungen. In den späten 1980er-Jahren konzentrierte sich die Aufmerksamkeit außerdem verstärkt auf Themen im Zusammenhang mit dem Übergang von der Sekundarschule in das Arbeitsleben. Madeline Will, Direktorin des Büros für Sonderpädagogik und rehabilitative Maßnahmen (Office of Special Education and Rehabilitative Services, OSERS), war eine Verfechterin der Übergangsbewegung (Sitlington et al., 1999). Ihre überzeugende Führung wurde durch mehrere Gesetzesinitiativen unterstützt. Zu dieser Zeit wurde davon ausgegangen, dass dem Bedarf von Jugendlichen mit Lernstörungen durch effektive Übergangspläne genüge getan werde. Dieser Umstand, in Verbindung mit einer Neuausrichtung der internen Organisation des OSEP, führte dazu, dass weniger Forschungen zu den besonderen Problemen der Populationen mit Lernstörungen finanziert wurden.

In den frühen 1990er-Jahren begann das Nationale Institut für Gesundheit des Kindes und menschliche Entwicklung (National Institute of Child Health and Human Development, NICHD) damit, ein großangelegtes Forschungsprojekt zu unterstützen, das Worterkennungsprobleme bei kleinen Kindern mit Lernstörungen untersuchte. Dieses Projekt, das weit über die 1990er-Jahre hinaus mit staatlichen Mitteln gefördert wurde, führte zum Durchbruch und lieferte bedeutende Erkenntnisse über das Wesen von Leseproblemen bei Kindern mit Lernstörungen (z. B. Foorman et al., 1991; Torgesen et al., 1992). Bedauerlicherweise befasste sich kaum eine dieser Studien mit älteren Schülern. Im Jahre 2003 schlossen sich allerdings das NICHD, das Büro für berufliche Weiterbildung und Erwachsenenbildung (Office of Vocational and Adult Education, OVAE), das Büro für Sonderpädagogik und rehabilitative Maßnahmen (Office of Special Education and Rehabilitative Services, OSERS) sowie das Institut für Erziehungswissenschaften (Institute for Educational Sciences, IES) zusammen und stellten insgesamt 2,8 Millionen Dollar zur Verfügung, um vier bis sechs neue Fünfjahres-Forschungsprojekte im Bereich Lese- und Schreibfähigkeiten von Jugendlichen zu finanzieren. Der spezifische Schwerpunkt dieser Forschungsprojekte war „die Entdeckung von kognitiven, perzeptuellen, behavioralen, genetischen, hormonellen und neurobiologischen Mechanismen, die sich auf die kontinuierliche Entwicklung der Lese- und Schreibfähigkeiten in der Adoleszenz auswirken, und die Ermittlung von Methoden zur Identifikation, Prävention und remedialen Behandlung von Lese- und Schreibstörungen bei Jugendlichen." In Anbetracht der langen Durststrecke ohne die geringste Förderung von umfassenden Forschungen zu den Ursachen und Symptomen von Lese- und Schreibstörungen bei Jugendlichen war diese Verlagerung der Förderprioritäten ermutigend.

Im Jahre 1997 traten die Nachtragsgesetze des schulischen Ausbildungsgesetzes für Menschen mit Behinderungen (Individuals with Disabilities Education Act, IDEA) in Kraft, die Schülern mit Behinderungen den Zugang zur allgemeinen Schulbildung

13

ermöglichen sollten. Das Büro für sonderpädagogische Programme (OSEP) vergab an zwei Institute Fördergelder zur Erforschung der Bedürfnisse von Jugendlichen mit Störungen (diese Forschungen konzentrierten sich allerdings auf Störungen allgemein, nicht nur auf die speziellen Probleme von Jugendlichen mit Lernstörungen). Forschungsgelder für ein Fünfjahresprojekt gingen an die University of Wisconsin in Madison (Research Institute on Secondary Education Reform, RISER) (Hanley-Maxwell et al., 2001). Das zweite staatlich geförderte Forschungsprojekt war ein Gemeinschaftsprojekt der University of Kansas und der University of Oregon (Institute for Academic Access, IAA) (Deshler et al., 2001). Während sich das RISER-Projekt darauf konzentrierte, die kontextuellen Voraussetzungen zu verstehen, die für den Integrationsunterricht in der Sekundarschule sprachen, bestand der Schwerpunkt des IAA darin, Interventionen zu entwerfen und zu validieren, die zu besseren schulischen Resultaten bei Sekundarschülern mit Störungen führen sollten (darunter auch Schüler aus Armutsbezirken sowie aus organisatorisch und demografisch unterschiedlichen Settings). Einige Ergebnisse des IAA-Forschungsprojekts werden in diesem Kapitel zusammengefasst.

Obgleich diese beiden vom OSEP geförderten Forschungsinitiativen ebenso wie die von NICHD, OVAE, OSERS und IES gemeinschaftlich gesponserte Initiative zur Erforschung von Lese- und Schreibstörungen bei Jugendlichen ermutigende Signale sind, ist dennoch erkennbar, dass die einzigartigen (und häufig verwirrenden) Probleme von Jugendlichen *nicht* als ein wesentlicher Punkt im Bereich der Lernstörungen betrachtet werden. Bezeichnenderweise enthält die Neufassung des Ausbildungsgesetzes für Menschen mit Behinderungen aus dem Jahre 2003 Vorkehrungen zur Veränderung der Methoden, die zur Identifikation von Schülern mit Lernstörungen angewandt werden. Das bedeutet, dass Schulen anstelle der üblichen Diskrepanz-Modelle, wonach die Diagnose von Lernstörungen in erster Linie aufgrund einer Diskrepanz zwischen allgemeiner Intelligenz und den Leistungen in einem spezifischen Lernbereich erfolgt, zum ersten Mal auch andere Identifikationsmodelle verwenden dürfen, um zu entscheiden, welche Schüler förderberechtigt sind. Das alternative Modell, das unter Forschenden, Berufsverbänden und Praktikern die stärkste Unterstützung gefunden hat, ist das „Responsiveness-to-Intervention"-(RtI)-Modell. Dieses Modell wird im Regelunterricht unter Verwendung von lehrplanrelevanten Aufgaben eingesetzt. Zunächst wird die Baseline der Schülerleistungen bestimmt, um festzustellen, auf welchem Leistungsniveau sich die Schüler zum gegenwärtigen Zeitpunkt befinden. Schüler, deren Leistung unterhalb eines festgelegten Schnittpunkts liegt, werden unter Einsatz von forschungsbasierten Instruktionspraktiken in relevanten Fertigkeiten aus den anvisierten Lehrplanbereichen unterrichtet. Abschließend werden die Schüler erneut getestet, um festzustellen, wie sie auf die Intervention ansprechen („responsiveness"). Diejenigen, die nicht darauf ansprechen, erhalten zusätzliche Instruktion unter veränderten (z. B. intensiveren) Instruktionsbedingungen. Wenn die Schüler trotz mehrfacher Veränderung der Instruktionsmethoden nicht auf die Intervention ansprechen, werden sie als möglicherweise lerngestört eingestuft und weiteren Beurteilungen unterzogen.

Forschungen zum RtI-Modell werden bislang fast ausschließlich mit Schülern der ersten Grundschulklassen durchgeführt, und die schulischen Aufgaben, die dazu ausgewählt werden, beschränken sich z. B. auf lehrplanrelevante Wortlisten, Zahlenfakten etc. Die Auswahl (und anschließende Messung) solcher Aufgaben ist relativ unproblematisch, was jüngere Schüler betrifft. Dagegen ist die Auswahl und Messung von Aufgaben im Zusammenhang mit dem Lehrplan der Sekundarstufe (z. B. Gemeinschaftskunde, Naturwissenschaften etc.) sehr viel komplizierter. Die Verfechter des RtI-Ansatzes haben diesen Punkt weitgehend ignoriert (z. B. Vaughn & Fuchs, 2003). Eine weitverbreitete Annahme ist, dass die Ergebnisse eines Modells, das für jüngere Kinder konzipiert wurde, relativ leicht auf ältere Schüler in Sekundarsettings generalisiert werden können. Diese Annahme lässt aber die Komplexitäten des Sekundarstufenlehrplans außer Acht, ebenso wie die Tatsache, dass die meisten Lehrer der Sekundarstufe ihre Aufgabe nicht darin begründet sehen, die grundlegenden Fertigkeiten ihrer Schüler wiederholten Tests zu unterziehen, um auf diese Weise Schüler mit Lernstörungen zu identifizieren. Zwar gibt es für diese Probleme Lösungsmöglichkeiten – es ist aber bezeichnend, dass der besondere Bedarf von Jugendlichen und die besondere Dynamik des Sekundarsettings in einer der wichtigsten politischen Debatten der letzten Jahre praktisch überhaupt nicht thematisiert werden.

Was Mut macht, ist die Feststellung, dass in den vergangenen 25 Jahren bedeutende Fortschritte erzielt wurden und es gelungen ist, die Aufmerksamkeit von Wissenschaftlern und Programmentwicklern auf die besonderen Herausforderungen zu lenken, die von Jugendlichen mit Lernstörungen ausgehen (Deshler et al., 2001). Diese Bemühungen haben deutlich gemacht, wie wichtig es ist, die einzigartigen Merkmale dieser Lerner und der Schulen, in denen sie überleben müssen, zu verstehen. Beim Entwurf von Unterrichtsprogrammen müssen diese Faktoren berücksichtigt werden. Dennoch gibt es noch viel mehr offene Fragen als Antworten. Langfristige, programmatische Forschungen sind notwendig, um einen wirklichen Durchbruch zu erzielen und entscheidende Verbesserungen für Jugendliche mit Lernstörungen herbeizuführen.

13.3 Forschung und Praxis

Die wachsende Zahl an Forschungen über Jugendliche (einschließlich Jugendliche mit Lernstörungen), bei denen das Risiko eines Schulversagens besteht, bietet Aufschluss darüber, wie schulische Unterrichtspraktiken verbessert werden können. Die Ergebnisse dieser Forschungen lassen sich in drei Bereiche einteilen: (a) Variablen im Zusammenhang mit Charakteristika der Lernenden; (b) Anforderungen des Settings bzw. kontextuelle Variablen und (c) Interventionsvariablen. In diesem Abschnitt werden Schlüsselergebnisse aus jedem dieser Bereiche beleuchtet.

13.3.1 Charakteristika der Lernenden

In den vergangenen 25 Jahren haben zahlreiche Studien gezeigt, dass in der Sekundarstufe eine Art Leistungsplateau entsteht, d. h., die Leistungswerte der Schüler im Lesen, Schreiben und Rechnen steigen nicht weiter an (Schmid et al., 1980; Warner et al., 1980; Gregory et al., 1985; Curtis, 2002). Diese Studien deuten darauf hin, dass sich die Fertigkeitsentwicklung bei den meisten Jugendlichen mit Lernstörungen verlangsamt oder ganz zum Stillstand kommt, sobald diese Schüler in eine Lernumgebung

13

eintreten, in der es wichtiger ist, Inhalte zu beherrschen, als Fertigkeiten zu entwickeln. Die Studienergebnisse zeigen insgesamt, dass diese Erkenntnis in den letzten 25 Jahren an den Sekundarschulen kaum etwas verändert hat. In anderen Worten, unser Wissen über dieses Problem hat in der Praxis zu keinen bedeutsamen Veränderungen geführt, um diesem Trend entgegenzuwirken.

Obgleich wir uns dessen bewusst sind, dass es den Sekundarschulen nicht gelungen ist, den schwachen Leistungszuwachs von Jugendlichen mit Lernstörungen in Angriff zu nehmen, haben Forschungen zur Lese- und Schreibentwicklung von Jugendlichen bestätigt, dass ein Leistungsplateau am wahrscheinlichsten bei Gruppen von Jugendlichen auftritt, die durch Leseschwierigkeiten charakterisiert sind. In einem Forschungsüberblick über Studien zur Lese- und Schreibfähigkeit von Jugendlichen, die eine Vorgeschichte mit Leseschwierigkeiten haben, berichtete Curtis (2002), dass der Zuwachs von Wortanalyse- und Worterkennungsfertigkeiten auf dem Leseniveau der dritten bis fünften Klasse stehen bleibt. Diese Daten könnten zu dem Schluss führen, dass die gegenwärtige Struktur der Sekundarschulen und der Lese- und Schreibprogramme, die sie anbieten, keine geeigneten Voraussetzungen bieten, um die Lese- und Schreibfähigkeiten der Schüler zu fördern, egal ob sie eine Lernstörung haben oder nicht. Wenn dem so ist, sollten Reformbestrebungen, die eine Verbesserung der Lese- und Schreibfähigkeiten von Schülern zum Hauptziel haben, dringend auf Interessengruppen außerhalb der Gemeinschaft der Lernstörungen ausgeweitet werden.

Abgesehen von diesen Studien, die belegen, dass die Schulleistungen von Jugendlichen mit Lernstörungen schlechter sind als die ihrer Peers, haben zahlreiche Wissenschaftler demonstriert, dass Jugendliche mit Lernstörungen die Fertigkeiten und das Wissen, das sie durch die effektive Anwendung von Lernstrategien erworben haben, nicht maximieren (für einen Überblick siehe Swanson, 1993, S. 62). Das bedeutet, dass die Art und Weise, wie Schüler mit Lernstörungen Ziele setzen, Pläne machen, Plänen folgen und Pläne überwachen, Fortschritte überwachen, reflektieren und Anpassungen der Pläne vornehmen, um Aufgaben zu erfüllen oder Probleme zu lösen, weniger effektiv ist als bei Peers ohne Lernstörungen. Daher werden Schüler mit Lernstörungen als schwache bzw. ineffiziente Informationsverarbeiter angesehen. In Reaktion darauf haben verschiedene Forscher verschiedene Dimensionen dieses Unterschieds bei der Informationsbearbeitung untersucht, indem sie den Strategiegebrauch von Schülern analysiert haben (z. B. Torgesen & Houck, 1980; Wong & Jones, 1982; Wong et al., 1986; Lenz & Hughes, 1990; Graham & Wong, 1993).

Wenn Schüler mit Lernstörungen bei der Informationsverarbeitung durch ihren ineffizienten Gebrauch von Strategien charakterisiert sind, sollten sich Interventionen auf der Basis von Strategietraining zur Verbesserung der Informationsverarbeitung als wirksam erweisen. In einem Überblick über strategiebasierte Interventionen hat Swanson (2001) Interventionen ausgewählt, die zwei oder mehr zielorientierte Taktiken enthielten, welche die Informationsverarbeitung verbessern bzw. die Komplexitäten der Informationsverarbeitung reduzieren sollten (z. B. Elaboration in Verbindung mit verbalem Dialog mit Lehrer oder Peers, um eine Aufgabe auszuführen). Auf die Frage, welche Interventionen für Schüler mit Lernstörungen am effektivsten waren, berichtete Swanson (2001), dass beim Unterrichten von Personen mit Lernstörungen Interventionen, in deren Mittelpunkt ein Lernstrategieansatz stand, in seiner Metaanalyse für einen Großteil der Varianz verantwortlich waren. Diese Ergebnisse helfen uns nicht nur zu verstehen, von welchen Instruktionsansätzen Schüler mit Lernstörungen am meisten profitieren, sondern sie zeigen auch, wie wichtig es ist, den Einfluss von ineffektivem Strategiegebrauch für das Lernen zu berücksichtigen.

Unterschiede beim Strategiegebrauch betreffen offenbar nicht nur schulische Aufgaben, sondern auch den persönlichen und sozialen Bereich. So ähneln z. B. die sozialen Fertigkeiten von Jugendlichen mit Lernstörungen stark denen jugendlicher Straftäter (Schumaker, 1992). Strategieunterschiede können sich auf das Problemlösen dieser Jugendlichen in persönlichen und interpersonellen Konfliktsituationen auswirken und ihre Beurteilung und Entscheidungsfindung in schwierigen Situationen stärker beeinflussen, als das bei Jugendlichen ohne Lernstörungen der Fall ist. Bei Jugendlichen mit Lernstörungen könnte daher ein erhöhtes Risiko bestehen, falsche Entscheidungen zu treffen und Drogen zu konsumieren, sich an illegalen Aktivitäten zu beteiligen, sexuell aktiv zu werden und destruktive Beziehungen einzugehen. Umgekehrt könnte die Unfähigkeit, soziale Situationen erfolgreich zu steuern, auch die Wahrscheinlichkeit erhöhen, dass diese Jugendlichen soziale Kontakte ganz meiden (Schumaker, 1992).

Die Auswirkungen auf die schulische Leistung sind ebenfalls unübersehbar. Die „Nationale Längsschnitt-Übergangsstudie" (National Longitudinal Transition Study) (Wagner et al., 1993) berichtete, dass im Vergleich zur allgemeinen Bevölkerung eine unverhältnismäßig hohe Zahl von Schülern mit Lernstörungen die Schule abbrachen. Vor dem Schulabbruch zeigten diese Schüler ein breites Spektrum an Leistungs- und Anpassungsproblemen, darunter (a) häufigeres Fernbleiben vom Unterricht; (b) niedrigerer Notendurchschnitt (Schumaker, Deshler, Bulgren et al., 2002); (c) niedrigere Punktwerte bei bundesstaatlichen bzw. nationalen Leistungstests (Schumaker, Deshler, Bulgren et al., 2002); (d) höhere Prüfungsversagensquoten als bei der allgemeinen Bevölkerung (Wagner et al., 1993); (e) ein schwaches Selbstwertgefühl (Wagner et al., 1993) und (f) ein häufigeres Auftreten unangemessener sozialer Verhaltensweisen (Schumaker, 1992). Wie vorherzusehen war, setzte nur eine kleine Minderheit ihre Ausbildung nach der Schule fort (Wagner et al., 1993). Kurzum, Schülern mit Lernstörungen fehlen oft die Fertigkeiten, die sie benötigen, um in der Sekundarstufe erfolgreich zu sein, und sie sind den hohen Anforderungen der globalisierten Wirtschaft, der zunehmenden Technologisierung und der dramatischen Veränderung der Arbeitswelt und der Arbeit an sich nicht gewachsen (Martin, 1999; Oliver, 1999; Rifkin, 1995).

Zusammenfassend lässt sich feststellen, dass unser Verständnis von Jugendlichen mit Lernstörungen vor allem auf zwei wichtigen Forschungsrichtungen beruht. Die erste dieser beiden Forschungsrichtungen untersucht die wesentlichen Charakteristika dieser Population und hat gezeigt, dass Schüler mit Lernstörungen Informationen nicht auf dieselbe Art und Weise verarbeiten können wie Schüler ohne Lernstörungen, sondern Aufgaben anders angehen und ausführen. Die Unterschiede manifestieren sich für gewöhnlich im schulischen Bereich und beeinflussen viele Aspekte im Leben dieser Schüler. Manche Schüler zeigen in abgrenzbaren Aufgabenbereichen eine Verarbeitungsstörung (z. B. beim Lesenlernen). Eine genauere Art, Schüler mit Lernschwierigkeiten zu beschreiben, besteht darin, auf Schwierigkeiten in der Informationsverarbeitung einzugehen, sei es in einem spezifischen Bereich oder über mehrere Bereiche hinweg.

13

Die zweite Forschungsrichtung konzentriert sich darauf, wie Jugendliche mit Lernstörungen auf Interventionen ansprechen. Interventionen, die auf eine Kompensation hoher Verarbeitungsanforderungen zielen oder den Schülern vermitteln, wie sie Informationen effizienter verarbeiten können, führen zu einer Verbesserung ihres Lernens. Obwohl Forschungen auf der Grundlage klinischer Interventionen für Kinder und Jugendliche zeigen konnten, dass die Vermittlung von Lernstrategien effektiv ist, ist es angesichts der komplexen Umstände und Anforderungen, denen Jugendliche ausgesetzt sind, schwieriger, festzustellen, wie diese Ergebnisse direkt auf das Lernen und die Leistung der Schüler Einfluss nehmen können. Im folgenden Abschnitt werden Interventionsvariablen beschrieben, die sich im Sekundarschulbereich als lernfördernd erwiesen haben.

13.3.2 Anforderungen des Settings und kontextuelle Variablen

In einer Reihe von Studien (siehe Schumaker, Deshler, Bulgren et al., 2002) wurden umfangreiche deskriptive Daten aus neun Mittel- und Oberstufensettings gesammelt, darunter städtische, vorstädtische und ländliche Settings. Insgesamt ergeben diese Daten ein aufschlussreiches Bild über wesentliche Merkmale von Mittel- und Oberstufensettings und den Kontext, in dem Jugendliche mit Lernstörungen überleben müssen. Die wichtigsten Forschungsergebnisse dieser Studien sind nachfolgend zusammengefasst.

13.3.2.1 Teilnahme an Kernkursen im Regelunterricht

In welchem Umfang nehmen Jugendliche mit Lernstörungen gemeinsam mit ihren nicht lerngestörten Peers an Kernkursen teil? Insgesamt waren Jugendliche mit Lernstörungen nur in etwa 5 % der potenziellen Kernkurse (Englisch, Geschichte, Naturwissenschaften, Mathematik), an denen sie teilnehmen könnten, vertreten. In einer Stichprobe von 153 Jugendlichen mit Störungen an einer städtischen Sekundarschule gibt es z. B. unter der Voraussetzung, dass jeder Schüler an vier Kernkursen teilnehmen kann, ein Potenzial von 612 Einschreibungen (153 x 4 = 612) in Kernkursen. An dieser Schule betrug die Zahl der tatsächlichen Einschreibungen in den Kernkursen 8. Das bedeutet, dass die meisten Jugendlichen mit Lernstörungen nicht an den Kernkursen teilnehmen, die für einen normalen Schulabschluss erforderlich sind. Wenn Schüler aus diesen Settings ausgeschlossen werden, sind sie bei staatlichen Abschlussprüfungen stark benachteiligt. Viele Schulen haben Jugendliche mit Störungen offenbar „abgeschrieben" und zeigen geringe Erwartungen an diese Schüler, was ihre Kursplatzierungen betrifft.

13.3.2.2 Unterrichtsanpassungen

Wenn Schüler mit Lernstörungen in Kernkurse integriert werden, können sie dann Unterrichtsanpassungen erwarten? Ein Überblick über Praktiken an den neun Sekundarschulen, die in der Studie berücksichtigt wurden, zeigte, dass Schüler mit Lernstörungen nicht damit rechnen konnten, dass ihre Lehrer Anpassungen vornahmen, um ihr Lernen zu fördern. An den neun Schulen wurden insgesamt 285 Kernkurse beobachtet, und nur vereinzelt ließen sich Unterrichtsanpassungen feststellen. Abgesehen von zehn Begebenheiten, bei denen Schülern individuelle Aufmerksamkeit entgegengebracht wurde, konnten folgende Anpassungen beobachtet werden: besondere Notengebung (1); ausführlichere Arbeitsblätter (2); gesonderte Abnahme von Prüfungen (2); Unterstützung im Förderunterricht außerhalb des Regelunterrichts (2); gezieltes Arbeiten mit dem Schüler vor/nach dem Unterricht (1). Interessanterweise gaben die Lehrer der Regelschule in ihren Fragebögen an, häufig Lehrplan- bzw. Unterrichtsanpassungen für Schüler mit Lernstörungen vorzunehmen.

13.3.2.3 Einstellungen von Lehrern und Schulverwaltern

Warum versagen diese Jugendlichen in der Schule? Lehrer und Schulverwalter von Regelschulen glauben, dass vor allem niedrige Zielsetzungen, ungeeignete Einstellungen und schwache Fertigkeiten und Fähigkeiten von Schülern mit Lernstörungen für ihr Schulversagen verantwortlich sind. Die Befragten gaben gleichzeitig an, dass nach ihrer Auffassung Schulstrukturen, Schulpolitik und Unterrichtsmethoden am wenigsten für das Schulversagen der Schüler verantwortlich seien. Weiter gaben die Befragten an, von zufriedenstellenden Fortschritten könne man sprechen, wenn etwa 50 % der Schüler mindestens 50 % des Lehrplans bewältigten. Kurzum, diese Berichte zeigten, dass die Erwartungen an Schüler mit Lernstörungen verhältnismäßig niedrig sind und dass sich die Haupterklärungen für schlechte schulische Leistungen auf den Schüler selbst und nicht auf unangemessene Unterrichtsmethoden, mangelnde Anpassungen oder die Schulstruktur richten.

13.3.2.4 Instruktionspraktiken im Regelunterricht

Die Beobachtung der Lehrer ergab, dass sie während 59 bis 89 % der Beobachtungsintervalle Instruktionsverhalten zeigten. Die meiste Zeit in diesen Intervallen wandten sie sich dem Klassenverband (nicht nur den Schülern mit Lernstörungen) zu. Einen Großteil der Unterrichtszeit verbrachten sie mit Frontalunterricht und lautem Vorlesen. Weitere Lehraktivitäten, die häufig beobachtet wurden, waren Anleitungen geben, Fragen stellen und die Schüler beim Arbeiten beaufsichtigen. Motivationale Verhaltensweisen der Lehrer wurden nur selten beobachtet, ebenso für Lernförderung kritisches Instruktionsverhalten wie Modeling, elaboratives Feedback oder Einsatz von grafischen Organisationshilfen.

Insgesamt lässt sich feststellen, dass viele Bildungseinrichtungen Veränderungen durchlaufen und stärker auf die Heterogenität der Schüler und ihren unterschiedlichen Lernbedarf eingehen, dass sich dieser Trend in der Unterrichtskultur der Sekundarschulen jedoch nicht abzeichnet. Sekundarschulen bieten den meisten Schülern – einschließlich den Schülern mit Lernstörungen – nach wie vor einen schlechten Unterricht. Von wenigen Ausnahmen abgesehen, verfolgten die Lehrer und Verwalter der Sekundarschulen, die in der Studie berücksichtigt wurden, in erster Linie einen lehrerzentrierten Unterrichtsansatz. Unterrichtsanpassungen, die Unterschiede beim Lernen ausgleichen sollten, betrachteten sie als eine Beeinträchtigung des Niveaus;

13

und die meisten Lern- und Leistungsschwierigkeiten der Schüler waren aus ihrer Sicht auf schülereigene Ursachen zurückzuführen.

13.3.3 Interventionsvariablen

Seitdem erstmals die Hypothese aufgestellt wurde, Informationsverarbeitung könne verbessert werden, indem Schülern beigebracht wird, wie zu lernen ist, hat die Forschung diesen Ansatz stets gestützt. Schüler mit Lernstörungen können Strategien lernen und so anwenden, dass sich ihre Leistung verbessert (Swanson, 2001). Außer den Forschungen, die den Erfolg von Strategietraining demonstriert haben, gibt es auch Untersuchungen darüber, welche Variablen beim Instruktionsprozess eine Rolle spielen. Zwei Hauptgruppen von Variablen haben sich für die Entwicklung von Interventionen für Schüler mit Lernstörungen als wichtig erwiesen: (a) der Einsatz von direkter Instruktion, um Lernstrategien zu vermitteln, und (b) der Einsatz von expliziten, inhaltsorientierten Lehrmethoden, die einen ineffizienten Strategiegebrauch kompensieren können.

13.3.3.1 Direkte Instruktion von Lernstrategien

Eine Reihe von programmatischen Forschungen, die seit mehr als 20 Jahren am Zentrum für Lernforschung der Universität Kansas (The University of Kansas Center for Research on Learning, KUCRL) durchgeführt werden, hat gezeigt, dass Jugendliche mit Lernstörungen komplexe Pakete kognitiver Strategien lernen und sie auf Aufgaben anwenden können, die im allgemeinen Lehrplan der Sekundarstufe verlangt werden (für einen partiellen Überblick siehe Schumaker & Deshler, 1992). Leider sind die Unterrichtsmethoden, die sich bei der Vermittlung dieser komplexen Strategien als effektiv erwiesen haben, sehr zeitaufwendig und ressourcenintensiv, was für alle Arten von Fördersettings zutrifft. Zahlreiche Studien haben gezeigt, dass der Versuch von Lehrkräften, diese Methoden im Regelunterricht anzuwenden, wenig effektiv ist, was vor allem daran liegt, dass die Lehrer (a) große Mengen an Inhalten durchnehmen müssen, (b) nicht bereit sind, den Schülern ausreichend Gelegenheiten zum Üben der Strategien zu bieten, (c) nicht genügend Zeit haben, um die Fortschritte der Schüler beim Strategietraining zu beurteilen, und (d) angesichts der hohen Schülerzahlen in einer Klasse nicht in der Lage sind, das individuelle Feedback zu erteilen, das Schüler mit Lernstörungen brauchen, um Fortschritte zu erzielen (Beals, 1983; Boudah et al., 1997; Deshler & Schumaker, 1993; Scanlon et al., 1996; Seybert, 1998). Kurzum, Regellehrer allein sind nicht in der Lage, Strategien mit der erforderlichen Intensität zu vermitteln und zu gewährleisten, dass Jugendliche mit Lernstörungen diese Strategien beherrschen. Dies ist ein wichtiger Punkt, der gerade im Hinblick auf die Betonung des Integrationsunterrichts bei der Programmplanung für Jugendliche mit Lernstörungen berücksichtigt werden sollte.

Es müssen Unterrichtssituationen geschaffen werden, in denen eine angemessen intensive Instruktion erfolgt, um sicherzustellen, dass die Schüler eine Gelegenheit erhalten, die Strategien zu lernen, die sie brauchen, um die Auswirkungen ihrer Störung zu reduzieren. Um dieser Herausforderung gerecht zu werden, wurde ein Lernstrate-

13

gie-Lehrplan (Learning Strategies Curriculum) entwickelt, der mit dem strategischen Instruktionsmodell (Strategic Instruction Model, SIM) verbunden ist. Der Lernstrategie-Lehrplan wurde in zahlreichen Feldversuchen mit Jugendlichen getestet, um die Wirksamkeit dieses Unterrichtsansatzes zu untersuchen (z. B. Deshler & Lenz, 1989; Deshler & Schumaker, 1988; Schumaker & Deshler, 1992). Seit 1979 haben Schulbezirksvertreter die Unterrichtsverfahren und die aufgabenspezifischen Lernstrategien in vielen verschiedenen Settings und mit unterschiedlichen Schülertypen getestet.

Jede Intervention, die im SIM-Lehrplan enthalten ist, beinhaltet die Unterrichtsverfahren und die Unterrichtsmaterialien, die der Lehrer benötigt, um Jugendlichen beizubringen, wie sie eine bestimmte Strategie erwerben und generalisieren. Der Lehrplan ist so organisiert, dass die drei wichtigsten Anforderungskategorien im Mittelpunkt stehen: Aufnahme, Speicherung und Wiedergabe von Informationen. Außer dem inhaltlichen Entwurf der Lernstrategien (d. h. die offenen und die verdeckten Schritte, die notwendig sind, um eine Aufgabe zu erfüllen oder an ein Problem heranzugehen, etwa die Selbstbefragung während des Lesens, um das Gelesene besser zu verstehen) gibt es noch einen weiteren Punkt, dem Aufmerksamkeit gewidmet wurde, nämlich den Entwurf einer Instruktionsmethode, um Lernstrategien explizit zu unterrichten. Dazu wurde ein acht Stadien umfassendes Arbeitsmodell entwickelt, das eine Reihe von Verfahren enthält, die den Erwerb und die Generalisierung von Lernstrategien verbessern sollen (Brownell et al., 1993; Kline et al., 1991). Um festzustellen, ob diese Instruktionsmethode effektiv dazu verwendet werden kann, Jugendlichen mit Lernstörungen und gefährdeten Jugendlichen Strategien zu vermitteln, wurde eine programmatische Forschungsreihe durchgeführt (Schumaker & Deshler, 1992).

Zwei Hauptfragen haben diese programmatischen Arbeiten angeleitet: (1) Kann der Gebrauch der Lernstrategien und des Lernstrategie-Lehrplans an Jugendliche mit Lernstörungen vermittelt werden? (2) Führt der Gebrauch der Strategien zu einer Verbesserung ihrer schulischen Leistung? Um diese Fragen zu beantworten, wurden 14 Studien durchgeführt (Schumaker & Deshler, 1992). Insgesamt haben diese Forschungen gezeigt, dass die Jugendlichen den Gebrauch einer bestimmten Strategie durch die Implementierung der Instruktionsmethode erheblich verbesserten. In sämtlichen Studien generalisierten die Schüler den Gebrauch der Strategie auf unterschiedliches Stimulusmaterial. In den Studien, in deren Mittelpunkt Lesestrategien standen (Clark et al., 1984; Lenz & Hughes, 1990; Schumaker et al., 1982), trat die Generalisierung bei Stimulusmaterial mit unterschiedlichem Lese- und Fähigkeitsniveau auf. Mehrere Studien haben gezeigt, dass die Leistung von Schülern bei generalisierten schulischen Aufgaben ebenfalls zunahm, wenn sie die Strategie anwandten. Wenn Schüler z. B. die Paarassoziationsstrategie anwandten, um in Schulbüchern Paare von Fakten zu finden, zu organisieren und zu memorieren, erzielten sie bessere Ergebnisse, wenn sie aufgefordert wurden, sich anhand eines Schulbuchkapitels auf einen Test über die Informationen in diesem Kapitel vorzubereiten (Bulgren et al., 1995).

Die validierten Instruktionsverfahren zur Vermittlung aller Strategien des SIM-Lehrplans umfassen acht Stadien des Erwerbs und der Generalisierung. Die sieben Erwerbsstadien sind: (1) Schlüsselkonzepte finden und bewerten und eine Lernverpflichtung eingehen; (2) das Wesen der Fertigkeiten, den potenziellen Nutzen und die einzelnen Schritte einer Strategie beschreiben; (3) das Verhalten und die Kognition modellieren, die am Gebrauch der Strategie beteiligt sind; (4) verbales Üben der

13

Schlüsselinformationen und der Strategieschritte; (5) kontrolliertes Üben der Fertigkeiten mit Feedback von Peers und/oder Lehrer; (6) fortgeschrittenes Üben der Fertigkeiten mit Feedback von Peers und/oder Lehrer und (7) Nachtest und Verpflichtung, die Strategien zu generalisieren. Das achte Stadium, Generalisierung, umfasst vier Einzelphasen: (1) Situationen identifizieren, in denen die Strategie angewandt werden kann; (2) die Strategie bei der Vorbereitung auf verschiedene Fächer aktivieren und in den Fächern anwenden; (3) die Strategie auf andere Aufgaben anpassen und (4) die Strategie beibehalten und in verschiedenen Lern- und Arbeitssettings des realen Lebens immer wieder aufs Neue anwenden. Die Forschungen zeigten, dass 98 % der schwachen Schüler, denen die Strategien vermittelt wurden, die Strategien beherrschten, wenn alle acht Stadien des beschriebenen Instruktionsverfahrens (Ellis et al., 1991; Schumaker & Deshler, 1994) sorgfältig implementiert wurden.

Obgleich der Strategielehrplan für die Teilnehmer nützlich ist, scheint das einzigartige und wirksamste Merkmal der im Lehrplan verankerte Unterrichtsansatz zu sein; entscheidend ist auch, wie gut die Lehrer die Verfahrensweisen implementieren. Bevor sie die Strategien in jeder der Interventionen unterrichten, nehmen die Lehrer an einer SIM-Weiterbildungsmaßnahme teil. Diese Maßnahme bietet ihnen die Gelegenheit, Erfahrungen mit dem Unterrichten in einem kontrollierten Setting und den Inhalten des SIM-Lehrplans zu sammeln und Feedback zu ihren Praxisstunden zu erhalten. Kompetenz in den Unterrichtskomponenten im Zusammenhang mit Strategietraining ist ebenfalls im Lehrplantext verankert, so dass den Lehrern für jede neue Fertigkeit Beispiele zur Verfügung gestellt werden, wie sie die Fertigkeit beschreiben und modellieren können. Darüber hinaus werden Beispiele für verbale, kontrollierte und fortgeschrittene Übungsaktivitäten sowie Generalisierungsaktivitäten zur Verfügung gestellt. Auf diese Weise wird die Präzision der Implementierung verbessert.

13.3.3.2 Lehrmethoden, die ineffiziente Strategien kompensieren

Eine weitere Forschungsrichtung hat sich mit der Frage befasst, welche Art von Instruktion erforderlich ist, damit Schüler kritisches Hintergrundwissen erwerben, wenn sie nicht über wirksame Strategien verfügen, die zum unabhängigen Lernen notwendig sind. Im Mittelpunkt dieser Untersuchungen, die von Forschenden des KUCRL durchgeführt werden, stehen die sogenannten inhaltserweiternden Lehrmethoden (Content Enhancement Teaching Routines). Diese Methoden werden von Regellehrern in Kernfächern eingesetzt, um Inhalte auf „lernerfreundliche" Weise zu vermitteln, indem verschiedene sensorische Modalitäten und validierte Unterrichtsprinzipien verwendet werden, damit die Schüler Inhalte leichter verstehen und erinnern können. Jede Methode wird in Form von Anschauungsmaterial bzw. einer grafischen Organisationshilfe veranschaulicht, die dazu dient, Informationen zu ordnen und visuell darzustellen, und die in einer Abfolge von Einzelschritten implementiert wird, wodurch der Lehrer die Schüler zur aktiven Mitarbeit animiert. Es wurden Methoden entwickelt und validiert, um (a) lehrergeleitete Instruktion für Unterrichtsstunden, Unterrichtseinheiten und Kurse einzuführen und zu organisieren (Lenz, 1998, 1994); (b) umfassendere Konzepte (z. B. „Kolonialismus", „Dichtung", „Gleichungen") zu unterrichten (z. B. Bulgren et al., 1994, 1993; Bulgren, Lenz et al., 1993); (c) zusammenhängende Fakten zu unterrichten (Ellis, 1998); (d) Wort- und

Begriffsbedeutungen zu vermitteln (Ellis, 1992); (e) Inhalte erinnerbar zu machen (Schumaker et al., 1998b); (f) ein Schulbuchkapitel vorzustellen (Deshler et al., 1997) und (g) Schüler für inhaltsreiche Aufgaben und Projekte zu interessieren (Rademacher et al., 1998).

Forschungen haben gezeigt, dass die konsistente Anwendung einer dieser Lehrmethoden in Kernkursen bei *allen* Schülern (auch bei denjenigen mit Lernstörungen) am Ende einer Unterrichtseinheit zur Verbesserung der Testergebnisse um ca. eine Note führte (z. B. Bulgren et al., 1994, 1993, 1988). Darüber hinaus haben Studien gezeigt, dass die meisten Schüler mit Lernstörungen, die zuvor bei Klassenarbeiten nicht die erforderliche Mindestpunktzahl erreichten, die Tests bestehen konnten, wenn diese Lehrmethode zur Vermittlung von Inhalten angewandt wurde.

Die für den Unterricht in Kernfächern entwickelten Lehrmethoden wurden in verschiedenen Studien ebenso sorgfältig untersucht wie die Unterrichtsverfahren, die für das Lernstrategietraining entwickelt wurden. In jedem Fall wurden drei wichtige Schritte unternommen: (1) Die Lehrkraft unterrichtete die Klasse explizit darin, wie die grafische Organisationshilfe als Teil der Lehrmethode verwendet wurde. (2) Die Lehrkraft verwendete die Organisationshilfe regelmäßig während der gesamten Unterrichtseinheit, so dass die Schüler mehrfach Gelegenheit hatten, zu lernen, wie die Methode ihr Lernen anleitete. (3) Jedes Mal, wenn die Methode angewandt wurde, bezog die Lehrkraft die Schüler offen in einen strategischen Prozess mit ein, indem sie sie durch Modeling Schritt für Schritt zu einer effizienten Informationsverarbeitung hinführte. Dazu verwendete die Lehrkraft eine grafische Organisationshilfe, die den Schülern deutlich machte, wie sie Informationen organisieren können. Wenn die Methode den Schülern im Laufe der Zeit vertrauter wurde, ermutigte die Lehrkraft sie dazu, mehr Verantwortung zu übernehmen und sich an der Vervollständigung des grafischen Anschauungsmittels als Teil der Gruppeninstruktion zu beteiligen.

13.3.4 Die Praxis aus unterschiedlichen Blickwinkeln

In den 1970er-Jahren entstand ein theoretisches Rahmenwerk, das daran ausgerichtet war, der ineffizienten Informationsverarbeitung bei Jugendlichen mit Lernstörungen durch Lernstrategietraining entgegenzuwirken. In den 1980er-Jahren wurde dieser Zusammenhang durch Forschungsdaten gestützt, und es wurden verschiedene Modelle entwickelt für die Vermittlung von Lernstrategien und für die Anwendung strategiebasierter Instruktion auf Probleme, denen die Jugendlichen jenseits schulischer Anforderungen begegnen. Strategietraining wurde auf unterschiedliche Weise angewandt, um Motivation, soziale Interaktionen und die Übertragung auf außerschulische Settings zu fördern. In den 1990er-Jahren haben Forschende auf dem Gebiet der Sonderpädagogik diesen Zusammenhang weiter vertieft, und es wurde damit begonnen, die Forschung zu Strategietraining auf die Unterrichtsplanung und den Fachunterricht anzuwenden. In den letzten Jahren ließ sich eine Kombination des Strategietrainings mit Lehrmethoden des Regelunterrichts als Teil der im Basislehrplan vorgesehenen Gruppeninstruktion beobachten.

Die Kombination von sonderpädagogischen mit allgemeinpädagogischen Methoden geht teilweise auf die wachsende Zahl an Erfahrungs- und empirischen For-

13 schungsbelegen zurück, die zeigen, dass eine Instruktion, die sich bei Schülern mit Lernstörungen bewährt hat, auch bei Schülern ohne Lernstörungen erfolgreich sein kann (Vaughn et al., 2000). Lehrer, die dafür verantwortlich sind, den unterschiedlichen Lernbedarf von zunehmend heterogenen Schülergruppen in Übereinstimmung zu bringen, sehen sich gezwungen, Lehrmethoden zu übernehmen, die ursprünglich zur Verbesserung des Lernens von Schülern mit Lernstörungen im Rahmen der Gruppeninstruktion entworfen wurden (Lenz & Ehren, 2001).

Besonders deutlich zeichnet sich dieser Trend bei der Anwendung von Prinzipien des universellen Unterrichtentwurfs auf die Lehrplanentwicklung ab. Der universelle Unterrichtsentwurf stellt eine Bewegung dar, in deren Mittelpunkt die Entwicklung von Lernumgebungen für alle Schüler steht, in die hochwirksame Lernhilfen integriert werden, die das Lernen von jenen Schülern fördern, die sie brauchen (Rose & Meyer, 2002). In einem Gemeinschaftsprojekt des Zentrums für angewandte spezielle Technologien (Center for Applied Special Technologies, CAST) und des Zentrums für Lernforschung der Universität Kansas (University of Kansas Center for Research on Learning, KUCRL) werden z. B. Technologien, netzbasierte Textsammlungen, Lernstrategietraining sowie inhaltserweiternde Mittel miteinander kombiniert, um einen Prototyp für ein interaktives digitales Schulbuch zu entwickeln, das den Schülern Stützunterricht im Sekundarschulfach Biologie bieten soll. Das digitale Schulbuch soll – ungeachtet des Lernbedarfs eines Schülers – Hinweise und Unterstützungsangebote für das Lernen von Biologie zur Verfügung stellen. Diese Kombination von Technologie, strategischer Unterstützung und Inhalten des Basislehrplans eröffnet neue Möglichkeiten, Schülern unabhängig von ihrem Lernbedarf universellen Zugang zu Inhalten zu gewähren. Das bedeutet, dass Lehrern neue Optionen zur Verfügung stehen, um den Unterricht im Kontext der normalen Schulbildung zu individualisieren.

Die Möglichkeit, strategische Unterstützungsmaßnahmen in breitere Lernkontexte zu integrieren, besteht erst seit Kurzem auf der Grundlage von Ergebnissen aktueller Forschungen, die untersuchen, welche Methoden unter welchen Bedingungen in einem Sekundarschulsetting nutzbringend sind. Sechs kritische Bedingungen, die den allgemeinen Programmentwurf anleiten sollten, scheinen von Bedeutung zu sein. Dabei sollte berücksichtigt werden, (a) wie Lernstrategien erworben und generalisiert werden; (b) wie ineffiziente Lernstrategien beim Lernen von Inhalten kompensiert werden; (c) welche Inhalte tatsächlich wichtig sind und von allen Schülern gelernt werden müssen; (d) dass ein Kontinuum an unterstützenden Lese- und Schreibmaßnahmen entwickelt wird, das alle Lehrer der Schule mit einbezieht; (e) dass schulische Beziehungen aufgebaut werden, die den Jugendlichen ein Mitspracherecht ermöglichen, und (f) dass außerschulische Interventionen zur Verfügung gestellt werden, die für Planungs- und Kontrollfähigkeiten der Jugendlichen förderlich sind. Diese sechs Bedingungen werden im Folgenden beschrieben.

13.3.4.1 Berücksichtigen, wie Lernstrategien erworben und generalisiert werden

Wer erreichen möchte, dass Jugendliche mit Lernstörungen Strategien lernen und anwenden, kann auf umfangreiche Forschungen zurückgreifen, die gezeigt haben, welche Art von Instruktion erfolgreich ist. Wir wissen, dass zu einer effektiven

13

Sequenz beim Strategietraining folgende Komponenten gehören: ein Beurteilungsprozess; Engagement seitens des Lehrers und der Schüler; das Setzen von Zielen; das Beschreiben der Strategie; das Modellieren der Strategie; Übung, die zunächst durch den Lehrer und später durch die Schüler selbst geleitet wird; und angeleitete Unterstützung für die Schüler, damit sie lernen, wie sie die Strategie auf verschiedene Aufgaben und Settings generalisieren können – in der Schule, zu Hause und in der Gemeinschaft. Darüber hinaus wissen wir, dass es beim Durchlaufen der Sequenz darauf ankommt, wie explizit und intensiv die Instruktion ist und in welchem Maß der Lehrer auf die Schüler eingeht. Grafische Lern- und Organisationshilfen, häufige Übersichten, verbale Elaboration von Strategieelementen, Überlegungen zum Zweck der Strategie und zu ihrer Anwendung im realen Leben, ein hohes Maß an Engagement und Mitarbeit seitens der Schüler, unterstütztes Üben, Gelegenheiten für individuelles Feedback sowie Gelegenheiten, um zu lernen, wie sich die Strategie je nach Lernsituation modifizieren lässt – all diese Variablen sollten die Instruktionssequenz ausmachen, die verwendet wird, um sicherzustellen, dass Jugendliche mit Lernstörungen lernen (für eine Diskussion dieser Variablen, siehe Swanson, 2001; Vaughn et al., 2000).

Obwohl bekannt ist, wie die meisten Schüler mit Lernstörungen am besten unterrichtet werden, damit sie Strategien lernen, wissen leider nur wenige Sekundarschullehrer in allgemeinpädagogischen und sonderpädagogischen Programmen, dass diese Art von Instruktion überhaupt existiert und wie sie im Sekundarschulbereich angewandt wird. Außerdem weiß kaum ein Schulverwalter oder Lehrplankoordinator gut genug darüber Bescheid, welche Instruktionsmethoden für ein effektives Strategietraining erforderlich sind, um Lehrern zu helfen, diese Fertigkeiten zu entwickeln. Darüber hinaus ist die Schülerzahl in vielen Klassen, in denen Strategietraining stattfindet, viel zu hoch, als dass die Instruktion mit der notwendigen Intensität erfolgen könnte, um die gewünschten Lernergebnisse herbeizuführen. Zudem haben die Lehrer auch nicht die Zeit, um bei der Generalisierung einer Strategie mit anderen Lehrern zusammenzuarbeiten. Obgleich die Implementierung der Instruktionsmethode sehr flexibel gehandhabt werden kann, ist klar, dass eine grundlegende Philosophie erforderlich ist, um eine explizite und intensive Instruktion mit authentischen Erfahrungen einer erfolgreichen Anwendung der Strategie zu kombinieren. Eine sorgfältigere Schul- und Programmplanung ist notwendig, um Unterrichtsbedingungen zu schaffen, die erforderlich sind, um bei Schülern mit Lernstörungen eine Verbesserung ihrer schulischen Leistung zu erreichen.

13.3.4.2 Berücksichtigen, wie ineffiziente Lernstrategien beim Lernen von Inhalten kompensiert werden können

Wenn Schüler nicht gelernt haben, effektive Lernstrategien unabhängig anzuwenden, um fachspezifische Inhalte zu lernen (z. B. Begriffe in Biologie beherrschen) oder um bestimmten Anforderungen gerecht zu werden (z. B. ein bestimmtes Arbeitsgerät betätigen), werden Schüler mit Lernstörungen mit Aufgabenanforderungen konfrontiert, ohne von erforderlichen Lernerfahrungen profitiert zu haben. Diesem Problem begegnen Schüler in Kernkursen der Sekundarstufe häufig. In einer solchen Unterrichtssituation müssen die Schüler von Experten im betreffenden Wissensbereich un-

13

terrichtet werden, die entscheiden können, welche Inhalte vermittelt werden müssen, und von Experten im strategischen Bereich, die wissen, wie sie die Schüler anleiten sollen, die Inhalte so zu lernen, dass ihre schwachen Strategien kompensiert werden. Forschungen zur Förderung des Erwerbs von Inhalten in Kernfächern – entweder durch direkte Instruktion oder durch die Verwendung von inhaltserweiternden Mitteln, wie sie zuvor beschrieben wurden – haben gezeigt, dass die angeleitete strategische Verarbeitung (d. h., der Lernprozess, der zur Erfüllung einer Aufgabe notwendig ist, wird zunächst verbal durchlaufen) in Verbindung mit grafischen Organisationshilfen (d. h. visuelle Verdeutlichung, wie der Inhalt verändert wird, wenn die Schritte des Prozesses vervollständigt werden) den Schülern beim Lernen von Inhalten hilft und modelliert, wie sie diese Inhalte bewältigen können.

Forschungen zur Unterrichtsplanung für Schüler mit Lernstörungen (für einen Überblick siehe Lenz et al., 2004) deuten darauf hin, dass Lehrer, die Kernfächer unterrichten und in ihrem Fach Experten sind, oft nicht darüber Bescheid wissen, wie der Lernstoff ihres Fachs bewältigt wird. Der konsequente Einsatz expliziter Lehrmethoden, die es den Lehrern gestatten, regelmäßig über gewonnene Einsichten zu reflektieren und ihre Entscheidungen dann auf authentische Weise in verschiedenen Unterrichtssituationen zu testen, stellt eine wirksame Methode dar, die den Lehrern hilft, zu lernen, wie sie dies tun können. So berichteten z. B. Bulgren und Schumaker (2005), dass Lehrer expliziter und strategischer an den Unterricht herangehen, wenn sie dazu veranlasst werden, regelmäßig ein Lehrmittel in Form einer grafischen Organisationshilfe zu verwenden, um Schüler bei einer inhaltlichen Lernaufgabe (z. B. ein Schlüsselkonzept lernen) anzuleiten. Bulgren et al. berichteten, dass es außerdem hilfreich ist, wenn Lehrer einen Prozess namens „Cue-Do-Review" („Hinweisen-Ausführen-Überprüfen") anwenden. In der Hinweisphase werden die Schüler zunächst darin unterrichtet, wie die grafische Organisationshilfe verwendet wird; nachfolgend werden die Schüler immer wieder auf die Organisationshilfe und ihre lernfördernde Funktion aufmerksam gemacht, bis die Anwendung automatisiert ist. In der Ausführungsphase wenden Lehrer und Schüler die Organisationshilfe gemeinsam zur Ausführung einer Lernaufgabe an, wobei sie diese Lernaufgabe über eine Reihe von Schritten strategisch angehen. Der Lehrer stellt eine Scaffolding-Instruktion (Stützunterricht) zur Verfügung und hilft den Schülern, einen Zusammenhang zwischen dem, was sie bereits über den Inhalt wissen, und dem neuen Lernstoff herzustellen. In der Überprüfungsphase kommt der Lehrer darauf zurück, was die Schüler nun über den Inhalt wissen und auf die Strategie, die der grafischen Organisationshilfe zugrunde liegt. Wenn Lehrer und Schüler routinemäßig gemeinsam mit dem inhaltserweiternden Lehrmittel arbeiten, werden sie im Gebrauch dieses Werkzeugs versierter, und sie werden dazu veranlasst, sich intensiver mit den Lerninhalten selbst sowie mit dem Prozess zu befassen, der dem Lernen von Inhalten zugrunde liegt.

Das Wichtigste an diesem Prozess ist, dass er Lehrern die Gelegenheit gibt, eine explizitere und stärker fokussierte Gruppeninstruktion zu erteilen. Nach Bulgren et al. haben Studien durchgängig gezeigt, dass der Einsatz dieses Instruktionsprozesses sowohl bei Schülern ohne Störungen als auch bei Schülern mit Störungen zu einem signifikanten Lernzuwachs führte. Dies ist ein wichtiges Ergebnis, denn es erhöht die Chance, dass Lehrer forschungsbasierte Ansätze übernehmen und sie kontinuierlich

13

anwenden, weil sie für ein breites Spektrum an Schülern effektiv sind (Lenz, Schumaker & Deshler et al., 1991).

13.3.4.3 Sorgfältig abwägen, welche Inhalte wichtig sind und von allen Schülern gelernt werden sollten

Wir wissen, dass inhaltserweiternde Lehrmethoden (Content Enhancement Teaching Routines) das Lernen in Kernfächern signifikant verbessern können, wenn Schüler nicht über optimale Lernstrategien verfügen. Die Planung dieser Art von Instruktion setzt jedoch sorgfältige Überlegungen voraus, die mit der Herangehensweise der meisten Lehrer in Sekundarschulen nicht vereinbar sind, da es ihnen in erster Linie darum geht, große Mengen an Inhalten in möglichst kurzer Zeit durchzunehmen. Die größte Herausforderung besteht darin, zu verhindern, dass Schüler weiterhin Inhalte lernen müssen, die nie darauf geprüft wurden, ob sie tatsächlich nützlich und wichtig sind. Es geht nicht darum, Lehrpläne auszudünnen oder Standards infrage zu stellen. Worum wir kämpfen müssen, ist, dass sorgfältig abgewogen wird, welche Inhalte *alle* Schüler beherrschen sollten (d. h. Inhalte, die für eine zufriedenstellende Leistung in den verschiedenen Lebensbereichen – häusliches Umfeld, Familie, Arbeit und soziale Kontexte – wichtig sind), welche Inhalte *die meisten* Schüler beherrschen sollten (d. h. Inhalte, die in verschiedenen Lebenskontexten bereichernd, jedoch nicht entscheidend sind) und welche Inhalte *manche* Schüler beherrschen sollten (d. h. Inhalte, die den Horizont erweitern und von persönlichem Interesse, jedoch nicht entscheidend sind) (Lenz et al., 2004). Diese Abwägung ist deshalb so wichtig, weil die *Zeit*, die für lehrergeleitete Instruktion und für die Vermittlung von unverzichtbaren Inhalten aufgebracht werden muss, keinen Spielraum für Inhalte lässt, die nicht entscheidend sind, insbesondere dann nicht, wenn Schüler durch den Notengebungsprozess bestraft werden, etwa weil ihnen Hintergrundwissen fehlt. Sekundarschullehrer sind nicht die einzigen, die sich dieser Herausforderung stellen müssen. Pädagogen, Ausbilder und Trainer auf allen Schul-, Ausbildungs- und Weiterbildungsebenen müssen aus großen Mengen an möglichen Informationen eine Auswahl treffen und entscheiden, welche Informationen in der jeweiligen Lernsituation wirklich wichtig sind.

Dieser Ansatz des Filterns und Fokussierens bedeutet jedoch nicht, dass die Standards im Fachunterricht außer Acht gelassen werden. Er bedeutet vielmehr, dass Fachlehrer herausfinden müssen, welches das Kernstück dieser Standards ist, und sicherstellen, dass das Lernen der Schüler an diesem Punkt ansetzt und dann von innen heraus erweitert werden kann. Die wichtigen Inhalte stehen während der Instruktion im Mittelpunkt. Andere Inhalte können ins Visier genommen werden, stehen aber nicht im Zentrum der Aufmerksamkeit und Schüler, die nicht über das nötige Hintergrundwissen bzw. über die Fertigkeiten und Strategien verfügen, um diesen Prozess unabhängig zu bewältigen, werden nicht durch eine entsprechende Notengebung bestraft. Das setzt auch voraus, dass Lehrer vorausplanen, welcher Teil der wichtigen Inhalte im Gedächtnis behalten werden soll (z. B. welche Begriffe und Konzepte gelernt werden müssen), welche Art des Denkens erforderlich ist (z. B. komparatives oder kausales Denken) und wie diese Informationen im Hinblick auf das Problemlösen außerhalb der Schule generalisiert werden sollen.

13

13.3.4.4 Ein Kontinuum an unterstützenden Lese- und Schreibmaßnahmen entwickeln, das alle Lehrer der Schule mit einbezieht

Die Programme für Schüler mit Lernstörungen konzentrieren sich traditionellerweise auf Interventionen, die auf Mikroebene effektiv sind. Die zunehmende Integration von Fördermaßnahmen in den Regelunterricht hat jedoch zur Folge, dass Sonderpädagogen sich stärker damit auseinandersetzen müssen, wie Fördermaßnahmen für Jugendliche mit Lernstörungen in schulweite Programme und in den Schulverbesserungsprozess eingepasst werden können. Jüngste Initiativen, die Lese- und Schreibfähigkeiten von Sekundarschülern zu verbessern, haben ein Forum für das gemeinschaftliche Planen von Reformbemühungen zur Verfügung gestellt, von denen Schüler mit Lernstörungen profitieren könnten. Im Mittelpunkt der meisten Lese- und Schreibinitiativen stand die Verbesserung des Lesens und der Lese- und Schreibleistung insgesamt. Wie zu Beginn dieses Kapitels bereits erwähnt wurde, erfordern Überlegungen zu Wirkfaktoren, die den Erfolg von Jugendlichen mit Lernstörungen im Sekundarschulbereich beeinflussen, jedoch einen anderen Ansatz zur Entwicklung von Lese-Schreib-Programmen.

Lese- und Schreibinitiativen auf Sekundarschulebene sind am ehesten erfolgreich, wenn sie die notwendige Entwicklung von Fertigkeiten, den Erwerb angemessener Lernstrategien sowie Ansätze integrieren, welche die Bewältigung von Inhalten gewährleisten. Forschende des KUCRL haben ein Rahmenwerk zur Entwicklung von Lese- und Schreibfördermaßnahmen in der Sekundarstufe entwickelt, das sogenannte „Content Literacy Continuum" (CLC) (Lenz & Ehren, 2001). Das CLC bietet einen Rahmen, um das SIM-Modell und andere Lese- und Schreibprogramme in Schulen zu implementieren. Im Kontext einer schulweiten Lese-Schreib-Förderung für alle Schüler wird das CLC auch den Bedürfnissen von Jugendlichen mit Lernstörungen gerecht.

Die Fördermaßnahmen des CLC sind auf fünf Niveaustufen angesiedelt (siehe Tabelle 13.1). Auf der ersten Stufe planen die Lehrer, wie die Schüler Inhalte ungeachtet ihres jeweiligen Lese- und Schreibniveaus bewältigen können. Das Verständnis basiert auf der Stärkung von Hintergrundwissen und Wortschatz, und der Schwerpunkt des Lehrplans liegt dort, wo sich diese Art von Lese- und Schreibfähigkeit entwickeln lässt. Eine Reihe von Interventionen kann in verschiedenen Kursen angewandt werden, um das Hintergrundwissen der Schüler zu stärken. Die inhaltserweiternden Lehrmethoden (Content Enhancement Teaching Routines), die in diesem Kapitel erwähnt wurden, wurden jedoch speziell mit dem Ziel entworfen, Hintergrundwissen und Wortschatz aufzubauen.

Auf der zweiten Stufe planen die Lehrer, wie sie die Instruktion kritischer Lernstrategien in ihren Unterricht integrieren können. Um dies zu erreichen, beschreiben, modellieren und gebrauchen die Lehrer die wichtigsten Schritte und Elemente der Strategien, um den Schülern zu vermitteln, wie der Lernstoff am besten gelernt wird. Wenn Lernstrategien wie Selbstbefragung und Paraphrasieren fachübergreifend und von mehreren Lehrern eingeführt und verstärkt werden, assoziieren die Schüler die Strategien nach und nach mit den Inhalten und nicht nur mit dem Leseunterricht. Darüber hinaus verfolgen die Schüler gemeinsame Lernziele, sehen, wie die Strategie in einem authentischen Kontext angewandt wird (d. h., sie lernen nicht eine zusam-

Tab. 13.1 Das „Content Literacy Continuum": Richtlinien für die Entwicklung schulweiter Lese- und Schreibmaßnahmen an Sekundarschulen

Niveaustufe	Fokus der Handlungen	Beispiel
Stufe 1 Sicherstellen, dass die Schüler kritische Inhalte beherrschen	Alle Schüler lernen die kritischen Inhalte des Basislehrplans, ungeachtet ihres jeweiligen Lese- und Schreibniveaus. Die Lehrer kompensieren begrenzte Lese- und Schreibfähigkeiten durch explizite Lehrmethoden, Anpassungen und Technologien, damit die Schüler die Inhalte besser bewältigen können.	Die Lehrer wenden inhaltserweiternde Lehrmethoden an, um Inhalte zu vermitteln.
Stufe 2 Gemeinsame Strategien fächerübergreifend in die verschiedenen Kurse einbringen	Die Lehrer integrieren ausgewählte Lernstrategien in die Kernfächer, indem sie die Strategien direkt erklären, modellieren und auf die Aufgaben anwenden.	Die Lehrer vermitteln den Schülern die einzelnen Schritte einer Paraphrasierstrategie (RAP), modellieren ihren Gebrauch regelmäßig und integrieren dann das ganze Schuljahr über Paraphrasieraktivitäten in den Unterricht, um eine Kultur des „Lesens und Wiedererzählens" zu schaffen.
Stufe 3 Die Bewältigung gemeinsamer Strategien im Hinblick auf die Zielstrategien unterstützen	Schüler, denen die im Unterricht präsentierten Strategien Schwierigkeiten bereiten, erhalten zusätzliches Strategietraining in Form von spezieller, intensiverer Instruktion, die durch Beratungslehrer erteilt wird.	Wenn Lehrer in Pflichtkursen feststellen, dass Schüler Schwierigkeiten beim Lernen und beim Gebrauch von Strategien wie dem Paraphrasieren haben, arbeiten sie mit Beratungslehrern zusammen, damit diese Schüler eine intensivere Instruktion erhalten.
Stufe 4 Eine intensivere Intervention für diejenigen zur Verfügung stellen, die an grundlegenden Lese- und Schreibelementen arbeiten müssen	In sorgfältig entworfenen und durchgeführten Kursen lernen die Schüler Lese- und Schreibfertigkeiten durch spezielle, direkte und intensive Instruktion in Zuhören, Sprechen, Lesen und Schreiben.	Für die Schüler wird ein Unterricht in forschungsbasierten Leseprogrammen, wie z. B. das korrektive Leseprogramm (Corrective Reading Program) entworfen.
Stufe 5 Eine intensivere klinische Option für diejenigen anbieten, die sie brauchen	Schüler mit zugrunde liegender Sprachstörung lernen den linguistischen, kognitiven, metalinguistischen und metakognitiven Unterbau, den sie brauchen, um inhaltsbezogene Lese- und Schreibfertigkeiten und Strategien zu erwerben.	Sprech- und Sprachtherapeuten führen mit den Schülern eine lehrplanrelevante Therapie durch.

Aus Lenz und Ehren (2001).

13

menhanglose Lernstrategie, sondern Inhalte), und erhalten genügend Hinweisreize (Prompts), um die Strategie im Klassenverband, in Kleingruppen und individuell zu üben, wenn der Lehrer von den Schülern verlangt, zur Ausführung von Aufgaben bestimmte Strategien anzuwenden.

Obwohl die Integration von Strategietraining in den Basislehrplan eine wertvolle Möglichkeit darstellt, diesen Instruktionsansatz zu fördern, ist die Art von Gruppeninstruktion, wie sie im Regelunterricht stattfindet, leider nicht intensiv genug, um genügend Details und Feedback zur Verfügung stellen zu können, damit auch Schüler mit begrenzten Lese- und Schreibfertigkeiten, darunter viele Schüler mit Lernstörungen, die Strategien lernen können. Obgleich einige Studien gezeigt haben, dass manche dieser Schüler Fortschritte beim Strategielernen erzielen können (z. B. Scanlon et al., 1996), haben es nur wenige Studien geschafft, Regellehrer zu einer genügend expliziten Instruktion zu bewegen, wie sie im Regelunterricht erforderlich wäre, um ohne die Hilfe von Sonderpädagogen oder Förderlehrern Strategien zu bewältigen. Daher werden auf der dritten Stufe des „Content Literacy Continuum" Fördermaßnahmen – nicht unbedingt Förderkurse – für solche Schüler eingeplant, die ein intensiveres Strategietraining und Feedback brauchen, als es der Regelunterricht leisten kann. Um noch einmal auf die erste der sechs Bedingungen dieses Abschnitts zurückzukommen, es muss stärker berücksichtigt werden, wie Lernstrategien erworben und generalisiert werden, wenn wir erreichen wollen, dass die Schüler die Strategien auch tatsächlich zum Verständnis und Lernen von Inhalten anwenden.

Die vierte Stufe sieht die Planung von Unterrichts- und Interventionsoptionen vor, die den Schülern dabei helfen können, die erforderlichen Dekodierfertigkeiten und die Leseflüssigkeit zu entwickeln, die sie zum Erwerb und zur Generalisierung der meisten Lernstrategien benötigen. Die meisten Bemühungen, Jugendlichen mit Leselernstörungen Lernstrategien beizubringen, konzentrieren sich auf Textverständnis. Diese Strategien setzen voraus, dass die Schüler über ausreichende Wortanalysefertigkeiten verfügen, die mindestens dem Niveau der vierten Klasse entsprechen, um Wörter flüssig lesen zu können. Leider müssen viele Schüler in der Sekundarstufe diese Fertigkeiten erst noch entwickeln, um die Verständnisstrategien anwenden zu können, die zur Bewältigung des Basislehrplans der Sekundarstufe erforderlich sind. Das bedeutet, dass Sekundarschulen (Mittel- und Oberstufe) Kurse anbieten müssen, in denen diese Fertigkeiten vermittelt werden. Leseprogramme wie korrektives Lesen – ein Programm, das eine intensive direkte Instruktion in diesen Fertigkeiten vorsieht und auf eine lange Geschichte von Forschungen zurückblickt, die seine Anwendung bei Jugendlichen stützen – können die Grundlage solcher Interventionen darstellen. Anschließend können Überbrückungsstrategien wie die Wortidentifikationsstrategie (Lenz & Hughes, 1990) verwendet werden, um Schüler beim Übergang zum Lernstrategietraining zu unterstützen.

Die fünfte und letzte Stufe der Maßnahmen, die an Sekundarschulen entwickelt werden müssen, um die Lese- und Schreibfertigkeiten der Schüler zu fördern, ist das Angebot einer inhaltsrelevanten Therapie, die von Sprech- und Sprachfachkräften durchgeführt werden kann. Sprech- und Sprachtherapeuten müssen in die Planung und in die Bereitstellung klinischer Interventionen für Jugendliche einbezogen werden, deren Sprachprobleme sie daran hindern, vom Lernstrategietraining zu profitieren. Die Maßnahmen fokussieren darauf, diesen Schülern dabei zu helfen, den

13

linguistischen, metalinguistischen und metakognitiven Unterbau zu lernen, den sie brauchen, um die erforderlichen Inhalte, Fertigkeiten und Strategien zu erwerben. So ist z. B. ein Schüler mit einer schweren Sprachstörung möglicherweise nicht dazu in der Lage zu lernen, wie man einen Absatz paraphrasiert. Er muss möglicherweise ausgiebig an Worterkennung und Umformulieren auf Satzebene arbeiten, bevor er mehrere Sätze paraphrasieren und das Wesentliche eines ganzen Absatzes herausfiltern kann. Normalerweise werden diese Maßnahmen von einem Sprachtherapeuten übernommen, der die lehrplanrelevante Therapie in Eins-zu-Eins- oder Kleingruppenkonstellationen durchführt und mit Förderlehrern sowie Fachlehrern zusammenarbeitet, die Lese- und Schreibfertigkeiten unterrichten. Gemeinsam unterstützen sie die Fachlehrer, indem sie bei schweren Sprachstörungen angemessene Modifikationen des Fachunterrichts vornehmen. Es ist wichtig, dass Sekundarschulen diese Stufe berücksichtigen, weil nur wenige Sekundarschulen Sprachtherapeuten beschäftigen und zusätzliche Lese- und Schreibmaßnahmen anbieten.

13.3.4.5 Außerschulische Interventionen berücksichtigen, die die Planungs- und Kontrollfähigkeiten der Jugendlichen fördern

Pädagogen, die an der Entwicklung von Programmen arbeiten, die den Bedürfnissen von Jugendlichen mit Lernstörungen gerecht werden sollen, müssen sich eingehend mit dem Zweck pädagogischer Programme und den langfristigen Zielen der Interventionen befassen. Ungeachtet dessen, ob sie auf nationaler, bundesstaatlicher oder lokaler Ebene tätig sind, müssen Programmleiter bestimmen, welche Art von Bildungserfahrungen Schüler darauf vorbereiten, für ihre Rechte einzutreten, sich erfolgreich auf dem Arbeitsmarkt zurechtzufinden, und ihnen dabei helfen, den Übergang ins Berufsleben bzw. in weiterführende Bildungsinstitutionen zu bewältigen. Dazu gehört einerseits, dass die Schüler die Anforderungen für den Schulabschluss erfüllen, andererseits müssen sie aber auch in der Lage sein, die Strategien, die sie zur Steuerung von Lern- und sozialen Anforderungen in der Schule gelernt haben, auf die nachfolgenden Bildungs- und Arbeitserfahrungen zu übertragen. Das bedeutet, dass die Strategien in Verbindung mit Interaktionen vermittelt werden müssen, bei denen die Schüler gemeinsam an Aufgaben arbeiten und bei denen sie lernen, für sich und ihre Belange einzutreten und einen Prozess des Setzens von Zielen, Planens und Überwachens zu durchlaufen. Sozialpädagogen und andere, die an der Planung und Ausführung von Interventionen für Jugendliche mit Lernstörungen beteiligt sind, müssen lernen, die Schüler dabei zu unterstützen, Lernstrategien, die sie im schulischen Kontext gelernt haben, auf außerschulische Situationen und Anforderungen zu übertragen und anzupassen.

13.3.4.6 Dafür sorgen, dass schulische Beziehungen aufgebaut werden, die eine authentische Kommunikation gewährleisten

Ein weiterer Punkt, der im Zusammenhang mit der Verbesserung des schulischen Erfolgs angesprochen werden muss, ist die Frage, wie gut wir die Schüler kennen und verstehen und, wichtiger noch, wie gut sich diese Schüler verstanden fühlen. Angesichts der öffentlichen Debatte über die zunehmende Gewalt an Sekundarschulen richten

13

einige Schulen ihre Aufmerksamkeit verstärkt darauf, den Schülern dabei zu helfen, sich besser „verstanden" zu fühlen. Die Initiative, innerhalb der Schule kleinere Lerngemeinschaften zu bilden, ist Teil dieser Bemühungen. Forschungen über Kommunikation und schulische Beziehungen zwischen Lehrern und Schülern an Sekundarschulen zeigen, dass die meisten Schüler nicht das Gefühl haben, dass die Lehrer sie verstehen oder sich darum bemühen, sie besser kennenzulernen, oder dass sie sich ihnen anvertrauen könnten. Unabhängig davon, welche Schülerresultate geplant werden, sollte die Programmplanung dafür sorgen, dass den Schülern ein Forum für Kommunikation und für authentische und vertrauliche Unterstützung und Verstärkung zur Verfügung gestellt wird, das ihnen beim Erreichen der Ziele hilft. Studien, die auf eine Verbesserung der schulischen Beziehungen zwischen Schülern und Lehrern in den Kernfächern zielen, haben gezeigt, dass solche Systeme in Sekundarschulen funktionieren können. So haben z. B. Lenz, Adams et al. (2004) anhand von mehr als 25 000 Begebenheiten den Kommunikationsaustausch zwischen Lehrern und Schülern analysiert und sind zu dem Ergebnis gekommen, dass eine wöchentliche Kommunikation, in deren Mittelpunkt die Verbesserung der schulischen Leistung stand, das Vertrauen der Schüler in die Lehrer signifikant verbesserte. Darüber hinaus hatten die Schüler eher den Eindruck, dass der Lehrer auf ihren Lernbedarf einging. Lenz et al. (2002) fanden jedoch auch, dass viele Lehrer Unterstützung benötigten, um zu lernen, auf proaktive Weise zu reagieren, wenn die Schüler mit dem Unterricht unzufrieden waren. Insbesondere Schüler mit Lernstörungen, die im Vergleich zu ihren Peers zuvor fast keinen individuellen Austausch mit dem Lehrer hatten – darunter viele, die noch nie eine Frage zum Inhalt oder zum Lernen gestellt hatten –, konnten ihren Kontakt zum Lehrer durch die Einführung eines Coachings für schulische Beziehungen signifikant steigern. Wichtiger noch, in Reaktion auf den Dialog mit den Schülern veränderten die Lehrer ihren Unterricht. Wenn die Schüler z. B. angaben, Probleme mit dem Lernen von Inhalten zu haben, drosselten die Lehrer daraufhin das Tempo.

13.4 Zukünftige Forschungen

In Anbetracht dessen, was wir über das Unterrichten von Jugendlichen mit Lernstörungen wissen, müssen die pädagogischen Praktiken an Sekundarschulen in dreierlei Hinsicht beträchtlich verändert werden: (1) wie Schüler kritische Inhalte lernen, beherrschen und anwenden; (2) wie Klassenlehrer über kritische Inhalte denken und sie an Klassen mit unterschiedlichem schulischen Niveau vermitteln, damit alle Schüler (insbesondere diejenigen mit Lernstörungen) die Informationen lernen können; und (3) wie schulpädagogische Kontexte geschaffen und Lehrplan, Lehrer, Eltern, Beratungssysteme und Ressourcen so koordiniert werden können, dass sie dem individuellen Lernbedarf von Schülern mit Störungen gerecht werden. All diese Veränderungen müssen jedoch im Kontext des breiten Spektrums an Reformbestrebungen angegangen werden, die in den vergangenen Jahren einen beträchtlichen Einfluss auf die Sekundarschulen ausgeübt haben (z. B. Cohen, 1995; Darling-Hammond & Falk, 1997; Wang et al., 1998). Ebenso entscheidend wird sein, wie Empfehlungen für Schüler mit Störungen im Rahmen dieser Reformbestrebungen berücksichtigt werden (z. B. McDonnell et al., 1997). Bislang haben sich nur wenige Forschungen damit befasst, wie sich die Schulreform in diesen standardgeleiteten, an Leistungstests orientierten Umgebungen auf die Schulbildung dieser Schüler auswirken wird.

Auf der Suche nach Lösungen, die den schulischen Erfolg und die Lebensanpassung von Jugendlichen mit Lernstörungen merklich beeinflussen, müssen die Forschungsergebnisse außerdem im Hinblick auf Nachhaltigkeitsstandards und Umsetzbarkeit evaluiert werden (Elmore, 1996). Viele Interventionen funktionieren zwar in Studien, aber wenn es darum geht, sie in der Realität heutiger Schulen zu implementieren, halten nur sehr wenige den dortigen Anforderungen stand. Forschende müssen daher in Zukunft verstärkt Faktoren berücksichtigen, die einen Einfluss auf die Nachhaltigkeit und Umsetzbarkeit von Interventionen haben.

13.5 Schluss

Mehr als 35 Jahre sind vergangen, seitdem *The Educator's Enigma: The Adolescent with Learning Disabilities* (Strother et al., 1971), eines der ersten Bücher über Jugendliche mit Lernstörungen, veröffentlicht wurde. Die Autoren warfen mehrere Fragen auf: Wer ist der lerngestörte Schüler? Wie können wir ihn erkennen? Wie fühlt er sich? Wie sollen wir ihn unterrichten? Seitdem diese Fragen erstmals angesprochen wurden, hat das Feld beträchtliche Fortschritte gemacht. Allerdings haben wir bis heute noch immer keine angemessenen Antworten gefunden. Der Jugendliche mit Lernstörungen ist nach wie vor ein Rätsel, und wir bemühen uns weiter, diese Fragen zu beantworten. Laura Lehtinen-Rogans Schlussbemerkung in *The Educator's Enigma* trifft noch heute für all diejenigen unter uns zu, die daran interessiert sind, Jugendlichen mit Lernstörungen zu helfen:

> *Welche Perspektiven haben Kinder mit solchen Problemen? Können sie „es schaffen"? Tatsache ist – sie können, und ein Großteil ihres Erfolgs geht auf das Verständnis und die zusätzlichen Bemühungen aufmerksamer Lehrer zurück. (...) Herausforderungen sind für Lehrer nichts Neues. Neu ist lediglich die Art der Herausforderung. Die Bemühungen von Lehrern und Pädagogen, die Probleme von Kindern mit Lernstörungen zu verstehen, bringen uns dem eigentlichen Kernpunkt, wie Lernen an sich funktioniert, ein gutes Stück näher. Und das ist eine der spannendsten Herausforderungen überhaupt.*

Literatur

Adams, G., Lenz, B. K., Laraux, M., Graner, P. & Pouliot, N. (2002). The effects of ongoing communication between teachers and adolescents with disabilities. Lawrence, KS: The University of Kansas Center for Research on Learning.

Alley, G. R., Schumaker, J. B., Deshler, D. D., Clark, F. L. & Warner, M. M. (1983). Learning disabilities in adolescents and young adult populations: Research implications (Teil 2). *Focus on Exceptional Children*, **15**(9), 114.

Beals, V. L. (1983). *The effects of large group instruction on the acquisition of specific learning strategies by learning disabled adolescents*. Unveröffentlichte Dissertation. University of Kansas, Lawrence.

13

Boudah, D. J., Schumaker, J. B. & Deshler, D. D. (1997). Collaborative instruction: Is it an effective option for secondary classrooms? *Learning Disability Quarterly*, **20**, 293–316.

Brinckerhoff, L. C., Shaw, S. F. & McGuire, J. M. (1992). Promoting access, accommodations, and independence for college students with learning disabilities. *Journal of Learning Disabilities*, **25**(7), 417–429.

Brownell, M. T., Mellard, D. F. & Deshler, D. D. (1993). Differences in the learning and transfer performance of students with learning disabilities and other lowachieving students on problem-solving tasks. *Learning Disabilities Quarterly*, **16**(23), 137–156.

Bulgren, J. A., Hock, M. A., Schumaker, J. B. & Deshler, D. D. (1995). The effects of instruction in a paired-associates strategy on the information mastery performance of students with learning disabilities. *Learning Disabilities Research and Practice*, **10**(1), 22–37.

Bulgren, J. & Schumaker, J. (2005). *Synthesis of research on instructional practices designed to promote success for all students in inclusive secondary content classrooms*. Reston, VA: Council for Exceptional Children.

Bulgren, J. A., Schumaker, J. B. & Deshler, D. D. (1988). Effectiveness of a concept teaching routine in enhancing the performance of LD students in secondary-level mainstream classes. *Learning Disability Quarterly*, **11**(1), 3–17.

Bulgren, J. A., Schumaker, J. B. & Deshler, D. D. (1993). *The concept mastery routine*. Lawrence, KS: Edge Enterprises.

Bulgren, J. A., Schumaker, J. B. & Deshler, D. D. (1994). *The concept anchoring routine*. Lawrence, KS: Edge Enterprises.

Clark, F. L., Deshler, D. D., Schumaker, J. B., Alley, G. R. & Warner, M. M. (1984). Visual imagery and self-questioning: Strategies to improve comprehension of written material. *Journal of Learning Disabilities*, **17**(3), 145–149.

Cohen, D. (1995). What is the system in systemic reform? *Educational Researcher*, **24**(9), 11–31.

Cuban, L. (1984). How teachers taught: Consistency and change in American classrooms 1890–1990. New York: Longman.

Curtis, M. B. (2002). *Adolescent reading: A synthesis of research*. June 20, 2002. (www.nifl.gov/partnershipforreading/adolescent/summary11a.html).

Darling-Hammond, L. & Falk, B. (1997). Using standards and assessments to support student learning. *Phi Delta Kappan*, **77**(6), 191–199.

Deshler, D. D. (1978). Issues related to the education of learning disabled adolescents. *Learning Disability Quarterly*, **1**(4), 2–10.

Deshler, D. D. (2002). Response to "Is 'learning disabilities' just a fancy term for low achievement? A meta-analysis of reading differences between low achievers with and without the label." In R. Bradley, L. Danielson & D. P. Hallah (Hg.), *Identification of learning disabilities: Research to practice*. Mahwah, NJ: Lawrence Erlbaum.

Deshler, D. D. & Lenz, B. K. (1989). The strategies instructional approach. *International Journal of Disability, Development, and Education*, **3**(2), 15–23.

Deshler, D. D. & Schumaker, J. B. (1988). An instructional model for teaching students how to learn. In J. L. Graden, J. E. Zins & M. L. Curtis (Hg.), *Alternative education delivery systems: Enhancing instructional options for all students* (S. 391–411). Washington, DC: National Association of School Psychologists.

Deshler, D. D. & Schumaker, J. B. (1993). Strategy mastery by at-risk students: Not a simple matter. *The Elementary School Journal*, **94**(2), 153–167.

Deshler, D. D., Schumaker, J. B., Alley, G. R., Warner, M. M. & Clark, F. L. (1982). Learning disabilities in adolescent and young adult populations: Research implications. *Focus on Exceptional Children*, **15**(1), 1–12.

Deshler, D. D., Schumaker, J. B., Lenz, B. K., Bulgren, J. A., Hock, M. F., Knight, J. & Ehren, B. J. (2001). Ensuring content-area learning by secondary students with learning disabilities. *Learning Disabilities Research and Practice*, **16**(2), 96–108.

Ellis, E. S. (1992). *LINCS: A starter strategy for vocabulary learning*. Lawrence, KS: Edge Enterprises, Inc.

Ellis, E. S., Deshler, D. D., Lenz, B. K., Schumaker, J. B. & Clark, F. L. (1991). An instructional model for teaching learning strategies. *Focus on Exceptional Children*, **23**(6), 1–24.

Elmore, R. F. (1996). Getting to scale with good educational practice. *Harvard Educational Review*, **66**(1), 1–26.

Foorman, B. R., Francis, D. J., Novy, D. M. & Liberman, D. (1991). How letter-sound instruction mediates progress in first-grade reading and spelling. *Journal of Educational Psychology*, **83**, 456–469.

Fullan, M. (1993). *Changing forces: Probing the depths of educational reform*. New York: The Falmer Press.

Graham, L. & Wong, B. Y. L. (1993). Comparing two modes in teaching a question-answering strategy for enhancing reading comprehension: Didactic and self-instructional training. *Journal of Learning Disabilities*, **26**(4), 270–279.

Gregory, J., Shanahan, T. & Walberg, H. (1985). Learning disabled 10th graders in mainstream settings. *Remedial and Special Education*, **6**(4), 25–33.

Hanley-Maxwell, C., Phelps, L. A., Braden, J. & Warren, V. (2001). Schools of authentic and inclusive learning. *Research Institute on Secondary Education reform brief*, Madison, WI: University of Wisconsin.

Kirk, S. & Elkins, J. (1975). Characteristics of children enrolled in child service demonstration centers. *Journal of Learning Disabilities*, **8**, 630–637.

Kline, F. M., Schumaker, J. B. & Deshler, D. D. (1991). Development and validation of feedback routines for instructing students with learning disabilities. *Learning Disability Quarterly*, **14**(3), 191–207.

Knight, J. (1998). Do schools have learning disabilities? *Focus on Exceptional Children*, **30**(9), 1–14.

Lenz, B. K., Adams, G., Graner, P. & Laraux, M. (2004). *Communication patterns in the development of academic relationships between high school students and their teachers*. (Forschungsbericht). Lawrence, KS: The University of Kansas Center for Research on Learning.

Lenz, K., Adams, G., Schumaker, J., Bulgren, J. & Deshler, D. D. (2004). *Issues and research related to influencing teacher planning to ensure that students with disabilities gain access to the high school core curriculum*. Reston, VA: Council for Exceptional Children.

Lenz, K., Bulgren, J., Kissam, B. & Taymans, J. (2004). SMARTER planning for academic diversity. In K. Lenz & D. D. Deshler (Hg.), *Teaching content to all: Evidence-based inclusive practices in middle and secondary schools* (S. 47–77). Boston: Pearson Allyn & Bacon.

Lenz, B. K., Bulgren, J. A., Schumaker, J. B., Deshler, D. D. & Boudah, D. J. (1994). *The unit organizer routine*. Lawrence, KS: Edge Enterprises.

Lenz, K. & Ehren, B. (2001). Promoting adolescent literacy through a content literacy continuum of services. *Strategram*, **6**(2), 1–4.

Lenz, B. K. & Hughes, C. (1990). A word identification strategy for adolescents with learning disabilities. *Journal of Learning Disabilities*, **23**(3), 149–158, 163.

Lenz, B. K., Schumaker, J. B., Deshler, D. D. & Bulgren, J. A. (1998). *The course organizer routine*. Lawrence, KS: Edge Enterprises.

Lenz, B. K., Schumaker, J. B., Deshler, D. D. & Kissam, B. J. (1991). *Planning in the face of academic diversity: Whose questions should we be answering?* (Forschungsbericht). Lawrence, KS: The University of Kansas Center for Research on Learning.

13

Lyon, G. R. & Fletcher, J. M. (2001). Early warning system. *Education Matters*, 23–29.

Martin, C. (1999). *Net future*. New York: McGraw-Hill.

McDonnell, L. M., McLaughlin, M. J. & Morison, P. (Hg.) (1997). *Educating one & all: Students with disabilities and standards-based reform*. Washington, DC: National Academy Press.

Mellard, D. F. & Deshler, D. D. (1991). Education of exceptional persons: Learning Disabilities. In M. C. Alkin (Hg.), *Encyclopaedia of educational research, 6th edition*. Washington, DC: American Educational Research Association.

Oliver, R. W. (1999). *The shape of things to come*. New York: McGraw-Hill.

Rademacher, J., Schumaker, J., Deshler, D. & Lenz, B. K. (1998). *The quality assignment routine*. Lawrence, KS: Edge Enterprises.

Rifkin, J. (1995). *The end of work: The decline of the global labour force and the dawn of the post-market era*. New York: Putnam.

Rose, D. & Meyer, A. (2002). *Teaching every student in the digital age: Universal design for learning*. Alexandria, VA: ASCD.

Scanlon, D., Deshler, D. D. & Schumaker, J. B. (1996). Can a strategy be taught and learned in secondary inclusive classrooms? *Learning Disabilities Research & Practice*, **11**(1), 41–57.

Schmid, R., Algozzine, B., Wells, D. & Stoller, L. (1980). *The national secondary school survey*. (Forschungsbericht). Gainesville, FL: The University of Florida.

Schumaker, J. B. (1992). Social performance of individuals with learning disabilities. *School Psychology Review*, **21**(3), 387–399.

Schumaker, J., Bulgren, J., Deshler, D. & Lenz, B. K. (1998b). *The recall enhancement routine*. Lawrence, KS: The University of Kansas Center for Research on Learning.

Schumaker, J. B. & Deshler, D. D. (1984). Setting demand variables: A major factor in program planning for the learning disabilities adolescent. *Topics in Language Disorders Journal*, **4**(2), 22–40.

Schumaker, J. B. & Deshler, D. D. (1987). Implementing the regular education initiative in secondary schools – A different ball game. *Journal of Learning Disabilities*, **2**(1), 36–42.

Schumaker, J. B. & Deshler, D. D. (1992). Validation of learning strategy interventions for students with learning disabilities: Results of a programmatic research effort. In B. Y. L. Wong (Hg.), *Contemporary intervention research in learning disabilities: An international perspective* (S. 22–46). New York: Springer.

Schumaker, D. D. & Deshler, D. D. (1994). Secondary classes can be inclusive, too. *Educational Leadership*, **52**(4), 50–52.

Schumaker, J. B., Deshler, D. D., Alley, G. R. & Denton, P. H. (1982). Multipass: A learning strategy for improving reading comprehension. *Learning Disability Quarterly*, **5**(3), 295–304.

Schumaker, J. B., Deshler, D. D., Alley, G. R. & Warner, M. M. (1983). Toward the development of an intervention model for learning disabled adolescents: The University of Kansas Institute. *Exceptional Education Quarterly*, **3**(4), 45–74.

Schumaker, J. B., Deshler, D. D., Bulgren, J. A., Davis, B., Lenz, B. K. & Grossen, B. (2002). Access of adolescents with disabilities to general education curriculum: Myth or reality? *Focus on Exceptional Children*, **35**(3), 1–16.

Schumaker, J. B., Deshler, D. D., Lenz, B. K. & Bulgren, J. (2002). The Institute for Academic Access (IAA). *The Institute for Academic Access Brief*. Lawrence, KS: The University of Kansas Center for Research on Learning.

Seybert, L. (1998). *The development and evaluation of a model of intensive reading strategies instruction for teachers in inclusive, secondary-level classrooms*. Unveröffentlichte Dissertation. University of Kansas, Lawrence.

Shaw, S. F., McGuire, J. M. & Brinckerhoff, L. C. (1994). College and university programming. In P. J. Gerber & H. B. Reiff (Hg.), *Learning disabilities in adulthood: Persisting problems and evolving issues* (S. 141–151). Boston: Andover Medical Publishers.

Sitlington, P. L., Clark, G. M. & Kolstoe, O. P. (1999). *Transition education and services for adolescents with disabilities*. Boston: Allyn and Bacon.

Strother, C., Hagin, R., Giffin, M. & Lehtinen-Rogan, L. (1971). *The educator's enigma: The adolescent with learning disabilities*. San Rafael, CA: Academic Therapy Publications.

Swanson, H. L. (1993). An information processing analysis of learning disabled children's problem solving. *American Education Research Journal*, **30**, 861–893.

Swanson, H. L. (2001). Research on intervention for adolescents with learning disabilities: A meta-analysis of outcomes related to high-order processing. *Elementary School Journal*, **101**, 331–348.

Torgesen, J. & Houck, G. (1980). Processing deficiencies in learning disabled children who perform poorly on the digit span test. *Journal of Educational Psychology*, **72**, 141–160.

Torgesen, J. K., Morgan, S. T. & Davis, C. (1992). Effects of two types of phonological awareness training on word learning in kindergarten children. *Journal of Educational Psychology*, **84**, 364–379.

Vaughn, S. & Fuchs, L. S. (2003). Redefining learning disabilities as inadequate response to instruction: The promise and the potential problems. *Learning Disability Research and Practice*, **18**(3), 137–146.

Vaughn, S., Gersten, R. & Chard, D. (2000). The underlying message in LD intervention research: Findings from research syntheses. *Exceptional Children*, **67**(1), 99–124.

Wagner, M., Blackorby, J. & Hebbeler, K., (1993). *Beyond the report card: The multiple dimensions of secondary school performance of students with disabilities. A report from the National Longitudinal Study of Special Education Students*. Menlo Park, CA: SRI International.

Wang, M. C., Haertel, G. D. & Walberg, H. J. (1998). Models of reform: A comparative guide. *Educational Leadership*, **55**(7), 66–71.

Warner, M., Alley, G., Deshler, D. & Schumaker, J. (1980). *An epidemiological study of learning disabled adolescents in secondary schools: Classification and discrimination of learning disabled and low-achieving adolescents*. (Forschungsbericht). Lawrence, KS: The University of Kansas Center for Research in Learning Disabilities.

Wong, B. Y. L. & Jones, W. (1982). Increasing meta-comprehension in learning-disabled and normally achieving students through self-questioning training. *Learning Disability Quarterly*, **5**(3), 228–240.

Wong, B. Y. L., Wong, R., Perry, N. & Sawatsky, D. (1986). The efficacy of a self-questioning summarization strategy for use by underachievers and learning-disabled adolescents in social studies. *Learning Disability Focus*, **2**, 20–35.

Namensindex

Sachindex